3023

D0896476

LES NOUVEAUX POUVOIRS

DU MÊME AUTEUR

Le Choc du futur, Denoël, 1974 ; Folio, Essais, 1984.

Éco-spasme, Denoël, 1975.

La Troisième Vague, Denoël, 1980 ; Folio, Essais, 1988.

S'adapter ou périr : l'entreprise face au choc du futur, Denoël, 1986.

Les cartes du futur, Denoël, 1983.

Alvin Toffler

LES NOUVEAUX POUVOIRS

(Powershift)

Savoir, richesse et violence à la veille du XXIe siècle

traduit de l'anglais (États-Unis) par
André Charpentier, avec la collaboration de Denise Meunier,
Évelyne Chatelain, Josette Chicheportiche, Éric Diacon

Fayard

Éditions étrangères de Powershift (*liste partielle*)

Langue	Éditeur
Allemand	Econ Verlag
Coréen	Korea Economic Daily
Espagnol	Plaza y Janes
Finnois	Otava Oy
Italien	Sperling & Kupfer Editore
Japonais	Fuso Sha
Néerlandais	Veen Publishers
Norvégien	J.W. Cappelens Forlag
Portugais	Distribuidora Record (Brésil)
Suédois	Bokforlaget Bra Bocker

Pour Karen,
avec notre double affection

Préface personnelle

Les Nouveaux Pouvoirs sont le couronnement d'un effort qui, pendant vingt-cinq ans, a visé à découvrir un sens aux changements d'une si surprenante ampleur par lesquels s'annonce le XXIᵉ siècle. Le livre constitue le troisième et dernier volume d'une trilogie commencée avec *le Choc du futur*, qui s'est poursuivie avec *la Troisième Vague*, et qui se trouve aujourd'hui complète.

Chacun des trois livres peut se lire indépendamment ; ils n'en forment pas moins un ensemble intellectuellement cohérent, qui a pour sujet central le changement, c'est-à-dire ce qui arrive aux hommes quand leur société se transforme brusquement en une réalité nouvelle et inattendue. *Les Nouveaux Pouvoirs* poussent plus loin les analyses précédentes ; la perspective essentielle y est celle de l'édification d'un nouveau système de pouvoir, lequel est en voie de remplacer celui du passé industriel.

Quand ils évoquent les mutations toujours plus rapides de notre époque, les médias nous transmettent des parcelles d'information sans lien entre elles, tandis que les experts nous accablent de monographies étroitement spécialisées, et que les pronostiqueurs populaires font état de tendances disparates, sans présenter de modèle général qui permette de les articuler les unes aux autres, ou de voir quelles autres forces sont susceptibles d'inverser l'évolution supposée. En conséquence, le changement lui-même finit par apparaître comme un processus anarchique, voire totalement absurde.

A l'opposé, la présente trilogie se fonde sur l'hypothèse que les rapides changements du monde actuel ne sont pas aussi chaotiques et aléatoires qu'on nous conditionne à le croire. Dans cet esprit, il existe derrière les événements relatés en gros titres non seulement des structures discernables, mais aussi des forces identifiables qui en déterminent la forme. Et, dès que nous en avons compris le jeu, il nous devient possible d'adopter à leur égard une stratégie d'ensemble, au lieu de réagir au hasard et au coup par coup.

Cependant, si nous voulons donner un sens aux grandes mutations actuelles et les envisager en termes stratégiques, il nous faut davantage que des brins et parcelles d'information, ou des listes de faits inorganisés ; il nous faut comprendre comment les différents changements se relient les uns aux autres. Comme les deux livres précédents, *les Nouveaux Pouvoirs* tentent de proposer une synthèse générale et claire — une image globale de la civilisation nouvelle qui étend sa présence à l'échelle planétaire.

Concentrant l'analyse sur les aspects les plus explosifs du monde de demain, sur les conflits que nous affrontons en ce temps où les forces neuves s'attaquent aux vieilles forteresses, *les Nouveaux Pouvoirs* veulent montrer que les bouleversements du contrôle de l'économie dus aux offres publiques d'achat et aux restructurations ne représentent que les premiers coups de feu dans des batailles d'affaires qui vont s'élargir et prendre de nouvelles formes ; allant plus loin, le livre soutient que les mutations récentes en Europe de l'Est et en Union soviétique ne sont que de simples escarmouches à côté des luttes généralisées pour le pouvoir qui nous attendent. Similairement, les rivalités qui opposent les États-Unis, l'Europe et le Japon n'ont pas encore atteint leur maximum d'intensité.

Bref, *les Nouveaux Pouvoirs* ont pour sujet ces combats de plus en plus acharnés pour la possession du pouvoir qui restent notre proche destin, alors que la civilisation industrielle est en voie de perdre sa suprématie mondiale et que de nouvelles forces aspirent maintenant à la domination planétaire.

Pour moi, *les Nouveaux Pouvoirs* représentent un sommet atteint après un passionnant voyage. Mais, avant de poursuivre, je dois m'acquitter d'un devoir personnel. Ce voyage, je ne l'ai pas fait seul. Depuis le début et jusqu'à son achèvement, l'ensemble de la trilogie a eu un coauteur essentiel, quoique anonyme. Bien que j'en aie assumé la rédaction et que j'aie recueilli les approbations ou subi les critiques en mon seul nom, elle est l'œuvre commune de deux esprits et non d'un seul.

Mon coauteur, comme beaucoup le savent déjà, est ma meilleure amie, mon épouse et associée, mon amour depuis quarante ans : Heidi Toffler. Quels que puissent être les défauts de ces ouvrages, ils auraient été plus graves encore sans son intelligence sceptique et intuitive, son sens aigu des exigences rédactionnelles et la sûreté de ses jugements, tant sur les idées que sur les personnes. Elle n'a pas seulement contribué au polissage final, mais aussi à la formulation des modèles sous-jacents sur lesquels repose l'œuvre entière.

Même si, en raison de ses autres engagements, sa participation fut plus ou moins intense selon les moments, il reste que ces trois livres ont exigé des voyages, des recherches, des centaines d'entretiens dans le monde entier, une organisation méticuleuse et un travail de rédaction sans cesse repris et actualisé : à tous les stades, Heidi y a largement contribué.

Cependant, pour des raisons en partie privées, en partie sociales ou économiques — et qui varièrent au cours des deux dernières décennies —, la décision fut prise de tout publier sous le nom du rédacteur final.

Aujourd'hui encore, Heidi refuse de laisser son nom figurer sur la jaquette d'un livre ; elle le fait par intégrité, par modestie et par amour, motifs qui lui paraissent suffisants — à elle, mais non à moi. Je ne peux remédier à cette lacune qu'en incluant ces quelques mots dans cette préface personnelle, mais à mes yeux la trilogie lui appartient tout autant qu'à moi.

Pris ensemble, les trois livres explorent une durée correspondant à une seule vie humaine, soit une période qui aurait commencé vers le milieu des années cinquante et se terminerait approximativement soixante-quinze ans plus tard, en l'an 2025 ; espace de temps qui peut se définir comme une des grandes charnières de l'histoire, comme la période à l'issue de laquelle, après une suite de luttes pour le pouvoir qui ébranleront le monde, la civilisation usinière qui a dominé la planète pendant des siècles se trouvera remplacée par une autre, nouvelle et profondément différente.

Tout en portant sur les mêmes années, les trois livres tentent d'aller au-delà de la surface des choses en utilisant chacun une optique particulière, et peut-être sera-t-il utile au lecteur de pouvoir les situer dans ces diverses perspectives.

Le Choc du futur s'intéresse au *processus* du changement, à la manière dont celui-ci affecte les hommes et les organisations ; *la Troisième Vague*, aux *directions* dans lesquelles nous entraînent les changements actuels. *Les Nouveaux Pouvoirs* traitent de la *maîtrise* des changements encore à venir — la question étant de savoir qui les mettra en œuvre, et comment.

Le Choc du futur, où nous définissions le « choc » comme le désarroi et le stress subis par ceux qui tentent de faire face à trop de changements dans un laps de temps trop court, affirme que l'accélération de l'histoire a des conséquences intrinsèques, et cela indépendamment de l'orientation que prennent les changements. A elles seules, et que les changements soient perçus comme bons ou mauvais, la vitesse accrue des événements et la réduction des temps de réaction produisent leurs propres effets.

Le livre soutient du même coup que les individus, les organisations et même les nations peuvent plier sous le fardeau d'un changement trop massif et intervenant trop tôt, au point de s'en trouver désorientés et désormais incapables de réagir par des décisions intelligentes ; bref, de souffrir d'un « choc » du futur.

En opposition avec l'opinion dominante à l'époque, *le Choc du futur* prévoyait que la famille nucléaire allait bientôt se « fracturer » ; il annonçait également la révolution génétique, l'apparition d'une société de l'objet jetable, et la grande mutation de l'éducation qui peut-être commence enfin sous nos yeux.

Publié en 1970 aux États-Unis, puis par la suite dans le monde entier, le livre toucha des nerfs à vif, devint de façon inattendue un best-seller international et suscita des avalanches de commentaires. D'après l'Institute for Scientific Information, il est devenu l'un des ouvrages les plus fréquemment cités dans le domaine des sciences sociales. L'expression « choc du futur » est entrée dans le langage courant ; elle figure aujourd'hui dans nombre de dictionnaires, et bien souvent dans les titres des médias.

La Troisième Vague, qui suivit en 1980, avait un objectif différent. Cette fois le livre décrivait les plus récentes révolutions technologiques et sociales, les replaçait dans une perspective historique et esquissait les traits de l'avenir qu'elles pouvaient apporter.

Désignant la révolution agricole intervenue voici une dizaine de milliers d'années comme la « première vague » de mutation fondamentale dans l'histoire de l'humanité, et la révolution industrielle comme la « deuxième vague », le livre voyait dans les grands bouleversements économiques et sociaux apparus à partir du milieu des années cinquante la grande « troisième vague » de l'évolution humaine — la naissance de la nouvelle civilisation post-industrialiste.

Entre autres choses, ce deuxième volume évoquait des activités à venir qui seraient fondées sur l'ordinateur, l'électronique en général, les techniques d'information, la biotechnologie et autres. définies comme les « nouvelles positions dominantes » de l'économie ; il prédisait par exemple la production flexible, les marchés de créneaux, l'extension du travail à temps partiel, et la démassification des médias ; il étudiait l'interaction toute nouvelle entre le producteur et le consommateur, et créait les termes de « prosommation » et « prosommateur » ; il posait la question d'un retour partiel au travail à domicile, ainsi que d'autres modifications des attitudes politiques et des pratiques des États nationaux.

Interdit dans certains pays, *la Troisième Vague* devint un best-seller dans d'autres. Il fut même pour un temps, en Chine, la « bible » des intellectuels réformistes. On l'avait d'abord accusé de répandre la « pollution spirituelle » occidentale, après quoi, autorisé et édité à gros tirages, ce fut l'ouvrage le plus lu dans le pays le plus peuplé du monde, juste après les discours de Deng Xiaoping. Le Premier ministre de l'époque, Zhao Ziyang, organisa des réunions à son sujet et recommanda aux décideurs du régime de le lire attentivement.

En Pologne, pour des raisons compréhensibles, il avait été publié en une version abrégée ; mais, s'indignant des coupures, des étudiants et des sympathisants de Solidarité établirent une édition « clandestine », en même temps que d'autres répandaient en brochures les chapitres manquants. Tout comme *le Choc du futur, la Troisième Vague* suscita de la part de ses lecteurs toutes sortes de réactions, qui allèrent jusqu'à la création de nouveaux produits, d'entreprises, de symphonies et même de sculptures.

Aujourd'hui, vingt ans après *le Choc du futur*, dix ans après *la Troisième Vague*, voici enfin terminés *les Nouveaux Pouvoirs*. Reprenant les problèmes là où les avaient laissés les volumes précédents, celui-ci vise spécialement les changements décisifs qui se dessinent dans la relation du savoir au pouvoir, propose une nouvelle théorie du pouvoir social, et entreprend d'explorer les mutations en cours dans le monde des affaires, l'économie au sens général, la politique et les relations internationales.

Il est à peine besoin d'ajouter que l'avenir n'est pas « connaissable » à titre de prédiction exacte. La vie fourmille de surprises surréalistes ; les modèles et données relevant apparemment des sciences les plus « dures » se révèlent souvent fondés sur des postulats « mous », tout particulièrement quand il s'agit de « sciences humaines ». Qui pis est, le sujet même des trois livres étant l'accélération du changement, le détail des faits s'en est trouvé rapidement périmé. Les statistiques aussi s'avèrent sujettes à modifications, les nouvelles techniques supplantent les anciennes, les dirigeants politiques tombent et d'autres émergent. Il reste toutefois qu'en cette exploration des *terrae incognitae* du proche avenir, mieux vaut tout de même avoir une carte un peu vague, incomplète et toujours sujette à révisions que pas de carte du tout.

Alors que les trois ouvrages ont été construits selon des plans différents, mais compatibles entre eux, ils ont pour caractère commun de reposer sur une documentation, sur des recherches et sur des enquêtes qui proviennent de domaines très disparates et d'une multitude de pays. Pour préparer le présent volume, nous avons été amenés à étudier l'exercice du pouvoir tant aux sommets que dans les abîmes de la société.

Ainsi avons-nous eu l'occasion de rencontrer plusieurs heures durant Mikhaïl Gorbatchev, Ronald Reagan, George Bush, plusieurs Premiers ministres japonais, et autres personnalités dont la plupart comptent parmi les plus puissantes du monde.

A l'autre extrémité du spectre social, nous sommes aussi allés voir, Heidi ou moi, ou tous deux ensemble, des squatters d'une « ville de la misère » d'Amérique du Sud, et des femmes condamnées à la prison à vie — soit deux groupes classés sur toute la terre parmi les plus dénués de pouvoir.

Nous avons aussi parlé du problème du pouvoir avec les banquiers, des militants syndicaux, de grands hommes d'affaires, des experts en informatique, des généraux, des chercheurs décorés du prix Nobel, des magnats du pétrole, des journalistes, et des dirigeants d'un grand nombre des plus grosses sociétés mondiales.

Il nous est aussi arrivé de rencontrer les assistants des plus hauts responsables, à la Maison Blanche, au Palais de l'Élysée à Paris, dans les bureaux du Premier ministre à Tokyo, et même, à Moscou, dans ceux du Comité central du Parti communiste.

Dans ce dernier entretien, nous avions pour interlocuteur Anatoli Loukianov qui allait bientôt devenir le « numéro deux » soviétique après Gorbatchev ; mais nous fûmes interrompus par une convocation inattendue à une réunion du Politburo.

Un de ces jours-là, dans une petite ville de Californie, je me retrouvai dans une pièce toute garnie de livres et qu'illuminait le soleil. Y aurais-je été amené aveuglé, je n'aurais sans doute jamais pu deviner que l'intelligente jeune femme en jeans et T-shirt qui m'accueillait de l'autre côté d'une table de bibliothécaire faite de bon chêne était une meurtrière, ni qu'elle avait été condamnée pour complicité dans un crime sexuel particulièrement horrible, ni que nous étions dans une prison, lieu par excellence où les réalités du pouvoir se révèlent dans toute leur nudité. C'est elle qui me fit comprendre que même les prisonniers sont loin d'être sans pouvoir. Certains d'entre eux savent se servir de l'information en vue de la possession du pouvoir, avec une finesse comparable à celle que Richelieu pouvait déployer dans l'entourage de Louis XIII — similitude qui entretient un rapport direct avec le thème dominant du présent livre. Ce fut cette première expérience qui nous mena, ma femme et moi, à diriger par deux fois des séminaires dont les participants étaient en majorité des assassins — et qui nous apprirent beaucoup.

Jointes aux lectures et analyses exhaustives d'une documentation écrite provenant de toutes les parties du monde, ces relations personnelles ont fait de l'élaboration des *Nouveaux Pouvoirs* une période inoubliable de nos vies.

Nous espérons que nos lecteurs trouveront dans *les Nouveaux Pouvoirs* autant de connaissances utiles, de plaisir et de sources de réflexion que leur en ont donné, à ce que nous savons, *le Choc du futur* et *la Troisième Vague*. La synthèse générale entreprise voici maintenant un quart de siècle est désormais achevée.

ALVIN TOFFLER

PREMIÈRE PARTIE

Le nouveau sens du pouvoir

« Le pouvoir est au bout du fusil. »
MAO ZEDONG

« L'argent parle. »
ANONYME

« Le savoir est en soi pouvoir. »
FRANCIS BACON

CHAPITRE I

L'ère des nouveaux pouvoirs

Ce livre a pour sujet le pouvoir tel qu'il sera à l'aube du XXIe siècle. Il traite de la violence, de la richesse, du savoir, du rôle que tous trois jouent dans nos vies, et des nouvelles voies qu'ouvre au pouvoir un monde en révolution.

Malgré la mauvaise odeur qui émane du pouvoir en raison des usages qui en ont été faits, le pouvoir n'est en lui-même ni bon ni mauvais ; il est un aspect inéluctable de toute relation humaine, il exerce une influence générale aussi bien sur nos rapports sexuels que sur nos situations professionnelles, sur les voitures que nous conduisons, sur les programmes de télévision que nous regardons, sur les espoirs que nous tentons de réaliser. Plus profondément que nous ne l'imaginons pour la plupart, nous sommes les produits du pouvoir.

Cependant, de tous les éléments de notre vie — et tout particulièrement pour notre génération — le pouvoir demeure à la fois l'un des plus mal compris et l'un des plus importants.

Pour notre génération, car nous sommes à l'aube de l'ère des nouveaux pouvoirs. En ce moment, toute la structure de pouvoir qui maintenait une certaine unité mondiale se désintègre sous nos yeux, et il s'en élabore une tout autre à tous les niveaux de la société humaine.

Au bureau comme au supermarché, à la banque, dans les suites d'hôtels, dans nos églises, hôpitaux, écoles et demeures personnelles, les vieux modèles du pouvoir se fractionnent selon des lignes étranges et inattendues. L'agitation des campus, qui s'est propagée de Berkeley à Rome et à Taipei, reste proche de l'explosion. Les conflits ethniques et raciaux se multiplient.

Dans le monde des affaires, nous voyons des sociétés géantes tour à tour dépecées et reconstituées, leurs hauts cadres ayant souvent été éliminés à l'occasion, avec des milliers de leurs employés. Pour l'occupant d'un poste de haut niveau, un « parachute doré », ou bien un cadeau d'adieu comprenant de l'argent comptant et des revenus à venir, peut bien adoucir son rejet du sommet ; mais il n'en a pas moins perdu les attributs de son pouvoir : les places de jet, la limousine de fonction, les discussions sur les terrains de golf à la mode, et plus encore le frisson intime que procure à beaucoup le pur et simple exercice du pouvoir.

Le transfert ne s'opère pas seulement aux sommets de l'activité professionnelle. L'un comme l'autre, le directeur à son bureau et l'ingénieur de production découvrent que les ouvriers n'obéissent plus aveuglément, comme la plupart le faisaient auparavant, et qu'ils posent des questions, et qu'ils exigent des réponses. Dans l'armée, les officiers ressentent un semblable comportement de la part de la troupe ; dans la police, les chefs de la part des agents ; dans l'enseignement, et de plus en plus, les professeurs de la part de leurs élèves.

Or le dépérissement de l'autorité de type traditionnel dans la vie économique et quotidienne s'accélère au moment même où les structures mondiales du pouvoir se désintègrent, elles aussi.

Depuis la fin de la deuxième guerre mondiale, deux super-puissances n'ont cessé de peser sur la terre de leur poids de géant. Chacune avait ses alliés, ses satellites et son bruyant club de supporters ; toute deux s'équilibraient, missile pour missile, char pour char, espion pour espion. Aujourd'hui, la quête de la parité n'existe évidemment plus.

En conséquence, il s'ouvre déjà dans le système mondial des « trous noirs » — de vastes vides qui, en Europe orientale par exemple, sont ouverts à un nouveau pouvoir, et pourraient bien mener peuples et nations à de nouvelles alliances ou conflits, qui à l'occasion en reproduiraient d'anciens. Au Moyen-Orient aussi, le rétrécissement soudain de la puissance soviétique a laissé un de ces vides, que son ex-client irakien s'est empressé de vouloir remplir en envahissant le Koweït, provoquant ainsi la première crise d'ampleur mondiale depuis la fin de la guerre froide.

Le déplacement du pouvoir s'opère à un rythme si précipité que les dirigeants mondiaux se laissent entraîner par le flot plutôt que de le dominer et de lui imposer un ordre ; et il y a tout lieu de penser que dans les années à venir, les forces qui ébranlent déjà l'humanité gagneront encore en violence et en importance.

A l'image de la poussée réciproque des plaques tectoniques à la veille d'un tremblement de terre, la restructuration massive des rapports entraînera un des résultats qui se présentent le plus rarement dans l'histoire : un bouleversement de la nature profonde du pouvoir.

L'avènement d'un nouveau pouvoir n'est pas seulement un transfert du pouvoir, mais bel et bien sa transformation.

La fin des empires

En 1989, le monde entier a été frappé de stupeur par la dislocation soudaine de l'empire, vieux d'un demi-siècle, qui résultait de la domination soviétique en Europe orientale, tandis que l'URSS elle-même, ayant désespérément besoin de la technologie occidentale pour revivifier son économie industrielle, du type « seconde vague », bonne pour la ferraille, se lançait dans une période de transformation quasiment chaotique. Plus lentement et moins dramatiquement, l'autre superpuissance mondiale connaissait elle aussi un déclin relatif. On a tant écrit sur la perte de pouvoir mondial subie par les États-Unis qu'il serait plus qu'inutile de ressasser ici le même thème. Mais les nombreux déplacements de pouvoir opérés au détriment de leurs grandes institutions nationales, autrefois dominantes, sont plus impressionnants encore.

Voici vingt ans, la General Motors était considérée comme la première société industrielle du monde ; elle était pour les chefs d'entreprise de tous les pays un modèle fascinant, et à Washington une puissante source d'énergie politique. Aujourd'hui, déclare un de ses hauts responsables, « nous courons pour sauver nos vies » ; et peut-être verrons-nous dans les prochaines années l'effondrement final de la General Motors.

Voici vingt ans, IBM ne rencontrait qu'une très faible concurrence, et les États-Unis possédaient sans doute à eux seuls plus d'ordinateurs que tout le reste du monde. Aujourd'hui, la force informatique a très vite pris une immense extension, la part américaine du marché s'est rétrécie, et IBM doit rivaliser durement avec des sociétés japonaises telles que NEC, Hitachi et Fujitsu, avec Bull en France, ICL en Grande-Bretagne, et combien d'autres. Les analystes spécialisés discutent déjà de l'ère post-IBM.

Tout n'est pas affaire de compétition étrangère. Voici vingt ans, trois réseaux de télévision, ABC, CBS et NBC, régnaient sur l'espace hertzien américain, où ils n'ont pas subi la moindre concurrence étrangère. Pourtant leur audience s'est rétrécie à tel point que pour eux aussi la survie est devenue aléatoire.

Voici vingt ans — pour prendre un exemple dans un domaine très différent — les médecins américains étaient des dieux en blouse blanche. En règle générale, les malades recevaient leur avis comme s'il s'était agi des tables de la Loi. Ils dominaient pratiquement l'ensemble du système de santé, et leur impact politique était énorme.

Aujourd'hui, tout au contraire, ces médecins sont en situation d'assiégés. Les malades osent répondre ; ils intentent des procès pour fautes professionnelles. Les infirmières revendiquent respect et reconnaissance de leur responsabilité, les sociétés pharmaceutiques manifestent moins de déférence ; et la maîtrise du système de santé est passée aux mains des compagnies d'assurance, des « groupements de soins », et de l'État.

Au total, certaines des plus puissantes institutions ou professions de la plus puissante des nations ont vu leur domination décliner, en ces mêmes vingt années où, par rapport à d'autres nations, la puissance mondiale des États-Unis décroissait parallèlement.

Si l'on était tenté d'attribuer ces profonds ébranlements et redistributions du pouvoir à la mauvaise santé des superpuissances vieillissantes, il suffirait de regarder ailleurs pour s'apercevoir que l'explication n'est pas la bonne.

Tandis que l'économie américaine perdait de son éclat, celle du Japon montait en flèche. Mais le succès peut lui aussi déterminer d'importants déplacements de pouvoir. Tout comme aux États-Unis, les très grandes industries nippones de la deuxième vague, déjà promises à la rouille, se sont relativement effacées devant l'essor de celles de la troisième vague ; et même, à mesure que s'accroissait le poids économique du pays, les trois institutions qui y avaient peut-être le plus contribué ont vu leur propre pouvoir s'affaisser rapidement. La première est le Parti libéral-démocrate, au pouvoir pendant la période ; la seconde, le ministère du Commerce extérieur et de l'Industrie, le MITI, qu'on a pu considérer comme le cerveau et le moteur du « miracle économique » japonais ; et la troisième le Keidanren, la fédération patronale la plus influente dans l'ordre politique.

Aujourd'hui, avec ses dirigeants vieillis et empêtrés dans divers scandales financiers ou sexuels, le Parti libéral-démocrate est en recul. Pour la première fois, il doit affronter des électrices outragées et de plus en plus actives, ainsi que le mécontentement de consommateurs, contribuables et agriculteurs qui autrefois le soutenaient. S'il veut conserver le pouvoir qu'il détient depuis

1955, il lui faudra désormais changer de base électorale, en trouvant un vaste soutien urbain pour relayer celui des campagnes, et s'adresser à une population beaucoup plus hétérogène qu'elle ne l'a jamais été ; car, comme dans tous les pays à technologie avancée, la société japonaise est de moins en moins une société de masse, et beaucoup d'acteurs nouveaux y font leur apparition sur la scène politique. Il n'est pas sûr que ce parti sache effectuer ce réajustement à long terme ; ce qui ne fait pas de doute, c'est qu'une bonne part de son pouvoir lui a déjà échappé.

Quant au MITI, nombre d'universitaires et hommes politiques américains continuent à presser les États-Unis de prendre son style de planification pour modèle, alors qu'au Japon même il est maintenant en situation difficile. Il fut un temps où les plus grandes sociétés japonaises faisaient le siège de ses fonctionnaires et, bon gré mal gré, suivaient ordinairement ses directives. Mais aujourd'hui, les sociétés elles-mêmes se sentant assez fortes pour lui rire au nez, le pouvoir du MITI est en perte de vitesse. Le Japon demeure certes économiquement puissant dans le cadre mondial, mais son assise intérieure s'est affaiblie. Son énorme poids repose sur des fondements politiques profondément ébranlés.

Plus net encore est le dépérissement du Keidanren, toujours dominé par les grands barons des vieilles industries, elles-mêmes en recul de plus en plus marqué.

La Banque du Japon et le ministère des Finances, naguère maîtres omnipotents de la fiscalité, et dont l'action contraignante a guidé le pays à travers sa période de croissance accélérée, les chocs pétroliers, l'effondrement boursier et la hausse du yen, se découvrent eux-mêmes impuissants devant les forces turbulentes du marché qui déstabilisent l'économie.

En Europe occidentale, le renouvellement des pouvoirs bouleverse la situation de manière plus frappante encore. A mesure que l'économie allemande distançait les autres, le pouvoir s'est éloigné de Londres, de Paris et de Rome ; et aujourd'hui, avec la fusion des deux Allemagnes, le reste de l'Europe se reprend une fois de plus à craindre une hégémonie allemande.

Afin de s'en protéger, la France et d'autres pays d'Europe occidentale — mais non pour l'instant la Grande-Bretagne — cherchent à réaliser hâtivement l'intégration politique aussi bien qu'économique de la Communauté européenne. Cependant, plus ils y réussissent, plus leurs pouvoirs nationaux se trouvent transférés aux organismes communautaires de Bruxelles, qui les ont progressivement dépouillés de parts de leur souveraineté de plus en plus importantes.

Ainsi ces pays se trouvent-ils pris entre Bonn et Berlin d'un côté, Bruxelles de l'autre. Dans ce cas aussi, le pouvoir se déplace rapidement de ses centres traditionnels vers de nouveaux lieux.

Tant à l'intérieur des nations qu'à l'échelle internationale, on pourrait multiplier les exemples presque à l'infini. Pour une période de paix aussi courte, la somme des changements intérieurs constitue un ensemble des plus remarquables. Bien entendu, il se produit très normalement, à toutes les époques, certains déplacements de pouvoir ; mais il est bien rare de voir un *système* de pouvoir d'extension mondiale se désagréger de telle façon. Et, dans l'histoire, plus rares encore sont les moments où l'on a vu toutes les règles du jeu du pouvoir bouleversées d'un coup, et où donc la nature même du pouvoir s'est trouvée radicalement modifiée.

Pourtant, c'est exactement ce qui se passe sous nos yeux. Le pouvoir, qui nous définit si largement dans notre existence tant individuelle que nationale, est lui-même en voie de redéfinition.

Le dieu en blouse blanche

Sur ce renouvellement, un examen plus précis des divers changements qui viennent d'être évoqués, et qui à première vue ne présentent aucun lien entre eux, peut apporter quelque lumière ; car, au-delà des apparences, on découvre vite que leur coïncidence n'est pas fortuite. Qu'il s'agisse de l'ascension météorique du Japon, des graves difficultés de la General Motors, ou de la disgrâce des médecins américains, on retrouve partout le même fil conducteur.

Considérons par exemple la perte de pouvoir qui affecte les médecins.

Aux beaux jours de leur domination, ceux-ci préservaient jalousement leurs secrets. Rédigées en latin, soit en une sorte de code peu déchiffrable, leurs ordonnances laissaient la plupart de leurs patients dans l'ignorance de ce qui leur était prescrit. La lecture des revues et autres textes se restreignait à la profession ; les laïcs n'avaient pas accès aux réunions de l'ordre ; les programmes des études médicales et les conditions d'inscription étaient à la discrétion des médecins.

Tout a changé : aujourd'hui, les malades accèdent aux connaissances avec une facilité presque stupéfiante. A condition de posséder un micro-ordinateur et un modem, chacun peut de chez lui consulter un document de référence comme *l'Index Medicus*, obtenir des textes spécialisés sur tous les sujets, d'« Addison (maladie de) » à « zygomicidiose », et finalement rassembler sur une affection ou un traitement spécifique plus d'informations que le commun des médecins n'a le temps d'en lire.

Chacun peut aussi se procurer sans aucune difficulté l'ouvrage de 2 354 pages connu sous le nom de PDR *(Physician's Desk Reference,* ou « Manuel du médecin »). Une fois par semaine, le réseau câblé Lifetime offre aux téléspectateurs un programme ininterrompu de douze heures, de haut niveau technique et spécialement destiné à l'information des médecins. Il y est souvent précisé qu'« une partie des sujets traités peut être mal adaptée à un public non averti » ; mais c'est ce même public qui décide.

Le reste du temps, il ne se diffuse guère de bulletin d'information qui ne relate une affaire ou ne comporte un thème d'ordre médical. Le jeudi soir, trois cents stations reproduisent sous forme audiovisuelle des extraits du *Journal of the American Medical Association.* La presse rend compte des procès intentés pour faute professionnelle. Des livres bon marché apprennent au grand public, à peu de frais, quels peuvent être les effets secondaires des médicaments, lesquels sont incompatibles entre eux, et par quel régime agir sur le taux de cholestérol. Mieux encore, et même si les résultats sont d'abord publiés dans les revues professionnelles, les grandes avancées médicales figurent dans les émissions télévisées du soir, presque avant que le docteur en médecine abonné n'ait reçu son exemplaire personnel.

Bref, la profession a entièrement perdu son monopole du savoir, et le médecin a cessé d'être un dieu.

Ce discrédit n'est pourtant qu'un faible exemple du processus plus général qui, dans les pays de technologie avancée, est en passe de modifier de fond en comble le rapport du savoir au pouvoir.

Dans beaucoup d'autres domaines aussi, les connaissances que se réservaient jalousement les spécialistes échappent à leur contrôle et deviennent accessibles aux citoyens ordinaires. Semblablement, au sein des grandes sociétés, les employés obtiennent l'accès à des informations dont naguère encore la direction se réservait le monopole. Et la redistribution du savoir entraîne celle du pouvoir qui se fonde sur lui.

Bombardés par l'avenir

C'est cependant dans un champ beaucoup plus étendu que les bouleversements du savoir entraînent d'immenses bouleversements dans l'ordre du pouvoir, ou du moins y contribuent. La plus improtante innovation de notre temps aura été la naissance d'un nouveau système de création de la richesse, fondé non plus sur le muscle mais sur l'intelligence. Dans l'économie avancée, écrit l'historien Mark Poster, de l'université de Californie (Irvine), le travail ne consiste plus en une action sur les « choses », mais en celle « d'hommes et de femmes agissant sur d'autres hommes et femmes, [...] ou de gens agissant sur l'information, et de l'information agissant sur des gens ».

La substitution au labeur matériel de l'information ou du savoir est la cause réelle aussi bien des difficultés de la General Motors que de l'essor du Japon : en un temps où la General Motors pensait toujours que la terre était plate, le Japon en explorait les marges lointaines, et découvrait qu'il en était tout autrement.

Dès 1970, alors que les dirigeants de l'économie américaine s'obstinaient à considérer comme assurée la stabilité de leur monde de vieilles usines, leurs homologues japonais, et jusqu'au grand public, étaient littéralement bombardés de livres, articles et émissions télévisées, qui tous annonçaient l'avènement de l'« âge de l'information » et se situaient résolument dans la perspective du XXIᵉ siècle. Tandis qu'aux États-Unis l'idée de la fin de l'industrialisme ne provoquait que haussements d'épaules, les décideurs japonais du monde des affaires, mais aussi du milieu politique et des médias, l'accueillaient et y adhéraient avec enthousiasme. Le savoir, concluaient-ils, serait la clef de la croissance économique au XXIᵉ siècle.

Il n'est donc guère surprenant que, tout en ayant introduit l'ordinateur plus tard que les États-Unis, le Japon ait été le premier à savoir substituer les technologies de « troisième vague », fondées sur le savoir, à celles de la « deuxième vague » et au règne périmé de la force brute.

Les robots proliférèrent. Des méthodes de fabrication sophistiquées, reposant largement sur les ordinateurs et les systèmes d'information, commencèrent à fournir des produits dont la qualité était difficile à égaler sur les marchés mondiaux. De plus, reconnaissant d'avance que son ancienne technologie usinière était condamnée à terme, le Japon prit des mesures pour faciliter la transition et amortir les chocs que la stratégie adoptée devait obligatoirement provoquer. Le contraste avec les choix de la General Motors — et plus généralement avec l'attitude américaine — n'aurait pu être plus net.

A examiner de près nombre des autres déplacements de pouvoirs déjà évoqués, il apparaît que dans ces cas aussi le nouveau rôle du savoir — autrement dit l'essor du nouveau système de création de la richesse — a entraîné des modifications majeures dans la répartition des pouvoirs, ou pour le moins y a contribué.

C'est en fait l'apparition de l'économie du savoir, et de la charge explosive qu'elle recèle, qui a lancé les économies avancées dans une compétition mondiale acharnée, confronté les pays socialistes à leur obsolescence incurable, contraint de nombreux « pays en voie de développement » à mettre au rebut leurs stratégies économiques traditionnelles, et qui maintenant bouleverse les rapports de forces dans les sphères privées tout autant que publiques.

Winston Churchill fit un jour cette remarque prophétique que « les empires de l'avenir sont les empires de l'esprit » ; aujourd'hui, la prédiction s'est réalisée. Ce qui n'a pas encore été bien mesuré, c'est à quel degré — et cela, au niveau de la vie privée comme à celui des grands États — le rôle nouveau de l'« esprit » va, d'ici quelques décennies, transformer les réalités brutes du pouvoir.

Comment s'appauvrissent les bonnes familles

Un système révolutionnaire de création de la richesse ne peut s'imposer sans provoquer des conflits personnels, politiques et internationaux. Tout changement dans le mode de production de la richesse se heurte immédiatement à l'ensemble des intérêts établis, qui doivent leur pouvoir à l'ancien système d'enrichissement. Chacun des camps luttant pour la maîtrise de l'avenir, de violents antagonismes ne peuvent manquer d'éclater.

Le combat tend à s'étendre au monde entier, et contribue à expliquer la redistribution actuelle des pouvoirs. Afin de prévoir ce que l'avenir peut nous réserver, un bref retour sur le dernier conflit global du même genre n'est donc pas inutile.

Voici trois cents ans, la révolution industrielle engendrait elle aussi un nouveau système de création de la richesse. Dans les champs naguère cultivés, les hautes cheminées menacèrent les cieux. Les usines proliférèrent, et ces « noires fabriques de

Satan » apportèrent avec elles un mode de vie radicalement nouveau — en même temps qu'un nouveau système de pouvoir.

Libérés d'une quasi-servitude terrienne, des multitudes de paysans se transformèrent en multitudes d'ouvriers urbains aux ordres d'employeurs privés ou publics. La mutation en entraîna une autre dans les rapports de pouvoir à l'échelle du foyer. Autrefois, plusieurs générations vivaient sous le même toit, sous l'autorité d'un patriarche à longue barbe ; désormais, dans les nouvelles familles nucléaires réduites, les vieillards se trouvèrent vite expulsés, ou du moins perdirent en prestige et en influence ; l'institution familiale vit son pouvoir social se rétrécir à mesure que nombre de ses fonctions passaient à d'autres — l'instruction, par exemple, étant confiée à l'école.

Partout où se multipliaient les machines à vapeur et les cheminées d'usine, il s'ensuivait également, tôt ou tard, des mutations politiques. Les monarchies s'écroulèrent, ou tombèrent à l'état d'attractions touristiques. De nouvelles formes politiques s'affirmèrent.

Parmi les propriétaires fonciers qui avaient jusque-là dominé la vie régionale, ceux qui furent assez intelligents et prévoyants allèrent s'établir dans les villes, où ils profitèrent du flot montant de l'industrialisation, et où leurs fils devinrent qui agents de change, qui capitaines d'industrie. Mais la plupart des aristocrates terriens qui s'accrochèrent à leur mode de vie rural ne formèrent bientôt plus qu'une petite noblesse désargentée, laquelle transforma parfois ses manoirs en musées, et ses parcs en profitables jardins zoologiques.

Cependant, face à leur pouvoir déclinant, s'élevaient de nouvelles élites : magnats des grandes sociétés, bureaucrates de haut rang, grands seigneurs des médias ; tandis que la production de masse, l'éducation de masse et la communication de masse s'accompagnaient d'une démocratie de masse, quand ce n'était pas de dictatures qui se prétendaient des démocraties.

A ces bouleversements internes correspondirent d'aussi gigantesques mutations du pouvoir mondial, car les pays industrialisés colonisèrent, conquirent ou dominèrent par d'autres moyens une grande partie du reste du monde, et créèrent ainsi une hiérarchie de la puissance qui subsiste encore par endroits.

Bref, l'apparition d'un nouveau système de production de la richesse ébranla tous les piliers de l'ancien système de pouvoir, finissant par transformer entièrement la vie familiale, les affaires et la politique, l'État-nation et la structure même du pouvoir dans sa totalité.

Ceux qui alors luttaient entre eux pour la maîtrise de l'avenir usèrent de la violence, de l'argent et du savoir. Aujourd'hui, nous assistons aux débuts d'un bouleversement similaire, mais beaucoup plus précipité. Les changements que nous avons récemment observés dans le monde des affaires, la vie politique et le système mondial ne sont qu'un prélude à des combats pour le pouvoir d'une bien autre ampleur ; car nous sommes au débuts d'une mutation du pouvoir sans précédent dans l'histoire.

CHAPITRE II

Force physique, argent et intelligence

Un ciel bleu outremer. Des montagnes à l'horizon ; un clic-clac cadencé. Un cavalier solitaire approche, ses éperons brillant au soleil.

Qui, enfant, a été fasciné dans des salles obscures par les films de cow-boys, sait que le pouvoir jaillit du canon d'un revolver à six coups. Western après western, Hollywood nous a montré le cow-boy solitaire venu de nulle part qui engage un duel avec le méchant, puis rengaine son arme et relance son cheval vers des lointains indistincts. Ainsi avons-nous appris dès l'enfance que la violence donnait le pouvoir.

Cependant il y avait dans beaucoup de ces films un personnage secondaire, bien vêtu, gros et gras, qui siégeait derrière un grand bureau de bois. Généralement dépeint comme âgé, usé et avide, cet homme exerçait lui aussi un pouvoir. Il finançait le chemin de fer, les éleveurs accapareurs de terres, ou d'autres forces du mal. Si le héros à cheval représentait le pouvoir de la violence, cet homme-là — le plus souvent sous les traits du banquier — symbolisait le pouvoir de l'argent.

De nombreux westerns comportaient encore un troisième rôle important, journaliste d'esprit chevaleresque, enseignant, pasteur ou femme instruite « venue de l'Est ». Dans un monde brutal où l'on tirait avant de poser des questions, ce personnage n'incarnait pas seulement le Bien combattant le Mal, mais aussi le pouvoir de la culture et d'une connaissance raisonnée du monde extérieur. Pourtant, s'il était souvent victorieux à la fin, c'était habituellement grâce à une alliance avec le héros au revolver ou à un coup de chance soudain qui lui faisait découvrir de l'or dans la rivière, ou bénéficier d'un héritage inattendu.

Comme nous l'a enseigné Francis Bacon, le savoir est pouvoir ; mais, pour triompher dans un western, le savoir devait généralement s'allier à la force ou à l'argent.

L'argent, la culture et la violence ne sont évidemment pas, dans la vie quotidienne, les seules sources de pouvoir, et le pouvoir n'est en lui-même ni bon ni mauvais. Il est une dimension présente dans pratiquement toutes les relations humaines ; il est en fait le complément réciproque du désir ; et, puisque les désirs humains sont d'une diversité infinie, tout ce qui peut satisfaire le désir d'autrui est virtuellement source de pouvoir. Le revendeur de drogue peut refuser sa dose au toxicomane : il acquiert un pouvoir sur le toxicomane. Si un homme politique a besoin de suffrages, ceux qui en disposent possèdent un pouvoir sur lui.

Parmi des possibilités en nombre infini, les trois sources de pouvoir symbolisées par les personnages de western — la violence, l'argent et le savoir — se révèlent malgré tout les plus importantes. Mais, dans le jeu du pouvoir, chacune d'elles peut prendre différentes formes. La violence, par exemple, n'a pas forcément à se réaliser : la menace suffit souvent à obtenir l'obéissance, et la menace peut aussi se dissimuler derrière la loi elle-même (dans ces pages, nous utilisons le terme « violence » en un sens figuré plutôt que littéral, sens qui inclut la force en soi tout autant que son usage aux fins de coercition physique).

En réalité, nos westerns modernes ne sont pas seuls à présenter la violence, la richesse et le savoir comme les forces fondamentales du pouvoir social ; des mythes anciens l'ont fait depuis longtemps. Ainsi la légende japonaise évoque-t-elle les *sanshu no jingi*, les trois objets sacrés offerts à la grande déesse solaire Amaterasu-omi-kami, lesquels sont aujourd'hui encore les symboles du pouvoir impérial. Ce sont l'épée, le joyau et le miroir.

Pour l'épée et le joyau, les implications sont évidentes.

Pour le miroir, la relation au pouvoir l'est un peu moins ; mais, quand la déesse y voit son propre visage — autrement dit y gagne de se mieux connaître —, le miroir aussi est image de pouvoir. Devenu symbole de sa divinité, il peut néanmoins être raisonnablement considéré comme exprimant l'imagination, la conscience de soi et finalement le savoir.

En allant plus loin, l'épée ou la force physique, le joyau ou l'argent, le miroir ou la connaissance s'unissent en un système interactif unique dans lequel, sous certaines conditions, chacun des éléments peut se convertir en un autre. Avec un revolver, on peut obtenir de l'argent, ou bien forcer la victime à révéler des secrets. Avec de l'argent, on peut acheter des informations

— ou bien un revolver. Les informations peuvent vous servir aussi bien à vous procurer plus d'argent (comme ne l'ignorait pas Ivan Boesky*) qu'à multiplier la puissance dont vous disposez (et c'est pourquoi Klaus Fuchs vola des secrets nucléaires).

Qui plus est, les trois moyens sont utilisables à presque tous les niveaux de l'existence sociale, de l'intimité familiale jusqu'à l'arène politique.

Dans l'ordre privé, le père ou la mère peuvent gifler l'enfant (c'est-à-dire user de la force), le priver d'argent de poche ou au contraire l'acheter pour quelques francs (usage de la richesse dans un sens ou dans l'autre) ; ou encore, et c'est le plus efficace, si bien former son sens des valeurs qu'il *aura envie* d'obéir.

Dans l'ordre politique, un gouvernement pourra emprisonner et au besoin torturer un dissident, sanctionner financièrement ses opposants ou récompenser ses partisans, et manipuler la réalité des faits de façon à susciter un consentement.

De même que les machines-outils peuvent engendrer d'autres machines, de même la force, la richesse ou le savoir, convenablement employés, peuvent apporter la maîtrise de nombreuses sources de pouvoir supplémentaires et diversifiées. En conséquence, quels que soient les autres moyens utilisés par une élite dirigeante, ou par des individus dans leurs relations privées, la force, la richesse et le savoir demeurent les leviers par excellence ; ils constituent la triade fondamentale du pouvoir.

Assurément, les mutations ou transferts de pouvoir ne sont pas tous dus à la mise en œuvre de ces instruments. Le pouvoir change aussi de mains par le jeu de nombreux facteurs naturels. En envoyant au tombeau beaucoup de puissants comme de sans-pouvoir, la Peste noire qui ravagea l'Europe au XIVe siècle laissa dans les élites des communautés survivantes de grands vides à combler.

Le hasard affecte lui aussi la répartition sociale du pouvoir. Mais dès qu'on réfléchit plus particulièrement aux actions volontairement accomplies et qu'on se demande ce qui amène les hommes, et des sociétés entières, à se soumettre aux volontés des « puissants », c'est une fois encore la trinité de la force physique, de l'argent et de l'intelligence qui s'affirme.

Afin de nous en tenir le plus possible à un langage simple, nous utiliserons dans les pages qui suivent le terme « pouvoir » au sens de pouvoir exercé volontairement sur d'autres hommes. La définition exclut donc le pouvoir utilisé pour dominer les

---

* Célèbre pour les « délits d'initié » qu'il commit à la Bourse et pour les profits qu'il en tira. *(N.d.T.)*

choses ou la nature ; mais elle est assez large pour inclure le pouvoir de la mère sur le jeune enfant qu'elle empêche de se jeter sous les roues d'une voiture — ou celui dont IBM use pour accroître ses profits, un dictateur comme Marcos ou Noriega pour enrichir sa famille et ses vieux complices, l'Église catholique pour assembler en ordre de bataille politique des adversaires de la contraception, ou encore les militaires chinois pour écraser une révolte étudiante.

Sous sa forme la plus nue, le pouvoir implique l'usage de la violence, de la richesse et du savoir (au sens le plus large) en vue d'amener les hommes à se comporter d'une façon donnée.

D'adopter cette définition du pouvoir et de viser très précisément la triade en question nous permettra d'aborder l'analyse du pouvoir dans une perspective vraiment neuve, et peut-être de montrer plus clairement qu'il n'a été fait jusqu'à présent comment il fonctionne de manière à conditionner nos comportements, du berceau au cimetière. C'est seulement après avoir bien compris l'opération qu'il nous sera possible d'identifier et de transformer les structures de pouvoir désormais caduques qui obèrent notre avenir.

La qualité du pouvoir

Les assertions coutumières sur le pouvoir impliquent pour la plupart — du moins dans la culture occidentale — qu'il est affaire de quantité. Or, s'il est clair que certains d'entre nous ont moins de pouvoir que d'autres, cette approche ignore entièrement ce qui pourrait bien être aujourd'hui le facteur le plus important, à savoir la *qualité* du pouvoir.

À l'image des carburants, le pouvoir est plus ou moins efficace, et dans certains cas l'indice d'octane est franchement bas. Dans les conflits acharnés qui vont bientôt se déchaîner dans nos écoles, hôpitaux, entreprises, syndicats et gouvernements, ceux qui ont le sens de la « qualité » bénéficieront d'un avantage stratégique.

Nul ne doute que la violence — qu'il s'agisse d'un couteau à cran d'arrêt ou d'un missile nucléaire — puisse obtenir d'effrayants résultats. Sous-entendue par la loi, l'ombre de la violence ou de la force brutale est présente à l'arrière-plan de tout acte de l'État, et en fin de compte tout État compte sur l'armée et la police pour forcer les citoyens à l'obéissance. La menace de la violence officielle, indispensable et omniprésente dans la société, contribue à assurer le fonctionnement du système ; c'est elle qui garantit le respect des contrats courants, qui réduit la criminalité, qui fournit un mécanisme de règlement pacifique des conflits. Paradoxalement, c'est en ce sens la menace voilée de la violence qui aide à rendre la vie quotidienne moins violente.

Dans l'ensemble, la violence n'en présente pas moins de sérieux inconvénients. D'abord, elle nous induit à porter sur nous une bombe lacrymogène, ou, sur un autre plan, à lancer et relancer une course aux armements qui aggrave les risques pour chacun et pour tous. Même quand « ça marche », elle engendre une résistance. Les victimes, ou à défaut les survivants, chercheront la première occasion pour rendre les coups.

Mais la principale faiblesse de la force brute ou de la violence est son absolu manque de souplesse. Elle ne peut servir qu'à punir : finalement, c'est un pouvoir de basse qualité.

La richesse est un bien meilleur instrument. Un portefeuille bien garni est autrement flexible ; il n'en est pas réduit à menacer de punition ou à punir, il peut aussi offrir des récompenses finement graduées — paiements directs ou récompenses indirectes, en argent ou en nature. L'action de la richesse peut s'exercer dans un sens positif aussi bien que négatif : son emploi est beaucoup plus souple que celui de la force, et elle constitue un pouvoir de qualité moyenne.

La qualité vraiment supérieure s'obtient par le maniement du savoir. Dans un film qui a pour cadre Cuba, au temps de la dictature de Batista, l'acteur Sean Connery joue un mercenaire britannique. Dans une scène mémorable, le chef d'état-major du tyran lui propose : « Commandant, dites-moi quelle est votre arme favorite, je vous la fournirai. » Réponse : « Le cerveau. »

Le pouvoir de qualité supérieure n'est pas seulement capable de porter des coups, d'assurer le succès en forçant les autres à faire ce qu'on veut qu'ils fassent. Il possède des capacités beaucoup plus élevées : son efficacité consiste à obtenir un résultat en utilisant une quantité de pouvoir minimale. Le savoir peut souvent amener l'autre à *aimer* vos objectifs et votre action, il peut même le persuader que c'est lui qui les a proposés.

Des trois sources fondamentales d'autorité sociale, c'est le savoir, parce qu'il est le plus adaptable, qui donne « le maximum de "bang" au dollar », comme disent volontiers les haut galonnés du Pentagone. Il sert aussi bien à punir qu'à récompenser, convaincre et même transformer, il peut faire de l'ennemi un allié ; et surtout le savoir adéquat permet de reconnaître et contourner dès l'abord les mauvaises situations, évitant par là le gaspillage de la force ou de la richesse.

Le savoir est encore un multiplicateur de la richesse et de la force. Il peut servir à accroître les ressources de ce côté, ou, à l'inverse, à en dépenser moins pour atteindre un but déterminé. Dans les deux cas, l'efficacité s'en trouve accrue ; quelle que soit la fin de la partie, on y aura risqué moins de «jetons» de pouvoir.

Bien évidemment, le pouvoir maximum appartient à ceux qui sont en situation de l'utiliser sous les trois formes en les combinant habilement, d'en utiliser les trois instruments en jouant alternativement des menaces de sanction et des promesses de récompense, en même temps que de la persuasion et d'une information supérieure. A ce jeu, les meilleurs savant intuitivement — ou ont appris à savoir — comment déployer et coordonner au mieux l'usage des pouvoirs dont ils disposent.

Qui veut évaluer les chances des parties prenantes à un conflit de pouvoir — qu'il s'agisse d'une guerre ou d'une négociation — aura intérêt à rechercher qui possède tel instrument fondamental du pouvoir, et dans quelle mesure.

Ce sont le savoir, la capacité de violence et la richesse, plus leurs interactions, qui déterminent le pouvoir social. Francis Bacon identifiait le savoir au pouvoir, mais ne le considérait ni sous sa forme qualitative ni en fonction de ses liens décisifs avec les autres grandes sources du pouvoir collectif. Nul ne pouvait non plus, jusqu'à aujourd'hui, prévoir l'actuelle révolution des rapports entre les trois éléments.

Des myriades de conséquences

Aujourd'hui, le monde tel que le concevait Bacon est en proie à un bouleversement total. Aucun des génies du passé — ni Sun-Tzu, ni Machiavel, ni Bacon — n'aurait pu imaginer la plus profonde de toutes les transmutations du pouvoir : celle de notre temps, où la force et la richesse elles-mêmes sont devenues, à un degré stupéfiant, soumises à la domination du savoir*.

Voici peu de temps encore, la puissance militaire n'était fondamentalement qu'une amplification de la force brute du poing. Aujourd'hui, elle dépend presque totalement de l'« intelligence congelée » — autrement dit du savoir incorporé

* L'auteur établit en note une distinction entre *power shift*, ou transfert de pouvoir, et *powershift*, mot composé de sa création qui donne au livre son titre américain ; *powershift* implique une « transformation en profondeur de la nature même du pouvoir » (nous traduisons ici par « transmutation »). (N.d.T.)

dans les armes et dans la technologie des moyens de renseignement. Des satellites espions aux sous-marins, l'armement moderne
est constitué de composants électroniques chargés d'une masse
d'information. L'avion de combat est un ordinateur volant, et
les armes « muettes » elles-mêmes sont produites grâce à des
ordinateurs et éléments électroniques ultra-sophistiqués.

Pour ne prendre qu'un exemple, les spécialistes militaires
utilisent un savoir informatisé — sous forme de « systèmes
experts » — pour la défense antimissiles. Les missiles subso-
niques progressant à environ 300 mètres par seconde, un moyen
défensif efficace doit réagir en à peu près dix millièmes de
seconde ; mais les « systèmes experts » peuvent intégrer jusqu'à
10 000, voire 100 000 instructions élaborées par des cerveaux
humains. L'ordinateur devra les passer en revue, les évaluer et
les relier entre elles pour décider de la réaction appropriée à la
menace. Selon la revue *Defense Science*, le Pentagone a assigné
à la DARPA (Agence des projets de recherche avancée sur la
défense) l'objectif à long terme de concevoir un système d'armes
capable d'effectuer « un million de déductions logiques par
seconde ». Logique, déduction, connaissances scientifiques —
bref, le travail cérébral de l'homme ou de la machine — sont
aujourd'hui les conditions premières de la puissance militaire.

Parallèlement, dire que la richesse dépend de plus en plus de
l'intelligence est devenu dans le monde des affaires un véritable
cliché. L'économie des pays avancés ne pourrait fonctionner
trente secondes sans ordinateurs ; les nouvelles complexités de
la production, l'incorporation de technologies aussi diverses que
nombreuses et constamment changeantes, la fragmentation d'anciens « marchés de masse » continuent d'accroître par grands
bonds successifs aussi bien la qualité que le volume des informations sans lesquelles le système ne pourrait produire de
richesse. Bien plus, nous n'en sommes qu'au tout début de ce
processus d'« informationisation ». Nos meilleurs ordinateurs et
systèmes de conception assistée ou d'intelligence artificielle en
sont encore à l'âge de pierre.

Le savoir s'avère donc être non seulement la source du pouvoir
de la plus haute qualité, mais aussi le plus important facteur de
la force et de la richesse. Autrement dit, il a cessé d'être un
adjuvant du pouvoir de l'argent ou du simple pouvoir physique
pour en devenir l'essence ; il est maintenant l'ultime amplifica-
teur de tout. C'est ici l'origine des *nouveaux pouvoirs* dont
l'avènement est si proche.

Faits, mensonges et vérité

Ni le savoir, ni les systèmes de communication ne sont aseptiques ou neutres à l'égard du pouvoir. Pratiquement, tout « fait » utilisé dans l'économie, la vie politique et les relations humaines quotidiennes découle d'autres « faits » ou assomptions qui ont été élaborés, volontairement ou non, par la structure de pouvoir préexistante. Ainsi tout « fait » comporte-t-il à la fois un passé marqué par le pouvoir, et aussi ce qu'on pourrait appeler un avenir de pouvoir — c'est-à-dire un certain impact sur sa distribution future.

Les faits imaginaires ou discutés sont également des produits du conflit de pouvoirs dans la société, et peuvent à leur tour y servir d'armes. A l'instar des faits « vrais », des « lois » scientifiques et des « vérités » religieuses acceptées, les faux faits et les mensonges sont eux aussi des cartes dans le jeu permanent du pouvoir, et constituent même une forme du savoir au sens où nous allons employer le terme.

Il existe naturellement autant de définitions du savoir que de gens qui croient en posséder ; et la situation empire dès qu'on attribue des significations hautement techniques à des mots tels que « signes », « symboles » ou « images ». La confusion s'aggrave encore quand on découvre que la célèbre définition de l'information établie par Claude Shannon et Warren Weaver, qui contribuèrent à en fonder la science, est certes utile dans l'ordre technologique, mais n'apporte rien quant à la valeur sémantique ou au « contenu » de la communication.

Dans les pages qui suivent, les *données* seront généralement prises à peu près au sens de « faits » non reliés entre eux ; le terme *information* s'appliquera à des données déjà incorporées à des catégories, des schémas de classification ou autres cadres ; et celui de *savoir* à une information plus hautement élaborée, sous forme d'affirmations de portée plus générale. Pourtant, afin d'éviter des répétitions fastidieuses, il nous arrivera quelquefois d'utiliser indifféremment l'un ou l'autre mot.

En vue de simplifier l'exposé et d'échapper aux sables mouvants des problèmes de définition, fût-ce aux dépens de la rigueur absolue, le terme *savoir* recevra dans ces mêmes pages une signification étendue, de façon à englober ou subsumer à la fois l'information, les données, les images et l'imagerie, comme aussi les attitudes, les valeurs et les autres produits symboliques de la société, qu'ils soient « vrais », « approximatifs » ou même « faux ».

Tous ces éléments sont, et ont toujours été, objet de manipulation de la part des individus avides de pouvoir, et il en va de même du côté des médias qui transmettent le savoir — c'est-à-dire des moyens de communication qui, à leur tour, donnent une forme spécifique aux messages qu'ils véhiculent par grandes masses. En conséquence, le terme *savoir* sera utilisé de façon à les comprendre dans leur totalité.

La différence démocratique

Outre sa grande flexibilité, le savoir possède d'autres caractéristiques importantes qui, dans le monde de demain, le distingueront radicalement des sources de pouvoir inférieures.

Dans toutes ses applications pratiques, la force est une quantité finie : il existe une limite au-delà de laquelle son emploi détruira ce que nous voulons conquérir ou défendre. Il en va de même pour la richesse : l'argent ne peut tout acheter, et il arrivera un moment où la caisse la mieux garnie se trouvera vide.

Le savoir, lui, ne s'épuise pas : il nous est toujours possible d'en créer davantage.

Le philosophe grec Zénon d'Élée affirmait que si un voyageur parcourait chaque jour la moitié du chemin qui le séparait de sa destination finale, il ne pourrait jamais y parvenir puisqu'il lui resterait toujours une moitié à couvrir. Semblablement, il se peut que nous n'atteignions jamais au savoir ultime sur aucun sujet, mais nous *pouvons* toujours faire un pas de plus, qui nous rapprochera d'une compréhension complète. En principe du moins, le savoir est indéfiniment extensible.

Une autre différence intrinsèque sépare le savoir de la force physique ou de l'argent : en règle générale, si j'utilise un pistolet, vous ne pouvez en même temps utiliser le même ; et si vous utilisez un dollar, je ne peux en même temps utiliser le même.

Au contraire, nous pouvons tous deux utiliser le même savoir pour nous aider ou nous combattre — et, ce faisant, nous avons de plus une chance de produire un supplément de savoir. Ce seul fait suffit à montrer que les règles du jeu du pouvoir mené sur la base du savoir sont profondément différentes des principes auxquels se fient ceux qui prétendent arriver à leur but par la force ou l'argent.

Mais, au moment où nous entrons si précipitamment dans ce qu'on a dénommé l'âge de l'information, le savoir possède, par rapport à la violence et à la richesse, une dernière spécificité plus décisive encore. Force et richesse sont par définition l'apanage des plus forts et des plus riches, alors que le savoir a cette propriété proprement révolutionnaire que les plus faibles et les plus pauvres peuvent également l'acquérir.

Il est donc la plus démocratique des sources de pouvoir.

Cela fait de lui une menace permanente pour les puissants, même si ceux-ci l'utilisent pour renforcer leur pouvoir. Cela explique aussi pourquoi tous les détenteurs de pouvoir — du patriarche familial au président-directeur général ou au Premier ministre — veulent contrôler dans leur domaine la quantité, la qualité et la distribution du savoir.

Ainsi le concept de la triade du pouvoir finit-il par prendre une signification profondément ironique.

Durant les trois derniers siècles au moins, le terrain par exellence du combat politique dans les pays industrialisés a été celui de la distribution de la richesse, en termes de « Qui reçoit quoi ? » ; et c'est à partir de cette question fondamentale que se sont définies des expressions telles que *droite* ou *gauche, capitalisme* ou *socialisme.*

Pourtant, et malgré la si mauvaise répartition générale de la richesse dans un monde douloureusement divisé en riches et en pauvres, il s'avère qu'en comparaison des deux autres sources du pouvoir terrestre, c'est la richesse qui a été et demeure la *moins mal* distribuée. Si large que soit le fossé qui sépare les riches des pauvres, l'abîme qui isole ceux qui sont armés de ceux qui ne le sont pas, et les ignorants de ceux qui savent, est bien plus profond encore.

De notre temps, dans les pays opulents et soumis à une rapide évolution, la lutte pour le pouvoir deviendra de plus en plus une lutte pour la distribution du savoir et la possibilité d'y accéder.

C'est pourquoi, à défaut de comprendre comment il se diffuse, et quels en sont les destinataires, nous ne pourrons ni nous protéger nous-mêmes contre les abus du pouvoir, ni créer la société meilleure et plus démocratique que permettent et promettent les technologies de demain.

Dans la lutte pour le pouvoir à l'échelle mondiale, telle qu'elle se déroulera bientôt au sein de toutes les institutions humaines, la maîtrise du savoir sera l'élément décisif.

Au cours des chapitres qui suivent, nous verrons comment les changements qui affectent la nature du pouvoir sont en voie de bouleverser les relations à l'intérieur du monde économique. De la transformation du capital au conflit de plus en plus net qui oppose les activités « intelligentes » à celles qui le sont moins, du supermarché électronique à l'essor des entreprises familiales et à l'apparition de nouveaux et surprenants types d'organisation, nous tenterons de dessiner la nouvelle trajectoire du pouvoir. Ces profondes mutations d'ordre économique seront mises en parallèle avec les changements significatifs qui interviennent dans la vie politique, dans les médias et dans l'ensemble de l'industrie de l'espionnage. Enfin, nous essaierons de voir quels effets les nouveaux et formidables pouvoirs qui s'imposent aujourd'hui de façon déchirante pourront avoir sur les pays appauvris, sur ce qui reste de pays socialistes, sur l'avenir des États-Unis, de l'Europe et du Japon ; car les présents bouleversements du pouvoir les transformeront tous.

DEUXIÈME PARTIE

La vie dans l'économie supersymbolique

CHAPITRE III

Par-delà le règne du clinquant

Sans doute l'activité des entreprises génère-t-elle des produits et des profits, mais il est difficile d'écarter l'impression qu'elle est en passe de devenir aussi un genre théâtral, et des plus populaires. Comme le théâtre, elle a ses héros, ses traîtres, ses intrigues — et de plus en plus elle a également ses grandes vedettes.

Les noms des rois des affaires résonnent dans les médias autant que ceux des stars d'Hollywood. Entourés de spécialistes en publicité, entraînés à tous les aspects de l'auto-promotion, des personnages comme Donald Trump ou Lee Iacocca sont devenus de vivants symboles du pouvoir des grandes sociétés. Ils sont caricaturés dans les bandes dessinées ; ils publient des best-sellers mis au point par des écrivains professionnels. Tous deux ont été mentionnés (à moins qu'ils ne se soient arrangés pour l'être) comme candidats potentiels à la présidence des États-Unis. Les affaires en sont arrivées à l'âge du clinquant.

Dans ce domaine, les stars ne sont certes pas une nouveauté, mais le contexte actuel est tout différent. Aujourd'hui, le prestige tapageur des nouveaux héros de la finance n'est qu'un aspect superficielle de la nouvelle économie, où l'information (dont le contenu s'étend à tout, de la recherche scientifique à l'intoxication publicitaire) tient une place sans cesse croissante. Ce à quoi nous assistons n'est pas autre chose que l'instauration d'un « système de création de la richesse » entièrement neuf, lequel amène avec lui des changements dramatiques dans la distribution du pouvoir.

Le système en question repose dans sa totalité sur la communication et la dissémination instantanée des données, des idées, des symboles et du symbolisme en général. Il s'agit, au sens précis du terme, comme nous le découvrirons, d'une économie supersymbolique.

Or son avènement, au contraire de ce que certains s'obstinent à prétendre, annonce une vaste transformation ; ses premières manifestations ne sont nullement signe de « désindustrialisation », de « perte de substance » ou de déclin économique, mais d'un élan qui nous mène à une révolution dans les méthodes de production. La nature s'en révèle déjà dans la mutation, largement avancée, qui nous fait passer de la production de masse à une personnalisation croissante des produits, de la commercialisation et de la distribution de masse aux créneaux spécialisés et à la micro-commercialisation, de la grande société anonyme à de nouvelles formes d'organisation, de l'État-nation à des modes organisationnels à la fois locaux et planétaires, du prolétariat au « cognitariat ».

La collision entre les forces qui combattent pour le nouveau système de création de la richesse et les défenseurs de la vieille économie usinière constitue le conflit économique dominant de notre temps ; elle dépasse de loin, en importance historique, la lutte entre le capitalisme et le communisme, ou celle qui implique les États-Unis, l'Europe et le Japon.

Le passage de l'économie des vieilles usines à celle de l'ordinateur exige de vastes transferts de pouvoir, ce qui explique largement la vague de restructurations financières et industrielles qui a déferlé sur les grandes sociétés, les efforts désespérés que font celles-ci pour s'adapter à des impératifs renouvelés entraînant du même coup l'ascension de nouveaux dirigeants.

Les offres publiques d'achat, les raids, les achats par effet de levier d'obligations sur capitaux empruntés, les rachats de capital propre, tous ces procédés ont fait, au long des années 80, les gros titres des pages financières ; ils ont concerné non seulement des sociétés américaines, mais aussi beaucoup d'étrangères, et ce malgré les dispositions légales ou autres qui limitent les OPA « inamicales » dans des pays tels que l'Allemagne occidentale, l'Italie et les Pays-Bas.

Il serait cependant exagéré de considérer tous ces tapageurs exploits accomplis à Wall Street, et la volée de coups qui s'ensuivit pour les grandes sociétés du monde entier, comme des résultats directs du passage à un nouveau type d'économie. Les incidences fiscales, l'intégration européenne, la libéralisation des pratiques financières, la cupidité de style traditionnel, et bien d'autres facteurs y ont églement joué leur rôle. En fait, si un Iacocca ou un Trump représentent quelque chose, c'est en tant que reliques du passé plutôt que comme pionniers du monde nouveau.

Le principal titre de gloire du premier étant d'avoir intrigué à Washington pour renflouer un fabricant de voitures en faillite, et celui du second d'avoir fait flamber son nom sur de voyants gratte-ciel et casinos, il est difficile de voir en eux des révolutionnaires en matière économique.

Il est vrai que toute période révolutionnaire engendre une faune aux multiples espèces — arrivistes, excentriques, vaniteux affamés de publicité, saints et escrocs — en même temps que des visionnaires et authentiques innovateurs.

Sous le tohu-bohu des refinancements et réorganisations, il se dessine pourtant une structure nouvelle, car ce à quoi nous assistons est, en même temps qu'une transformation des structures économiques actuelles, le premier stade d'un déplacement du pouvoir de l'« argent industriel » vers ce qu'on pourrait nommer l'« argent supersymbolique » — processus sur lequel nous reviendrons de façon plus détaillée.

Cette vaste restructuration est devenue inévitable, sous la pression de la concurrence, au moment où l'ensemble du système de création de la richesse passe à une étape plus avancée. A ne voir dans la frénésie des OPA de la fin des années 80 qu'une expression du traditionnel « moi d'abord », on en laisserait échapper les dimensions les plus importantes.

Il n'en reste pas moins que l'économie nouvelle a fort bien récompensé ceux qui en ont prévu l'avènement les premiers. A l'âge de l'usine, toute liste des gens les plus riches du monde aurait mis aux premiers rangs des industriels de l'automobile, des grands patrons de l'acier, des magnats des chemins de fer ou du pétrole et des grands maîtres de la finance, dont la fortune générale résultait en définitive de l'utilisation organisée et conjointe d'une main-d'œuvre mal payée, de matières premières facilement accessibles, et de la production de biens matériels.

Aujourd'hui, le dernier classement de la revue *Forbes* cite parmi les dix plus riches milliardaires américains sept personnes qui ont fait fortune dans les médias, les réseaux de communication ou l'informatique — soit dans les services et les logiciels plutôt que dans le matériel et la production industrielle. Ce catalogue reflète bien ce que les Japonais dénomment les nouvelles « softnomics » — l'économie douce.

L'irruption brutale de fusions, d'OPA, de prises de contrôle et de redistribution des cartes dans le jeu financier n'est pourtant qu'un aspect de la transition qui nous mène à l'économie nouvelle. Au moment même où elles s'efforcent de repousser les attaques des raiders potentiels, ou d'élargir leur propre territoire, les sociétés doivent aussi affronter durement les problèmes de la révolution informato-technologique, des modifications incessantes des marchés, et d'une foule d'autres facteurs tout aussi changeants. Le tout équivaut au plus grave ébranlement que le monde des affaires ait connu depuis la révolution industrielle.

Les commandos d'affaires

Un remaniement d'une telle ampleur ne peut aller sans angoisses ni combats. Tout comme au premier stade de la révolution industrielle, des millions de gens voient leurs revenus menacés, leurs modes de travail désormais dépassés, leur avenir rendu incertain, leurs pouvoirs retranchés.

Investisseurs, dirigeants et salariés se retrouvent ensemble engagés dans un conflit confus. Il se noue d'étranges alliances, il s'invente de nouvelles formes d'arts martiaux. Dans le passé, les syndicats exerçaient leur pouvoir par la voie de la grève ou de la menace de grève. Aujourd'hui, dans l'espoir d'être parties prenantes à la grande restructuration en cours, plutôt que ses victimes, ils ajoutent à leur arsenal les services rémunérés de banquiers, avocats et conseillers fiscaux — tous fournisseurs de savoir spécialisé. Les dirigeants soucieux de se défendre contre une OPA ou de racheter leur propre société, les investisseurs qui cherchent à profiter de l'occasion dépendent de plus en plus d'une information immédiate et précise. Dans les combats pour le pouvoir que déchaîne déjà l'apparition de l'économie super-symbolique, le savoir devient l'arme absolue.

Il en va de même pour l'habileté des uns ou des autres à utiliser les médias, donc à infléchir ce que sait ou plutôt croit savoir le public. Dans cet environnement toujours mouvant, les personnalités brillantes et entraînées à la manipulation des symboles disposent d'un fort avantage spécifique. En France, l'image par excellence du grand entrepreneur est celle de Bernard Tapie, qui prétend avoir édifié à titre privé un groupe d'affaires rapportant un milliard de dollars par an. Il dispose pratiquement d'une sorte d'option privilégiée pour les apparitions télévisées qu'il souhaite faire. En Grande-Bretagne, Richard Branson, fondateur du groupe Virgin, bat des records de vitesse en *offshore* et, selon la revue *Fortune*, jouit de la « sorte de célébrité autrefois réservée aux stars du rock ou aux familles royales ».

A mesure que se disloque le vieux système, les hauts bureaucrates anonymes qui le maintiennent plus ou moins en état de marche sont de plus en plus balayés par l'armée des guérilleros, investisseurs à tout risque, promoteurs, professionnels de l'organisation ou de la gestion, dont beaucoup sont des anti-bureaucrates par conviction personnelle, et qui ont tous été entraînés à se procurer le savoir (au besoin par des moyens illégaux), et à en contrôler la dissémination.

L'émergence du nouveau système supersymbolique de création de la richesse ne se borne pas à un transfert de pouvoir ; elle en modifie aussi le style. Il suffit à cet égard de comparer, par exemple, les tempéraments du lent et solennel John DeButts, qui dirigea l'American Telephone and Telegraph Company dans les années soixante-dix jusqu'au jour de son éclatement, à celui de William McGowan, qui précisément rompit le monopole d'AT & T et créa pour la concurrencer la « société de communication » MCI. Fils d'un dirigeant syndical des cheminots, et aussi impatient qu'irrévérent, McGowan commença par vendre au porte à porte des portefeuilles en peau de crocodile, puis fit sa pelote en mettant sur pied le financement de la version pour grand écran d'*Oklahoma*, entreprise par les producteurs hollywoodiens Mike Todd et George Skouras ; il poursuivit sa carrière, avant de fondre sur AT & T, en créant une petite entreprise de matériel militaire qui obtint des contrats du Pentagone.

Une autre comparaison pourrait s'établir entre les prudents « caciques des affaires » qui dirigèrent General Electric durant une ou deux décennies, et Jack Welch, qui gagna le surnom de « Neutron Jack » pour avoir dépecé le géant avant de le remodeler.

La mutation stylistique ne fait que refléter des besoins nouveaux. La restructuration de grandes sociétés, voire d'industries entières, n'est pas l'affaire de bureaucrates habitués à couper les cheveux en quatre, à toujours sauver la face et à décompter les haricots. Le rôle convient beaucoup mieux à des individualistes fonciers, à de vrais battants, voire même à de véritables excentriques — autrement dit à des hommes de commando prêts à débarquer sur n'importe quelle plage pour y conquérir le pouvoir d'assaut.

On a pu dire que les entrepreneurs à haut risque et affairistes financiers d'aujourd'hui ressemblent fort aux « barons voleurs » qui créèrent au XIXᵉ siècle l'économie usinière. Il est certes vrai que le présent « Âge du clinquant » n'est pas sans rappeler la soi-disant « Époque dorée » qui suivit aux États-Unis la guerre de Sécession. Là aussi, il s'agissait d'une restructuration économique fondamentale, qui résultait de la victoire du Nord en voie d'industrialisation sur les agrariens escalvagistes du Sud. Ce fut le règne de la consommation ostentatoire, de la corruption politique, de la dépense effrénée, de la prévarication et de la spéculation généralisée — où s'affirmaient des acteurs plus grands que nature, tels que le « Commodore » Vanderbilt, « Jim-Diamant » Brady et Gates, dit « Un million à parier ». Marquée par l'action antisyndicale et par le mépris des pauvres, l'époque fut néanmoins celle de la croissance économique éruptive qui lança l'Amérique dans l'ère de l'industrie moderne.

Pourtant, si la génération d'aujourd'hui évoque davantage les flibustiers que les bureaucrates, c'est le titre de « pirates de l'électronique » qui lui conviendrait le mieux. Le pouvoir dont se saisissent ses représentants ne se compte plus en sacs d'argent, mais en données sophistiquées, en information et en savoir-faire.

Pour réaliser une OPA, le financier californien Robert I. Weingarten donne la recette suivante : « La première chose à faire est de mémoriser vos critères d'action sur ordinateur. Ensuite vous cherchez une société qui y corresponde, en comparant vos critères à diverses données, jusqu'au moment où vous identifiez la cible. Alors, qu'est-ce qui vous reste à faire ? Vous convoquez une conférence de presse. Donc, vous commencez par l'ordinateur et vous finissez par les médias. »

« Entre-temps, ajoute-t-il, vous aurez engagé une armée de spécialistes du savoir hautement qualifiés — conseillers fiscaux, stratèges dans la manipulation des assemblées d'actionnaires, créateurs de modèles mathématiques, conseillers en investissement, experts en relations publiques — dont la plupart utiliseront largement des ordinateurs, des télécopieurs et autres moyens de télécommunication, ainsi que les médias.

Actuellement, la possibilité de réaliser une affaire dépend souvent beaucoup plus de votre savoir que des dollars que vous mettez sur la table. A un certain niveau, il est plus facile de trouver l'argent que le savoir-faire qui convient. C'est le savoir qui est le véritable levier du pouvoir. »

Les OPA et les restructurations constituant des défis de pouvoir, elles produisent un spectacle dramatique, avec ses héros et ses traîtres. Des noms comme ceux de Carl Icahn et T. Boone Pickens deviennent familiers à la planète entière. Des guerres personnelles éclatent. Bien que détenant une forte part du capital, Steve Jobs, cofondateur d'Apple et qui fut un temps le jeune prodige de l'industrie américaine, doit démissionner à la suite d'un *coup d'État** fomenté de l'intérieur de la société par John Sculley. Iacocca poursuit son interminable vendetta contre Henry Ford II. Roger Smith, de la General Motors, est caricaturé dans le film satirique *Roger et moi*, et sauvagement attaqué par le millionnaire de l'informatique Ross Perot, dont il a absorbé la société ; et la liste s'allonge tous les jours.

Ce serait ne pas voir la signification profonde des OPA que de les considérer comme une spécialité américaine résultant d'une réglementation inadéquate de Wall Street. En Grande-Bretagne, Roland Rowland, dit « Tout petit », bataille durement pour le contrôle des grands magasins Harrods ; Sir James Goldsmith, brusque et impétueux financier, rassemble 21 milliards de dollars pour un raid sur BAT Industries PCL. Carlo de Benedetti, PDG d'Olivetti, combat Gianni Agnelli, maître de l'empire Fiat, et en même temps le « *salotto buono* » — le cercle fermé de l'establishment industriel en Italie —, en lançant soudainement une offensive sur la Société générale de Belgique à Bruxelles, groupe qui contrôle un tiers de toute l'économie belge.

Bull, la firme française d'informatique, lorgne sur les activités de l'américaine Zenith dans le même domaine. Le groupe Victoire rachète la Colonia Versicherung AG, deuxième assureur d'Allemagne, tandis que la Dresdner Bank met la main sur la Banque internationale de placement française.

En Espagne, où le drame tourne souvent au mélodrame, le public a pu assister à ce que le *Financial Times* décrit comme étant « probablement la représentation la plus fascinante et du plus mauvais goût depuis des décennies », c'est-à-dire à un furieux combat entre « les gens qui sont beaux » et « les gens qui réussissent » — entre le vieil argent et le nouveau.

Ayant pour enjeu principal le contrôle des trois plus grandes banques du pays et de leurs empires industriels, la bataille opposa Alberto Cortina et son cousin Alberto Alcocer à Mario Conde, brillant juriste formé par les Jésuites, et qui, s'étant emparé du Banco Español de Crédito, entreprit de le faire fusionner avec le Banco Central, lui-même déjà au premier rang en Espagne. L'affaire s'étala dans la presse semi-pornographique quand un des « Albertos » tomba amoureux d'une *marquesa* de vingt-huit ans, qui fut photographiée dans une boîte de nuit en minijupe et sans rien dessous.

Finalement, la grande fusion, que le Premier ministre espagnol vantait comme étant « peut-être l'événement économique du

* En français dans le texte.

siècle », s'effondra comme un château de cartes, laissant Conde combattre pour sa survie dans sa propre banque.

Toutes ces affaires font les choux gras de la machinerie médiatique, mais le caractère international du phénomène montre bien qu'il ne s'agit pas seulement de faux éclat, d'avidité ou de lacunes des réglementations locales. Comme nous le verrons, ce qui se passe est beaucoup plus sérieux. Le pouvoir est en voie de transformation sur une centaine de fronts à la fois, et sa nature même — ce mélange de force, de richesse et de savoir — se modifie à mesure que nous passons à l'économie supersymbolique.

Dale Carnegie et Attila le Hun

Dans ces conditions il n'est guère surprenant que même de brillants dirigeants d'entreprise paraissent se trouver dans l'embarras. Certains se précipitent sur des manuels pratiques qui portent des titres aussi sots que *les Secrets de dirigeant d'Attila le Hun*; d'autres étudient des textes mystiques, ou suivent des cours de l'Institut Dale Carnegie sur la manière d'influencer les hommes, ou encore participent à des séminaires de stratégie de la négociation — comme si le pouvoir n'était qu'une question de psychologie ou de manœuvre tactique.

D'autres encore se lamentent de ce qu'il existe dans leurs entreprises des problèmes de pouvoir, et y voient une menace pour leur bilan — un gaspillage de forces qu'il vaudrait mieux consacrer à la recherche du profit. A leurs yeux, les querelles personnelles pour le pouvoir sont une simple perte d'énergie, et les bâtisseurs d'empires avides de pouvoir engagent du personnel inutile. La confusion redouble quand certains des plus réellement puissants déclarent tranquillement n'avoir aucune autorité.

Il est donc bien compréhensible que beaucoup soient désorientés. Les apôtres du libre marché de l'école de Milton Friedman ont tendance à décrire l'économie comme une machine impersonnelle animée par l'offre et la demande, et à ignorer le rôle du pouvoir dans la création de la richesse et du profit ; ou bien ils assurent bénignement que toutes ces luttes pour le pouvoir s'annulent mutuellement, et finalement n'affectent en rien l'économie.

Le penchant à sous-estimer l'importance du pouvoir dans la réalisation du profit n'est pas l'apanage des seuls idéologues conservateurs. Un des ouvrages de référence les plus lus et les plus respectés dans les universités américaines est *Economics*,

de Paul A. Samuelson et William D. Nordhaus. La dernière
édition comporte un index de vingt-huit pages en petits caractères fort fatigants pour l'œil ; or le mot *pouvoir* n'y figure pas
une fois.

(Il y a pourtant, parmi les économistes américains les plus
célèbres, une exception importante à cet aveuglement ou du
moins à cette myopie : c'est l'attitude de J.K. Galbraith. Qu'on
soit ou non d'accord avec ses autres idées, il a en tout cas tenté
d'introduire le facteur du pouvoir dans l'équation économique,
et ce, de façon cohérente.)

Quant aux radicaux, ils parlent beaucoup du pouvoir que
s'arrogent indûment les grandes entreprises en vue d'influencer
les goûts des consommateurs, ou bien des monopoles et oligo-
poles qui tendent à fixer les prix. Ils s'en prennent aux groupes
de pression, au financement de campagnes collectives et aux
méthodes peu ragoûtantes dont usent parfois les capitalistes pour
s'opposer à des réglementations touchant la sécurité et la santé
des travailleurs, l'environnement, la fiscalité progressive et autres
questions de même ordre.

Cependant, à un niveau plus profond, ces militants soucieux
de limiter le pouvoir des grandes affaires se trompent sur la
place qu'il tient dans la vie économique (ils la sous-estiment), y
compris sous son aspect positif et fécond ; en même temps, ils
ne paraissent pas s'apercevoir de l'étonnante transformation en
cours.

Derrière beaucoup de leurs critiques se dissimule l'idée non
exprimée que le pouvoir est d'une certaine manière étranger à
la production et aux profits ; ou que les abus de pouvoir commis
par les entreprises économiques sont des phénomènes spécifiquement capitalistes. En fait, il suffit d'observer de près l'instauration des nouveaux pouvoirs pour conclure que le pouvoir est
une caractéristique intrinsèque de toutes les économies.

Ce ne sont pas seulement les profits excessifs ou illégitimes,
mais bien tous les profits qui résultent pour une part (et souvent
pour une grande part) de l'exercice du pouvoir, et non de
l'efficacité : une entreprise parfaitement inefficace peut quand
même faire des bénéfices si elle est en mesure d'imposer ses
propres conditions à son personnel, à ses fournisseurs, à ses
distributeurs et à ses clients. A chaque pas ou presque, le pouvoir
s'avère indispensable au processus de production — et la chose
vaut pour tous les systèmes, qu'ils soient capitalistes, socialistes
ou tout ce qu'on peut imaginer.

Même dans une période normale, l'activité productrice exige
l'établissement fréquent de relations de pouvoir, et leur rupture

non moins fréquente — ou du moins leur réajustement permanent. Mais nous ne sommes pas dans une époque « normale ».
La concurrence exacerbée et les changements accélérés requièrent
des innovations constantes, et chaque tentative d'innovation
provoque des résistances et de nouveaux conflits de pouvoir.
Seulement, dans l'environnement révolutionnaire d'aujourd'hui,
où différents systèmes de création de la richesse entrent en
violente collision, il arrive souvent que des ajustements mineurs
se révèlent insuffisants. Les conflits gagnent en intensité ; de plus,
les entreprises étant de plus en plus interdépendantes, un
changement de pouvoir dans l'une a fréquemment des répercussions ailleurs.

A mesure que nous nous engageons dans une économie
concurrentielle à l'échelle mondiale, et largement dépendante du
savoir, ces antagonismes et confrontations ne cessent de s'aggraver. Il en résulte que le facteur du pouvoir prend une importance
toujours croissante, et cela non seulement à l'échelle des intérêts
individuels, mais aussi pour chaque groupe pris dans son
ensemble ; car les transformations qui s'y rattachent affectent
souvent plus fortement le niveau des profits que ne le font le
bas niveau des salaires, l'innovation technique ou la prévision
économique rationnelle.

Des batailles pour l'attribution des crédits à l'édification
d'empires bureaucratiques, les organisations financières et industrielles subissent déjà, et de façon croissante, des impératifs de
pouvoir. Très vite, les conflits se multiplient à propos des
promotions et des embauches, des transferts d'installations, du
renouvellement du matériel ou des produits, des prix de cession
entre branches, de l'évaluation et de la présentation des besoins,
de la définition des normes de comptabilité — toutes questions
qui, à leur tour, provoquent de nouvelles luttes et modifications
des rapports de pouvoir.

La mission cachée de la consultante

Mara Selvini Palazzoli, psychologue, qui dirige un groupe
italien spécialisé dans l'étude des grands groupes économiques,
rapporte un cas où deux hommes possédaient ensemble plusieurs
entreprises industrielles. Afin, du moins en première apparence,
d'améliorer le rendement de l'affaire, le président informa les
consultants que le moral était plutôt bas, et les invita à enquêter
largement auprès du personnel aux fins de découvrir pourquoi

tout le monde paraissait sujet à colère et envie, au point de souffrir d'ulcères d'estomac.

Le vice-président et co-propriétaire, qui détenait 30 % des parts (contre 70 % au président), se déclara sceptique. Mais engager un cabinet de consultants, répondait le président en haussant les épaules, n'était qu'une manière de « suivre la mode ».

Pourtant, l'analyse menée par le groupe de Mara Palazzoli mit en évidence un nœud de vipères aux plus fâcheux effets. Les consultants avaient officiellement pour tâche d'améliorer l'efficacité ; en fait, la mission prévue n'était pas exactement celle-là. Ils découvrirent que le président et le vice-président étaient à couteaux tirés et que le premier cherchait à trouver en eux de nouveaux alliés.

A la suite de quoi, le groupe Palazzoli conclut : « Le projet secret du président consistait à essayer, par l'intermédiaire du psychologue, de s'assurer le contrôle de toute la société, y compris la production et les ventes (que dirigeait pour une grande part le vice-président et associé)... Quant au vice-président, son projet également secret était de se montrer supérieur à son associé et de prouver qu'il devait son autorité à une meilleure compétence technique en même temps qu'à de meilleures capacités personnelles de direction. »

Ce n'est là qu'un exemple entre bien d'autres. En réalité, les entreprises petites ou grandes opèrent les unes comme les autres dans un « champ de pouvoir » où les trois instruments essentiels — la force, la richesse et le savoir — s'emploient et se combinent sans cesse de façon à réajuster les accords, ou à les renverser de fond en comble.

Il reste que, pour avoir défrayé la chronique, les exemples cités n'en relèvent pas pour autant d'un type de conflit « normal ». Dans les décennies à venir, avec les violentes confrontations que nous pouvons attendre entre deux grands systèmes de création de la richesse, avec l'extension mondiale du changement et la montée corrélative des enjeux, ces contestations dites aujourd'hui « normales » n'occuperont plus qu'une place restreinte dans le jeu de luttes pour le pouvoir bien plus vastes et déstabilisantes que toutes celles dont nous pouvons avoir souvenir.

Tout cela ne veut pas dire que le pouvoir soit devenu le seul objectif, ni qu'il représente un gâteau limité dont les individus comme les grandes sociétés chercheraient à se découper la meilleure part ; ni non plus qu'il ne puisse exister de relations individuelles fondées sur une honnêteté réciproque, ni qu'il ne puisse se conclure d'accords « gagnant-gagnant », où chacun des contractants trouve son avantage ; ni que toute relation se réduit nécessairement à un « lien de pouvoir » plutôt qu'au célèbre « lien d'argent » de Marx.

Mais les faits n'en donnent pas moins à penser qu'à côté des immenses déplacements de pouvoir qui nous attendent, les OPA et autres transformations paraîtront rétrospectivement peu de chose. L'intrusion des nouveaux pouvoirs affectera l'économie sous tous ses aspects, des relations avec le personnel et du statut de chaque unité fonctionnelle — commercialisation, études techniques, financement et autres services — jusqu'au réseau de rapports de forces tissé entre industriels et détaillants, entre investisseurs et administrateurs.

Ce sont des hommes et des femmes qui effectueront ces mutations et tout ce en quoi on peut les convertir ; mais les instruments essentiels resteront la force, la richesse, le savoir ; car dans le monde économique comme dans le monde en général, ceux-ci sont toujours ce qu'étaient autrefois l'épée, le joyau et le miroir de la déesse solaire Amaterasu-omi-kami. Qui ne saura comprendre leurs modifications se sera procuré un passeport pour l'oubli.

En soi, ce serait suffisant pour faire subir aux responsables économiques, dans leur personne et dans leurs organisations, une période de pressions difficilement supportables. Mais, précisément, ce n'est pas tout ; car avec les nouveaux pouvoirs au plein sens du terme, il ne s'agit pas seulement d'un transfert ; il s'agit d'une mutation violente et soudaine de la nature même du pouvoir — de la composition de ce mélange de savoir, de richesse et de force.

Afin d'anticiper sur ces transformations fondamentales et toutes proches, il nous faut donc étudier le rôle des trois composants. Avant de pouvoir évaluer ce qu'il advient du pouvoir lié à la richesse et au savoir, nous devons nous préparer au spectacle dérangeant que présente l'usage de la violence dans le monde des affaires.

CHAPITRE IV

La force : le composant Yakuza

L'homme est une célébrité, l'équivalent en affaires d'une star de l'écran. Ses mariages figurent en bonne place dans les échos mondains, son nom suscite crainte et fascination dans la communauté financière. Encore quadragénaire et plein d'assurance, il est tour à tour charmant et colérique. Passionné de lecture, il lui arrive de passer son dimanche après-midi à parcourir l'Upper East Side de Manhattan, à la recherche d'un bouquiniste intéressant. Il a affronté quelques-unes des plus puissantes personnalités des affaires, il a fait les gros titres des pages financières, et s'est bâti une fortune personnelle estimée à près d'un demi-milliard de dollars.

C'est aussi un délinquant.

Le pire est que la loi qu'il a violée n'est pas un de ces textes alambiqués qui visent les entourloupes boursières ou le crime en col blanc. C'est la plus frustrante de toutes les lois — celle qui interdit l'usage de la violence.

Voici l'histoire qu'il raconte, réduite à ses grandes lignes par souci de brièveté :

> Un incendie avait éclaté dans un des centres informatiques de ma société, situé dans une ville voisine. Nos enquêteurs conclurent que le feu avait été allumé par un employé en rogne. L'ennui était que nous n'avions pas de preuves qui auraient tenu devant un tribunal, et que les flics locaux refusaient de s'intéresser à l'affaire. D'ailleurs, s'ils l'avaient fait, nous savions bien qu'il aurait fallu attendre la fin des temps pour arriver à quelque chose.
>
> Alors nous avons caché un magnétophone sur un autre

employé et nous l'avons envoyé dans un bar, où il s'est
arrangé pour approcher le type que nous soupçonnions. Le
gars a avoué, même il s'en est vanté. Après ça, je n'allais
pas prendre de risques. Donc nos responsables de la sécurité
ont eu une petite conversation avec lui et l'ont menacé de
lui casser les jambes (ou plus) s'il ne démissionnait pas de
ma société et ne foutait pas le camp de la ville — et en
vitesse !

Est-ce que c'était illégal ? Bien sûr. Est-ce que je le
referais ? Vous pouvez parier ! Le prochain feu qu'il aurait
allumé aurait pu brûler vifs plusieurs de mes employés. Est-
ce que j'allais attendre tranquillement que ça arrive pour
que les flics et les juges remuent ?

L'histoire nous rappelle qu'il existe dans toute société ce qu'on
pourrait appeler un « système coercitif secondaire », qui opère
en marge du système coercitif formel et officiel destiné à faire
respecter la loi ; mais elle nous dit également que, sous la surface
lisse des affaires normales, il se passe aussi des choses dont peu
de gens ont envie de parler.

Il est rare que nous pensions à la force brute comme jouant
un rôle dans les affaires. Sur les millions de millions de
transactions financières effectuées chaque jour, l'immense majorité sont si loin de suggérer la moindre violence, sont si pacifiques
en apparence que nous n'imaginons guère de soulever le cou-
vercle pour voir ce qui peut bouillonner dessous.

Pourtant, ces trois sources de pouvoir que nous voyons à
l'œuvre dans la vie familiale, dans l'action de l'État ou dans
toute autre institution sociale sont également présentes dans la
vie économique et l'ont toujours été, même s'il nous serait plus
agréable de penser le contraire.

Argent de sang, argent tout blanc

Du jour où le premier chasseur du paléolithique a abattu un
petit animal d'un coup de pierre, la violence a servi à produire
de la richesse.

Prendre est venu avant produire.

Est-ce un hasard si le *Roget's Thesaurus*, qui donne en
26 lignes les synonymes du verbe « emprunter » et en 29 ceux
du verbe « prêter », n'en consacre pas moins de 157 aux diverses
significations de « prendre » — dont « capturer », « coloniser »,

« conquérir » et « kidnapper », pour ne rien dire de « violer »,
« shanghaïer » et « détourner ».

La révolution agricole, dont les débuts remontent à quelque
dix mille ans, a fait passer l'humanité du stade de la conquête
— par la cueillette sauvage, la chasse et la pêche — à la création
de richesses. Pourtant, l'agriculture même était imprégnée de
violence.

Les verges ou le couteau, le gourdin et le fouet furent des
instruments de l'économie agricole au même titre que la faucille,
la faux ou la bêche.

Avant la révolution usinière, au temps où nos arrière-arrière-
grands-parents peinaient de force sur la terre, le monde entier
était économiquement tout aussi sous-développé que les pays
aujourd'hui les plus pauvres et les plus dénués de capitaux. Il
n'y avait alors même pas d'économies « développées » à qui
demander quelques milliards de dollars de prêts ou autres formes
d'aide étrangère. Alors, d'où ont donc pu provenir les fortunes
qui financèrent la révolution industrielle à ses débuts ?

Directement ou indirectement, beaucoup provenaient du pil-
lage, du brigandage, de la piraterie, du fouet brandi sur les
esclaves, de l'accaparement de la terre, du banditisme organisé,
de diverses extorsions, de la terreur exercée par le seigneur sur
le paysan, des Indiens réduits à s'exténuer dans les mines d'or
et d'argent, des vastes domaines concédés par des monarques
reconnaissants à leurs guerriers et généraux, ou à des pratiques
du même genre.

Maculée au départ de ces taches de sang, la richesse acquise
passa, du père au fils, puis au petit-fils, à un rose de plus en plus
pâle ; les générations se succédant, elle devint blanche comme
neige, et c'est sous cette couleur qu'elle finit par financer les
premières installations sidérurgiques, usines textiles, compagnies
de navigation et fabriques d'horlogerie qui naquirent vers la fin
du XVIIe siècle et au début du XVIIIe.

Dans ces premiers exemples d'usines, la violence conservait
sa place dans la production ; des enfants servaient des machines
sous peine d'être battus ; dans les mines, des femmes étaient
brutalisées et violées ; un peu partout, des hommes se résignaient
sous les coups.

Des zeks et de leurs gardiens

L'usage de la force aux fins d'extraction de la richesse ne s'est pas éteint avec celui de la machine à vapeur. Au XXᵉ siècle encore, la pratique s'en est maintenue sur une très grande échelle.

Dans les infâmes camps soviétiques, à Vorkouta et ailleurs, des millions de « zeks » et autres prisonniers ont fourni une main-d'œuvre à vil prix aux mines et à l'exploitation forestière. Au départ, écrit l'économiste soviétique Vassili Séliounine, les camps avaient pour but d'éliminer les opposants à la révolution de 1917 ; par la suite, ils « devinrent un moyen d'accomplissement de tâches purement économiques ». Au cours de la deuxième guerre mondiale, les usines hitlériennes employèrent des esclaves tirés de toute l'Europe : elles produisirent des munitions, des produits chimiques — et des cadavres. En Afrique du Sud, les traitements brutaux infligés à la majorité noire ont équivalu à une forme de maîtrise de la force de travail fondée sur les chiens policiers, les matraques et les gaz lacrymogènes.

Aux États-Unis, comme en bien d'autres pays, l'histoire du mouvement ouvrier a été marquée par des épisodes de répression violente, allant parfois jusqu'au terrorisme. Depuis les « Molly Maguires », qui tentèrent d'organiser les mineurs de charbon de Pennsylvanie dans les années 1870 jusqu'aux Chevaliers du Travail de la période suivante, du massacre de Haymarket en 1886 aux débuts de la campagne pour la journée de huit heures, à la grande grève du textile de Gastonia (Caroline du Nord) en 1929, et au nouveau massacre du Memorial Day* en 1937, devant les usines de la Republic Steel de Chicago, le patronat et la police s'efforcèrent de concert d'empêcher les syndicats de s'organiser.

Vers la fin des années trente, toujours aux États-Unis, les grandes sociétés persistaient à engager des gros bras pour briser les grèves ou intimider les militants syndicaux et ceux qui les suivaient. Quand le personnel demandait une augmentation ou faisait mine de vouloir se syndiquer, c'était devenu une coutume, pour la Ford Motor Company, que de faire appel à Harry Bennett et à ses escadrons de sinistre réputation. Il ne fut nullement exceptionnel de voir la Mafia elle-même prêter main-forte au patronat pour « s'occuper » des militants. Aujourd'hui même, en Corée du Sud, nombre de sociétés ont formé, au nom

---

* Souvenir des morts pour la patrie, célébré traditionnellement le dernier lundi de mai. (N.d.T.)

du « salut de l'entreprise », des unités spéciales chargées de briser les grèves et d'empêcher la naissance d'un mouvement syndical. A l'usine Motorola de Séoul, la violence a atteint un tel degré que, pour protester contre le refus de la société de reconnaître le syndicat, deux ouvriers se sont arrosés d'essence et suicidés par le feu.

Dans les années de l'immédiate après-guerre, les employeurs japonais utilisent le Yakuza, organisation assez semblable à la Mafia, aux fins d'intimidation envers les militants syndicaux. Aujourd'hui, malgré le haut degré de développement économique du pays, le facteur Yakuza ne s'est pas entièrement effacé.

Il n'est pas rare de voir les *sokaiya*, voyous à chaussures pointues liés au Yakuza, ou francs gangsters à son service, intervenir dans les assemblées d'actionnaires tantôt pour gêner la direction, tantôt pour la protéger. En 1987, la première assemblée qui suivit la privatisation de la Nippon Telegraph and Telephone Company fut interrompue par un *sokaiya* à l'élégance criarde, qui accusa un des administrateurs de pincer les fesses de sa secrétaire, après quoi des douzaines d'autres se levèrent pour faire rebondir la discussion. L'un d'eux demanda pourquoi il avait dû faire la queue aux toilettes de l'immeuble. Un des administrateurs ayant présenté des excuses, le même intervenant demanda des explications sur un acte indécent qu'aurait commis un membre du personnel de la NTT. Devant les protestations des assistants, il passa à des questions sur des promesses de paiement non tenues, pour une valeur de quelques milliers de dollars, puis sur une affaire d'espionnage téléphonique.

Les *sokaiya* continuèrent ce harcèlement, qui visait évidemment à gêner la société plutôt qu'à en réformer le fonctionnement, jusqu'au moment où, comme sortie de nulle part, une forte bande de jeunes costauds se rangea autour de la salle ; sur quoi les *sokaiya* effectuèrent tranquillement leur sortie.

L'usage de la violence dans les affaires n'a pas toujours une issue aussi pacifique, comme le Japon s'en aperçut le jour où, à Osaka, on retrouva Kazuo Kengaku, dirigeant d'un fonds d'investissement bien connu et non sans liens avec le Yakuza, dans un linceul de béton. Le Yakuza est également fortement impliqué dans la spéculation immobilière : il fournit des hommes de main pour intimider les occupants de logements ou les petits commerçants qui, en refusant de se laisser expulser, se mettent en travers de juteux projets élaborés par les promoteurs. La pratique est de notoriété publique, à tel point qu'elle a inspiré le film de Juzo Itami *Récompense pour une enquiquineuse* (1989).

De gros intérêts immobiliers étaient également en cause dans une affaire récente, où l'échec d'un projet financier entraîna un procès pour manœuvres frauduleuses. A cette occasion, l'avocat américain Charles Stevens, représentant à Tokyo de la firme Coudert Brothers et agissant au nom d'une société également américaine, reçut tant de menaces qu'il finit par garder en permanence une batte de base-ball sous son bureau.

Sur les franges douteuses du monde des affaires, tout particulièrement celles des diverses industries du spectacle, la violence a parfois pris des formes étranges. En Corée du Sud, des distributeurs de films ont tenté de faire fuir le public des salles qui projetaient des bandes américaines en y lâchant des serpents ! En France, à la suite de la création par des investisseurs saoudiens, avec le soutien du gouvernement français, du parc de loisirs de Mirapolis — pour la somme de 100 millions de dollars —, des forains qui craignaient la concurrence répandirent du sable dans le mécanisme des manèges et autres attractions à grand frisson. L'échec du projet eut d'ailleurs de tout autres causes.

De leur côté, à l'instar des usuriers du monde entier, les *sarakin* japonais usent parfois de la « persuasion » physique pour obliger les emprunteurs à rembourser des dettes abusives, et l'argent gagné grâce à ce genre d'activités se fraie doucement son chemin jusqu'au sein des grandes banques et autres honorables institutions financières.

Aux États-Unis, comme aussi souvent ailleurs, c'est quelquefois par la force que les sociétés tentent de fermer la bouche aux « vendeurs de mèche » — autrement dit aux employés qui attirent l'attention sur les procédés un peu irréguliers de leurs patrons.

C'est ce qu'avait voulu faire Karen Silkwood. Elle mourut dans un accident de voiture après avoir protesté contre la façon dont son employeur manipulait des matériaux nucléaires ; des années après l'événement, il reste des gens pour se demander s'il s'agissait vraiment d'un accident, et qui ne pourront jamais s'empêcher de croire que sa société l'a fait tuer.

Si ce genre d'« affaires » prend une dimension spectaculaire, c'est évidemment parce que, dans les économies avancées, elles sont justement devenues des exceptions. L'expérience quotidienne du cadre américain penché sur ses feuilles de listage, de l'employé japonais accroché à son téléphone, ou du représentant qui étale ses échantillons sur un comptoir, est si loin d'évoquer le moindre semblant de violence que la simple mention de son existence ne suscitera que scepticisme.

Pourtant, le fait que la plupart des transactions courantes n'impliquent aucun exercice direct de la violence ne signifie nullement que celle-ci a disparu.

En réalité, la violence a été maîtrisée, transmuée et finalement dissimulée.

Un monopole de la force

Une des raisons qui ont rendu les manifestations de violence directe si rares dans le jeu économique est qu'au fil des temps, la violence a de plus en plus été « sous-traitée ». Au lieu de la produire et l'utiliser ouvertement, les maîtres des affaires ont en fait acheté les services de l'État : dans tous les pays industriels, la violence officielle a pris la relève de la violence privée.

Dès l'instant de sa fondation, le premier souci de toute autorité étatique est de s'assurer le monopole de la violence : ses soldats et ses policiers doivent seuls être autorisés à l'exercer.

Dans certains cas, le grand capital contrôle politiquement l'État, si bien que la distinction entre pouvoirs privés et pouvoirs publics tient à l'épaisseur d'un cheveu. Cependant, la vieille thèse marxiste, selon laquelle l'État n'est que « l'exécutant » du pouvoir capitaliste dominant, néglige ce que nous savons tous — c'est-à-dire que les politiciens agissent généralement pour leur propre compte plutôt que pour celui des autres.

De plus, les marxistes étaient persuadés que seuls des groupes ou gouvernements capitalistes utiliseraient jamais la force contre des ouvriers désarmés ; mais c'était avant que la police communiste, munie de gaz lacrymogènes, de canons à eau et d'instruments beaucoup plus menaçants encore, ne tente, au début des années quatre-vingt, d'écraser le mouvement syndical polonais « Solidarité », ou que, plus récemment, le gouvernement chinois ne fasse massacrer étudiants et ouvriers aux abords de la place Tien Anmen, utilisant ses forces policières et militaires exactement comme Pinochet au Chili, et comme ailleurs tant d'autres dirigeants de régimes violemment anticommunistes.

Ainsi, tenant seul en main les moyens de la violence, et s'appliquant à l'éliminer ou à la contrôler sous toutes ses formes, l'État réduit-il la part de production indépendante des grandes sociétés capitalistes ou autres institutions.

Le fusil caché

Si l'agression physique directe paraît avoir presque entièrement disparu de la vie économique, c'est aussi pour cette seconde raison que la violence a été sublimée sous la forme du droit.

Capitaliste ou socialiste, toute économie moderne repose sur le droit. Tout contrat, tout engagement signé, tout titre boursier, toute hypothèque, tout accord entre partenaires sociaux, toute police d'assurance, toute dette et toute créance sont en fin de compte fondés sur la loi.

Et derrière chaque loi, bonne ou mauvaise, il y a le canon d'un fusil. Selon la formule concise du général de Gaulle, il faut que le droit ait la force de son côté. Le droit est une sublimation de la violence.

Quand une entreprise intente un procès à une autre, elle demande à l'État de mettre en œuvre la force du droit, elle veut que les pouvoirs publics pointent leurs armes sur la poitrine de son adversaire (armes dissimulées sous l'épais camouflage du charabia bureaucratique et juridique), et ce dans le but de le contraindre à telle ou telle action.

Ce n'est pas tout à fait par hasard qu'aux États-Unis on qualifie souvent les avocats d'affaires de « gâchettes à louer ».

La fréquence même du recours aux procédures juridiques (par opposition aux autres voies de résolution des conflits d'affaires) donne finalement une bonne image du rôle que joue la force dans la vie économique ; et, selon ce critère, l'importance en est immense aux États-Unis, où il existe aujourd'hui 655 000 membres des professions judiciaires pour 5,7 millions d'entreprises, soit une proportion d'environ un pour neuf. Chaque jour ouvrable, les tribunaux d'instance submergés examinent péniblement plus d'un millier d'affaires civiles.

Les hommes d'affaires américains dénoncent à grand bruit la collusion entre le gouvernement japonais et l'industrie de son pays, qu'ils jugent déloyale. Mais, d'assez curieuse façon, dès qu'il s'agit de régler un conflit, ce sont les Américains et non les Japonais qui se précipitent pour plaider et donc pour demander aux pouvoirs de l'État d'intervenir à leur place.

Du plus minime litige commercial jusqu'au procès entre Pennzoil et Texaco au sujet d'une OPA, procès qui met en jeu des milliards de dollars, le droit dissimule toujours la force — laquelle implique en dernière analyse le recours virtuel à la violence.

De leur côté, les contributions des entreprises aux campagnes électorales peuvent elles aussi être considérées comme un moyen dissimulé d'amener un gouvernement à sortir son revolver dans l'intérêt de telle société ou de telle industrie.

Au Japon, Hiromasa Ezoe, président de la société Recruit, avait cédé d'énormes volumes d'actions, bien au-dessous du cours, à des politiciens des plus influents, membres du Parti libéral-démocrate au pouvoir. Cette fois, la tentative de séduction intéressée était si flagrante que l'indignation de la presse et du public contraignit le Premier ministre Noboru Takeshita à démissionner. Le scandale n'était pas sans similitudes avec l'affaire un peu antérieure de l'empire Flick, en Allemagne occidentale, dont les dirigeants acheminaient illégalement des fonds vers les caisses de divers partis politiques.

Au Japon encore, plus de 60 milliards de dollars — davantage que pour les achats de voitures — vont chaque année aux 14 500 « salons de pachinko », où les clients jouent à lancer sur un plan incliné une boule d'acier inoxydable qui doit tomber dans le bon trou après avoir contourné divers obstacles. Les gagnants reçoivent des prix, dont certains sont convertibles en argent. Tout comme les galeries de jeux américaines, le pachinko est une activité qui, opérant en espèces liquides, est organisée pour la fraude fiscale et le blanchiment de l'argent sale. En même temps, des bandes soutirent aux salons des protections monnayées, et parfois se battent pour un contrôle des plus lucratifs. Afin d'écarter la menace de mesures législatives qui tendraient à ouvrir leur comptabilité à la police, les tenanciers ont abondamment contribué au financement des deux principaux partis politiques.

Chaque fois que des fonds provenant des affaires passent à des candidats ou à des partis, on peut supposer que c'est dans l'attente d'un échange de bons procédés. Aux États-Unis, malgré les réformes successives et les modifications de la réglementation sur le financement des campagnes électorales, toutes les branches industrielles importantes continuent à faire parvenir de l'argent à l'un des grands partis, ou aux deux, en vue d'acheter au moins l'assurance de faire entendre leur point de vue particulier ; et, à l'effet d'éluder ou de tourner les interdictions légales, on ne cesse d'inventer des méthodes ingénieuses — par exemple des honoraires de conférencier exagérés, l'achat de livres qui autrement seraient invendables, le « prêt » de biens immobiliers, ou des facilités d'emprunt à faible intérêt.

Du seul fait de son existence, l'État engendre dans l'économie un ensemble non intentionnel de subventions et contre-subventions, sanctions et contre-sanctions, toujours indirectes et souvent cachées. Dans la mesure où l'action de l'État s'appuie en dernier recours sur la force — autrement dit sur les fusils, la police et l'armée —, la conception d'une économie où n'interviendraient ni le pouvoir ni la force relève d'une vision puérile.

Cependant, la dernière et la plus importante raison pour laquelle les grandes sociétés — et même les gouvernements — recourent moins souvent à la violence directe qu'à l'ère préindustrielle est qu'ils ont découvert un meilleur instrument de contrôle.

Cet instrument n'est autre que l'argent.

La trajectoire du pouvoir

Que le pouvoir et même la violence demeurent un élément constitutif du monde des affaires, cela n'a rien qui doit nous surprendre. Ce qui devrait plutôt susciter l'étonnement, c'est de voir quel changement est intervenu dans la manière d'utiliser la force.

Un possesseur d'esclaves ou un seigneur féodal, transplanté des temps anciens dans le monde actuel, aurait peine à croire et trouverait même stupéfiant que nous battions moins les travailleurs et que, pourtant, ils produisent plus.

Un capitaine de navire selon la tradition serait tout aussi dérouté d'apprendre qu'on ne recrute plus les matelots en les embarquant de force, et qu'on ne les mène plus à coups de garcette.

Même un compagnon charpentier ou tanneur du XVIIIe siècle s'effarerait de s'entendre dire qu'il n'a plus (légalement) le droit de coller son poing sur la figure d'un apprenti effronté. Regardons, par exemple, la gravure d'Hogarth, « Travail et Paresse », publiée en Angleterre en 1747 : on y voit deux garçons, dont l'un s'applique sur son métier à tisser, l'air tout content, tandis que l'autre somnole. A droite, le maître en colère s'approche, brandissant la baguette qui va punir l'oisiveté.

Dans le monde moderne, la coutume et la loi concourent à restreindre l'usage ouvert de la force. Mais la réduction de la violence à l'état de vestiges dans la vie économique n'a été le fruit ni de la charité chrétienne ni d'un aimable altruisme.

En réalité, les élites sociales, qui comptaient précédemment sur l'usage du pouvoir de basse qualité conféré par le violence, sont passées au cours de l'ère industrielle au pouvoir de qualité moyenne conféré par l'argent.

Sans doute l'argent ne produit-il pas toujours les mêmes

résultats immédiats qu'un coup de poing en pleine figure ou le canon d'un revolver dans les côtes. Mais, du fait qu'il peut servir à la fois pour récompenser et pour punir, il constitue un instrument de pouvoir beaucoup plus souple et adaptable — tout spécialement quand l'ultime recours à la violence reste disponible.

Si l'argent n'a pu devenir plus tôt le moyen principal du contrôle social, c'est tout simplement parce que la plus grande part de l'humanité restait en dehors de l'économie monétaire. Avant l'ère industrielle, les paysans produisaient eux-mêmes l'essentiel de leur nourriture, construisaient leur habitation et confectionnaient leurs vêtements. Mais dès que les usines remplacèrent les fermes, les gens cessèrent de se nourrir eux-mêmes et n'eurent plus pour survivre d'autre espoir que l'argent. La dépendance entière à l'égard du système monétaire, par opposition à l'auto-subsistance ancienne, transforma toutes les relations de pouvoir.

Comme nous venons de le voir, la violence n'a pas disparu ; mais, à mesure qu'au cours des trois siècles industriels l'argent devenait la principale motivation de la force de travail, et l'instrument essentiel de la domination sociale, sa forme et sa fonction se sont modifiées.

C'est pourquoi toutes les sociétés usinières, socialistes aussi bien que capitalistes, se sont montrées plus cupides et plus âpres au gain, plus obsédées par l'argent que les civilisations préindustrielles beaucoup plus pauvres. L'avidité remonte certes aux premiers temps de la préhistoire, mais c'est l'industrialisation qui a fait de l'argent l'outil primordial du pouvoir.

En résumé, l'avènement de l'État-nation industriel a entraîné une monopolisation systématique de la violence, une sublimation de la violence sous la forme du droit, et une dépendance toujours accrue de la population envers l'argent. Ces trois mutations ont donné aux élites dirigeantes des sociétés industrielles la possibilité d'utiliser de plus en plus la richesse en remplacement de la force directe, afin d'imposer leur volonté à l'évolution historique.

C'est là que réside la signification réelle des nouveaux pouvoirs, lesquels n'amènent pas seulement un transfert d'une personne ou d'un groupe à un autre, mais surtout un changement fondamental dans le dosage du mélange de violence, de richesse et de savoir qu'emploient les maîtres pour rester les maîtres.

De même que la révolution industrielle avait transmué la violence en droit, de même nous sommes en voie de transmuer l'argent — et en fait, la richesse au sens général — en quelque chose de nouveau. L'âge de l'usine avait confié à l'argent un rôle primordial dans l'acquisition ou la conservation du pouvoir. A la veille du XXIe siècle, nous en sommes à affronter ce nouveau grand virage de l'histoire que représente l'émergence de nouvelles sources de pouvoirs.

CHAPITRE V

La richesse : Morgan, Milken, et ensuite ?

« Quand quelqu'un possède un pouvoir aussi grand que le vôtre... car vous le reconnaissez, n'est-ce pas ?

— Monsieur, je n'en sais rien. »

L'homme assis sur le siège du témoin, et qui « ne savait pas » posséder du pouvoir, était un banquier au cou de taureau et aux sourcils hérissés, doté de féroces moustaches et d'un nez surdimensionné. Le membre de la commission du Congrès qui l'interrogeait voulut pousser plus loin :

« Ainsi, demanda-t-il, vous n'avez pas le sentiment d'être puissant ?

— Non, répondit l'homme tranquillement, je n'en ai pas du tout le sentiment. »

La chose se passait en 1912. Le témoin, en costume sombre et col cassé, arborant une chaîne de montre en or sur une panse généreuse, régnait sur trois ou quatre banques géantes, trois grandes sociétés organisées en trusts, autant de compagnies d'assurance sur la vie, dix réseaux de chemins de fer, plus, entre autres bricoles, l'United States Steel, la General Electric, l'American Telephone and Telegraph, la Western Union et l'International Harvester.

John Pierpont Morgan était la quintessence du capitalisme financier de l'ère industrielle, le symbole par excellence du pouvoir de l'argent au tournant du siècle.

Coureur de jupons, mais aussi grand moralisateur et assidu aux offices religieux, il vivait dans un climat d'opulence et de goinfrerie ostentatoires, tenait ses réunions d'affaires dans un décor de soies damassées et tapisseries tirées des palais européens, non loin de coffres qui contenaient des carnets de notes de Léonard de Vinci et des éditions originales de Shakespeare in-folio.

Du haut de son nez monumental, Morgan jetait un regard méprisant sur les Juifs et autres minorités ; il haïssait les syndicats, se gaussait des nouveaux riches, et combattait sans trêve les autres « barons voleurs » de son temps.

Né immensément riche à une époque où les capitaux étaient rares, il était impérieux et impulsif ; il écrasait sauvagement ses concurrents, et recourait parfois à des méthodes qui, aujourd'hui, l'auraient probablement fait atterrir en prison.

Rassemblant des capitaux énormes, Morgan les injectait dans les grandes branches industrielles de l'époque usinière — dans les fours Bessemer, les wagons Pullman ou les générateurs Edison, comme dans des ressources minérales tangibles : pétrole, nitrate, cuivre ou charbon.

Mais il ne se borna pas à saisir les occasions qui se présentaient ; par ses prévisions stratégiques il contribua à édifier l'économie américaine de l'âge de l'usine, il accéléra le transfert des pouvoirs politiques et économiques du secteur agricole au secteur industriel, et de la production au financement.

Finalement, on disait qu'il avait « morganisé » l'industrie américaine en créant un système hiérarchisé et dominé par la finance, c'est-à-dire, selon ses détracteurs, un « trust de l'argent » qui contrôlait l'essentiel des flux de capitaux.

Quand Morgan nia tranquillement posséder le moindre pouvoir, ce fut un grand jour pour les caricaturistes ; l'un d'eux le représenta assis à califourchon sur une montagne de pièces marquée « Contrôle sur 25 000 000 000 dollars », un autre en empereur maussade, portant couronne et robe de cérémonie, une masse d'armes dans une main et une bourse dans l'autre.

Pour le pape Pie X, c'était un « bon et grand homme » ; pour le *Boston Commercial Bulletin*, un « tyran financier, ivre de richesse et de pouvoir, qui [braillait] ses ordres aux marchés boursiers, aux directeurs de société, aux tribunaux, aux gouvernements et aux nations ».

Morgan concentrait le capital. Il fusionnait de petites sociétés pour en édifier de toujours plus grandes et toujours plus monopolistiques. Il centralisait. Il considérait le commandement d'en haut comme un principe sacré et l'intégration verticale comme un procédé des plus efficaces. Il comprenait que l'avenir était dans la production de masse. Il voulait garantir ses investissements par des actifs « durs » — des usines, des équipements, des matières premières.

Tout cela faisait de lui un reflet quasi parfait de la première grande époque de l'usine, qu'il contribua à créer. Que Morgan se sentît ou non « puissant », la maîtrise d'énormes fonds en une période de pénurie de capitaux lui donnait une multitude d'occasions de récompenser ou punir les autres, et de réaliser le changement sur une très vaste échelle.

Le bureau en X

Quand son nom figura pour la première fois dans les gros titres, Michael Milken venait de dépasser la quarantaine ; c'était un homme extrêmement réservé, un travailleur acharné ; il était alors un des principaux vice-présidents de Drexel Burnham Lambert, banque d'investissement dont Morgan avait été un des cofondateurs en 1871. Le titre était trompeur : en fait, Milken n'était pas un vice-président parmi tant d'autres, il était l'architecte d'une organisation entièrement neuve de la finance américaine ; il était, comme beaucoup le reconnurent rapidement, le J.P. Morgan de notre temps.

Dans les années quatre-vingt, Drexel devint une des banques d'investissement les plus actives de Wall Street. Devant pour la plus grande part ce développement spectaculaire aux efforts acharnés de Milken, elle le laissa diriger une firme largement indépendante, à quelque cinq mille kilomètres du siège social de la côte Est. Il installa ses bureaux à Beverly Hills, en Californie, juste en face du Beverly Wilshire Hotel.

Milken arrivait dès 4 h 30 ou 5 heures du matin, assez tôt pour caser quelques rendez-vous avant l'ouverture de la Bourse de New York, à trois fuseaux horaires de là. Après un pénible voyage, les directeurs de grandes sociétés venus de New York ou de Chicago s'y traînaient, les yeux rouges et le chapeau à la main, en quête de financement. L'un voulait construire une nouvelle usine, un autre pénétrer de nouveaux marchés, un autre acheter une nouvelle entreprise ; tous étaient là parce qu'ils savaient que Milken pouvait leur trouver des capitaux.

Du matin au soir, celui-ci restait assis au centre d'un immense centre opérationnel en forme de X, murmurant, tournant son fauteuil dans tous les sens, achetant et vendant, criant parfois, toujours entouré d'un tourbillon d'employés rivés aux téléphones et aux écrans d'ordinateurs. C'est à partir de ce bureau qu'il donna sa nouvelle forme à l'économie américaine, à l'instar de ce que Morgan avait fait en un autre temps.

A comparer leurs méthodes et leurs actes, nous pouvons en apprendre beaucoup sur la manière dont la maîtrise du capital

— et en conséquence le pouvoir social de l'argent — est en voie de se modifier. Confrontons tout d'abord leurs personnalités.

Milken contre Morgan

J.P. Morgan était corpulent, imposant, d'allure terrifiante. Milken est grand, mince, bien rasé ; sous sa chevelure noire et bouclée, il fait penser à une biche aux aguets.

A sa naissance, Morgan avait dans sa bouche la proverbiale cuiller d'argent ; fils d'un comptable agréé, Milken ramassa les cuillers sales sur les tables du café où il travailla un moment comme débarrasseur.

Morgan allait de Wall Street à sa résidence du centre de Manhattan, à sa propriété dans la vallée de l'Hudson ou à ses somptueux châteaux européens ; Milken habite toujours une maison de brique et de bois, qui n'a rien de somptueux, à Encino, dans la vallée de San Fernando, Los Angeles, site qui n'est pas vraiment huppé. S'écartant rarement du Pacifique, il garde les yeux fixés sur le Japon, le Mexique et les régions en développement au Sud.

S'entourant de jeunes dames complaisantes, Morgan laissait sa femme et sa famille se morfondre en son absence ; Milken est à tous égards bon mari et bon père de famille. Morgan haïssait les Juifs ; Milken est juif.

Morgan méprisait les syndicats, Milken a été consultant financier pour des syndicats du rail, des transports aériens et de la navigation maritime. L'idée que le personnel pût posséder l'entreprise serait apparue à Morgan comme une provocation communiste ; Milken est partisan de la propriété par les travailleurs et pense que, dans les années à venir, celle-ci jouera un rôle économique important aux États-Unis.

Les deux hommes ont acquis un grand pouvoir personnel, ont fait beaucoup parler d'eux dans la presse, ont fait tous deux l'objet d'enquêtes officielles pour des délits réels ou supposés. Mais, fait bien plus important, ils ont modifié la structure du pouvoir aux États-Unis selon des orientations éminemment différentes.

L'ouverture des portes

A la naissance de Milken, le 4 juillet 1946, l'économie américaine restait dominée par des sociétés géantes, fondées la plupart du temps par Morgan. La General Motors, Goodyear Tires, Burlington Mills, Bethlehem Steel étaient les fleurons de ce beau monde. Ces firmes usinières, les soi-disant « Blue Chips » (« valeurs de premier ordre »), avec leurs agents politiques, leurs contributions électorales, leurs associations professionnelles, sans compter des organisations telles que la National Association of Manufacturers, disposaient d'une énorme force de frappe politique aussi bien qu'économique. Collectivement, il leur arrivait de se comporter comme si le pays leur appartenait.

Leurs pouvoir se trouvait encore renforcé par l'influence qu'elles exerçaient sur les médias grâce à la maîtrise d'immenses budgets publicitaires et à la possibilité qu'elles avaient, du moins en théorie, de fermer une usine dans la circonscription d'un parlementaire récalcitrant, transférant ainsi investissements et emplois dans un climat politique plus favorable. Souvent même elles parvenaient à décider les syndicats qui représentaient leurs ouvriers à se joindre à elles dans une campagne de pression commune.

Le « pouvoir de l'usine » était de plus protégé par un secteur financier qui rendait difficile aux concurrents de défier la suprématie des Blue Chips. Du coup, au milieu du XXe siècle, la structure fondamentale du pouvoir industriel restait largement inchangée.

C'est alors qu'il se produisit de nouveau.

En 1956, alors que Milken était encore à l'école primaire, le nombre des travailleurs des services et des « cols blancs » dépassa pour la première fois aux États-Unis celui des « cols bleus ». Et, quand il commença sa carrière comme jeune employé d'une banque d'investissement, l'économie était déjà engagée dans son passage accéléré à un nouveau système de création de la richesse.

Les ordinateurs et les satellites, la large diversification des services et l'économie planétaire étaient en voie de créer un environnement neuf, dominé par le changement. Mais le secteur financier, enserré dans ses préjugés et protégé par la législation, opposait un obstacle majeur à l'évolution.

Jusqu'aux années soixante-dix, les dinosaures des Blue Chips obtenaient sur-le-champ des capitaux à long terme ; mais la chose était beaucoup plus difficile pour les entreprises plus petites et innovatrices.

Wall Street était la Mecque financière du monde entier, et aux États-Unis deux « services d'évaluation » — Moody's et Standard & Poor's — gardaient les portes du capital. Ces deux firmes privées assignaient des taux de risque aux obligations ; d'après elles, environ 5 % seulement des sociétés américaines avaient « valeur d'investissement ». Par suite, des milliers d'entreprises se trouvaient exclues du marché des emprunts à long terme, ou du moins, faute de pouvoir émettre des obligations, se voyaient renvoyées aux services des banques et des compagnies d'assurance.

A l'université de Californie (Berkeley), puis à la Wharton School de l'université de Pennsylvanie, Milken étudia le risque d'investissement. Il découvrit que nombre des sociétés relativement petites, évincées par Wall Street, avaient par le passé bien remboursé leurs dettes. Elles faisaient rarement défaut à leurs engagements, et elles étaient prêtes à payer plus que l'intérêt courant à qui acceptait leurs obligations.

C'est cette vision intuitive, à contre-courant, qui donna naissance aux obligations dites à haut rendement, ou encore « junk-bonds » — c'est-à-dire « de pacotille » — que le jeune Milken, entré chez Drexel au plus bas niveau, entreprit de vendre aux investisseurs avec un zèle de missionnaire.

Le détail de l'histoire importe peu ici ; l'essentiel est que Milken réussit au-delà des imaginations les plus folles, et que, presque à lui seul, il finit par rompre l'isolement financier où avaient jusque-là été tenues les entreprises de second rang. Ce fut comme une rupture de barrage ; le capital se rua dans cette voie en passant par Drexel. En 1989, le marché des « junk-bonds » atteignait le chiffre astronomique de 180 milliards de dollars.

Au lieu de créer un « trust de l'argent » à l'image de Morgan, Milken rendit au contraire les activités financières plus concurrentielles et moins monopolistes ; il avait pour ainsi dire ouvert les portes et libéré des milliers de sociétés de leur dépendance envers les banques et les assurances ; du même coup, les arrogantes firmes de Wall Street, qui n'existaient que pour servir les Blue Chips se trouvaient contournées. Les obligations du type Milken permirent aux entrepreneurs de s'adresser directement au public et aux prêteurs institutionnels — par exemple les caisses de retraite — pour obtenir les capitaux nécessaires à la construction de nouvelles unités de production, à l'extension de leurs marchés, à la recherche et au développement — ou au rachat d'autres entreprises.

Sur la masse des « junk-bonds », les trois quarts environ financèrent très normalement des innovations technologiques, des pénétrations de marché ou autres objectifs qui ne prêtaient aucunement à controverse. Dans sa publicité, un des grands arguments de Drexel fut que le niveau de l'emploi chez les vieux géants des Blue Chips restait en retard sur l'expansion économique, tandis que dans les entreprises moyennes financées par son intermédiaire, le nombre des postes créés augmentait plus vite que la moyenne nationale. Cependant, une partie du capital fourni par Milken fut engagé dans des OPA qui tournèrent à la bataille rangée.

Ces épreuves de force spectaculaires firent les gros titres et tinrent en haleine le grand public comme les professionnels de la Bourse. Les cours s'envolaient ou plongeaient au rythme des rumeurs d'OPA amicales ou inamicales qui ne cessaient de se multiplier, et impliquaient certaines des sociétés américaines les plus connues. Il se concluait des opérations qui n'offraient plus à l'investisseur de rapport acceptable entre les risques et les chances de gain. Dans une orgie de spéculation, des pyramides de dettes s'édifiaient sur des bases irréelles. Chauffeurs de taxi et serveuses discutaient savamment les dernières nouvelles et appelaient leurs agents de change, dans l'espoir d'empocher des bénéfices énormes sur les hausses vertigineuses à attendre quand des raiders en concurrence enchérissaient sur les titres des sociétés « opéables ». Et, d'autres firmes de Wall Street faisant leur entrée sur le marché des « junk-bonds », la machine financière montée par Milken et Drexel, échappant à leur contrôle, ne fut bientôt plus qu'un attelage emballé.

De si violentes perturbations, souvent doublées de luttes sans merci pour le pouvoir personnel, se terminèrent en massacre des innocents. Des sociétés se trouvèrent « rapetissées », des travailleurs impitoyablement réduits au chômage ; même les cadres virent leurs rangs décimés. Dans ces conditions, il n'est pas surprenant qu'il se soit déclenché une contre-offensive, dont Milken fut la cible principale.

La contre-offensive

En ouvrant de force les vannes des réservoirs de capitaux, Milken avait ébranlé l'édifice entier du pouvoir d'âge industriel aux États-Unis. Tout en enrichissant Drexel Burnham (sans s'oublier lui-même, cela au rythme stupéfiant de 550 millions de dollars pour la seule année 1987), il se fit des ennemis acharnés de deux groupes extrêmement puissants. L'un se composait des firmes à l'ancienne mode de Wall Street, celles-là mêmes qui avaient précédemment si bien étranglé le flux de capitaux ; le second était celui des hauts dirigeants des plus grandes sociétés. Tous deux avaient les meilleures raisons pour tenter de l'écraser s'ils le pouvaient ; tous deux aussi avaient de puissants alliés au gouvernement et dans les médias.

D'abord férocement attaqué dans la presse, qui le dépeignait comme l'incarnation absolue des excès du capitalisme, Milken tomba ensuite sous le coup d'une inculpation fédérale en quatre-vingt-dix-huit points : il était accusé de manœuvres frauduleuses sur titres boursiers, manipulation du marché et « parking » (détention illégale de titres qui appartenaient à Ivan Boesky, l'arbitragiste déjà condamné pour délit d'initié). Menaçant d'utiliser de vastes pouvoirs juridiques destinés à lutter contre la Mafia plutôt qu'à réprimer les infractions boursières, le gouvernement fédéral contraignit Drexel à se séparer de Milken et à payer à l'Oncle Sam une amende écrasante de 650 millions de dollars.

En même temps, certains des rachats de titres de la pire espèce commencèrent à tourner à la catastrophe, semant la panique chez les investisseurs et faisant chuter les cours des « junk-bonds » — des plus solides comme des plus mal garanties. Drexel, qui tentait péniblement de retrouver son équilibre après la gigantesque amende, et détenait elle-même pour un milliard de dollars de « junk-bonds », se trouva bientôt le dos au mur, et s'écroula dans un fracas de tonnerre. Quant à Milken, déjà jugé et condamné par la presse, il finit par plaider coupable sur six infractions, dans le cadre d'un accord complexe qui annulait toutes les autres accusations.

Mais, comme pour Morgan, il importe beaucoup moins pour le pays de savoir si Milken avait ou non violé la loi que d'évaluer l'influence qu'il exerça sur la finance américaine ; car, tandis que la finance restructurait d'autres secteurs, Milken lui-même restructurait la finance.

Tous les pays connaissent depuis longtemps le conflit entre ceux qui, tels Morgan, voulaient restreindre l'accès au capital et ceux qui, comme Milken, ont lutté pour en élargir l'accès.

« Un long combat, écrit le professeur Glenn Yago, de l'université de l'État de New York (Stony Brook), a été mené dans le but de rénover les marchés américains du capital et de les rendre plus accessibles. Au XIXe siècle, les fermiers ont lutté pour obtenir des crédits [...] et il en est résulté des accroissements de la productivité agricole. Dans les années trente, les banques ont coupé les crédits aux petits entrepreneurs, mais ceux-ci ont obtenu de l'aide contre elles. Après la deuxième guerre mondiale, les travailleurs et les consommateurs ont cherché à emprunter pour acheter leur maison ou faire des études. Malgré la résistance des adversaires de l'accès du peuple aux sources de crédit, les marchés financiers ont répondu à la demande, et le pays a prospéré. »

S'il est vrai qu'un excès de crédit peut déchaîner l'inflation, il y a tout de même une différence entre accès et excès. En élargissant l'accès, Milken pouvait, comme le reconnaît Connie Bruck, un de ses adversaires les plus féroces, « soutenir raisonnablement [...] que son action avait fait progresser la "démocratisation du capital" » ; et c'est pourquoi certains syndicalistes ou Afro-américains ont pris sa défense dans ses difficultés.

Bref, Morgan et Milken ont tous deux changé la finance américaine, mais ils l'ont fait dans des directions contraires.

Tampons hygiéniques et location de voitures

En outre, alors que Morgan était le parfait représentant de la centralisation et de la concentration, et opérait en postulant que l'ensemble valait davantage que la somme de ses parties, Milken et les gens qu'il finança sont souvent partis de l'hypothèse inverse. Les années soixante et soixante-dix avaient vu la formation de gigantesques « conglomérats » sans objectif précis et peu maniables — d'énormes sociétés fondées sur une gestion bureaucratique et sur une croyance aveugle en la vertu des « économies d'échelle » et des « synergies ». A l'opposé, les obligations vendues par Milken finançaient des OPA qui visaient à démanteler ces mastodontes pour créer des entreprises moins lourdes, plus manœuvrantes et plus stratégiquement orientées.

Pratiquement toutes les OPA soutenues par Milken aboutirent au détachement de divisions ou d'unités distinctes, du fait qu'en réalité les parties *valaient plus* que l'ensemble, et que les synergies se révélaient moindres qu'il n'avait été imaginé.

Un exemple frappant en est l'éclatement de Beatrice Companies, disgracieux agrégat qui rassemblait peu logiquement l'entreprise de location de voitures Avis, l'embouteillage de Coca-Cola, les soutiens-gorge Playtex, la fabrication de tampons hygiéniques, plus les produits alimentaires qui en avaient précédemment constitué l'activité essentielle. Après la revente des éléments disparates à d'autres sociétés, Beatrice est devenue une firme beaucoup plus petite, mais qui travaille avec plus d'habileté dans divers secteurs alimentaires, notamment le fromage et la viande. Parallèlement, Borg-Warner, à vocation industrielle, a revendu sa division d'opérations financières. Après OPA, Revlon a abandonné les fournitures médicales et autres unités sans

rapport avec son activité centrale — les cosmétiques, branche
où elle avait le plus d'expérience.

En facilitant l'accès au capital, Milken aida aussi les entreprises
naissantes dans les nouvelles branches des services et de l'information à faire leurs premiers pas.

Assurément, ce n'était pas là son objectif primordial ; il ne
demandait qu'à financer tout aussi bien les vieilles industries.
Mais il reste qu'opérant à un moment où l'ensemble de l'économie était en train de sortir de l'âge usinier, il avait certainement conscience de cette mutation fondamentale, et contribua
de diverses manières à la stimuler. Ainsi déclara-t-il un jour à
la revue *Forbes* que la vague de restructurations en cours tenait
pour beaucoup à ce que le pays était en voie de passer de l'ère
industrielle à une autre, ajoutant que « dans une société industrielle le capital est une ressource rare, mais que dans la société
d'information actuelle, il y a abondance de capitaux ».

Étant donné que les obligations à haut rendement, dites aussi
« de pacotille », émises par les soins de Milken, étaient plus
avantageuses pour des sociétés moins anciennes et moins solidement établies que pour les Blue Chips, lesquelles avaient
facilement accès aux modes de financement traditionnels, il n'est
pas étonnant de trouver beaucoup des bénéficiaires du nouveau
système dans les branches de services ou d'information à
croissance rapide, où précisément les sociétés nouvelles avaient
le plus de chance de naître.

En conséquence, Milken apporta son aide à la réorganisation
ou au financement de sociétés produisant des téléphones numériques ultramodernes, des câbles de télévision, des ordinateurs,
ou fournissant des services paramédicaux, des soins à domicile
— bref, d'activités nouvelles dont la croissance menaçait la
suprématie des hauts barons des vieilles industries.

En fin de compte, Morgan et Milken ébranlèrent tous deux,
mais dans des sens presque diamétralement opposés, les structures établies de leur temps ; c'est pourquoi, indépendamment
de toute action juridique, l'un et l'autre attirèrent sur leurs têtes
des tempêtes de critiques et de calomnies. Pour le bien ou pour
le mal, légalement ou illégalement, chacun d'eux transforma le
jeu financier de manière à répondre aux besoins nouveaux de
l'économie de leur époque.

L'ère d'après Wall Street

Si spectaculaires qu'ils aient paru en leur temps, les bouleversements dus à Milken n'étaient qu'un aspect d'une révolution beaucoup plus vaste, car les changements qu'on observe dans le contrôle et l'utilisation du capital — qui reste une des principales sources de pouvoir dans notre société — correspondent à des changements plus profonds encore, qui affectent l'économie tout entière.

Du temps de Morgan, et tant que durèrent les beaux jours de Wall Street, la fabrication en masse et par millions de produits identiques fut le symbole par excellence des « temps modernes ». Aujourd'hui, exactement comme l'idée en avait été suggérée en 1970 dans le Choc du futur, puis développée en 1980 dans la Troisième Vague, nous sommes en train de renverser ce principe de la production de masse.

Les techniques de fabrication assistée par ordinateur permettent maintenant de produire en petites quantités des objets de plus en plus personnalisés, qui visent des créneaux spécialisés. Les entreprises les plus avancées passent de la production des mêmes biens sur une longue période à de courtes séries de « produits à valeur ajoutée accrue », par exemple pour les aciers spéciaux ou la chimie fine. En même temps, des innovations constantes réduisent le cycle de vie de chaque produit.

Nous observons des changements exactement parallèles dans le secteur des services financiers, qui lui aussi diversifie ses séries et réduit leur durée de vie, déversant également un flot de « produits » hautement spécialisés — nouveaux types de valeurs diverses, de prêts hypothécaires, de polices d'assurance, d'instruments de crédit, de fonds mutuels, avec entre eux une infinité de combinaisons et permutations. Le pouvoir sur le capital va de plus en plus aux firmes capables de personnalisation et d'innovation permanente.

Dans la nouvelle économie de la Troisième Vague, une voiture ou un ordinateur peut très bien être fabriqué dans quatre pays différents, et assemblé dans un cinquième. De leur côté, les marchés aussi s'étendent au-delà des frontières nationales : dans le jargon courant, les affaires se « mondialisent », et une fois de plus nous voyons parallèlement tous les services financiers — banque, assurance, activités boursières — se « planétariser » en grande hâte pour servir les sociétés clientes.

L'économie de la Troisième Vague fonctionne à une vitesse sans précédent. Pour suivre le rythme, les firmes financières déversent des milliards dans l'acquisition des technologies les plus récentes. Les nouveaux ordinateurs et réseaux de communication ne permettent pas seulement la diversification et la personnalisation des produits existants ; ils rapprochent aussi la vitesse des transactions du fonctionnement instantané.

Tandis que les usines de la nouvelle génération passent des « fournées » successives à la production en flux continu, la finance suit le mouvement et renonce aux « horaires de banque » pour assurer des services vingt-quatre heures sur vingt-quatre. Des centres financiers surgissent dans de multiples fuseaux horaires. Actions, obligations, matières premières et denrées, monnaies, tout se vend et s'achète sans interruption. Les réseaux électroniques permettent de rassembler et désassembler des milliards en ce qui paraît être des nanosecondes.

La vitesse en elle-même — la capacité à suivre le rythme ou à se maintenir en tête — affecte la répartition des profits et des pouvoirs. Un bon exemple en est la réduction du « flottement » dont bénéficiaient naguère les banques. Il s'agit de l'argent disponible sur les comptes des clients et sur lequel la banque peut percevoir des intérêts en attendant que les chèques tirés soient compensés. A mesure que les ordinateurs accélèrent le processus, les bénéfices réalisés sur ces fonds diminuent, et les banques sont obligées de rechercher d'autres ressources — ce qui les amène à affronter directement la concurrence d'autres branches du secteur financier.

A mesure que, de Hong Kong et de Tokyo à Toronto et à Paris, les marchés des capitaux se développent et s'interconnectent par-dessus les fuseaux horaires, l'argent circule plus vite. La « volatilité » croissant avec la vélocité, le pouvoir financier passe de main en main à des vitesses toujours plus élevées.

Pris dans leur ensemble, tous ces changements représentent la plus profonde restructuration que le monde financier ait connu depuis les premiers temps de l'ère industrielle. Ils reflètent l'apparition d'un nouveau système de création de la richesse, et déjà les firmes les plus puissantes, qui récemment encore contrôlaient d'énormes flux de capitaux, tournoient, désemparées, comme fétus de paille dans la tempête.

En 1985, Salomon Brothers, la plus grande banque d'investissement américaine, se lança dans la construction d'un impressionnant siège social de 455 millions de dollars au Columbus Circle de Manhattan. Au printemps 1987, la firme était menacée d'OPA ; en octobre, elle dut se retirer du marché des obligations municipales, qu'elle avait dominé pendant vingt ans, renoncer aussi à ses opérations sur les effets commerciaux, et licencier

800 de ses 6 500 employés. Puis le krach boursier d'octobre 1987 la frappa de plein fouet ; en décembre, elle fut contrainte d'abandonner honteusement son grand projet de siège social, en y laissant 51 millions de dollars.

Tandis que les bénéfices s'effondraient et que ses propres titres baissaient, des dissensions intérieures déchiraient Salomon Brothers. Une faction voulait s'en tenir au rôle traditionnel de fournisseur de capitaux pour le compte des Blue Chips ; une autre, entrer sur le marché des obligations à haut rendement — ou « de pacotille » — inventées par Milken, et rechercher la clientèle des sociétés de second rang. Il s'ensuivit des défections et un chaos généralisé. Le président, John Gutfreund, battit sa coulpe : « Le monde, disait-il, a changé en certains de ses aspects fondamentaux, et la plupart d'entre nous n'étaient pas en tête de la course. Le monde moderne, nous nous y sommes laissé traîner de force. »

Mais, pour les vieux bonzes, le « monde moderne » est un milieu instable et hostile. Ce ne sont pas seulement des individualités ni des sociétés, mais des branches entières du secteur financier qui chancellent. L'écroulement de plus de cinq cents caisses d'épargne et de prêt américaines, qui a obligé le gouvernement à injecter des centaines de milliards dans un plan de sauvetage d'urgence, ne fait que refléter cette instabilité croissante. Les agences étatiques de régulation, conçues pour un monde industriel plus simple et plus lent, se sont révélées incapables de prévoir et d'écarter la catastrophe qui se dessinait, alors que ces « institutions d'épargne », prises à l'improviste et incapables de faire face aux variations rapides des taux d'intérêt, s'abîmaient dans un marécage de bêtise et de corruption.

Les zigzags du pouvoir

Avec l'affirmation de l'économie planétaire, le champ de foire financier s'étend lui-même à tel point que toute institution, société ou personnalité — fût-ce même Milken — s'en trouve réduite aux proportions d'un nain. De formidables courants se ruent à travers le système, semant sur leur passage des perturbations et éruptions à l'échelle mondiale.

Depuis l'aube de l'ère industrielle, l'Europe était devenue pour longtemps le centre du pouvoir de l'argent ; mais, à la fin de la deuxième guerre mondiale, ce centre s'était transféré en Amérique du Nord, et plus spécifiquement à la pointe sud de l'île de Manhattan. La domination économique des États-Unis resta incontestée pour près de trois décennies. Mais, par la suite, l'argent — et le pouvoir qui en découle — n'a cessé de se déplacer en zigzags incertains sur l'étendue de la planète, comme une boule de pachinko devenue folle.

Vers le milieu des années soixante-dix, et apparemment du jour au lendemain, le cartel de l'OPEP extorqua des milliards à l'Europe et à l'Amérique du Nord (sans compter le reste du monde), puis les fit rebondir au Moyen-Orient. Les pétrodollars ziguèrent immédiatement vers des comptes bancaires new-yorkais, zaguèrent de là sous forme de prêts faramineux à l'Argentine, au Mexique ou au Brésil, d'où ils reziguèrent tout droit aux banques américaines ou suisses. Avec la baisse du dollar et l'évolution des relations commerciales mondiales, les capitaux reziguèrent cette fois vers Tokyo, d'où ils ressautèrent aux États-Unis sous forme de placements dans l'immobilier, bons du Trésor et autres investissements — tout cela à une vitesse qui confond les experts dans leurs efforts pour comprendre les événements.

Chacune de ces embardées du capital entraîne une redistribution du pouvoir au niveau local comme au niveau mondial. Quand les profits pétroliers inondèrent le Moyen-Orient, les pays arabes commencèrent à disposer d'une arme lourde dans l'arène de la politique mondiale. Israël se trouva de plus en plus isolé aux Nations unies. De nombreux pays d'Afrique, ayant besoin à la fois de pétrole et d'aide internationale de la part des gouvernements arabes, rompirent leurs relations diplomatiques avec Jérusalem. En diverses parties du monde, les pétrodollars commencèrent à exercer une influence sur les médias. A Riyad, à Abu Dhabi, à Koweït City, les couloirs d'hôtel furent envahis de quémandeurs porteurs d'attaché-cases — représentants, banquiers, cadres divers et affairistes venus du monde entier pour mendier ignominieusement des contacts ou des contrats auprès de tel ou tel parent plus ou moins authentique d'une famille royale.

Au début des années quatre-vingt, avec la dislocation de l'OPEP et la chute des prix du pétrole, la frénésie s'apaisa en même temps que se réduisait le pouvoir politique arabe. Aujourd'hui, la horde des pèlerins mendiants, qui représentent souvent les plus grandes banques ou sociétés, fourmillent plutôt à Tokyo, dans les couloirs de l'Okura ou de l'Imperial.

L'instabilité croissante du marché mondial des capitaux, spectaculairement marquée par ces énormes mouvements de bascule, et illustrée ponctuellement par des débâcles boursières comme celles des « deux octobres » (1987 et 1989), suivies d'ailleurs de rétablissements, montre que le vieux système échappe de plus en plus à tout contrôle. Conçus pour maintenir la stabilité financière dans un monde où les économies nationales restaient relativement isolées, les anciens mécanismes de sécurité se révèlent aussi dépassés que le monde des vieilles usines qu'ils devaient protéger.

Devenues planétaires, la production et la commercialisation exigent que les capitaux puissent circuler facilement par-dessus les frontières nationales ; mais il s'ensuit qu'il faut également démanteler les anciennes réglementations financières et les barrières érigées par les nations en vue de protéger leurs économies respectives. Cependant, à mesure que les obstacles s'abaissent progressivement, ou disparaissent entièrement du côté japonais comme dans le cadre européen, on s'aperçoit qu'il peut aussi y avoir des conséquences négatives.

Il se crée des ressources en capital de plus en plus vastes, qui se trouvent disponibles à tout instant et en tout lieu : le système financier devient plus flexible et plus apte à surmonter les crises locales. Mais, en même temps, la nouvelle situation fait monter les enchères et aggrave le risque d'un effondrement généralisé.

Les navires modernes ont des compartiments étanches, de sorte qu'une voie d'eau localisée ne peut les inonder tout entiers et les faire couler. Libéraliser le flux des capitaux de façon à le laisser s'écouler sans obstacles revient à supprimer les cloisons de sécurité. Essentielle pour la croissance économique, la liberté accroît le péril d'une contagion internationale en cas de difficultés sérieuses dans un pays donné. En outre, elle menace le pouvoir d'une des institutions économiques les plus importantes de l'âge industriel, à savoir de la banque centrale.

Le combat imminent pour le contrôle planétaire

Voici environ dix ans, une poignée ou deux de dirigeants de banques centrales et de hauts fonctionnaires pouvaient agir de façon décisive sur tous les prix, qu'il s'agît du jambon danois ou d'une voiture Datsun, en manipulant les taux d'intérêt et en intervenant sur les marchés des changes.

Aujourd'hui, la chose est devenue moins aisée, comme en témoigne la croissance explosive des échanges de devises, des organismes et des réseaux internationaux qui les facilitent.

Voici seulement quelques années, la Banque du Japon pouvait modifier le rapport yen-dollar en achetant ou vendant quelque 16 milliards de dollars. Aujourd'hui, une telle somme serait

ridicule. On estime qu'il s'échange quotidiennement pour
200 milliards de dollars de monnaies sur les seules places de
Londres, New York et Tokyo — soit plus de 1 000 milliards par
semaine, dont 10 % seulement sont liés au commerce mondial,
le reste étant de caractère purement spéculatif.

Dans ces conditions, le rôle que peuvent jouer les banques
centrales agissant individuellement, ou même par concertation
collective, se trouve pour le moins limité.

Comme elles perdent rapidement leur pouvoir, et comme il
en va de même pour les États qu'elles sont censées représenter,
il s'élève des cris d'alarme pour réclamer une nouvelle régulation
plus centralisée, qui serait organisée à un niveau supranational.
La méthode équivaudrait à vouloir maîtriser un système financier post-industriel en recourant pour l'essentiel aux mêmes
instruments qu'utilisait l'âge des usines, en se bornant à en
augmenter la puissance.

En Europe, certains dirigeants politiques appellent à éliminer
les monnaies nationales et à créer une banque centrale européenne unique. Avec Édouard Balladur, ancien ministre de
l'Économie et des Finances en France, et Hans Dietrich Gen-
scher, ministre des Affaires étrangères d'Allemagne, nombre de
hauts responsables français, belges et italiens poussent à cette
centralisation à un plus haut niveau. Tout en admettant qu'il
faudra quelque temps pour y arriver, Liane Launhardt, de la
Commerzbank A.G. de Francfort, se déclare persuadée que
« nous finirons pas être obligés d'avoir une banque centrale
européenne ».

En Grande-Bretagne, l'ex-Premier ministre Margaret Thatcher
a mené un combat d'arrière-garde pour défendre la souveraineté
nationale. Cependant, même à l'échelle mondiale, nous commençons à voir le groupe des sept plus grands pays industriels du
monde — le « G-7 » — multiplier les tentatives en vue de
coordonner et synchroniser les politiques en matière de parité
des changes, de taux d'intérêt et autres facteurs variables. Dans
le même temps, des universitaires et certains experts financiers
préconisent eux aussi une banque centrale mondiale.

Si les « planétaristes » l'emportent, le pouvoir des banques
centrales actuelles s'en trouvera encore affaibli ; or elles sont,
depuis l'aube de l'âge industriel, les régulateurs essentiels du jeu
des capitaux dans le monde non communiste.

En conséquence, les décennies à venir verront une gigantesque
lutte pour le pouvoir s'engager entre partisans du planétarisme
et défenseurs du nationalisme, lutte qui aura pour enjeu la nature
des nouvelles institutions chargées de réguler le fonctionnement

des marchés mondiaux des capitaux, et ne sera qu'un aspect de l'affrontement entre l'ordre industriel moribond et le nouveau système mondial de création de la richesse en voie de formation.

Par une ironie du sort, ces propositions de contrôle financier mondial hautement centralisé vont en sens contraire de l'évolution économique réelle, telle qu'on l'observe au niveau de la production et de la distribution, car celles-ci tendent toutes deux à se disperser, se diversifier et se décentraliser. On peut donc penser que l'issue de ce grand combat pour le pouvoir financier ne satisfera aucun des deux camps. L'histoire peut fort bien nous réserver la surprise de nous contraindre à reformuler les questions dans une perspective nouvelle et à inventer des institutions radicalement neuves.

Une chose pourtant paraît certaine : quand, dans quelques décennies, la bataille de la réorganisation du système financier mondial aura atteint sa plus grande violence, alors beaucoup des « trônes et dominations » d'aujourd'hui se trouveront renversés.

Ces bouleversements de la répartition du pouvoir de l'argent à l'échelle mondiale ne représentent cependant qu'une partie de l'ensemble. En fait, ils paraîtront historiquement minuscules à côté de la révolution qui va transmuer la nature même de la richesse : en effet, il est en train d'arriver à l'argent lui-même quelque chose d'étrange et de presque surnaturel.

CHAPITRE VI

Le savoir : une richesse faite de symboles

Il fut un temps où la richesse était un élément simple. On la possédait ou on ne la possédait pas. Elle était solide, elle était matière. Alors il était aisé de comprendre que la richesse donnait le pouvoir, et le pouvoir la richesse.

La chose était claire, du fait que tous deux se fondaient sur la terre.

Celle-ci était la plus importante de toutes les formes de capitaux. C'était une quantité finie, en ce sens que si vous l'utilisez, nul ne pouvait l'utiliser en même temps que vous. Mieux encore, elle était éminemment tangible. On pouvait la mesurer, la creuser, la retourner, y planter ses pieds, la sentir entre ses orteils, la faire couler entre ses doigts. Pendant des générations, nos ancêtres soit la possédèrent, soit eurent littéralement faim de la posséder.

La richesse subit sa première transformation quand les cheminées d'usine commencèrent à pointer vers le ciel. Au lieu de la terre, ce furent les machines et les matières premières indispensables à la production industrielle qui devinrent les formes de capital les plus âprement recherchées : hauts fourneaux, métiers à tisser et chaînes de montage, machines à souder ou à coudre, bauxite, cuivre ou nickel.

Mais le capital industriel demeurait quantité finie. Si vous utilisiez un four de fonderie pour produire des blocs-moteurs, personne d'autre ne pouvait l'utiliser en même temps que vous.

Le capital restait également matériel. Quand J.P. Morgan ou tel autre banquier investissait dans une société, il voulait trouver dans son bilan des « actifs durs ». Quand un banquier étudiait un prêt, il voulait une garantie « de base » physique et tangible, quelque chose de matériel.

Pourtant, à la différence de la plupart des propriétaires terriens qui connaissaient intimement leur richesse, à qui chaque champ, chaque source et chaque arbre fruitier étaient familiers, peu d'investisseurs de l'âge industriel ont jamais vu — et encore moins touché — les machines ou les minéraux sur lesquels se fondait leur richesse. A leur place, l'investisseur recevait un papier purement symbolique, une obligation ou un certificat d'action représentant une fraction de la valeur de la société qui utilisait le capital.

Marx parlait de l'aliénation du travailleur à l'égard de ce qu'il produisait. Mais on aurait aussi pu évoquer l'aliénation de l'investisseur à l'égard de sa source de richesse.

A l'intérieur du crâne

A mesure que les secteurs des services et de l'information prennent une place croissante dans les économies avancées, à mesure que la production elle-même s'informatise, la nature de la richesse se modifie nécessairement. Dans les branches industrielles retardataires, les investisseurs persistent à considérer comme essentiels les « actifs durs » — installations, équipements et stocks ; mais ceux qui opèrent dans les branches les plus avancées et en développement rapide prennent en considération, comme base de leur investissement, des éléments tout à fait différents.

Personne n'achète une action d'Apple Computer ou d'IBM à cause des actifs matériels de la société. Ce qui compte ici, ce ne sont pas les bâtiments ou les machines, mais les contacts et la puissance que possèdent ses forces de promotion et de vente, la capacité organisationnelle de la direction, et les idées qui bouillonnent dans la tête des ingénieurs. Il en va évidemment de même pour l'ensemble des secteurs économiques relevant de la Troisième Vague — pour des sociétés comme Fujitsu ou NEC au Japon, Siemens en Allemagne ou le groupe français Bull ; pour des firmes comme Digital Equipment, Genentech ou Federal Express. A un degré tout à fait surprenant, le titre de participation symbolique ne représente ici rien de plus que d'autres symboles.

Le passage à cette nouvelle forme de capital rend caduques les préjugés sur lesquels se fondent à la fois l'idéologie marxiste et l'économie classique, qui postulent l'une et l'autre le caractère quantitativement fini du capital traditionnel. En effet, contrairement à la terre ou aux machines qui ne peuvent servir qu'à une personne ou une entreprise à la fois, beaucoup d'utilisateurs peuvent recourir en même temps au même savoir ; et, s'ils savent l'exploiter, en tirer un savoir supplémentaire. Le savoir est par nature inépuisable et non exclusif.

Tout cela ne donne pourtant qu'une très faible idée de la grande révolution qui affecte le capital dans son essence. Si l'évolution vers le capital-savoir est une réalité, alors il s'ensuit que le capital devient lui-même de plus en plus « irréel » : il consiste largement en symboles qui ne représentent eux-mêmes que d'autres symboles, enclos dans les mémoires et la pensée des hommes — ou des ordinateurs.

Ainsi, immédiatement tangible au départ, le capital est-il d'abord devenu du papier symbolisant des biens matériels, puis du papier qui symbolise des symboles — pour enfin se réduire à des signaux électroniques qui symbolisent le papier.

Exactement en même temps que le capital repose de plus en plus sur des éléments intangibles (évolution irréversible que des règles de comptabilité et une réglementation fiscale désuètes dissimulent temporairement), les instruments échangés sur les marchés financiers deviennent eux-mêmes de plus en plus irréels.

A Chicago, à Londres, à Sydney, à Singapour, à Osaka, des milliards passent de main en main sous la forme d'instruments dits « dérivatifs » — par exemple des valeurs fondées non pas sur les titres de telle ou telle société, mais sur divers indices du marché. En s'écartant d'un pas encore des « facteurs fondamentaux », on en arrive à des options sur ces mêmes indices. Et, au-delà, dans une sorte de monde crépusculaire, on trouve les produits dits « synthétiques », lesquels offrent aux investisseurs, à travers une suite d'opérations complexes, des résultats qui simulent ou reflètent ceux d'une obligation, d'une action, d'une option ou d'un indice existants.

Nous en viendrons bientôt à des investissements encore plus éthérés, basés sur des indices d'indices, des dérivatifs de dérivatifs, des synthétiques qui refléteront des synthétiques.

Le capital est en passe de devenir rapidement « supersymbolique ».

De même que le pouvoir de la science moderne tient à des chaînes de raisonnements toujours plus longues, de même que les mathématiciens élaborent des structures de plus en plus étendues et accumulent théorème sur théorème jusqu'à produire un corps de connaissances qui lui-même produit des théorèmes encore plus abstraits, et que les spécialistes en intelligence artificielle ou les « ingénieurs du savoir » construisent à coups d'inférences des architectures vertigineuses, de même nous sommes en voie de créer un capital fait de dérivations successives, ou, pourrait-on dire, d'images qui se réfléchissent à l'infini.

Une épitaphe pour le papier

A eux seuls, ces changements seraient déjà révolutionnaires ; mais des transformations parallèles, affectant la nature même de la monnaie, étendent encore la portée de la mutation.

Quand nous pensons à des dollars, à des francs, à des yens, à des roubles, à des deutschemarks, nous entendons pour la plupart un bruissement de papier. Rien pourtant ne semblerait plus bizarre à celui de nos aïeux qui se trouverait par miracle transporté à notre époque : jamais il n'aurait échangé une coupe de tissu qui pouvait le vêtir ni un boisseau de grain qui pouvait le nourrir contre du papier « inutile ».

Tout au long de l'âge agricole, ou civilisation de la Première Vague, la monnaie consistait en une subtance matérielle qui possédait une valeur intrinsèque. Il y avait naturellement l'or et l'argent ; mais aussi le sel, le tabac, le corail, les tissus de coton, le cuivre ou les coquilles de cauris. En fait, à un moment ou à un autre, une infinité de produits utiles ont pu tenir le rôle de la monnaie — l'ironie des choses faisant que le papier, peu utilisé dans la vie quotidienne avant l'apparition de l'instruction généralisée, fut rarement, et ne fut peut-être même jamais, utilisé comme tel.

Mais, à l'aube de l'ère industrielle, il commença à se répandre d'étranges idées au sujet de la monnaie. Par exemple, un certain William Potter publia en Angleterre, dès 1650, un opuscule prophétique où il suggérait l'hypothèse jusque-là impensable que « la richesse symbolique [allait] prendre la place de la richesse réelle ».

Quarante ans plus tard, alors que Thomas Savery et d'autres bricolaient les modèles primitifs de la machine à vapeur, la nouvelle conception monétaire passa au stade expérimental.

Ce furent les colons américains, à qui les Anglais interdisaient de frapper des pièces d'or ou d'argent, qui furent les premiers, du moins en Occident, à imprimer de la monnaie.

Le remplacement d'un bien possédant une valeur propre, comme l'or, le tabac ou les fourrures, par du papier qui n'en avait pratiquement aucune, exigeait de la part des utilisateurs un formidable acte de foi. Si les gens ne croyaient pas que les autres accepteraient le papier et l'échangeraient contre des biens réels, ce papier ne valait absolument rien. Ainsi le papier-monnaie reposait-il entièrement sur la confiance. Cependant, il domina la société industrielle, la civilisation de la Deuxième Vague.

Aujourd'hui, au moment où s'affirme l'économie plus avancée de la Troisième Vague, c'est le papier-monnaie qui se trouve menacé d'obsolescence à peu près totale. Avec les cheminées d'usine et les chaînes de montage, il apparaît aujourd'hui comme un produit de l'ère industrielle qui tire à sa fin. En dehors des pays économiquement attardés et d'usages tout à fait secondaires, le papier-monnaie va bientôt partager le sort de la monnaie de corail ou des bracelets de cuivre.

Monnaies sur mesure et paramonnaie

On compte aujourd'hui dans le monde quelque 187 millions de détenteurs de cartes Visa, qui les utilisent dans environ 6,5 millions de magasins, stations-service, restaurants, hôtels et autres commerces, et dépensent sous cette forme 570 millions de dollars par jour, 365 jours par an. Et Visa n'est qu'une carte de crédit parmi d'autres.

Quand un restaurateur transmet votre numéro de carte à Visa ou American Express, les ordinateurs de la société en question créditent le compte du restaurant du montant approprié, le déduisent de leur comptabilité propre et accroissent d'autant la dette que vous avez envers elle. Mais ce n'est encore qu'un jeu de cartes primitif.

Avec ce qu'on appelle la « carte intelligente » (ou « à puce »), il suffit que le caissier l'introduise dans un dispositif électronique pour que le prix du repas soit immédiatement débité de votre compte en banque. Cette fois, vous ne payez plus à la fin du mois, mais à l'instant, comme par un chèque qui serait compensé en une seconde. Brevetée par l'inventeur français Roland Moreno, la carte à puce s'est largement répandue en France grâce au soutien des banques et des télécommunications. Produite par le groupe Bull, elle contient une microplaquette électronique réputée pratiquement inaccessible à la fraude. L'Europe et le Japon en utilisent actuellement environ 61 millions.

Avec l'intégration croissante de la comptabilité électronique et du système bancaire, la caisse sans encaissement du commerçant finira par se trouver directement reliée à la banque. Le paiement débité du compte du client sera instantanément crédité à celui du commerçant et commencera dès ce moment à porter intérêt — réduisant à zéro le « flottement » de la banque.

En même temps, au lieu que le client règle ses factures dans un délai déterminé — par exemple à la fin du mois —, les loyers, dépenses sur comptes, crédits d'achat et autres frais réguliers pourront se payer à mesure, pour ainsi dire goutte à goutte et minute par minute, par transfusion de sang électronique d'un compte bancaire à un autre. En parallèle avec l'évolution du secteur de la production, ces innovations vont sans doute réduire toujours davantage le traitement des opérations financières par lots séparés en favorisant le système du flot continu, et rapprocheront de plus en plus l'appareil financier de l'objectif ultime, qui est le fonctionnement en temps réel, autrement dit instantané.

Un jour viendra où des cartes encore plus « intelligentes » vous permettront, si vous le désirez, de déduire le prix d'un repas ou d'une nouvelle voiture non seulement de votre compte bancaire mais de l'ensemble de vos ressources, voire théoriquement de la valeur des bijoux ou des estampes japonaises que vous pouvez posséder.

Nous aurons bientôt la « carte super-intelligente », également dénommée « banque électronique de poche ». Élaborée à titre expérimental par Toshiba pour Visa International, la microplaquette contenue dans la carte permet à l'utilisateur de vérifier son compte bancaire, ou ses comptes, d'acheter ou de vendre des titres, de réserver des places d'avion et d'accomplir toute une série d'autres tâches.

Les nouvelles technologies rendent également possible un retour dialectique à une situation qui existait avant la révolution industrielle — à savoir la coexistence de plusieurs monnaies dans le cadre d'une même économie. Comme les aliments pour petit déjeuner ou mille autres éléments de la vie quotidienne, la monnaie aussi a tendance à se diversifier. Il se peut que nous en arrivions à l'âge des « monnaies sur mesure ».

« Supposons, écrit *The Economist*, qu'un pays ait émis une monnaie de type privé à côté de la devise officielle... Dans certains pays, les consommateurs disposent déjà de cette monnaie parallèle — connue aussi sous le nom de carte magnétique prépayée, dont la valeur diminue à mesure qu'on l'utilise. »

Cette paramonnaie commence à inonder le Japon. La compagnie des téléphones, la NTT, vend dix millions de cartes par mois ; les usagers paient d'avance, puis téléphonent grâce à la carte. La NTT s'en réjouit fort, car, encaissant l'argent d'avance, elle bénéficie d'un « flottement » semblable à celui dont jouissaient les banques avant l'accélération de la compensation des chèques. Les consommateurs peuvent également acheter des cartes valables pour toutes sortes d'autres dépenses, des billets de chemin de fer aux jeux vidéo.

Il est possible d'imaginer des types de paramonnaie hautement spécialisés. Le ministère de l'Agriculture des États-Unis est maître d'œuvre d'un projet qui aboutirait à remplacer les « timbres d'alimentation » distribués aux pauvres par une carte intelligente programmée pour un mois d'allocations et comportant un numéro d'identification personnel. L'utilisateur l'introduirait dans le terminal comptable du supermarché, qui vérifierait son identité avant de déduire l'achat du montant disponible sur le « compte », l'objectif étant d'améliorer la comptabilité et en même temps de réduire la fraude, le marché noir et la contrefaçon des « timbres ». Il ne faudrait qu'un pas de plus pour arriver à ce qu'on pourrait appeler une « carte des besoins de base » destinée à tous les bénéficiaires d'aide sociale, carte qui ne pourrait servir qu'à payer la nourriture, le loyer et les transports publics.

Pour trouver un autre exemple de paramonnaie, il suffit d'aller à la cantine scolaire la plus proche. Aux États-Unis, trente-cinq districts scolaires se préparent déjà à lancer un système de cartes de repas étudié par Prepaid Card Services, de Pearl River, État de New York. Payée d'avance par les parents pour une semaine ou pour un mois, la carte du cher petit informe l'ordinateur de l'école, qui tient à jour le compte de la consommation au libre-service.

A partir de là, il n'y a plus grand effort à faire pour imaginer par exemple une carte programmable qui permettrait aux parents de personnaliser le régime de leurs enfants. La carte d'un enfant donné ne serait pas valable pour, disons, les boissons sucrées ; en cas d'allergie au lait, elle exclurait les aliments qui en contiennent, et ainsi de suite.

On peut aussi penser à des cartes que les enfants pourraient utiliser dans les cinémas ou les magasins de vidéocassettes, mais en excluant électroniquement les films classés X. Toutes sortes de monnaies personnalisées sont réalisables, y compris ce qu'on pourrait dénommer « monnaie programmable ».

En résumé, après avoir un temps symbolisé l'accession à la classe moyenne, les cartes tendent à s'imposer partout. Des millions d'Américains âgés qui ont reçu pendant des années un chèque mensuel de la Sécurité sociale — bout de papier valant un certain nombre de dollars-papier — ne le trouvent plus dans leur boîte aux lettres : à la place, l'administration adresse à la banque de chaque bénéficiaire un signal électronique qui crédite son compte du montant de l'allocation.

Les agences fédérales utilisent aussi des cartes de crédit tant pour leurs achats que pour la collecte des fonds. Selon Joseph Wright, directeur délégué du Bureau de la gestion et du budget à la Maison Blanche, l'Oncle Sam est « le plus grand utilisateur de cartes de crédit du monde entier ».

Dans aucune de ces transactions, rien ne change de mains qui ressemble même de loin à de la « monnaie » au sens traditionnel du terme ; il ne se transfère pas une seule pièce ni un seul billet. Ici, la « monnaie » ne consiste plus qu'en une suite de zéros et de uns transmis par fil, micro-ondes ou satellite.

Tout cela nous est devenu si coutumier, et nous faisons si bien confiance au système, qu'il nous arrive bien rarement d'éprouver des doutes. Au contraire, c'est quand nous voyons changer de mains de grosses sommes d'argent liquide que nous soupçonnons quelque chose de louche ; nous supposons a priori que le paiement en espèces a pour but de frauder le fisc, ou bien qu'il y a là-dessous du trafic de drogue.

Des pouvoirs mis en échec

D'aussi profondes transformations du système monétaire menacent nécessairement des institutions établies qui ont jusqu'à présent occupé des positions de pouvoir extraordinairement fortes.

A un certain niveau, le remplacement de la monnaie-papier par la monnaie électronique met directement en question l'existence même des banques telles que nous les connaissons. « La banque, affirme Dee Hock, ancien président de Visa International, ne pourra pas conserver son rôle d'opérateur essentiel dans les processus de paiement. » Naguère encore, les banques jouissaient d'un monopole pour la compensation des chèques, monopole octroyé par l'État ; aujourd'hui, la monnaie électronique les menace sur ce terrain. Pour y parer, certaines se sont elles-mêmes engagées dans les activités de cartes de crédit ; et, chose plus importante, elles ont étendu leur territoire en créant des guichets automatiques. Si elles émettent des cartes de débit et parviennent à installer les terminaux correspondants dans des millions de points de vente, elles pourront repousser l'offensive des sociétés de cartes de crédit : étant donné que la carte de débit permet au détaillant d'être payé instantanément au lieu d'attendre les versements différés du Diner's Club, d'American

Express ou de Visa, il se peut que les commerçants n'aient pas très envie de payer éternellement à ces dernières un pourcentage sur chacune de leurs ventes.

Sur un autre front, les banques doivent faire face aux attaques de toutes sortes de non-banques. Au Japon, par exemple, le ministère des Finances éprouve des sueurs froides à l'idée que des sociétés privées comme NTT pourraient émettre des « billets » en plastique qui seraient un genre de monnaie, et par là opérer en dehors du système bancaire et de ses réglementations. Si une société est en mesure d'encaisser de l'argent en échange d'une carte prépayée, elle reçoit un « dépôt » exactement comme le ferait une banque ; quand l'usager fait une dépense, c'est l'équivalent d'un « retrait » ; et quand la société émettrice de cartes règle le vendeur, elle agit en tant que « système de paiement ». Précédemment, ces fonctions étaient réservées aux banques.

Bien plus, si les émetteurs de cartes sont libres d'ouvrir des crédits à leurs clients par accord réciproque et sans tenir compte des limites et réserves qui régissent l'activité bancaire, alors les banques centrales risquent de perdre la maîtrise de la politique monétaire. En Corée du Sud, la monnaie « plastique » s'est gonflée si rapidement que le gouvernement craint de la voir nourrir l'inflation.

Bref, l'essor de la monnaie électronique dans l'économie mondiale menace d'ébranler bien des rapports de pouvoir établis et préservés depuis longtemps. Dans ce combat pour le pouvoir, le savoir incorporé dans la technologie occupe une position centrale, et l'issue de la bataille redéfinira la nature même de la monnaie.

La monnaie du XXIᵉ siècle

Il est évidemment improbable que la monnaie, que ce soit sous forme de métal ou de papier (ou de papier garanti par du métal) en vienne à disparaître complètement. Mais, mises à part les hypothèses de la catastrophe d'une guerre nucléaire ou d'un cataclysme écologique, la monnaie électronique va proliférer et écarter la plupart des autres instruments, du fait qu'elle associe précisément la capacité d'échange avec la comptabilité en temps réel et qu'ainsi, elle élimine beaucoup des opérations peu efficaces et coûteuses que comportait le système monétaire traditionnel.

Si maintenant nous tentons de rassembler tous ces éléments, une relation générale s'en dégage de façon saisissante. Le capital

-- par quoi nous entendons la richesse mise en œuvre en vue de l'accroissement de la production — se modifie parallèlement à la monnaie, tous deux revêtant des formes nouvelles chaque fois que la société subit une transformation majeure.

A ces moments, leur teneur en savoir évolue elle aussi. Au cours de l'ère agricole, la monnaie consistait en métal (ou autre matière) : sa teneur en savoir était proche de zéro. En fait, cette monnaie de la Première Vague n'était pas seulement tangible et durable, elle était en même temps *pré-lettrée*, en ce sens que sa valeur dépendait de son poids et non des signes ou mots qui pouvaient s'y inscrire.

La monnaie actuelle de la Deuxième Vague est faite de papier, avec ou sans garantie matérielle. Ce qui importe, c'est ce qui est écrit sur le papier. La monnaie est déjà symbolique, mais elle reste tangible : sous cette forme, elle s'est imposée avec l'instruction généralisée.

Avec la Troisième Vague, la monnaie se réduit de plus en plus à des impulsions électroniques. Elle devient volatile, elle se transfère instantanément, et ses flux se contrôlent sur écran vidéo. En fait, elle n'est plus guère qu'un phénomène électronique qui clignote, lance ses éclats et résonne tout autour de la planète. La monnaie de la Troisième Vague *est* de l'information — laquelle est elle-même la base du savoir.

Se détachant de leurs incarnations matérielles, le capital et la monnaie se modifient de concert au cours de l'histoire ; ils sont passés par étapes d'une forme entièrement tangible à une forme symbolique et, aujourd'hui, « supersymbolique ».

Cette longue suite de mutations s'est accompagnée d'une profonde altération des croyances, équivalant presque à une conversion religieuse. Après avoir fait confiance à des matières permanentes et tangibles comme l'or, voire ensuite le papier, les hommes en sont venus à se persuader que les signaux électroniques les plus ténus et les plus éphémères pouvaient s'échanger contre des biens ou des services.

Notre richesse est une richesse faite de symboles. Et il en va de même, à un degré tout à fait étonnant, pour le pouvoir qui se fonde sur elle.

CHAPITRE VII

Materialissimo

Alors que Ronald Reagan occupait encore la Maison Blanche, un petit groupe se réunit un jour à la table de la « salle à manger de famille » pour discuter de l'avenir à long terme des États-Unis. Il y avait là huit futurologues bien connus, auxquels se joignirent le vice-président et trois des hauts conseillers du président, dont Donald Regan, tout récemment nommé chef de son staff personnel.

La réunion avait été organisée par l'auteur de ces lignes à la requête de la Maison Blanche. Elle s'ouvrit sur une constatation commune : si les futurologues différaient largement sur nombre de problèmes techniques, sociaux et politiques, ils s'accordaient tous à penser que l'économie était en passe de subir une transformation profonde.

A peine l'opinion s'était-elle exprimée que Donald Regan intervint brutalement. « Alors, s'exclama-t-il, vous croyez tous qu'on va vivre en se coupant les cheveux les uns aux autres ou en débitant des hamburgers ! Et on ne sera plus jamais une grande puissance industrielle ? »

Donald Regan, plus connu aujourd'hui pour ses Mémoires du style « fais-moi la bise et je dirai tout » que pour son action à la Maison Blanche, allait bientôt se retrouver sur la touche à la suite d'une déplaisante querelle avec la première dame du pays, Nancy Reagan. Mais ce jour-là, ayant pris ses fonctions le matin même, il jeta le gant sur le bois bien ciré de la table toute servie.

Le président et le vice-président regardaient de tous côtés dans l'attente d'une réponse, mais les convives mâles paraissaient pour la plupart abasourdis par la soudaineté et la violence de l'attaque. Ce fut Heidi Toffler, coauteur du *Choc du futur* et de *la Troisième Vague* comme aussi du présent livre, qui sut relever le défi. « Non, Mr. Regan, dit-elle avec patience. Les États-Unis resteront une grande puissance industrielle. La seule différence, c'est que le pourcentage des gens qui travaillent dans les usines sera un peu moins élevé. »

Puis, expliquant ce qui sépare les méthodes de fabrication traditionnelles de celles qui servent à produire les Macintosh, elle rappela que les États-Unis étaient sans aucun doute une des plus grandes sources de produits alimentaires du monde, bien que l'agriculture occupât moins de 2 % de la population active. En réalité, au cours du siècle passé, plus le nombre d'agriculteurs avait diminué par rapport aux autres secteurs, plus l'agriculture américaine avait renforcé sa position, et non pas reculé. Pourquoi n'en irait-il pas de même pour l'industrie ?

De fait, il est surprenant de constater qu'après beaucoup de hauts et de bas, le volume de l'emploi industriel aux États-Unis était en 1988 à peu près exactement le même qu'en 1968, soit un peu plus de 19 millions de personnes. Et l'industrie contribuait alors au revenu national dans la même proportion que trente ans plus tôt : mais elle le faisait avec une plus faible part de la population active.

D'ailleurs, la suite est déjà écrite et facile à déchiffrer ; puisque, d'une part, la population américaine et sa partie active ont toutes chances de continuer à croître, et que d'autre part de nombreux industriels ont réorganisé et largement automatisé leur production dans les années quatre-vingt, le pourcentage de la main-d'œuvre industrielle par rapport aux autres branches doit continuer à baisser. Selon certaines estimations, le pays devrait créer dans les dix années à venir quelque dix mille emplois par jour ; mais bien peu se situeront dans le secteur industriel — peut-être même aucun. Une évolution similaire a également marqué les économies japonaise et européenne.

Pourtant, on entend encore parfois les mots de Donald Regan dans la bouche de dirigeants d'industries mal gérées, de syndicalistes qui voient leurs effectifs fondre, d'économistes ou d'historiens qui battent le tambour en faveur de la grandeur industrielle — comme si quelqu'un avait jamais déclaré vouloir rabaisser l'industrie. Le mythe auto-entretenu selon lequel les États-Unis sont en voie de perdre leur base industrielle a donné lieu à des propositions aussi démentes que celle-ci, publiée récemment dans une revue d'affaires, qui ne demandait rien de moins qu'une taxe générale de 20 % sur « toutes les importations » et l'interdiction de tout rachat de sociétés américaines par des étrangers.

Cette hystérie provient pour une grande part du sentiment que le déplacement de l'emploi des travaux fondamentalement manuels vers les services et les professions plus intellectuelles ne peut d'une façon ou d'une autre que nuire à l'ensemble de l'économie, et qu'un secteur industriel de petite taille (en termes de nombre d'emplois) « vide » le pays de sa substance. L'argumentation rappelle les conceptions des physiocrates français du XVIIIᵉ siècle qui, incapables d'imaginer une économie industrielle, considéraient l'agriculture comme la seule activité « productive ».

La nouvelle signification du chômage

Les lamentations sur le « déclin » de l'industrie correspondent pour une grande part à des intérêts personnels, et se fondent sur des conceptions désuètes de la richesse, de la production et du chômage.

Dès 1962, une étude pionnière due à l'économiste de Princeton Fritz Machlup, intitulée *The Production and Distribution of Knowledge in the United States* (« Production et distribution du savoir aux États-Unis »), jetait les fondements sur lesquels allait se développer tout un édifice statistique, d'où il résultait qu'aujourd'hui, les travailleurs sont plus nombreux à manier des symboles qu'à manier des choses. Autour de 1960, dans une masse de livres, d'articles, de comptes rendus et de monographies, ainsi que dans au moins un « livre blanc » commandé par IBM, une petite équipe de futurologues américains et européens prédirent le passage du travail musculaire au travail mental ou du moins à des travaux requérant des capacités psychologiques et humaines. A l'époque, ces premiers avertissements furent bien souvent rejetés comme « chimériques ».

Depuis, la substitution au travail manuel des activités de services ou supersymboliques s'est largement étendue ; elle est devenue spectaculaire en même temps qu'irréversible. Aux États-Unis, ces métiers impliquent aujourd'hui les trois quarts de la population active. A l'échelle planétaire, la grande mutation trouve une illustration frappante dans ce fait surprenant, qu'actuellement les services et la « propriété intellectuelle » donnent lieu à un commerce mondial aussi important que les automobiles plus les équipements électroniques, ou que les produits alimentaires plus les combustibles.

Du fait qu'on en avait ignoré les premiers signaux, l'évolution s'est accomplie de façon plus chaotique qu'il n'aurait été nécessaire. A mesure que les industries vieillies, tardant à s'équiper d'ordinateurs, de robots et de systèmes informatiques, et lentes à se restructurer, se trouvaient dépecées par des concurrents plus agiles, les licenciements massifs, les faillites et autres bouleversements firent rage. Beaucoup en rejetèrent la faute sur l'agressivité de l'étranger, sur les taux d'intérêt trop hauts ou trop bas, sur l'excès de réglementation, sur mille autres facteurs.

Certaines de ces causes avaient assurément joué un rôle ; mais non moins fautive était l'arrogance des plus puissantes d'entre les industries anciennes — construction automobile, aciéries, chantiers navals, textile —, qui avaient si longtemps dominé l'économie. La myopie de leurs directions finit par sanctionner ceux qui, dans toute la société, étaient assurément les moins responsables des arriérations et les moins capables de se protéger — c'est-à-dire leurs ouvriers. Les cadres moyens eux-mêmes ressentirent les brûlantes atteintes du chômage ; ils virent s'écrouler leurs comptes bancaires, leurs propres ego et quelquefois leurs mariages. Pendant ce temps, Washington ne faisait pas grand-chose pour amortir le choc.

Le fait que le nombre total des travailleurs de l'industrie se soit retrouvé en 1988 au même niveau qu'en 1968 ne signifie pas que le personnel licencié ait simplement retrouvé ses anciens emplois. Au contraire, avec la mise en place des nouvelles technologies, les sociétés avaient désormais besoin d'une force de travail radicalement différente. Les usines de la Deuxième Vague employaient principalement des travailleurs interchangeables. A l'opposé, les opérations de production de la Troisième Vague exigent des qualifications diversifiées et constamment évolutives : autrement dit, les travailleurs sont de moins en moins interchangeables. Le problème du chômage se pose maintenant en termes entièrement différents.

Dans les sociétés usinières de la Deuxième Vague, on pouvait stimuler l'économie et créer des emplois en injectant des investissements ou en augmentant le pouvoir d'achat des consommateurs. S'il y avait un million de chômeurs, il était en principe possible de chauffer la machine économique de façon à susciter un million d'embauches. Les emplois étant rigoureusement interchangeables, ou bien requérant si peu de compétence qu'on apprenait le métier en moins d'une heure, tout chômeur pouvant pratiquement occuper à peu près n'importe quel poste. Donc, aucun problème.

Dans la présente économie supersymboliste, la chose est beaucoup moins vraie, et c'est pourquoi ni les recettes keynésiennes traditionnelles ni les thérapeutiques monétaristes ne donnent de bons résultats. Rappelons que, pour surmonter la grande crise des années trente, John Maynard Keynes avait préconisé des dépenses publiques financées par le déficit budgétaire et destinées à remplir les poches des consommateurs. Dès que ceux-ci auraient l'argent, ils se précipiteraient pour faire des achats, ce qui inciterait les industriels à agrandir leurs installations et à employer davantage de travailleurs ; et adieu le chômage. De leur côté, les monétaristes recommandaient d'autres moyens : la manipulation des taux d'intérêt et de la masse monétaire devait permettre d'accroître ou de réduire le pouvoir d'achat selon les besoins.

Dans l'économie planétaire d'aujourd'hui, déverser de l'argent dans les poches des consommateurs risque tout simplement de l'envoyer s'écouler outre-mer, sans que l'économie nationale en tire le moindre avantage. L'Américain qui achète un nouveau téléviseur ou une platine à disques compacts ne fait pas autre chose que d'expédier des dollars au Japon, en Corée, en Malaisie ou ailleurs. Les achats ne multiplient pas nécessairement les emplois aux États-Unis.

Mais les vieilles stratégies présentent encore une autre lacune, en ce qu'elles demeurent centrées sur la circulation de la monnaie et non sur celle du savoir. Il n'est pourtant plus possible de réduire le chômage en se bornant à accroître le nombre des emplois, car le problème a cessé d'être purement quantitatif· le chômage est devenu largement une question de qualité.

Même s'il y avait dix annonces d'emploi par chômeur, s'il y avait dix millions de postes non pourvus pour seulement un million de demandeurs, ce million ne pourrait occuper les emplois disponibles que si les qualifications individuelles — le savoir — répondaient aux exigences des entreprises. Or les spécialisations sont maintenant si variées, et se modifient si rapidement, que les travailleurs sont moins interchangeables qu'autrefois, ou ne le sont qu'à un coût plus élevé. L'argent et le nombre ne sont plus les seules données du problème.

Les sans-emploi ont désespérément besoin d'argent pour leur survie et celle de leurs familles ; il est à la fois socialement nécessaire et moralement justifié de leur accorder une assistance d'un niveau décent. Mais, dans une économie supersymbolique, toute stratégie de réduction du chômage ne peut être efficace qu'à condition de reposer moins sur une aide en argent que sur un don de savoir.

Qui plus est, les nouveaux emplois ont peu de chances de se situer dans des usines telles que nous les imaginons souvent encore. Ce qu'ils requerront ne sera pas seulement telle ou telle qualification en mécanique — ni même en mathématiques comme le prétendent certains industriels — mais aussi un large éventail de compétences culturelles et d'aptitudes aux relations humaines. Il nous faudra préparer les gens par le système éducatif, par des formations professionnelles et par l'apprentissage direct, à des tâches telles que les soins à donner à la population du troisième âge (qui s'accroît rapidement), ou aux enfants ; aux métiers des services de santé, de sécurité personnelle, de formation, de loisirs et distractions, de tourisme et autres du même genre.

Il nous faudra aussi commencer à manifester envers ces emplois de services humains la considération réservée jusqu'ici au monde industriel, au lieu de dénigrer le personnel du secteur en l'assimilant dans son ensemble à des « débiteurs de hamburgers » : comme si McDonald pouvait symboliser une série d'activités presque infinie comprenant aussi bien l'enseignement que le travail dans les agences matrimoniales ou dans le centre de radiologie d'un hôpital.

En outre, si les salaires du secteur des services sont aussi bas qu'on le dit souvent, la solution n'est pas de déplorer le déclin relatif des emplois industriels, mais d'accroître la productivité dans les services, et d'inventer des formes appropriées d'organisation des travailleurs et de négociations collectives. Les syndicats, conçus à l'origine soit pour les ouvriers qualifiés, soit pour les salariés de la production de masse, devront se transformer totalement, ou bien céder la place à des structures neuves mieux adaptées à l'économie supersymbolique. S'ils veulent survivre, il leur faudra cesser de traiter les travailleurs comme une masse indifférenciée, et commencer à voir en eux des individualités, par exemple en favorisant plutôt qu'en combattant des dispositions comme le travail à domicile, les horaires flexibles et le partage des postes de travail.

En résumé, le développement de l'économie supersymbolique nous contraint à repenser de fond en comble tout le problème du chômage. Mais mettre en question des assertions périmées, c'est en même temps défier ceux qui en tirent profit. Ainsi le système de création de richesse de la Troisième Vague menace-t-il des pouvoirs dominants qui occupent des positions bien défendues dans les grandes entreprises, les syndicats et les États.

Le spectrogramme du travail intellectuel

L'économie supersymbolique rend obsolètes non seulement notre conception du chômage, mais également notre manière d'envisager le travail. Pour comprendre le fait et les luttes pour le pouvoir qui en découlent, il nous faudra même recourir à un vocabulaire nouveau.

Ainsi la division de l'économie en secteurs dénommés par exemple « agricole », « industriel » et de « services » obscurcit-elle maintenant le sujet plutôt qu'elle ne le clarifie. La rapidité des changements actuels estompe ces distinctions autrefois si nettes, et M. Regan, qui s'inquiète à l'idée de voir trop d'Américains s'occuper à se couper les cheveux les uns aux autres, serait peut-être surpris d'apprendre que le fondateur d'une des plus grandes sociétés européennes d'ordinateurs a souvent affirmé : « Nous sommes une entreprise de services — exactement comme un salon de coiffure ! »

Au lieu de nous accrocher aux vieilles classifications, nous ferions mieux de regarder sous les étiquettes et de nous demander ce que les employés de telle ou telle entreprise doivent réellement faire pour créer de la valeur ajoutée. Une fois la question posée, nous découvrons vite que, dans les trois secteurs, le travail consiste de plus en plus en opérations symboliques, en « travail intellectuel ».

Aujourd'hui, les éleveurs de bétail calculent les rations de grain à l'aide d'ordinateurs ; les sidérurgistes surveillent des consoles et des écrans électroniques ; les banquiers spécialisés dans l'investissement allument leurs micros portables pour opérer sur les marchés financiers. Peu importe alors si les économistes préfèrent désigner ces activités comme « agricoles », « industrielles » ou de « services ».

Les catégories professionnelles elles-mêmes se désagrègent. Dire de quelqu'un qu'il est conducteur de machine ou représentant de commerce, c'est dissimuler plus de choses qu'on n'en révèle. Les étiquettes peuvent rester les mêmes, mais pas le travail réel.

Aujourd'hui, il est beaucoup plus utile de regrouper les travailleurs en fonction des opérations symboliques, ou travail intellectuel, qu'ils accomplissent dans le cadre de leur emploi — sans s'arrêter à savoir dans quelle catégorie on les classe, ni s'ils travaillent dans un magasin, un camion, une usine, un hôpital ou un bureau.

Au sommet de ce qu'on pourrait nommer le « spectre du travail », on trouve le chercheur scientifique, l'analyste financier, l'informaticien-programmeur, ou tout aussi bien l'employé archiviste ordinaire. Pourquoi, dira-t-on, inclure dans le même groupe le savant et l'employé aux archives ? La réponse est que, si leurs fonctions sont évidemment différentes et s'ils travaillent à des niveaux d'abstraction extrêmement différents, tous deux — et avec eux des millions d'hommes — ne font rien d'autre que faire circuler de l'information et engendrer davantage d'information. Leur travail est entièrement symbolique.

Vers le milieu du spectre, nous trouvons un large éventail d'emplois « mixtes » — de tâches qui demandent un certain labeur physique, mais aussi un certain maniement de l'information. Le chauffeur-livreur de Federal Express ou d'United Parcel Service manipule des caisses et des paquets, et conduit un camion ; mais, aujourd'hui, il utilise aussi un ordinateur placé dans sa cabine. Dans les usines de technologie avancée, le conducteur de machine est un informaticien de haut niveau. Le réceptionniste d'hôtel, l'infirmière et bien d'autres ont des contacts avec le public, mais passent aussi une grande partie de leur temps à produire et à fournir de l'information.

Chez les concessionnaires Ford, par exemple, les mécaniciens continueront sans doute à avoir les mains graisseuses ; mais, bientôt, ils utiliseront un système informatique élaboré par Hewlett-Packard, qui les aidera à repérer les pannes et leur donnera en permanence accès à cent mégabits de dessins techniques et de données stockées dans les mémoires électroniques. Le système leur demande des informations complémentaires sur la voiture qu'ils réparent ; il les aide à rechercher intuitivement ce qu'il leur faut dans des masses de matériel ; il établit des relations d'inférence, puis guide les hommes à travers les stades successifs du travail.

Quand ils dialoguent avec le système, les mécaniciens sont-ils des « mécaniciens » ou des « travailleurs intellectuels » ?

Ce sont les tâches purement manuelles, situées à l'extrémité inférieure du spectre, qui sont en voie de disparition. Comme elles sont moins nombreuses, le « prolétariat » est désormais une minorité, de plus en plus remplacée par un « cognitariat ». Plus exactement, à mesure que l'économie supersymbolique se dévoile dans toute son ampleur, le prolétariat *devient* un cognitariat.

Aujourd'hui, les questions clés qu'il faut poser à propos du travail d'une personne donnée sont celles-ci : en quelle proportion comporte-t-il du traitement d'informations, dans quelle mesure est-il répétitif ou programmable, quel niveau d'abstraction implique-t-il, quel accès le travailleur a-t-il à la banque centrale de données et au système d'information de la direction, quelle autonomie et quel degré de responsabilité possède-t-il ?

Prétendre que tout cela « vide » l'économie, ou l'écarter comme équivalent à « débiter des hamburgers » est tout simplement ridicule. Les refrains de ce genre ont pour effet de rabaisser le secteur économique qui précisément croît le plus vite et crée la plupart des nouveaux emplois. Les reprendre, c'est refuser de reconnaître le rôle crucial que le savoir joue désormais dans la production de la richesse, c'est ne pas voir que la transformation du travail humain correspond exactement au développement du capital et de la monnaie supersymboliques, dont le chapitre précédent a esquissé le tableau, et que les nouvelles modalités professionnelles sont un aspect de la restructuration générale de la société qui s'accélère à la veille du XXIe siècle.

« Primaire » contre « supérieur »

Des changements d'une telle ampleur ne peuvent se produire sans entraîner des conflits de pouvoir ; afin de tenter de prévoir qui y gagnera et qui y perdra, il n'est peut-être pas inutile de considérer les entreprises, elles aussi, sous l'angle de leur place dans un spectrogramme de « travail intellectuel ».

Il nous faut alors les classer non pas comme « industrielles » ou de « services » — à vrai dire, qui s'en soucie ? — mais en fonction de ce que leur personnel fait réellement. La CSX, par exemple, possède des réseaux ferrés dans tout l'est des États-Unis ; elle est en même temps une des premières firmes mondiales de transport maritime par conteneurs (c'est elle qui livre les pièces détachées de Honda en Amérique). Mais elle se considère de plus en plus comme ayant l'information pour vocation principale.

Selon Alex Mandl, l'un de ses dirigeants, « l'information est une composante de plus en plus importante de notre service de messageries. Il ne suffit pas de livrer des produits. Les clients veulent être informés : quand leurs envois seront-ils groupés pour le transport, puis retriés, où se trouveront-ils à tel ou tel moment, quels seront les coûts, quels problèmes de douane peut-il y avoir ? Et bien d'autres choses. Dans notre entreprise, c'est l'information qui joue le rôle moteur ». En d'autres termes, la proportion des employés de la CSX qui se situent dans les rangs moyens ou supérieurs du spectre ne cesse de s'accroître.

On est ainsi amené à penser que les entreprises peuvent grossièrement se répartir en « primaires », « moyennes » et « intellectuelles ». Tout comme les emplois individuels, elles occupent dans le spectre une position qui correspond au volume et à la complexité des opérations intellectuelles qu'elles accomplissent.

Donald F. Klein, psychiatre et directeur de recherches à

l'Institut psychiatrique de l'État de New York, va un peu plus loin dans le même sens en affirmant que ces différences se retrouvent dans les niveaux généraux d'intelligence exigés des travailleurs. « Croyez-vous vraiment, demande-t-il, que l'employé moyen d'Apple ne soit pas plus intelligent que l'employé moyen de McDonald ? La haute direction de celle-ci est peut-être aussi intelligente que chez Apple (bien que j'en doute), mais la proportion du personnel respectif qui exige un QI élevé et des capacités de symbolisation est certainement très différente. »

A suivre ce raisonnement, on devrait pouvoir arriver à établir un niveau collectif de QI pour chaque société. Les ouvriers de Chrysler sont-ils intrinsèquement plus intelligents que ceux de Ford ou de Toyota (non pas plus instruits, mais plus intelligents *de naissance* ?) Et que dire du classement par QI, par exemple d'Apple par rapport à Compaq, ou de General Foods par rapport à Pillsbury* ? En poussant la méthode jusqu'à l'absurde, on pourrait imaginer de reclasser les 500 grandes sociétés répertoriées dans *Fortune* par rangs de QI collectifs.

Mais les firmes à haut quotient intellectuel produisent-elles nécessairement plus de richesse que les moins favorisées à cet égard ? Réalisent-elles de meilleurs profits ? Sans aucun doute, d'autres éléments tels que la motivation, le dynamisme, ou tout aussi bien l'intensité de la concurrence ne sont pas étrangers au succès commercial. D'ailleurs, comment mesurer universellement l'intelligence ? Il y a de fortes raisons de penser que les tests de QI sont culturellement biaisés et prennent en compte des aspects de l'intelligence insuffisamment nombreux.

Cependant, point n'est besoin de bâtir des scénarios fantaisistes pour s'apercevoir que, sans considération du niveau d'intelligence individuel des employés, les entreprises « supérieures » n'ont pas le même comportement que celles où le savoir tient une moins grande place.

Du côté « primaire », le travail « intellectuel » est l'apanage de quelques dirigeants, ne laissant au reste du personnel qu'un labeur musculaire, ou en tout cas non intellectuel ; car ces entreprises posent en principe que les travailleurs sont des ignorants, ou que, de toute façon, ce qu'ils peuvent savoir n'est d'aucun intérêt pour la production.

Même dans le secteur « supérieur », on peut actuellement observer de nombreux exemples de « déqualification », c'est-à-dire de simplification du travail, lequel se trouve réduit à ses plus petits composants et contrôlé pas à pas. Heureusement, ces

* Ces deux dernières sont des sociétés de produits alimentaires. *(N.d.T.)*

tentatives d'application des méthodes élaborées par Frederick Taylor à l'usage de la production industrielle du début du XXᵉ siècle ne sont plus qu'une manifestation tardive du passé « primaire », et non une préfiguration de l'avenir « supérieur », car toute tâche assez simple et répétitive pour qu'on puisse l'accomplir sans réflexion sera bientôt candidate à la robotisation.

En sens inverse, à mesure que l'économie s'oriente vers la production supersymbolique, toutes les entreprises industrielles sont contraintes de repenser le rôle du savoir. Dans le secteur « intellectuel », ce sont les plus avancées qui le font le plus vite, et qui du même coup redéfinissent le travail lui-même. Celles-là partent du principe qu'en réduisant le travail purement physique au minimum, ou en le confiant à des mécanismes de haute technologie, et en laissant le travailleur exprimer pleinement ses propres capacités, elles verront monter en flèche leur productivité et leurs profits. Elles se proposent pour objectif d'employer un personnel moins nombreux mais plus capable et mieux payé.

Même les activités de type moyen, qui continuent à impliquer des manutentions physiques, incorporent elles aussi davantage de savoir et s'élèvent sur l'échelle du spectre du travail.

A la GenCorp Automotive de Shelbyville, Indiana, une installation de 65 millions de dollars, flambant neuve, va bientôt employer cinq cents personnes à produire des éléments de carrosserie en plastique pour des Chevrolet, des Pontiac et des Oldsmobile. Tous les travailleurs — et pas seulement les cadres et les techniciens — recevront une formation d'un coût de 8 000 à 10 000 dollars. Chacun apprendra non seulement l'exécution des tâches physiques requises, mais sera initié aux techniques de résolution des problèmes, à la direction de groupe et au psychodrame, ainsi qu'aux méthodes d'organisation. Le personnel sera réparti en équipes, qui disposeront d'un ordinateur et s'initieront au contrôle par voie statistique ; leurs membres maîtriseront de nombreuses fonctions différentes, de manière à pouvoir échanger leurs postes et réduire l'ennui au minimum. Les chefs d'équipe reçoivent une formation d'un an, qui comprend des séjours à l'étranger.

Si GenCorp investit aussi lourdement, ce n'est pas par altruisme. Elle espère en recueillir les fruits sous la forme d'un démarrage rapide de l'usine, et ensuite d'un haut niveau de qualité, d'une réduction du gaspillage, et d'une productivité individuelle accrue.

Les entreprises « supérieures » ne sont généralement pas des institutions charitables. Bien que le travail tende à y être physiquement moins pénible que dans la production « primaire », et l'environnement plus agréable, elles demandent normalement *davantage* à leur personnel. Les employés sont incités non seulement à utiliser leurs capacités intellectuelles, mais aussi à investir dans leur travail leurs émotions, leurs facultés intuitives et leur imagination. C'est pourquoi les disciples de Marcuse dénoncent ces pratiques comme un mode d'exploitation des salariés plus sinistre encore que les précédents.

L'idéologie « primaire »

Dans les économies industrielles « primaires », la richesse se mesurait communément par la possession de biens dont la production était considérée comme l'essence de la vie économique. A l'opposé, les activités symboliques ou de services, bien que malheureusement indispensables, se voyaient stigmatisées comme non productives (elles le sont encore quelquefois, sous la plume d'économistes qui mesurent la productivité par des méthodes routinières, élaborées en vue du secteur industriel et inapplicables aux services — lesquels sont par nature moins faciles à évaluer).

Produire des biens matériels — automobiles, tracteurs, téléviseurs — apparaissait comme quelque chose de « mâle », voire de « supermâle » ; on y associait les adjectifs « pratique », « réaliste » ou « positif ». A l'inverse, la production de savoir et l'échange d'informations étaient généralement dénigrés à titre de simple « paperasserie », et considérés comme des activités peu sérieuses ou, pis encore, efféminées.

Ces attitudes entraînaient tout un flot de corollaires. Par exemple : la « production » consiste à combiner des ressources matérielles, des machines et de la force physique ; les actifs les plus importants d'une entreprise sont des biens tangibles ; la richesse nationale résulte des surplus de la balance commerciale ; les échanges de services n'ont d'importance que dans la mesure où ils facilitent le commerce des marchandises ; la formation ne représente la plupart du temps qu'un gaspillage, à moins d'être étroitement professionnelle ; la recherche est une fantaisie irréaliste ; l'art n'a rien à voir avec les affaires, ou, pis encore, leur est nuisible.

Bref, l'important en toute matière était la matière.

Par ailleurs, ce genre d'idées n'était nullement l'apanage des Babbitts du capitalisme ; on en trouvait d'analogues dans le monde communiste. Les économistes marxistes ont éprouvé — c'est le moins qu'on puisse dire — plus de difficultés encore à intégrer dans leurs schémas le travail « supérieur », et dans le domaine artistique le « réalisme socialiste » a portraituré par milliers des ouvriers heureux, qui déployaient une musculature à la Schwarzenegger sur un fond d'engrenages, de cheminées d'usine et de locomotives à vapeur. En fait, la glorification du prolétariat, conçu théoriquement comme l'avant-garde du progrès, reflétait les postulats d'une économie « primaire ».

Le résultat d'ensemble était bien plus qu'un agrégat informe d'opinions, préjugés et attitudes isolés. Il s'agissait bien plutôt d'une idéologie capable de se justifier et se renforcer par son propre élan — idéologie fondée sur un impudent et triomphant matérialo-machisme.

Celui-ci constitue en fait l'idéologie de l'industrie de masse. Qu'il soit prêché par des capitaines d'industrie capitalistes ou par des économistes de style traditionnel, il reflète en tout cas, comme le faisait remarquer le *Financial Times* avec un humour grinçant, « une conception de la primauté du produit matériel que ne désavoueraient pas les planificateurs soviétiques ». C'est le gourdin dont se servent les défenseurs des intérêts établis de la vieille économie usinière dans leur lutte contre les tenants de l'économie supersymbolique en voie de formation.

Il fut un temps où le matérialo-machisme pouvait avoir quelque sens. Mais, aujourd'hui, alors que la plupart des produits doivent leur valeur réelle au savoir qu'ils incorporent, il est à la fois stupide et réactionnaire. Tout pays qui choisit de mener une politique fondée sur cette idéologie se condamne lui-même à devenir le Bangladesh du XXIe siècle.

L'idéologie « supérieure »

Les entreprises, les institutions et les personnes qui sont le plus intéressées à l'avènement de l'économie supersymbolique n'ont pas encore élaboré de doctrine cohérente à opposer au matérialo-machisme ; mais quelques-unes des idées fondamentales commencent à se mettre en place.

Les premiers matériaux fragmentaires de la nouvelle économie transparaissent dans les travaux encore largement ignorés d'auteurs comme Eugen Loebl, récemment décédé, qui passa onze années de prison, en Tchécoslovaquie, à repenser en profondeur les assertions essentielles tant de l'économie marxiste que de l'économie d'inspiration occidentale ; d'Henry K.H. Woo, de Hong Kong, qui a analysé les « dimensions inarperçues de la richesse » ; du Genevois Orio Giarini, lequel applique les concepts de risque et d'indétermination à l'analyse de l'avenir des activités de services ; et de l'Américain Walter Weisskopf, qui traite du rôle des conditions de non-équilibre dans le développement économique.

Les chercheurs scientifiques d'aujourd'hui se demandent comment les systèmes se comportent en état de turbulence, comment un ordre finit par se dégager de situations chaotiques, comment des systèmes en développement sautent à des degrés de développement supérieurs ; or toutes ces questions sont du plus grand intérêt pour la compréhension de l'activité économique. Des manuels de management affirment qu'on peut « réussir grâce au chaos ». Des économistes redécouvrent l'œuvre de Joseph Schumpeter, qui considérait la « destruction créatrice » comme nécessaire au progrès. A travers une tempête d'OPA, de reventes, de réorganisations, de faillites, de lancements d'entreprises, de participations à capital-risque, l'ensemble de l'économie est en voie de se donner une nouvelle structure qui, par sa diversité, sa rapidité d'évolution et sa complexité, a des années-lumière d'avance sur la vieille économie usinière.

Le « bond » qui nous projette à un plus haut degré de diversité, de vitesse et de complexité exige que soit accompli un bond correspondant vers des formes d'intégration plus élevées et plus sophistiquées ; et cette mutation ne peut à son tour s'accomplir qu'en portant le traitement de l'information à des niveaux supérieurs.

Faute de cette coordination plus élaborée et du travail intellectuel qui l'accompagne obligatoirement, il ne peut apparaître de valeur ajoutée, et l'économie est incapable de créer de la richesse. En conséquence, la valeur ne repose pas seulement sur la combinaison de la terre, du travail et du capital. Toute la terre, tout le travail et tout le capital du monde ne pourront répondre aux besoins des consommateurs si l'on ne parvient pas à les intégrer à un degré beaucoup plus élevé qu'on ne l'a jamais fait jusqu'ici. Et la conception de la valeur s'en trouve entièrement changée.

Un récent rapport rédigé par *Prométhée*, groupe de réflexion indépendant qui travaille à Paris, exprime l'idée en ces termes : « En fait, la valeur "s'extrait" à travers l'ensemble de la production/provision d'un produit/service. Les économies dites de services [...] ne se caractérisent pas par le fait que les gens ont tout à coup commencé à accomplir leurs vies par une consommation non tangible, mais plutôt par le fait que les activités qui relèvent du domaine économique sont de plus en plus intégrées. »

Fortement inspirée par l'œuvre de Descartes, qui date du

XVIIᵉ siècle, la culture de l'industrialisme favorisait ceux qui se montraient capables de réduire progressivement les problèmes et les processus à leurs plus petits composants. Appliquée à l'économie, cette méthode de séparation successive et d'analyse exhaustive nous a habitués à concevoir la production comme une suite d'étapes isolées.

Dans la perspective ancienne, réunir les capitaux, acheter les matières premières, recruter des ouvriers, utiliser les techniques disponibles, faire de la publicité, vendre, bien distribuer le produit représentaient des opérations qui formaient une séquence discontinue, quand ce n'étaient pas des tâches parfaitement distinctes.

Le nouveau modèle de production que suscite l'économie supersymbolique présente s'oppose spectaculairement à l'ancien. Fondé sur une perspective systémique, ou intégrante, il envisage la production comme un processus de plus en plus synthétique et simultané, où la simple somme des parties ne constitue pas le tout, et où nulle d'entre elles ne peut absolument rester sans liens avec les autres.

Les informations que rassemblent les spécialistes de la commercialisation et de la vente alimentent la vision des ingénieurs, lesquels ont besoin que leurs innovations soient bien comprises par le département financier, lequel, pour rassembler des capitaux, dépend à son tour du degré de satisfaction ou de mécontentement des clients, lequel dépend de la précision des livraisons effectuées par les camions de l'entreprise, laquelle dépend en partie de la motivation des employés, laquelle dépend du montant de la feuille de paie et d'un penchant pour le travail bien fait, lesquels dépendent à leur tour... et ainsi de suite.

Préférer l'interconnection à l'isolement, l'intégration à la séparation, la simultanéité en temps réel aux étapes séquentielles, ce sont là les impératifs sur lesquels se fonde le nouveau paradigme de la production.

En réalité, nous sommes en train de découvrir que la production ne commence ni ne finit au sein de l'usine. C'est ainsi que les plus récents modèles de production élaborés d'un point de vue économique étendent l'étude du processus en amont comme en aval — notamment en aval, c'est-à-dire vers l'avenir, sous la forme des services après-vente ou de « soutien » du produit déjà vendu, comme il se voit dans le cas des garanties de réparations de voitures ou de l'aide promise à l'acheteur par un vendeur d'ordinateurs. Avant longtemps, le concept de production s'étendra plus loin encore, jusqu'à intégrer l'élimination du produit hors d'usage de façon écologiquement acceptable. Alors les entreprises seront obligées de prévoir un mode d'« enterrement » approprié, ce qui les contraindra à revoir leurs spécifications de projets, leurs calculs de coûts, leurs méthodes de production, et bien d'autres choses encore. Ce faisant, elles fourniront davantage de services par rapport à la simple fonction de fabrication, et c'est par là qu'elles créeront de la valeur ajoutée. A ce moment, la « production » se concevra comme incluant l'ensemble de ces fonctions.

En un sens similaire, la réflexion peut remonter en amont pour s'étendre à la formation du personnel, à l'environnement quotidien et à d'autres services. A la limite, il existe des moyens de transformer un travailleur « musculaire » mécontent de son sort en une personnalité « productive ». Dans les activités hautement symboliques, les travailleurs heureux produisent davantage. Il s'ensuit que les ressorts de la productivité se situent bien avant le début officiel de la journée de travail. Les fidèles du bon vieux temps considèrent volontiers cette redéfinition élargie de la production comme parfaitement floue ou entièrement absurde. Mais, pour la nouvelle génération des dirigeants super-symboliques, formés à penser sur un mode systématique plutôt qu'en termes de fonctions isolées, cette conception coule de source.

En résumé, le concept de production se reconstruit actuellement dans un cadre beaucoup plus vaste, et englobe des aspects que n'auraient jamais imaginés les économistes et idéologues de la réflexion « primaire ». Désormais, ce qui incarne la valeur et la crée à chaque pas, c'est le savoir et non la main-d'œuvre à bon marché, les symboles et non la matière première.

Ce réexamen en profondeur des sources de la valeur ajoutée entraîne des conséquences considérables : il réduit à néant les postulats communs aux partisans de l'ultra-libéralisme et aux marxistes, en sapant le matérialo-machisme dont les uns et les autres s'inspirent. Ainsi les deux conceptions correspondantes, qui veulent que la valeur soit ou bien produite uniquement par le dur labeur de l'ouvrier, ou bien glorieusement créée par l'entrepreneur capitaliste, se révèlent également fausses, et dangereusement trompeuses sur le terrain politique aussi bien que dans le domaine économique.

Dans la nouvelle économie, la réceptionniste comme le banquier d'investissement, la mécanographe comme la vendeuse, le créateur de systèmes informatiques et le spécialiste des communications ajoutent tous de la valeur. Fait plus significatif encore, le client en apporte lui aussi. La valeur résulte d'un effort collectif et non d'une étape isolée à tel ou tel endroit du processus.

Si nombreux que soient les cris d'orfraie poussés sur les sinistres conséquences d'une « disparition » de la base industrielle, ou les tentatives faites pour ridiculiser le concept d'« économie d'information », l'importance croissante du travail intellectuel continuera à s'affirmer, et il en ira de même pour la nouvelle conception de la création de la richesse.

Ce à quoi nous assistons est une immense convergence de mutations qui s'observent à la fois dans la production, dans la composition du capital et jusque dans la nature de la monnaie ; et l'ensemble de ces changements est en voie d'instaurer à l'échelle de la planète un système révolutionnaire de création de la richesse.

CHAPITRE VIII

Le substitut final

Toute personne qui lit cette page possède une capacité très étonnante : elle sait lire. L'instruction est si répandue qu'il est parfois surprenant de nous rappeler que nous avons tous eu des ancêtres illettrés ; non pas stupides ni ignorants, mais irrémédiablement illettrés.

Dans le monde ancien, le simple fait de savoir lire était un accomplissement fantastique. Écrivant au Ve siècle, saint Augustin disait de son maître saint Ambroise de Milan qu'il était instruit au point de savoir lire sans remuer les lèvres : faculté si stupéfiante qu'elle le faisait considérer comme la personne la plus intelligente du monde.

La plupart de nos ancêtres n'étaient pas seulement illettrés ; ils étaient également « innombrés », et incapables de faire les plus simples opérations arithmétiques. Ceux, très rares, qui le pouvaient étaient regardés comme gens dangereux. Attribué à saint Augustin, un texte tout à fait surprenant soutient que les chrétiens doivent se tenir à l'écart de ceux qui savent additionner ou soustraire : ceux-là avaient de toute évidence « fait un pacte avec le diable pour obscurcir l'esprit et retenir l'homme prisonnier dans les liens de l'enfer » — sentiment que pourraient aujourd'hui partager bien des étudiants en mathématiques spéciales.

Il fallut attendre mille ans pour qu'apparussent les premiers « maîtres de calcul », qui préparaient leurs élèves à des carrières commerciales.

Ces exemples mettent en lumière le fait que les capacités les plus simples, considérées comme allant de soi dans la vie économique actuelle, sont en réalité le fruit de siècles et de millénaires de développement culturel cumulatif. Le savoir légué par la Chine, par l'Inde, par les Arabes et par les marchands phéniciens aussi bien que par les Occidentaux est une partie intégrante, mais généralement non reconnue, de l'héritage qu'utilisent aujourd'hui les cadres et dirigeants du monde entier. Génération après génération, des hommes ont appris ces méthodes, les ont adaptées aux besoins de leur temps, les ont transmises et ont lentement bâti tout un édifice à partir de leurs résultats.

Tous les systèmes économiques reposent sur une « base de savoir », et aucune entreprise ne pourrait exister sans ce fonds préexistant, élaboré par le corps social. A la différence du capital, du travail et de la terre, celui-ci est généralement négligé par les économistes, comme par les dirigeants d'entreprise, quand ils calculent les « entrées » nécessaires à la production. Pourtant, ce fonds — acquis contre argent pour une part, pour l'autre utilisé gratuitement — est maintenant devenu la ressource la plus importante.

A de très rares moments de l'histoire, l'avancée du savoir a abattu d'un coup les vieilles barrières. De ces percées, les plus décisives ont été l'invention de nouveaux outils de pensée et de communication, tels l'idéogramme, puis l'alphabet, puis le zéro, et en notre siècle l'ordinateur.

Voici trente ans, toute personne un tant soit peu capable de se servir d'un ordinateur passait, dans la presse populaire, pour un « sorcier des mathématiques » ou un « super-cerveau », exactement comme saint Ambroise à l'âge où on lisait en remuant les lèvres.

Aujourd'hui, nous en sommes à un de ces points d'exclamation qui ponctuent de temps en temps l'histoire, à un de ces moments où les vieilles limites disparaissent et où la structure entière du savoir humain tremble une fois de plus sur ses bases. Nous ne nous contentons plus d'accumuler davantage de « faits » — de quelque nature que soient ces *faits*. De même que nous restructurons des entreprises et des économies entières, nous sommes en train de réorganiser la production et la distribution du savoir, et de transformer les symboles qui servent à le communiquer.

Qu'est-ce que cela signifie ?

Cela veut dire que nous créons de nouveaux réseaux de savoir, que nous relions des concepts les uns aux autres par des liens surprenants, que nous édifions de stupéfiantes hiérarchies d'inférences, que nous élaborons de nouvelles théories, hypothèses et images fondées sur des postulats innovateurs, sur de nouveaux langages, codes et systèmes logiques. Les entreprises, les États et les personnes rassemblent et mémorisent aujourd'hui plus de faits bruts que ne l'a fait aucune autre génération dans l'histoire — réservant ainsi aux historiens de demain une mine d'or si riche qu'ils seront fort embarrassés de sa surabondance.

Mais, chose plus importante, nous établissons entre les données des interrelations plus nombreuses, nous les plaçons dans un contexte, et ainsi les transformons en information ; puis nous assemblons les différentes masses d'informations pour édifier des modèles de plus en plus étendus et de véritables architectures de savoir.

Rien de tout cela n'implique que les données soient exactes, que l'information soit vraie, que le savoir soit sagace. Mais cela implique en tout cas de vastes changements dans notre manière de voir le monde, de créer de la richesse et d'exercer le pouvoir.

Le nouveau savoir n'est pas toujours factuel, ni même explicite. Au sens où nous utilisons le terme, il reste pour une grande part non dit ; il s'agit alors de postulats entassés sur des postulats, de modèles fragmentaires, d'analogies inaperçues ; et l'ensemble inclut non seulement des données informatives, logiques et apparemment sans impact émotionnel, mais aussi des valeurs, lesquelles sont le fruit de la passion et de l'émotion, pour ne rien dire de l'imagination et de l'intuition.

C'est le gigantesque bouleversement de la base du savoir de notre société — et non l'effet de dopage dû aux ordinateurs, ni celui de simples manipulations financières — qui explique le développement d'une économie supersymbolique.

L'alchimie de l'information

Parmi les changements qui interviennent dans le système de savoir de la société, beaucoup se traduisent directement en opérations économiques, et le système de savoir est plus universellement présent dans l'environnement de chaque entreprise que le système bancaire, le système politique ou le système énergétique en tant que tels.

Outre le fait qu'aucune entreprise ne pourrait ouvrir ses portes en l'absence de langage, de culture, de données et d'information, il faut aussi, et plus profondément, comprendre que de tous les éléments nécessaires à la création de la richesse, ceux-là sont les plus faciles à adapter à différents usages. En fait, le savoir (souvent réduit à des informations ou à des données brutes) peut servir à remplacer d'autres ressources.

Le savoir, en principe inépuisable, est le substitut final.

Considérons la chose sous l'angle technologique.

Dans la plupart des usines anciennes, il était par trop coûteux de modifier un produit quelconque. Il y fallait des outilleurs, des régleurs et autres spécialistes chèrement payés ; l'opération impliquait une longue immobilisation pendant laquelle les machines au repos n'en dévoraient pas moins du capital, des intérêts et des frais généraux ; en conséquence, plus les séries de produits strictement identiques s'allongeaient, plus le prix de revient unitaire s'abaissait.

Au lieu de ces longues séries, les plus récentes techniques de production assistée par ordinateur permettent une production infiniment variée. En 1972, Philips, le géant de l'électronique basé aux Pays-Bas, fabriquait cent modèles différents de téléviseurs couleur ; aujourd'hui, il offre un choix de cinq cents. Au Japon, la Bridgestone Cycle Company lance la bicyclette « Radac Tailor-made », c'est-à-dire la bicyclette sur mesure ; Matsushita présente une gamme semi-personnalisée de tapis chauffants, et aux États-Unis, la Washington Shoe Company vend des chaussures pour femmes également semi-personnalisées selon les mesures des pieds, relevées par ordinateur au magasin de vente.

Inversant totalement l'économie de production de masse, les nouvelles techniques informatiques tendent à rendre le coût de la diversification presque nul. L'intervention du savoir supprime les frais élevés qu'entraînait autrefois l'introduction du *change-ment* dans le processus de production.

Ou bien prenons les matériaux :

Commandant un tour, un logiciel astucieux peut tirer d'une quantité donnée d'acier plus de pièces que la plupart des opérateurs humains. Par ailleurs, en rendant la miniaturisation possible, le nouveau savoir donne des produits plus petits et plus légers, qui à leur tour réduisent les frais de stockage et de transport. Et, comme nous l'avons vu dans le cas de la société de chemins de fer et d'armement maritime CSX, on réalise d'autres économies sur le transport en suivant l'acheminement des cargaisons minute par minute — c'est-à-dire en améliorant l'information.

Le nouveau savoir permet également de créer des matériaux entièrement nouveaux, des fibres composites destinées à la construction aéronautique ou aux produits biologiques ; il accroît les possibilités de substitution d'un matériau à un autre. Qu'il s'agisse de raquettes de tennis ou de moteurs à réaction, tout incorpore de nouvelles matières plastiques, de nouveaux alliages et des composés complexes. A Morristown, New Jersey, Allied-Signal élabore un produit dénommé Metglas, qui combine diverses propriétés du métal et du verre, et améliore considérablement le rendement énergétique des transformateurs. De nouveaux matériaux optiques laissent prévoir l'apparition d'ordinateurs beaucoup plus rapides ; les blindages des chars de combat combinent l'acier, la céramique et l'uranium ; les progrès du savoir permettent de construire des assemblages moléculaires sur mesure, qui possèdent des caractéristiques thermiques, électriques ou mécaniques prédéterminées.

La seule raison qui nous contraigne à transporter sur toute la terre d'énormes quantités de matières premières, comme la bauxite, le nickel ou le cuivre, est que nous n'avons pas encore acquis le savoir nécessaire pour produire des substituts utilisables à partir des ressources locales. Quand les obstacles seront surmontés, il s'ensuivra de nouvelles et très fortes économies de transport. Bref, les avoir apporte un substitut à la fois aux matières premières et aux navires qui les chargent.

Il n'en va pas différemment pour l'énergie : rien n'illustre mieux la capacité de substitution du savoir que les percées récemment accomplies dans le domaine de la supraconductivité, percées qui pour le moins réduiront la quantité d'énergie à transmettre pour un résultat donné. Selon l'American Public Power Association, quinze pour cent de l'électricité produite aux États-Unis est actuellement perdue entre la source d'énergie et les lieux d'utilisation, du fait que les fils de cuivre ne sont pas des conducteurs très efficaces. Ces pertes en ligne équivalent à l'apport de cinquante centrales, et la supraconductivité doit permettre de les réduire presque à zéro.

Dans le même ordre d'idées, Bechtel National, à San Francisco, et Enasco Services, à New York, étudient toutes deux le projet d'une sorte de « batterie » d'accumulateurs géante, qui aurait les dimensions d'un terrain de football ; dans l'avenir, ces réserves d'électricité devraient contribuer à réduire le nombre des générateurs qui servent uniquement aux heures de pointe.

Non seulement le savoir apporte des substituts aux matériaux, aux moyens de transport et dans le domaine énergétique, mais encore il économise le temps. Or, même s'il n'apparaît nulle part dans les bilans comptables, le temps n'en est pas moins une des ressources économiques les plus importantes. En fait, il constitue une « entrée » invisible. En une période où les changements s'accélèrent, la possibilité de raccourcir les délais — par exemple en matière de communications ou pour le lancement d'un nouveau produit — devient si décisive qu'elle peut faire la différence entre profit et perte.

Le nouveau savoir multiplie la vitesse des opérations, nous rapproche d'une activité économique en temps réel et instantanée ; il apporte aussi un substitut aux dépenses de temps.

Il économise et maîtrise également l'espace. La division Transportation Systems de la General Electric construit des locomotives : quand elle a commencé à utiliser des techniques avancées de traitement informatique et de communications dans ses relations avec ses fournisseurs, elle a pu assurer une rotation des stocks douze fois plus rapide qu'auparavant, et économiser jusqu'à un demi-hectare de surface de stockage.

En dehors de la miniaturisation et des gains d'espace, d'autres économies sont possibles. Les États-Unis produisent chaque année quelque 1 300 milliards de documents divers — de quoi « papiéter » 107 fois le Grand Canyon du Colorado. Les techniques d'information avancées, y compris la lecture électronique, laissent espérer au moins une certaine compression. Et, ce qui importe davantage, les nouvelles possibilités en matière de télécommunications, fondées sur les ordinateurs et les derniers progrès scientifiques, permettent désormais de disperser la production en échappant aux coûts élevés des centres urbains, et par là de réduire encore les dépenses en énergie et en transports.

Savoir contre capital

On a tant écrit sur le remplacement du labeur humain par les équipements informatiques que nous ignorons bien souvent le remplacement corrélatif du capital ; et pourtant, toutes les applications signalées plus haut se traduisent également par des économies de capital.

En un sens, le savoir représente à long terme, pour le pouvoir financier, une menace beaucoup plus grave que les syndicats ouvriers ou les partis politiques anticapitalistes. Relativement parlant, la révolution informatique aboutit à réduire les besoins en capital par unité produite ; et, dans une économie « capitalissime », les effets en sont d'importance primordiale.

Agé de cinquante-sept ans, le chef d'entreprise italien Vittorio Merloni possède avec sa famille 75 % de la société Merloni Elettrodomestici. Dans une petite salle du centre éducatif de la

Banca Nazionale del Lavoro, à Rome, il nous parle très franchement de la firme familiale. La société produit dix pour cent de
l'ensemble des machines à laver, réfrigérateurs et autres gros
appareils ménagers vendus en Europe ; ses principaux concurrents s'appellent Electrolux, en Suède, et Philips, aux Pays-Bas.
Pendant quatre années très agitées, Merloni a aussi présidé la
Confindustria, c'est-à-dire l'organisme patronal italien.

D'après lui, les récents progrès économiques du pays sont dus
au fait qu'« aujourd'hui, nous arrivons à faire la même chose
avec moins de capital » qu'auparavant, et « cela signifie qu'actuellement, un pays pauvre peut s'en tirer beaucoup mieux avec
les mêmes ressources en capital qu'il ne le faisait voici cinq ou
dix ans ».

La raison en est, ajoute-t-il, que les technologies à base de
savoir permettent de réduire la quantité de capital nécessaire à
qui veut, par exemple, produire des machines à laver la vaisselle,
des cuisinières ou des aspirateurs.

En premier lieu, l'information remplace des stocks à très haut
coût. Merloni utilise la conception assistée par ordinateur et a
établi une liaison par satellite entre ses installations d'Italie et
du Portugal.

En réduisant le temps de réponse de la fabrication à la
demande du marché, et en rendant financièrement viable la
production en petites séries, l'information, à la fois de meilleure
qualité et plus rapide, permet de réduire la quantité des composants et des produits finis qui attendent dans les entrepôts ou
sur les voies de garage.

Les frais de stockage s'en sont trouvés réduits dans la proportion spectaculaire de 60 %. Jusqu'à une date récente, il fallait à
ses usines une réserve de 200 000 pièces pour une production de
800 000 unités ; aujourd'hui, il suffit de 300 000 composants, sur
place ou en cours d'acheminement, pour trois millions de
machines terminées ; économie massive que Merloni attribue à
l'amélioration de l'information.

Son exemple n'est pas exceptionnel. Aux États-Unis, les
industries du textile et de l'habillement, ainsi que les détaillants,
regroupés dans un comité dit Voluntary Inter-Industry Communications Standards (VICS : « normes volontaires de communication interindustrielle »), espèrent éliminer pour douze millions
de dollars d'excédents de stock grâce à un réseau électronique
de données commun à l'ensemble de la branche. Au Japon, la
NHK Spring Compagny, qui fournit des sièges et des ressorts à
la majorité des constructeurs de voitures, vise à synchroniser sa

production avec celle de ses clients de manière si parfaite que tous les stocks-tampons s'en trouveront éliminés.

Comme le dit un des dirigeants de la société, « si nous arrivons à appliquer correctement le système, nous pourrons théoriquement réduire les stocks de pièces à zéro ».

Bien entendu, ces réductions ne permettent pas seulement les économies d'espace et de coûts immobiliers évoqués plus haut ; elles se répercutent également sur la fiscalité, les primes d'assurance et les frais généraux. En outre, Merloni fait observer qu'il peut maintenant transférer des fonds de Londres ou de Paris à Milan ou à Madrid en quelques minutes, évitant ainsi le paiement d'intérêts non négligeables.

Même si, ajoute-t-il encore, l'investissement initial en ordinateurs, en logiciels et en équipements de télécommunications peut être élevé, le total des économies permet à sa société d'avoir la même activité que dans le passé avec un capital moindre.

Ces idées nouvelles sur le capital sont en voie de se répandre actuellement dans le monde entier.

De l'avis du Dr Haruo Shimada, de l'université Keio à Tokyo, nous voyons se substituer aux sociétés qui « exigent une forte accumulation de travail humain pour assurer la production » des sociétés qu'il dénomme du « type-flux » et qui « mobilisent de bien plus faibles ressources en capital ».

Comme pour illustrer l'évolution en cours et l'importance du savoir dans l'économie de demain, les grandes entreprises japonaises en viennent maintenant, pour la première fois, à dépenser davantage pour la recherche et le développement que pour leurs investissements en capital.

Michael Milken qui, pour le meilleur ou pour le pire connaît en tout cas un peu la question, exprime la même idée en huit mots : « Le capital humain, dit-il, a remplacé le capital-dollars. »

Ainsi le savoir est-il devenu la ressource économique ultime, parce qu'il est le substitut final.

Ce que nous avons vu jusqu'ici, c'est donc que dans toute économie la production et les profits dépendent inéluctablement des trois sources principales du pouvoir — la violence, la richesse et le savoir. Or le capital et la monnaie sont aujourd'hui en voie de se transformer l'un et l'autre en savoir. Parallèlement, le travail connaît lui aussi une mutation : il consiste de plus en plus à manipuler des symboles. Le capital, la monnaie et le travail évoluant tous trois dans la même direction, la révolution affecte l'édifice économique dans la totalité de ses fondements :

devenant supersymbolique, l'économie fonctionne désormais selon des règles radicalement différentes de celles qui prévalaient à l'âge de l'économie usinière.

Du fait qu'il réduit les besoins en matières premières, en travail, en temps, en espace et en capital, le savoir devient la ressource décisive de l'économie avancée. Sa valeur monte en flèche, et c'est pourquoi, comme nous allons le voir, des « guerres de l'information » — c'est-à-dire des luttes pour la maîtrise du savoir — se déchaînent dans le monde entier.

TROISIÈME PARTIE

Les guerres de l'information

CHAPITRE IX

La bataille de la caisse enregistreuse

Voici quelque temps, la Smithsonian Institution de Washington, un des musées les plus prestigieux du monde, envisageait d'acheter un petit restaurant routier du New Jersey. La Smithsonian prévoyait de le transporter à Washington, de l'incorporer au musée, peut-être même de le faire fonctionner, afin d'exposer les matériaux synthétiques dont l'usage avait marqué une époque de la vie américaine. Le projet n'a pas été mis à exécution.

Le petit restaurant en bord de route exerce encore sur beaucoup d'Américains une fascination nostalgique. Il a servi de décor à nombre de scènes hollywoodiennes, comme à la célèbre nouvelle d'Hemingway, « Les tueurs ». Ainsi, loin de se borner à illustrer les usages du vinyle et du formica, l'idée un peu surprenante de la Smithsonian Institution recelait une certaine logique.

Mais, si elle voulait un jour montrer ce que les États-Unis représentaient pour le monde extérieur dans les années cinquante, en plein XXᵉ siècle, elle devrait acheter et réinstaller non pas un restaurant, mais un supermarché.

Pour la majorité des familles américaines, c'était un rituel hebdomadaire que de pousser un chariot dans une allée de supermarché brillamment illuminée. Avec ses rayons rutilants et débordant de marchandises, celui-ci était devenu un symbole d'abondance dans un monde affamé, et cette merveilleuse création de l'économie américaine fut rapidement imitée dans de nombreux pays.

Aujourd'hui, le supermarché est toujours là ; mais, bien que le public ne s'en aperçoive guère, il est devenu un champ de bataille où se joue l'une des multiples guerres de l'information qui font rage dans le monde des affaires.

Derrière la caisse

D'un bout à l'autre des États-Unis, une lutte acharnée, avec pour enjeu des milliards et des milliards de dollars, oppose des géants industriels comme Nabisco, Revlon, Procter & Gamble, General Foods et Gillette, qui dominaient naguère leur secteur, aux humbles détaillants qui mettent leurs produits dans les sacs des clients. Livrée au niveau de la caisse enregistreuse, cette bataille donne une première idée de ce que nous réserve l'économie supersymbolique.

Aux premiers temps des supermarchés, les principaux fournisseurs d'articles de grande consommation, alimentaires ou autres, y envoyaient leurs milliers de représentants pour y vendre et promouvoir leurs différentes gammes de produits alimentaires ou de boissons non alcoolisées, de produits de beauté ou d'entretien, et autres, qui faisaient quotidiennement l'objet de milliers de négociations.

Dans ces marchandages au jour le jour, les vendeurs étaient en position de force. Ils avaient derrière eux toute la puissance de leurs firmes géantes, en face desquelles même les plus grandes chaînes de supermarchés ne faisaient pas le poids. Sur les marchés qu'ils s'étaient choisis, chacun de ces titans imposait sa présence sans discussion possible.

La Gillette Company, par exemple, vendait encore, à la fin des années soixante-dix, six sur dix des lames de rasoir utilisées aux États-Unis. Quand le français Bic, premier fabricant mondial de stylos à bille et de briquets jetables, la défia sur son propre terrain en proposant des rasoirs jetables, Gillette riposta avec les siens et conquit 40 à 50 % du marché, Bic n'en gardant que moins de 10 %. Gillette opérait aussi à l'étranger ; aujourd'hui, elle a des bureaux dans quarante-six pays et des usines dans vingt-sept — de l'Allemagne et de la France jusqu'aux Philippines.

Quand arrivait le représentant de Gillette, le supermarché n'avait qu'à l'écouter, faute de quoi...

Du début des années cinquante à celui des années quatre-vingt, les rapports de force entre le sommet des grands industriels et le marais des grossistes et détaillants ne connut pas de modifications essentielles. Une des raisons de la suprématie des producteurs sur les vendeurs était qu'ils maîtrisaient l'information.

Le parfum de Miss Amérique

A l'apogée de leur domination, ces sociétés majeures s'inscrivaient au premier rang des dispensateurs de publicité visant le grand public, et par là contrôlaient les informations qui parvenaient finalement au consommateur.

Sur ce terrain, Gillette se montrait particulièrement astucieuse. Elle dépensa énormément en publicité pour ses rasoirs et crèmes à raser au milieu des retransmissions télévisées des coupes mondiales de base-ball ; quant aux parfums, elle misa sur les concours également télévisés pour la désignation de Miss Amérique.

Comme d'autres sociétés, Gillette lançait par an six « cycles de commercialisation », avec pour chacun un fort soutien publicitaire. La pratique se dénommait « campagne de ramonage », du fait qu'elle avait pour but d'attirer les clients vers les rayons et de nettoyer ceux-ci par le vide de façon quasi immédiate. La méthode était si efficace que les supermarchés ne pouvaient *vraiment pas* se permettre de ne pas vendre les produits Gillette.

En retour, les victoires remportées à la caisse enregistreuse permettaient à Gillette et à ses semblables de commander leurs propres approvisionnements en grande quantité et à bas prix. Maîtrisant ainsi à la fois la production, la distribution et la publicité de masse, les industriels en vinrent à établir leur domination sur tous les autres participants du cycle économique — des agriculteurs et des fournisseurs de matières premières jusqu'aux détaillants.

En fait, l'homme de Gillette (le représentant était rarement une femme) était souvent en mesure de prescrire au magasin de détail quels types de lames il allait acheter, et en quelle quantité, comment il les exposerait et même, assez fréquemment, à quel prix il les vendrait.

C'était là exercer un pouvoir économique, mais ce pouvoir n'aurait pu exister sans le contrôle décisif de l'information. C'était en fin de compte Gillette, et non le détaillant, qui vantait aux téléspectateurs les mérites de la crème à raser Foamy, ou leur montrait des athlètes se débarrassant d'une barbe de trois jours à l'aide d'un rasoir et d'une lame Gillette. Ce que le monde savait de ces produits, c'était de Gillette qu'il l'apprenait.

De plus, si la firme contrôlait l'information qui *allait au consommateur*, elle recueillait aussi celle qui *venait du consommateur*. A tous les stades de la commercialisation, Gillette savait mieux que n'importe lequel de ses détaillants comment et quand ses produits seraient vendus, et à qui.

Gillette savait quand sa publicité passerait à la télévision, quand elle allait lancer de nouveaux articles, quelles campagnes de promotion à bas prix elle projetait; et elle diposait de ces informations comme elle l'entendait. Bref, Gillette et les autres industriels des marchés de grande consommation se situaient *entre* le détaillant et le client, et informaient l'un comme l'autre absolument à leur gré.

Quoique son importance ait été largement sous-estimée, ce contrôle de l'information joua un rôle essentiel dans le maintien de la suprématie traditionnelle de la fabrique sur le magasin. Et la pratique rapportait gros.

Il fut un temps où Campbell Soup ne prenait même plus la peine d'inscrire un numéro de téléphone sur les cartes de ses représentants. « Inutile de les appeler, observe un vice-président de la chaîne de supermarchés Grand Union, ils n'accordaient jamais rien. »

De même, quand le représentant de Gillette arrivait au magasin pour vendre, il savait ce dont il parlait. L'acheteur était réduit au rôle d'auditeur.

Le coup de la prime d'étalage

L'arme qui a permis aux détaillants de faire reculer les grands industriels sur leurs marques de départ n'est autre qu'un petit symbole en blanc et noir.

Depuis le milieu des années soixante, un comité de détaillants, grossistes et industriels de l'alimentation — qui, à l'époque, n'attira guère d'attention — entretenait des relations régulières avec des firmes comme IBM, National Cash Register et Sweda aux fins de discuter de problèmes généraux des supermarchés : les queues aux caisses et les erreurs de comptabilité.

Ces difficultés, la technologie pouvait-elle les surmonter ?

La réponse était oui — à condition de trouver le moyen de coder les produits de telle façon que les ordinateurs puissent « lire » les codes. A ce moment, le déchiffrement était encore dans l'enfance; mais, pressentant l'ouverture d'un nouveau et riche marché, les producteurs d'ordinateurs ne se firent pas prier pour collaborer avec les détaillants.

Le 3 avril 1973, le « comité de sélection du symbole » se mit d'accord sur un code unique, valable pour toute la branche. Il en résulta le « code universel des produits », ou « code à barres », dont les clairs motifs de lignes noires et de chiffres nous sont devenus familiers à force de les voir sur tous les emballages, des détergents aux pâtes à gâteaux — en même temps que se répandaient les équipements de lecture automatique.

Aujourd'hui, le code à barres est d'usage presque général aux États-Unis, où 95 % au moins des produits alimentaires le comportent ; et il conquiert rapidement d'autres pays. En 1988, 3 170 supermarchés, commerces spécialisés et grands magasins français l'avaient déjà mis en service ; en Allemagne occidentale, au moins 1 500 points de vente d'alimentation et près de 200 grands magasins avaient des lecteurs. Au total, sans compter les États-Unis, 78 000 appareils étaient en service, du Brésil jusqu'à la Tchécoslovaquie et même chez les Papous de Nouvelle-Guinée.

Au Japon, où les nouvelles techniques de vente au détail se propagent à la vitesse d'un incendie, 47 % de toutes les grandes surfaces et 72 % de tous les magasins d'articles ménagers étaient équipés en 1987.

Mais le code à barres n'a pas fait qu'accélérer les opérations de caisse pour des millions de clients, ni qu'améliorer la comptabilité. Il a fait plus : il a entraîné un transfert de pouvoir.

Actuellement, les supermarchés américains vendent en moyenne 22 000 articles différents ; et, avec les milliers de produits nouveaux qui ne cessent de remplacer les anciens, le pouvoir s'est déplacé du côté du détaillant, qui peut maintenant les suivre tous à la trace, connaître pour chacun le volume des ventes et les bénéfices, prévoir la programmation de la publicité, les coûts, les prix, les remises, les emplacements, les promotions spéciales, le rythme de rotation des stocks, etc.

« Aujourd'hui, dit Pat Collins, président des 127 Ralph's Stores de Californie du Sud, nous en savons autant sur le produit que le fabricant, sinon plus. » Ses lecteurs de code réunissent de gros volumes de données, qui permettent aux gérants de décider en connaissance de cause du rayonnage à consacrer à tel ou tel article, et à quel moment.

Or ce choix est d'importance cruciale pour les fabricants en concurrence, qui se pressent aux portes et se disputent chaque centimètre de rayon d'exposition. Dans ces conditions, ce n'est plus le producteur qui dicte au détaillant la quantité à acheter, c'est le détaillant qui force les producteurs à payer ce qu'on dénomme une « prime d'étalage » pour obtenir de l'espace —

laquelle prime atteint parfois des montants stupéfiants pour certains emplacements privilégiés.

Comme l'écrit *USA Today*, « le résultat [de ces transformations] est une guerre pour l'espace, qui oppose les fabricants de produits aux détaillants — et ceux-ci entre eux — dans la lutte pour gagner et conserver leurs emplacements dans les supermarchés ».

Et il est facile de désigner le vainqueur — pour le moment.

Kavin Moody, ancien directeur des systèmes informationnels de gestion chez Gillette, décrivait la situation avec amertume : « Nous voulons, disait-il, être maîtres de notre propre destin [...], mais le commerce devient maintenant plus puissant. Ils essayent d'obtenir des accords plus avantageux et des relations de coopération. Ils veulent de meilleurs prix, ce qui réduit nos marges [...]. Autrefois, le client ne savait rien ; aujourd'hui, il s'appuie sur tout un outillage sophistiqué. »

Les données recueillies par le commerce de détail deviennent une arme plus redoutable encore quand elles sont analysées par ordinateur et étudiées selon des modèles où l'on peut introduire différentes variables. Ainsi certains acheteurs utilisent-ils des modèles de « profitabilité directe du produit » afin de déterminer ce qu'ils gagnent réellement sur chaque article. Les modèles de ce genre tiennent compte de facteurs tels que l'espace de rayonnage occupé par un emballage rectangulaire ou au contraire cylindrique, et le choix optimum des couleurs en fonction des produits.

Les détaillants disposent même d'une version de ce type de logiciel que Procter & Gamble, un des plus importants fabricants, leur fournit gratuitement dans l'espoir de s'assurer leur bienveillance. Ainsi armés, les représentants de P et G offrent au commerçant de l'aider à analyser ses taux de profit, à condition qu'à son tour il partage avec la société ses propres informations sur les consommateurs.

Le détaillant peut également utiliser des logiciels de « gestion du rayonnage » et des « modèles d'espace », qui lui permettent de mieux décider quelles gammes ou produits il a intérêt à accepter ou à rejeter, lesquels il exposera aux emplacements les plus fréquentés et lesquels il reléguera ailleurs : l'ordinateur établit des « Plan-a-Grams » détaillés pour chaque rayonnage.

Après avoir acquis la maîtrise du principal flux d'information *en provenance* du client, les détaillants commencent aussi à influencer, voire à contrôler l'information qui *s'adresse à lui*.

Toujours d'après Kavin Moody, « l'acheteur peut maintenant décider du résultat d'une campagne de promotion [...]. Dans une large mesure, c'est lui qui choisit ce que le consommateur verra ou ne verra pas ».

Aux deux bouts de la chaîne, les grandes sociétés de produits alimentaires et autres ont donc perdu le contrôle de l'information sur laquelle reposait autrefois leur pouvoir.

Au-delà du supermarché

Engagée d'abord sur le terrain du supermarché, la lutte pour la maîtrise de l'information à l'aide de technologies avancées s'est étendue à d'autres champs de bataille. Les lecteurs électroniques, les lasers, les ordinateurs portables et autres équipements envahissent les drugstores, les grands magasins, les magasins de soldes, les librairies, les commerces de matériel électrique, de quincaillerie, d'habillement, bref de toute espèce de spécialités. Sur ces marchés aussi, les industriels trouvent soudainement en face d'eux des antagonistes plus âpres, plus sûrs d'eux-mêmes, parfois même presque arrogants.

« Si vos productions ne portent pas le code universel des produits, ne vous asseyez pas, car nous ne passerons pas de commande », déclare péremptoirement un avis placé dans le bureau d'achat de Toys-R-Us, chaîne qui compte 313 points de vente.

A mesure que le pouvoir se déplace, les détaillants présentent des exigences de plus en plus dures. Court-circuitant les cent mille représentants indépendants des fabricants et traitant directement avec ses fournisseurs, Wal-Mart — la quatrième chaîne des États-Unis — demande fermement à des sociétés comme Gillette de changer de système de livraison. Plus accommodant autrefois, Wal-Mart veut maintenant que ses commandes soient toutes exécutées sans la moindre erreur de quantité, dimension et type de produits ; et, de plus, que les expéditions soient effectuées selon *son* programme et non selon celui du fournisseur. Faute d'une parfaite exactitude dans la qualité comme dans le moment de la livraison, l'acheteur menace d'opérer une retenue sur le règlement, ou d'en déduire un « coût de manutention ».

Les fabricants se trouvent le dos au mur ; ils doivent ou bien accroître leurs stocks ou bien renouveler les équipements de leurs usines afin de « démassifier » leur production et de passer à des séries plus courtes, avec une rotation des stocks plus rapide ; et les deux solutions sont coûteuses. En même temps, les détaillants tendent à imposer des normes de qualité plus strictes, y compris même pour l'impression des emballages.

Insignifiante en apparence, cette dernière question est en réalité cruciale, car c'est le code à barres qui fournit une grande part de l'information sur laquelle se fonde le pouvoir croissant du commerce de détail ; or, si l'impression est imparfaite, le lecteur électronique risque de ne pas déchiffrer correctement le code. Dans ce cas, certains détaillants veulent rendre le fournisseur responsable.

Il est arrivé à des millions de clients d'attendre longuement à la caisse en regardant la caissière faire passer et repasser le même article sur le lecteur avant que les données ne soient lues, et finir par taper le prix à la main.

Ainsi des commerçants en viennent-ils maintenant à formuler des menaces de ce genre : « Si mon lecteur ne peut pas déchiffrer votre code, c'est votre problème. Je ne vais pas dire à mon personnel de recommencer encore et encore, en faisant attendre les clients. Si ça ne marche pas, au lieu d'inscrire le prix manuellement, nous mettrons le produit dans le sac de l'acheteur, sans le faire payer. Donc, nous donnerons le produit et le retiendrons sur votre facture ! »

Jamais personne ne s'était adressé aux grands fabricants sur ce ton ; mais jamais personne n'avait disposé des informations que possèdent maintenant les détaillants.

Ces connaissances sont à tel point vitales qu'on voit certains fabricants les acheter aux détaillants — soit directement, soit en échange de services, soit par l'intermédiaire de firmes spécialisées qui les paient pour ensuite les revendre aux producteurs.

Le double paiement

Le combat qui se livre autour des caisses a aussi d'importantes conséquences pour le consommateur — et pour l'économie dans son ensemble. Entre autres aspects, il devrait nous aider à réviser nos préjugés dépassés sur le rôle respectif du producteur et du consommateur.

Par exemple, dans un monde où la monnaie est « information-nalisée » et l'information « monétisée », le consommateur paie chacun de ses achats deux fois : la première avec de l'argent, la deuxième avec de l'information qui vaut de l'argent.

En général, le client fournit celle-ci sans contrepartie, tandis que les commerçants, les fabricants, les banques, les organismes de cartes de crédit, et bien d'autres intéressés se battent pour sa possession. En Floride et en Californie, des chaînes commerciales ont livré d'âpres combats juridiques dont l'enjeu était précisément de savoir « à qui appartiennent les données recueillies sur les consommateurs ».

Les tribunaux n'ont pas encore tranché, mais une chose est en tout cas certaine : nul ne demande son avis au consommateur.

Théoriquement, celui-ci devrait recevoir sa rétribution sous la forme de baisses de prix résultant de la meilleure efficacité du système, mais absolument rien ne garantit qu'il lui reviendra la moindre part des économies réalisées ; alors qu'il est la source de ces connaissances de valeur cruciale, tout se passe actuellement comme s'il accordait au détaillant un « prêt d'information » sans intérêt, dans l'espoir d'un remboursement futur.

Puisque ces données sont de plus en plus indispensables à la conception initiale et à la production des biens et des services, comme à leur distribution au processus de production, lui-même en devient un agent réel. En un sens, le consommateur est aujourd'hui coproducteur de ses propres achats.

Mais est-il vraiment « propriétaire » de l'information ? Ou bien celle-ci n'acquiert-elle de valeur qu'après avoir été rassemblée et traitée ?

Pour étudier les questions inhabituelles que posent les « guerres de l'information », nous manquons du vocabulaire adéquat — pour ne rien dire des doctrines juridiques et des concepts économiques. Pourtant, les enjeux portent sur des transferts qui s'évaluent en milliards de dollars, et impliquent un subtil déplacement de pouvoirs de négociation économiques et sociaux.

Mais qu'est-ce donc que le consommateur offre gratuitement au commerçant, au fabricant, ou à sa société de cartes de crédit ?

Prenons le cas extrêmement simple d'une mère de famille qui, rentrant du travail et voulant préparer le dîner au plus vite, s'aperçoit qu'elle n'a plus de margarine.

Se précipitant au magasin le plus proche, elle attrape sur un rayon une livre de margarine Fleischmann douce et sans sel, fabriquée par Nabisco ; elle court à la caisse ; en attendant son tour, elle prend *TV Guide* sur le présentoir tout proche, puis passe ses achats à la caissière, qui les soumet au lecteur électronique.

En principe, elle a alors communiqué à l'ordinateur du magasin les informations suivantes : 1) un des genres de produit qu'elle utilise ; 2) la marque choisie ; 3) en quelle quantité ; 4) le fait qu'elle préfère la margarine sans sel ; 5) l'heure de l'achat ; 6) les autres articles qu'elle a pu acheter en même temps, avec indication des marques, des quantités, etc. ; 7) le montant total de sa dépense ; 8) le type de magazine par lequel la publicité pourrait l'atteindre ; 9) des renseignements sur l'espace de rayonnage qu'elle a libéré. Et bien d'autres choses.

Si maintenant un client achète tout un chariot de différents produits, il a fourni les mêmes données pour chaque article, et il devient alors théoriquement possible de *relier* ses achats de manière à en tirer un *comportement type* — autrement dit une « signature » de consommation individuelle, qui peut ensuite servir à définir un groupe de clients.

Si le paiement est effectué avec une carte de crédit, la moisson est évidemment beaucoup plus abondante.

Cette fois, l'acheteur a également révélé : 1) son nom ; 2) son adresse et son code postal (très utile pour la délimitation géographique des marchés) ; 3) des renseignements sur ses possibilités de crédit ; 4) une base d'estimation de son revenu familial ; et potentiellement beaucoup plus.

En combinant tous ces éléments, il sera bientôt possible d'établir une image étonnamment détaillée de son style de vie, comprenant ses comportements habituels, ses préférences en matière de voyages, de distractions et de lectures, la fréquence des repas qu'il prend hors de chez lui, ses achats d'alcool, de préservatifs ou autres contraceptifs, et la liste des bonnes œuvres auxquelles il s'intéresse.

Marui, un des plus grands réseaux de vente japonais, qui d'ailleurs émet sa propre carte de crédit, utilise un système dénommé M-TOPS, lequel lui permet de viser spécialement les familles qui viennent de déménager. Le procédé consiste à repérer les achats qui correspondent normalement à l'aménagement d'un nouveau foyer. En présumant qu'un couple qui achète un conditionneur d'air ou des meubles de cuisine peut aussi bien avoir besoin de nouveaux lits, Marui a réussi à obtenir des taux surprenants de commandes par correspondance.

Laissant pour l'instant de côté les questions troublantes que posent ces pratiques du point de vue du respect de la vie privée dans une économie supersymbolique, bornons-nous ici à constater que, mise à la disposition d'une entreprise commerciale — chaîne de supermarchés, banque ou société productrice —, une grande partie de ces informations peut aussi se revendre, ou s'échanger contre un rabais sur des fournitures de services. Or le marché est énorme.

Beaucoup de pays cherchent maintenant à réglementer l'usage de l'information stockée sur ordinateurs, mais partout les banques de données se remplissent, et leur valeur économique s'élève vertigineusement.

Tout cela n'est pourtant qu'une première et très rudimentaire approximation de ce que nous réserve l'avenir.

Le supermarché intelligent

Les consommateurs ont une chance de se retrouver bientôt dans des supermarchés garnis de rayonnages dits « électroniques ». Au lieu de lire les prix des boîtes de conserve ou des serviettes en papier sur des étiquettes, ils les verront affichés sur le rebord même du rayon grâce à des dispositifs à cristaux liquides scintillants. Cette nouvelle technologie a pour le magasin l'immense avantage de lui permettre de modifier les prix de milliers de produits de façon automatique et instantanée, à mesure que les lecteurs des caisses déversent de nouvelles informations.

Les articles qui se vendent mal pourraient baisser massivement, et ceux que les clients s'arrachent remonter, les mouvements vers le bas ou vers le haut s'ajustant en temps réel à l'offre et à la demande. La société Telepanel, de Toronto, estime qu'un système de ce genre, capable de déterminer les prix optimaux de 8 000 à 12 000 articles, coûterait au magasin entre 150 000 et 200 000 dollars, et serait amorti en moins de deux ans.

En faisant seulement un petit pas de plus, le rayonnage électronique pourrait aussi donner aux clients, par simple pression sur un bouton, des renseignements en matière de valeur nutritionnelle et de prix. D'ailleurs, le projet n'intéresse pas uniquement les supermarchés. D'après *Business Week*, « les chaînes de drugstores, les commerces d'équipement général et même les grands magasins ont déjà commencé à étudier leurs propres versions du système ».

Un peu plus loin se profilent déjà des rayonnages encore plus « pointus », qui ne se contenteront pas de renseigner la clientèle, mais en tireront des informations. Par exemple, des détecteurs cachés sont capables d'indiquer si quelqu'un passe sa main sur tel rayon ou tel article, et si l'affluence à tel étalage spécial est supérieure ou inférieure aux prévisions.

Bientôt le client pourra à peine cligner des yeux ou bouger un bras sans fournir du même coup à la direction du magasin encore et toujours davantage de données utilisables ou vendables.

Jusqu'à présent, les implications morales et économiques n'ont pratiquement pas éveillé l'intérêt des chefs d'entreprise ni des défenseurs des consommateurs (en fait, les organisateurs du mouvement consumériste seraient bien inspirés d'étudier rapidement les effets de ces innovations, avant que les systèmes ne soient mis en place). Pour le moment, il nous suffit de bien voir qu'aujourd'hui les marges de profit dépendent de plus en plus des prises de judo pratiquées dans le domaine de l'information.

Une menace pour les « shogouns »

Nombre de forces du même genre sont également en voie de changer les rapports de forces au Japon. Selon Alex Stewart, auteur d'un rapport exhaustif sur le système de distribution du pays, « les détaillants constituent aujourd'hui la force dominante dans le secteur de la distribution », tandis que « les industriels doivent de plus en plus compter sur les détaillants pour interpréter les besoins du marché ».

George Fields est président-directeur général de la société nippone Asi Market Research. A son avis, « la distribution ne consiste plus au Japon à mettre quelque chose en rayon. Elle est devenue essentiellement un système d'information ». Partout, ajoute-t-il, il ne s'agira plus d'« une chaîne de points de stockage se transmettant les marchandises de l'un à l'autre, mais d'une liaison d'information établie entre le producteur et le consommateur ».

Ce que Fields est peut-être trop poli pour dire, et que les Japonais aussi sont plutôt réticents à reconnaître explicitement, c'est que la transformation en cours va détrôner bien des « shogouns » de l'industrie. Là-bas comme aux États-Unis, le pouvoir se déplacera vers les entreprises ou les branches industrielles qui sauront gagner les guerres de l'information.

Cependant, la bataille entre fabricants et détaillants ne fait que commencer, et la lutte ne concerne pas que ces deux armées. Les réalités complexes du conflit ont amené nombre d'autres combattants à entrer en lice — depuis les banques et les firmes d'ordinateurs jusqu'aux transporteurs routiers et aux compagnies de téléphone.

Pris entre les fabricants et les détaillants, les grossistes, les entrepositaires, les entreprises de transport et autres sont engagés dans une guerre de concurrence féroce où chacun se bat contre tous les autres, et où les armes principales sont les technologies avancées d'information et de communication.

De plus, ce que nous avons vu jusqu'à présent n'est qu'une escarmouche préliminaire, et les industriels préparent de violentes contre-offensives — en vendant par des canaux de substitution (notamment par correspondance), en édifiant leurs propres systèmes de distribution à intégration verticale, fondés sur l'ordinateur et les télécommunications, en rachetant des magasins de détail, et en essayant de réaliser des bonds technologiques qui leur donneront de l'avance sur les détaillants.

Le flot d'informations déversé par ces moyens transformera toutes nos structures de production et de distribution, et créera de vastes vacances de pouvoir, pour l'occupation desquels la course est déjà ouverte entre des institutions et des groupes entièrement nouveaux.

CHAPITRE X

Extra-intelligence

Il était en 1839 un artiste miséreux, qui donnait des leçons de dessin ; un jour, un de ses élèves lui demanda si cela lui rendrait service de recevoir dix dollars d'honoraires. Le professeur répondit que cela lui sauverait ni plus ni moins la vie. A ses moments perdus, il bricolait dans le mystérieux domaine de l'électromagnétisme.

A ce moment, Samuel B. Morse avait déjà prouvé qu'il était capable d'envoyer des messages codés par fil électrique ; mais ce fut seulement quatre ans plus tard, et à la suite d'une campagne de persuasion acharnée, qu'il obtint du Congrès des États-Unis un crédit de 30 000 dollars, destiné à l'établissement d'une ligne télégraphique entre Washington et Baltimore. L'inauguration lui donna l'occasion de transmettre son télégramme historique : « Que Dieu n'a-t-il pas créé ! » A cet instant, Morse ouvrait l'ère de la télécommunication, et déclenchait sans le savoir un des conflits financiers les plus spectaculaires du XIXe siècle. Ainsi s'ouvrait un puissant processus, dont nous n'avons pas fini de voir les développements.

Aujourd'hui, alors même que la bataille menée autour des caisses de supermarché ne cesse de s'intensifier, il se profile à l'horizon un conflit d'une tout autre ampleur, dont l'enjeu sera la maîtrise de ce qu'on pourrait appeler les grandes routes électroniques de demain.

Bach, Beethoven et Wang

Du fait que leur vie dépend maintenant à tel point de la réception et de l'expédition de l'information, les grandes sociétés internationales se sont mises en hâte à vouloir relier tous leurs agents et employés par des réseaux électroniques — lesquels vont, au XXIᵉ siècle, constituer l'infrastructure essentielle, et devenir aussi décisifs pour la réussite des entreprises ou le progrès économique des nations que l'étaient les chemins de fer du temps de Samuel Morse.

Parmi ces réseaux, certains se limitent à une « extension locale », ne servant qu'à relier les ordinateurs situés dans le même immeuble ou au voisinage. D'autres embrassent le monde entier, par exemple pour les agences de la Citybank, les réservations des hôtels Hilton ou celles des voitures Hertz.

A chaque fois que McDonald vend un Big Mac ou un McMuffin, l'opération engendre des données électroniques. Avec ses 9 400 restaurants répartis dans 46 pays, la société n'utilise pas moins de vingt réseaux différents pour collecter, traiter et redistribuer ce volume d'information. Les visiteurs médicaux de Du Pont de Nemours sont munis d'ordinateurs portatifs, en liaison permanente avec le réseau central ; Sara Lee se fie aux siens pour exposer au mieux sa marque de lingerie sur les rayons ; Volvo dispose de 20 000 terminaux pour se renseigner sur l'état des marchés, et les ingénieurs de Digital Equipment collaborent de par le monde, sur leurs écrans, à des projets communs.

A elle seule, IBM connecte 355 000 terminaux à un système de réseaux nommé VNET, lequel est estimé avoir traité en 1987 cinq mille milliards de signes. Un sous-ensemble dénommé PROFS a permis d'économiser 7,5 millions d'enveloppes. Sans ce dernier réseau, la société évalue à près de 40 000 le nombre d'employés supplémentaires qu'il lui faudrait pour accomplir le même travail.

L'utilisation des réseaux s'est étendue aux plus petites entreprises. Il existe maintenant aux États-Unis quelque cinquante millions d'ordinateurs personnels, ce qui permet à la société Wang de faire sur les ondes une vaste publicité pour ses équipements de liaison, intercalant ses messages sur la « connectibilité » entre une suite de Bach et une symphonie de Beethoven.

Chaque jour qui passe, les grandes firmes dépendent un peu plus de leurs réseaux électroniques pour leur facturation, leurs commandes, leurs mises à jour, et toute leur activité commerciale

— comme pour la communication des spécifications techniques, des dessins d'ingénieurs et des prévisions temporelles, voire même pour maîtriser de loin le fonctionnement réel des chaînes de production. Naguère encore, les systèmes d'information organisés en réseaux n'étaient considérés que comme des instruments purement administratifs ; aujourd'hui, les dirigeants tendent de plus en plus à y voir des armements stratégiques, qui les aideront à protéger leurs marchés ou à tenter d'en conquérir de nouveaux.

La course aux liaisons électroniques rappelle par certains traits la frénésie de la grande époque des chemins de fer au XIXᵉ siècle — au temps où les pays et les États s'aperçurent que leur destin pouvait tenir à l'extension de leurs réseaux ferroviaires.

Cependant, le grand public ne perçoit que confusément les conséquences de ce phénomène en termes de transferts de pouvoirs. Pour mieux en évaluer l'enjeu, il n'est pas inutile de jeter un regard rétrospectif sur les événements qui suivirent l'inauguration par Morse du premier réseau — le réseau télégraphique.

Le fou du téléphone

Vers le milieu du XIXᵉ siècle, les exploitants du brevet Morse avaient établi des milliers de kilomètres de lignes télégraphiques. A mesure que surgissaient des sociétés concurrentes, les réseaux s'étendirent, et la grande compétition eut bientôt pour objet la liaison entre les grandes villes, ou bien entre les deux extrémités du continent. Plantant ses poteaux sur le terrain concédé aux lignes de chemins de fer, une compagnie dénommée Western Union commença à en avaler de plus petites. En moins de onze ans, elle avait tendu ses fils de l'Atlantique au Pacifique, et haussé son capital de 500 000 à 41 millions de dollars — de quoi confondre tous les banquiers de l'époque.

Bientôt aussi, sa filiale, la Gold and Stock Telegraph Company (« Compagnie télégraphique de l'or et des valeurs »), se mit à fournir de l'information rapide aux investisseurs en Bourse et spéculateurs sur l'or — ouvrant ainsi la voie aux actuels indices Dow Jones ou Nikkei.

En un temps où, d'un bout à l'autre des États-Unis, les messages continuaient à passer par le sac du courrier à cheval ou par le fourgon du train, la Western Union avait une mainmise absolue sur les moyens de communication les plus modernes.

Mais, comme de coutume, le succès engendra l'arrogance des dirigeants. Quand, en 1876, un professeur de diction du nom d'Alexander Graham Bell breveta le premier appareil téléphonique, la Western Union voulut d'abord tourner la chose en ridicule, et présenter l'inventeur comme un fou. La demande générale de services téléphoniques ne s'en enfla pas moins ; alors la Western déclara sans ambiguïté qu'elle n'entendait pas renoncer à son monopole. Il s'ensuivit un combat à mort, où la compagnie usa de tous les moyens imaginables pour tuer la technique plus avancée, ou pour s'en emparer.

Elle engagea Thomas Edison pour inventer d'autres solutions, et des juristes qui poursuivirent Bell devant les tribunaux.

« A un autre niveau, écrit Joseph C. Goulden, l'auteur de *Monopoly*, la Western Union empêcha Bell d'installer son réseau le long des voies ferrées et des grandes routes pour lesquelles elle avait obtenu un monopole. La Western avait ses télégraphes dans tous les grands hôtels, gares et salles de rédaction du pays, et cela avec des contrats qui proscrivaient l'installation d'appareils téléphoniques. A Philadelphie, le représentant de Bell se vit interdire d'établir des lignes dans la ville, et bien souvent ses ouvriers se retrouvèrent en prison à la suite de plaintes déposées par la Western. Grâce à l'influence politique dont elle jouissait à Washington, la compagnie télégraphique obtint qu'aucun bureau de l'administration fédérale n'utilisât le téléphone. »

Malgré tout, la Western Union échoua — non pas tant à cause des efforts d'un adversaire plus faible qu'elle qu'en raison du besoin urgent de meilleures communications ressenti par le monde des affaires. A son tour, le vainqueur de cette grande bataille pour le pouvoir se développa jusqu'à devenir la plus grande entreprise privée que le monde eût jamais vue — à savoir l'American Telephone and Telegraph Compagny (AT & T).

Secrets et secrét-aires

Les avantages des communications rapides — et ce qui fut vrai pour le télégraphe de Morse ou le téléphone de Bell l'est pour les réseaux informatiques d'aujourd'hui — sont affaire de relativité. Si personne n'en dispose, toutes les entreprises concurrentes opèrent pour ainsi dire en terrain neutre, au rythme d'un même système nerveux. Mais si certaines profitent des innovations, tandis que d'autres en sont privées, alors le cadre concurrentiel se trouve fortement déséquilibré. C'est pourquoi le monde des affaires se hâta d'adopter l'invention de Bell.

Dans la vie économique, le téléphone changea presque tout.

D'abord il permettait d'opérer sur un terrain géographiquement plus vaste. Désormais, les dirigeants pouvaient s'entretenir directement avec leurs directeurs d'agences ou leurs représentants dans des régions éloignées, de façon à savoir en détail ce qui se passait. En outre, la transmission de la voix humaine apportait, grâce aux intonations, aux inflexions et à l'accent, beaucoup plus d'informations que les ti-ti ta-ta impersonnels de l'alphabet Morse.

Les appareils téléphoniques rendirent les grandes sociétés plus grandes encore, et les bureaucraties centralisées plus efficaces. Les standards et les standardistes se multiplièrent. Les secrétaires surprenaient souvent les communications, et apprirent vite quand il convenait de n'en souffler mot ; mais elles apprirent aussi à filtrer les appels, et du coup à contrôler partiellement l'accès au pouvoir.

Au début, le téléphone avait aussi l'avantage du secret. Avec lui, on pouvait désormais mener une multitude d'affaires plus ou moins licites sans laisser de trace dénonciatrice sur une feuille de papier. C'est plus tard qu'apparurent les techniques d'écoutes et d'espionnage électronique, qui modifièrent l'équilibre dans la guerre éternelle s'opposant ceux qui ont des secrets d'affaires et ceux qui veulent les pénétrer.

Mais les bénéfices indirects de ce système de communication avancé furent plus grands encore. Le téléphone contribua largement à l'intégration de l'économie en voie d'industrialisation. Les marchés de capitaux devinrent plus fluides, le commerce plus facile. On pouvait désormais conclure une affaire sur-le-champ, en confirmant plus tard par lettre.

Ainsi le téléphone accéléra-t-il le rythme de l'activité économique, et, par suite, la croissance dans les pays les plus avancés techniquement. Dans le même ordre d'idées, on pourrait soutenir qu'à long terme il affecta même les rapports de pouvoir internationaux. L'affirmation est moins invraisemblable qu'il n'y peut paraître à première vue. Le pouvoir national découle certes de multiples sources, mais il est possible par exemple de rendre sommairement compte de l'accession des États-Unis au statut de puissance mondiale dominante en comparant son système de communications à ceux des autres pays. En 1956 encore, la moitié des appareils téléphoniques du monde entier se trouvaient en territoire américain. Aujourd'hui, parallèlement au déclin relatif de la puissance des États-Unis, la proportion est descendue à environ un tiers.

Les grandes routes électroniques

A mesure que s'accroissait la dépendance de l'économie envers le téléphone, les compagnies privées ou les administrations qui géraient les réseaux ou en réglementaient l'usage acquirent eux aussi une gigantesque puissance. Ce fut le cas aux États-Unis pour AT & T, également connue sous les noms de Bell System ou de Ma Bell, qui devint le fournisseur dominant en matière de télécommunications.

Qui a l'habitude d'un service téléphonique convenable, a du mal à imaginer comment une économie, ou une entreprise, pourrait fonctionner sans lui, et ce qu'on peut faire dans un pays où la compagnie de téléphone (qui est généralement l'État) est en mesure de refuser les prestations les plus sommaires ou de faire attendre plusieurs années l'installation d'une ligne. Là où il en va ainsi, le pouvoir bureaucratique engendre un favoritisme politique, la pratique des pots-de-vin et la corruption en général ; il ralentit le développement national, et bien souvent détermine, entre les entreprises, les chances de réussite ou d'échec. Telle est pourtant la situation qui règne dans nombre de pays ci-devant socialistes, ou non industrialisés.

Même dans les économies technologiquement avancées, les fournisseurs de services téléphoniques et les autorités qui les réglementent peuvent décider du destin de branches entières en leur accordant ou en leur refusant des prestations spécialisées, en imposant des prix différentiels, ou par bien d'autres moyens.

Mais il arrive que les usagers frustrés et exaspérés finissent par se révolter, comme le montre l'exemple de la plus grande restructuration de l'histoire économique — le démembrement d'AT & T ordonné par la justice en 1984.

Depuis les années quarante, le gouvernement américain s'efforçait sans succès de démanteler la société, au motif qu'elle pratiquait des prix trop élevés. Les procureurs la traînaient devant les tribunaux, mais après des procès interminables, rien n'était fondamentalement changé. Si la compagnie recevait des coups de semonce, son emprise sur le système de communications américain ne se relâcha pas, même sous les présidents démocrates, plus décidés que les républicains à agir vigoureusement contre les trusts.

Ce qui finalement changea le rapport des forces fut l'apparition de nouvelles technologies, jointe aux exigences irrépressibles des dirigeants économiques, usagers du téléphone, qui ne cessaient de réclamer plus de services, et de meilleure qualité.

A partir des années soixante, un grand nombre d'entreprises américaines avaient commencé à s'équiper d'ordinateurs. A la même époque, les recherches aboutirent à la mise en service des satellites et d'un flot d'autres instruments de télécommunication nouveaux — dont certains sortaient des laboratoires Bell, propriété de l'AT & T elle-même. Bientôt les grands utilisateurs d'ordinateurs se mirent à réclamer toute une série de réseaux d'échange de données : ils voulaient que leurs machines puissent dialoguer, ils savaient que les techniques étaient disponibles. Mais, à ce moment, les services dont ils avaient désespérément besoin représentaient un trop petit marché pour l'appétit de Ma Bell.

En sa qualité de monopole protégé, la compagnie de téléphone n'avait pas de concurrents ; en conséquence, elle n'était pas pressée de répondre à ces nouvelles demandes. Mais, avec la multiplication des ordinateurs et des satellites, les entreprises étaient de plus en plus nombreuses à vouloir de meilleures liaisons, et le mécontentement s'aggrava. IBM, premier fournisseur de matériel informatique, manqua très probablement des ventes importantes du fait que l'AT & T traînait les pieds, et avait d'autres raisons encore de souhaiter la fin du monopole. Tous ces insatisfaits ne manquaient pas de savoir-faire politique.

A Washington, les critiques contre l'AT & T se firent de plus en plus vives. En fin de compte, ce fut la combinaison des innovations techniques et de l'hostilité croissante envers Ma Bell qui modifia le climat politique et permit la rupture explosive. En faisant éclater l'AT & T, le tribunal ouvrit le domaine américain des télécommunications à la concurrence pour la première fois depuis le début du siècle. En d'autres termes, cette dislocation massive fut due non seulement à des raisons juridiques, mais aussi à l'action de forces structurelles.

Exactement comme, un siècle plus tôt, l'exigence irrésistible de meilleurs moyens de communication de la part des entreprises avait abouti à la défaite de la Western Union, l'apparition de nouvelles technologies et la présence d'une énorme demande insatisfaite finit par entraîner la défaite de l'AT & T. Aujourd'hui, le rythme du progrès technique s'est si violemment accéléré que l'activité économique se trouve plus dépendante des télécommunications qu'elle ne le fut jamais.

Il en résulte que les compagnies aériennes, les constructeurs automobiles et les sociétés pétrolières sont tous engagés dans une guerre où chacun lutte contre les autres pour la maîtrise des systèmes de communication à mesure qu'ils apparaissent. En fait, comme nous le verrons bientôt, le choc de l'innovation ébranle aussi les transporteurs routiers, les entrepositaires, les commerçants et les fabricants — bref, la chaîne tout entière de la production et de la distribution.

De plus, l'argent ressemblant de plus en plus à de l'information, et l'information à de l'argent, l'un et l'autre se trouvent de plus en plus réduits à des impulsions électroniques, et tendent à circuler sous cette forme. A mesure que s'affirme cette fusion historique entre télécommunications et finance, le pouvoir attaché au contrôle des réseaux s'accroît de façon exponentielle.

Tout cela explique pourquoi les grandes entreprises et les États se lancent à fond dans la lutte pour la maîtrise des grand-routes électroniques de demain. On reste cependant stupéfait de voir combien rares sont les plus hauts responsables qui comprennent réellement l'ampleur des enjeux, sans même parler des gigantesques mutations qui sont en voie de bouleverser la nature même des communications.

Le réseau conscient

Chacun peut voir et toucher le téléphone ou l'ordinateur qui se trouve sur un bureau tout proche, mais non les réseaux qui relient ces appareils au reste du monde. Pour la plupart, nous ne savons rien des rapides avancées qui les transforment en une sorte d'équivalent de système nerveux de notre société.

Les réseaux qu'établirent Morse, la Western Union, Bell et autres en tendant leurs fils étaient inintelligents, pour ne pas dire parfaitement stupides. Le bon sens enseignant que la ligne droite est le plus court chemin entre deux points, les ingénieurs se conformaient à ce principe, et d'une ville à l'autre tous les messages empruntaient le trajet direct.

Mais l'extension de ces réseaux de première génération montra que dans cet univers, la ligne droite n'est pas forcément la meilleure voie de transmission. En réalité, il pouvait passer plus de messages, et plus vite, si au lieu de toujours relier, par exemple, Tallahassee à Atlanta par la même ligne, le réseau était capable de calculer le nombre d'appels sur chaque élément du réseau, et, si la voie directe pour Atlanta était encombrée, de les faire passer par des centres aussi éloignés que La Nouvelle-Orléans ou même Saint Louis, au lieu de les mettre en attente.

A ce stade encore primitif, il y avait déjà injection dans le système d'une certaine dose de finesse ou d'« intelligence » ; de fait, le réseau commençait à surveiller et maîtriser son propre fonctionnement. Il s'ensuivit le passage à un deuxième stade, où nombre d'innovations complémentaires, souvent fruits d'une merveilleuse ingéniosité, finirent par permettre au réseau téléphonique d'en savoir de plus en plus sur lui-même et sur la situation de ses différents composants — voire même de diagnostiquer ses propres défaillances.

Tout se passait comme si un organisme privé de vie, ou du moins léthargique, s'était soudain mis à mesurer sa tension artérielle, à prendre son propre pouls et à compter ses respirations. Le réseau commençait à avoir une certaine conscience de lui-même.

A ce deuxième stade, les liaisons se croisaient et se recroisaient sur la terre entière ; les câbles qui serpentaient sous les rues des villes et pénétraient dans des centaines de millions de foyers représentaient la production totale de nombreuses mines de cuivre ; les réseaux incorporaient des dispositifs d'interconnexion et de transmission extrêmement complexes ; de plus en plus étendus, affinés et perfectionnés, ils constituaient une des réussites les plus admirables de l'âge industriel.

Du fait qu'ils sont à peu près invisibles pour l'usager ordinaire, notre civilisation a profondément sous-estimé la brillante valeur et la beauté intellectuelle de ces entrelacements cachés, ainsi que leur importance pour l'évolution de l'humanité.

Alors que certaines populations manquent encore des services téléphoniques les plus rudimentaires, les chercheurs travaillent avec acharnement à la création des réseaux du troisième stade, qui vont apporter une nouvelle révolution dans les télécommunications.

En ce temps où les réseaux relient entre eux des millions d'ordinateurs, des gigantesques Cray aux minuscules portables ; où il ne cesse de s'en tisser de nouveaux, et où tous tendent à former un filet aux mailles de plus en plus resserrées, il devient indispensable d'élever encore leur niveau d'« intelligence » et de « conscience », si l'on veut qu'ils puissent traiter les incroyables volumes d'information qui se bousculent à travers leurs canaux.

Dans cette perspective, différentes équipes de recherche essaient d'atteindre au plus vite l'objectif des réseaux dits « neuraux » ; ceux-ci seront capables non seulement d'acheminer et aiguiller les messages, mais aussi de tirer les leçons de leur propre expérience, de prévoir où et quand il risque d'y avoir surcharge, et alors de renforcer ou contracter des éléments de l'ensemble de manière à s'adapter aux besoins — tout comme si le San Diego Freeway ou telle autoroute allemande savait se faire plus ou moins large selon le flux de voitures qu'il évaluerait d'avance à tout moment.

Et pourtant, avant même que cet immense effort n'ait entièrement abouti, un autre bond est déjà en cours, plus extraordinaire encore. Cette fois il ne s'agit pas d'un quatrième stade se
situant dans la même lignée, mais de la création d'un type
d'« intelligence » radicalement nouveau.

Des messages dans les messages

Jusqu'à présent, les réseaux les plus pointus n'ont possédé que
ce qu'on peut dénommer une « intra-intelligence » : tous visaient
à améliorer leur fonctionnement interne.

Cette intra-intelligence ressemble à l'intelligence intégrée dans
notre propre système nerveux, qui régule de façon autonome nos
fonctions corporelles involontaires, tels le rythme cardiaque et
les sécrétions hormonales — fonctions auxquelles nous pensons
rarement, mais qui n'en sont pas moins indispensables au
maintien de la vie.

Les réseaux intra-intelligents livrent le message, en fin de
chaîne, tel qu'il a été envoyé. Chercheurs et ingénieurs s'achar-
nent à le conserver dans sa pureté, en éliminant tout « bruit »
parasite qui pourrait l'altérer ou en tronquer la teneur. Pour le
transmettre d'un point à un autre, ils pourront bien en brouiller
les éléments, le mettre sous forme numérique ou le réduire en
« paquets » (c'est-à-dire en brèves décharges séparées) ; mais ils
le reconstituent à l'arrivée, et le contenu demeure le même.

Aujourd'hui, nous en sommes à dépasser l'intra-intelligence
pour en arriver à des réseaux qu'on pourrait dire « extra-
intelligents ». Ceux-ci ne se bornent pas à transmettre des
données ; ils analysent et combinent les messages, ils en font de
nouveaux paquets ou les transforment d'autres manières ; et
parfois, au cours de l'acheminement, ils créent de l'information
nouvelle. Après soins spécialisés ou enrichissement, ce qui
ressort diffère de ce qui est entré ; les logiciels incorporés dans
le réseau ont changé quelque chose. Ainsi fonctionnent les
« Value Added Networks » (réseaux à valeur ajoutée), ou VAN* :
ils sont extra-intelligents.

Actuellement, la plupart des VAN ne font que brouiller et
rebrouiller l'ordre des éléments de façon à adapter le message à
différents modes de réception. En France, par exemple, le service
Atlas de France-Télécom peut recevoir des données, disons d'un

---

* L'acronyme français, qui serait RVA, ne paraissant pas « acclimaté », nous
sommes amenés à conserver l'américain VAN. *(N.d.T.)*

ordinateur central, puis les réassembler sous une forme recevable par un ordinateur personnel, un téléfax ou un terminal vidéo.

Au premier abord, cela n'a rien de très passionnant ; mais la possibilité d'ajouter de la valeur à un message ne se limite pas à la modification de ses caractéristiques techniques. Le réseau français Minitel, qui relie cinq millions de foyers et d'entreprises, offre les services Gatrad, Mitrad, Dilo et autres, qui, recevant un texte français, le transmettent automatiquement au destinataire en anglais, arabe, espagnol, allemand, italien ou néerlandais, et vice versa. S'il est vrai que les traductions restent assez grossières, elles sont néanmoins utilisables, et certains programmes possèdent aussi les vocabulaires spécialisés correspondant à des sujets tels que les techniques aérospatiales ou nucléaires, et les questions politiques.

D'autres réseaux traitent les données introduites selon un modèle informatisé, et livrent un message « augmenté ».

Un exemple imaginaire et simple permettra de comprendre l'intérêt du procédé.

Supposons qu'une entreprise de transports routiers installée dans la banlieue parisienne doive envoyer régulièrement des camions pour réapprovisionner en un produit donné les stocks de quarante distributeurs européens. De région à région, les conditions de circulation routière et la météorologie vont varier continuellement, et en même temps les taux de change monétaires, le prix du carburant, sans compter bien d'autres facteurs. Récemment encore, le conducteur calculait lui-même le meilleur itinéraire, ou bien demandait quotidiennement des instructions par téléphone.

Imaginons maintenant qu'une firme indépendante spécialisée et disposant d'un réseau VAN se montre capable non seulement d'entrer en communication avec les conducteurs de camions dans toute l'Europe, mais aussi de collecter en permanence les informations concernant l'état des routes, la densité de la circulation, les prévisions météorologiques, les changes et les prix des carburants. Par son intermédiaire, le transporteur parisien pourra désormais transmettre chaque jour à ses routiers de nouvelles informations et directives. Mais, entre-temps, les messages auront été traités par le programme informatique du réseau, lequel aura automatiquement calculé les itinéraires de manière à réduire au minimum le temps de conduite, les distances à parcourir, et les frais divers en fonction des taux de change, le tout d'après les dernières données disponibles.

Dans cet exemple, les instructions adressées par l'entreprise de transport à ses employés sont modifiées pendant leur transmission, et « enrichies » avant de leur parvenir. Le « réseau à valeur ajoutée » aura précisément ajouté de la valeur en intégrant au message originel de son client des informations toutes fraîches, et en le transformant avant de l'acheminer à destination.

Ce n'est pourtant là qu'une image simplifiée à l'extrême des ressources potentielles d'un réseau extra-intelligent. Les services offerts deviennent de plus en plus complexes et variés ; le système collectant, évaluant et intégrant de mieux en mieux les données, en tirant automatiquement les conclusions et les transformant selon des modèles informatiques de plus en plus sophistiqués, la valeur supplémentaire qu'il peut apporter monte en flèche.

En somme, nous allons bientôt voir se multiplier ces réseaux « pointus », qui ne visent plus seulement à changer ou améliorer leur propre fonctionnement, mais qui exercent une action réelle sur le monde extérieur en ajoutant de l'« extra-intelligence » aux messages qui transitent par eux.

Bien qu'ils ne soient encore pour une grande part qu'un espoir dont la lueur brille dans les yeux de leurs architectes, ces systèmes extra-intelligents représentent un bond dans l'évolution vers un autre degré de communication ; mais, du même coup, ils élèvent également le niveau de sophistication exigé des utilisateurs. Une entreprise qui confiera ses messages à un réseau VAN, et donc l'autorisera à les modifier, sans comprendre en profondeur les principes selon lesquels opèrent les logiciels correspondants, agira en réalité en fonction d'une croyance aveugle plutôt que par décision raisonnée ; faute de les connaître, les distorsions impliquées par les programmes peuvent lui coûter très cher.

Dans cet ordre d'idées, les compagnies aériennes étrangères se sont plaintes auprès du ministère américain des Transports d'une discrimination causée à leur détriment par le réseau électronique qui sert à des milliers d'agences de voyages du pays pour choisir les vols de leurs clients. Dénommé Sabre, ce système de réservation informatisé fonctionne sous la direction de la société AMR, également propriétaire d'American Airlines ; il peut retenir des places auprès de nombreuses compagnies. L'extra-intelligence qu'il contient sous forme de modèle informatique indique à l'agence les meilleurs vols disponibles ; mais ce sont les assomptions initiales de l'ensemble du logiciel qui font précisément l'objet de la plainte.

Quand, par exemple, il s'agit d'un voyage de Francfort-sur-le-Main à Saint Louis, Missouri, l'agent voit les vols s'inscrire sur son écran selon l'ordre des temps qu'ils nécessitent, le plus court étant évidemment le meilleur. Mais le système Sabre assume automatiquement que chaque changement d'avion et de compagnie aérienne prend uniformément quatre-vingt-dix minutes, sans tenir compte des différences réelles. Étant donné que, parmi les voyages qu'elles assurent vers les États-Unis, beaucoup requièrent un transfert sur un vol intérieur américain, les compagnies aériennes étrangères s'affirmaient injustement pénalisées dans le cas où le changement prenait moins de quatre-vingt-dix minutes ; car, disaient-elles, une surestimation du temps pouvait détourner les agences de choisir leurs vols. Bref, l'extra-intelligence était biaisée.

Imaginons donc ce qui se passera bientôt, quand ces réseaux VAN, avec les litiges qui s'ensuivent, ne seront plus une poignée, mais des milliers, comporteront des dizaines de milliers de programmes et modèles incorporés, manipuleront et altéreront continuellement les millions de messages qui s'élanceront à travers l'économie sur ces grand-routes électroniques actives. Aujourd'hui, la Grande-Bretagne assure déjà posséder à elle seule huit cents VAN, la RFA sept cents ; au Japon, plus de cinq cents sociétés se sont inscrites au ministère des Postes et Télécommunications en vue d'en créer.

Dès aujourd'hui, il est possible de prévoir que les VAN réduiront de plusieurs milliards de dollars (le chiffre exact étant imprévisible) les coûts actuels de la production et de la distribution, en court-circuitant la réglementation établie, en réduisant le volume des stocks, en accélérant les réactions. Mais l'injection d'une dose d'extra-intelligence dans ces réseaux en pleine prolifération et interconnection va beaucoup plus loin : c'est à peu près comme si on ajoutait soudain un cortex cérébral à un organisme qui n'en avait jamais eu, et qu'il en résultait une lumière aveuglante. En combinaison avec le système nerveux préexistant, l'apport nouveau ne se borne plus à susciter une sorte de conscience et une certaine capacité du système à se transformer lui-même ; il le rend capable d'intervenir directement dans nos vies, à commencer par notre vie économique.

C'est pourquoi les réseaux de communication sont appelés à jouer un rôle révolutionnaire dans l'économie, et plus généralement dans la société humaine. Et même si, à notre connaissance, personne n'a encore utilisé l'extra-intelligence à des fins nocives ou franchement criminelles, il reste que l'extension des réseaux extra-intelligents n'en est qu'au berceau, et qu'aucune réglementation ni sauvegarde n'a encore été établie.

Qui sait ce qui suivra ? Ce qui est sûr, c'est qu'en créant un système nerveux électronique doté d'une certaine conscience et d'une certaine extra-intelligence, nous changeons les règles aussi bien de notre culture que du fonctionnement de notre économie.

Ce que nous dénommons « extra-intelligence » va sans aucun doute poser des problèmes extrêmement difficiles en ce qui concerne les relations entre les données brutes d'une part, l'information élaborée et le savoir de l'autre ; comme aussi au sujet du langage, des questions d'éthique professionnelle, et des modèles peu accessibles qui servent de base aux logiciels utilisés. Dans les années à venir, à mesure que la société devra essayer de s'adapter à la présence de l'extra-intelligence, les droits à dommages et intérêts, les responsabilités en cas d'erreur ou de distorsion, la protection de la vie privée et plus généralement l'équité des pratiques vont donner lieu à une cascade de procès qui déferlera sur les tribunaux.

Les implications s'étendront un jour bien au-delà du domaine proprement économique ; alors elles susciteront nécessairement de vastes réflexions d'ordre social, politique et même profondément philosophique. En effet, les sommes prodigieuses de travail, d'intelligence et d'imagination scientifique qui s'investissent actuellement dans l'élaboration de l'infrastructure électronique de la société supersymbolique en formation sont sans commune mesure avec celles qui ont jadis servi à construire les grandes pyramides, les cathédrales, ou le monument mégalithique de Stonehenge.

Comme nous allons le voir, l'extra-intelligence bouleverse d'ores et déjà les rapports de pouvoir dans des secteurs entiers de la nouvelle économie qui naît sous nos yeux.

CHAPITRE XI

Le pouvoir du filet

Le Japon s'inquiète. Aux yeux du monde extérieur, il paraît économiquement invincible ; mais, vu de l'intérieur, le tableau est bien différent. Le pays n'a pas de ressources énergétiques propres, ne couvre qu'une petite partie de ses besoins alimentaires, et se sait très vulnérable aux réglementations commerciales restrictives. Si le yen baisse, le Japon s'inquiète ; si le yen monte, il s'inquiète. Mais, pris individuellement, les Japonais ne craignent pas seulement pour l'économie nationale, ils craignent aussi pour leur avenir personnel. Aussi comptent-ils parmi les plus gros épargnants du monde ; et les assurances sont un de leurs placements favoris.

Pendant longtemps, tous ces soucis ont donc profité surtout à de gigantesques compagnies d'assurance. Mais, aujourd'hui, ce sont les assureurs qui sont les plus anxieux.

Le gouvernement est en train d'ouvrir la porte qui, jusque-là, les protégeait des intrusions des très agressifs courtiers en valeurs nippons. De coriaces sociétés de classe internationale, comme Nomura et Daiwa, les Merrill Lynch ou Shearson du Japon, se préparent à envahir le terrain.

Pour comble de malheur, tout le secteur de l'assurance est actuellement en plein bouleversement. Les clients exigent maintenant toutes sortes de polices ultramodernes, ainsi que des services financiers que les vénérables géants — la Nippon Life est plus que centenaire — ont grand-peine à organiser et à faire fonctionner.

Face à ces menaces, les grandes compagnies ont entrepris d'établir une ligne de défense électronique. Nippon Life mise près d'un demi-milliard de dollars sur un nouveau système informatique; elle équipe ses agences de 5 000 mini-ordinateurs supplémentaires et de 1 500 plus puissants, ses bureaux régionaux et son siège social de très grosses machines; elle y ajoute des déchiffreurs optiques et autres équipements, le tout étant connecté à un réseau général.

La Dai-Ichi Mutual, sa rivale, ne ménage pas non plus ses efforts. Ses nouvelles liaisons permettront à ses agents locaux d'interroger des banques centrales de données, de recevoir par téléphone des instructions énoncées par synthétiseur, et d'obtenir par télécopie les renseignements sur les clients ou sur les polices dont ils auront besoin. Dans le même temps, la Meiji Mutual, dont le personnel de 38 000 personnes est en majorité féminin, s'est elle aussi lancée dans la course aux armements de la communication.

Les assurances ne sont d'ailleurs pas seules à y participer. Le Japon tout entier, semble-t-il, vire à l'électronique. « Les grandes sociétés de services, écrit *Datamation*, installent d'un bout à l'autre du pays des réseaux et des centres de traitement comprenant 5 000 micro-ordinateurs ou davantage », tandis que Toshiyuki Nakamura, de la Meiji Mutual, déclare : « Si nous ne le faisons pas..., nous risquons de tout perdre. »

Nakamura a raison : avec l'extension des réseaux électroniques, le pouvoir commence à se déplacer. Et le fait ne se limite pas au Japon : les États-Unis et l'Europe tissent également leurs toiles avec une ardeur sans précédent. Dans le domaine électronique, c'est décidément la course du siècle.

A la recherche de denim

Pensons à une paire de jeans : le denim dont elle est faite a des chances d'avoir été tissé par Burlington Industries. Ce géant américain du textile adresse à ses clients des logiciels gratuits qui leur permettent de communiquer directement avec son unité centrale, d'explorer électroniquement son stock, d'y trouver la qualité particulière de denim dont ils ont besoin, et d'en passer commande — le tout instantanément.

En offrant ce type de services, Burlington et d'autres sociétés espèrent se distinguer de leurs concurrents et faciliter la vie à leurs clients — mais visent aussi à enserrer lesdits clients dans les nouveaux « systèmes électroniques d'échanges de données », si solidement qu'il leur sera par la suite difficile de s'en échapper.

Dans leur version la plus simple, les systèmes en question ne peuvent servir qu'à des échanges de documentation entre entreprises ou centres de gestion — factures, spécifications, états de stocks, etc. Mais ne voir que cette fonction équivaudrait à peu près à considérer Mozart comme un minable pianoteur. En harmonisant leurs données et leurs équipements électroniques, les grandes entreprises sont au contraire capables de s'accorder et d'établir des associations extrêmement intimes.

Burlington communique à ses clients l'inventaire de ses stocks ; de même, le fabricant d'ordinateurs Digital Equipment dévoile à ses fournisseurs le secret de ses projets. Quand la firme passe commande de tel ou tel composant, elle est en mesure de transmettre électroniquement la totalité de ses plans, eux-mêmes conçus avec l'assistance d'ordinateurs — le but étant de permettre à l'acheteur et au vendeur de travailler ensemble à chaque étape. Il s'agit bien d'une relation d'intimité.

Actuellement, les grands constructeurs d'automobiles refusent à peu près tout contrat avec des sous-traitants qui ne se sont pas équipés pour l'interaction électronique. Du côté de Ford, cinquante-sept usines de pièces et composants ont reçu la directive d'échanger par voie électronique, tant avec leurs clients qu'avec leurs propres fournisseurs, leurs programmes de livraison, leurs besoins en matériel, leurs expéditions et leurs réceptions.

Les avantages des « systèmes d'échanges » ne se limitent pas à une réduction de la paperasse et du volume des stocks ; grâce à eux, la réponse à la demande des consommateurs est à la fois plus souple et plus rapide. Au total, il peut en résulter des économies massives.

En même temps, les progrès à l'échelle mondiale des échanges électroniques entraînent des modifications radicales de la pratique économique. Les entreprises tendent à s'unir en ce qu'on pourrait appeler des « groupes de partage de l'information ». Plus abondantes, les communications en viennent à franchir — et parfois à presque effacer — les frontières qui isolaient les organisations.

Que ce soit dans une compagnie d'assurance japonaise ou chez un constructeur automobile américain, l'échange électronique de données impose des changements majeurs en matière de comptabilité et autres instruments de contrôle. Quand une entreprise vire à l'électronique, les emplois se modifient ; il y a des mutations de personnel ; certains services prennent plus d'importance, d'autres en perdent ; et les relations avec les fournisseurs comme avec les clients s'en trouvent totalement transformées.

Les transferts de pouvoir n'affectent pas seulement telle ou telle entreprise : des secteurs entiers commencent à percevoir l'impact des échanges, car ceux-ci peuvent servir d'arme pour expulser du terrain les intermédiaires interposés.

Le grossiste balayé ?

Shiseido, la plus grande marque de produits cosmétiques du Japon, utilise ses réseaux pour contourner la chaîne de distribution traditionnelle. Ses crèmes de beauté, poudres, crayons à paupières, lotions et autres rouges à lèvres sont partout présents dans le pays, et commencent aussi à briller sur les marchés d'Amérique et d'Europe.

En reliant directement ses ordinateurs à ceux de ses acheteurs, Shiseido court-circuite les grossistes et les entrepositaires : elle livre aux magasins à partir de ses propres centres. Si — comme d'autres sociétés — elle est en mesure de « parler » aux détaillants, et si les détaillants ont eux-mêmes accès électroniquement aux ordinateurs du fabricant, qu'est-il besoin d'un intermédiaire ?

« Le grossiste ? Du balai ! Court-circuité », dit Monroe Greenstein, analyste du commerce de détail chez Bear et Stearns, courtiers en valeurs à New York. Mais, pour échapper à ce triste sort, les grossistes commencent, eux aussi, à recourir à l'armement électronique.

L'exemple le plus connu — et devenu classique — de grossiste qui ait su prendre l'offensive et s'emparer de positions nouvelles sur le marché est celui d'American Hospital Supply (« Américaine de fournitures pour hôpitaux »), devenue maintenant une filiale de la Baxter Health Care Corporation. Dès 1978, l'AHS se mit à installer dans les hôpitaux des terminaux qui, grâce à un réseau spécial, donnaient directement accès à ses ordinateurs. Les services hospitaliers trouvèrent beaucoup plus simple de passer commande en tapant sur un clavier qu'en utilisant des intermédiaires moins évolués.

En retour, l'AHS se servit de son réseau pour dispenser à ses clients toutes sortes d'informations utiles sur les produits, les modes d'emploi, les coûts, les inventaires de stocks, etc. Disposant d'un système aussi rapide et fiable, les hôpitaux purent réduire leurs propres réserves et réaliser des économies substantielles. De plus, si l'un d'eux accordait l'exclusivité de son approvisionnement à l'AHS, celle-ci lui assurait un service complet de gestion informatisée. Le chiffre d'affaires monta en flèche.

Le consultant Peter Keen, auteur de *Competing in Time*,

ouvrage dont proviennent certains de ces renseignements, expose aussi comment la société Foremost McKesson, grossiste en pharmacie, a appliqué dans son propre domaine la stratégie d'AHS.

A mesure que les commandes des clients se déversent dans les ordinateurs de la firme, à partir des terminaux portatifs mis à la disposition de 15 000 pharmacies, elles sont immédiatement triées et regroupées sous forme de commandes de McKesson à ses propres fournisseurs, commandes dont la moitié sont à leur tour transmises automatiquement et instantanément.

Ces systèmes ultrarapides permettent à AHS, à Foremost et à beaucoup d'autres de si bien s'insinuer dans les affaires quotidiennes de leurs clients qu'il devient pour ceux-ci difficile et coûteux de chercher à s'approvisionner ailleurs. En retour, la méthode permet aux acheteurs de réduire leurs frais dans une proportion non négligeable, et les aide à mieux gérer l'ensemble de leurs activités. En fin de compte, ces grossistes se retrouvent en position de force dans toutes leurs négociations.

Mais les AHS et McKesson sont encore des exceptions. La plupart des autres pourraient bien être prochainement prises dans un piège électronique, et menacées d'un côté par les fabricants, de l'autre par des détaillants de mieux en mieux armés.

Transporteurs et immobilier

Avec l'extension progressive de l'extra-intelligence à toute l'économie, les sociétés d'entrepôt comptent parmi celles qui courent les plus grands dangers.

Les progrès de la production flexible et personnalisée rendue possible par l'informatique entraînent, entre autres conséquences, le remplacement des grosses commandes en petit nombre par un grand nombre de plus petites, et portant sur des produits beaucoup plus diversifiés. Dans le même temps, l'accélération de l'activité favorisée par les nouveaux réseaux électroniques implique des exigences accrues en matière d'exactitude dans les livraisons tant aux usines qu'aux commerces de détail.

Il y a donc moins d'expéditions en grosses quantités ; les rotations sont plus rapides, les marchandises restent moins longtemps dans les entrepôts ; en revanche, la clientèle demande de plus en plus de renseignements précis sur chacun des articles emmagasinés. Bref, il faut moins d'espace, et davantage d'information.

La mutation affaiblit la position du marchand d'espace ; parmi les entrepositaires, les plus habiles se cherchent des activités de substitution. Certains utilisent des réseaux électroniques et des ordinateurs pour fournir à leurs clients des informations et des services de transport organisés, en assurant l'emballage, le tri et la vérification des colis, le groupement et la redistribution, etc. D'autres, par exemple Sumitomo Warehouse au Japon, se tournent vers la promotion immobilière à mesure que déclinent leurs fonctions traditionnelles.

L'économie supersymbolique et l'expansion de l'extra-intelligence secouent durement aussi le secteur des transports — les chemins de fer, les armements maritimes et les entreprises routières. Parmi ces dernières, nombreuses sont celles qui, à l'image des entrepositaires, cherchent leur salut dans les réseaux électroniques.

Au Japon, les progrès de la production en petites séries et la demande de livraisons à horaires précis entraîne un fort développement des transports à courte distance. Au lieu de gros chargements à un rythme hebdomadaire, la tendance est à des trajets plus brefs mais beaucoup plus fréquents, et ce sont les transports de porte à porte qui connaissent la plus forte croissance.

En fait, nous voyons tous les secteurs traditionnels de la production s'armer d'extra-intelligence soit pour survivre, soit pour attaquer dans le but d'accroître leur pouvoir.

Mobilisation pour la guerre de l'électronique

Quand des secteurs industriels entiers se mobilisent pour la grande bataille, la guerre de l'électronique change d'échelle.

A côté d'entreprises isolées, de larges groupements se lancent maintenant dans une action collective. Le fait est particulièrement net au Japon, où l'omniprésent ministère du Commerce international et de l'Industrie encourage fortement le mouvement. Le MITI pousse par exemple l'industrie pétrolière à achever de mettre en place un réseau qui doit relier les raffineries aux installations de stockage et aux détaillants. Des systèmes de liaison à valeur ajoutée fonctionnent déjà dans des branches aussi diverses que les produits congelés, les verres de lunettes et les équipements sportifs.

Ailleurs aussi, on s'engage dans la même voie. En Australie, deux VAN concurrents, Woolcom et un service créé par Talman Pty, se disputent la clientèle des courtiers en laine et des exportateurs ; tous deux envisagent de se connecter au réseau de commerce international Tradegate et au système de clearing EXIT, spécialisé dans les opérations d'exportation.

Aux États-Unis, de grands efforts sont en cours pour la mise en service d'un réseau général, qui doit relier non seulement des fabricants de tissu comme Burlington à leurs clients, mais aussi les confectionneurs de vêtements aux grandes chaînes de distribution telles que Wal-Mart et K Mart. Afin d'obtenir une adhésion générale, de hautes personnalités du monde des affaires, par exemple Roger Millikin, président de Millikin and Company, multiplient les discours, organisent des séminaires, financent des études et prêchent partout le nouvel évangile du réseau.

Dans cette branche, un des grands problèmes a toujours été la lenteur des réactions. La mode change vite : en conséquence, les intéressés voudraient réduire le temps qui sépare la commande de la livraison de quelques semaines à quelques jours, cela en créant des liaisons électroniques généralisées, de l'usine textile jusqu'à la caisse du magasin de détail. L'accélération des opérations peut entraîner une très forte réduction des stocks.

Surtout, le système électronique permet au détaillant de commander par petites quantités, de s'adapter aux caprices de la mode et aux goûts de la clientèle en renouvelant plus fréquemment les articles à succès, au lieu de conserver des réserves qui s'écoulent lentement. Millikin cite l'exemple d'une chaîne de grands magasins qui a augmenté de 25 % ses ventes de pantalons de sport tout en réduisant ses stocks de 25 % également. Alors même que le système n'est pas encore entièrement en place, les résultats sont déjà spectaculaires. La campagne a commencé en 1986 ; en 1989, d'après Arthur Andersen and Company, plus de soixante-quinze grands détaillants avaient investi environ 3,6 milliards de dollars dans le réseau, dit « Quick Response » (« réaction rapide »), et estimaient en avoir retiré quelque 9,6 milliards de profits.

Finalement, Millikin et bien d'autres pensent que le système permettra des économies de beaucoup supérieures, de sorte qu'il pourrait devenir une arme dans les guerres commerciales internationales. Si l'on parvient rapidement, disent-ils, à une efficacité suffisante, les industries américaines du textile et du vêtement se trouveront en meilleure position pour se défendre contre les importations en provenance des pays à faible coût de main-d'œuvre.

Tandis qu'à l'échelle tantôt de l'entreprise tantôt de vastes secteurs on se hâte de s'organiser pour l'avenir en créant des réseaux particuliers hautement spécialisés, d'autres géants se sont lancés dans une autre course, où il s'agit cette fois de mettre en place des systèmes à vocation universelle, qui traiteront toutes espèces de messages.

Nous assistons donc à l'essor concomitant de plusieurs types, ou couches, de réseaux électroniques : des réseaux privés, destinés en premier lieu aux employés d'une même entreprise ; des liaisons d'échange de données entre telle société et ses clients, dont souvent des détaillants ; et des systèmes couvrant l'ensemble d'une branche. Mais il faut maintenant y ajouter les réseaux génériques — dits transmetteurs universels — dont le rôle consiste à connecter entre eux les systèmes de moindre ampleur, et à acheminer des messages pour le compte de tout le monde.

Le volume des informations et données qui transite par ce dernier système neural est d'ores et déjà si énorme qu'il s'est engagé une nouvelle guerre à un niveau encore plus élevé — entre les grandes sociétés qui voudraient acquérir la maîtrise des transmetteurs universels eux-mêmes. Des géants comme British Telecom, AT & T et le KDD japonais font tout pour accroître leurs capacités de transmission et leurs vitesses d'exécution. Et, pour compliquer les choses, de grandes sociétés qui disposent d'un vaste réseau particulier se mettent à vendre des services à d'autres entreprises, entrant ainsi en concurrence avec les réseaux génériques. Toyota et IBM, par exemple, se disputent une clientèle qui, autrement, pourrait recourir aux bonnes vieilles compagnies de téléphone. La General Electric étend ses liaisons à soixante-dix pays : Benetton les utilise pour connecter son siège italien à 90 % de ses agents répartis dans le monde entier.

Le système radicalement nouveau dont nous voyons les couches superposées s'assembler sous nos yeux constituera l'infrastructure de l'économie du XXIe siècle.

Le consommateur en circuit fermé

Ces développements suscitent de nouvelles luttes pour la maîtrise du savoir et des communications, luttes qui entraînent des transferts de pouvoir entre individus, entreprises, branches économiques et grands secteurs — et finalement entre les pays. Pourtant, la « neuralisation » de l'économie n'en est qu'à ses débuts, et de nouveaux joueurs avides de pouvoir entrent chaque jour dans la partie. Ce sont, entre bien d'autres, les organismes de cartes de crédit, les grandes sociétés commerciales japonaises, les producteurs d'équipements.

Dans le système en voie de formation, la carte plastique que le consommateur conserve dans son portefeuille occupe une position décisive. Qu'il s'agisse d'une carte à comptabilité automatique, d'une carte de crédit traditionnelle, ou d'une carte de débit « pointue », elle constitue le lien du réseau avec l'individu — lien qui peut en principe être considérablement renforcé.

A mesure que, des banques et des compagnies pétrolières aux petits détaillants, chacun s'engage plus profondément dans le monde de l'électronique, que des cartes de plus en plus intelligentes contiennent et transmettent des volumes d'information croissants, et que la monnaie elle-même, devenant « supersymbolique », est de moins en moins liée au métal ou au papier, la carte s'impose à titre de chaînon complémentaire et essentiel du système neural en formation.

Qui contrôle la carte — que ce soit la banque ou une de ses rivales — détient un précieux moyen d'accès à l'intimité familiale et à la vie quotidienne des consommateurs ; et c'est pourquoi un mouvement se dessine, qui tend à les faire entrer dans l'orbite des réseaux spécialisés. Par exemple, l'organisme japonais de cartes de crédit JCB Co lance actuellement, avec le concours de NTT Data Communications, une carte que les femmes pourront utiliser chez leur coiffeur. JCB espère avoir d'ici deux ans quelque 10 millions de porteuses de cartes, qui pourront s'adresser à 35 000 salons de coiffure.

A long terme, le rêve des constructeurs de réseaux du monde entier est de réaliser un circuit fermé intégral, où l'impulsion partie du consommateur (lequel informera électroniquement les entreprises des objets ou services à produire) sera transmise au producteur, en passant ou non par les grossistes ou autres intermédiaires qui subsisteront, puis au détaillant ou au service électronique de vente à domicile, puis à la machine comptable automatique ou système de paiement par carte de crédit — pour revenir enfin chez le consommateur.

Toute entreprise ou groupe économique qui parviendra à s'assurer la maîtrise des stades essentiels du cycle possédera du coup un pouvoir économique décisif — et aussi, par voie de conséquence, un pouvoir politique considérable. Mais dans ce domaine la réussite dépend moins des capitaux que de l'intelligence incorporée dans les ordinateurs, les logiciels et les réseaux électroniques.

La guerre éclair des affaires

Qu'elles fussent agricoles ou industrielles, les économies du passé étaient toutes édifiées sur la base de structures de longue durée.

Aujourd'hui, nous posons au contraire les fondations d'une économie kaléidoscopique en accélération constante, et capable à chaque instant de redistribuer ses éléments selon de nouveaux modèles sans pour autant se désintégrer ; et les avancées de l'extra-intelligence font partie des instruments indispensables à cette adaptation continue.

Dans cette évolution où il est difficile de s'orienter, les entreprises peuvent parfois utiliser l'extra-intelligence pour lancer des attaques surprises sur des territoires entièrement neufs pour elles : autrement dit, nul ne peut plus savoir avec certitude de quel côté viendra la prochaine offensive concurrentielle.

L'exemple classique de guerre éclair — largement commenté d'ailleurs dans les publications spécialisées — est celui du lancement par Merrill Lynch, en 1977, du Cash Management Account (« compte géré au comptant »), qui représentait une des premières applications de la technologie de l'information à un objectif non seulement administratif, mais véritablement stratégique.

Le Cash Management Account était un nouveau produit financier qui offrait au client une combinaison de quatre services précédemment séparés : un compte courant, un compte de dépôt rémunéré, une carte de crédit et un compte de titres. L'usager pouvait à volonté déplacer son argent d'un compartiment à l'autre ; il n'y avait plus de délai de « flottement », et le compte courant lui-même produisait des intérêts.

L'intégration de ces services jusque-là isolés n'avait été possible que grâce aux techniques informatiques de pointe et aux réseaux électroniques dont disposait Merrill Lynch. En un an, la firme vit affluer cinq milliards de dollars de dépôts ; en 1984, selon le consultant Peter Keen, les sommes confiées par les clients se montaient à soixante-dix milliards. Keen qualifie l'opération d'« attaque préventive » contre les banques, qui subirent des retraits massifs au bénéfice du Cash Management Account, jugé beaucoup plus avantageux que le compte bancaire habituel. Officiellement courtier en valeurs, échappant à ce titre aux réglementations bancaires et non considéré comme banque, Merrill Lynch avait mené contre les banques un raid dévastateur.

Depuis, nombre de banques et autres institutions financières ont offert des combinaisons analogues, mais Merrill avait plusieurs années d'avance.

Reflétant une restructuration des marchés résultant de l'irruption de l'extra-intelligence, les nouveaux et étranges terrains de cette concurrence sans règles définies permettent par exemple à des détaillants comme le groupe japonais Seibu Saison de s'engager dans des activités de services financiers : une de ses filiales se prépare à installer des distributeurs d'argent dans les gares. De son côté, après avoir créé sa propre banque interne, British Petroleum vend maintenant des produits bancaires à l'extérieur.

En ce sens, les réseaux extra-intelligents contribuent à expliquer le vaste mouvement de dérégulation de l'économie auquel nous assistons, et ces premiers effets donnent à penser que les réglementations étatiques actuelles vont se révéler de moins en moins efficaces ; car elles se fondent sur des catégories et divisions inter-sectorielles que l'avènement de l'extra-intelligence est en train d'abolir. La législation bancaire doit-elle s'appliquer aux non-banques ? Mais, après tout, qu'est-ce aujourd'hui qu'une banque ?

En assurant l'enchaînement des opérations réelles par-dessus les anciennes frontières des entreprises, en offrant à celles-ci la possibilité d'aborder des domaines autrefois considérés comme étrangers, les réseaux extra-intelligents brisent les vieilles spécialisations et détruisent la division du travail traditionnelle.

A la place de ces structures dépassées, nous voyons se former de nouvelles constellations, des assemblages dont les liens constitutifs ne sont plus seulement l'argent, mais le partage de l'information.

Par une ironie du sort, c'est précisément le bouleversement engendré par la reconstruction générale de l'économie sur la base du savoir qui explique pour une grande part les déficiences et paralysies actuelles — factures égarées, erreurs d'ordinateur, service inadéquat, avec le sentiment si fréquent que rien ne fonctionne correctement. En fait, la vieille économie usinière se désintègre, alors que la nouvelle économie supersymbolique est encore en construction, et que l'infrastructure électronique sur laquelle elle repose n'en est qu'à ses premiers pas.

L'information est la plus fluide de toutes les ressources, et la fluidité est justement la marque distinctive d'une économie où la production comme la distribution des produits alimentaires, de l'énergie, des biens et des services en général dépendent de plus en plus d'échanges au niveau symbolique.

Plus qu'à toute autre chose, l'organisation naissante ressemble à un système nerveux, mais à un système fonctionnant selon des règles que jusqu'à ce jour personne n'a pu formuler de façon cohérente.

En fait, l'essor sans précédent de l'extra-intelligence pose à la société entière des questions fondamentales, parfois angoissantes, et en tout cas totalement différentes de celles qu'avaient suscitées les autres révolutions de l'information.

Vers des monopoles de l'information ?

L'extra-intelligence peut permettre de débarrasser l'économie de sa graisse inutile ou autres éléments nuisibles, et ce dans des proportions incalculables. A ce titre, elle contient virtuellement la promesse d'un immense et rapide progrès — d'un avenir où l'activité intellectuelle et l'imagination se substitueront non seulement au capital, à l'énergie et aux ressources classiques, mais aussi aux labeurs abrutissants.

Mais nous donnera-t-elle un « meilleur » mode de vie ? La réponse dépend pour une grande part de l'intelligence sociale et politique avec lesquelles la société saura ou non en orienter le développement.

Plus nos réseaux s'automatisent et plus ils incorporent d'extra-intelligence, plus ils dissimulent les processus de la décision humaine, plus ils nous soumettent tous à des événements préprogrammés fondés sur des conceptions et présupposées que peu d'entre nous sont en mesure de comprendre, et que parfois même les responsables initiaux ne révèlent qu'avec réticence.

Avant longtemps, le traitement simultané, l'intelligence artificielle et autres innovations étonnantes vont brusquement multiplier la puissance des ordinateurs. L'identification de la voix et la traduction automatique vont certainement entrer dans l'usage courant, en même temps que l'image à haute définition et la fidélité acoustique absolue. Alors les réseaux communs transmettront très ordinairement la parole et la vision avec les données et l'information sous toutes ses formes. Tout cela pose de graves questions morales.

Pour certains, c'est une monopolisation du savoir qui s'annonce. « Le moment de vérité », écrivait le professeur Frederic Jameson, de Duke University, à un stade antérieur du développement de l'économie symbolique, « [...] intervient quand la question de la propriété et du contrôle des nouvelles banques de l'information [...] se pose dans toute sa brutalité ». Jameson en venait à évoquer le spectre d'un « monopole privé de l'information mondiale ».

Aujourd'hui, de telles craintes paraissent simplistes. Le problème n'est pas de savoir si un tel monopole contrôlera toute l'information — ce qui semble hautement improbable — mais de savoir qui maîtrisera les suites infinies de *conversions et reconversions* rendues possibles par l'extra-intelligence, et qui peuvent affecter les données, les diverses informations, bref l'ensemble du savoir transmis par le système nerveux de l'économie supersymbolique.

Les entreprises et la société dans son ensemble vont bientôt devoir affronter de nouvelles et déroutantes interrogations sur les bons et mauvais usages du savoir. Il ne s'agira plus seulement là de la vérité baconienne selon laquelle le savoir est pouvoir, mais de cette vérité supérieure portant sur le fait que, dans l'économie supersymbolique, c'est le savoir *sur* le savoir qui compte le plus.

CHAPITRE XII

L'élargissement du conflit

Un parapluie et une automobile sont deux objets différents. Ils le sont non pas seulement par leur dimension, leur fonction et leur prix, mais aussi pour une raison que nous prenons rarement en considération. On peut utiliser le parapluie sans rien acheter d'autre ; la voiture, au contraire, ne sert à rien sans carburant, huile, réparations et pièces détachées, pour ne pas parler des rues et des routes. L'humble parapluie se présente comme une sorte d'individu un peu fruste, mais tout prêt à rendre service à son possesseur, sans recours à aucun produit complémentaire.

La puissante automobile ne peut, elle, jouer qu'en équipe, dépendante qu'elle est de toute une série d'autres choses. Il en va de même pour une lame de rasoir, un magnétophone, un réfrigérateur et une multitude d'objets qui ne fonctionnent qu'en association avec d'autres. S'il n'y avait quelque part quelqu'un pour lui envoyer des images, le téléviseur se bornerait à contempler la salle de séjour d'un regard vide ; et le modeste cintre à vêtements lui-même présuppose l'existence d'un piton ou d'une tringle.

Tous font partie d'un *système* de produits, et c'est précisément leur nature systémique qui leur confère la plus grande partie de leur valeur économique. Mais, tout comme les joueurs d'une équipe doivent se conformer à certaines règles établies, de même les produits systémiques ne peuvent se passer de normes. Une prise électrique mâle à trois broches ne sert pas à grand-chose si les prises femelles de la maison n'ont que deux trous.

La distinction entre les deux types d'objets permet d'éclaircir une question dont l'enjeu attise encore les luttes pour l'information menées sur toute la terre, et que les Français évoquent sous le nom de « guerre des normes ». Les conflits de ce type font rage dans des secteurs aussi divers que la technologie médicale, les réservoirs industriels sous pression ou les appareils photographiques.

Sur ce terrain, certaines des querelles les plus violentes — et les plus largement publiques — ont directement trait aux moyens de création et de distribution des données, de l'information en général, des images, des programmes de délassement et du savoir lui-même.

Portant essentiellement sur des intérêts financiers et sur de vastes pouvoirs politiques, la bataille concerne aussi des millions et des millions de familles. Son issue modifiera radicalement les rapports de pouvoir entre des géants industriels mondiaux, tels IBM, AT & T, Sony et Siemens. Elle affectera également les économies nationales.

L'aspect le mieux connu du public en est la lutte triangulaire qui a pour enjeu le type de télévision que le monde entier regardera dans les décennies à venir.

Quinze cents milliards de dollars en jeu

Trois normes de télévision sont actuellement utilisées dans différentes parties du monde. Assez peu différents entre eux, le NTSC, le PAL et le SECAM n'en sont pas moins incompatibles. En conséquence, pour diffuser à l'étranger un programme américain comme *The Cosby Show*, il faut généralement le convertir selon les exigences d'un autre système. Mais chacun des trois donne des images floues en comparaison de celles du procédé connu sous le nom de THD — et qui est la télévision de demain.

La « télévision à haute définition » est à nos écrans familiaux d'aujourd'hui ce que le disque compact est aux enregistrements grinçants que débitait le gramophone de l'arrière-grand-mère. Avec elle, les images transmises peuvent atteindre la même qualité que les meilleurs films projetés sur grand écran. Reconstituées par l'ordinateur récepteur, elles en jailliront avec le brillant et la netteté de la page la plus finement imprimée.

Témoignant devant la sous-commission des télécommunications de la Chambre des représentants des États-Unis, le membre du Congrès Mel Levine a fait remarquer que, malgré son nom, la THD concerne bien d'autres domaines que la seule télévision. « Elle représente, affirmait-il, une nouvelle génération d'équipements électroniques de grande consommation, qui suscitera des développements technologiques dans des douzaines de domaines, des puces aux fibres optiques, aux accumulateurs et à la photographie. »

La qualité des images HD est telle qu'elle pourrait même permettre aux cinémas du monde entier de recevoir leurs programmes par satellite, et non plus comme à présent sous forme de films : dans cette éventualité, un immense marché supplémentaire s'ouvrirait pour les antennes de réception et autres produits.

Au total, le choix du système HD utilisé (ou des systèmes...) définira le cadre d'un marché mondial évalué à quinze cents milliards de dollars.

Les ingénieurs japonais y travaillent depuis près de vingt ans, et aujourd'hui la haute définition est prête à faire irruption sur la scène économique mondiale. En ce moment, écrivait Bernard Cassen dans *le Monde diplomatique*, « les Japonais et les Américains menacent de rendre obsolètes tous les récepteurs de télévision européens — et d'être seuls en mesure de les remplacer ».

Les Japonais espéraient que le monde adopterait une norme unique, ce qui aurait simplifié le problème et leur aurait épargné beaucoup d'argent. S'ils avaient pu vendre leur système à titre de standard international, l'avance qu'ils possédaient aurait ouvert la voie à une expansion massive de leur industrie de produits électroniques « grand public ».

Mais, en vue de repousser cet assaut, des gouvernements et réseaux de télévision européens (et, dans bien des cas, ces réseaux s'identifient aux États) se sont mis d'accord pour s'en tenir à des normes incompatibles avec le procédé japonais — espérant par là donner à leurs fabricants le temps de rattraper leur retard. Ensuite l'Europe pourrait elle-même introduire la haute définition par étapes.

Trente-deux chaînes, universités et sociétés industrielles, hâtivement rassemblées dans le cadre du projet Eurêka 95, ont commencé à étudier un ensemble complet de techniques de haute définition, lequel doit couvrir tous les domaines, depuis les studios de production jusqu'aux récepteurs, en passant par les équipements de transmission. La société française Thomson a pris en charge la coordination des recherches sur les normes applicables à la production des images ; l'allemande Robert Bosch GmbH se concentre sur les équipements de studio, et la britannique Thorn/EMI sur les récepteurs.

Dans le même temps, les Européens commencèrent à courtiser les États-Unis. Christian Schwarz-Schilling, ministre ouest-allemand des Postes et Télécommunications, s'envola pour Washington, où il proposa une alliance en bonne et due forme. « Nous ne devrions pas, affirmait-il, permettre au Japon d'obtenir la suprématie sur les normes de la prochaine génération. »

A ce moment, dans la crainte de voir les Européens, avec leur version de HD, remporter un succès stratégique en contre-attaquant à la fois sur le marché américain et sur le marché nippon lui-même, les industriels japonais engagèrent à leur tour une vigoureuse campagne aux États-Unis contre le système concurrent.

Dans cette situation des plus incertaines, ils se préparent calmement à vendre des appareils différents dans les différentes parties du monde ; ce serait là leur position de repli au cas où ils ne parviendraient pas à imposer une norme unique.

Le même climat de paranoïa économique règne aux États-Unis, où l'ensemble du problème de la HD s'enlise dans des débats techniques qui relèvent du coupage de cheveux en quatre, dans les controverses politiques et dans les rivalités commerciales.

Les trois grands réseaux de télévision américains voudraient ralentir l'introduction de la haute définition ; ils préconisent un système particulier au pays, qui pourrait transmettre à la fois les émissions de type courant et les nouvelles images. A l'inverse, les réseaux câblés et les diffuseurs opérant directement par satellite soutiennent que ce standards américain unique paralyserait la recherche pour l'amélioration des transmissions par câble et par satellite.

Pendant ce temps, le Congrès voudrait s'assurer que les nouveaux récepteurs qui arriveront un jour ou l'autre dans les foyers américains proviendront bien d'usines américaines. « Actuellement, dit le membre du Congrès Edward J. Markey, les compagnies japonaises et européennes ont pris une très forte avance [...], tandis que notre industrie nationale de l'équipement électronique pour le grand public est moribonde. »

Dans les années à venir, la guerre de la télévision va encore gagner en intensité, sur fond d'accusations réciproques de « techno-nationalisme ». Mais, parallèlement à ce conflit qui se durcit, s'en déroule un autre qui a pour enjeu l'avenir de l'ordinateur.

Des normes stratégiques

A notre époque, le rythme effréné de l'innovation contraint les fabricants à choisir une stratégie. Ils peuvent soit inventer et imposer des normes pour leur branche, soit se mettre à la remorque d'un autre en adoptant ses normes — soit encore se laisser reléguer dans une sorte de Sibérie commerciale où leurs produits n'auront que des usages et un marché des plus limités.

Depuis les débuts de l'industrie des ordinateurs, IBM en est restée la force dominante. Ce sont ses vendeurs en stricts costumes bleus qui ont installé les premières unités centrales dans les administrations et les bureaux des grandes sociétés ; et pendant près de vingt ans, elle n'a eu à affronter qu'une concurrence faible et mal organisée.

Or cette réussite monumentale peut être très largement attribuée au fait qu'elle a su dès le départ concevoir — et imposer — une norme pour le fonctionnement interne des machines.

Au tout début, c'était le matériel qui comptait le plus ; mais, peu à peu, il apparut que le logiciel constituait, dans tout système informatique, l'élément le plus important. Les « programmes d'application » donnaient à la machine les instructions qui lui permettaient d'accomplir des tâches de comptabilité, de traitement de texte, d'impression, d'affichage de graphiques ou de communication. Mais chaque ordinateur incorpore une sorte de métaprogramme dit « système d'exploitation », lequel détermine quels autres types de programmes il peut ou non exécuter.

Dans l'industrie de l'informatique, le logiciel est la clé du pouvoir ; sans lui, le matériel reste inerte et inutilisable. Mais la clé du pouvoir sur le logiciel est le système d'exploitation ; et l'ultime instrument de domination — la clé du pouvoir sur les systèmes d'exploitation — se trouve dans les normes auxquelles ces derniers sont eux-mêmes assujettis. C'est en les contrôlant qu'IBM devint la superpuissance du monde des ordinateurs.

Malgré ses efforts, d'autres systèmes d'exploitation ont cependant fini par voir le jour, tels que Unix, présenté à l'origine par AT & T, plus de nombreuses variantes de l'un ou de l'autre. Quand, au milieu des années soixante-dix, Apple provoqua la révolution du micro-ordinateur, elle décida résolument de construire des machines non compatibles avec celles d'IBM, en choisissant un système d'exploitation différent.

Aujourd'hui, une lutte à mort s'est ouverte à l'échelle mondiale entre IBM et ses principaux concurrents pour la définition des normes des systèmes d'exploitation de l'avenir. Le combat se livre pour une grande part sur le terrain technique, où des experts s'opposent à d'autres experts ; mais les enjeux dépassent de loin les intérêts directement liés à la production d'ordinateurs ; pour les États, la question met directement en cause leurs plans de développement économique.

Étant donné qu'IBM jouit encore d'une position dominante, et qu'utilisateurs ou concurrents sont également obligés de tenir compte de ses systèmes d'exploitation, il s'est formé une organisation dite X/Open, basée à Londres, qui se propose d'établir une norme pour les sytèmes d'exploitation des mini-ordinateurs, des stations de travail et des ordinateurs personnels — domaines relativement nouveaux où IBM est plus vulnérable. Fondée à l'origine par AT & T, Digital Equipment et l'allemand Siemens, X/Open a également reçu l'adhésion de Fujitsu ; toutes ces firmes exigent une norme « ouverte », qui ne constituerait pas une barrière pour les équipements non IBM.

Depuis, la pression exercée sur IBM s'est faite si forte que la société s'est trouvée forcée de se joindre au groupe et de jurer, croix de bois croix de fer, de pratiquer dans l'avenir une politique « ouverte ».

Avant même d'avoir ressenti tous les effets de cet échec, IBM a dû affronter un autre défi, porté cette fois par Ma Bell, autrement dit l'American Telephone and Telegraph Company. Dès les années soixante, les ingénieurs de celle-ci avaient élaboré pour l'usage interne de la société un système d'exploitation dénommé Unix. Unix possédait des caractéristiques qui le rendaient intéressant pour les universités et pour certains petits fabricants d'ordinateurs. N'étant pas encore engagée elle-même dans la production, AT & T les laissa utiliser son système pour quelques sous. A leur tour, les utilisateurs créèrent leurs versions personnalisées d'Unix. Le système est de plus en plus apprécié ; aujourd'hui, Sun Microsystems vend des machines qui l'incorporent sur le marché en pleine expansion des stations de travail informatisées.

Par une habile manœuvre stratégique, AT & T se hâta d'acheter une part du capital de Sun, puis s'allia à Xerox, Unisys, Motorola et autres en vue de créer sous sa direction une norme générale Unix.

De plus en plus connu, soutenu par AT & T et ses alliés, Unix menaçait directement la suprématie d'IBM et d'autres fabricants qui avaient créé leurs propres systèmes d'exploitation. Nouvellement convertie à la *glasnost* (ou « ouverture ») en matière de systèmes, IBM contre-attaqua.

Le danger était que la version unifiée d'Unix fît son apparition sur les équipements AT & T avant tous les autres. IBM réagit en formant sa propre alliance. Le groupe ainsi créé, dénommé Open Software Foundation (« Fondation pour le logiciel ouvert ») réunit actuellement DEC, le français Bull, les allemands Siemens et Nixdorf, avec beaucoup d'autres firmes ; il travaille à élaborer sa propre norme, qu'il pourrait opposer à Unix.

Le match principal

Une des principales fonctions des ordinateurs consiste maintenant à parler entre eux ; en fait, ils dépendent à tel point de leurs liaisons que l'ensemble est devenu un tout indissociable.

En conséquence, les fabricants d'ordinateurs doivent défendre non seulement leurs systèmes d'exploitation, mais aussi leur accès aux réseaux de télécommunication, ou leur contrôle sur eux. Si les systèmes donnent pouvoir sur ce qui se passe *dans* les ordinateurs, les normes de télécommunications donnent pouvoir sur ce qui se passe *entre eux* (en réalité, la distinction n'est pas aussi nette, mais, sous cette forme, elle suffira pour notre présent propos). Ici encore, nous voyons les grandes entreprises et les États engagés dans une dure bataille pour la domination sur nos principaux canaux d'information.

Un volume toujours croissant de données, d'informations et de savoir franchissant les frontières nationales, la guerre des télécommunications est obligatoirement encore plus riche d'implications politiques que celle des systèmes d'exploitation.

Voulant relier entre eux tous les éléments de son appareil de production, la General Motors a élaboré une norme spécifique qui doit permettre à ses équipements informatiques de communiquer, même quand ils proviennent de fabricants différents. Elle l'a dénommée Manufacturing Automation Protocol (« Protocole pour l'automatisation de la production »), et a tenté de la faire adopter dans le monde entier par d'autres industriels comme par ses propres fournisseurs.

En réponse à cette offensive, la Communauté européenne a persuadé trente très grandes sociétés, dont BMW, Olivetti, British Aerospace et Nixdorf, de soutenir une contre-norme dite CNMA. Si les machines européennes doivent dialoguer, semble affirmer la Communauté, ce ne sera pas selon des conditions fixées par la General Motors — ni par les États-Unis.

Le combat mené pied à pied sur le terrain des communications électroniques industrielles ne représente pourtant qu'une partie de la lutte généralisée pour le contrôle des réseaux extra-intelligents à l'échelle planétaire.

Quand des firmes japonaises commencèrent à se relier à des bureaux et usines répartis dans le monde entier, une armée de fournisseurs se précipita pour leur vendre les ordinateurs et équipements de liaison indispensables. Dans ce domaine, la technologie américaine demeure plus avancée que celle du Japon ; aussi IBM était-elle une fois de plus très bien placée. Mais le ministère japonais des Postes et Télécommunications déclara alors que tout réseau reliant le Japon à d'autres pays devrait être conforme à des normes techniques élaborées par une obscure commission consultative des Nations unies, chargée d'étudier les problèmes des télécommunications internationales. La décision aurait interdit à IBM d'installer au Japon les équipements et systèmes conçus selon ses propres normes. Il s'ensuivit d'intenses campagnes de pression à Washington et à Tokyo, et des négociations entre gouvernements ; finalement, le Japon recula.

Au temps où, dans chaque pays, une seule compagnie, ou un ministère, gérait le réseau téléphonique, il existait une multitude de normes nationales, tandis que l'Union internationale des télécommunications en établissait d'autres pour les lignes communes.

Alors la vie était simple — jusqu'au jour où les ordinateurs voulurent se parler.

Dans les années quatre-vingt, au moment où les nouvelles technologies apparurent en foule sur le marché, les entreprises comme les usagers individuels avaient des machines construites par de nombreux fabricants et comprenant des systèmes d'exploitation différents ; ils utilisaient des logiciels de provenance disparate ; ils essayaient de transmettre des messages à l'autre bout du monde à travers un rapiéçage improvisé de câbles, d'émissions sur ondes ultracourtes et de satellites relevant de différentes autorités nationales.

Il en est résulté une tour de Babel de l'électronique, objet aujourd'hui de tant de lamentations, et les appels désespérés à la « connectibilité » ou à l'« interopérabilité » qui résonnent de tous côtés dans le monde des affaires. Cette fois encore, le conflit principal a pris la forme d'un procès où IBM s'oppose au monde entier.

IBM a longtemps soutenu une norme dite System Network Architecture (« Architecture de réseaux systématisés »). L'ennui est que, si celle-ci permet bien aux machines IBM de parler à d'autres machines IBM (mais pas à toutes...), elle continue à témoigner d'une surdité absolue envers les appels d'un grand nombre d'ordinateurs d'autre provenance.

Comme l'écrivit un jour le *Wall Street Journal*, « devoir mettre des ordinateurs sans SNA [la System Network Architecture IBM] en liaison avec ces réseaux, c'est le cauchemar du programmeur. Les concurrents qui cherchent à vendre leurs ordinateurs à la légion des clients d'IBM sont obligés de mettre dans leurs machines une imitation de SNA ». Ce contrôle indirect de l'accès à l'information était peut-être tolérable au temps où les ordinateurs *étaient* en majorité des IBM ; il ne l'est plus aujourd'hui. C'est pourquoi l'exigence d'une démocratie de l'ordinateur s'est fait de plus en plus fortement entendre.

La démocratie de l'ordinateur

Refusant de subir plus longtemps la domination d'IBM, des concurrents ont longuement cherché l'arme qui leur permettrait d'abattre Goliath. Ils ont fini par en découvrir une.

Leur redoutable projectile de fronde est une contre-norme nommée Open Systems Interconnection (« interconnection de systèmes ouverts »), qui vise à permettre des liaisons directes et simples entre ordinateurs de tous types. Activement soutenu par les fabricants européens, l'Open Systems a contraint IBM à battre en retraite : elle a dû renoncer à sa politique restrictive.

La situation s'était brusquement tendue en 1983, année où une douzaine de fabricants européens, épouvantés par l'hégémonie d'IBM, se mirent d'accord pour entreprendre la tâche incroyablement complexe de l'élaboration d'un système ouvert, avec toutes les spécifications techniques nécessaires. Sensibles aux implications futures, les gouvernements européens s'empressèrent d'appuyer cette initiative.

De l'autre côté, face à cette mobilisation dirigée contre IBM, l'Oncle Sam cria à la tricherie. Donal Abelson, du Bureau de la Chambre des représentants pour le commerce extérieur des États-Unis, accusa les Européens de pratiques discriminatoires. « Les Américains, assurait-il, ont le soupçon [...] que nous sommes l'objet d'une conspiration organisée. »

Depuis, la campagne anti-IBM a gagné en ampleur. Elle a bénéficié du soutien d'Esprit, programme communautaire européen pour le progrès scientifique et technique ; et, à la fin de l'année 1986, le Conseil des ministres de la CEE a décidé qu'un sous-ensemble des options retenues par l'Open Systems Interconnection constituerait la norme obligatoire pour les ordinateurs acquis par les États de la Communauté.

IBM a riposté en présentant une nouvelle solution, confusément dénommée System Applications Architecture (« Architecture d'utilisation des systèmes »), laquelle incluait une version de sa propre System Network Architecture ; après quoi, elle laissait aux clients le choix entre ses produits et ceux de l'Open Systems Interconnection européenne.

Mais, face à cette formidable opposition, la société se résigna une fois de plus à suivre le vieux conseil qui dit : « Si vous n'arrivez pas à les écrabouiller, passez de leur côté. » Adhérant aux divers groupements, IBM a donné sa parole de scout de soutenir dorénavant la norme ouverte. Comme pour les systèmes d'exploitation, il s'agissait là d'une conversion de dernière minute, sur laquelle les commentateurs critiques et les concurrents ne manquèrent pas d'émettre des doutes.

A l'instar de la General Motors et de maints autres géants de l'ère industrielle, IBM s'est développée de manière à occuper le moindre centimètre d'espace disponible dans sa « niche » écologique. S'y étant trop confortablement adaptée, elle se retrouve maintenant dans un environnement rapidement changeant, et de plus en plus hostile, où l'ancien avantage du gigantisme est souvent devenu un handicap. Selon certains observateurs, il semble que la bataille pour les normes de télécommunications pourrait bien marquer le début de l'époque de l'après-IBM.

Le paradoxe des normes

Ces luttes pour le pouvoir recèlent et dissimulent un paradoxe. L'économie engendrant des produits de plus en plus diversifiés ; il s'ensuit qu'au moment même où se manifeste une exigence de normalisation mieux définie, un mouvement de sens inverse tend à accroître la versatilité des objets en les rendant compatibles avec la multiplicité des normes existantes : ainsi certains téléviseurs portatifs possèdent-ils une touche qui permet de passer à volonté des normes européennes PAL ou SECAM à la NTSC américaine, et vice versa.

Visant au même effet, une autre technique consiste à incorporer dans le produit une proportion toujours plus grande de composants modulaires de plus en plus petits, dont l'association contourne les contraintes de la norme générale extérieure. Mais le procédé multiplie du même coup les « micro-normes » intégrées à *l'intérieur*, faute desquelles le fonctionnement des composants ne pourrait s'harmoniser.

De toute façon, on n'a pas plus tôt élaboré une norme — l'Open Systems Interconnection par exemple — que de nouvelles techniques la rendent obsolète ou lui enlèvent tout intérêt. D'ailleurs, dès que des règles s'établissent en matière de réseaux ou de logiciels, la bataille se déplace à un niveau supérieur et plus complexe encore. Là où deux normes, ou davantage, se trouvent en concurrence, il apparaît de nouveaux équipements qui permettent à l'utilisateur de passer d'un système à l'autre ; mais les dispositifs d'adaptation font à leur tour naître le besoin de normes d'adaptation. C'est pourquoi nous assistons aujourd'hui à des tentatives visant à créer ce qu'on pourrait appeler des « normes de normes » : dans le domaine des communications, il s'est formé récemment, et précisément dans cette perspective, un groupement qui s'intitule Technology Requirements Council (« Conseil des exigences technologiques »).

En d'autres termes, la bataille pour la maîtrise des normes peut osciller entre des sphères élevées et des niveaux plus bas, mais elle ne cesse jamais — parce qu'elle est un des aspects de la guerre plus générale, et permanente, pour le contrôle, la transmission et la réglementation de l'information. C'est un des fronts décisifs de la lutte pour la possession du pouvoir fondé sur le savoir — lutte qui ne se limite pas aux fourrés épineux de la télévision, des ordinateurs et de la communication, mais fait rage aussi dans la *Bierstube* ou le bistro du coin, et jusque dans nos cuisines.

Le menuet de la bière et de la saucisse

Voici longtemps que des secteurs économiques ou des États ont établi des normes pour assurer la salubrité ou la qualité des produits ; plus récemment, ils l'ont fait aussi en vue de sauvegarder l'environnement. Mais les gouvernements protectionnistes cherchent également, par le biais de ces réglementations, à écarter la concurrence étrangère ou à soutenir leur politique économique. Par exemple, l'Allemagne occidentale a effectivement interdit son territoire à des bières venues d'ailleurs au motif qu'elles étaient « impures » — attitude qui n'était pas pour déplaire aux brasseurs locaux.

Mais à quoi bon la bière sans saucisses ? En conséquence, les conserves de viande italiennes furent également bannies, tout comme bien d'autres aliments d'importation qui, pour leur malheur, comportaient un additif destiné à améliorer la consistance de la gelée du jambon ou du bœuf en boîte, et très largement utilisé dans d'autres pays.

Pour faire reculer les Allemands, il fallut tout un ballet de négociations diplomatiques, et finalement la menace d'une action judiciaire intentée par le Communauté. Aujourd'hui, on ne serait guère surpris de voir le GATT (General Agreement on Tariffs and Trade, « Accord général sur les tarifs douaniers et le commerce international ») adopter encore une nouvelle décision normative — visant celle-là à réduire l'usage des normes recouvrant des pratiques discriminatoires.

Pourtant, au-delà des manœuvres concurrentielles et de l'intérêt que présentent les normes dans les durs conflits du commerce international, l'intensité de la « guerre des normes » s'explique par une raison plus profonde.

Dans un article provocant, le Français Philippe Messine a émis l'idée que les luttes de ce genre devaient nécessairement se multiplier, du fait que, dans les économies avancées, la proportion des produits systémiques par rapport aux produits « isolés » ne cesse d'augmenter, ce qui place le problème des normes « au centre de grandes batailles industrielles ».

A l'appui de cette importante réflexion, on peut ajouter que la production assistée par ordinateur entraîne une énorme diversification des produits : par suite, les systèmes doivent combiner en ensembles fonctionnels — en *Gestalten* organisées — des éléments de plus en plus nombreux : à elle seule, cette évolution implique un très fort accroissement de la demande en matière de normes.

Cet aspect des choses va dans le même sens qu'une remarque de Messine selon laquelle les nouveaux produits systémiques comportent en quantité croissante « un important composant non matériel, la matière grise ». En effet, la fabrication d'un grand nombre d'objets en petites séries destinées à des créneaux spécifiques du marché augmente le volume d'information nécessaire à la coordination de l'économie ; au total, l'ensemble du cycle de la production et de la distribution dépend de plus en plus du savoir qui s'y investit.

En même temps, avec les progrès de la science et de la technologie, les normes techniques elles-mêmes s'alignent sur un savoir approfondi. Les tests et les méthodes de mesure se font plus précis, les tolérances diminuent : les normes incorporent davantage d'information et de connaissances avancées.

Finalement, à mesure que la concurrence innovatrice lance sur le marché toujours plus de produits nouveaux, et satisfait les plus récents besoins des consommateurs (qu'elle contribue d'ailleurs à créer), la demande de normes mieux définies est en soi un facteur de développement de la recherche.

On peut donc s'attendre que le rapide effacement du monde usinier du passé, remplacé par le nouveau système de création de la richesse, intensifie la « guerre des normes » sur tous les fronts, et sous ses aspects scientifiques, politiques et économiques aussi bien que technologiques.

La guerre des normes s'amplifie ; dans le monde de demain qui se dessine déjà, ceux qui en sortiront vainqueurs disposeront d'un pouvoir immense et de très haute qualité.

CHAPITRE XIII

La police de la pensée des cadres

A quarante-huit ans, Tom Varnum vit toujours avec sa première femme, travaille près de soixante heures par semaine et reçoit en retour 162 000 dollars par an. Il possède également quelques options sur titres, il est assuré sur la vie pour une somme assez considérable ; mais, quand il prend l'avion, il voyage en classe touriste. Il est dans sa société depuis dix ans, et occupe son poste actuel depuis cinq. Placé juste au-dessous du sommet de la hiérarchie, il rêve de devenir un jour directeur général, mais il sait que ses chances sont minces. En attendant, il voudrait se voir reconnaître le même rang que le directeur financier.

L'ennui est que Tom est un spécialiste, et qu'aux yeux de ses supérieurs, il n'en sait pas suffisamment sur le management général. En conséquence, il se sent piégé dans sa spécialité ; il considère avec envie ceux de ses collègues qui ont pu en sortir et accéder aux vrais cercles de la direction au plus haut niveau — tels Art Ryan, actuellement vice-président de la Chase Manhattan Bank, Ed Schefer, vice-président et directeur de groupe chez General Foods, ou Josephine Johnson, vice-présidente déléguée d'Equicor, société à capital-risque fondée conjointement par les assurances Equitable Life et l'Hospital Corporation of America.

Tom est vif, brillant, bien de sa personne, et il sait s'exprimer ; mais il a tendance à le faire dans un jargon d'apparence agressive, qui ne manque pas d'intriguer ses collaborateurs ou ses supérieurs, et l'étiquète immédiatement « techno ».

Ryan, Schefer et Johnson ont une personnalité bien définissable ; spécialistes de l'informatique, ils ont « émigré » des

Information Systems — des « systèmes d'information » — pour s'élever aux rangs de la haute direction. A l'inverse, Tom est une sorte de personnage composite et quasi fictif, mais pourtant — selon une étude récente — représentatif d'un groupe de cadres connus sous le nom de « directeurs de l'information », groupe de plus en plus récalcitrant et de plus en plus porté à s'affirmer. Aux États-Unis, plus de deux cents grandes sociétés ont actuellement un « directeur de l'information », ou quelqu'un d'une dénomination approchante ; voici quelques années, le titre n'existait pas. La nomenclature varie, mais dans de nombreux cas le poste de « directeur de l'information » se situe un cran ou deux au-dessus de ceux du « responsable du traitement des données », du « vice-président des systèmes d'information » ou du « directeur des systèmes d'information de gestion ».

Nos « directeurs » sont les hommes — car jusqu'ici peu de femmes assument la fonction — qui ont la responsabilité des énormes budgets consacrés aux ordinateurs, au traitement des données et aux services d'information. C'est pourquoi ils se trouvent à l'épicentre des guerres de l'information.

Un combat à plusieurs niveaux

Si vous écoutez derrière la porte ce que se disent des directeurs de l'information réunis en conférence, vous aurez toute chance de les entendre bientôt exprimer leurs griefs habituels : la haute direction ne les comprend pas, les patrons considèrent leurs services comme des gouffres financiers qui enflent démesurément les budgets, alors que, de leur point de vue, des systèmes d'information de haut niveau et bien utilisés réduisent les coûts et engendrent des profits. Les patrons sont trop mal informés — *ignorants* serait le *mot juste**** — au sujet des ordinateurs et des communications pour en juger intelligemment, et ils n'ont pas assez de patience pour apprendre. De fait, il n'y a actuellement qu'un directeur de l'information sur treize qui puisse rendre compte directement au président ou au directeur général.

Si ces « directeurs » grognent, cela ne signifie nullement qu'ils soient sans pouvoir. Avec l'expansion de l'économie supersymbolique, les dépenses des entreprises destinées au traitement du savoir grimpent à toute allure. Les achats d'ordinateurs et de systèmes informatiques complémentaires n'en représentent certes

* En français dans le texte. *(N.d.T.)*

qu'une partie, mais cette partie, à elle seule, se monte à des sommes énormes.

D'après la revue *Datamation*, les ventes des deux cents premières firmes mondiales d'équipements informatiques ont dépassé, en 1988, 243 milliards de dollars, et une prévision prudente indique un chiffre de 500 milliards dans dix ans. Toute personne qui joue un rôle dans les décisions d'achat et la répartition des crédits possède de ce seul fait une certaine influence. Mais ce que les « directeurs de l'information » oublient souvent de dire, c'est qu'ils répartissent également l'information elle-même, source de pouvoir pour d'autres, mais aussi, et de façon non négligeable, pour eux-mêmes.

Dès qu'une société a alloué quelques millions de dollars aux techniques d'information, différentes factions entrent en lice pour tenter de s'emparer d'un morceau du budget. Mais, au-delà des conflits traditionnels de territoire ou d'argent, nos directeurs se trouvent aussi en plein milieu des luttes pour l'information elle-même. Qui va obtenir tel ou tel type de renseignements ? Qui aura accès aux réserves de données ? Qui est en droit d'y *ajouter* des éléments ? Quelles assomptions préliminaires inclure dans la méthode de comptabilité ? A quel département ou division *appartiennent* telles ou telles données ? Question plus importante encore, qui décide des assomptions ou modèles incorporés dans les logiciels ? Techniques en apparence, les conflits qui portent sur ces sujets affectent évidemment la situation financière, le prestige et le pouvoir des personnes et des entreprises.

En outre, les conflits de ce type ont de vastes répercussions. En réorientant les flux de l'information, le directeur et ses collaborateurs ébranlent les relations de pouvoir établies. Et, pour utiliser efficacement les nouveaux et coûteux ordinateurs ou réseaux, la plupart des sociétés sont obligées de se réorganiser. Les restructurations majeures qui s'ensuivent déclenchent par contre-coup d'autres luttes de pouvoir à travers toute la firme.

D'autre part, une direction intelligente, poussée par le responsable de l'information, s'apercevra bientôt que les nouvelles techniques informatiques ne servent pas seulement à réduire la paperasserie ou à accélérer les opérations, mais qu'on peut parfois les utiliser stratégiquement pour conquérir de nouveaux marchés, créer de nouveaux produits et s'engager dans de nouveaux domaines. Nous avons déjà vu la Citibank vendre des logiciels aux agences de voyage américaines, ou, au Japon, la Seino Transport en faire autant auprès des entreprises de camionnage. Mais ces incursions dans de nouvelles branches d'affaires commencent bientôt à modifier la mission de l'organisation comme sa conformation, et provoquent dans les rangs de cadres supérieurs des conflits de pouvoir encore plus dangereux.

Pour compliquer les choses, le développement explosif des ordinateurs et la prolifération des réseaux entraînent l'apparition d'un nouveau groupe de pouvoir, qui ne tarde pas à frapper à la porte des appartements directoriaux : il s'agit des directeurs des télécommunications et de leur personnel, qui souvent intriguent contre leurs collègues de l'information pour l'attribution des ressources et la détention de l'autorité. Les communications doivent-elles être soumises à l'information, ou constituer une division indépendante ?

Ainsi les directeurs de l'information se trouvent-ils au cœur de multiples querelles, dont certaines peuvent soit entraîner des révolutions au plus haut niveau, soit du moins en représenter un aspect.

Bataille entre deux camps

Voici ce qui se passa, il a de cela quelques années, dans la firme d'investissements boursiers Merrill Lynch, la plus connue aux États-Unis, et qui consacre à ses services d'information un énorme budget.

En 1976, soit en sa quatre-vingt-onzième année, Merrill Lynch encaissa des recettes totales qui, pour la première fois dépassaient le chiffre magique du milliard de dollars. Dix ans plus tard, l'information et la technologie correspondante y avaient pris tant d'importance que DuWayne Peterson, chef des opérations informatiques et des télécommunications, disposait à lui seul de 800 millions de dollars par an ; encore n'était-ce là qu'une partie des sommes allouées aux services et systèmes d'information.

La firme était organisée sur la base d'une division en deux grands départements. D'un côté, le personnel des Marchés de capitaux créait des « produits » — fonds spécialisés, contrats garantis, offres d'actions et d'obligations — et fournissait ainsi une étourdissante diversité d'instruments d'investissement. Il distribuait aussi les capitaux recueillis. De l'autre côté, les services du Détail — c'est-à-dire quelque 11 000 courtiers en valeurs répartis sur 5 000 agences — vendaient les produits aux investisseurs.

Chacune de ces deux divisions constituait presque une sorte de parti politique ou de tribu autonome, avec sa culture, ses propres dirigeants et ses besoins spécifiques ; et chacune présentait aux systèmes d'information des exigences différentes.

Gerald Ely, un des vice-présidents, nous disait : « Du côté des Marchés de capitaux, tout se passe en temps réel [...]. Profits et pertes, inventaires des réserves, prix, tout est instantané [...], tout doit être prêt en temps réel [...]. Quand j'étais au Détail, je trouvais que les choses allaient mal ; quand je suis passé aux Marchés, je suis entré dans un monde complètement différent [...], des gens différents [...], des attitudes différentes. Il est évident que le centre de données fonctionne de façon différente. Les programmeurs et ceux qui les dirigent sont différents. Les talents qu'on exige d'eux, la connaissance des affaires, la compréhension profonde des produits, l'intégration du produit et de la technologie — je n'ai jamais vu tout cela poussé au même degré. »

Dans ces conditions, il n'était pas surprenant que les deux grandes divisions vécussent en état de tension permanente, et qu'en particulier chacune attendît de l'énorme budget des services et de la technologie de l'information un apport entièrement différent. Le Marché des capitaux ne cessait d'exiger des résultats instantanés, déjà sérieusement analysés et très sophistiqués ; le Détail avait besoin de données sur les transactions en plus grande quantité, mais à un niveau moins complexe et moins raffiné.

Le même phénomène se produit dans bien d'autres grandes firmes financières. On peut remarquer que celles qui se consacrent surtout à la collecte et à la fourniture de capitaux, comme Salomon Brothers, First Bostons, Morgan Stanleys et Goldman Sachses, investissent plus lourdement en systèmes d'information et de communication que celles qui, telles Merrill, Shearson & Hutton, demeurent principalement orientées vers la vente de titres au grand public.

Chez Merrill, l'opposition des deux camps tourna à la bataille rangée, avec pour résultat le départ du directeur général — qui était considéré comme favorable aux hommes du Marché des capitaux et à leurs besoins en matière d'information.

Dans ce cas précis, le budget des systèmes n'avait pas constitué le facteur essentiel ; mais, à l'avenir, il a toutes chances de tenir une place de plus en plus importante dans les stratégies des grandes sociétés, puisque les ordinateurs et les communications commencent à modifier aux plus hauts niveaux les orientations et les missions fondamentales des entreprises.

Une retraite stratégique

Dans cet ordre d'idées, l'exemple de la tentative effectuée par la Bank of America (la « BofA ») pour étendre ses activités de placements fiduciaires constitue une illustration parfaite.

En 1982, la BofA possédait 122 milliards de dollars d'actifs, et employait 82 000 personnes dans des agences ou bureaux disséminés de Sacramento, Californie, jusqu'à Singapour. A lui seul, son département fiduciaire gérait 38 milliards de dollars de fonds pour le compte de 800 grands investisseurs institutionnels et caisses de retraite. Parmi les principaux clients, on trouvait la Walt Disney Company, AT & T, Kaiser Aluminium et d'autres poids lourds de l'économie. Mais, du point de vue technologique, la banque avait pris du retard. A ce moment, elle décida d'élargir sa tête de pont sur le marché fiduciaire, en concurrence avec la Bankers Trust, State Street de Boston et les autres géants financiers de la côte Est.

Clyde R. Claus, directeur du département fiduciaire, comprit qu'il lui fallait un système informatique à la pointe du progrès. Bien que récemment rafistolé moyennant six millions de dollars — avec de piètres résultats —, l'ancien était désespérément insuffisant.

Le temps où les « veuves et orphelins » bien connus se présentaient timidement au service fiduciaire de la banque pour lui confier leur argent et se contentaient d'un rapport sommaire tous les six mois ou tous les ans, ce temps-là était depuis longtemps révolu. Désormais, les clients étaient beaucoup plus exigeants. Certains détenaient d'énormes comptes, et voulaient des informations détaillées, analysées sous tous leurs aspects. Les plus importants possédaient eux-mêmes de puissants ordinateurs, des réseaux de télécommunications et des logiciels sophistiqués d'analyse financière ; pour les utiliser, ils demandaient des données à la fois complexes et instantanées.

En conséquence, Claus et le groupe des systèmes informatiques de la BofA engagèrent des consultants et signèrent des contrats pour l'installation de l'ensemble le plus avancé dans le domaine de la gestion fiduciaire. Il fut rédigé quelque 3,5 millions de lignes de codes de programmation ; les employés reçurent 13 000 heures de formation pour les préparer à l'utilisation du nouveau système.

Malgré ce traitement de choc, le démarrage traîna. Le programme se révéla infesté d'erreurs. Pis encore, l'ensemble préexistant accumulait lui aussi les retards. Les clients murmuraient, et la pression montait.

En 1986, le *Turtle Talk*, bulletin interne du département fiduciaire, reçut une lettre anonyme conseillant à Claus de ne pas mettre en route le nouveau système. D'après l'auteur de cette lettre, celui-ci n'était pas prêt ; et si Claus le croyait en état de fonctionner, c'était que quelqu'un lui avait « mis un bandeau sur les yeux ».

Mais Claus ne pouvait pas attendre. Les relevés de compte des clients avaient déjà trois mois de retard. Les choses allaient si mal que, faute de pouvoir retrouver les documents nécessaires à l'établissement des chiffres, les dirigeants de la BofA versaient des sommes gigantesques à titre de provisions et « par honneur ». Il y avait crise sur crise, bataille après bataille. Les remaniements de la haute direction, les changements d'orientation soudains, les licenciements, les mutations de personnel eurent des effets désastreux sur le département fiduciaire. En 1988, alors qu'environ 80 millions de dollars étaient partis en fumée, le projet tout entier s'effondra. La Bank of America évacua honteusement le terrain de la gestion fiduciaire.

La déroute était complète.

Dans les mois qui suivirent, des têtes tombèrent sur les beaux tapis des dirigeants : départ de Claus, départ aussi de plusieurs vice-présidents de haut rang (départ également pour 320 des 400 employés du principal fournisseur de logiciels et d'architecture électronique).

Départ encore des clients, qui emportèrent avec eux quelque quatre milliards de dollars ; départ enfin de divers éléments du service fiduciaire, dont une partie avait déjà été vendue à Wells Fargo, et une autre cédée à State Street de Boston — un des grands établissements spécialisés que la BofA avait voulu défier sur leur terrain.

Ce fut une vraie réédition de la retraite de Russie.

Qu'on les dénomme directeurs de l'information, responsables de l'organisation des systèmes ou responsables des systèmes informatiques de gestion, les experts en systèmes se trouvent en première ligne dans les guerres de l'information, et risquent de recevoir des balles de tous les côtés. Un bref rappel de leur ascension, de leur chute et de leur résurrection permettra de mettre en lumière le mécanisme des transferts de pouvoir qu'entraînent les changements dans la maîtrise de l'information.

L'ère du cerveau géant

Voici une trentaine d'années, quand les premiers ordinateurs firent leur apparition dans les bureaux des grandes entreprises, la presse déborda de spéculations er prédictions sur l'avènement du « cerveau géant ». La mégacervelle électronique allait contenir toutes les informations nécessaires à la gestion.

(En Union soviétique, ces illusions initiales sur la possibilité d'une banque de données et d'un système de décision à vocation universelle prirent une forme plus ambitieuse encore. On imagina que quelques cerveaux électroniques géants contrôlés par l'organisme étatique de planification, le Gosplan, allaient diriger non pas une entreprise donnée, mais l'économie nationale tout entière.)

Une fois pour toutes, l'ordre allait remplacer le désordre ou le chaos dans le domaine de l'information. Plus de négligences, plus de fichiers débordants, plus de notes égarées, plus d'incertitude.

Ces visions mégalomaniaques sous-estimaient très largement la diversification et la complexité accrues qui caractérisent l'économie supersymbolique. Dans leur arrogance, leurs auteurs méconnaissaient le rôle du hasard, de l'intuition et de la créativité dans la vie économique ; mais le plus grave était qu'à leurs yeux les hauts dirigeants en savaient assez pour décider valablement de quelles informations avaient besoin — ou n'avaient pas besoin — les degrés inférieurs de la hiérarchie.

Dans les firmes américaines, le titre de directeur de l'information n'existait pas encore ; mais les professionnels du traitement des données formaient une sorte de « clergé ». Personne d'autre ne sachant tirer quoi que ce soit du « cerveau géant », cette poignée de spécialistes « possédaient » pratiquement leurs machines ; quiconque voulait des informations élaborées devait s'adresser à eux, et les grands prêtres jouissaient de privilèges monopolistiques.

C'est alors qu'arrivèrent les micros, sous la forme des ordinateurs de bureau.

La tempête se déchaîna vers la fin des années soixante-dix. Comprenant immédiatement que les nouvelles machines à bon marché risquaient de rogner leurs pouvoirs, de nombreux spécialistes jouèrent leur va-tout pour leur interdire l'accès des entreprises. Tentant de ridiculiser la petite taille et les capacités limitées des premiers micro-ordinateurs, le haut clergé s'opposa à l'attribution de fonds pour leur achat.

Au XIXe siècle, le monopole de la Western Union, pourtant solidement établi, n'avait pu empêcher les Américains de disposer du téléphone ; de même, au XXe, la faim d'information des dirigeants économiques balaya la résistance des professionnels. Très vite, des milliers de cadres commencèrent à contourner le pouvoir des grands prêtres en achetant leurs propres matériels et logiciels, et en élaborant des liaisons indépendantes.

Il devint bientôt évident que les entreprises allaient avoir besoin, en plus de quelques grosses unités sous contrôle central, de capacités informatiques dispersées. L'idée fantaisiste du « cerveau géant » était morte, et avec elle disparaissait le pouvoir concentré entre les mains des maîtres du traitement des données.

On ne voyait plus les cadres supérieurs venir mendier quelques minutes de temps d'ordinateur en se recoiffant et quasiment sur la pointe des pieds. Désormais, beaucoup d'entre eux échappaient au pouvoir du haut clergé : leurs services disposaient pour l'informatique d'un budget particulier, et non négligeable.

Les grands prêtres se trouvaient dans une situation proche de celle des médecins à qui la diffusion croissante du savoir médical dans la presse laïque puis les médias avait fait perdre leur statut de quasi-divinités. Au lieu d'avoir affaire à des illettrés de l'ordinateur, les professionnels trouvaient maintenant en face d'eux un grand nombre d'« usagers finaux » qui connaissaient au moins quelques rudiments de la question, lisaient des revues d'informatique, achetaient des ordinateurs à leurs enfants, et ne se laissaient plus impressionner par quiconque discourait de ROM et de RAM.

La « révolution du micro » avait démonopolisé l'informatique et dépouillé les hauts dignitaires de leur pouvoir.

Mais elle fut bientôt suivie de la révolution des connexions, laquelle amena de nouveaux transferts de pouvoir.

Comme la plupart des révolutions, celle du « micro » fut un mouvement fort confus. Les différents responsables et leurs subordonnés s'étant précipités pour acheter tous les types de matériels, de logiciels et de services qu'ils désiraient, le résultat en fut la tour de Babel de l'électronique. Tant qu'il s'agissait pour l'essentiel de systèmes isolés, la chose n'avait pas tellement d'importance ; mais, dès que s'imposa la nécessité pour ces machines de dialoguer avec les unités centrales, avec leurs homologues et avec le monde extérieur, les inconvénients de la liberté illimitée se révélèrent dans toute leur ampleur.

Alors les professionnels de l'ordinateur avertirent solennellement leurs patrons. La démocratie de l'informatique, dirent-ils, menaçait finalement de restreindre les pouvoirs des hautes directions elles-mêmes. Comment, en effet, diriger une entreprise de façon responsable si l'ensemble du système d'information échappait à tout contrôle ? La disparité des machines, des programmes et des classements de données, le spectacle de chacun « travaillant dans son coin » évoquaient le spectre terrifiant du règne de l'anarchie dans les bureaux. Il était temps d'y mettre le holà.

Tout révolution comporte une période de bouleversements et d'extrémisme, suivie d'un temps de consolidation. Ainsi les spécialistes du traitement des données, soutenus par la hiérarchie supérieure, entreprirent d'institutionnaliser la révolution — et, au cours du processus, de récupérer une partie de leur ancienne influence de haut clergé.

Afin de rétablir l'ordre dans le monde des ordinateurs et des communications, les nouveaux directeurs de l'information obtinrent des ressources et une autorité sans précédent. Ils reçurent mission d'intégrer les systèmes, de les connecter, et de formuler ce qu'on pourrait appeler des « codes de la route électroniques ». Leurs prédécesseurs avaient accumulé et accaparé une information centralisée, puis avaient pour un temps perdu la maîtrise du système ; sous la houlette des directeurs, les nouveaux spécialistes réaffirment maintenant leur présence en qualité de police des renseignements ; ils imposent des règles dont l'ensemble définit les bases du système informatique de l'entreprise.

Ces règles s'appliquent évidemment aux normes techniques et aux types d'équipements ; le plus souvent, elles régissent aussi l'accès aux banques centrales de données, les priorités et bien d'autres éléments importants. Par une nouvelle ironie du sort, le dernier et surprenant tour de roue amène maintenant de nombreux directeurs de l'information à chanter les louanges de ces mêmes micro-ordinateurs qu'en d'autres temps ils méprisaient si profondément.

Les raisons en sont claires. Les « micros » ne sont plus les engins d'autrefois, si faiblards malgré leur quarantaine de kilos. Comme les « minis » et les stations de travail, ils ont acquis une puissance telle qu'ils peuvent maintenant accomplir une grande partie des fonctions réservées naguère aux unités centrales. C'est pourquoi de nombreux directeurs de l'information préconisent la « réduction de taille », accompagnée d'une décentralisation accrue.

« La tendance à la réduction de taille prend des proportions phénoménales », rapporte Theodore Klein, du Boston Systems Group. « J'ai assisté récemment, dit-il, à une réunion de soixante directeurs des systèmes d'information, et quasiment tous y

souscrivaient sous une forme ou sous une autre. » La revue *CIO*
— l'organe des directeurs en question — écrit de son côté que
« la réduction de taille confie la maîtrise des opérations aux
chefs des petites divisions de travail ». Mais il reste que cette
maîtrise même se situe dans le cadre très strict des règles
élaborées par des professionnels de l'informatique. En fait, de
nombreux directeurs de l'information tentent actuellement, avec
l'appui de leurs supérieurs, de recentraliser le contrôle sous le
couvert du drapeau du « management par réseaux ».

Selon Bill Gassman, spécialiste de la commercialisation chez
DEC, « le management par réseaux est plus qu'une question
technique ; il est politique ». D'autres pensent avec lui que,
comme l'écrit la revue *Datamation*, « les arguments présentés en
faveur du management centralisé par réseaux [...] masquent
souvent, chez certains cadres des systèmes d'information, le désir
de recouvrer le contrôle personnel des opérations qu'ils ont
perdu au cours des dernières années ».

Bref, tandis que des guerres de l'information font rage dans
l'environnement extérieur de l'entreprise — opposant, comme
nous l'avons vu, les détaillants aux producteurs, ou dressant les
unes contre les autres des branches de l'économie voire des
nations —, d'autres guerres à plus petite échelle la déchirent
intérieurement.

Qu'ils le veuillent ou non, les directeurs de l'information et
leurs collaborateurs deviennent des combattants ; car, même s'ils
ne conçoivent pas leur fonction sous cet aspect, et même si le
fait est loin d'être toujours reconnu, leur travail les amène à
redistribuer des pouvoirs (tout en s'efforçant d'étendre le leur,
ce qui n'a rien de surprenant).

Sur nos grand-routes électroniques en plein développement,
ils agissent à la fois comme ingénieurs et comme gendarmes —
puisqu'ils tentent de gérer eux-mêmes les systèmes qu'ils
construisent ; et cela les place dans une situation inconfortable,
en faisant d'eux une sorte de « police de la pensée des cadres ».

L'éthique de l'information

Dans ces conditions, les directeurs de l'information méritent
largement leurs salaires. La fonction est hérissée de difficultés, et
engendre de dures tensions nerveuses. On ne saurait trop dire
combien leur tâche est complexe : en fait, ils sont chargés
d'élaborer les règles qui permettront d'établir et d'intégrer des
systèmes d'information à l'échelle de grandes entreprises —

systèmes qui doivent fournir l'information à ceux qui en ont besoin, empêcher les fraudes ou les sabotages, préserver le secret de la vie privée, réglementer l'accès du personnel, des clients et des fournisseurs aux divers réseaux et bases de données, décider des priorités de chacun, produire d'innombrables rapports spécialisés, donner aux usagers la possibilité de personnaliser leurs logiciels, et satisfaire à des dizaines d'autres exigences, le tout dans le cadre des contraintes budgétaires ; et l'apparition incessante de nouvelles techniques, de nouveaux concurrents et produits, fait que le travail est toujours à recommencer.

L'élaboration de ces ensembles de règles exige un tel niveau de compétence technique que les directeurs de l'information et leur personnel perdent souvent de vue les implications humaines de leurs décisions. Définir qui aura accès à quoi, c'est en fait agir politiquement. Le respect de la vie privée est un problème politique. Concevoir un système de telle façon qu'il sera mieux adapté aux besoins d'un service qu'à ceux d'un autre est encore un acte politique, tout comme la simple attribution de temps de travail, qui entraîne des attentes et des retards pour les départements moins bien placés sur les listes de priorité. Quant à l'estimation et à la répartition des coûts, elles mettent toujours en jeu des rapports de pouvoir.

Ainsi, dès qu'on commence à évoquer la réglementation de l'information, il surgit toutes sortes de questions « para-politiques » des plus troublantes.

Deux employés sont engagés dans un violent conflit personnel. L'un d'eux se procure les mots de passe informatiques appropriés, accède aux fichiers du personnel et introduit des données préjudiciables dans le dossier de son adversaire. Rien n'en transparaît jusqu'au moment où la victime a déjà quitté l'entreprise et trouvé un emploi dans une autre. A ce moment, l'information nuisible vient au jour et entraîne son renvoi. Qu'est-ce qui s'ensuit ? Qui est responsable ? Est-ce la première société ?

De même, les chances d'avancement d'un travailleur sont-elles injustement réduites s'il se trouve qu'il n'a pas — ou n'a plus — accès à une importante source de données ?

Il n'est pas besoin de beaucoup d'imagination pour se poser une multitude de questions du même genre. En l'absence de doctrine générale de droit public, c'est actuellement aux firmes privées qu'il appartient de réfléchir aux implications personnelles et politiques de toutes les règles qui régissent leurs systèmes d'information. Mais faut-il leur laisser toute liberté d'appréciation en ces matières qui touchent aux droits de l'homme ? Et, si oui, qui dans l'entreprise devra édicter les règles ? Le directeur de l'information ?

Ici, nous sommes en territoire inconnu, et nous avançons sur une fragile couche de glace. Peu de personnes possèdent une expérience étendue des problèmes moraux, juridiques et en fin de compte politiques que pose la nécessité d'imposer certaines obligations aux flux de l'information engendrée par la vie économique. Le plus souvent, la haute direction délègue la tâche. Mais à qui ?

Le pouvoir de rédiger les règles devrait-il être partagé, et avec qui ? Les sociétés devraient-elles créer en leur sein des « conseils de l'information », voire des « pouvoirs législatifs » chargés d'élaborer des lois sur les droits en matière d'information, sur les responsabilités et sur les possibilités d'accès ? Les syndicats devraient-ils jouer un rôle dans les décisions ? Avons-nous besoin de « tribunaux d'entreprise » pour trancher les litiges de sécurité et d'accession aux données ? Avons-nous besoin de spécialistes en « éthique de l'information » pour définir une nouvelle morale spécifique ?

Et les règles appliquées à l'information dans l'économie conditionneront-elles les attitudes de l'État envers la liberté de l'information à l'échelle de la société ? Risquent-elles de nous accoutumer à la pratique de la censure et du secret ? Faudra-t-il finalement voter un jour une grande et explicite « Déclaration des droits » en matière d'information électronique ?

Toutes ces questions mettent en cause le pouvoir ; les réponses qui leur seront données entraîneront des déplacements de pouvoir à l'intérieur de l'entreprise et, finalement, dans le corps social tout entier.

Un paradoxe explosif

Plus l'environnement économique en voie de formation devient turbulent et instable, plus il s'éloigne de l'état d'équilibre, et plus les besoins des usagers deviennent imprévisibles.

Les mutations rapides signifient intervention du hasard, incertitude, attaques concurrentielles surgissant du côté le plus inattendu, grands projets qui s'écroulent et petits qui réussissent étonnamment. Elles signifient nouvelles technologies, nouveaux types de métiers et de travailleurs, nouvelles conditions économiques absolument sans précédent.

En outre, tout s'aggrave quand la concurrence se fait sanglante et quand, comme il arrive très souvent, elle provient de pays ou de cultures radicalement différents de ceux auxquels l'entreprise était originellement adaptée.

Dans un tel univers, comment le plus compétent de tous les directeurs de l'information pourrait-il spécifier à l'avance qui aura besoin de ceci ou de cela, et pendant combien de temps ?

Dans un environnement aussi agité, la survie des entreprises exige un apport continu de produits ou services innovateurs. Or la créativité réclame une sorte de « glasnost » intérieure — une ouverture à l'imagination, une certaine acceptation de l'originalité individuelle et de cette faculté d'intuition qui a dans le passé mené à tant de découvertes fécondes, du Nylon et des peintures au latex jusqu'au substitut de matières grasses des aliments Nutrasweet.

Il se manifeste donc une profonde contradiction entre d'une part le besoin d'une régulation scrupuleuse et d'un contrôle serré dans le domaine de l'information, et, d'autre part, la nécessité de l'innovation.

Plus un système d'information est sûr, mieux il est protégé, défini et structuré à l'avance dans ses détails, mieux il est dirigé selon ces principes — et plus il restreindra la créativité, plus il constipera l'organisation.

De tout cela, il ressort que les guerres de l'information qui font rage à l'extérieur et concernent toute l'économie, depuis les lecteurs optiques des supermarchés et les normes de produits jusqu'aux récepteurs de télévision et aux politiques technonationalistes, ont leurs homologues à l'intérieur même de l'entreprise.

Dans la vie économique de demain, le pouvoir ira à ceux qui seront les mieux informés des limites de l'information. Mais, avant ce temps, les guerres de l'information que nous voyons s'intensifier auront modifié la forme même des activités. Pour voir dans quel sens elles le feront, il nous faut étudier de plus près cette ressource décisive qu'est le savoir — dont la quête va ébranler les anciens pouvoirs et dominations de New York à Tokyo, de Moscou à Montevideo.

CHAPITRE XIV

La guerre totale de l'information

En réponse aux guerres de l'information déchaînées dans l'économie mondiale, il se forme actuellement une nouvelle conception de la vie économique. Le savoir devenant de plus en plus l'élément décisif de la création de la richesse, nous commençons à voir dans l'entreprise une organisation créatrice de nouveau savoir.

Nous parlons de valeur ajoutée par l'élaboration de l'information, d'amélioration des ressources humaines de la firme. Mais, en même temps, nous commençons à mettre le nez dans de l'information qui ne nous appartient pas. Dans ces conquêtes, comme en amour, il semblerait que tout soit permis.

Le 25 avril 1985, le téléphone sonna dans les bureaux de Texas Instruments à Dallas ; une voix à l'accent étranger sollicita un rendez-vous avec un responsable des services de sécurité de la société. Le Syrien Sam Kuzbary, ingénieur électricien, avait demandé l'asile politique aux États-Unis, puis avait travaillé un moment chez Texas Instruments avant d'être licencié au motif qu'il n'était pas sûr. Le bruit courait que la CIA l'avait aidé à sortir de Syrie, où il avait précédemment été au service de l'armée. Il avait toujours un revolver dans sa voiture. Maintenant, il disait vouloir se réconcilier avec la société et y retrouver son emploi ; il assurait avoir des renseignements sur d'importants secrets qui lui avaient été volés.

Son appel déclencha un raid de la police de Dallas, mené à l'aube dans les bureaux d'une petite firme de technologie avancée dénommée Voice Control Systems. Celle-ci avait été fondée à l'origine par un promoteur immobilier qui s'était retrouvé en prison pour contrebande de drogue ; à ce moment, elle appartenait à un autre groupe d'investissement, et avait pour directeur un ancien président de l'US Telephone. Il se révéla qu'elle employait bon nombre d'anciens chercheurs de Texas Instruments, dont Kuzbary lui-même.

La police découvrit 7 985 documents reproduits à partir des ordinateurs de l'équipe de recherche avancée de Texas Instruments qui travaillait sur l'interprétation de la voix humaine. Les grands fabricants d'ordinateurs, dont IBM et Texas Instruments, étaient engagés (ils le sont toujours) dans une course âprement disputée pour la découverte des procédés qui permettraient aux ordinateurs de comprendre la parole (ils le font déjà, mais de façon limitée et à des coûts très élevés) ; et chacun sait que le gagnant pourra espérer des profits fabuleux. A ce moment, Michael Dertouzos, chef du département des sciences de l'informatique au Massachusetts Institute of Technology, estimait même que « quiconque surmontera le blocage actuel et parviendra à faire comprendre par les machines les mots prononcés sera en mesure de contrôler la marche de la révolution de l'information ».

Les ingénieurs qui avaient débarqué de Texas Instruments pour rejoindre Voice étaient-ils coupables, comme les en accusait la première, d'avoir volé des résultats de recherche d'une valeur de vingt millions de dollars ?

Au cours du procès, les procureurs de Dallas, Ted Steinke et Jane Jackson, soutinrent qu'ils avaient commis un crime. De leur côté, les avocats des accusés Tom Schalk et Gary Leonard firent remarquer qu'aucun des matériaux copiés ne portait la mention STRICTEMENT CONFIDENTIEL, qui devait en principe figurer sur tous les documents secrets. Bien plus, le directeur du département de recherche était le Dr George Doddington, brillant original qui déclarait souvent son laboratoire « libre et ouvert », et assurait qu'il n'y aurait pas de percées décisives tant que les chercheurs des différentes firmes et universités ne mettraient pas leurs connaissances en commun. Fait plus pertinent encore, il ne semblait pas que Voice eût aucunement entrepris d'utiliser les résultats en question.

Schalk soutint devant le jury que, temps où il travaillait à Texas Instruments, il n'avait à aucun moment considéré la moindre parcelle de ces matériaux comme secrets. Leonard affirma avoir voulu simplement conserver un historique des recherches qu'il avait effectuées ; s'il avait copié un répertoire informatique de Texas, c'était parce que celui-ci contenait une liste de ses anciens condisciples de l'école du dimanche.

A tous ces arguments, le procureur répliqua en ces termes :

« Il y a une chose à quoi ils ne peuvent rien changer. Ils ont subtilisé ces programmes sans en rien dire à personne. »

Le jury de Dallas, dont certains membres pleurèrent à la prononciation du verdict, déclara les deux hommes coupables. Condamnés à une peine de prison et à une amende, ils furent placés en liberté surveillée. Tous deux firent appel et, reprenant immédiatement leur travail, s'efforcèrent de plus belle d'apprendre aux ordinateurs à comprendre la parole humaine.

Rails rouillés et bruits d'amour dans les hôtels

Il est difficile de savoir si l'espionnage industriel se développe ; car, comme le dit Brian Hollstein, membre de la commission pour la protection de l'information de l'American Society for Industrial Security (« Société américaine pour la sécurité économique »), « être victime de l'espionnage industriel, c'est à peu près comme avoir attrapé une maladie vénérienne. C'est peut-être arrivé à beaucoup de gens, mais personne ne veut en parler ». Cependant, les procès intentés à des voleurs ou pirates de l'information deviennent plus nombreux.

Hollstein est une des rares personnes à avoir sérieusement réfléchi à la valeur de l'information. « Beaucoup de sociétés, disait-il voici quelques années, ne comprennent vraiment rien [...]. Elles continuent à penser essentiellement en termes de mouvements et déplacements d'hommes et de matériaux » — comme si elles restaient enfermées dans l'économie usinière. « Cela revient, ajoutait-il, à se montrer incapable de comprendre que l'information a une valeur. »

Mais cette attitude est en train de disparaître rapidement. Devant l'intensification des luttes pour la maîtrise de l'information, de nombreuses entreprises ont fini par penser qu'il leur fallait en savoir plus sur les projets, les produits et les profits de leurs adversaires. La conséquence en est le développement spectaculaire de ce qu'on connaît sous le nom de « renseignement concurrentiel ».

Bien évidemment, les directions intelligentes ont toujours gardé un œil fixé sur leurs concurrents ; mais, aujourd'hui, la connaissance de l'adversaire est devenue une arme essentielle dans la guerre de l'information.

Ce changement s'explique par plusieurs raisons. Tout marché peut maintenant être attaqué de l'extérieur par une offensive ultra-rapide ; les délais nécessaires pour prendre de l'avance dans la recherche s'allongent, alors que la durée de vie des produits se raccourcit ; la concurrence s'intensifie. Tous ces facteurs ont contribué à la systématisation et à la professionnalisation de l'espionnage d'affaires, si largement reflétées par les médias.

L'exigence permanente de l'innovation a pour conséquence qu'il faut consacrer davantage de ressources à de nouveaux produits, dont certains mobilisent des investissements en recherche extrêmement élevés. « La création d'une puce électronique peut représenter un travail qui se compterait en centaines d'années, et absorber des millions de dollars », écrit John D. Halamka dans *Espionage in Silicon Valley* : c'est pourquoi, d'après lui, les entreprises recourent maintenant à la réalisation inversée, qui consiste à démonter méthodiquement le produit concurrent pour en découvrir les secrets. Xerox, par exemple, « recrée à l'envers » les autres photocopieuses, et des sociétés de services en font autant dans leur domaine pour comprendre de quels procédés leurs rivales tirent leurs profits.

Une autre raison encore a favorisé le développement du renseignement concurrentiel : c'est la réorganisation, aujourd'hui largement répandue, de la planification stratégique. Celle-ci était naguère une fonction hautement centralisée, confiée à un état-major spécialisé qui n'en rendait compte qu'à la direction générale ; à présent, elle est souvent descendue au niveau des unités opérationnelles, et se trouve donc entre les mains de chefs de produits à l'esprit pratique, accoutumés surtout à la mêlée sur le terrain. A ce niveau, l'information sur les intentions des concurrents constitue un avantage tactique immédiat aussi bien qu'un élément éventuel de prévision stratégique.

Tout cela aide à comprendre pourquoi huit cents des mille plus grandes firmes américaines emploient aujourd'hui des limiers à plein temps, et pourquoi l'Association des professionnels du renseignement concurrentiel peut assurer représenter, à elle seule, des spécialistes qui travaillent pour au moins trois cents grandes sociétés dans six pays différents. Et celles-ci ne les laissent pas chômer.

Avant de se décider à lancer sa chaîne d'hôtels à bon marché Fairfield Inn, la Marriott Corporation envoya, selon *Fortune*, une équipe de fouineurs dans près de quatre cents établissements concurrents, pour savoir quels savons et quelles serviettes ils fournissaient aux clients, comment les réceptionnistes arrivaient ou non à résoudre les problèmes spéciaux, et si on entendait à travers les cloisons un couple faire l'amour dans la chambre d'à côté (un des agents de Marriott simulait les sons, tandis qu'un autre écoutait).

Marriott engagea également des chasseurs de têtes de haut

niveau, qui devaient rencontrer (et faire parler) les directeurs régionaux des chaînes rivales, afin d'apprendre combien les concurrents payaient, quelle formation professionnelle ils offraient, et si ces directeurs étaient satisfaits de leur situation.

Quand la Sheller-Globe Corporation, fabricant de cabines pour camions lourds, voulut créer un nouveau modèle, elle organisa des visites systématiques auprès des clients potentiels, auxquels on demanda de donner des notes aux matériels concurrents sur sept points : consommation de carburant, confort, visibilité à travers le pare-brise, facilité de conduite, qualité des sièges, accessibilité des commandes et résistance à l'usure. Les résultats servirent à indiquer à l'équipe de concepteurs les objectifs à dépasser.

Comme les vrais espions, les agents de renseignements économiques commencent par étudier soigneusement les sources « ouvertes ». Ils épluchent les publications professionnelles, les lettres d'information, et l'ensemble de la presse dans l'espoir d'y trouver des indices sur les projets des concurrents ; ils lisent les discours, scrutent les offres d'emplois, assistent aux réunions et aux séminaires ; ils vont voir les anciens employés, dont beaucoup ne demandent qu'à parler des entreprises où ils ont travaillé.

Mais on a vu aussi des fouineurs du renseignement concurrentiel — dont des consultants extérieurs recrutés spécialement — survoler des usines en hélicoptère pour en évaluer les capacités de production, fouiller les corbeilles à papier, et parfois utiliser des méthodes plus agressives. Le répertoire téléphonique interne d'un concurrent peut aider à cartographier en détail son organisation, et, par suite, à faire une estimation de son budget. Une société japonaise a envoyé des experts examiner les rails qui desservaient l'usine d'un concurrent américain : l'épaisseur de la couche de rouille, supposée indiquer la densité du trafic et montrer à quand remontaient les derniers passages, fournissait des indices sur la production.

A l'occasion, des opérateurs zélés plantent des micros dans les chambres d'hôtel ou les bureaux dans lesquels les concurrents négocient une affaire. Moins recommandables encore sont les procédés de certains fournisseurs de matériel militaire, qui ont payé des « consultants » pour connaître à l'avance le montant des offres présentées par leurs concurrents pour un projet du Pentagone, afin d'en faire de plus basses. Quelques-uns de ces consultants, dit-on, avaient obtenu les données en corrompant des militaires.

Bien évidemment, les professionnels du renseignement concurrentiel définissent leur activité comme une recherche *légale* de l'information. Mais une enquête récente du Conference Board sur des dirigeants de haut rang indique que, pour 60 % d'entre eux, tous les moyens seraient bons à utiliser en matière d'espionnage économique.

L'intensification actuelle des guerres de l'information correspond à une prise de conscience plus nette du fait que, si le savoir est l'élément fondamental de la nouvelle économie, il échappe à toutes les règles applicables aux autres ressources. Par exemple, il est inépuisable. Nous savons comment ajouter de la valeur à des lingots d'acier ou à des pièces de drap ; mais, s'il s'agit d'ajouter de la valeur à une bonne idée, le problème est beaucoup moins simple. Nous ne disposons pas des théories nouvelles sur la comptabilité et sur la gestion qui seraient nécessaires pour aborder valablement les réalités supersymboliques.

Nous ignorons encore comment gérer une ressource qui est certes vendable, mais dont une grande part provient (souvent à titre gratuit) des clients eux-mêmes, voire — et qu'ils le veuillent ou non — des concurrents. Et, jusqu'ici, nous n'avons pas non plus réussi à comprendre comment l'entreprise dans son ensemble fonctionne de manière à accroître le savoir.

Dehors et dedans

Les guerres de l'information projettent un éclairage nouveau sur l'entreprise — et sur le travail qui s'y accomplit.

Oublions un instant toutes les classifications traditionnelles des emplois ; oublions les degrés hiérarchiques ; oublions la division des tâches. Pensons au contraire à l'entreprise comme à une ruche qui s'active au traitement du savoir.

A l'âge usinier, il était communément admis que les ouvriers ne savaient pas grand-chose d'intéressant, et que la haute direction, ou tout au plus un petit état-major, était en mesure de collecter les informations et données utiles. Sur l'ensemble de la force de travail, la proportion du personnel qui se consacrait au traitement du savoir était minuscule.

Aujourd'hui, nous voyons au contraire que ce qui se fait à l'intérieur vise en grande partie à regarnir des réserves de savoir qui vieillissent très vite, à créer un supplément de savoir qui viendra s'y ajouter, et à transformer les données brutes en information et en savoir plus élaborés. Pour y parvenir, le personnel ne cesse d'« importer », d'« exporter », de « transférer » les unes et les autres.

Certains des employés sont essentiellement des importateurs. Travaillant du dehors vers le dedans, ils collectent l'information extérieure et la redistribuent à l'intérieur. Les explorateurs de marchés par exemple vont du dehors au dedans ; scrutant les désirs des consommateurs de l'extérieur, ils ajoutent de la valeur aux données qu'ils recueillent en les interprétant ; ils apportent à l'entreprise une information neuve et portée à un degré d'élaboration supérieur.

Le personnel des relations publiques opère en sens inverse : il présente la firme au monde extérieur en commençant par rassembler des informations intérieures, puis en les disséminant — en les exportant. Ceux-là vont du dedans au dehors.

Les comptables restent pour l'essentiel confinés au-dedans : presque toute leur information vient de l'intérieur, et c'est à l'intérieur aussi qu'ils transmettent les résultats de leur travail.

Les bons vendeurs sont des relais qui fonctionnent dans les deux sens. Ils répandent de l'information, mais en collectent aussi à l'extérieur pour la renvoyer ensuite à l'intérieur.

Toutes ces fonctions consistent à traiter des *flux* de données, d'information ou de savoir. Mais d'autres les croisent, qui sont chargées de porter à un niveau supérieur le *stock* de données, d'information et de savoir que possèdent déjà l'entreprise et son personnel.

Parmi les travailleurs intellectuels, certains sont des esprits créatifs, qui savent établir entre des notions éloignées des liaisons neuves et inattendues, ou donner un tour nouveau à des idées déjà anciennes ; d'autres « rédigent » plus laborieusement des idées neuves en les confrontant systématiquement aux impératifs stratégiques et aux considérations pratiques, puis en éliminant celles qui ne répondent pas aux besoins.

Dans la vie, ce sont là des choses que nous faisons tous, à différents moments. Mais, tandis que chaque fonction accorde plus ou moins d'importance à une capacité ou à une autre, aucune classification conventionnelle des emplois ni instruction de management ne prend en compte ces distinctions — et pas davantage leurs implications en termes de pouvoir.

A chaque stade ou presque du traitement du savoir, il y a des gens ou des organisations qui y gagnent un peu de puissance, et d'autres qui en perdent. Ainsi voit-on naître des conflits qui se réduisent quelquefois aux dimensions d'une guerre de l'information menée au niveau personnel, et dont l'enjeu est de savoir par exemple qui sera ou non invité à une réunion, qui figurera ou ne figurera pas sur une liste de destinataires, qui fera directement rapport à son supérieur ou devra au contraire remettre sa documentation à une secrétaire, etc. Ces batailles organisationnelles — ces « micro-guerres de l'information », pourrait-on dire — n'ont en elles-mêmes rien de nouveau ; elles sont un trait permanent de toute activité collective. Mais, avec le développement de l'économie supersymbolique, elles prennent un nouveau sens.

Étant donné que, dans le nouveau système de création de la richesse, le bon traitement du savoir constitue un instrument décisif, les comptables du XXIᵉ siècle auront dû trouver des méthodes servent à calculer précisément la valeur économique ajoutée par les diverses activités d'information. Alors, les estimations des performances personnelles ou collectives pourraient bien prendre en compte les contributions apportées à l'accroissement du savoir.

Aujourd'hui, le géologue qui découvre un gros gisement de pétrole a toutes chances de se voir largement récompensé par la société dont il accroît les réserves. Demain, en un temps où les ressources en savoir seront reconnues comme les plus importantes de toutes, les rémunérations pourront très bien dépendre, au moins pour une part, de la valeur que l'un ou l'autre se sera montré capable d'ajouter à la réserve de savoir de l'entreprise. En retour, il faut s'attendre à des conflits de pouvoir encore plus complexes pour la maîtrise des actifs de savoir et des processus qui les engendrent.

L'espionnage généralisé

Nous assistons déjà à un changement d'attitude chez les dirigeants, qui commencent à reconsidérer leurs idées préconçues sur le rôle de leur force de travail. Désormais, on attend de plus en plus du personnel qu'il contribue non seulement à enrichir le savoir total de la firme, mais aussi à renforcer son arsenal de renseignements sur les concurrents.

D'après Mindy Kotler, présidente de Search Associates (« Chercheurs associés »), entreprise qui fournit des services de renseignement concurrentiel à des sociétés tant japonaises qu'américaines, les Japonais ont du renseignement en question une vue beaucoup plus globale que les Américains. Pour les cadres nippons, la collecte des informations fait partie du travail normal ; mais, dit la présidente, « si vous posez la question au diplômé typique de Harvard, il vous répondra que c'est l'affaire de l'archiviste ».

Cette appréciation négative devient pourtant moins exacte.

Chez General Mills, chaque employé est supposé apporter sa contribution aux renseignements sur la concurrence. Les portiers eux-mêmes, quand on les envoie chercher des fournitures, doivent demander aux vendeurs ce qu'achètent les concurrents, et si possible ce qu'ils font.

Les compagnies de téléphone américaines organisent des séminaires et distribuent des textes pour expliquer à leurs cadres les méthodes et les avantages du renseignement concurrentiel. Bayer va jusqu'à leur faire faire des stages dans le département responsable, afin qu'ils prennent conscience de l'importance de la chose. La General Electric intègre directement le renseignement concurrentiel à sa planification stratégique.

Poussées à l'extrême, ces pratiques nous rapprochent d'une conception de l'entreprise considérée comme un engin de combat construit dans sa totalité en vue des guerres de l'information.

Une erreur de 75 %

Alors que la presse économique a accordé une certaine attention, d'ailleurs superficielle, au développement de l'espionnage d'affaires, elle n'a à peu près rien dit des relations qui unissent le renseignement concurrentiel à l'expansion des systèmes d'information et au rôle accru des directeurs qui en ont la charge.

La liaison n'est pourtant pas difficile à découvrir.

On imagine aisément que le département d'espionnage d'une firme vienne demander au directeur de l'information de l'aider à rassembler des renseignements sur un concurrent. Ledit directeur doit de plus en plus s'occuper non seulement des systèmes d'information intérieurs, mais aussi des liens électroniques qui donnent accès aux bases de données d'autres sociétés. Autrement dit, il contrôle des ensembles d'équipements qui permettent, fût-ce dans une mesure limitée, d'envahir le périmètre électronique des fournisseurs, clients et autres ; et, pour atteindre le concurrent, il peut suffire d'une seule jonction bien calculée.

Pendant plus d'un an, trois espions informatiques d'Allemagne occidentale ont eu accès à des données concernant des armements nucléaires et l'initiative de défense stratégique américaine* en pénétrant 430 ordinateurs. En particulier, ils en ciblaient à volonté une trentaine qui faisaient partie d'un réseau établi par

* Programme plus connu en France sous l'appellation de « guerre des étoiles ». *(N.d.T.)*

l'Agence des projets de recherche avancée sur la défense, dépendant du Pentagone. Ils ne furent repérés que le jour où Clifford Stoll, ex-hippie devenu chef de système informatique au Lawrence Berkeley Laboratory, remarqua un écart de soixante-quinze pour cent entre les contenus de deux fichiers.

De nombreux réseaux d'entreprise restent hautement vulnérables aux incursions de voleurs ou espions déterminés, parmi lesquels peuvent figurer des employés ou anciens employés mécontents, et subornés par un concurrent. Selon *Spectrum*, organe de l'Institut des ingénieurs en électricité et électronique, « dans la plupart [des réseaux d'étendue locale], les participants peuvent fort bien ajouter des modems à leurs ordinateurs particuliers, et ainsi créer dans le système de nouvelles voies de liaison à l'insu des responsables ».

Quand les clients ont accès électroniquement aux inventaires de stocks du fabricant, quand des fournisseurs partagent avec l'acheteur le secret des produits qu'il prépare, les limitations et mots de passe ne peuvent empêcher qu'il existe une menace réelle de détournement de l'information au profit d'un concurrent.

De plus, l'accès n'est pas forcément direct ; on peut également le réaliser en utilisant des intermédiaires, dont certains ignoreront même le rôle qu'ils jouent. La CIA a des informateurs conscients, et d'autres qui ne le sont pas. Les espions d'affaires peuvent eux aussi se servir de tierces parties pour obtenir les munitions destinées aux guerres de l'information.

Si, par exemple, deux chaînes de vente au détail comme Wal-Mart et K Mart sont l'une et l'autre reliées aux ordinateurs d'un fournisseur, combien de temps se passera-t-il avant qu'une équipe de renseignement concurrentiel un peu trop zélée, ou un loup de la horde grandissante des « consultants » en la matière, vienne proposer de casser les codes numériques et les mots de passe pour accéder à l'unité centrale du fabricant, ou de se brancher sur ses lignes de télécommunication et piller ses bases de données ? Si un réseau de recherches militaires de l'État américain a pu être pénétré par les services de renseignement soviétiques opérant par l'intermédiaire de quelques espions armés seulement d'ordinateurs personnels, et qui travaillaient tranquillement chez eux en Allemagne occidentale, quelle sécurité les réseaux commerciaux et les bases de données d'entreprise dont dépend maintenant notre vie économique peuvent-ils posséder ?

L'exemple est purement hypothétique : nous n'entendons aucunement insinuer que Wal-Mart — ou K Mart — se soit livré à de telles pratiques ou ait jamais envisagé de le faire. Mais il existe actuellement des milliers de systèmes d'échanges électroniques de données, et les nouvelles techniques ouvrent d'étonnantes possibilités à leur collecte sous forme illicite aussi bien que licite.

Avec un peu d'imagination, on peut supposer qu'une équipe de renseignement concurrentiel installe son équipement en face d'un magasin important et épie de l'autre côté de la rue les signaux transmis aux caisses enregistreuses par les lecteurs de codes. Un concurrent ou un fabricant pourraient ainsi obtenir une riche moisson d'informations en temps réel. Comme l'ont montré les découvertes faites à l'ambassade des États-Unis à Moscou, il est maintenant techniquement possible de monter des dispositifs qui copient littéralement les lettres tapées par la secrétaire du directeur général d'une firme concurrente.

Mais la guerre totale de l'information pourrait bien ne pas se limiter à la collecte passive de renseignements. La tentation grandit de se livrer à des « actions commerciales secrètes ». Le consultant spécialisé Joseph Coates a suggéré qu'on pourrait voir un jour une entreprise en difficulté se mettre à introduire de fausses commandes dans les ordinateurs d'un concurrent, l'induisant ainsi à produire en trop grande quantité les modèles qui se vendent mal, et en trop faible volume les plus compétitifs.

Les révolutions intervenues dans les domaines de la vidéo, de l'optique et de l'acoustique permettront bientôt d'espionner également les communications directes de personne à personne, ou d'y intervenir pour les fausser. La synthèse vocale donne la possibilité de contrefaire la voix d'un directeur et de donner par téléphone des instructions trompeuses à ses subordonnés. Dans ce domaine, il n'y a pas de limites à ce qu'on peut imaginer.

Toutes ces menaces ont naturellement entraîné le développement de technologies de défense. Certains réseaux exigent maintenant des utilisateurs qu'ils possèdent une carte spéciale, laquelle émet des mots de passe synchronisés avec un programme inclus dans l'ordinateur appelé. Des systèmes utilisent les empreintes digitales ou d'autres caractéristiques physiques, voire des traits de comportement, pour s'assurer de l'identité de l'usager avant d'autoriser l'accès. Un de ces dispositifs envoie un faisceau de lumière infrarouge à basse intensité dans l'œil du demandeur, et reconnaît derrière la rétine le dessin tout à fait singulier du réseau sanguin. Un autre identifie l'utilisateur par le rythme de sa frappe sur le clavier.

En raison de leur coût élevé, les méthodes sophistiquées de chiffrage ou de codage n'ont guère été employées, jusqu'à présent, que par les industries liées à la défense nationale ou par les institutions financières — notamment par les banques pour leurs transferts de fonds électroniques. Mais la General Motors code une partie de l'information qui circule sur son réseau d'échanges, et le fabricant de jouets Mattel en fait autant pour certaines données transmises aux ordinateurs de ses clients, ou transportées sous une forme matérielle.

Ces batailles où l'attaque et la défense marquent alternativement des points ne sont qu'un aspect de la guerre de l'information.

A chaque niveau de la vie économique — au niveau des normes générales de la télévision et des télécommunications, au niveau de la caisse enregistreuse du détaillant, au niveau de la machine comptable électronique et de la carte de crédit, au niveau des réseaux extra-intelligents, au niveau de l'espionnage et du contre-espionnage entre concurrents —, nous nous trouvons au milieu de guerres de l'information et de guerriers qui luttent pour la maîtrise de la ressource qui se révèle la plus décisive dans l'ère des nouveaux pouvoirs.

Le pouvoir dans la firme flexible

CHAPITRE XV

La fin des alvéoles

La guerre pour la suprématie économique au XXIᵉ siècle est déjà commencée. Dans cette lutte mondiale pour le pouvoir, les principales armes tactiques restent traditionnelles : les titres des journaux évoquent tous les jours des manipulations monétaires, des mesures protectionnistes, des réglementations financières et ainsi de suite. Mais, comme dans l'ordre militaire, les véritables armements stratégiques sont aujourd'hui à base de savoir.

A long terme, ce sont les produits du travail intellectuel qui comptent vraiment pour chaque nation : recherche scientifique et technologique, formation de la force de travail, logiciels sophistiqués, amélioration du management, communications à la pointe du progrès, réseaux financiers électroniques, telles sont les sources essentielles du pouvoir de demain ; et, parmi ces instruments stratégiques, aucun n'est plus important que la supériorité en matière d'organisation — tout particulièrement d'organisation du savoir lui-même.

Comme nous allons le voir, c'est là l'enjeu essentiel de l'offensive actuelle contre la bureaucratie.

Les démolisseurs de bureaucraties

Chacun a un bureaucrate qu'il déteste.

Pendant longtemps, les hommes d'affaires ont entretenu le mythe selon lequel la bureaucratie était une maladie spécifique de l'État. Les fonctionnaires étaient déclarés paresseux, parasitaires et revêches, les cadres de l'économie privée présentés comme dynamiques, productifs et empressés envers la clientèle. Pourtant, la bureaucratie sévit tout autant dans les entreprises privées que dans le secteur public. En fait, beaucoup de grandes sociétés d'envergure mondiale se révèlent aussi arthritiques et aussi arrogantes qu'un quelconque ministère soviétique.

Aujourd'hui, on est partout à la recherche de nouvelles méthodes d'organisation. En Union soviétique et en Europe orientale, la direction politique est en guerre avec des éléments de sa propre bureaucratie. D'autres gouvernements vendent des entreprises publiques, ils tentent d'expérimenter dans les services de l'État la rémunération au mérite, entre autres innovations.

Mais c'est dans l'entreprise privée que l'introduction de nouveaux modèles organisationnels est la plus avancée. Il ne se passe guère de jour sans qu'un nouvel article, livre ou discours ne dénonce les vieilles formes hiérarchisées du pouvoir pyramidal.

Des gourous du management publient maintes études de cas sur des sociétés qui se tournent vers de nouvelles approches, de la « recherche clandestine » chez Toshiba à la structure antihiérarchique de Tandem Computers. Les dirigeants reçoivent le conseil de tirer avantage du « chaos » ; mille formules magiques, mille lubies sont lancées puis rejetées aussi vite qu'on peut forger de nouvelles et bruyantes expressions.

Bien entendu, personne ne s'attend à ce que l'organisation bureaucratique disparaisse ; elle demeure adaptée à certaines fonctions. Mais l'idée est désormais admise que si elles s'accrochent aux anciennes structures centralisées et bureaucratiques qui se sont épanouies à l'âge usinier, les entreprises dépériront sous la pression de la concurrence.

Dans les sociétés industrialistes, même si le pouvoir est aux mains de dirigeants charismatiques et parfois antibureaucratiques, il est généralement exercé en leur nom par des bureaucrates. Quels que soient le style et la personnalité de leurs hauts responsables, la police, l'armée, la grande entreprise, les écoles et les hôpitaux sont tous organisés en bureaucraties.

La révolte contre la bureaucratie s'attaque en réalité à la forme dominante du pouvoir de l'âge usinier. Elle correspond à l'évolution qui nous mène vers l'économie supersymbolique du XXIᵉ siècle, et c'est pourquoi ceux qui créent des systèmes organisationnels « post-bureaucratiques », que ce soit dans les entreprises, dans l'État ou dans la société civile, sont de véritables révolutionnaires.

Une infinité d'alvéoles

Toute bureaucratie présente deux aspects fondamentaux, qu'on peut dénommer ses « alvéoles » d'une part, ses « canaux » de l'autre. En conséquence, le pouvoir quotidien — la maîtrise courante des opérations — y appartient à deux types de cadres, qui sont les spécialistes et les managers.

Les cadres spécialisés tirent leur pouvoir du contrôle de l'information dont disposent les alvéoles ; les managers, du contrôle de celle qui circule dans les canaux. C'est ce système de pouvoir qui constitue l'épine dorsale de la bureaucratie, et c'est lui qui se trouve maintenant remis en question et violemment attaqué dans les grandes entreprises du monde entier.

La bureaucratie nous apparaît comme un moyen de regrouper les travailleurs selon leurs fonctions ; mais c'est aussi un moyen de regrouper les « faits ». Après tout, une firme nettement découpée en départements correspondant aux tâches, aux marchés, aux régions ou aux produits est une collection d'alvéoles dont chacune a son contenu d'information spécialisée et d'expérience personnelle. Les données d'ingénierie vont aux ingénieurs, les données sur les ventes au département des ventes.

Jusqu'à l'arrivée des ordinateurs, l'« alvéolisme » était la méthode principale d'organisation du savoir en vue de la production de la richesse, et la prodigieuse beauté du système était d'apparaître au premier abord comme indéfiniment extensible. Théoriquement, le nombre des alvéoles était illimité.

Mais, dans la pratique, compagnies et gouvernements sont en train de découvrir que ce type de spécialisation a ses limites. Celles-ci sont d'abord apparues dans la fonction publique, au moment où certaines administrations eurent pris des proportions si monstrueuses qu'elles avaient atteint le point de non-retour. Écoutons par exemple les lamentations de John F. Lehman Jr., récemment encore secrétaire à la Marine.

Au Pentagone, déclarait-il à ses collègues au cours d'un banquet, il s'est développé tant d'unités alvéolaires qu'il est devenu « impossible pour moi et pour chacun de ceux qui sont assis à cette table de décrire avec exactitude [...] le système avec lequel et dans lequel nous devons travailler ».

Atteignant elles aussi des dimensions gargantuesques, les grandes sociétés privées se sont également heurtées aux limitations de la spécialisation organisationnelle. Actuellement, l'une après l'autre voit son système alvéolaire s'écrouler sous son

propre poids ; et ce n'est pas seulement sa taille qui le rend
inutilisable.

Le pouvoir contre la raison

Laissant derrière elle l'ère industrielle, notre société se diversifie. La vieille économie usinière était adaptée à une société de
masse ; l'économie supersymbolique s'adapte à une société
démassifiée. Des styles de vie personnels aux produits, aux
technologies et aux médias, tout tend vers une hétérogénéité
croissante.

La diversité apporte avec elle la complexité ; en conséquence,
les entreprises ont besoin pour fonctionner d'une masse toujours
accrue de données, d'information et de savoir-faire. Tout cela
s'amasse en quantités énormes dans des alvéoles de plus en plus
nombreuses, dont la multiplication défie toute compréhension et
dont chacune se trouve bourrée à craquer.

En même temps, les changements se produisent à une telle
vitesse que les bureaucraties ne peuvent plus suivre. Une hausse
du yen à Tokyo provoque immédiatement des achats et des
ventes à Zurich ou à Londres ; une conférence de presse télévisée
à Téhéran déclenche une réaction instantanée à Washington ;
une remarque improvisée d'un politicien sur la fiscalité amène
investisseurs et comptables à se précipiter pour réévaluer les
conditions d'une OPA.

L'accélération du changement rend notre savoir périssable —
qu'il s'agisse de technologie, de marchés, de fournisseurs, de
distributeurs, de monnaies étrangères, de taux d'intérêt, des
préférences des consommateurs et de toutes les autres variables
de la vie économique.

L'ensemble des ressources de l'entreprise en données, qualifications et savoir se trouve ainsi soumis à une dégénérescence et
à une régénération constantes, selon un cycle toujours plus
rapide. Par suite, les vieux coffres ou alvéoles où l'on a entassé
le savoir commencent à tomber en morceaux, tandis que d'autres
sont dangereusement surchargés et que d'autres encore deviennent inutilisables, l'information qu'ils contiennent étant désormais périmée ou sans objet. De plus, les relations qui unissent
tous ces départements, divisions ou alvéoles ne cessent de se
modifier.

Bref, le modèle alvéolaire conçu pour l'An I n'est plus approprié pour l'An II. Il est facile de trier ou reclasser l'information
détenue par un ordinateur : il suffit de recopier un document

dans un nouveau fichier. Mais essayez donc de changer quelque chose à une organisation alvéolaire ! Étant donné que la répartition des hommes et des budgets est établie conformément au modèle, toute tentative de remaniement structurel déclenche des conflits de pouvoir explosifs. Ainsi, plus vite les choses évoluent dans le monde extérieur, plus les couches profondes de la bureaucratie se trouvent en état de choc, plus s'aggravent les tensions et les luttes intestines.

Les véritables ennuis ne commencent pourtant qu'au moment où le marché, l'économie dans son ensemble ou la société entrent en turbulence et posent à l'entreprise des problèmes de type entièrement nouveau, ou lui offrent des occasions pour lesquelles il n'existe aucun précédent. Alors les décideurs doivent affronter la situation sans disposer d'aucune information stockée dans les alvéoles. Et plus le rythme du changement économique s'accélère — ce qu'il ne cesse de faire —, plus se multiplient ces situations totalement singulières.

Le 3 décembre 1984, les dirigeants de l'Union Carbide apprirent à leur réveil que leur usine de pesticides de Bhopal, en Inde, avait laissé fuir un nuage toxique et causé le pire accident de toute l'histoire industrielle. Plus de 3 000 personnes étaient mortes, plus de 200 000 atteintes. Il fallait prendre des décisions immédiates, sans pouvoir recourir aux processus ordinaires, trop complexes et trop lents.

Bien que nettement moins catastrophiques, d'autres événements sans exemple s'abattent comme grêlons sur les directions. Au Japon, les responsables de Morinaga Chocolate découvrent qu'un mystérieux criminel empoisonne leurs produits ; en Grande-Bretagne, Guinness doit soudain faire face au scandale provoqué par une manipulation frauduleuse de titres ; aux États-Unis, Pennzoil et Texaco se trouvent brusquement lancées dans une action judiciaire titanesque, la Manville Corporation est acculée à la faillite par des procès où elle est accusée d'avoir exposé son personnel à des inhalations d'amiante, CBS doit repousser un raid éclair de Ted Turner, et United Airlines affronter une offre d'achat sans précédent, lancée par ses propres pilotes, offre qui s'écroule ensuite elle-même et entraîne de gros dégâts à Wall Street. Des faits de ce genre — dont beaucoup, de moindre ampleur, n'ont pas autant retenu l'attention — mettent brutalement les dirigeants dans des situations auxquelles rien ne les a convenablement préparés, et pas davantage leurs bureaucraties.

Dans ces cas où il est bien difficile de recourir à telle ou telle alvéole d'information désignée à l'avance, les bureaucrates deviennent hargneux. Ils commencent à se battre pour leur territoire, pour leur budget, pour leurs effectifs — et pour le contrôle de l'information. Ces batailles mobilisent une énorme quantité d'énergie et de capacités émotionnelles ; mais, au lieu d'aider à résoudre les problèmes, toutes ces ressources humaines se consument dans le *Sturm und Drang*. Pis encore, ces luttes fratricides conduisent la firme à se comporter de façon irrationnelle. La « rationalité » de la bureaucratie, autrefois si vantée, s'évanouit en fumée. C'est le pouvoir, facteur toujours présent, qui se substitue à la raison dans le choix des décisions.

« Chaméléphants » et pommes de terre brûlantes

Quand il arrive quelque chose de vraiment exceptionnel et qui ne relève normalement de la juridiction informationnelle de personne, la réaction instinctive de la grande société est d'ignorer le fait. C'est cette tactique de l'autruche qu'on a vu appliquer au moment de l'apparition des premières voitures étrangères sur le marché américain. Les quelques petites Opel ou 2-Chevaux Citroën qu'on remarqua dans les rues vers la fin des années cinquante ne provoquèrent chez les bureaucrates de Detroit que des haussements d'épaules. Même quand il commença à se déverser des flots de Volkswagen, les géants de la construction automobile préférèrent ne pas penser à l'impensable : leurs sociétés ne comportaient pas de services chargés de combattre la concurrence étrangère, pas d'alvéoles contenant les informations nécessaires.

Quand elles sont forcées d'affronter un problème qui n'entre dans aucune des alvéoles existantes, les bureaucraties adoptent certaines conduites stéréotypées. Après quelques mesures défensives initiales, il se trouve inévitablement quelqu'un pour proposer la création d'une nouvelle unité (dont la direction lui sera confiée). La chose est immédiatement reconnue pour ce qu'elle pourrait bien devenir, c'est-à-dire pour une dévoreuse de crédits au détriment des vieux services. Comme nul n'accepte cette éventualité, on en vient à un compromis, lequel n'est autre que le « chaméléphant » bien connu dans la bureaucratie, c'est-à-dire une commission interservices, ou force spéciale d'intervention. Washington en est plein ; les grandes sociétés aussi.

Associant la lourde et lente démarche de l'éléphant au quotient intellectuel du chameau, la nouvelle unité n'est en réalité qu'une alvéole supplémentaire, mais qui présente ordinairement la spécificité d'avoir un personnel issu des rangs inférieurs : il s'agit en fait d'employés délégués par leurs départements d'origine avec mission non pas tant de résoudre le problème que de veiller à ce que la nouvelle unité n'empiète pas sur les territoires et les budgets établis.

Parfois aussi, le problème apparaît comme une pomme de terre si brûlante que personne ne veut s'en charger. Alors on s'en débarrasse sur quelque jeune malchanceux sans expérience, ou même on le laisse « orphelin » en ne s'en occupant pas. Dans les deux cas, la difficulté est bien partie pour se transformer en crise majeure.

Exaspéré par ces luttes internes, le directeur général décide un jour d'« en finir avec la routine », ce qu'il fait en nommant un « tsar ». En théorie, le tsar doit obtenir la coopération de tous les services, divisions et départements concernés. En fait, manquant de l'information nécessaire pour traiter le problème, il finit par tomber lui-même sous la coupe du système alvéolaire préexistant.

Ensuite, convaincu qu'il ne sert à rien de s'attaquer directement à la bureaucratie, le directeur général recourt à une autre astuce classique : au lieu d'attendre que la lente et indocile machine bureaucratique se mette en action, il confie tranquillement la tâche à un « conciliateur » choisi dans son état-major personnel. Mais, en tentant de court-circuiter les départements, il n'aboutit qu'à les outrager davantage, et les unités offensées se mettent à travailler diligemment à la défaite de l'envoyé d'en haut.

C'est à peu près ce qui se produisit quand Ronald Reagan délégua à des membres du Conseil national de sécurité, qui n'est normalement pas un service opérationnel, des tâches plus ordinairement accomplies par les bureaucraties de la Défense, des Affaires étrangères ou de la CIA. Il s'agissait d'une tentative visant à conclure un accord avec les « modérés » iraniens, dans l'espoir que ceux-ci pourraient contribuer à la libération des otages américains ; mais l'opération se retourna contre le président. Un peu plus tard, la commission Tower, chargée d'enquêter sur le fiasco de l'Irangate, conclut solennellement que le scandale aurait pu être évité si la Maison Blanche avait « utilisé le système » — autrement dit, si elle avait fait confiance aux bureaucraties établies plutôt qu'à son propre état-major. Mais la commission ne précisait pas si lesdits organismes, après avoir précédemment échoué tant à négocier la libération des otages qu'à les récupérer par une intervention militaire, auraient réussi là où l'équipe présidentielle n'avait pas su le faire.

De semblables jeux pour le pouvoir ont lieu *à l'intérieur* de chaque département quand ses sous-unités sont amenées à se disputer par tous les moyens le contrôle de l'argent, des personnes et du savoir. On pourrait penser que les luttes intestines font la trêve en cas de crise profonde ; mais, si les chefs ont la tête sur le billot, c'est le contraire qui arrive. En politique et même dans l'ordre militaire, la situation de crise met souvent au jour non pas les meilleurs aspects des organisations, mais bien plutôt les pires.

Il suffit de lire l'histoire des rivalités entre organismes militaires pendant la deuxième guerre mondiale, en pleine bataille, ou celle des combats à mort qui opposèrent les services de renseignement britanniques aux réseaux d'action clandestine, pour avoir un aperçu du fanatisme que des conflits d'essence purement bureaucratique sont capables d'engendrer — et cela, spécialement en temps de crise. Les entreprises ne sont pas à l'abri de ces oppositions passionnées et destructrices, car l'image de la « rationalité » de la bureaucratie est une image fausse. C'est le pouvoir, non la raison, qui commande l'action de ces structures pyramidales classiques dont la présence encombre encore le paysage économique.

Pour avoir quelque espoir d'éliminer la bureaucratie, il faut faire bien autre chose qu'opérer des mutations de personnel, « dégraisser », rassembler des unités sous l'autorité de « vice-présidents de groupe » ou même diviser la firme en de multiples « centres de profit ». Toute restructuration sérieuse d'une entreprise ou d'un État doit s'attaquer directement à l'organisation du savoir et à l'ensemble du système de pouvoir qui se fonde sur elle, car c'est toute l'organisation alvéolaire qui se trouve en crise.

Des canaux engorgés

A mesure que le changement s'accélère, la « crise des alvéoles » s'accompagne et s'aggrave d'une rupture parallèle des « canaux » de communication.

Les dirigeants intelligents ont toujours su qu'il leur était impossible de réussir si les différents éléments ne fonctionnaient pas en harmonie. Quand les services de vente sont magnifiques mais que la production ne peut livrer à temps, ou quand la publicité est admirable mais qu'elle ne correspond pas à une bonne politique des prix, quand les ingénieurs ne comprennent pas ce que les vendeurs peuvent vendre, quand les comptables se bornent à compter les haricots et les juristes à étudier le droit sans se poser de questions sur la vie de l'entreprise, alors celle-ci est condamnée à l'échec.

Mais ces mêmes dirigeants savent aussi que le personnel d'un département ou d'une unité parle rarement à celui des autres. En fait, c'est précisément ce manque d'intercommunication qui donne leur pouvoir aux responsables des rangs moyens. Ici encore, la maîtrise de l'information constitue l'élément décisif.

Le cadre moyen coordonne le travail de plusieurs unités subordonnées en recevant des rapports des spécialistes qui les dirigent. Parfois il fait redescendre l'information collectée vers une autre alvéole : alors il joue un rôle de liaison par le haut. Parfois aussi il la transmet latéralement au responsable d'un autre groupe. Mais sa tâche principale consiste toujours à rassembler les résultats fragmentaires des analyses effectuées par les spécialistes et à en faire la synthèse avant de les communiquer par les canaux appropriés au degré immédiatement supérieur de la pyramide du pouvoir.

En d'autres termes, toute bureaucratie fragmente le savoir dans le sens horizontal, puis le recompose dans le sens vertical.

L'ancienne structure de pouvoir fondée sur le contrôle de l'information était donc simple : les spécialistes y contrôlaient les alvéoles, et les cadres dirigeants les canaux.

Tant que l'économie fonctionnait lentement, le système donnait toute satisfaction. Aujourd'hui, les situations se modifient si rapidement, et l'information nécessaire est devenue si complexe que, tout comme les alvéoles, les canaux aussi sont submergés et obstrués par le flot des messages (dont beaucoup ont été mal orientés).

C'est pourquoi les responsables sont plus nombreux que jamais à s'écarter des canaux normaux pour contourner le système, à retenir l'information reçue de leurs supérieurs ou de leurs égaux pour la transmettre de façon non officielle, à communiquer par des chemins de traverse, à opérer « sur deux voies » (l'une étant réglementaire et l'autre non), et, ce faisant, à alimenter et compliquer encore les guerres intestines qui déchirent aujourd'hui toutes les bureaucraties, même les mieux dirigées.

Si les sociétés japonaises ont jusqu'à présent mieux affronté le problème de la désagrégation de la bureaucratie, c'est entre autres choses pour cette raison, souvent inaperçue, qu'elles ont un système de secours qui fait défaut aux firmes américaines et européennes.

Alors qu'en Occident on dépend uniquement des alvéoles et des canaux, les Nippons possèdent en plus ce qu'on appelle le *dokikai*. C'est une sorte de dérivé de la bureaucratie formelle, mais un dérivé qui lui ajoute beaucoup d'efficacité.

Dans une grande firme japonaise, tous les membres du personnel engagés au même moment — qu'on pourrait considérer comme un « contingent » ou une « cohorte » — restent en contact tant qu'ils continuent à y travailler, tout en accédant progressivement à des rangs supérieurs. Au bout d'un certain temps, ils se trouvent disséminés dans les diverses fonctions, divisions régionales et départements de l'entreprise ; et quelques-uns ont monté plus vite que d'autres.

Mais la « fraternité », comme on l'a parfois dénommée, maintient son existence collective ; les participants se rencontrent à des soirées où l'on avale beaucoup de bière et de saké, mais où, surtout, on échange de l'information en provenance d'un grand nombre d'alvéoles, et cela en dehors de tout canal hiérarchique.

C'est par l'intermédiaire du *dokikai* que les faits « vrais » ou les éléments « réels » d'une situation, par opposition à la ligne officielle, sont communiqués à de nombreux intéressés ; c'est au sein du *dokikai* que, l'alcool aidant, les hommes se parlent dans un esprit de *honto* — c'est-à-dire en exprimant leurs véritables sentiments — plutôt que de *tatemae* — en disant ce qu'on attend d'eux.

C'est une erreur que de prendre pour argent comptant l'image qui présente la firme japonaise comme fonctionnant sans à-coups, de façon efficace, consensuelle et exempte de conflits : rien n'est plus inexact. Mais la matrice informationnelle — le *dokikai* qui transcende la bureaucratie — permet au savoir-faire et au « savoir-qui » de circuler à travers la société, même quand les canaux officiels et les alvéoles sont surchargés. La pratique donne aux Japonais un avantage en matière d'information.

Cela ne suffit pourtant plus à assurer la survie de l'organisation, et le *dokikai* lui-même est en voie de désintégration. Par suite, les sociétés se hâtent toutes de créer des systèmes informatiques capables de remplacer les vieilles communications de style bureaucratique, ce qui entraîne une réorganisation fondamentale non seulement au Japon mais également aux États-Unis, en Europe et dans toutes les économies avancées.

Nous assistons donc à une crise qui va en s'aggravant au cœur même de la bureaucratie. Le changement accéléré ne se borne pas à submerger la structure des alvéoles et des canaux, il met en cause la présupposition fondamentale sur laquelle se fonde le système — c'est-à-dire la conviction qu'il est possible de spécifier d'avance qui, dans l'entreprise, a besoin de savoir quoi ; assomption elle-même fondée sur l'idée que les organisations sont essentiellement des machines qui fonctionnent dans un environnement ordonné.

Nous sommes en train d'apprendre que ces organisations ressemblent moins à des mécanismes qu'à des organismes humains, et que dans un milieu turbulent où se multiplient les retournements révolutionnaires, les surprises et les bouleversements concurrentiels, il n'est désormais plus possible de dire d'avance ce que chacun doit savoir.

Le savoir à écoulement libre

Nous avons vu au chapitre XIII comment les firmes tentent d'imposer un ordre à l'information nécessaire à la gestion en la confiant à des systèmes informatisés. Parmi ceux-ci, on constate que certains ont pour but de consolider l'ancienne organisation : ils n'utilisent les ordinateurs et les nouvelles communications qu'afin de multiplier les alvéoles et d'accroître la capacité des canaux. D'autres, en revanche, visent des objectifs proprement révolutionnaires : dans ce cas, il s'agit de détruire le vieux système et de le remplacer par l'information à écoulement libre.

Afin d'apprécier pleinement l'importance de cette évolution et des transferts de pouvoir qu'elle implique, il n'est pas inutile d'évoquer les analogies remarquables (quoique souvent peu remarquées) qu'on peut établir entre les bureaucraties et les ordinateurs de première génération.

En fait, les premières grosses unités centrales servies par leurs grands prêtres renforçaient les bureaucraties existantes dans l'économie et dans l'État, et c'est ce qui explique la crainte et l'aversion qu'elles suscitèrent au début. Le grand public voyait instinctivement dans ces machines monstrueuses un nouvel instrument de pouvoir, qui pouvait être utilisé contre lui. Les données mêmes qu'elles rassemblaient étaient à l'image des bureaucraties qui les employaient.

Les premiers ordinateurs d'entreprise eurent pour fonction principale d'assumer des tâches de routine telles que l'établissement de milliers de feuilles de paie. Le dossier informatisé de M. Durand comprenait plusieurs « champs », comme disent les experts ; son nom pouvait constituer le premier, son adresse le deuxième, sa qualification professionnelle le troisième, son salaire de base le quatrième, et ainsi de suite.

Ainsi l'adresse de chacun s'inscrivait dans son deuxième

champ, et le chiffre du salaire de base de chacun dans son quatrième champ.

De cette manière, toute l'information introduite dans les dossiers de paie était orientée vers des localisations préspécifiées dans la base de données — exactement comme, dans une bureaucratie, l'information allait à des départements ou alvéoles prédéterminés.

En outre, les premiers systèmes de données informatisées étaient fortement hiérarchisés, à l'instar encore des bureaucraties pour lesquelles ils avaient été conçus. Les mémoires classaient l'information par ordre hiérarchique ; le matériel lui-même était fait pour concentrer le pouvoir informatique au sommet de la pyramide. Le cerveau se situait dans l'unité centrale, alors qu'en bas les machines étaient dénuées de toute intelligence : ce n'était pas sans raison qu'on les qualifiait couramment de « terminaux muets ».

Le micro-ordinateur changea tout. Pour la première fois, il introduisit l'intelligence informatique dans des milliers de bureaux qui disposèrent de bases de données et du pouvoir de les traiter. Mais l'ébranlement ne menaçait pas encore sérieusement l'organisation bureaucratique.

La raison en était que si, au lieu d'une banque centrale géante, il existait maintenant de nombreuses bases de données, le savoir qu'elles contenaient continuait à se répartir dans des alvéoles rigides et prédéterminées.

Aujourd'hui, nous sommes au bord d'une nouvelle révolution dans les méthodes d'organisation de l'information au sein des bases de données.

Les nouvelles bases dites « relationnelles » permettent aux utilisateurs d'ajouter ou d'enlever des champs, et d'établir entre eux d'autres relations. Citons à ce propos Martin Templeman, premier vice-président de SPC Software Services, dont les logiciels sont conçus pour les firmes financières : « En prenant en compte [...] toutes les dimensions du changement, nous avons immédiatement compris que [...] des relations hiérarchiques entre les données aboutiraient à un désastre. » Les nouvelles bases, ajoutait-il, « devaient permettre à de nouvelles relations de s'établir ».

Mais ces systèmes sont actuellement encore trop complexes et encombrants pour être utilisés facilement sur des micro-ordinateurs.

L'étape suivante a été l'apparition récente de bases de données dites « hypermédias », lesquelles peuvent mémoriser non seulement du texte mais aussi des graphiques, de la musique, des paroles et autres sons. Chose plus importante, les hypermédias combinent les fonctions de bases de données et les programmes d'une façon qui offre une bien plus grande flexibilité d'utilisation que les bases précédentes.

Même dans les systèmes relationnels, il n'était possible d'associer les données que selon quelques voies préétablies. Les hypermédias multiplient les choix de combinaisons, recombinaisons et manipulations d'informations en provenance de différents champs et fichiers. Dans les premiers modèles, l'information était structurée à l'image d'un arbre : pour aller d'une feuille située sur une branche à une située sur une autre, il fallait repasser par le tronc. Les « hypers » forment plutôt une toile d'araignée, où l'on peut se déplacer aisément d'un élément d'information à un autre en fonction du contexte qui les relie.

L'objectif ultime des pionniers des hypermédias — lesquels reconnaissent en être encore loin — est de réaliser des systèmes capables d'assembler, configurer et présenter l'information sous un nombre de formes presque infini. On aura alors donné à l'information une « forme libre » ou un « écoulement libre ».

Dans ce domaine, un exemple frappant est celui de l'« Hypercard » popularisée par Apple, dont l'inventeur, Bill Atkinson, fit la première démonstration à Boston, au cours d'une exposition de produits informatiques. Le public en resta stupéfait.

La première image à paraître sur l'écran fut celle d'un cowboy. Quand Atkinson mit la marque lumineuse sur son chapeau, d'autres chapeaux commencèrent à envahir l'écran, dont l'un était une casquette de base-ball. Désignant celle-ci, Atkinson fit apparaître successivement d'autres images associées au base-ball. Il était donc en mesure d'extraire des informations de la base de données et d'y trouver des structures contextuelles, le tout de manières très diverses.

Le résultat était si nouveau par rapport aux anciens systèmes de base qu'on avait l'illusion de voir l'ordinateur se livrer à des associations libres — à peu près comme un être humain.

En franchissant les limites des catégories conventionnelles, en accédant directement à différentes collections de données, les hypermédias permettent par exemple à une spécialiste du design chargée de créer un nouveau produit de laisser son esprit et son imagination suivre leur cheminement naturel à travers les réserves de savoir.

Elle pourra par exemple passer instantanément des données techniques aux images des produits précédemment mis sur le marché, à des résumés d'articles de chimie, à des biographies de savants célèbres, à des vidéoclips qui lui montreront les discussions de l'équipe de commercialisation, à des tarifs de transport, à d'autres clips représentant d'autres groupes concernés, aux tout derniers cours du pétrole, aux listes des composants ou ingrédients que doit comporter le nouveau produit ; ou encore disposer des études les plus récentes sur les risques politiques dans les pays d'où proviendront les matières premières.

Outre qu'ils accroissent très fortement le simple volume quantitatif des données accessibles, les hypermédias permettent aussi de « superposer » l'information par couches. L'utilisateur peut, s'il le veut, accéder d'abord soit à sa forme la plus abstraite, soit à la moins abstraite, et redescendre ou remonter les échelons ; il peut également donner naissance à des idées novatrices en juxtaposant des données selon de nouvelles combinaisons.

Les bases conventionnelles conviennent bien à la recherche de l'information quand on sait exactement ce que l'on veut ; les systèmes « hypers », quand on n'en est pas certain. Ford Motor élabore actuellement un Service Bay Diagnostic System à l'usage de ses mécaniciens qui pourront, grâce à lui, chercher des réponses sur l'écran s'ils ne parviennent pas à identifier la panne de votre voiture.

L'US Environmental Protection Agency (« Agence nationale pour la protection de l'environnement ») propose une base de données en « hypertexte » qui doit aider les entreprises à retrouver et à relier entre elles les réglementations complexes applicables à deux millions de réservoirs de stockage souterrains. Cornell University utilise pour la deuxième année de médecine un système « hyper », qui permet aux étudiants de « feuilleter » interactivement sur l'écran pour établir des associations ordonnées. A Toledo, on met au point un cours de littérature espagnole fondé sur un hypertexte.

Nous sommes encore loin de pouvoir jeter dans le même pot différents types de données ou d'information, puis d'y fouiller sans qu'intervienne aucune présupposition introduite par le programmeur sur les associations susceptibles de relier telle pièce à telle autre. Même dans les hypersystèmes, les connexions transversales possibles dépendent encore de la programmation préétablie. Mais l'orientation de la recherche est claire : nous nous rapprochons pas à pas de formes libres (ou du moins plus libres) de mémorisation et de manipulation des données.

Avec leurs alvéoles et canaux prédéterminés, les bureaucraties interdisent la découverte spontanée et l'innovation. A l'opposé, en autorisant la pensée intuitive aussi bien que la réflexion systématique, les nouveaux systèmes ouvrent la porte à l'inspiration qui commande l'innovation.

Ils nous donnent l'éblouissement d'une liberté neuve.

Le fait important est que nous nous orientons vers de puissantes formes de traitement du savoir, qui sont d'essence profondément antibureaucratique.

Au lieu de la bureaucratie en réduction qu'on pourrait dire enclose dans une machine où tout est séquentiel, hiérarchisé et préconçu, nous allons vers une information ouverte et de style libre. Au lieu d'une unité centrale ou de quelques processeurs géants possédant à eux seuls cette énorme capacité, les entreprises disposent maintenant de milliers d'ordinateurs personnels, lesquels atteindront bientôt tous à la même puissance.

Ces méthodes de classement et de traitement de l'information laissent présager une profonde révolution dans les voies que nous empruntons pour la concevoir, l'analyser, la synthétiser et finalement l'exprimer — ainsi qu'un bond en avant de la créativité en matière d'organisation. Mais elles pourraient aussi entraîner la dislocation des petits monopoles d'information bien clos que la surspécialisation a créés dans l'entreprise bureaucratique. Il s'ensuivrait de douloureux transferts de pouvoir, au détriment des détenteurs de ces monopoles spécialisés.

Ce n'est cependant là qu'une partie de l'histoire : à ces véritables innovations dans les domaines de la mémorisation et de l'utilisation du savoir, il faut en effet ajouter les réseaux de communication non hiérarchisés qui débordent les frontières des entreprises, brisent les barrières entre les territoires des départements, et relient les usagers non seulement d'une division à une autre, mais aussi aux degrés supérieurs ou inférieurs de la hiérarchie.

Aujourd'hui, un débutant situé tout au bas de l'échelle peut communiquer directement avec les cadres de haut niveau qui travaillent sur le même problème que lui ; et, de façon significative, le directeur général n'a qu'à appuyer sur un bouton pour joindre tout employé de niveau inférieur, avec qui il appellera des images, établira une proposition commune, étudiera un plan technique ou analysera un bilan, sans passer par l'intermédiaire des cadres moyens.

Dans ces conditions, faut-il s'étonner que ces derniers aient vu leurs rangs décimés au cours des récentes années ?

Les nouvelles méthodes de mise en mémoire de l'information portent un dur coup à la spécialisation ; dans le même sens, les nouveaux procédés de communication court-circuitent la hiérar-

chie. Les deux sources essentielles du pouvoir bureaucratique —
les alvéoles et les canaux — sont l'une et l'autre attaquées.

Savoir est pouvoir, pouvoir est savoir

Nous en arrivons ici à percevoir une des relations les plus
fondamentales, bien que souvent négligées, qui unissent dans
l'ensemble social le savoir au pouvoir — c'est-à-dire à poser la
question des rapports entre la manière dont un peuple organise
sa pensée et la manière dont il organise ses institutions.

Pour le dire au plus court, la façon dont nous organisons le
savoir détermine souvent la façon dont nous organisons le
peuple, et vice versa.

Au temps où le savoir était conçu comme spécialisé et
hiérarchisé, les entreprises aussi s'édifiaient selon les règles de la
spécialisation et de la hiérarchisation.

Dès qu'un mode bureaucratique d'organisation du savoir a
trouvé son expression concrète dans des institutions réelles telles
que les entreprises, les écoles ou les États, on voit les pressions
politiques, les allocations budgétaires et autres facteurs figer les
alvéoles et canaux dans la situation qui leur a été assignée. En
retour, la situation du savoir tend elle aussi à demeurer figée et
à faire obstacle aux remises en question qui engendrent les
découvertes radicalement neuves.

Aujourd'hui, la rapidité des mutations exige la même rapidité
dans les décisions ; mais il est de notoriété publique que les
luttes pour le pouvoir sont cause de lenteur dans les bureaucraties. La concurrence exige des innovations continuelles ; mais le
pouvoir bureaucratique étouffe la créativité. Le nouvel environnement économique exige autant de réactions intuitives que
d'analyses méticuleuses ; mais les bureaucraties veulent remplacer l'intuition par des règles mécaniques et infaillibles.

La bureaucratie ne disparaîtra pas, l'État ne dépérira pas non
plus. Mais les conditions d'environnement qui ont permis aux
bureaucraties de s'épanouir, et même de devenir des machineries
hautement efficaces, sont en train de changer si vite et si
radicalement qu'elles ne sont plus capables d'accomplir les
fonctions en vue desquelles elles avaient été créées.

Du fait que l'environnement économique se trouve en butte à
des surprises de toute espèce, à des bouleversements et renversements et à une turbulence généralisée, il est devenu impossible
de savoir précisément d'avance qui, dans une organisation, aura
besoin de telle information. En conséquence, l'information néces-

saire tant aux cadres qu'aux employés pour travailler correctement — sans même parler d'innovation et d'amélioration — ne
peut plus parvenir aux premières lignes par la voie des vieux
canaux officiels.

C'est bien pourquoi des millions de gens, intelligents et
travailleurs, découvrent qu'ils ne peuvent accomplir leurs tâches
— qu'ils ne peuvent ouvrir d'autres marchés, créer de nouveaux
produits, élaborer de meilleures technologies, mieux traiter les
clients ou accroître les profits — sans contourner les règlements
et violer les procédures formelles. Pour que les choses se fassent
malgré tout, combien d'employés aujourd'hui ne doivent-ils pas
fermer les yeux sur ce genre d'entorses ? Pour être dynamique et
débrouillard, pour foncer à travers les barrières, pour monter en
grade, il faut mettre la bureaucratie à la poubelle.

Ainsi l'information commence-t-elle à abandonner les canaux
officiels pour s'écouler par les réseaux informels du bouche à
oreille et du téléphone arabe, que les bureaucraties s'efforcent
précisément de supprimer. Dans le même temps, les grandes
sociétés dépensent des milliards pour remplacer les vieilles
structures de communication par des systèmes électroniques.
Mais cela exige d'immenses changements dans l'organisation
existante, dans le classement qu'elle assigne au personnel et dans
les groupements où elle le répartit.

Pour toutes ces raisons, nous allons assister dans les années à
venir à un raz de marée de restructurations auprès duquel la
récente vague de bouleversements fera figure de légère ondula-
tion. Perdant la maîtrise de leurs alvéoles et canaux, les spécialistes et directeurs se verront menacés dans leurs positions
établies. Les déplacements de pouvoir se répercuteront d'un bout
à l'autre des entreprises et de branches entières.

Si nous modifions les relations entre le savoir et la production,
nous ébranlons les fondements mêmes de la vie économique et
politique.

C'est pourquoi nous sommes à la veille du plus grand transfert
de pouvoirs de toute l'histoire économique. Les premiers signes
s'en manifestent déjà avec évidence dans les organisations d'un
nouveau style qui ne cessent de surgir autour de nous, et que
nous pouvons dénommer les « entreprises flexibles » de l'avenir.

CHAPITRE XVI

La firme flexible

Faites connaissance avec quelques-uns des héros de l'économie actuelle — avec des gens comme, par exemple, Sergio Rossi. Rossi n'est ni un bureaucrate pompeux, ni un empereur des affaires retranché dans un gratte-ciel gainé de verre. Il travaille dans sa maison de Val Vibrata, à l'est de l'Italie, avec 3 employés qui produisent sur des machines ultramodernes des sacs à main de haute qualité destinés aux grands magasins de New York.

Pas très loin de là, on peut rencontrer Mario D'Eustachio, directeur d'Euroflex, entreprise de 200 personnes qui fournit des bagages à Macy's. Euroflex repose sur une collaboration familiale. Pia, la femme de Mario, s'occupe des ventes ; leur fils Tito veille sur les finances, leur fille Tiziana crée les modèles ; et c'est un neveu, Paolo, qui a la production en charge.

Selon le *Christian Science Monitor*, ce ne sont là que deux des 1 650 petites firmes disséminées dans la vallée ; chacune emploie en moyenne 15 personnes, mais elles produisent au total pour plus d'un milliard de dollars par an de vêtements, articles de maroquinerie et meubles. Et Val Vibrata n'est qu'une des petites régions qui forment ce qu'on connaît désormais sous le nom de Troisième Italie.

L'*Italia Numero Uno* était celle du Sud agricole, l'*Italia Numero Due* celle du Nord industriel. L'*Italia Numero Tre* se compose de petites régions rurales ou semi-rurales à l'instar de Val Vibrata, dont les petites entreprises à base généralement familiale, mais de technologie avancée, apportent leur contribution au « miracle italien ».

Un modèle similaire se retrouve dans les petites villes. Modène, par exemple, compte 16 000 emplois dans la bonneterie. Alors que le nombre de travailleurs dans les entreprises de plus de 50 personnes a chuté depuis 1971, les effectifs ont augmenté dans celles qui en ont 5 au maximum ; ces dernières sont pour la plupart de caractère familial.

Ailleurs aussi, on se met à découvrir les vertus économiques de la famille. Aux États-Unis, écrit *Nation's Business*, « après avoir été pendant des années considérées comme plutôt négligeables, les entreprises familiales sont en plein essor ». François M. de Visscher, de la firme financière Smith Barney, déclare vouloir faire de sa société « la première banque d'investissement pour les affaires familiales » ; des consultants en gestion jusqu'aux conseillers matrimoniaux, tout le monde se prépare à vendre ses services à ce qu'on pourrait appeler le « secteur de la fami-firme ».

Parmi ces entreprises, les plus petites ne se soucient guère de formalisme ou de titres, mais les plus importantes combinent la convivialité au sommet, entre membres de la famille, avec une organisation bureaucratique en bas de l'échelle.

Il est parfaitement spécieux de soutenir que ce qui est petit est toujours beau, ou qu'une économie avancée peut fonctionner sans posséder de très grandes entreprises, surtout en un temps où l'intégration ne cesse de progresser à l'échelle mondiale. Les économistes italiens, par exemple, s'inquiétent à l'idée que, malgré leur dynamisme, les petites entreprises du pays pourraient bien ne pas faire le poids dans le marché européen intégré ; quant à la Communauté, qui d'ailleurs a toujours préconisé la grande taille, elle encourage les fusions à grande échelle et pousse les petites firmes à former des alliances ou des consortiums. Cette dernière orientation a peut-être son utilité, mais, en revanche, l'engouement pour le gigantisme peut se révéler être une attitude peu perspicace — une incapacité à admettre les impératifs de l'économie supersymbolique.

En fait, les preuves s'accumulent pour montrer que les sociétés géantes qui constituent l'épine dorsale de l'économie usinière sont trop lentes, et s'adaptent mal à l'accélération des affaires. Aux États-Unis, les petites entreprises n'ont pas seulement créé la plus grande partie des emplois apparus depuis 1977, elles ont aussi été les plus innovatrices. Pis encore, les mastodontes sont de moins en moins brillants sur le plan des bénéfices, si l'on en croit une étude de *Business Week* sur les mille plus grandes sociétés : « Les plus grosses compagnies, dit l'article, ne sont les plus rentables — sur la base du rapport des bénéfices au capital social — que dans quatre branches sur soixante-sept [...]. Dans plus de la moitié des cas, la plus grande des sociétés présentes ne parvient même pas à atteindre le taux moyen de profit sur le capital investi obtenu dans l'ensemble de la branche. »

Dans de nombreux secteurs, les économies que pouvait autrefois apporter la grande taille s'amenuisent à mesure que les nouvelles techniques abaissent le prix de la personnalisation des produits, réduisent le volume des stocks et diminuent les besoins en capitaux. Selon Donald Povejsil, ancien vice-président chargé des plans à long terme chez Westinghouse, « les justifications classiques de la grande taille se sont révélées ou bien presque inopérantes, ou bien contreproductives, ou bien fallacieuses ».

A présent, les petites entreprises peuvent se procurer d'énormes capitaux à Wall Street, et accèdent facilement à l'information. Or, du fait qu'elles tendent à être moins bureaucratiques, il leur est plus facile de bien utiliser les deux éléments.

A l'inverse, les « déséconomies d'échelle » commencent à atteindre bon nombre de géants boursouflés. Par ailleurs, il est certain que dans l'économie de demain, les très grandes firmes dépendront plus que par le passé d'une vaste sous-structure de fournisseurs de petite taille, mais d'une grande efficacité et d'une grande flexibilité — dont beaucoup seront des entreprises familiales.

La résurrection actuelle des petits établissements, souvent familiaux, apporte avec elle une idéologie, une éthique et un système d'information profondément antibureaucratiques.

Dans une famille, chacun comprend tout ; au contraire, la bureaucratie part du postulat que personne ne comprend rien (et c'est pourquoi elle est obligée de tout énoncer en détail dans un manuel d'opérations que le personnel devra suivre à la lettre). Mieux les choses sont comprises, moins il y a besoin de donner des instructions orales ou écrites ; plus il y a d'information et de savoir partagés, moins l'organisation exige d'alvéoles et de canaux.

Dans une entreprise bureaucratique, la position et le salaire d'un employé sont déterminés, du moins en apparence, par le « que savez-vous ? », comme si le « qui connaissez-vous ? » ne comptait pas. En réalité, le « qui connaissez-vous ? » est toujours important, et le devient de plus en plus quand on s'élève dans l'échelle sociale. Ce sont ces « connaissances » qui commandent l'accès à un savoir décisif — qui permettent d'apprendre qui est redevable d'un service à qui, ou à qui on peut faire confiance (et, par suite qui est ou non une source d'informations sûres).

Dans une firme familiale, personne n'en fait accroire à personne ; chacun en sait trop sur tous. Quant à aider un fils ou une fille à réussir grâce au « piston », la chose apparaît toute naturelle, alors que dans la firme bureaucratique elle est dénommée népotisme, et considérée comme une atteinte au système du mérite prétendument en vigueur.

Dans une famille, la subjectivité, l'intuition et la passion commandent l'amour, et aussi bien la haine. Dans une bureaucratie, les décisions sont supposées être impersonnelles et objectives, bien qu'en fait ce soient, comme nous l'avons vu, les luttes internes pour le pouvoir qui déterminent les orientations importantes — beaucoup plus que la froide et claire rationalité évoquée par les manuels.

En fin de compte, malgré les titres des fonctions et la hiérarchie formelle, il est souvent difficile, dans une bureaucratie, de savoir qui détient le pouvoir. Dans la firme familiale, tout le monde sait que les titres et la hiérarchie ne comptent pas. Le pouvoir est patriarcal, éventuellement matriarcal. Quand son possesseur disparaît, il passe habituellement à un parent soigneusement choisi.

Bref, partout où les relations familiales jouent un rôle dans les affaires, elles tendent à renverser les valeurs et les règles bureaucratiques — et, du même coup, à abattre la structure de pouvoir correspondante.

Le fait est d'autant plus important que la résurgence actuelle de l'entreprise familiale n'est nullement un phénomène passager. Pourtant, dans l'ère « post-bureaucratique » où nous entrons, la firme familiale ne sera qu'une des nombreuses solutions de remplacement à la bureaucratie et au pouvoir qu'elle incorpore.

La fin du découpe-gâteaux

Parmi les enfants qui grandissent dans une société de technologie avancée, bien peu verront jamais un découpe-gâteaux. Ce très simple ustensile de cuisine est une sorte d'empreinte coupante fixée sur une poignée ; quand on l'appuie sur la pâte, il y découpe le contour du futur petit gâteau ; ainsi peut-on cuire en quantité des produits tous identiques. Pour les générations antérieures, le découpe-gâteaux était un symbole d'uniformité.

A son apogée, l'âge de la production de masse qui maintenant s'estompe dans le passé ne s'est pas borné à fournir des produits uniformes ; il a aussi produit des entreprises construites selon le principe des petits gâteaux.

Jetons un coup d'œil sur un organigramme quelconque : il a bien des chances de se présenter sous forme de lignes qui relient des petites boîtes bien nettes, chacune exactement semblable aux autres. Il est rare que l'organigramme utilise des signes différents pour rendre compte de la diversité des unités qui composent l'entreprise — par exemple, une spirale pour un département en croissance rapide, ou une toile d'araignée qui suggérerait de nombreux liens avec d'autres éléments, ou une ligne sinueuse symbolisant des résultats irréguliers.

A l'instar des produits de la firme et de la bureaucratie qu'il représente, l'organigramme est lui-même standardisé.

Pourtant, au moment où la commercialisation de masse cède la place à la recherche de créneaux spécifiques, où la production personnalisée supplante la fabrication en masse, il n'est pas illogique de s'attendre à voir bientôt les structures de l'entreprise se « démassifier » à leur tour. Autrement dit, le temps est passé de la société du type « petits gâteaux », comme des structures de pouvoir du même genre qui régnaient sur les grandes firmes.

Dans *la Troisième Vague*, nous avons déjà parlé d'innovations telles que le travail flexible, les avantages sociaux flexibles et autres dispositions qui commencent à traiter les travailleurs comme des personnalités individualisées, et en même temps à conférer à l'entreprise elle-même une flexibilité considérablement accrue. Ces idées sont aujourd'hui devenues si courantes que *Newsweek* intitule un article « A glimpse of the "Flex" Future » (« Un aperçu de l'avenir "flex" »).

Mais ce que les grandes sociétés n'ont pas encore compris, c'est que la flexibilité doit pénétrer beaucoup plus profondément, et s'étendre aux fondements de l'organisation. La structure rigide et uniforme doit laisser la place à toute une variété d'agencements organisationnels. L'éclatement des grosses firmes en unités opérationnelles décentralisées ne représente qu'un tout petit pas fait comme à regret dans la bonne direction. Pour beaucoup d'entreprises, la prochaine étape doit consister à instaurer une flexibilité totale.

La décolonisation de l'entreprise

Chaque grande société dissimule aujourd'hui en son sein nombre de « colonies » dont les habitants se comportent comme tous les colonisés du monde — obéissants ou même serviles en présence de l'élite dominante, méprisants ou rancuniers en son absence.

Beaucoup d'entre nous ont vu, à un moment ou à un autre, des cadres supérieurs supposés être de « grosses légumes » ravaler leurs vraies pensées devant leurs patrons, approuver de la tête des imbécillités, rire de mauvaises plaisanteries et aller parfois jusqu'à adopter le style d'habillement, les manières et les intérêts sportifs des hauts dirigeants. Ce que ces subordonnés croient et ressentent en leur for intérieur demeure invisible. La plupart des grandes sociétés ont terriblement besoin de « glasnost » interne — d'encouragement à la liberté d'expression.

Sous la surface lisse de la camaraderie masculine et (du moins aux États-Unis) des démonstrations d'égalité, la mentalité de l'aplatissement devant le « bwana » ou le « sahib » reste bien vivante. Mais, dans les grandes entreprises, l'influence néfaste du colonisalisme s'étend plus loin encore.

La bureaucratie est en fait une sorte d'impérialisme qui règne sur les diverses « colonies » dissimulées.

Celles-ci ne sont autres que les innombrables petits groupes non officiels, discrets ou clandestins, qui font en réalité marcher toute grande firme dont l'organisation formelle entrave le fonctionnement. Chacun d'eux regroupe un ensemble de connaissances unique et bien distinct, qu'il organise et utilise en dehors de l'édifice alvéolaire et formaliste de la bureaucratie.

Toutes ces colonies ont leurs propres directions, leurs propres systèmes de communication et leurs propres structures informelles de pouvoir, lesquelles correspondent rarement à celles de la hiérarchie officielle.

La reconstruction de l'entreprise selon des principes post-bureaucratiques revient pour une part à un effort de décolonisation qui libérerait ces groupements jusqu'ici mal tolérés. On pourrait dire que, pour toutes les grandes sociétés, le problème majeur est à présent de savoir donner libre cours à l'énergie explosive et innovatrice que recèlent ces colonies secrètes.

En dansant sur les tables

Sears, Roebuck & Co, la plus importante firme américaine de vente au détail, a récemment annoncé une réorganisation fondamentale de son groupe des techniques de commercialisation. Le président du groupe et directeur général, Michael Bozic, jugeait la décision indispensable car, disait-il, « au fond, nous avons utilisé la même forme organisationnelle pour affronter la concurrence dans tous ces domaines différents ». Les commentateurs en conclurent que cela avait rendu Sears Roebuck paresseuse et peu compétitive.

Pourtant, même les hauts dirigeants qui comprennent la nécessité de « laisser courir » et de relâcher la bride pour libérer les énergies du personnel sont très loin de voir jusqu'où ils devront aller pour desserrer l'emprise de la bureaucratie.

Des dizaines sinon des centaines de sociétés se sont divisées en un grand nombre de « centres de profit » dont chacun, espère-t-on, se comportera comme une petite entreprise attentive au marché. On est allé jusqu'à constituer en centres de profit certaines fonctions d'état-major qui doivent s'auto-financer (et donc justifier leur existence) en vendant leurs services à d'autres unités de la firme. Mais à quoi bon ce démembrement si chaque centre de profit n'est qu'une réduction à l'identique de l'ancien ensemble — une mini-bureaucratie nichant dans la méga-bureaucratie ?

Ce qui s'annonce aujourd'hui, c'est une mutation plus profonde et véritablement révolutionnaire, qui va modifier dans sa totalité la nature du pouvoir économique.

Aux États-Unis, la plupart des managers persistent à concevoir l'organisation comme une « machine » dont on peut resserrer ou desserrer les boulons, « régler » ou lubrifier les différentes pièces. C'est là une métaphore bureaucratique. A l'opposé, de nombreux Japonais commencent à en utiliser une autre, de type post-bureaucratique : pour eux, l'entreprise est « une créature vivante ».

L'expression implique, entre autres choses, que l'entreprise naît, mûrit, vieillit et meurt — ou renaît sous une autre forme. En japonais, la naissance d'une société se dit *sogyo*, et, aujourd'hui, beaucoup de directions évoquent un passage par un second, un troisième ou un « nouveau » *sogyo*.

C'est précisément au moment de cette renaissance que se décide le succès ou l'échec à long terme. Si, par la suite, la firme reste organisée selon les mêmes vieux principes bureaucratiques que l'ancienne, sa seconde vie risque fort d'être courte et malheureuse. Au contraire, celles qui, à cette occasion, ont pu explorer librement des voies nouvelles dans toutes les directions et choisir les formes organisationnelles les mieux appropriées, ont beaucoup plus de chances de s'adapter à l'environnement innovateur qui les attend.

Le concept de firme flexible n'implique nullement une absence de structures ; ce qu'il suggère, c'est qu'au cours de sa renaissance l'entreprise peut cesser d'être un « mulet hybride » pour devenir une grande équipe qui comprendra un tigre, un banc de piranhas, un mini-mulet ou deux, et peut-être même, qui sait, un essaim d'abeilles butineuses d'information. L'image peut servir à illustrer le fait que la firme de demain pourrait bien réunir dans un cadre commun un grand nombre de formes différentes, et fonctionner comme une sorte d'arche de Noé.

Pour bien comprendre l'idée, il importe de se rappeler que la bureaucratie n'est qu'une des manières d'organiser des êtres humains et de l'information parmi tant d'autres, d'une diversité presque infinie. En fait, nous pouvons puiser dans un immense répertoire de formes, qui vont des petits groupes de jazz aux réseaux d'espionnage, des tribus et clans, avec leurs conseils des anciens, aux monastères et aux équipes de football, chaque type étant adapté à certaines situations mais ne valant rien pour d'autres, chacun ayant ses méthodes spécifiques de collecte et de distribution de l'information, comme d'attribution des pouvoirs.

On peut très bien imaginer une grande entreprise qui comporterait une unité de style monastique chargée d'écrire les logiciels, une équipe de recherche organisée comme le sont les improvisateurs d'une formation de jazz, un réseau d'espionnage compartimenté avec ses règles impératives, qui rechercherait par des moyens légaux les occasions de fusions ou d'achats ; et une force de vente fonctionnant comme une « tribu » enthousiaste, qui posséderait même ses chants de guerre et ses rituels collectifs émotionnels (l'auteur a assisté à une réunion du département des ventes d'une importante société où s'affirmait une esquisse d'organisation tribale et où les participants étaient psychologiquement pris par leur travail au point qu'ils en dansaient littéralement sur les tables).

Cette nouvelle vision de l'entreprise, conçue désormais comme un assemblage d'organisations très différentes, dont certaines radicalement antibureaucratiques, apparaît déjà dans certaines firmes sous une forme à demi voilée ou embryonnaire. Beaucoup d'autres s'engageront plus ou moins volontairement dans la voie du modèle à structures libres, qui conditionne leur survie dans l'économie démassifiée de demain.

Nous sommes amenés à utiliser le terme « *flex-firm** » parce que l'anglais ne dispose d'aucun mot commode pour dénommer cette entité nouvelle. En français, l'économiste Hubert Landier décrit l'entreprise de l'avenir comme devant être « polycellulaire », mot bien difficile. D'autres la disent « neurale », considérant qu'elle ressemblera plus à un système nerveux qu'à une machine ; d'autres encore qualifient de « réseau » le type d'organisation naissant.

Ces derniers termes expriment chacun une facette de la réalité nouvelle, mais aucun n'est entièrement adéquat, car la forme future que nous voyons apparaître comprend tous ces aspects,

* Nous avons préféré traduire simplement par « firme (ou entreprise) flexible ». *(N.d.T.)*

plus d'autres encore. Les entreprises pourront inclure des éléments « polycellulaires » ou « neuraux » ; elles pourront (ou non) être structurées en « réseaux » ; mais certaines pourront aussi inclure des unités qui resteront totalement bureaucratiques, du fait que, pour certaines fonctions, la bureaucratie demeure indispensable.

Un trait essentiel de la firme post-bureaucratique est que les relations entre les composants n'y sont pas strictement prédéterminées, comme l'est la répartition forcée de l'information dans les bases de données d'ancien modèle.

Dans l'entreprise flexible, les unités peuvent obtenir les uns des autres ou bien demander à l'extérieur l'information, le personnel et l'argent dont elles ont besoin. L'interlocuteur est dans le bureau d'à côté, ou sur un autre continent ; parfois, comme dans une base de données hypermédias, les fonctions se chevauchent ; ou bien, à d'autres points de vue, elles se trouvent divisées en compartiments pour des raisons logiques, géographiques ou financières. Certaines unités recourront largement aux services assurés par la direction centrale, d'autres préféreront ne les utiliser que très peu.

De toute façon, il faut que les flux d'information soient plus libres et plus rapides. Il faudra donc des canalisations croisées, capables de fonctionner du bas vers le haut, du haut vers le bas, et aussi bien horizontalement — des liaisons nerveuses qui franchiront les parois des petites boîtes de l'organigramme et permettront aux gens d'échanger idées, données, formules, suggestions, intuitions, faits, stratégies, murmures, gestes et sourires qui se révèlent essentiels pour l'efficacité.

« Quand vous avez connecté les gens qu'il faut avec l'information qu'il faut, vous obtenez la valeur ajoutée », dit Charles Jepson, directeur commercial pour le matériel de bureau chez Hewlett-Packard. « L'information, ajoute-t-il, est le catalyseur indispensable du changement à tous les niveaux, et c'est pourquoi son pouvoir est si redoutable. »

Les entreprises familiales de l'avenir

Parmi les types d'entreprises longtemps écrasés, mais qui aujourd'hui luttent durement pour se libérer de la bureaucratie directoriale d'ancien régime, la maison de papa et maman que symbolisent par exemple les Rossi et D'Eustachio d'Italie figurent en bonne place.

Il fut un temps où il n'existait pratiquement que ces petites unités possédées par une famille. Ce n'est guère avant le XIXe siècle que, gagnant en taille, les firmes commencèrent à se transformer en bureaucraties dirigées par des professionnels.

A présent, comme nous l'avons vu, les établissements indépendants à gestion familiale se multiplient de nouveau. Mais nous avons en outre assisté à l'extension du franchisage, qui unit l'activité isolée d'un couple aux capacités financières et promotionnelles d'une grande société. Au stade suivant, il devrait logiquement apparaître *à l'intérieur* des grandes firmes des entreprises familiales, qui y formeront des unités respectées et puissantes.

Actuellement, la plupart des grandes sociétés utilisent la « famille » pour se livrer à une rhétorique cynique. Le rapport annuel nous présente l'image du président bien vêtu et tout sourire, tandis que le texte rédigé par son nègre nous assure que, dudit président au portier, tout le personnel constitue « une grande famille ».

En fait, rien n'est plus opposé aux formes d'organisation familiales, ni, pour tout dire, hostile à la vie familiale en elle-même, que la bureaucratie d'affaires du type habituel. Ce n'est pas par hasard que tant de grosses sociétés se refusent systématiquement à employer à la fois un homme et son épouse.

Aux États-Unis, les règles de ce genre, instituées en principe pour empêcher le favoritisme et l'exploitation, perdent de leur rigueur : par exemple, avec l'accroissement du nombre des femmes hautement qualifiées, les directions ont des difficultés à transférer ailleurs un des époux quand l'autre a un bon emploi sur place.

Nous pouvons nous attendre à voir engager des couples — en qualité de couples — qui pourraient bientôt diriger des centres de profit, et qu'on autoriserait — ou plutôt qu'on encouragerait — à les gérer comme des entreprises familiales.

Le résultat serait probablement le même en cas de rachat d'une entreprise comme l'Euroflex des D'Eustachio. Pour quelle raison disloquerait-on l'équipe familiale qui en a assuré la réussite initiale ? Un acquéreur avisé ferait au contraire tout ce qu'il pourrait pour la maintenir intacte.

Parfois dépeint sous de trop belles couleurs, le « familialisme » pose de nombreux problèmes aux dirigeants.

Travaillant ensemble, un mari et sa femme, s'ils sont doués d'une grande énergie, pourraient constituer dans l'entreprise une redoutable force politique. La sublimation de l'émotion, qui est de règle dans les grandes sociétés, risquerait de laisser la place aux cris, aux pleurs, à tout ce que la vie familiale comporte souvent d'apparemment irrationnel. Des directions à dominante masculine seraient peut-être obligées d'abandonner des postes importants à des femmes soutenues par leurs maris ou par d'autres membres de la famille. Dans un tel système, comment s'assurer que des responsabilités considérables ne seront pas confiées à un fils imbécile ? Comment traiter les problèmes de succession ? Toutes ces difficultés ne sont pas faciles à surmonter.

D'un autre côté, les firmes familiales présentent de grands avantages. Contrairement aux grandes structures bureaucratiques, elles sont capables de prendre des décisions rapides, et souvent disposées à courir de gros risques. Elles peuvent changer plus vite, et s'adaptent mieux aux nouvelles demandes du marché. La collaboration personnelle permanente et même les conversations sur l'oreiller permettent une communication riche et presque instantanée, où il suffit d'un grognement, d'une grimace, pour en dire beaucoup. De plus, les membres de la famille éprouvent généralement un fort sentiment de « propriété » envers l'entreprise, manifestent une motivation élevée et un grand sens de la loyauté ; enfin, leurs horaires de travail sont souvent surhumains.

Pour toutes ces raisons, on peut s'attendre à voir les firmes familiales proliférer à l'intérieur des entreprises géantes les plus intelligentes, aussi bien qu'en dehors d'elles.

L'expert en management pakistanais Syed Mumtaz Saeed apporte à ce sujet une réflexion pénétrante : « La déshumanisation qui a caractérisé l'ère industrielle en Occident, écrit-il, est venue de ce qu'on a relégué la famille à un rôle purement social et non économique. En conséquence, le manager et l'ouvrier des temps modernes sont l'un et l'autre déchirés entre le lieu de travail et la maison au sens physique, entre la famille et l'organisation au sens émotionnel... Ce conflit se trouve au centre des problèmes de motivation, de moral et de productivité que connaissent les sociétés occidentales modernes. »

Saeed soutient que les pays du tiers-monde devraient rejeter l'impersonnalité bureaucratique et l'attitude antifamiliale de l'Occident pour construire des économies dont la base réelle sera la famille.

Ce qu'il demande, c'est la mise à l'écart d'un paternalisme qu'ont déjà éliminé la plupart des grandes entreprises occidentales, et qui recule même au Japon. Mais c'est là une conception très éloignée de celle de la firme flexible, laquelle peut théoriquement comporter un centre de profit rigoureusement paternaliste à côté d'autres d'orientations résolument opposées, une unité commandée comme un camp d'entraînement des Marines à côté d'une commune libertaire. Dans la mutation qui nous mène à la diversification des formes organisationnelles, l'anticolonialisme devrait, semble-t-il, entraîner la libération de l'organisme familial dans le cadre de la firme flexible.

Pourtant, comme nous allons le voir, la famille n'est qu'une des formes d'organisation de l'entreprise entre toutes celles, aussi hautes en couleur que multiples, qui vont, dans les années à venir, enlever leurs pouvoirs aux directeurs-bureaucrates.

CHAPITRE XVII

Chefs de tribu
et « commissaires » d'entreprise

Tous les dix ans, les États-Unis subissent une invasion.

Récemment encore, une armée de 400 000 hommes s'est déployée à partir de douze points de débarquement et a balayé le pays au cours d'une campagne de six semaines ; après quoi elle a cessé ses opérations en se fondant dans la population civile avec tout l'appareil logistique, informatique et de télécommunications qui avait relié ses unités pendant sa marche.

Bien que rarement étudiés, les plans de cette invasion sont pleins d'enseignements pour de nombreuses entreprises américaines. L'« armée » en question a en effet pour objectif de collecter les renseignements détaillés qui serviront de base à des millions de décisions économiques. Qui plus est, la façon même dont la campagne est organisée peut nourrir la réflexion de bien des cadres responsables.

L'organisation que nous évoquons est évidemment le Service du recensement des États-Unis, dont les opérations décennales jettent une vive lumière sur certains aspects de cette future forme de l'entreprise qu'est la firme flexible. Car avec la diversification croissante de l'économie post-usinière, il faudra inventer des formes d'entreprise nouvelles et plus variées.

Il ne s'agit pas là d'une théorie purement académique, mais d'une question de vie ou de mort. Voici bien des années que le cybernéticien W. Ross Ashby a forgé l'expression de « variété nécessaire » pour désigner une des conditions absolues de la survie de tout système. Les entreprises d'aujourd'hui manquent tout simplement de la variété nécessaire qui leur permettrait de survivre au cours du XXIe siècle.

En cherchant de tous côtés des moyens d'action mieux adaptés, elles finiront par découvrir — ou redécouvrir — nombre de méthodes que l'actuel management bureaucratique néglige, écarte, comprend de travers ou utilise mal. Pour trouver ces idées, il leur faudra explorer tous les domaines, et regarder non seulement du côté des autres entreprises, mais aussi du côté d'institutions non économiques telles que les États, les partis politiques, les universités, l'armée — et les services de recensement.

Voici un échantillon de ce qu'elles pourront apprendre.

L'organisation pulsatile

Il s'agit là d'une organisation qui se dilate et se contracte à un rythme régulier. On en trouve précisément un bon exemple dans le Bureau du recensement des États-Unis, qui s'enfle tous les dix ans dans des proportions gigantesques, puis rétrécit, commence à établir des plans pour le prochain décompte décennal, avant de se gonfler à nouveau.

Avec un effectif d'environ 7 000 personnes en temps ordinaire, le Bureau possède douze centres régionaux permanents répartis sur le territoire. Mais quand vient l'époque du recensement complet, il les double de centres parallèles. Ce sont ces douze « fantômes » qui reçoivent les candidats — plus de 1,2 million — parmi lesquels ils recrutent les 400 000 « soldats » qui vont se déployer pour aller frapper à toutes les portes. Les centres fantômes sont prévus pour durer un an ou un an et demi, après quoi ils sont démantelés. A ce moment, le personnel se réduit à l'effectif de 7 000, et entreprend d'établir ses plans pour le comptage décennal suivant.

L'accomplissement réussi d'une telle tâche mériterait, dans l'ordre du management, l'équivalent d'une médaille d'or olympique. Le recensement de 1990 a certes comporté beaucoup d'erreurs et de maladresses ; il n'en reste pas moins que le travail effraierait plus d'un dirigeant d'entreprise expérimenté. En fait, beaucoup de firmes pourraient s'apercevoir qu'à une échelle plus réduite elles ont un peu les mêmes problèmes, car il existe des « organisations pulsatiles » dans bien des branches de l'économie.

Ce sont par exemple les entreprises qui passent à une vitesse supérieure à l'occasion de changements de modèles annuels, puis ralentissent pour le reste de l'année ; les commerces de détail qui embauchent pour Noël et licencient en janvier ; et les équipes temporaires constituées pour le tournage d'un film ou d'une émission de télévision.

Une des formes d'organisation économique qui prolifèrent

actuellement le plus vite est la force spéciale, ou « équipe de projet », typique de ce que nous avons dénommé « ad-hocratie » dans *le Choc du futur*. Il s'agit en réalité d'une variante de l'organisation pulsatile. Alors que les véritables « pulseurs » croissent et décroissent de façon répétitive, une équipe de projet n'a normalement à accomplir qu'une tâche unique ; elle grandit puis se contracte une seule fois avant d'être définitivement démantelée. C'est en fait une organisation à « pulsation unique ».

Mais, dans tous les cas, les exigences en information et en communications sont tout à fait spécifiques. Pour le recensement de 1990, par exemple, les centres « fantômes » du service étaient reliés par un réseau temporaire qui comportait pour quelque 80 millions de dollars d'ordinateurs et d'équipements de télécommunications, réseau prévu pour être ensuite mis au rebut ou en partie replié au sein de l'organisation permanente.

Les dirigeants des entreprises ou unités pulsatiles s'aperçoivent souvent que leur pouvoir l'est également. En période de rétrécissement, les crédits ont tendance à tarir, les gens disparaissent, la réserve de savoir et de talent diminue, tandis qu'augmente le pouvoir relatif dans l'entreprise des unités rivales. Dans une structure de pouvoir pulsatile, le responsable en chef d'un grand projet peut parfaitement être un jour un « gorille de trois cents kilos », et le lendemain un ouistiti. D'autre part, l'interaction de nombreuses organisations pulsatiles imprime à l'ensemble de l'économie une sorte de rythme régulier.

Cependant, la pulsation n'est pas seulement affaire de variation de taille. Certaines entreprises y sont sujettes en ce sens qu'elles oscillent continuellement entre la centralisation et la décentralisation. Chaque pulsation ou renversement de tendance entraîne une modification des structures de l'information, et par suite des déplacements de pouvoir. L'accélération et le caractère de plus en plus imprévisible du changement donnent à penser que dans les années à venir, les pulsations se feront de plus en plus rapides.

L'organisation à deux faces

Un autre type d'organisation trouvera probablement sa place dans beaucoup d'entreprises flexibles : c'est l'unité à deux faces, capable d'opérer selon les circonstances sur deux modes absolument différents. La pulsation implique des variations de dimension et de structure réparties dans le temps ; au contraire, l'organisation à la Janus peut garder la même taille, mais passer, suivant les besoins, du commandement hiérarchisé à une direction totalement informelle.

Un des meilleurs exemples en est certainement la célèbre formation militaire britannique du Special Air Service (SAS). Utilisé pour des opérations antiterroristes « chirurgicales », pour des récupérations d'otages et autres missions qui exigent à la fois de la ruse et un effet de surprise, le SAS agit selon deux pratiques diamétralement opposées. Sur le terrain de manœuvre officiel, on ne voit que fourbissage, bottes bien cirées et obéissance aveugle, tandis que les sergents imposent à grands hurlements le respect du règlement. Là, les privilèges du rang et de la hiérarchie sont brutalement affirmés.

Dans l'action, on attend pourtant des mêmes hommes un type de comportement tout différent. Le SAS combat en unités minuscules, souvent coupées de leurs bases, et où ne figure aucun officier. Il y a bien un chef, mais qui peut n'avoir aucun grade et que de coutume on appellera simplement le « patron ». Les hommes, à qui on donnait dérisoirement du « monsieur » sur le champ de manœuvre, n'entendent plus que « m'sieu », ou simplement leurs prénoms. Le sergent qui couvrait un soldat d'injures pour une minime infraction à la tenue réglementaire tolérera sans doute des plaisanteries sur les « obsédés de la revue de détail ». En situation de combat, la hiérarchie, les grades et les privilèges cèdent la place à d'autres règles fondamentales.

L'homme qui avait le premier proposé la création du SAS, le colonel David Stirling, faisait remarquer que chez les parachutistes ou dans les commandos, la plus petite unité comptait huit ou dix hommes commandés par un sous-officier chargé de penser pour tout le groupe. Stirling, lui, préconisait une innovation sans précédent dans l'histoire militaire — un élément d'opération réduit à quatre combattants.

Dans le SAS, a-t-il écrit, « chacun des quatre hommes était entraîné de manière à posséder un haut niveau de compétence dans tout le champ des missions du service ; de plus, chacun recevait un entraînement supplémentaire dans au moins une spécialité, choisie selon ses aptitudes personnelles. Quand il était en opération — souvent par nuit noire — chaque homme du SAS employait au maximum ses capacités individuelles de perception et de jugement ».

Stirling tenait au chiffre de quatre, dans le but d'empêcher l'apparition d'une autorité de type orthodoxe. En fait, le danger de voir chacun se conduire de façon anarchique se trouve réduit par le choix d'équipiers animés d'une très haute motivation collective. Le résultat est une organisation qu'on a pu décrire comme « une démocratie militaire absolument unique [...] dans laquelle, s'il réussit à s'y adapter, un homme abandonne son statut social et même son identité d'origine pour devenir membre d'une caste où les liens sont aussi forts que dans n'importe quelle famille ». L'entraînement et l'engagement moral également intenses permettent à la même unité d'opérer, selon les exigences de la situation, tantôt sur un mode autoritaire, tantôt sur un mode démocratique.

La vie économique aussi fait appel à des comportements différents en temps normal et en temps de crise. De fait, nombreuses sont actuellement les firmes qui créent des cellules de crise, élaborent des plans pour telle ou telle éventualité, et prévoient des tactiques de remplacement. Mais bien peu préparent leur personnel à travailler selon deux méthodes complètement différentes.

La conception présente du « management de crise » consiste à installer une « direction fantôme » qui reste en réserve, prête à assumer le pouvoir en cas d'urgence. Par exemple, la Southern California Edison, dont dépend la centrale nucléaire de San Onofre, a mis en place un système d'information complexe qui utilise les mesures de contrôle à distance, la transmission de la voix humaine et les procédés vidéo pour relier, si besoin est, sa cellule de crise à ses unités sur le terrain.

Plus nous avançons dans cette période de turbulence économique et politique, ponctuée de façon erratique par des percées — ou des catastrophes — technologiques, plus nous devons nous attendre à une succession presque ininterrompue de crises, qui peuvent aller des attaques terroristes ou de l'échec de tel produit à une soudaine tension internationale, ou à n'importe quoi d'autre. La marée noire de l'*Exxon Valdez*, l'effondrement de la banque Continental Illinois, la vague de faillites dans les institutions d'épargne et de crédit, la banqueroute de l'A.H. Robins Company après la découverte des dangers que présentait pour la santé son contraceptif intra-utérin Dalkon Shield ne sont encore que des échantillons des multiples types de difficultés aiguës qui peuvent menacer les entreprises.

Chacune de ces crises entraîne d'énormes transferts de pouvoir. On trouve des boucs émissaires ; des dirigeants tombent dans le discrédit et sont remplacés par d'autres qui montent. En un temps de changement révolutionnaire, la probabilité accrue des situations dramatiques laisse prévoir que les équipes de crise et les organisations à deux faces vont se répandre dans le monde économique, et constitueront un élément normal de la firme flexible de demain.

L'organisation en damier

En Autriche, après la deuxième guerre mondiale, les deux principaux partis politiques conclurent un accord aux termes duquel celui qui se trouverait à la tête d'un organisme public confierait le poste immédiatement inférieur à un membre de l'opposition, et ainsi de suite jusqu'au bas de l'échelle. Ce système du *proparz* a eu pour conséquence que dans les sociétés, banques ou compagnies d'assurance possédées par l'État, et même dans les établissements scolaires ou dans les universités, des « rouges » socialistes et des « noirs » conservateurs occupaient tous les postes clés en alternance verticale.

Nous voyons aujourd'hui un procédé similaire utilisé, pour donner un exemple, par la Banque japonaise de Californie. Celle-ci fait alterner Japonais et Américains à chaque niveau de la hiérarchie, afin que Tokyo reçoive des informations perçues d'un point de vue japonais non seulement de la direction, mais en provenance de beaucoup d'autres échelons organisationnels. Ainsi le pouvoir au sommet se nourrit-il d'un flux permanent de réflexion, élaboré à des « altitudes » différentes par des esprits différents. A mesure que les entreprises se planétarisent, beaucoup essaieront sans nul doute de recourir à cette méthode autrichienne ou japonaise.

Les commissaires dans l'organisation

Traditionnellement, les unités de l'armée soviétique possédaient non seulement des chefs militaires, mais aussi des officiers politiques. Alors que les premiers rendaient compte à leurs supérieurs de l'armée, les « commissaires politiques » rendaient également compte au Parti communiste, l'objectif étant de maintenir la soumission de l'armée au Parti. Dans les entreprises aussi, nous voyons souvent des « commissaires » désignés d'en haut et installés dans des unités subordonnées aux fins de les surveiller et de rendre compte au sommet par des canaux séparés plutôt que par la voie hiérarchique normale.

Dans ce cas, l'information emprunte deux cheminements principaux, en violation du principe bureaucratique qui n'en admet qu'un. La pratique reflète par ailleurs la profonde méfiance des dirigeants envers l'information qui remonte jusqu'à eux selon la procédure normale.

Avec l'accélération d'un changement de plus en plus imprévisible, les directeurs généraux seront de plus en plus tentés de court-circuiter la bureaucratie dans une tentative désespérée pour maintenir leur contrôle.

L'organisation bureau-seigneuriale

Le meilleur exemple actuel de survivance d'une organisation de type féodal est celui de l'université, où chaque département constitue une seigneurie, et où les professeurs titulaires gouvernent un corps d'assistants qui sont leurs serfs. Ce vestige d'autres temps est encastré dans la structure administrative bureaucratique de l'université (avec laquelle il est souvent en guerre). Dans le même ordre d'idées, les 535 « seigneurs » élus du Congrès des États-Unis règnent sur un énorme personnel administratif.

On trouve une combinaison similaire de bureaucratie économique et de seigneurie féodale dans les « huit grandes » firmes de comptabilité américaines, dans les grands cabinets juridiques, dans les maisons de courtage boursier, et dans le domaine militaire où chaque grande arme — forces terrestres, marine et aviation — constitue un fief férocement indépendant. Les généraux et amiraux qui les dirigent ont fréquemment plus de pouvoir réel que leurs supérieurs de l'état-major général, lesquels ne commandent directement aucune unité.

Dans les « bureaux-seigneuries », les seigneurs se combattent entre eux, mais ne se privent pas de former des alliances pour affaiblir le contrôle central. Le monde des affaires aussi comporte des éléments féodaux, en même temps que ce que nous pourrions dénommer un « vasselage résiduel ».

Ingénieur de longue date, George Masters a travaillé chez plusieurs fabricants américains de matériel électronique ; il est aujourd'hui l'assistant administratif de Philip Ames, vice-président d'une des plus grandes sociétés de construction d'ordinateurs à l'échelle mondiale. Si quelque membre du service du personnel s'avisait de vérifier, il s'apercevrait que Masters est entré dans la firme peu après Ames ; et s'il cherchait plus loin, il s'apercevrait qu'il en était allé de même dans celle qui les employait tous deux précédemment — et aussi dans celle d'avant.

Compagnons de bar comme de bureau, Masters et Ames forment une paire de copains ; ils prennent même leurs vacances ensemble, avec leurs femmes. En fait, Masters et Ames (ce sont des exemples réels, quoique sous d'autres noms) travaillent ensemble depuis plus de quinze ans : chaque fois que le second a obtenu un poste supérieur, le premier l'a suivi.

Que cela s'appelle « se mettre à la remorque d'une étoile » ou « monter en croupe », le couplage existe dans presque toutes les grandes entreprises. Du fait qu'il simplifie beaucoup les problèmes de communication, les deux hommes se connaissant si bien que l'un anticipe les réactions de l'autre, il se révèle hautement efficace pour certaines tâches — bien qu'en contradiction avec les règles formelles de sélection « objective » du personnel.

La psychologie du « vasselage » est des plus complexes : on y rencontre aussi bien des relations tutélaires de maître à disciple qu'à l'autre bout, des échanges de faveurs financières, sexuelles ou de toute autre sorte. Le système n'en reste pas moins fondamentalement féodal et subjectif, en opposition avec l'impersonnalité bureaucratique.

Les rapports de pouvoir y sont tout aussi compliqués. D'un côté, le « vassal » dépend du « seigneur » qui se situe plus haut dans l'échelle de l'organigramme ; mais il se peut aussi que le supérieur soit totalement dépendant de son subalterne, dont la fonction principale consiste parfois à dissimuler les faiblesses de son patron. Il peut s'agir, selon la pratique courante, de couvrir celui-ci quand il a trop bu, pour pouvoir faire son travail ; plus exceptionnellement, de lui lire la documentation et de présenter les rapports à sa place, parce qu'il est dyslexique à l'insu de la direction.

Avec l'affaiblissement de la bureaucratie, avec l'engorgement de ses canaux et alvéoles, nous verrons probablement apparaître nombre d'autres formes et pratiques néo-féodales, qui trouveront leur place dans la firme flexible.

Les équipes sauvages

Voici qu'on confie à une équipe un problème ou un objectif assez peu précis, qu'on lui alloue des ressources, et qu'on la laisse opérer en dehors des règles normales de l'entreprise. Le « groupe sauvage » ignorera donc entièrement les alvéoles comme les canaux officiels — autrement dit, la spécialisation et la hiérarchie inhérentes à la bureaucratie établie.

De formidables énergies se trouvent libérées, l'information circule à grande vitesse par des voies autonomes. Les participants s'attachent profondément à leur travail et les uns aux autres.

Bien souvent, des projets d'une immense complexité seront menés à bien en un temps record.

Hirotaka Takeuchi et Ikujiro Nonaka, de l'université Hitot-subashi, au Japon, écrivent en traitant du « nouveau nouveau jeu du développement de produit » que, le jour où Honda décida de créer une voiture adaptée aux goûts des jeunes, la firme rassembla une équipe dont l'âge moyen était de vingt-sept ans — et la lâcha dans la nature. « C'est incroyable, disait un jeune ingénieur, à quel point la société [...] nous a laissés libres de faire comme nous voulions. »

Quand la Nippon Electric Company (NEC) voulut réaliser son PC 8 000, elle confia le projet à un groupe d'ex-ingénieurs des ventes spécialisés dans les microprocesseurs, qui n'avaient jusque-là aucune expérience en matière d'ordinateurs personnels. « La haute direction, dit le chef de l'équipe, nous a donné le feu vert pour nous occuper du projet, à condition que nous le réaliserions nous-mêmes et que nous serions aussi responsables par nous-mêmes de la production, des ventes et du service-clientèle. »

Quant au PC d'IBM, qui allait devenir l'étalon de référence de la branche, il fut l'œuvre d'un groupe quasi autonome qui travailla à Boca Raton, en Floride. Mis à part un compte rendu trimestriel au siège social d'Armonk (État de New York), l'équipe était libre d'agir à son gré et même, contrairement à la politique générale de la société, d'acheter ce qu'elle voulait à des fournisseurs extérieurs. On trouverait des exemples similaires chez Apple, Hewlett-Packard, Xerox et d'autres firmes de technologie avancée.

La forme d'organisation des « bêtes sauvages » est antibureaucratique par nature, et elle l'est de façon militante.

Selon Takeuchi et Nonaka, « une équipe de projet tend à s'organiser d'elle-même et à sa manière, du fait qu'elle se trouve réduite à la situation d'"information zéro" — où elle ne peut utiliser le savoir antérieur... Abandonné à lui-même, le processus commence à créer son ordre dynamique spécifique. L'équipe se met à opérer comme une entreprise toute récente : elle prend des initiatives et des risques, elle élabore un programme d'action indépendant ».

Les groupes sauvages qui réussissent se donnent progressivement leur propre direction, choisie en fonction des capacités et des compétences plutôt que des titres officiels. Ces dirigeants nouvellement portés au pouvoir entrent bien souvent en conflit direct avec le responsable officiellement désigné par la bureaucratie pour assurer le démarrage de l'unité, puis la superviser.

L'équipe spontanée

Nous commençons aussi à voir apparaître des équipes ou groupes de formation spontanée. Au lieu de recevoir une mission attribuée d'en haut, ceux-ci se constituent généralement par la voie du réseau électronique. Les petits « collectifs d'information » en question sont d'essence encore plus antibureaucratique que les « sauvages ».

Ils se forment quand des gens passionnés par le même problème font connaissance à travers leurs ordinateurs et commencent à échanger des informations d'un département à un autre, sans se soucier des titres officiels ni des localisations géographiques.

Tant que son activité est compatible avec les buts de l'entreprise — définis de la façon la plus large —, l'équipe est laissée libre de se fixer ses propres objectifs, ce qu'elle fait souvent de façon démocratique.

Chez Digital Equipment, par exemple, des membres du groupe de management en ingénierie dirigé par David Stone, dispersés dans le monde entier, tiennent une « conférence » électronique où chaque participant — ou participante — expose ses ébauches de projets.

« Alors, dit Stone, je demande à chacun de commenter les propositions de tous les autres, et de dire s'il y croit ou non, si elles correspondent à l'orientation choisie, et quel apport provenant de telle ou telle personne devrait être incorporé au programme commun. Au bout d'un mois et demi d'échanges [...], chacun de nous récrit tout en fonction de l'information reçue ; à ce moment-là, nous avons élaboré en équipe un ensemble collectif d'objectifs à atteindre. »

Foncièrement antibureaucratique, la méthode ne peut réussir que dans un climat où les différentes personnalités se voient reconnaître une large autonomie ; il peut alors en résulter une réaction de créativité en chaîne. Tout cela explique pourquoi on rencontre le plus souvent ce type d'unités dans les domaines où l'innovation concurrentielle est poussée au plus haut degré. Ainsi, à mesure que s'étendent les réseaux qui relient les firmes flexibles, il devrait se former davantage d'unités spontanées, y compris par-dessus les frontières des entreprises.

Des pouvoirs diversifiés

De par leur grande diversité, les entreprises flexibles exigeront des styles de direction totalement inconnus du manager bureaucrate.

La couche des hauts dirigeants sera beaucoup moins homogène. Au lieu de rassembler des cadres sortis d'un moule unique et tous semblables par leur allure (comme dans leur pensée), le groupe qui détiendra le pouvoir dans la firme flexible sera hérérogène, individualiste, antibureaucratique ; les gens y seront souvent peu patients et entêtés, mais le groupe sera probablement beaucoup plus créatif que les actuels comités bureaucratiques.

L'entreprise de type nouveau ne présente plus le dessin ordonné de la hiérarchie autoritaire, mais une image bien plus complexe, changeante et brouillée. Le directeur général peut y avoir affaire à ce qui, dans la perspective bureaucratique d'aujourd'hui, apparaîtrait comme un mélange disparate de chefs de tribu, de commissaires politiques, de divas égotistes, de beaux seigneurs imbus de leur importance, de spécialistes de l'acclamation, de technocrates silencieux, de prédicateurs du style tonitruant, et de patri- ou matri-arches de firmes familiales.

Les organisations pulsatiles, par exemple, ont besoin de dirigeants capables de mener des petits groupes aussi bien que des grandes collectivités — à moins qu'elles ne prévoient un système de succession bien déterminé qui, selon les phases du cycle, confiera l'autorité à des personnes douées de capacités différentes.

Là où l'on applique le principe du damier ou celui des « commissaires », il y a concurrence entre deux lignes de communication. Avec le système du damier, toutes deux aboutissent au bureau du directeur général ; avec celui des commissaires, l'une transmet l'information au même directeur, l'autre, par exemple, directement au conseil d'administration.

Toutes les dispositions qui affectent le flux de l'information ont pour résultat de donner du pouvoir, ou de le redistribuer. Dans les organisations de type seigneurial, le directeur général doit sans cesse négocier avec ses grands vassaux et jouer les uns contre les autres afin d'éviter la formation d'une coalition qui le neutraliserait, ou le détrônerait carrément.

Dans de telles conditions, la fonction directoriale deviendra vraisemblablement moins impersonnelle, moins prétendument « scientifique » ; en revanche, elle devrait reposer bien davantage sur la sensibilité intuitive et la compréhension d'autrui, tout en impliquant de la ruse, du cran, bref, quantité de ces réactions émotionnelles qu'on dit démodées.

L'entreprise flexible devient de plus en plus politique, au sens où c'est une tâche politique que d'agir en tenant compte d'une multiplicité de circonscriptions électorales ; elle est encore politique en ce sens que l'usage conscient du pouvoir est une fonction politique.

Le pouvoir — c'est-à-dire le contrôle des ressources financières de la firme et de l'information, garanti par la force de la loi — est en train d'échapper à ceux qui le détiennent en vertu d'un titre purement juridique ou formel, pour aller à ceux qui possèdent une autorité naturelle fondée sur le savoir et sur certaines capacités psychologiques et politiques.

Il n'y a pas de panacée

Pour conclure, disons un mot des réseaux. Cette forme d'organisation a suscité tant d'attention ces dernières années, elle a fait l'objet de tant d'exagérations et elle a été définie de façon si large qu'une certaine prudence s'impose. Aux yeux de beaucoup de gens, le réseau fait figure de panacée.

Les sociétés et les économies comportent une multitude de réseaux très divers, que nous sommes habitués à considérer comme les voies informelles de l'information et de l'influence. Les féministes dénoncent un « réseau de vieux mecs » qui empêcherait souvent les cadres féminins d'obtenir de l'avancement. Les militaires retraités entretiennent souvent un ensemble de contacts, tout comme les anciens policiers ou membres du FBI, dont beaucoup, après avoir quitté le service de l'État, occupent des postes de sécurité dans les entreprises.

Les homosexuels ont leurs réseaux, particulièrement influents dans des branches telles que la mode ou la décoration. Les minorités ethniques en possèdent de très puissants — par exemple ceux de l'émigration chinoise en Asie du Sud-Est, des Juifs en Europe et en Amérique, des originaires des Antilles occidentales en Grande-Bretagne. De même, les groupes transplantés — les New-Yorkais au Texas, la soi-disant mafia de Géorgie qui s'installa à Washington sous la présidence de Jimmy Carter, les Ukrainiens qui « montèrent » avec Leonid Brejnev à Moscou — ont tendance à constituer leurs propres réseaux de communication.

Bref, ces liaisons informelles surgissent sous de nombreuses formes dans pratiquement toutes les sociétés complexes, et il s'y ajoute des réseaux plus nettement structurés comme ceux des francs-maçons, des mormons ou des membres de l'organisation catholique Opus Dei.

Les économistes et les théoriciens de l'entreprise ont longtemps négligé d'étudier le rôle et l'organisation de ces réseaux ; maintenant, on s'y intéresse beaucoup, à titre de modèles possibles pour le fonctionnement des firmes.

Les raisons de ce retournement résident dans des modifications sociales en profondeur, dont la première est la rupture, précédemment évoquée, des systèmes de communication officiels dans les grands organismes économiques. Quand les alvéoles et les canaux bureaucratiques sont engorgés et deviennent incapables d'acheminer les énormes flux de communication et d'information désormais indispensables à la production de la richesse, la « bonne information » cesse de parvenir au « bon destinataire » comme elle le faisait autrefois ; alors, pour la transmettre malgré tout, le personnel se tourne vers les réseaux informels.

Parallèlement, la démassification de l'économie oblige les sociétés et leurs unités de travail à opérer en liaison avec des partenaires plus nombreux et plus diversifiés, ce qui nécessite davantage de contacts, tant personnels qu'électroniques, avec des « étrangers ». Mais, quand un étranger nous dit quelque chose, comment être sûr que c'est exact ? Chaque fois qu'ils le peuvent, les dirigeants, en proie au scepticisme, vérifient par l'intermédiaire de leurs réseaux personnels, c'est-à-dire des gens qu'ils ont connus ou avec qui ils ont travaillé pendant des années, de manière à contrôler et compléter ce qu'ils ont appris par les canaux.

Enfin, étant donné qu'un nombre grandissant de problèmes requièrent maintenant une information interdisciplinaire, et que le vieux système délabré des alvéoles et canaux y fait obstacle, les employés recourent à leurs amis, ou aux contacts qu'ils ont dans un réseau dont les membres peuvent appartenir à quantité de départements et d'unités différentes.

Officialisés ou non, les réseaux de ce genre ont des caractéristiques communes. Ils sont plutôt horizontaux que verticaux — en ce sens que leur hiérarchie est du type aplati, ou qu'ils n'en ont aucune. Ils sont souples, ils savent changer rapidement de configuration en fonction des circonstances. La désignation de leurs dirigeants tend à se fonder sur la compétence et la personnalité plus que sur le rang social ou hiérarchique. Le pouvoir y change de mains plus fréquemment et plus aisément

que dans les bureaucraties, quand de nouvelles situations requièrent des qualités différentes.

Toutes ces considérations ont mis le réseau d'entreprises à la
mode auprès des managers comme des spécialistes universitaires.
La société Corning, qui opère dans quatre branches — les
télécommunications, l'appareillage ménager, les matériaux nouveaux et la recherche en laboratoire —, se décrit elle-même
comme un « réseau global » ; son président, James R. Houghton,
déclare :

« Un réseau est un groupe d'entreprises reliées entre elles, bien
que les types de propriété présentent une grande variété [...].
Dans chaque secteur, on trouve des structures d'entreprise très
diverses, qui vont des divisions hiérarchiques traditionnelles à
des filiales à cent pour cent et à des alliances avec d'autres
sociétés...

« Un réseau est égalitaire. Il n'y a pas de société mère. Un
état-major de direction n'y est ni plus ni moins important qu'un
groupe situé quelque part dans la hiérarchie ; et il est tout aussi
important de participer à une opération de capital-risque que de
travailler au centre du réseau. »

Les réseaux peuvent certes se révéler extrêmement utiles,
flexibles et antibureaucratiques. Mais l'enthousiasme récent a
souvent conduit à négliger un certain nombre de distinctions
élémentaires.

Dans les années soixante-dix, un des tout premiers et des plus
profonds analystes de l'organisation en réseaux, Anthony Judge,
qui travaillait alors à Bruxelles dans le cadre de l'Union des
associations internationales, a étudié les densités et les temps de
réaction des réseaux interpersonnels, leurs structures et leurs
fonctions sociales, ainsi que leur degré de connectibilité. Il a
aussi entrepris de comparer ces organisations humaines à des
réseaux inanimés tels que ceux des oléoducs, des lignes électriques, des transactions sur les changes ou les matières premières, entre bien d'autres. Judge a élaboré pour le concept de
« réseau » tout un vocabulaire peu connu, mais des plus utiles.

Il a en même temps créé une remarquable matrice confrontant
les réseaux dans leur globalité aux problèmes dans leur globalité,
et montrant, sur la base de données très étendues, comment les
réseaux d'idées se reliant aux réseaux de problèmes, comment
ceux des organisations se chevauchant, et quelles relations
s'établissant entre idées et organisations.

Plus récemment, Netmap International, filiale de KPMG Peat
Marwick, a mis au point une méthode qui lui a permis, dans le
cadre de son travail pour le compte d'entreprises et de gouver-

nements dispersés de la Malaisie à la Suède, de discerner et identifier les réseaux de communication plus ou moins clandestins à l'intérieur d'organisations aussi différentes que le Parti républicain et une firme géante de comptabilité. « Les organisations, dit son vice-président Leslie J. Berkes, sont redessinées journellement par leurs membres de manière à accomplir les tâches fixées. C'est cela qui est la vraie structure. C'est l'organisation informelle — l'anti-organisation [...]. C'est l'organisation fondamentale. » Mais, demande Berkes, si on ne peut ni l'identifier ni suivre ses changements, « comment allez-vous la maîtriser ? Vous finirez par vous contenter de manipuler l'organisation officielle avec tous ses titres, ses hiérarchies et ses organigrammes ».

Les enquêtes menées dans ce domaine peuvent certes apporter de grandes lumières sur le fonctionnement des organisations existantes ; mais s'enthousiasmer aveuglément pour les réseaux, comme on le fait aujourd'hui, et voir en eux « la » forme fondamentale de l'avenir, c'est admettre de nouveau, pour une grande part, bien qu'à un niveau supérieur et moins strictement réglementé, cette même uniformité qu'imposait la bureaucratie.

Les limites du contrôle

Il y a cependant des limites que la firme flexible en quête de diversité ne peut dépasser.

La méthode du « centre de profit » s'est répandue au point que nombre de sociétés naguère monolithiques sont maintenant décomposées en unités semi-autonomes à comptabilité indépendante, dont chacune est responsable de son travail, de ses bénéfices ou de ses pertes. On peut considérer cette évolution comme la première étape d'un processus qui mènera éventuellement à la pure et simple dissolution de la grande firme, laquelle se trouvera alors atomisée sous la forme d'un réseau ou d'un consortium — de sous-traitants ou entrepreneurs parfaitement indépendants. Dans ce modèle, chaque travailleur devient un individu autonome, qui passe librement contrat avec ses semblables pour l'accomplissement d'une tâche donnée.

Mais aucun processus social ne se poursuit indéfiniment, et nous sommes encore bien loin de l'individualisation absolue du travail — ce rêve ultime du libéralisme poussé jusqu'à la conviction théologique. Nous pouvons plutôt nous attendre à voir les centres de profit se faire plus petits, et se diversifier, sans pour autant laisser la place à des millions d'entreprises composées chacune d'une seule personne.

Après tout, le degré de diversification qu'une organisation peut admettre — et qu'une équipe de direction peut maîtriser — n'est pas illimité. Ce que nous soutenons ici n'est donc pas que les entreprises devraient rechercher la plus grande variété possible de formes organisationnelles, mais que dans leur situation actuelle, obligées qu'elles sont d'échapper à la rigidité cadavérique de la bureaucratie, il leur faut étudier des options plus diverses que jamais. En bref, elles doivent de toute façon libérer leurs « colonies », et au besoin inventer des formes neuves.

Ce faisant, elles s'éloigneront — et nous avec elles — de la conception présentant l'organisation comme une machine aux mouvements déterminés et prévisibles dans tous leurs détails, pour se rallier à une vision plus proche de celle de la biologie. Les systèmes vivants ne sont qu'en partie régis par le déterminisme, et ne sont que rarement tout à fait prévisibles.

C'est pourquoi les nouveaux systèmes électroniques tendent de plus en plus à adopter des configurations neurales plutôt que prédéterminées, et c'est pourquoi David Stone, vice-président du département d'ingénierie internationale de Digital Equipment, affirme qu'« on ne peut jamais dire d'avance comment la transmission s'opérera [...]. Si vous rompez un lien entre deux points, et à condition que chacun des deux reste relié au réseau général, la transmission se fraiera son propre chemin [...]. Nous croyons, ajoute-t-il, en la valeur de la communication directe entre deux personnes quelles qu'elles soient, sur la base de ce que sait chacune et non selon sa situation dans la hiérarchie ».

De même que les nouvelles bases de données dites « hypermédias » permettent de combiner le savoir de manière extrêmement variée, de même la notion d'entreprise suppose des organisations qui seront capables de s'adapter d'innombrables façons aux mille stratagèmes et guet-apens de la concurrence toujours renouvelée qui les attend.

En tout état de cause, l'entreprise flexible de l'avenir ne peut fonctionner sans des changements fondamentaux dans les relations de pouvoir entre le personnel et les patrons. Comme nous allons le voir, ces transformations sont largement engagées, car le pouvoir est en voie de mutation aux étages inférieurs comme dans les hauts salons directoriaux.

CHAPITRE XVIII

Le travailleur autonome

Au cours de plusieurs années de travail comme ouvrier d'usine et de fonderie, j'ai été sur une chaîne de montage de voitures. Aujourd'hui encore, après plus d'un tiers de siècle, il m'est impossible d'oublier ce que je ressentais — tout spécialement les terribles effets de l'accélération du rythme. Chaque jour, à partir du moment où la sonnerie retentissait pour notre équipe, nous, les ouvriers, livrions une course contre la montre pour accomplir nos tâches répétitives en essayant désespérément de ne pas nous laisser devancer par les carrosseries qui défilaient devant nous sur la chaîne ferraillante qui progressait par rapides saccades. La compagnie ne se lassait jamais d'essayer de précipiter la cadence.

L'usine était si pleine de rage contenue que, de temps en temps, et sans raison apparente, un sinistre gémissement sans paroles sortait des gorges de centaines d'ouvriers, puis s'enflait en une mélopée à déchirer les oreilles, que tous reprenaient d'atelier en atelier avant qu'elle ne se perdît dans le cliquètement et le rugissement des machines.

Pendant que les voitures passaient à toute vitesse, nous étions supposés les préparer pour l'atelier de peinture en martelant les bosses ou autres imperfections et en les éliminant à la meule. Mais les carrrosseries disparaissaient avant que nous n'ayons pu faire du bon travail. Après nous avoir quittés, elles passaient devant des inspecteurs qui marquaient à la craie les défauts restants — qu'on arrangerait plus tard. Huit à dix heures par jour de ce régime suffisaient à nous rendre sourds à toute exhortation à la « qualité ».

Quelque part, il y avait des « managers » — des hommes en

cravates et chemises blanches. Mais nous n'avions à peu près aucun contact avec eux.

Le pouvoir de ces hommes en chemise blanche ne leur venait pas seulement du besoin que nous avions de toucher notre paie, mais de leur savoir supérieur sur l'usine, ses objectifs, ses méthodes ou ses plans. A l'opposé, nous ne savions pratiquement rien de notre propre travail, mis à part les quelques actions préprogrammées qu'il nous fallait accomplir. En dehors des appels à travailler plus dur, nous ne recevions presque aucune information de la société. Si l'on devait fermer un atelier ou une usine, nous étions les derniers à l'apprendre. On ne nous disait pas un mot du marché ni de la concurrence, rien non plus des nouveaux modèles en préparation ou des nouvelles machines.

Nous étions censés croire comme article de foi que nos supérieurs savaient ce qu'ils faisaient (à en juger par le déclin de la construction automobile américaine, ce n'était pas le cas). Ce qu'on nous demandait, c'était d'arriver à l'heure, de travailler, de garder nos muscles en mouvement et nos bouches fermées. Malgré la présence d'un syndicat puissant, nous nous sentions privés de tout pouvoir. C'étaient des « ils » sans visage qui nous tenaient en leur pouvoir. « Ils », les hommes en chemise blanche. Les managers. Pendant nos heures de travail, nous étions les citoyens d'un État totalitaire.

Je suis amené à me rappeler cette expérience en lisant presque chaque jour des descriptions des toutes nouvelles usines. Le pouvoir est en voie de mutation sur les lieux de travail, et les choses n'y seront plus jamais les mêmes.

Débloquer les esprits

La General Electric produit des équipements de distribution d'électricité à Salisbury, en Caroline du Nord. L'usine est conçue selon un modèle que la société voudrait reproduire dans trois cents autres installations.

Autrefois, si un matériel tombait en panne, un conducteur de machine comme Bob Hedenskog aurait dû avertir son contre-maître et attendre de l'aide. Aujourd'hui, Hedenskog prend lui-même les décisions nécessaires. Il demande conseil par téléphone à un ingénieur de la firme, installé à Plainville, Connecticut, puis prend la responsabilité de la réparation. Il a commandé de sa propre initiative pour 40 000 dollars de pièces de rechange dont il prévoyait que ses machines auraient besoin. Il fait partie d'un groupe d'environ soixante-quinze employés qui, dans leurs propres comités, prennent des décisions touchant la production, la programmation et même parfois l'embauche. Ensemble, ils ont réduit des deux tiers le temps de travail par unité produite, et de 90 % les délais de livraison à la clientèle.

Quand le système entra en vigueur, quelques travailleurs partirent en expliquant qu'ils ne voulaient pas assumer des responsabilités supplémentaires. Mais le taux d'instabilité du personnel est tombé de 15 % pour la première année d'application à 6 % quatre ans plus tard.

Des faits du même genre sont rapportés dans tous les pays de technologie avancée. Récemment, Ford-Australie a entrepris de construire sa Falcon EA selon un système de travail innovateur qui, d'après le *Financial Times*, « va à l'encontre de la méthode traditionnellement utilisée en Occident pour garantir la qualité — à savoir la vérification par la direction de la production fournie par des ouvriers qui suivent les instructions détaillées données par les ingénieurs ».

Ford a fini par penser que c'était une erreur de commencer par repérer les défauts et d'y remédier ensuite. Le seul moyen de se rapprocher de la qualité parfaite est de laisser plus de liberté aux ouvriers, en cessant de programmer leur moindre geste. Ce qui, disait l'article, équivaut à « reconnaître le pouvoir des travailleurs au niveau de l'atelier lui-même ».

A l'usine Diamond-Star de Chrysler-Mitsubishi, située à Normal, Illinois, on avertit les ouvriers avant de les embaucher qu'au lieu d'une tâche répétitive, ils devront se charger de plusieurs travaux différents, qu'on leur demande d'apporter des idées neuves pour améliorer la production et qu'en conséquence, ils doivent être prêts à formuler des critiques constructives — et aussi à en entendre.

L'usine de moteurs de Mazda à Flat Rock, Michigan, donne aux simples ouvriers spécialisés un entraînement de trois semaines, qui comprend des cours de psychologie. On laisse à un petit groupe six minutes pour imaginer vingt-cinq améliorations à apporter à une piscine démontable pour jardin, du modèle courant, puis deux minutes seulement pour en proposer trente autres. « Nous essayons de détendre les gens et de les débloquer », dit le responsable de la formation. Après le stage initial de trois semaines, les travailleurs en passent plusieurs autres à assimiler un enseignement plus spécifiquement technique. Mazda estime que l'embauche et la formation d'un salarié moyen lui coûtent 13 000 dollars.

Ces méthodes sont en voie de généralisation : elles illustrent la mutation historique en cours, qui nous fait passer de la

« manufacture » à la « mentifacture » —, autrement dit la sub-stitution progressive du cerveau au muscle dans le processus de création de la richesse. Mais le fait de laisser les travailleurs dire leur mot sur les détails de leurs tâches ne représente que la partie émergée d'un iceberg bien plus important.

Le paysan indiscipliné

Afin de replacer cette mutation dans sa perspective historique, il n'est pas inutile de se reporter aux débuts de la révolution industrielle en Angleterre et en Europe occidentale, et de se rappeler les plaintes des premiers employeurs sur l'indiscipline, l'irresponsabilité, l'ivrognerie et l'ignorance des populations rurales dont provenait à l'origine la force de travail des usines.

Toute société impose sa discipline ou son « régime » spécifique du travail. Les travailleurs sont toujours censés obéir à certaines règles, souvent tacites. Dans l'accomplissement de leurs tâches, ils sont surveillés et encadrés : il existe une structure de pouvoir destinée à faire respecter les règles.

Au cours de la Première Vague, celle des sociétés agricoles, la grande majorité des paysans travaillaient sans repos pour arriver simplement à survivre. La force de travail agraire, organisée en équipes de production familiales, avait son régime fixé par le rythme des saisons, du lever et du coucher du soleil.

Si un paysan s'absentait ou se montrait paresseux, c'étaient ses proches parents qui lui imposaient la discipline. Ils pouvaient le mettre en quarantaine, le battre, ou réduire sa ration alimen-taire. La famille elle-même était l'institution sociale dominante et, hormis quelques exceptions, assurait le respect du régime de travail. Sa domination sur chacun de ses membres était encore renforcée par les pressions sociales qu'exerçaient les villageois.

Sans doute les élites avaient-elles souvent droit de vie ou de mort sur la paysannerie, sans doute la tradition régissait-elle strictement les comportements sociaux, sexuels et religieux, sans doute les paysans souffraient-ils fréquemment de male faim et de la pire misère. Pourtant, dans leur vie quotidienne, ils semblaient être soumis à des règles moins étroitement contrai-gnantes que les individus composant la force de travail indus-trielle, encore peu nombreuse mais grandissante.

Le régime agraire du travail était établi depuis des millénaires ; un siècle ou deux avant nous, la grande majorité des êtres humains n'en connaissaient aucun autre ; ils le considéraient comme la *seule* manière logique d'organiser le travail, et comme devant durer éternellement.

Les nouvelles chaînes

Avec l'apparition des premières usines, il se créa un régime de travail totalement différent, lequel n'affecta d'abord qu'une infime partie de la population, puis il étendit son emprise à mesure que le labeur agricole perdait de son importance et que les tâches industrielles se multipliaient.

Au sein d'une société de la Deuxième Vague, le travailleur industriel urbain pouvait certes se trouver socialement plus libre dans le vaste anonymat grouillant des quartiers de taudis. Mais à l'usine, la vie était plus strictement réglementée.

La technologie simpliste de l'époque était conçue pour des illettrés — ce qu'étaient la plupart de nos ancêtres. Destinée à amplifier l'énergie musculaire humaine, elle était lourde et rigide ; elle impliquait une forte intensité de capital. Avant l'invention des petits moteurs électriques, les machines étaient généralement disposées en rangées et mues par des courroies, l'axe des poulies motrices déterminant le rythme de travail pour tout l'atelier. Ensuite vint le convoyeur mécanique, qui contraignit des armées d'ouvriers à travailler en stricte synchronisation et les enchaîna au système de production.

Ce n'est pas par hasard que les Français désignent la « ligne d'assemblage » sous le nom de « chaîne », ni que, de l'ouvrier non qualifié jusqu'aux plus hauts dirigeants, tout un chacun se trouvait inséré dans une « chaîne de commandement ».

Le travail fut « déqualifié » ou abêti, standardisé, décomposé en ses opérations les plus simples. Puis, avec le développement du travail de bureau, les « cols blancs » se trouvèrent soumis à une organisation du même type. N'étant pas assujettis à une chaîne de montage, ces employés jouissaient physiquement d'une liberté de mouvement un peu plus grande ; le but de la direction n'en était pas moins d'accroître la productivité au bureau en le rendant semblable à l'usine autant qu'il était humainement — ou inhumainement — possible.

La déshumanisation du travailleur provoqua de dures critiques à l'encontre des usines et fabriques de l'âge usinier ; mais, à l'époque, même les penseurs les plus radicaux les considéraient comme des réalisations « avancées » et « scientifiques ».

La modification de la fonction policière suscita moins de commentaires. Pourtant, en lieu et place de la famille qui régissait le travail et contraignait ses membres à bien faire, il apparaissait une nouvelle structure de pouvoir destinée à faire appliquer les nouvelles règles : c'était le management hiérarchique.

Le régime de travail de la Deuxième Vague se heurta au début à une vive résistance, même de la part des employeurs qui tentèrent de conserver le vieux système rural en le transplantant dans l'usine. Les familles s'étant si longtemps exténuées en groupes dans les champs, certains des premiers industriels engagèrent des groupes familiaux entiers. Mais le système, après s'être révélé efficace dans l'agriculture pendant dix mille ans, s'avéra totalement inutilisable dans l'usine.

Les vieillards étaient incapables de suivre le rythme des machines. Il fallait battre les enfants, souvent même les attacher pour les empêcher d'aller jouer. Les familles arrivaient à des heures différentes et en désordre, comme elles le faisaient à la campagne. La tentative faite pour conserver l'équipe de production familiale dans le nouvel environnement technologique devait inévitablement échouer, et le régime usinier s'imposer.

La leçon était claire : on ne pouvait organiser le travail autour d'une machine à vapeur ou d'un métier à tisser comme s'il s'agissait d'une houe ou d'une paire de bœufs. La nouvelle technique exigeait une nouvelle discipline — et une nouvelle structure de pouvoir pour la définir et la faire respecter.

Le prolétariat électronique

Aujourd'hui, à mesure que se développe l'économie supersymbolique, un nouveau régime du travail est une fois de plus en voie d'en supplanter un plus ancien.

Dans nos usines et bureaux qui en sont restés à l'âge usinier, la situation n'a guère changé depuis des dizaines d'années. Partout dans le monde, et spécialement dans les pays nouvellement industrialisés, des centaines de millions de travailleurs demeurent enchaînés à la discipline de la Deuxième Vague.

Et aujourd'hui, exactement comme par le passé, nous voyons aussi des employeurs sous-estimer la révolution qui se déroule autour d'eux. Ils mettent en place des ordinateurs et autres technologies avancées qui relèvent de la Troisième Vague, mais ils essaient de conserver les règles de travail et de pouvoir élaborées hier par la Deuxième Vague.

Tentant de faire de leurs employés des « prolos électroniques », comme aurait pu dire George Orwell, ils comptent les frappes sur les touches des machines, contrôlent en permanence les temps de repos, écoutent les conversations téléphoniques; ils veulent maîtriser le processus de travail dans ses moindres détails. Ces méthodes caractéristiques de l'âge industriel sont particulièrement répandues dans le traitement des formulaires de demandes d'indemnités auprès des assurances, et, pour d'autres branches, dans l'acquisition coutumière de données informatiques. Mais elles peuvent également s'appliquer à des fonctions de plus haut niveau.

Selon un rapport du Bureau du Congrès des États-Unis pour l'évaluation des technologies, les méthodes en question sont « de plus en plus souvent étendues [...] à des fonctions plus qualifiées dans les domaines de la technique, des professions libérales et de la direction d'entreprise. Les métiers de courtier en matières premières, de programmeur d'ordinateur et de responsable des prêts bancaires [...] se prêteraient à l'instauration du contrôle continu ».

Reste à savoir combien de temps ces procédés seront rentables, car les règles de travail du passé sont en contradiction avec les nouvelles possibilités offertes par la technologie avancée. Partout où on les voit coexister, il est bien probable que la technologie est mal utilisée, et gaspillée sans apporter d'avantages réels. L'histoire a montré à maintes reprises que les technologies vraiment avancées requièrent des méthodes de travail et une organisation elles aussi vraiment avancées.

Les employeurs qui s'imaginent encore avoir besoin de prolos électroniques ressemblent aux anciens maîtres de forges et propriétaires d'usines textiles qui croyaient pouvoir faire fonctionner des usines mues par la vapeur avec des méthodes élaborées pour la force de traction des bœufs. Ceux-là durent rapidement corriger leur erreur, ou bien se trouvèrent réduits à la faillite par des concurrents plus intelligents qui apprirent à réorganiser le processus de travail lui-même en alignant son régime sur les techniques les plus avancées de l'époque.

Sur des milliers de lieux de travail, des ateliers de construction automobile aux bureaux, des entreprises intelligentes expérimentent actuellement — ou appliquent déjà — le nouveau régime dont la caractéristique essentielle est un changement d'attitude envers le savoir comme envers le pouvoir.

Le régime de travail de demain

Les changements qui sont en voie de transformer le travail ne résultent nullement de quelque altruisme fumeux ; ils sont dus au fait que la production de la richesse exige maintenant un volume beaucoup plus grand d'information et de communication.

Au temps où la plupart des entreprises étaient encore de très petite taille, l'entrepreneur pouvait pratiquement savoir tout ce qu'il avait besoin de savoir. Mais, avec l'agrandissement des firmes et la complexité croissante de la technologie, il devint impossible à qui que ce soit d'assumer en totalité la charge du savoir. Alors on se mit à engager une poignée de spécialistes et managers que l'on répartit dans les compartiments et niveaux propres à la bureaucratie. Il fallait distribuer l'ensemble du savoir entre les différents éléments et rangs de l'encadrement supérieur.

Il se produit aujourd'hui un phénomène parallèle. Tout comme les entrepreneurs en étaient venus à dépendre des managers pour le savoir, les managers en viennent maintenant à dépendre de leurs subordonnés.

La vieille division que l'âge usinier avait établie entre les « têtes » et les « mains » est périmée. Teruya Nagao, professeur en sciences de l'information et de la décision à l'université de Tsukuba, exprime le fait en écrivant que « la séparation de la pensée et de l'action concrète, telle que la réalisait le modèle traditionnel [...], est sans doute bien adaptée à une technologie immobile, mais est difficilement compatible avec un progrès technologique rapide ».

Du fait que les techniques sont plus complexes et se succèdent l'une à l'autre plus vite qu'autrefois, on attend du travailleur qu'il en sache davantage sur les emplois voisins du sien et qu'il assimile les innovations. Ainsi une publicité de la General Motors évoque fièrement des ouvriers qui contribuent à choisir le mode d'éclairage de leurs usines, qui sélectionnent leur papier de verre et leurs outils, qui même « apprennent comment l'usine fonctionne, combien coûtent les choses, comment les clients réagissent devant les résultats de leur travail ». Dans la production intégrée par ordinateur, dit le consultant David Hewitt, de l'United Research Company, les ouvriers « ont besoin de savoir non seulement comment leurs propres machines fonctionnent, mais [...] comment l'usine fonctionne ».

Ce qui se passe, c'est que la charge du savoir et, chose plus importante, la charge des décisions sont en voie de redistribution. Entraînés dans un cycle continu où il leur faut apprendre, puis désapprendre et apprendre à nouveau, les travailleurs ont besoin de maîtriser des nouvelles techniques, de s'adapter à de nouvelles formes d'organisation, de trouver de nouvelles idées.

En conséquence, écrit Nagao en se référant à une étude antérieure de Sony, « les gens de caractère soumis et toujours respectueux du règlement, qui se contentent de suivre les instructions à la lettre, ne sont pas de bons travailleurs ». En réalité, fait-il remarquer, l'environnement rapidement évolutif d'aujourd'hui oblige à changer les règles elles-mêmes plus fréquemment que par le passé ; il faut donc encourager les travailleurs à proposer des modifications de leur propre initiative.

En effet, celui qui contribue à déterminer les nouvelles règles comprendra du même coup pourquoi elles sont nécessaires et comment elles s'intègrent à l'ensemble — ce qui signifie qu'il pourra les appliquer plus intelligemment. D'ailleurs, dit Reinhard Mohn, président de Bertelsmann AG, un des plus grands groupes mondiaux dans le domaine des médias, « les réglementations directement approuvées par la majorité de la force de travail sont les seules qui aient quelque chance d'être respectées ».

Mais faire participer les travailleurs au processus d'élaboration des règles, c'est leur faire partager un pouvoir qui était l'apanage exclusif de leurs patrons. Cette transformation du pouvoir, certains managers ont du mal à l'accepter.

Comme la démocratie politique, la démocratie sur le lieu de travail ne peut s'épanouir au sein d'une population ignorante ; en sens inverse, plus la population est instruite, plus, semble-t-il, elle exige de démocratie. Or, dans les entreprises les mieux armées, l'expansion des technologies avancées entraîne l'éviction progressive des ouvriers non qualifiés et peu instruits. Ceux qui restent constituent un groupe mieux éduqué, qu'il est impossible de diriger selon la vieille manière autoritaire du style « travaillez et ne posez pas de questions ». Au contraire, c'est devenu une partie du travail de chacun que de poser des questions et de remettre en cause les idées établies.

Lowell S. Bain dirige la nouvelle usine de GenCorp Automotive à Shelbyville, Indiana. Parlant de son rôle de directeur, il explique qu'« ici la pression vient de la force de travail elle-même — une force de travail qui porte un défi à la direction et refuse d'accepter ses ordres ou son autorité. Ici, les gens remettent les objectifs en question [...]. Que vous fassiez partie de la direction ne suffit pas pour rendre vos idées sacro-saintes ».

Le dessin est donc clair : si le pouvoir sur le lieu de travail est en voie de mutation, ce n'est pas par l'effet d'on ne sait quel idéalisme nébuleux, mais parce que le nouveau système de création de la richesse l'exige.

La personne non interchangeable

Un autre facteur clé de la transformation des rapports de pouvoir dans le travail tient à la notion d'interchangeabilité. Une des plus importantes innovations de la révolution industrielle s'était fondée sur l'idée des pièces interchangeables ; mais les ouvriers aussi furent bientôt considérés comme tels.

Ce fut précisément là une des grandes causes de la relative impuissance de la classe ouvrière à l'ère industrielle. Du moment que les emplois demandaient peu de qualification et qu'on pouvait en quelques minutes montrer à quelqu'un comment accomplir une tâche quasi mécanique, un travailleur en valait un autre. En période d'offre de travail surabondante, les salaires baissaient ; et, même quand ils étaient syndiqués, les ouvriers se trouvaient en mauvaise posture pour négocier.

Une « armée de réserve » de chômeurs était généralement prête à occuper tous les emplois vacants. Aujourd'hui, comme on l'a vu au chapitre 7, les chômeurs ne peuvent le faire qu'à condition de posséder au bon moment le bon dosage de qualifications.

De plus, le contenu en savoir du travail tendant à augmenter, les emplois ont tendance à s'individualiser — autrement dit, à être moins interchangeables. Selon le consultant James P. Ware, vice-président d'Index Group, « les travailleurs des secteurs du savoir sont de moins en moins faciles à remplacer. Chacun d'eux utilise les équipements de façon différente. Un ingénieur se sert de l'ordinateur autrement qu'un autre. Un analyste de marché a sa manière à lui d'analyser les choses, et le suivant en aura une autre ».

Quand quelqu'un s'en va, l'entreprise doit ou bien lui trouver un remplaçant doté des mêmes qualifications, ce que le jeu des probabilités mathématiques rend de plus en plus malaisé (et coûteux) à mesure que la diversification s'accroît, ou bien former une nouvelle personne (à grands frais également). En conséquence, il en coûte de plus en plus cher de remplacer une personne donnée, et celle-ci possède un pouvoir de négociation qui grandit dans la même proportion.

Le chef de l'équipe chargée d'un gigantesque projet de défense nationale expose l'évolution en ces termes : « Autrefois, on pouvait faire faire la même chose à tout le monde [...]. Aujourd'hui, c'est bien différent. Si nous perdons quelqu'un, il faut six mois de formation à un autre pour comprendre notre système. » En outre, étant donné que le travail est organisé en groupes, « quand nous mettons un individu à la porte, le fonctionnement de toute l'équipe se trouve perturbé ».

Résultat final de cette évolution : les entreprises tendent à employer des travailleurs moins nombreux mais mieux payés, et les industries de pointe à forte croissance tendent à éliminer l'ancienne structure de commandement autoritaire, en lui substituant un style de travail plus égalitaire ou collégial.

Replacés dans leur contexte historique, ces changements apparaissent comme une importante mutation du pouvoir sur les lieux de travail.

Deux impératifs

Le nouveau régime du travail n'effacera pas toute trace des plus anciens, et il faudra longtemps pour que le dernier bagne industriel disparaisse. Mais deux impératifs font qu'il n'est guère possible d'en arrêter les progrès.

Le premier est l'« impératif de l'innovation ». Aujourd'hui, nulle part de marché n'est assurée, nul produit ne vit indéfiniment. Ce n'est pas seulement dans l'informatique ou dans le vêtement que la concurrence s'empare de créneaux supposés acquis et arrache à des entreprises établies de gros morceaux de leur substance en utilisant l'arme de l'innovation, mais dans toutes les branches — qu'il s'agisse de polices d'assurance, de soins médicaux ou de voyages organisés. A moins de pouvoir créer un flot illimité de nouveaux produits, les sociétés se dessèchent et meurent.

Mais des travailleurs libres ont de bonnes chances de se révéler plus créatifs que ceux qui sont soumis à une surveillance étroite dans des conditions totalitaires. Comme dit David Stone, vice-président de Digital Equipment chargé de l'ingénierie internationale, « si vous passez votre temps à surveiller quelqu'un qui passe le sien à surveiller votre travail, vous ne créez pas grand-chose ». Ainsi la nécessité de l'innovation encourage l'autonomie des travailleurs.

Elle implique également, entre employeur et employé, une relation de pouvoir tout à fait neuve, dont le premier aspect est qu'il doit y avoir place pour les erreurs intelligentes. Avant de récolter une seule bonne idée, il faut qu'il en ait été lancé — et discuté — une foule de mauvaises ; ce qui à son tour implique que chacun soit désormais libéré de la peur.

La peur est le plus redoutable des assassins d'idées. La peur du ridicule, de la sanction ou de la perte de l'emploi annihile l'innovation. Le management de l'âge usinier se fixait pour première tâche l'élimination impitoyable de l'erreur ; l'innovation, au contraire, a besoin pour réussir de l'erreur expérimentale.

On raconte sur Tom Watson, haut dirigeant d'IBM, l'anecdote suivante, peut-être bien apocryphe. Un de ses collègues lui demande s'il va renvoyer le responsable d'un projet de cinq millions de dollars, qui s'est soldé par un échec. « Le renvoyer ! aurait répondu Watson. Je viens tout juste de lui payer ses études ! » Vraie ou non, l'histoire illustre une attitude envers le travail diamétralement opposée au système de l'âge industriel, et souligne une fois de plus l'importance de l'apprentissage.

Le second impératif qui pousse à l'instauration d'un nouveau régime est celui de la vitesse. Les économies avancées sont vouées à l'accélération : dans le nouvel environnement, l'innovation n'est pas à elle seule suffisante. L'entreprise doit mettre très vite ses nouveaux produits sur le marché avant qu'un concurrent ne vienne pointer le premier ou n'ait le temps de copier.

Dans le même temps, la pression de l'urgence modifie à son tour les rapports de pouvoir en rompant l'enchaînement bureaucratique du commandement.

Outre que les nouveaux réseaux électroniques permettent souvent, dans l'organisation, des communications vers le haut, vers le bas, ou horizontales, grâce auxquelles un employé peut se faufiler à travers les niveaux hiérarchiques, il se produit un phénomène similaire dans les contacts personnels et directs.

Autrefois, le travailleur qui avait un problème, ou une idée neuve, s'attirait des ennuis s'il passait par-dessus la tête de son supérieur. Aujourd'hui, l'accélération peut forcer les gens à contourner la hiérarchie, et on en vient à les y encourager en cas de nécessité. Au siège social de Brother Industries, à Nagoya, la pratique est devenue si coutumière qu'un responsable du personnel peut déclarer : « Si un cadre moyen se sentait insulté parce qu'un de ses subordonnés est passé par-dessus lui sans son autorisation, cet homme perdrait immédiatement le respect de ses supérieurs comme des rangs inférieurs. »

Ainsi l'accélération et l'innovation contribuent toutes deux à abattre les hiérarchies de pouvoir du passé usinier et à favoriser les progrès du nouveau régime de travail de la Troisième Vague.

L'exigence du libre accès

Pour toutes ces raisons, le nouveau régime du travail finira un jour par s'étendre à tous les principaux secteurs de l'économie. Et plus la force de travail recevra d'autonomie, plus elle exigera que soit élargi son droit d'accès à l'information.

Pendant l'ère usinière, les plaidoyers pour un traitement plus humain des travailleurs se heurtaient aux réalités irréfragables de la technologie de la brutalité, laquelle restait payante même si l'on maintenait les ouvriers dans l'ignorance (et dans l'impuissance).

Aujourd'hui, si les travailleurs veulent un accès à l'information toujours plus étendu, c'est parce qu'ils en ont absolument besoin pour accomplir leurs tâches. La redistribution du savoir (et du pouvoir) à laquelle nous assistons est en fait rendue nécessaire par les nouvelles conditions du marché et par les nouvelles technologies elles-mêmes.

« Puisque les programmes d'ordinateurs reproduisent et possèdent les capacités qui ont longtemps fait des managers un groupe à part, les travailleurs des niveaux inférieurs peuvent s'acquitter de fonctions autrefois réservées aux managers », écrit le *New York Times*, citant par ailleurs Charles Eberle, ancien vice-président de Procter & Gamble, qui déclare : « Tout à coup, vous voyez de l'information arriver entre les mains de ceux qui conduisent les machines : elle n'est plus réservée à ceux qui se trouvent deux ou trois échelons au-dessus dans la hiérarchie.

« En fait, l'encadrement immédiatement supérieur ne sait pas reconnaître le pouvoir de cette information tant qu'elle n'est pas arrivée jusqu'aux ouvriers. Mais alors sa résistance est très vive. »

Assurément, les ouvriers ne sont pas tous capables d'occuper des postes qui exigent de l'initiative, une participation sans réserve et un partage des responsabilités — ni tous les managers de s'adapter au nouveau style de travail. Mais, les unités de travail se faisant plus petites et les niveaux d'éducation s'élevant, la pression d'en bas grandit. Il en résulte une transformation fondamentale des rapports de pouvoir.

Depuis l'aube de l'âge industriel, ce n'est pas la première fois que les managers se trouvent confrontés à l'apparition sur les lieux de travail de nouveaux modèles de relations humaines. Il y a déjà longtemps qu'une école de théoriciens « braves types » s'est attaquée aux vieilles notions tayloristes qui faisaient de l'ouvrier un appendice de la machine, et ont soutenu qu'en fin de compte, il serait plus efficace de traiter les travailleurs comme des êtres humains.

Mais le nouveau régime, que les managers eux-mêmes approuvent et soutiennent de plus en plus, est de nature plus radicale. Comme l'écrit Teruya Nagao, « l'idée va beaucoup plus loin que les assomptions du modèle des " relations humaines", qui visait à ce que les travailleurs se sentent importants. Aujourd'hui, on reconnaît qu'ils *sont* vraiment importants ».

Il reste exact que le pouvoir suprême — plus fort que celui de tout individu — appartient au marché du travail. C'est la pénurie ou l'excès de personnel qualifié dans telle ou telle spécialité qui détermine les paramètres extérieurs et les limites de l'autonomie nouvelle. Bon nombre de programmeurs ou d'ingénieurs de l'espace ont appris à leurs dépens qu'on peut les larguer sans cérémonie, exactement comme des opérateurs de presse à estamper ou des assembleurs à la chaîne, tandis que leurs patrons se votent à eux-mêmes des « parachutes dorés ». Ceux qui ont perdu leur travail subissent un terrible abaissement de leur pouvoir tant personnel que collectif — mais cela serait le sujet d'un tout autre livre.

Ce qui importe ici, c'est de voir comment les choses changent pour ceux qui *font partie* de la force de travail. Or, dans ce cadre, nous assistons présentement à une mutation d'ampleur historique.

A l'âge usinier, aucun salarié n'avait individuellement de pouvoir un tant soit peu important face à l'entreprise, et cela valait pour n'importe quel type de conflit. Seule une collectivité de travailleurs rassemblés et menaçant de refuser le service de leurs muscles pouvait parfois forcer la direction récalcitrante à améliorer la paie ou le statut de l'ouvrier. Seule une action de groupe pouvait ralentir ou arrêter la production, puisque chaque individu était interchangeable et donc remplaçable. C'est sur cette base que se créèrent les syndicats ouvriers.

Si les syndicats, avec leur attachement traditionnel à la « solidarité » et à l'« unité », perdent aujourd'hui en effectifs et en pouvoir dans pratiquement tous les pays de technologie avancée, c'est précisément parce que les travailleurs ne sont plus aussi interchangeables qu'autrefois.

Dans le monde de demain, il ne sera pas besoin d'actions de masse pour paralyser la production d'une entreprise ou lui causer d'autres dommages. Glisser un « virus informatique » dans un programme, introduire dans une base de données une subtile distorsion de l'information, livrer des informations à un concurrent, ce ne sont là que les moyens les plus évidents parmi les multiples nouvelles méthodes de sabotage dont peut disposer l'individu en colère, irresponsable, ou qui s'estime à juste titre outragé.

La « grève de l'information » de l'avenir pourrait à la limite se réduire à l'acte contestataire d'une seule personne — ce contre quoi aucune loi, aucune astuce informatique, aucune disposition de sécurité ne peut garantir une protection totale. La meilleure défense serait sans doute la pression sociale exercée par les collègues et pairs de la personne en question. Ou le simple sentiment d'être traité avec justice et dans la dignité.

Beaucoup plus importante est cependant l'évolution vers la non-interchangeabilité. Avec la différenciation croissante du travail, la position de ceux qui possèdent des qualifications cruciales se trouve considérablement renforcée. Ce ne sont plus seulement des groupes organisés, mais des individus isolés qui sont en mesure de frapper fort.

Les révolutionnaires marxistes soutenaient que le pouvoir allait à ceux qui possédaient les « moyens de production ». Opposant l'ouvrier d'usine à l'artisan préindustriel propriétaire de son outillage, Marx affirmait que les travailleurs resteraient sans pouvoir tant qu'ils n'auraient pas arraché les « moyens de production » à la classe capitaliste qui les détenait.

Mais nous vivons aujourd'hui, après le temps de Marx, la transformation suivante des rapports de pouvoir sur le lieu du travail, et c'est une des grandes ironies de l'Histoire que de voir apparaître un nouveau type de salarié autonome, qui en vérité possède les moyens de production. Sous leur nouvelle forme, ceux-ci ne sont certes pas dans la boîte à outils de l'artisan, et pas davantage dans la machinerie massive de l'âge usinier : ils crépitent à l'intérieur du crâne du salarié, où la société trouvera à l'avenir la plus importante source personnalisée de richesse et de pouvoir.

CHAPITRE XIX

Les mosaïques du pouvoir

En 1985, la General Motors, premier constructeur automobile des États-Unis, acheta la majorité du capital d'Hughes Aircraft, la firme fondée par ce milliardaire excentrique, reclus volontaire, qu'était Howard Hughes. Elle paya 1,7 milliard de dollars — la plus forte somme jamais versée à ce jour pour l'acquisition d'une société.

Une folle vague de fusions, la quatrième depuis 1900, avait commencé aux États-Unis au début des années quatre-vingt, et les mariages se multiplièrent au fil des ans ; en 1988, on comptait 3 487 achats ou fusions, représentant le chiffre astronomique de 227 milliards de dollars. Puis, en 1989, les anciens records furent à nouveau battus par l'OPA de 25 milliards sur RJR-Nabisco.

Bref, le coût maximum d'une fusion s'était multiplié par cinq en quatre ans seulement. Même en tenant compte de l'inflation, l'augmentation d'échelle était colossale.

Sur les vingt plus grosses opérations de ce genre dans l'histoire des États-Unis, la plupart consistaient en mariages conclus entre des firmes américaines. A l'inverse, il ne se passe maintenant guère de jour sans que de gros titres annoncent des « mariages mixtes » — des fusions par-dessus les frontières. Le Japonais Bridgestone acquiert Firestone Tire & Rubber. Sara Lee fusionne avec Dowe Egbirts, géant hollandais. L'Anglaise Cadbury Schweppes avale le Chocolat Poulain français. Le groupe français Hachette rachète l'américain Grolier, et Sony, Columbia Pictures.

« L'extraordinaire accroissement des opérations d'achat dans le monde ne montre aucun signe de ralentissement », écrit le *Financial Times*. « En fait, la mêlée pour la réorganisation de plusieurs secteurs clés va problablement s'accélérer [...] sous l'influence de facteurs qui dépassent de beaucoup les opérations sur la revente d'actifs qui ont initialement déclenché la vague de fusions aux États-Unis. »

Comme le suggère l'article, de nombreuses fusions avaient eu pour but, à l'origine, un enrichissement rapide réalisé grâce à des acrobaties financières ou fiscales ; mais d'autres avaient un caractère stratégique. L'Europe marchant à grands pas vers l'intégration économique totale, nombre de ses plus grandes sociétés ont fusionné dans l'espoir de profiter du vaste Marché commun, ou de mieux résister aux offensives des géants japonais et américains — tandis que des prétendants américains et japonais se cherchaient des épouses européennes.

Certains voyaient plus loin encore et se préparaient à opérer sur toute l'étendue du marché dit de la « triade », à savoir l'Europe, les États-Unis et le Japon ; quelques-uns rêvaient même de vraiment conquérir le « marché planétaire ».

Toutes ces activités frénétiques suscitèrent une profonde inquiétude : beaucoup de gens craignaient de voir le pouvoir économique se concentrer entre les mains de quelques-uns. En même temps que les syndicats, des hommes politiques dénoncèrent la « manie des gros coups », que des commentateurs financiers comparaient à la furie qui s'empare de requins affamés.

En ne voyant les choses que sous l'aspect de la puissance financière, on pouvait effectivement être amené à penser que dans l'économie de l'avenir, le pouvoir finirait peut-être par appartenir à une petite poignée d'énormes hiérarchies monolithiques, assez semblables à celles que nous montrent certains films.

Le scénario est pourtant trop simpliste.

Tout d'abord, on se trompe en tenant pour assuré que ces unions entre mégafirmes dureront indéfiniment. Les précédentes vagues de fusions ont été suivies, quelques années plus tard, par des vagues de désinvestissement. Une nouvelle série de divorces se profile à l'horizon. Il arrive que le marché prévu ne se matérialise pas, ou que les cultures respectives des entreprises fusionnées entrent en conflit, ou encore que la stratégie se révèle avoir été, dès le départ, une erreur totale. En fait, comme nous l'avons vu plus haut, beaucoup d'achats récents ont été réalisés en vue de désinvestissements avantageux, si bien qu'après une fusion gigantesque, diverses unités se trouvent détachées du noyau central, et qu'il en résulte finalement un rétrécissement plutôt qu'un agrandissement.

En second lieu, nous voyons s'affirmer une séparation de plus en plus nette entre le monde de la finance et l'économie « réelle », celle qui produit et distribue les biens et les services. Vers la fin des années quatre-vingt, deux effrayants krachs boursiers ont montré que les marchés financiers peuvent quelquefois s'effondrer, du moins temporairement, sans pour autant perturber profondément le fonctionnement de l'économie dans son ensemble. Dans la production de la richesse, le capital en lui-même est un facteur qui, loin de gagner en importance, en a au contraire moins qu'auparavant.

Ensuite, le pouvoir n'augmente pas nécessairement avec la dimension. Beaucoup de firmes géantes possèdent d'énormes ressources de pouvoir, mais sont incapables de les utiliser efficacement. Comme les États-Unis l'ont appris au Viêt-Nam, et l'Union soviétique en Afghanistan, la supériorité de taille ne suffit pas à garantir la victoire.

Mais, pour savoir comment le pouvoir va se répartir dans un secteur ou dans une économie données, il importe plus d'étudier les *relations*, que les structures. Et cela mène à la découverte d'un surprenant paradoxe.

En même temps que certaines firmes s'étendent (ou se boursouflent), un puissant mouvement de sens inverse tend à décomposer les grandes sociétés en unités de plus en plus petites, ainsi qu'à multiplier les petites entreprises. La concentration du pouvoir ne représente qu'une moitié de la question : au lieu d'un modèle unique, nous sommes en présence de deux tendances diamétralement opposées, mais qui cependant commencent à se fondre en une nouvelle synthèse.

Engendrée par les effets explosifs de l'importance économique du savoir, une toute nouvelle structure du pouvoir est en train de naître : la mosaïque des pouvoirs.

Des monolithes aux mosaïques

Dans les années quatre-vingt, en plein déchaînement de la folie des fusions, les entreprises ont « découvert » le centre de profit.

Dans un élan d'enthousiasme, les sociétés commencèrent à se décomposer en un grand nombre d'unités, dont chacune reçut mission de se comporter comme une petite firme indépendante. Ce faisant, les géants s'engageaient dans la voie de l'abandon de leurs structures monolithiques et de leur remplacement par des mosaïques faites de dizaines, voire souvent de centaines d'unités à comptabilité autonome.

Bien que peu de managers l'aient compris, les causes profondes de cette restructuration se trouvaient dans les changements que connaissait le système du savoir.

L'idée de constituer dans la grande entreprise des centres de profit séparés n'avait rien de bien nouveau ; mais, avant l'âge de l'ordinateur, les directions s'y étaient opposées parce qu'elle impliquait pour elles une importante réduction de leur pouvoir.

Même après que l'unité centrale eut fait son apparition, il demeurait difficile pour les sociétés d'exercer un contrôle continu sur les opérations d'un grand nombre de « centres » de ce genre. Il fallut attendre l'arrivée massive des ordinateurs personnels dans les entreprises pour voir la notion de centre de profit susciter un véritable intérêt dans les salles des conseils d'administration. Cependant, il restait encore une condition à remplir : il fallait que les micros fussent reliés aux unités centrales. Les liaisons commencèrent à s'établir dans les années quatre-vingt, et le centre de profit fit brusquement fureur.

Au début, les micro-ordinateurs autonomes entraînèrent un déplacement de pouvoir vers le bas. Avec ces nouvelles armes, les cadres moyens et même les simples employés goûtèrent à une liberté et à un pouvoir inaccoutumés. Mais quand leurs appareils furent effectivement reliés à l'unité centrale, la haute direction fut en mesure de surveiller de près certains paramètres clés de l'activité de très nombreuses petites unités : il devenait possible de leur laisser une autonomie d'action considérable, tout en gardant une emprise sur leur comptabilité financière.

Ainsi la révolution informatique commençait à approfondir le fossé entre l'aspect financier et l'aspect opérationnel, en permettant d'associer la concentration d'un côté à une déconcentration étendue de l'autre.

Actuellement, la plupart des centres de profit ne sont encore que des reflets de la société mère, des minibureaucraties qui ont essaimé à partir de la bureaucratie mère. Mais, à mesure que nous nous rapprochons de la firme flexible, nous allons les voir commencer à se diversifier dans leur organisation et à former entre eux des mosaïques d'un genre nouveau.

A Ravenne, dans le basilique de Sant'Apollinare Nuovo, une mosaïque murale représente une procession de saints. Imaginons que la procession se déroule non pas sur un mur rigide et plat, mais dans le cadre d'une sorte de mosaïque cinétique et mouvante faite de nombreux panneaux transparents qui se déplaceraient les uns derrière les autres, se chevaucheraient, se relieraient en combinaisons variables, et où les couleurs et les formes ne cesseraient de se mêler, de contraster entre elles et de se modifier.

L'image pourrait s'appliquer aux nouveaux types d'organisation du savoir dans les bases de données ; elle suggère déjà la forme future de l'entreprise et de l'économie elle-même. En lieu et place d'une hiérarchie qui concentrerait le pouvoir et que domineraient quelques organisations centrales, c'est vers un pouvoir en forme de mosaïque multidimensionnelle que nous nous dirigeons.

Management et « dégraissage »

En fait, la nature même de la hiérarchie dans l'entreprise est en train de changer. Parallèlement à la création des centres de profit, on a assisté dans les années quatre-vingts à un « aplatissement de la hiérarchie », également connu sous le nom de « massacre des rangs moyens ». Tout comme pour le passage aux centres de profit, la raison profonde en fut le besoin qu'éprouvaient les directions de ressaisir la maîtrise du savoir.

Tandis que les sociétés opéraient des coupes sombres dans les rangs de leurs cadres moyens, les managers, les universitaires et les économistes, qui avaient autrefois proclamé à l'unisson que « plus grand c'est, meilleur c'est », commencèrent à entonner une autre chanson. Ils découvrirent soudain les « déséconomies d'échelle ».

Les déséconomies en question résultent principalement de l'effondrement de l'ancien système de savoir, c'est-à-dire de la distribution bureaucratique de l'information à des alvéoles séparées, par l'intermédiaire de canaux de communication formalistes.

Comme nous l'avons indiqué plus haut, une grande partie du travail des cadres moyens consistait à rassembler l'information provenant de leurs subordonnés et à la transmettre à leurs propres supérieurs. Mais du jour où l'accélération des opérations et leur complexité croissante surchargèrent les alvéoles et engorgèrent les canaux, l'ensemble du système de transmission commença à se désagréger.

Les bavures et les malentendus proliférèrent, la multiplication des situations inextricables rendait les clients fous de rage. Les gens étaient de plus en plus nombreux à contourner ce système kafkaïen. Le coût des transactions montait en flèche. Les employés travaillaient plus dur pour en faire moins. La motivation était en chute libre.

Parmi les managers, bien peu comprenaient ce qui se passait. Montrez à des cadres supérieurs une pièce défectueuse ou une machine cassée sur le sol de l'atelier : la plupart sauront ce qu'il faut faire. Montrez-leur un système de savoir périmé et complètement délabré : ils ne sauront même pas de quoi vous parlez.

Ce qui était clair, c'était que les échelons supérieurs ne pouvaient plus attendre les synthèses réalisées étape par étape aux niveaux inférieurs et qui leur parvenaient par des messages condamnés à remonter lentement la chaîne de commandement. De plus, le volume de savoir atterrissant en dehors des alvéoles officielles et qui se transmettait par des canaux imprévus était désormais tel que la masse de cadres moyens parut de plus en plus constituer un goulot d'étranglement, bien plutôt qu'un instrument indispensable à la prise de décisions rapides.

Confrontés aux pressions concurrentielles et aux menaces de rachat, ces mêmes managers qui étaient les premiers responsables de l'obsolescence de l'infrastructure du savoir recherchaient désespérément les moyens de réduire les dépenses.

Une de leurs premières réactions consista souvent à fermer des usines et à jeter sur le pavé la grande masse des ouvriers. Ce faisant, ils s'apercevaient rarement qu'ils portaient atteinte au système de savoir de l'entreprise.

Le professeur Harold Oaklander de Pace University, expert en matière de réduction de la force de travail, a fait remarquer que les licenciements destinés à « réduire les coûts » sont souvent en réalité contre-productifs, parce qu'ils touchent précisément au savoir.

Quand les conventions collectives prévoient qu'en cas de licenciements les travailleurs d'ancienneté supérieure « éjecteront » les plus jeunes, il en résulte, selon Oaklander, une cascade de changements d'emplois. Pour chaque ouvrier effectivement licencié, trois ou quatre autres descendent d'échelon et se retrouvent à des postes où ils manquent du savoir nécessaire. Des voies de communication établies depuis longtemps sont coupées. Au total, au lieu de s'élever après les licenciements, comme on s'y attendait, la productivité baisse.

Nullement ébranlés, les hauts dirigeants prennent ensuite pour cible les armées de cadres moyens qu'ils ont constituées au fil des ans pour traiter les avalanches d'information.

Les patrons américains, qui tranchent dans la masse salariale sans se soucier des conséquences sociales ni comprendre les effets de l'opération sur la structure de savoir de l'entreprise, ne s'en voient pas moins félicités d'avoir « dégraissé ». (Il n'en va pas de même au Japon, où l'on considère que les licenciements sont un aveu d'échec ; ni dans bon nombre de pays européens où les syndicats sont représentés au conseil d'administration et où il faut les convaincre qu'il n'y a plus aucune autre solution.)

Les licenciements « au hachoir » de cadres moyens représentent en fait une tentative trop tardive et le plus souvent inconsciente de remodelage de la structure informationnelle de la firme et d'accélération des communications.

En fait, il appert qu'une grande partie des tâches non créatives dévolues aux cadres moyens peuvent aujourd'hui être accomplies plus vite et mieux par des ordinateurs et des réseaux de télécommunications. Comme nous l'avons vu, IBM estime qu'une partie de son réseau électronique interne — le sous-réseau PROFS — remplace à elle seule 40 000 cadres moyens et employés qu'il aurait fallu engager en supplément.

Avec les nouveaux réseaux qui entrent en service chaque jour, les communications s'étendent de plus en plus selon des voies horizontales ou en diagonale, sautent des échelons vers le haut ou vers le bas, et ignorent les niveaux hiérarchiques. Ainsi, quoi que les hauts dirigeants aient *cru* faire, un des résultats de leurs réductions de dépenses a été de modifier l'infrastructure de l'information dans l'entreprise — et, avec elle, la structure du pouvoir.

Quand nous créons des centres de profit, aplatissons la hiérarchie et passons des unités centrales aux ordinateurs personnels reliés par des réseaux aussi bien entre eux qu'avec les unités centrales, nous rendons le pouvoir dans l'entreprise moins monolithique et nous le rapprochons du modèle de la « mosaïque ».

Les monopolistes de l'intérieur

La révolution informationnelle nous mène au pouvoir en mosaïque pour une autre raison encore : du fait qu'elle encourage les entreprises à aller faire, pourrait-on dire, leurs courses au-dehors.

Au lieu d'essayer d'accomplir davantage de tâches à la maison, autrement dit de développer l'« intégration verticale », beaucoup de grandes sociétés transfèrent le travail à des fournisseurs extérieurs, ce qui leur permet de réduire encore leur propre taille.

La méthode traditionnelle de coordination de la production était celle que John D. Rockefeller utilisa pour la Standard Oil au tournant du siècle : le but était de contrôler à tous les stades le cycle de la production et de la distribution, et d'assurer toutes les opérations correspondantes. Avant sa dissolution par le gouvernement des États-Unis en 1911, la Standard Oil extrayait son pétrole, le transportait dans ses oléoducs et ses pétroliers, le raffinait dans ses propres installations, et le vendait par son réseau de distribution particulier.

Prenons un autre exemple choisi au hasard. Dans les années trente, Ernest T. Weir fit de la National Steel la plus profitable des sociétés sidérurgiques américaines. Il avait commencé avec une seule petite aciérie presque en ruine ; mais il savait dès le début qu'il voulait arriver à un fonctionnement « complètement intégré ». La National finit par contrôler ses sources de minerai de fer, extraire son charbon et posséder son propre réseau de transport. Weir était considéré comme un des « grands organisateurs » de l'industrie américaine.

Dans ces sociétés, il existait à chaque stade des opérations une hiérarchie monolithique qui établissait les programmes, déterminait les volumes des stocks, débattait avec les autres les prix de transfert internes, et prenait ses décisions de façon centralisée. C'était une structure de commandement autoritaire — dans un style que connaissent parfaitement les bureaucrates de la planification soviétique.

Aujourd'hui, la Pan American World Airways confie à d'autres l'utilisation de tout l'espace de « fret ventral » dont elle dispose sur ses vols transcontinentaux. La General Motors et Ford annoncent qu'elles vont porter à 55 % la part des « sources extérieures » dans leur production. Un article de *Management Today*, organe de l'American Management Association, a pour titre « L'intégration verticale des multinationales devient obsolète ». Les grands services de l'État eux-mêmes donnent des opérations en sous-traitance à des entrepreneurs privés.

Cette seconde solution permet de coordonner la production par la voie de la concurrence. Dans ce système, les entreprises doivent négocier entre elles pour obtenir le droit de se charger de tel ou tel stade de la production. Les décisions sont décentralisées. En revanche, il en coûte beaucoup de temps, d'énergie et d'argent pour établir les spécifications et veiller à leur respect, ainsi que pour rassembler et communiquer l'information indispensable à la négociation.

Chacune des méthodes a ses avantages et ses inconvénients. En faisant les choses chez soi, on s'assure le contrôle de l'approvisionnement : au moment de la pénurie de puces électroniques DRAM qui s'étendit récemment au monde entier, IBM n'en souffrit aucunement, du fait qu'elle fabriquait les siennes.

Mais, aujourd'hui, les coûts de l'intégration verticale montent très vite, tant par gonflement additionnel de la bureaucratie que par dépenses directes, alors que la collecte de l'information relative au marché et la négociation sont devenues beaucoup moins chères — grâce notamment au maillage électronique et à la révolution informationnelle.

Mieux encore, la société qui passe des commandes à une série de fournisseurs extérieurs a des chances de bénéficier d'une percée technologique sans être obligée d'acheter la technologie elle-même, de devoir recycler son personnel et de procéder à des milliers de petites modifications dans ses procédures techniques et administratives, ou dans son mode d'organisation. Autrement dit, elle rejettera sur d'autres une bonne partie des coûts d'adaptation. A l'opposé, le travail à domicile est gros de rigidités dangereuses.

Souvent, il est simplement plus coûteux de faire les choses chez soi. A moins d'être exposé à une concurrence extérieure, le fournisseur intérieur de composants ou de services devient en fait un « monopole interne », bien placé pour majorer les prix qu'il facture à ses clients alentour.

Afin de maintenir leur monopole, les fournisseurs internes ont pris l'habitude de conserver jalousement leur savoir pour eux, ce qui rend difficile toute comparaison objective entre leur efficacité et celle de leurs concurrents du dehors ; et, à son tour, leur maîtrise de l'information d'ordre technique ou comptable fait politiquement obstacle à l'élimination du monopole intérieur.

Mais, dans ce domaine aussi, la technologie informatique est porteuse de changement, car elle mine dans leurs fondements ces citadelles monopolistiques du savoir.

Une enquête récente du MIT, menée dans des sociétés telles que Xerox et General Electric, tend à montrer que « les systèmes informatisés de contrôle des stocks, et autres formes d'intégration électronique, permettent à quelques-uns des avantages » de l'intégration verticale de rester utilisables quand du travail est transféré à l'extérieur.

En même temps, l'abaissement rapide des coûts unitaires de l'information électronique renforce la position des petits fournisseurs extérieurs ; en conséquence, les biens et les services deviennent les produits non plus d'une seule firme monolithique, mais d'une mosaïque d'entreprises. La mosaïque déjà créée par les centres de profit à l'intérieur se double d'une autre, qui s'élabore à l'extérieur sur une plus large échelle.

Dans le ventre du monstre

L'action de ces mêmes forces explique pour une part la surprenante explosion démographique des petites entreprises dans leur ensemble, dont la multiplication nous éloigne encore davantage de l'économie des monolithes.

Les petites et moyennes entreprises sont maintenant reconnues comme les nouveaux centres de la création d'emplois, de l'innovation et du dynamisme économique ; le petit entrepreneur est devenu un héros (ou souvent une héroïne).

En France, écrit le *Financial Times*, « les projets de soutien aux grandes sociétés ont été mis au panier et remplacés par des programmes plus susceptibles d'aider les petites entreprises ». Le Royaume-Uni subventionne des services de consultation destinés à accroître leur efficacité. Aux États-Unis, la revue *Inc.*, qui mesure systématiquement l'activité des cent premières petites entreprises, indique un taux de croissance moyen sur cinq ans qui « approche de l'incompréhensible — si élevé qu'il [nous] stupéfie et qu'il déconcerte même [les sociétés qu'il concerne] ».

A la place d'une économie dominée par une poignée de monolithes géants, nous sommes en train de créer une économie supersymbolique composée de petites unités opérationnelles dont certaines peuvent, pour des raisons comptables et financières, être comme encapsulées dans de grandes sociétés : une économie plus proche du petit commerce que du monstrueux grand magasin (bien que quelques-unes des boutiques soient encore dans le ventre du monstre).

Cette économie multiforme, constituée d'innombrables pièces de mosaïque, requiert des formes d'organisation entièrement neuves — ce qui explique les incessantes ruptures et recompositions d'alliances dites stratégiques et autres assemblables de type nouveau.

Kenichi Ohmae, le brillant directeur de l'agence McKinsey de Tokyo, a appelé l'attention sur le nombre croissant des entreprises à participation « triangulaire », où sont engagées à la fois des sociétés — ou des filiales de sociétés — japonaises, américaines et européennes. Des « consortiums trilatéraux » de ce genre, écrit-il, « sont en voie de formation dans presque tous les secteurs de technologie avancée, dont la biotechnologie, l'informatique, la robotique, les semi-conducteurs, les réacteurs, l'énergie nucléaire, les fibres de carbone et autres matériaux nouveaux ». Ce sont là des éléments de mosaïque productifs, qui sont en voie de redessiner les frontières économiques et laissent prévoir une redéfinition ultérieure des frontières nationales elles-mêmes.

En Italie, Bruno Lamborghini, vice-président d'Olivetti en charge de la recherche économique, parle de « réseaux de sociétés » fondés sur des « alliances, coparticipations, accords, coopérations dans des projets de recherche ou d'applications techniques ». Olivetti, à elle seule, s'est déjà engagée dans cinquante collaborations de ce genre.

La position concurrentielle, poursuit Lamborghini, « ne dépendra plus seulement des [...] ressources internes », mais aussi de la structure des relations avec des unités extérieures. Comme les bases de données, la réussite prend un caractère de plus en plus « relationnel ».

Il est en même temps significatif que ces nouvelles relations de production ne soient pas strictement définies, rigides et prédéterminées — comme l'étaient les positions des noms et des adresses dans les bases de données à l'ancienne mode : à l'image des hypermédias, elles sont au contraire marquées par la fluidité et la liberté. La nouvelle organisation en mosaïque des entreprises et de toute l'économie commence à refléter (et, en retour, à favoriser) les changements qui interviennent dans l'organisation du savoir lui-même.

Pour comprendre la nature du pouvoir dans le monde économique de demain, il nous faut donc oublier ces visions fantaisistes qui prédisent une concentration quasi totale et un monde dominé par quelques mégaentreprises. Il nous faut penser en termes de mosaïques de pouvoir.

La richesse relationnelle

Dans la grande et active ville d'Atlanta (Georgie), la plus grosse entreprise, emploie quelque 37 000 travailleurs. Ce pilier de l'économie locale verse annuellement plus d'un milliard et demi de dollars de salaires ; ses installations principales couvrent une surface de plus de deux mille hectares.

Cette énorme entreprise de services n'est cependant pas une grande compagnie en forme de société anonyme. C'est l'aéroport d'Atlanta.

C'est une mosaïque géante qui comprend des dizaines d'organisations séparées — des compagnies aériennes, fournisseurs alimentaires de toute sorte, transporteurs de fret ou agences de location de voitures, jusqu'aux services officiels de l'administration fédérale de l'aviation, des postes et des douanes, et bien d'autres. Les employés sont membres de toute une série de syndicats, allant de l'Association des pilotes de ligne à l'organisation des routiers.

Que l'aéroport d'Atlanta crée de la richesse, c'est un fait que ne mettent pas en doute les hôteliers, restaurateurs, agents et propriétaires immobiliers, vendeurs de voitures et un grand nombre d'autres habitants, sans compter les 56 000 salariés de la région dont les salaires dérivent de ses activités.

De toute cette richesse, une petite partie seulement résulte des opérations de telle firme, ou agence, prise individuellement. La richesse produite par celle métamosaïque l'est précisément à partir des *rapports relationnels* — de l'interdépendance et de la coordination de tous ces éléments. A l'image des bases de données les plus récentes, l'aéroport d'Atlanta est de nature « relationnelle ».

Bien qu'ayant toujours joué un rôle important dans la création de la richesse, puisqu'elles sont inhérentes à la pratique même de la division du travail, les relations y occupent une place beaucoup plus grande à l'époque actuelle où, dans le système en mosaïque, les « joueurs » se font de plus en plus nombreux et divers.

Quand leur nombre s'accroît en proportion arithmétique, celui des relations qui les unissent suit une progression géométrique. En outre, les liaisons ne peuvent plus se fonder sur le principe d'autorité, où la volonté d'un des participants décide du comportement des autres. L'interdépendance amène les joueurs à rechercher toujours davantage un consensus, et donc à prendre en compte la multiplicité des intérêts.

Alors que le savoir s'organise en structures relationnelles ou sous la forme des hypermédias, ce qui revient à dire qu'il peut sans cesse recevoir de nouvelles configurations, l'organisation aussi doit devenir hyperflexible. C'est pourquoi une économie constituée de petites entreprises en interaction, et qui se regroupent en mosaïques temporaires, se révèle mieux adaptable et finalement plus productive que celle qui s'édifierait autour de quelques monolithes rigides.

Le pouvoir dans les mosaïques

Une génération avant la nôtre, ces mosaïques présentaient une structure différente : elles évoquaient généralement une pyramide, ou plutôt les rayons d'une roue centrés sur son moyeu. La grande société s'entourait d'un cercle de fournisseurs et de distributeurs, la firme géante regroupait les autres dans un système où celles-ci n'étaient guère que ses satellites. Quant aux clients et aux syndicats, ils ne pesaient pas non plus bien lourd face au gros pachyderme.

Il va sans dire que les grandes firmes conservent aujourd'hui une terrible force de frappe. Néanmoins, c'est là une situation qui se modifie rapidement.

Tout d'abord, le rôle des fournisseurs ne se limite plus à la vente de biens ou de services. Ils apportent maintenant des informations essentielles et, en sens inverse, en obtiennent d'autres à partir des bases des données de l'acheteur. Selon l'expression en vogue, ils sont en « partenariat » avec leurs clients.

Chez Apple Computer, déclare le président John Sculley, « nous pouvons [...] compter sur un réseau indépendant de partenaires du troisième type — des créateurs de logiciels autonomes, des fabricants de périphériques, des revendeurs et des détaillants [...]. Certains critiques affirment que les relations de ce genre ont eu pour résultat d'engendrer des "sociétés creuses", des coquilles dégarnies et vulnérables dont la survie dépend des entreprises extérieures, mais ils ont tort ».

Sculley s'élève en effet contre cette assertion ; d'après lui, ce type de relations permet à Apple d'être elle-même mince, agile et mieux capable de s'adapter ; au surplus, dans des périodes difficiles, les « partenaires » ont aidé Apple à s'en tirer. En fait, dit-il, « chaque dollar encaissé par la société-catalyseur peut en apporter trois ou quatre autres à l'infrastructure extérieure sous forme de ventes additionnelles [...]. Mais ce qui compte beaucoup plus, c'est qu'il en résulte une flexibilité accrue, qui permet de transformer les changements ou le chaos en opportunités favorables ».

Dans le passé, les grandes sociétés ont souvent fait du partenariat un grand usage rhétorique ; aujourd'hui, elles s'y trouvent incitées par la force des choses.

En essayant de suivre les cheminements de l'information dans une mosaïque de pouvoir, on voit mieux où se situent les réalités du pouvoir et de la productivité. Par exemple, les flux de communication les plus denses peuvent être ceux qui unissent un fournisseur de pièces détachées au fabricant final (ou, plus exactement, leurs unités spécialisées respectives). Les expéditions du premier et l'approvisionnement du second constituent en fait un ensemble organique — une relation essentielle. S'il reste vrai qu'une des unités intéressées fait partie de la société A et l'autre de la société B en vertu de considérations comptables ou financières, ces considérations ont de moins en moins a voir avec les réalités productives, et de chaque côté le personnel des unités concernées peut très bien trouver plus grand intérêt à ces relations communes qu'à celles qu'il entretient avec sa propre entreprise, et donc s'y sentir plus fidèlement attaché.

Au Japon, Matsushita a en quelque sorte défini officiellement le partenariat comme la « haute productivité par l'investissement de la sagesse totale ».

La firme organise des rencontres avec ses sous-traitants dès la phase initiale de la conception d'un nouveau produit ; elle leur demande d'aider à le rendre le meilleur possible, ce qui aura également pour effet de raccourcir les délais et d'arriver plus vite sur le marché.

Président du Kyoei-kai, association qui réunit les sous-traitants de Matsushita, Kozaburo Sikata pense que ce système va devenir pratique courante. Si Matsushita s'est décidée à partager d'emblée de l'information précédemment réservée, ce n'est pas par bonté d'âme, mais pour répondre aux exigences de la situation concurrentielle. On peut en tout cas être sûr que, si puissante que soit la société, ses dirigeants prêtent une oreille attentive à ce que disent ses 324 fournisseurs organisés.

Le plus important est que les fournisseurs sont à présent reliés électroniquement non plus seulement à la grande entreprise comme les rayons de la roue au moyeu ; ils communiquent aussi — et communiqueront de plus en plus — les uns avec les autres, ce qui les met en bien meilleure position pour se coaliser quand ils jugent nécessaire d'exercer une pression sur leur grand client.

Une autre raison encore fait que les mosaïques en formation ne se conforment plus nécessairement au schéma du dominant et du dominé. Quand le monolithe se divise en centres de profit, beaucoup de fournisseurs se trouvent avoir affaire non plus au géant au faîte de sa puissance, mais à une unité réduite, et parfois plus faible qu'ils ne le sont eux-mêmes. Naguère élément majeur, la dimension de la grosse société tend à peser de moins en moins lourd.

Le pouvoir passant des colosses aux petits morceaux de mosaïque, il devient peu sensé de croire que les géants dominent les mosaïques dont ils font partie.

La très grande entreprise subit encore des pressions d'un autre côté — du côté des clients qui s'organisent de plus en plus en « comités d'utilisateurs». Ces groupements s'occupent en principe d'échanges de données techniques ; en fait, ce sont, sous une nouvelle forme, des groupes de pression de consommateurs.

Proliférant rapidement, et s'armant des conseils d'excellents spécialistes du droit, de la technologie et d'autres domaines, les organisations d'utilisateurs constituent un contre-pouvoir souvent capable de faire plier les plus puissants de leurs fournisseurs.

Les groupes de ce genre sont particulièrement actifs sur le terrain de l'informatique où, par exemple les utilisateurs de logiciels VAX et Lotus se sont organisés. Quant à IBM, ses clients ont formé de nombreux groupes, réunis eux-mêmes en un conseil international qui représente quelque dix mille sociétés, dont quelques-unes figurent aux premiers rangs mondiaux. Aujourd'hui, IBM se vante d'écouter ses utilisateurs. C'est certainement ce qu'elle a de mieux à faire.

Les membres de ces groupes peuvent fort bien être en même temps des clients, des concurrents et des partenaires associés à un projet commun. Les activités économiques deviennent poly-relationnelles, au point que beaucoup ne s'y reconnaissent plus.

En fin de compte, l'idée d'une économie dominée par quelques géants monolithiques n'est qu'une vue de l'esprit.

Au-delà de la société anonyme

Ces changements, qui sont largement passés inaperçus, nous forcent aussi à repenser les fonctions mêmes de l'entreprise. Si, dans le système en mosaïque, une grande part de la valeur ajoutée découle des *relations*, il s'ensuit que la valeur produite par une entreprise — et ce qu'elle vaut elle-même — dépend en partie de sa *position* perpétuellement changeante dans l'économie supersymbolique.

Les comptables et les managers qui tentent de quantifier la valeur ajoutée et d'en assigner la provenance à telle filiale ou à tel centre de profit sont contraints de porter des jugements arbitraires, et souvent totalement subjectifs — puisque la comptabilité traditionnelle ignore généralement l'importance, pour la production de la valeur, du « capital organisationnel » comme de l'ensemble de ces relations complexes et toujours changeantes. Même les catégories comptables dénommées par exemple « services par bonne volonté » ne reflètent que de façon grossière et inadéquate l'importance croissante de ce genre d'actifs.

Les théoriciens du management commencent — bien tardivement — à parler de « capital organisationnel ». Mais il existe aussi ce qu'on pourrait appeler un « capital positionnel », c'est-à-dire la localisation stratégique de la firme dans le tissu général des mosaïques et métamosaïques.

Au sein de n'importe quelle branche, l'occupation d'une position clé dans un de ces systèmes de production de la richesse vaut argent en banque — et pouvoir en poche. La perdre, ou se trouver repoussé à la périphérie, peut se révéler désastreux.

Tout cela amène à penser que la grande société anonyme, ou une autre forme de société, n'est plus nécessairement, dans le monde capitaliste et dans les économies développées en général, l'organisme essentiel de la production de la richesse matérielle.

Nous assistons en fait à un divorce entre la grande société et les processus matériels décisifs pour cette création de richesse, ceux-ci étant de plus en plus confiés aux petites et moyennes entreprises, ou aux sous-sociétés dénommées centres de profit. Dès lors qu'une si grande part du vrai travail est confiée à ces unités, les fonctions de haute direction dans la grande société consistent de moins en moins à assurer la production, de plus en plus à définir des orientations de caractère très général, à veiller sur la structure du capital et à rendre compte de son utilisation, à conduire des procès et organiser des pressions, enfin à remplacer par de l'information tous les autres facteurs de la production.

Cette délégation ou sous-traitance d'une grande part des fonctions de la grande société — qui fut autrefois l'instrument décisif de la production — a un précédent historique.

La révolution industrielle a enlevé beaucoup de ses missions à cette autre institution clé de la société qu'est la famille. L'éducation a été confiée à l'école, l'entretien des vieillards à l'État ; le travail a été transféré dans l'enceinte de l'usine, et ainsi de suite. Aujourd'hui, étant donné que nombre de ses anciennes fonctions peuvent être assumées par de petites unités armées d'une puissante technologie de l'information, l'entreprise géante perd semblablement quelques-unes de ses anciennes raisons d'être.

Après la révolution industrielle, la famille n'a pas disparu ; mais elle s'est faite plus petite, a assumé des responsabilités plus limitées, et, par rapport aux autres institutions sociales, a perdu beaucoup de son pouvoir.

C'est ce qui arrive aujourd'hui à la grande société anonyme, en ce temps où nous sortons de l'ère usinière que dominaient des géants dignes du royaume de Brobdingnag.

Bref, même si de grandes sociétés continuent à s'étendre, leur importance en tant qu'institution s'amoindrit.

Il est encore trop tôt pour que personne puisse pleinement comprendre les mosaïques de pouvoir qui prennent forme sous nos yeux ni prévoir le destin à long terme des grandes sociétés. Une chose n'en est pas moins certaine : l'idée qu'une poignée d'entreprises géantes domineraient l'économie de demain est une caricature pour album humoristique.

CODA

Le nouveau système de création
de la richesse

Voici quelque temps, Wendy International, qui a essaimé ses 3 700 restaurants « fast-food » des États-Unis jusqu'au Japon, à la Grèce et à l'île de Guam, a créé un menu « Express Pak » à l'intention des consommateurs qui mangent dans leur voiture. Il comprend un hamburger, des frites et un Coca-Cola ; mais, au lieu d'énumérer les trois articles, le client n'a qu'à prononcer « Express Pak ». Le but visé était d'accélérer le service. Comme le dit un des porte-parole de Wendy, « c'est sans doute l'affaire de trois secondes, mais l'effet cumulatif peut être important ».

Cette petite innovation apparemment dérisoire en dit pourtant long sur l'avenir du pouvoir. En effet, la vitesse avec laquelle nous échangeons l'information — fût-elle à première vue insignifiante — se relie à l'émergence d'un système de création de la richesse radicalement nouveau, et se trouve à la base d'une des plus importantes mutations de pouvoir de notre époque.

Le nouveau métabolisme économique

Que Wendy vende ses hamburgers plus ou moins vite, il n'y a certes pas là de quoi révolutionner le monde. Mais un des aspects les plus importants à connaître de tout système, et en particulier de tout système économique, est son « temps d'horloge », c'est-à-dire sa vitesse de fonctionnement.

Chaque système — de la circulation sanguine dans le corps humain au système social de création de la richesse — ne peut fonctionner qu'à des allures déterminées. Trop lent, il se désorganise et s'arrête ; trop rapide, il explose. Tous les systèmes sont faits de sous-systèmes, qui eux aussi ont leurs limites de vitesse inférieure et supérieure. Le « pas » de l'ensemble peut se définir comme la moyenne des rythmes du changement dans ses diverses parties.

Chaque économie nationale et chaque système de création de la richesse marche à son propre pas, qui le caractérise ; chacun, pourrait-on dire, possède son rythme métabolique singulier.

On peut mesurer la vitesse d'un système producteur de valeur de bien des façons, en étudiant soit le fonctionnement des machines, soit les transactions d'affaires, soit les flux de communication, soit la rapidité du passage du savoir obtenu en laboratoire au produit commercialisé, soit encore le temps qu'il faut pour prendre certaines décisions, ou les délais de livraison, et ainsi de suite.

Si nous comparons l'allure générale de marche au temps de la Première Vague, autrement dit des systèmes agraires de création de la richesse, à celle des systèmes industriels de la Deuxième Vague, il est évident que les économies usinières couraient plus vite que les économies agricoles traditionnelles. Partout où s'est étendue la révolution industrielle, elle a fait passer les processus économiques à une vitesse supérieure.

En poursuivant la comparaison, le nouveau système de création de la richesse étudié dans ces pages opère à des vitesses qui auraient été inimaginables voici seulement une ou deux générations. Naguère encore, le métabolisme actuel de l'économie aurait fait éclater le système. On pourrait choisir comme symbole du nouveau rythme une nouvelle puce électronique à « hétérojonction », où l'impulsion électrique se produit en deux milliardièmes de seconde.

Dans *le Choc du futur*, publié pour la première fois en 1970, nous soutenions que l'accélération du changement allait transformer la société, et montrions ce qui arrive aux systèmes quand les vitesses sont trop grandes pour leurs facultés d'adaptation. Nous démontrions que l'accélération produit par elle-même des effets spécifiques, indépendamment de la nature du changement en cause. Ce principe recouvre une réflexion économique qui va bien au-delà de la formule traditionnelle du « temps qui est de l'argent ». En réalité, l'effet d'accélération implique le jeu d'une nouvelle et puissante loi économique.

Cette loi peut s'énoncer très simplement en disant que, quand l'allure de l'activité économique s'accélère, chaque unité de temps en vient à valoir *plus* d'argent.

Lourde de conséquences, cette loi entraîne, commme nous le

verrons, de profondes implications non seulement pour les entreprises en tant que telles, mais pour l'ensemble économique et pour les relations mondiales *entre* les économies ; elle prend un sens particulier quand il s'agit des rapports entre les riches et les pauvres sur notre planète.

Une grêle d'appels

En redescendant du niveau des généralités économiques à celui de la vie quotidienne, on s'aperçoit qu'en accélérant leur service, les managers de Wendy répondent au désir des clients qui veulent des réactions immédiates à leurs demandes. Il leur faut un service rapide, il leur faut des produits qui leur fassent gagner du temps ; car, dans la culture en voie de formation, le temps devient lui-même un produit de valeur.

Au-delà de cette considération, la capacité de mettre très vite les produits sur le marché est un facteur essentiel dans notre économie mondiale de plus en plus concurrentielle. Par exemple, la rapidité foudroyante avec laquelle les téléfax, les équipements de liaison vidéo et autres dispositifs électroniques à l'usage du grand public envahissent le marché laissent stupéfaits les fabricants aussi bien que leurs clients.

Il existe des machines de fac-similé depuis des décennies, mais elles étaient en petit nombre. Dès 1961, les laboratoires de recherche de Xerox présentaient une machine dite LDX — en français XLD, pour « xérographie à longue distance » — qui accomplissait une grande partie des fonctions du téléfax actuel.

Mais la commercialisation se heurta alors à plusieurs obstacles. A l'époque, les services postaux étaient encore raisonnablement efficaces, alors que le téléphone accusait un retard relatif et que les communications à longue distance coûtaient cher.

Vers la fin des années quatre-vingt, plusieurs nouveaux facteurs intervinrent à la fois. Le prix de revient des machines téléfax s'abaissa de beaucoup ; les techniques de télécommunications s'améliorèrent considérablement ; la fin du monopole d'AT & T contribua à réduire les coûts relatifs des appels à longue distance sur le territoire américain. Dans le même temps, les services postaux se détérioraient, freinant les transactions au moment où la vie économique passait à un rythme plus rapide. De plus, l'effet d'accélération accroissait la valeur économique de chacune des secondes économisées grâce au téléfax. La convergence des circonstances ouvrit un marché qui se développa bientôt à une vitesse explosive.

Au printemps 1988, et comme du jour au lendemain, une foule d'Américains reçurent une grêle d'appels téléphoniques d'amis ou de relations d'affaires qui leur demandaient d'installer un téléfax. Quelques mois plus tard, des millions de machines bourdonnaient et cliquetaient d'un bout à l'autre des États-Unis.

Dans la situation concurrentielle actuelle, le rythme de l'innovation est devenu si précipité qu'à peine un produit lancé on voit apparaître une nouvelle génération plus perfectionnée. Qui a récemment acheté pour son ordinateur personnel vingt méga-octets de mémoire sur disque dur va-t-il ensuite en acheter quarante de plus, ou soixante-dix, ou vingt seulement, sachant que des mémoires CD-ROM seront bientôt disponibles ? (Au moment où ces chiffres seront imprimés, il se peut qu'ils paraissent dérisoirement périmés.)

Utilisant une terminologie qui rappelle celle des vols spatiaux ou de la guerre nucléaire, les spécialistes de la commercialisation parle maintenant de « fenêtre de lancement » pour désigner le très bref laps de temps après lequel un nouveau produit a toutes chances d'échouer face à la concurrence de modèles plus avancés.

Les pressions de l'accélération amènent à adopter de nouvelles méthodes de production. Un des moyens d'aller plus vite consiste à faire simultanément ce qu'on avait l'habitude de faire par étapes successives : d'où la récente apparition du terme d'« élaboration simultanée ».

Autrefois, on commençait par concevoir le produit, le processus de fabrication n'étant étudié qu'après. Aujourd'hui, dit David W. Clark, vice-président pour l'ingénierie de la Jervis B. Webb Company, qui fabrique des équipements de manutention, « vous définissez et vous élaborez les procédés de production en même temps que le produit final lui-même ».

La « SE » (sigle américain pour « élaboration simultanée ») exige un degré de précision et de coordination sans précédent. Selon Jerry Robertson, d'Automation Technology Products, « le concept d'élaboration simultanée [...] était dans l'air depuis plus de quinze ans », mais c'est tout récemment que « les progrès en matière de puissance des ordinateurs et de possibilités des bases de données » ont commencé à rendre la chose réalisable.

Une autre méthode d'accélération consiste à éliminer des pièces ou à les redessiner — de manière à obtenir des produits comportant moins de composants, eux-mêmes autant que possible modulaires. Il faut pour cela des tolérances extrêmement réduites, et des niveaux plus poussés d'information et de savoir. En revoyant un composant de son imprimante 4720, IBM a non seulement abaissé le coût unitaire de 5,95 dollars à 1,81, mais aussi ramené le temps de fabrication de trois minutes à quelques secondes. Comme chez Wendy, les secondes comptent.

Un autre procédé encore est l'instauration de la livraison des composants « juste-à-temps », dont les Japonais ont été les initiateurs. Alors qu'autrefois, les fournisseurs produisaient telle pièce en grande série puis la livraient sporadiquement par grosses quantités, selon le nouveau système, il y a livraison fréquente de petites quantités, au moment précis où l'on a besoin des pièces pour les assembler. L'innovation permet à la fois d'accélérer la production et de réduire radicalement les capitaux immobilisés sous forme de stocks. En Grande-Bretagne, Rolls-Royce assure avoir abaissé de 75 % les délais de livraison et le volume de ses stocks grâce au « juste-à-temps ».

D'autre part, la rapidité de réaction aux demandes de la clientèle est devenue un facteur décisif, car elle peut différencier favorablement le produit ou le service offerts par une entreprise de ceux de ses concurrents. Agences de voyages, banques, organismes financiers, franchisés du « fast-food », tous rivalisent pour informer et satisfaire immédiatement le consommateur.

Dans le passé, les employeurs cherchaient à produire plus vite en faisant travailler les ouvriers plus vite. A cet égard, une des grandes contributions humanitaires que nous devons au vieux mouvement syndical est la lutte qu'il a menée contre l'accélération des cadences. Mais il reste des milliers d'usines et de bureaux retardataires où cette bataille n'a pas encore été gagnée.

Au contraire, dans le nouveau système de création de la richesse, le coût du travail physique tombe à une faible proportion du total des frais de production ; la vitesse ne s'obtient plus par l'exploitation forcenée de la force de travail, mais par une réorganisation intelligente et des échanges d'information utilisant des techniques hautement sophistiquées. En même temps que l'ensemble du système fonctionne de plus en plus vite, le savoir remplace la sueur.

En juin 1986, Motorola forma un groupe de vingt-quatre personnes — sous le nom de code d'« Équipe bandit » — et lui assigna un objectif apparemment impossible à atteindre. Il s'agissait de créer un nouveau récepteur radio de poche, en même temps qu'une unité de production informatisée au meilleur niveau mondial pour en assurer la fabrication. L'usine devait satisfaire à des critères de qualité exceptionnels : il était spécifié que chaque récepteur devait être parfait, à concurrence d'une probabilité de 99,9997 %.

Le délai fixé à cette équipe était de dix-huit mois.

Aujourd'hui, l'usine de Boynton Beach, en Floride, sort des

appareils personnalisés dont les séries se réduisent parfois à un modèle unique. Vingt-sept robots accomplissent tout le travail physique : sur les quarante employés, un seul touche réellement aux récepteurs. L'opération « Équipe bandit » a réussi — avec même dix-sept jours d'avance.

Il n'est pas jusqu'à la construction automobile, lent dinosaure en comparaison des branches de la photographie ou de l'électronique, qui ne se batte pour raccourcir ses délais.

Dans ce domaine, les succès japonais résultent en particulier du fait que les constructeurs nippons sont capables de concevoir et commercialiser un nouveau modèle en deux fois moins de temps qu'il n'en faut à leurs concurrents européens ou américains.

Chez Toyota, firme que Joseph L. Bower et Thomas M. Hout qualifient dans la *Harvard Business Review* de « société à cycle rapide », la combinaison de l'élaboration simultanée, des systèmes d'information de pointe, des équipes autonomes et du partage de l'information avec les fournisseurs à un des premiers stades du projet, a pour résultat, selon les auteurs de l'article, « un cycle de développement [du produit] toujours plus rapide [...], la présentation très fréquente de nouveaux modèles, et un flux constant de grandes ou petites innovations apportées aux voitures existantes ».

Dans le même ordre d'idées, Bower et Hout citent le cas d'une banque qui a réduit de plusieurs jours à trente minutes le délai de réponse à une demande d'emprunt, en communiquant simultanément aux spécialistes concernés l'information nécessaire, alors qu'auparavant elle passait successivement de l'un à l'autre.

L'« effet d'accélération » a acquis une telle puissance que, selon le consultant Howard M. Anderson, fondateur du Yankee Group, les sociétés doivent maintenant se proposer « un objectif suprême : la vitesse [...], la vitesse à tout prix [...], l'hypervitesse ».

Ce qui naît sous nos yeux, c'est un système économique radicalement nouveau, qui fonctionne sur un rythme plus rapide que tous ceux que l'histoire a jamais connus.

La richesse de demain

Dans les pages qui précèdent, nous avons esquissé une description de certains éléments du nouveau système de création de la richesse. Au présent stade, il devient possible d'assembler les différentes pièces en un tableau cohérent — et de montrer clairement à quel point le nouveau système est réellement révolutionnaire, à quel point aussi il s'éloigne rigoureusement des anciens processus de formation de la richesse.

1. Le nouveau système accéléré de création de la richesse repose de plus en plus sur les échanges de données, d'information et de savoir. Il est « supersymbolique ». Sans échange de savoir, pas de création de nouvelle richesse.

2. Le nouveau système passe de la production de masse à une production flexible, personnalisée ou « démassifiée ». Grâce aux nouvelles technologies de l'information, il est en mesure de fabriquer en petites séries, voire même à l'unité, des produits extrêmement variés, et cela, à des coûts proches de ceux de la production de masse.

3. Les facteurs conventionnels de la production — la terre, le travail physique, les matières premières et le capital — perdent en importance à mesure qu'ils sont remplacés par le savoir symbolique.

4. Au lieu de la monnaie de métal ou de papier, c'est l'information électronique qui devient le véritable moyen d'échange. Le capital est maintenant si fluide qu'il peut du jour au lendemain se rassembler en énormes quantités, et se disperser de même. Malgré les énormes concentrations actuelles, les sources de capital deviennent plus nombreuses.

5. Les biens et les services tendent à devenir modulaires et à se constituer en systèmes qui exigent une multiplication des normes, et leur révision constante. Il en résulte des guerres pour le contrôle de l'information sur laquelle se fondent les normes.

6. Les lentes bureaucraties sont en voie d'être supplantées par de petites unités de travail (démassifiées), par des équipes « ad-hocratiques », par des alliances et consortiums d'affaires qui prennent des formes de plus en plus complexes. Afin d'accélérer les décisions, on « aplatit » la hiérarchie, ou on l'élimine franchement. L'organisation bureaucratique du savoir cède la place aux systèmes d'information à flux libre.

7. Les unités organisationnelles se multiplient en même temps qu'elles se diversifient. Plus elles sont nombreuses et plus elles effectuent de transactions entre elles, plus s'accroît le volume de l'information à créer et à communiquer.

8. Les travailleurs sont de moins en moins interchangeables. A l'ère industrielle, ils ne possédaient qu'une toute petite partie des moyens de production ; aujourd'hui, les plus puissants instruments d'accroissement de la richesse sont les symboles qu'ils détiennent dans leurs têtes. En conséquence, les travailleurs disposent d'une part des « moyens de production » qui se révèle décisive, et souvent irremplaçable.

9. Le héros de notre temps n'est plus l'ouvrier en bleu, ni le financier, ni le manager, mais l'innovateur qui associe le savoir imaginatif et l'aptitude à l'action (que ce soit à l'intérieur d'une grande organisation ou en dehors d'elle).

10. La création de la richesse est de plus en plus reconnue comme étant un processus circulaire, où les résidus se trouvent recyclés en ressources utilisables pour la rotation suivante. Cette méthode de production exige une surveillance continue par ordinateur, en même temps qu'un savoir toujours plus approfondi en matière de données scientifiques ou d'environnement.

11. Alors que la révolution industrielle les avait isolés l'un de l'autre, le producteur et le consommateur sont à nouveau réunis dans le cycle de production de la richesse. Le consommateur n'apporte pas seulement son argent, mais aussi des informations sur le marché et les modèles de produits, qui sont vitales pour l'ensemble du processus. L'acheteur et le fournisseur se partagent des données, de l'information et du savoir. Le jour viendra peut-être où, en appuyant sur des boutons, le consommateur déclenchera à distance des activités productives. Consommateur et producteur tendent à se fondre en un « prosummateur ».

12. Le nouveau système de création de la richesse est à la fois localisé et planétaire. L'efficacité des microtechnologies permet maintenant d'accomplir dans un petit espace des tâches qui, naguère, ne pouvaient économiquement s'accomplir qu'à l'échelle nationale. Dans le même temps, beaucoup de fonctions débordent les frontières et intègrent dans un commun effort de production des activités qui se situent dans nombre de pays différents.

Ces douze éléments de l'économie d'accélération sont évidemment liés entre eux, et leur interaction renforce dans l'ensemble de la vie économique l'importance des données, de l'information et du savoir. A eux tous, ils définissent le nouveau système de création de la richesse fondé sur la technologie avancée ; et, à mesure que ses pièces se mettent en place, le système sape dans leurs fondements les structures de pouvoir élaborées pour servir le processus d'accroissement de la richesse qui correspondait à l'âge industriel.

Tel que résumé ici, le nouveau système permet de mieux comprendre les immenses bouleversements auxquels nous assistons sur toute la planète — tremblements avant-coureurs qui annoncent un conflit entre différentes méthodes de production de la valeur, et cela, à une échelle sans précédent.

CINQUIÈME PARTIE

Nouveaux pouvoirs
et politique

CHAPITRE XX

Les décennies décisives

A Bluefield (Virginie occidentale), le 9 novembre 1989, une institutrice pleurait, et dans le monde entier des millions d'hommes et de femmes partageaient ses larmes de joie. Accrochés à leurs écrans de télévision, ils assistaient à la chute du mur de Berlin. Pendant toute une génération, des Allemands de l'Est avaient été emprisonnés, blessés ou même tués pour avoir tenté de franchir cette enceinte de quarante-cinq kilomètres ; voici maintenant qu'ils la débordaient en masse, les yeux brillants, avec des expressions qui allaient de la joie sans mélange à la stupéfaction d'un choc culturel. Bientôt les marteaux se mirent au travail ; aujourd'hui, les restes du mur qui, naguère encore, coupait en deux Berlin, et même toute l'Allemagne, ne sont plus que des morceaux de pierre et de ciment gardés en souvenir sur d'innombrables cheminées où s'accumule la poussière.

Parce qu'elle concrétisait, pourrait-on dire, la fin du régime totalitaire imposé par les Soviétiques à toute l'Europe centrale et orientale, la chute du mur suscita une vague d'enthousiasme en Occident. Des intellectuels et des politiciens à courte vue entonnèrent ensemble un hymne à la joie que Beethoven n'aurait pas désavoué. Le marxisme étant aux abois, chantaient-ils en chœur, la démocratie avait son avenir assuré ; l'idéologie était morte et enterrée.

Aujourd'hui, l'Europe orientale se débat dans l'instabilité. La Pologne est au bord d'un effondrement économique total. En Roumanie, des foules s'affrontent dans les rues. Le président yougoslave déclare que des « partis extrémistes de droite » et des « forces revanchardes » pourraient déclencher « une guerre civile, avec la possibilité d'une intervention armée étrangère ». L'antisémitisme se déchaîne, en même temps que de vieilles haines ethniques. Sur plusieurs points, les frontières établies après la guerre sont remises en question. Loin d'assurer la démocratie, la désagrégation du pouvoir soviétique en Europe orientale a créé un vide explosif où des fous irresponsables et des incendiaires sont prêts à se précipiter. Pendant ce temps, la confusion menace le mouvement d'intégration en cours en Europe occidentale.

Au-delà de la vaste scène européenne, on voit se dessiner la possibilité d'un déchirement de l'Union soviétique, qui pourrait bien déclencher de nouvelles guerres pour une génération, et remettre à l'ordre du jour les périls nucléaires qu'on avait cru relativement écartés.

Par une nouvelle ironie de l'Histoire, au moment même où des millions d'hommes aspirent passionnément à une liberté qu'ils n'ont jamais possédées, les démocraties anciennes d'Amérique du Nord ou d'Europe occidentale, et celle du Japon, font face à une crise interne qui s'annonçait depuis longtemps : car nous en arrivons à la fin de l'ère de la démocratie de masse — seul type de démocratie qu'ait jamais connu le monde industriel.

Dynasties et démocraties

Démocratique ou non, tout système exige une certaine adéquation entre la manière dont un peuple produit de la richesse et celle dont il se gouverne. Si le système politique est en trop forte discordance avec le système économique, l'un des deux finira par détruire l'autre.

Dans le cours de l'histoire, il n'est arrivé que deux fois à l'humanité d'inventer une méthode de production de la richesse entièrement nouvelle, et, les deux fois, elle a également inventé les nouvelles formes de gouvernement correspondantes.

L'extension de l'agriculture mit fin aux groupements tribaux, bandes de chasseurs et autres formations socio-politiques, qui furent remplacées par des cités-États, des royaumes dynastiques et des empires féodaux — dont beaucoup furent à leur tour balayés par la révolution industrielle. Dans de nombreux pays, la production de masse, la consommation de masse et les médias de masse engendrèrent en contrepartie le système de la « démocratie de masse ».

Celle-ci se heurta pourtant à une résistance acharnée. Les vieilles forces de la féodalité agrarienne — l'aristocratie terrienne, les hiérarchies ecclésiastiques, et, avec elles, leurs supports intellectuels et culturels — s'unirent en une opposition qui livra

une guerre à mort au nouvel industrialisme comme à la démocratie de masse qu'il apportait souvent avec lui.

Dans toutes les sociétés usinières, la lutte politique essentielle
ne s'est pas déroulée, comme beaucoup l'imaginent, entre la
droite et la gauche, mais, en réalité, entre les admirateurs de la
société agrarienne de la Première Vague et du « traditionalisme »
d'un côté, et, de l'autre, les tenants de l'industrialisme de la
Deuxième Vague et du « modernisme ».

Ce genre de bataille pour le pouvoir se livre souvent sous
d'autres drapeaux — ceux, par exemple, du nationalisme, de la
religion ou des droits civils. Les clivages affectent la vie familiale,
les relations entre sexes, les écoles, les professions libérales et le
monde des arts aussi bien que la vie politique proprement dite.
Ce conflit historique est loin d'avoir cessé, mais il passe
aujourd'hui au second plan avec le déchaînement de celui qui
oppose cette fois la civilisation post-moderne de la Troisième
Vague au « modernisme » aussi bien qu'au « traditionalisme ».

S'il est exact qu'une nouvelle économie fondée sur le savoir
est en passe de remplacer la production usinière, alors nous
devons nous attendre à un nouveau combat historique pour la
reconstruction de nos institutions politiques, afin de les mettre
en accord avec l'économie révolutionnaire qui est en train de se
substituer à la production de masse.

Toutes les sociétés industrielles doivent aujourd'hui faire face
à un ensemble de crises convergentes qui les affectent dans leurs
éléments les plus fondamentaux — organismes urbains, systèmes
de santé et d'assistance, réseaux de transport, équilibres écologiques. Les hommes politiques de l'âge usinier continuent de
réagir au coup par coup, en se contentant d'apporter quelques
variantes aux vieilles approches. Mais il se pourrait bien que ces
crises soient insolubles dans le cadre des institutions existantes
conçues pour la société de masse.

En outre, la nouvelle économie en voie de formation nous
lance des défis sans précédent et ouvre d'autres crises qui
détruisent de fond en comble les présupposés conventionnels de
l'âge de la démocratie de masse, avec les alliances qui en
découlaient.

Transferts des niveaux de pouvoir

A la démocratie de masse correspondaient d'immenses
concentrations de pouvoir à l'échelle nationale — concentrations
qui reflétaient l'essor des techniques de production de masse et

des marchés nationaux. Aujourd'hui, les technologies de production en petites séries ont modifié la situation.

Prenons l'exemple du pain.

A l'origine, le pain et les produits similaires venaient de la boulangerie locale. Puis, à la suite de l'industrialisation, les petites entreprises familiales furent submergées par les supermarchés qui se fournissaient auprès de sociétés géantes, telle Nabisco aux États-Unis. Aujourd'hui, il est étonnant de voir que de nombreux supermarchés américains, tout en continuant à vendre les marques nationales, commencent à cuire du pain dans leurs propres installations. Le cercle se referme sur lui-même, mais en employant des techniques plus sophistiquées.

Autrefois, il fallait envoyer tous les rouleaux de photos à Rochester, État de New York, où les traitait l'usine centrale de Kodak ; aujourd'hui, on les développe et on les tire à tous les coins de rue. L'imprimerie commerciale exigeait des investissements lourds et des machines complexes ; aujourd'hui, il existe dans tous les quartiers des équipements graphiques légers et performants. Les nouvelles technologies rendent la production locale à nouveau compétitive.

Mais, dans le même temps, l'économie avancée fait passer certaines formes de production à un niveau planétaire. Les voitures, les ordinateurs et bien d'autres produits ont cessé d'être fabriqués dans un seul pays : les composants proviennent en partie d'ailleurs, l'assemblage s'accomplit en plusieurs lieux très éloignés. Ces deux évolutions simultanées, dont l'une fait « redescendre » la production et l'autre la fait « monter », ont leurs contreparties directes dans l'ordre politique.

Elles expliquent pourquoi, du Japon à l'Europe, en passant par les États-Unis, nous voyons se manifester dans tous les pays de technologie avancée des pressions en faveur d'une décentralisation — en même temps que se font jour des tendances qui visent à transférer des pouvoirs à des organismes supranationaux.

Parmi ces dernières, la plus importante est l'action de la Communauté européenne, qui s'oriente vers un pouvoir recentralisé à un niveau supérieur en créant un marché unique intégré, une monnaie commune et une banque centrale unique.

Pourtant, au moment même où le rouleau compresseur de la Communauté tente d'effacer les différences et de concentrer les mécanismes de décision politiques et économiques, diverses régions profitent de l'affaiblissement des pouvoirs nationaux qui en résulte pour lancer une offensive d'en bas. « Le marché européen unique, déclare Jean Chemain, chef de l'agence pour le développement économique de la région lyonnaise, nous donne une excellente occasion de briser la centralisation parisienne ». De fait, l'ensemble de la région Rhône-Alpes, dont fait partie l'agglomération lyonnaise, établit des liens avec ses homologues d'autres pays — la Catalogne, la Lombardie et le Bade-Wurtemberg — en vue de promouvoir des intérêts communs.

A mesure qu'elle s'étend l'économie supersymbolique tend à créer des électorats susceptibles de soutenir diverses mutations radicales du pouvoir aux niveaux local, régional, national et mondial ; on peut s'attendre que ces « politiques de niveaux » coupent les électeurs en quatre groupes distincts qui seraient les « mondialistes », les « nationalistes », les « régionalistes » et les « localistes », défendant tous férocement leur identité (et les intérêts économiques correspondants) et se cherchant tous des alliés.

Chacun d'eux obtiendra des appuis financiers et industriels différents, mais attirera aussi des artistes, écrivains et intellectuels de talent, qui leur apporteront les justifications idéologiques appropriées.

Qui plus est, et contrairement à l'opinion courante, les régions et localités, au lieu de s'uniformiser, sont destinées à se diversifier davantage. « Vous commettez une grave erreur, affirme James Crupi, président de l'International Leadership Center de Dallas, si vous considérez les États-Unis comme une totalité. Il y a dans le pays des parties aussi opposées entre elles que le jour et la nuit. »

Sans aller forcément aussi loin que Crupi, d'après lequel « les États-Unis sont en passe de devenir une nation composée de cités-États », on s'aperçoit, en étudiant de près les statistiques des années quatre-vingt, qu'elles montrent déjà des différences grandissantes entre les deux côtes, le Middle West et la zone pétrolière, ou entre les grands centres urbains et leurs banlieues. Qu'on les mesure en termes d'activité de la construction immobilière, d'indices de croissance, de niveaux de l'emploi ou de conditions sociales, ces différences vont probablement non pas diminuer mais s'approfondir sous l'action de l'économie nouvelle qui tourne le dos à l'homogénéisation caractéristique de l'âge usinier.

Les régions et localités affirmant leur originalité culturelle, technologique et politique, il deviendra plus difficile pour les États de diriger les économies au moyen des instruments traditionnels de régulation par la banque centrale, de la fiscalité et des contrôles financiers. Un relèvement ou un abaissement des taux d'intérêt, un changement du taux de l'impôt auront des conséquences radicalement différentes dans les différentes parties d'un même pays.

Et l'élargissement de ces disparités pourrait déclencher la naissance ou le renforcement explosif de mouvements extrémistes qui exigeraient l'autonomie régionale ou locale, voire même la sécession pure et simple. Toutes les économies avancées recèlent ainsi des bombes qui n'attendent qu'un détonateur.

Dans chaque pays, il existe déjà des régions qui se considèrent comme injustement traitées par le pouvoir central. Les promesses de réduction des inégalités régionales n'ont pas apporté grand-chose, comme vous le dira n'importe quel habitant de Glasgow. (D'après certains échos de presse, le renouveau du sentiment sécessionniste en Écosse aurait inquiété la reine au point qu'elle aurait exprimé en privé sa crainte de voir le Royaume-Uni éclater.)

Outre les disparités économiques, il faut aussi tenir compte des abcès sécessionnistes d'origine linguistique et ethnique qui suppurent depuis longtemps au Tyrol du Sud, en Bretagne, en Alsace, en Flandre, en Catalogne et en d'autres endroits. Une Europe occidentale unifiée devra soit accorder une plus grande autonomie régionale et locale — soit écraser tous ces mouvements avec une poigne de fer.

Dans l'Europe centrale du XIXe et du début du XXe siècle, tant que les Habsbourgs régnèrent, le pouvoir central parvint (d'extrême justesse) à contenir les conflits qui opposaient les uns aux autres leurs sujets allemands, italiens, polonais, magyars, slovaques, autrichiens et autres. Après la désintégration de l'Autriche-Hongrie, au lendemain de la première guerre mondiale, ces groupes n'eurent de cesse de se sauter mutuellement à la gorge. Aujourd'hui, l'effondrement de la domination soviétique en Europe centrale réveille ces vieux démons : nous voyons déjà s'intensifier durement le problème de la minorité hongroise en Roumanie et celui de la population turque en Bulgarie.

Plus à l'ouest, les hostilités entre Serbes, Albanais, Croates et autres nationalités pourraient amener la désintégration de la Yougoslavie. Encore laissons-nous de côté les gigantesques forces centrifuges qui menacent l'unité de l'Union soviétique elle-même.

L'âge usinier a été la grande époque des édifications nationales, qui ont elles-mêmes établi un contrôle central sur les petites communautés, les cités-États, les régions et provinces, et dont la consolidation a fait des capitales les centres d'énormes pouvoirs d'État. Entraînant un transfert des lieux du pouvoir réel, le déclin de l'ancienne économie libère des ressentiments invétérés, de profondes et violentes vagues émotionnelles. En de nombreux coins du monde, la nouvelle situation multipliera les groupes extrémistes pour qui la démocratie n'est qu'un obstacle à éliminer s'il gêne l'assouvissement de leurs passions fanatiques.

La politique du milieu terrestre

A l'époque de la démocratie de masse, on définissait couramment les gens, les partis et les orientations politiques comme étant « de droite » ou « de gauche » ; en même temps, les problèmes étaient soit « intérieurs », soit « extérieurs ». Tout se classait en catégories bien nettes.

Le nouveau système de création de la richesse rend obsolètes ces étiquettes politiques et les coalitions qui leur correspondaient. Les catastrophes écologiques ne sont ni de droite ni de gauche ; certaines sont à la fois intérieures *et* internationales.

De la pollution atmosphérique aux déchets toxiques, beaucoup de nos problèmes d'environnement parmi les plus graves sont des sous-produits des vieilles méthodes industrielles. A l'opposé, en substituant le savoir aux ressources matérielles, en dispersant la production plutôt qu'en la concentrant, en utilisant l'énergie de façon plus efficace, en permettant sans doute des avancées spectaculaires dans les techniques de recyclage, le nouveau système autorise l'espoir d'une association de la salubrité écologique et du progrès économique.

Il est pourtant peu probable que les dix ou vingt prochaines années ne nous apportent pas de nouveaux Tchernobyl, Bhopal et autres marées noires, ultimes héritages de l'ère usinière ; ces catastrophes entretiendront de violents conflits à propos des nouvelles technologies et de leurs conséquences éventuelles. Dans chaque pays, des groupes sociaux exigeront les uns des autres des « indemnisations écologiques » et se combattront pour la répartition des coûts de « nettoyage » ; à l'échelle internationale, des pays entiers se conduiront de la même façon. Dans d'autres cas, ils se livreront à un « chantage écologique » en exigeant des « rançons » pour s'abstenir d'activités susceptibles d'envoyer chez leurs voisins, par-dessus les frontières, des retombées radioactives, des pluies acides, des déchets toxiques ou autres produits dangereux — voire même de provoquer des changements climatiques.

Les économies avancées s'en trouveront-elles au point de verser des « allocations d'assistance écologique » aux Brésil, Inde et autres pays similaires pour les dissuader de détruire les forêts

tropicales, les jungles et autres ressources naturelles ? Et que dire
des catastrophes naturelles dans une économie mondiale aujour-
d'hui si bien commandée par les réseaux ? Un tremblement de
terre à Tokyo peut jeter Wall Street dans le chaos et la panique :
Wall Street doit-elle subventionner les programmes japonais de
préventions contre les séismes ? Et ces problèmes se posent-ils
en termes de gauche ou de droite ? Sont-ils nationaux ou
internationaux ?

En tentant de les résoudre par les méthodes politiques classiques, on n'aboutira pas seulement à rompre d'anciennes alliances,
mais à multiplier les zélotes — ces « sauveurs du monde » pour
qui les exigences de l'environnement (telles qu'ils les définissent)
passent avant les délicatesses de la démocratie.

Une explosion de problèmes ethniques

Le développement de l'économie supersymbolique s'accompagne de mutations démographiques et de migrations. Toujours
sources de durs conflits, les politiques d'immigration seront
débattues sur un arrière-plan marqué par des attitudes nationalistes et ethniques profondément enracinées — et cela, non
seulement dans des régions éloignées comme l'Arménie, l'Azerbaïdjan, l'Albanie ou la Serbie, mais tout aussi bien à New York
et à Nagoya, à Liverpool et à Lyon.

Dans les sociétés de masse industrielles, le racisme prenait
généralement la forme de la persécution d'une minorité par une
majorité. Ce type de pathologie sociale demeure actuellement
une menace pour la démocratie. Du côté des Blancs, les petits
casseurs des rues, les skinheads, les admirateurs des nazis « sont
en train de devenir [...] des terroristes de l'intérieur », affirme
Morris Dees, du Southern Poverty Law Center.

Mais le nouveau système de création de la richesse et la
démassification économique correspondante entraînent une
diversification sociale accrue. Ainsi, en dehors du conflit traditionnel entre majorité et minorité, les gouvernements démocratiques doivent maintenant faire face à des guerres ouvertes *entre*
des groupes minoritaires, comme à Miami entre immigrés
cubains et haïtiens, ou ailleurs, aux États-Unis, entre Afro-
Américains et Hispano-Américains. A Los Angeles, les Américains d'origine mexicaine disputent les emplois à ceux d'origine
cubaine. A Great Neck, riche ville de Long Island proche de
New York, la tension monte entre les Juifs nés aux États-Unis
et les immigrés d'Iran, également juifs, qui refusent d'abandonner

leurs vieilles coutumes. Des groupes de rap afro-américains vendent des disques antisémites. Dans des villes de l'intérieur, des Noirs s'en prennent aux commerçants coréens.

Sous l'effet du nouveau système, la résistance au melting-pot tend à s'accroître partout. Au lieu de fusionner, les groupes raciaux, ethniques et religieux exigent le droit d'être — et de rester — orgueilleusement différents. La société industrielle avait pour idéal l'assimililation, qui répondait à son besoin d'une force de travail homogène ; le nouvel idéal de la diversité est en accord avec le caractère hérérogène du nouveau système de création de la richesse.

Dans un tel climat d'hostilité, des États peuvent être amenés à donner des satisfactions à certains groupes soucieux de préserver leur identité — les Turcs en Allemagne, les Coréens, Philippins et originaires des îles du Pacifique sud au Japon, les Nord-Africains en France... Mais ils seront en même temps obligés d'essayer de maintenir la paix entre les immigrés eux-mêmes.

Or l'objectif deviendra de plus en plus difficile à atteindre, car l'idéal de l'homogénéité (au Japon) ou du melting-pot (aux États-Unis) tend à céder la place à celui du « saladier » — plat où les divers ingrédients conservent leur singularité.

Avec son quartier coréen, ses banlieues vietnamiennes, sa forte population d'origine mexicaine, ses quelque soixante-quinze publications d'inspiration ethnique, sans parler de ses Juifs, Afro-Américains, Japonais, Chinois et nombreux Iraniens, Los Angeles fournit un bon exemple de la diversité nouvelle. Mais l'idéal du « saladier » implique que, pour arbitrer des oppositions de plus en plus complexes et grosses de violence, les gouvernements auront besoin d'instruments juridiques et sociaux qui leur font actuellement défaut. Tandis que les régions, les nations et les forces supranationales luttent pour le pouvoir, le potentiel latent d'extrémisme antidémocratique et de violence ne cesse de croître.

La démocratie de la mosaïque

Le démocratie de masse implique l'existence de « masses » ; elle se fonde sur des mouvements de masse, des partis politiques de masse, des médias de masse. Mais qu'arrive-t-il quand la société de masse commence à se démassifier — quand mouvements, partis et médias volent en éclats ? Si nous passons à une économie basée sur le travail non interchangeable, en quel sens pouvons-nous continuer à parler des « masses » ?

Si la technologie permet des personnaliser les produits, si les marchés se divisent en créneaux et en niches, si les médias se multiplient pour ne servir chacun qu'un public de plus en plus restreint, si la structure familiale et la culture même présentent une hétérogénéité croissante, pourquoi persisterait-on, dans l'ordre politique, à présumer l'existence de masses homogènes ?

Qu'il s'agisse de l'affirmation des particularités locales, de la résistance à la mondialisation, de l'activisme écologique ou de consciences ethniques et raciales exacerbées, toutes ces tendances nouvelles reflètent la diversité sociale accrue des économies avancées ; elles annoncent la disparition de la société de masse.

Avec la démassification, les besoins humains se diversifient, et il en va de même pour les aspirations politiques. Tout comme les spécialistes des études de marché découvrant toujours davantage de différenciations et de « micro-marchés » dus à une variété croissante des styles de vie, les hommes politiques entendent leurs électeurs exprimer des préoccupations de plus en plus diverses.

De grands mouvements de masse peuvent certes encore emplir la place Tien Anmen à Pékin ou la place Wenceslas à Prague ; dans les pays de technologie avancée, ces manifestations n'ont pas disparu, mais elles tendent à revêtir un caractère plus fragmentaire. Sauf sur quelques rares problèmes essentiels, le consensus de masse est de plus en plus difficile à réaliser.

En conséquence, un des premiers résultats de la désagrégation de la société de masse est de rendre soudain la vie politique infiniment plus complexe. En termes électoraux, la tâche des grands leaders de l'ère industrielle était relativement simple. En 1932, Franklin D. Roosevelt était en mesure de rassembler une coalition d'une demi-douzaine de groupes — principalement les ouvriers des villes, les paysans pauvres, les immigrés, les intellectuels. Sur cette base, le Parti démocrate put détenir le pouvoir à Washington pendant un tiers de siècle.

Aujourd'hui, un candidat à la présidence doit mettre sur pied un assemblage qui comprendra non plus quatre ou six blocs d'importance majeure, mais des centaines de groupements dont chacun a son programme particulier, dont chacun change constamment et dont beaucoup ne survivent que quelques mois, voire quelques semaines (outre le coût des émissions télévisées, ce facteur contribue largement à expliquer l'augmentation des dépenses électorales aux États-Unis).

Ce qui s'affirme aujourd'hui, comme nous le verrons, n'est

plus une démocratie de masse, mais une « démocratie en mosaïque » aux très nombreux éléments en transformation rapide, qui correspond à l'émergence des mosaïques dans l'économie, et qui fonctionne selon ses propres règles ; de sorte que nous serons obligatoirement amenés à redéfinir même les plus fondamentaux des postulats de la démocratie.

Les démocraties de masse sont organisées pour répondre principalement à l'action d'éléments de caractère massif — mouvements, partis ou médias. Elles ne savent pas encore comment se comporter face aux mosaïques, ce qui les rend doublement vulnérables aux assauts de ce qu'on peut dénommer les « minorités clés ».

Des minorités clés

Les scientifiques qui étudient la turbulence, l'instabilité et l'état de chaos dans la nature et dans les sociétés savent qu'un même système — qu'il soit d'ordre chimique ou national — se comporte différemment selon qu'il se trouve ou non en situation d'équilibre. Poussez trop loin un système — digestif, informatique, de transport urbain, ou politique, peu importe ici —, il va violer ses règles traditionnelles et se mettre à se comporter bizarrement.

Quand l'environnement devient par trop turbulent, le fonctionnement du système cesse d'être linéaire, ce qui offre de vastes possibilités d'action à des groupes minuscules. En fait, nous nous rapprochons rapidement d'un nouveau stade de la vie politique qu'on pourrait désigner comme le « temps des occasions » pour des minorités clés.

Par suite de la démassification, des leaders qui auparavant avaient affaire à quelques grands ensembles d'électeurs au comportement plus ou moins prévisible se retrouvent confrontés à d'innombrables petits groupes rassemblés temporairement autour d'un objectif unique, et qui ne cessent de conclure des alliances pour les rompre presque aussitôt et en former de nouvelles.

A condition d'occuper juste au bon moment un point stratégiquement décisif, n'importe lequel de ces groupuscules sera en mesure d'exercer une action disproportionnée à ses propres forces. En 1919, un certain Anton Drexler, mécanicien des chemins de fer, était à la tête d'un minuscule groupement de Munich, si faible qu'il ne représentait que la petite frange d'une frange. Son premier meeting public n'attira que 111 auditeurs.

Un des orateurs, qui tint la tribune trente minutes, s'appelait Adolf Hitler.

De nombreux facteurs ont certes concouru à l'ascension d'Hitler, mais la nouvelle science des systèmes en état de non-équilibre apporte en tout cas un élément d'explication. Elle enseigne en effet que dans les moments d'extrême instabilité, tel celui où l'Allemagne se trouvait à l'époque, il se produit trois phénomènes : tout d'abord, le hasard joue un rôle accru ; ensuite, les pressions du monde extérieur acquièrent plus de poids ; enfin, les rétroactions positives engendrent de gigantesques effets boule de neige.

Un bon exemple de cet « effet boule de neige » est celui qu'offrent les médias. Il suffit à un reporter de braquer une caméra portative sur le moindre groupuscule de détraqués politiques ou de terroristes pour en imposer immédiatement l'image au monde entier, et lui donner beaucoup plus d'importance qu'il ne pourrait en acquérir par lui-même. Dès lors, le groupe est devenu « sujet d'actualité » ; les autres médias couvrent ses activités, ce qui renforce encore son impact sur l'opinion : il s'est institué une « boucle de rétroaction positive ».

D'autres mécanismes peuvent entraîner le même résultat. Grâce aux liaisons planétaires, des intérêts étrangers peuvent aisément fournir de l'argent ou d'autres formes d'aide à un petit groupe, qui va alors connaître une croissance explosive et, par suite bénéficier de nouvelles ressources.

Le hasard, l'aide extérieure et l'effet de boule de neige contribuent à expliquer pourquoi toute l'histoire de la démocratie de masse a été marquée, dans ses moments tumultueux, par l'éclosion de multiples fanatismes, complots révolutionnaires, juntes militaires et conspirations de toute espèce — pourquoi aussi un groupe initialement insignifiant peut tout à coup devenir un facteur décisif. Par rapport aux démocraties en mosaïque, la différence est que, naguère, il se trouvait parfois une majorité pour contenir ou écraser les mouvements extrémistes dangereux. Mais si aujourd'hui il n'existe justement plus de majorité cohérente ?

Parmi les minorités « clés », certaines peuvent évidemment être bonnes, mais beaucoup sont nocives pour la démocratie. Elles se présentent sous des formes variées. En Italie, la loge maçonnique P2 visait à s'emparer du pouvoir, comme le fait aujourd'hui en Israël la Ligue de défense juive, avec le soutien de citoyens américains. Des groupes d'inspiration nazie, quelquefois solidement armés, éructent une haine raciste et spécialement antisémite, et rêvent de dominer les États-Unis ; quelques-uns de leurs membres ont engagé contre le FBI des combats à coups de feu. Aux États-Unis encore, une organisation afro-américaine dirigée par un admirateur d'Hitler a gonflé ses rangs après avoir reçu du dirigeant libyen Kadhafi un prêt de cinq millions de dollars sans intérêt. A ce brouet de sorcières, il faudrait ajouter, dans le genre mégalomaniaque, le mouvement LaRouche, avec ses « opérations de renseignement », ses ramifications et ses groupes d'assaut présents en Allemagne occidentale et au Mexique aussi bien qu'aux États-Unis.

Dans ce dernier pays, le Dr William Tafoya, un des grands experts du FBI en matière de prévision, assure que dans les dix prochaines années, l'aggravation du malaise social s'accompagnera d'une prolifération de groupes inspirés par la haine, lesquels tenteront d'infiltrer les services de police américains en vue de faciliter les actes de terrorisme. « Si j'étais raciste, demande Tafoya, quelle meilleure couverture pourrais-je trouver pour mes projets secrets que celle d'un insigne officiel ? »

Dénonçant le chômage, la misère, la situation des sans-abri et l'analphabétisme comme les grandes sources du malaise social, Tafoya a calculé la fréquence croissante des crimes, émeutes et agressions liés au racisme ; il en conclut que l'encadrement destiné à assurer la justice sociale n'est plus actuellement que « paille sèche », et qu'il suffirait d'une étincelle pour y mettre le feu.

La situation sociale intérieure n'est pas seule en cause. Des groupes d'immigrés, tels les Kurdes en Suède ou les sikhs au Canada, ont apporté du « vieux pays » et conservé intacts leur sentiment d'injustice comme leurs passions politiques. En d'autres temps, les émigrés se trouvaient largement coupés de leurs patries d'origine ; aujourd'hui, les communications instantanées et les liaisons aériennes permettent à leur ancienne culture de conserver son emprise, et à leurs mouvements politiques de survivre au loin. Ces groupes aussi veulent se saisir du pouvoir, non pas dans les pays d'accueil, mais chez eux ; il s'ensuit de nouvelles complications et tensions dans les relations internationales.

Dénués d'importance en temps normal, tous ces petits rassemblements peuvent atteindre le stade du « décollage » pourvu que le terrain culturel et social s'y prête, ou que les principaux partis politiques soient ou paralysés ou en situation de ballottage telle que le ralliement d'un minuscule allié peut suffire à faire pencher en leur faveur la balance du pouvoir.

Des démocraties en bonne santé doivent assurément accepter un maximum de diversité, et l'existence de groupuscules n'a

pour elles rien d'inhabituel ni de particulièrement menaçant —
tant que le système politique reste en état d'équilibre. Mais y
restera-t-il ?

Nous vivons déjà dans un monde où l'action des fanatismes
est tout juste contenue. Il existe des organisations décidées à
imposer des dogmes totalitaires non seulement à une nation,
mais au monde entier. Des ayatollahs appellent au meurtre en
condamnant à mort l'écrivain Salman Rushdie pour des phrases
qui leur paraissent offensantes. Des adversaires de l'avortement
posent des bombes aux abords des cliniques qui le pratiquent.
Pour défendre leur identité nationale, des mouvements séparatistes laissent derrière eux une traînée de voitures piégées et de
sang répandu. Les terroristes politico-religieux n'hésitent aucunement à lancer une grenade dans un café ou à faire s'écraser
un Boeing 747, comme si la mort d'une secrétaire en vacances
ou d'un représentant à la serviette bourrée de catalogues devait
leur faire gagner des points dans la faveur divine.

Restant attachés à une conception dépassée du progrès, beaucoup d'Occidentaux présupposent que les idéologies fanatiques,
irrationnelles et fauteuses de haine, disparaîtront de la surface
de la terre à mesure que les sociétés deviendront plus « civili-
sées ». Mais, aux yeux du professeur Yehezkel Dror, de l'Université hébraïque de Jérusalem, rien n'est plus trompeur que
cette croyance réconfortante. Spécialiste des questions politiques
et futurologue de réputation internationale, Yehezkel Dror soutient que « les conflits confessionnels, les "guerres saintes", les
croisés assermentés et les guerriers avides de martyre » ne
relèvent pas d'un passé à jamais révolu, et que leur réapparition
est de mauvais augure pour notre avenir.

Dans son étude sur les « idéologies agressives de haute intensité », il analyse les menaces internationales qui en découlent.
Mais, pour les démocraties, la menace est tout autant d'ordre
intérieur : en ce temps où la culture et la vie économique sont
en voie de fusionner dans le cadre de l'économie nouvelle, et où
se posent de nouveaux problèmes à forte charge émotionnelle,
les dangers que présentent les minorités clés et ceux des fanatismes planétaires s'aggravent conjointement.

L'émergence d'une économie neuve et telle que le monde n'en
a jamais connue, qui exige de rapides changements dans les
modes de travail, les styles de vie et les habitudes, paraît
redoutable à beaucoup. Terrifiées par l'avenir, des populations
importantes cherchent leur salut dans les spasmes et les excès
d'une réaction sans compromis. La mutation ouvre des failles
par où les fanatiques se précipitent ; elle donne des armes à

toutes ces minorités dangereuses qui ne vivent que pour la crise, dans l'espoir qu'elle leur permettra de s'élancer sur la scène nationale ou mondiale — et de nous ramener tous aux noires périodes du haut Moyen Age.

Au lieu de la « fin des idéologies » proclamée à grands sons de trompe, nous pourrions bien assister, à l'échelle planétaire comme à l'échelle nationale, à l'éclosion d'une multiplicité d'idéologies nouvelles, dont chacune enflammera ses adhérents d'une croyance aussi intransigeante que singulière. Au lieu des célèbres « mille points de lumière » du président Bush, nous pourrions bien avoir devant nous « mille feux de furie ».

Tandis que nous nous occupons à célébrer la mort supposée de l'idéologie, de l'histoire et de la guerre froide, nous risquons d'avoir à affronter le décès de la démocratie telle que nous l'avons connue — c'est-à-dire de la démocratie de masse. Fondée sur les ordinateurs, l'information, le savoir et l'intensité des communications, l'économie avancée remet en question tous les moyens de défense dont disposait traditionnellement la démocratie, et nous met au défi de les redéfinir en termes adaptés au XXIe siècle.

Pour y parvenir, nous avons besoin de voir plus clairement comment le système fonctionne, et comment il s'est déjà engagé sur la voie du changement.

CHAPITRE XXI

Le parti invisible

Peu après l'élection de Ronald Reagan à la présidence des États-Unis, Lee Atwater, un de ses principaux assistants (qui allait plus tard diriger la campagne de George Bush, puis présider le Comité national républicain), déjeunait à la Maison Blanche avec des amis. A table, il s'exprima avec une remarquable franchise.

« Dans les mois qui viennent, dit-il, vous allez entendre beaucoup parler de la révolution Reagan. Les titres des journaux seront pleins des grands changements que Reagan a en projet. Ne les croyez pas.

« C'est vrai que Reagan veut changer beaucoup de choses, mais la vérité est qu'il ne pourra pas le faire. Jimmy Carter a réorienté le système de cinq degrés dans une direction. Si nous travaillons dur et si nous avons énormément de chance, Reagan arrivera peut-être à le faire virer de cinq degrés dans l'autre sens. C'est cela que signifie en réalité la révolution Reagan. »

Bien qu'évoquant des hommes politiques à titre individuel, les remarques d'Atwater avaient un sens plus général : elles montraient à quel point un dirigeant, même des plus populaires et des plus haut placés, reste captif du « système ». Ledit système n'est évidemment ni le capitalisme ni le socialisme, mais bel et bien le bureaucratisme ; car, dans les États de l'âge usinier, la bureaucratie constitue la forme dominante du pouvoir.

Ce sont les bureaucrates, et non les responsables démocratiquement élus, qui assument pour l'essentiel le fonctionnement quotidien de l'État ; ce sont eux qui prennent en fait toutes les décisions attribuées aux présidents ou aux premiers ministres.

Selon Yoshi Tsurumi, chef du centre d'études de la Fondation de l'océan Pacifique, « tous les hommes politiques japonais sont tombés dans une dépendance totale vis à vis des bureaucrates des administrations centrales pour la préparation et le vote des textes législatifs. Comme des acteurs de *kabuki*, ils jouent leurs rôles dans les "débats" législatifs, mais les scénarios ont été écrits par les hauts fonctionnaires des différents ministères ».

La même appréciation vaut, à des degrés divers, pour les hauts fonctionnaires de France, de Grande-Bretagne, d'Allemagne occidentale, entre autres pays que nous dénommons communément démocratiques. Les dirigeants politiques y déplorent régulièrement les difficultés qu'ils éprouvent à faire exécuter leurs volontés par leurs bureaucraties. En fait, quel que soit le nombre des partis qui se présentent aux élections et quel que soit celui qui obtient le plus de suffrages, le gagnant est toujours le même : c'est le parti invisible de la bureaucratie.

Le ministère du XXIᵉ siècle

La nouvelle économie révolutionnaire transformera non seulement la vie économique, mais les structures des États ; elle le fera en modifiant les relations fondamentales entre les hommes politiques et les bureaucrates, et en transformant de façon spectaculaire la bureaucratie elle-même.

Aujourd'hui, déjà, elle entraîne des transferts de pouvoir *entre* les diverses bureaucraties.

Un des meilleurs exemples en est l'expansion du ministère japonais des Postes et Télécommunications (MPT). Depuis 1949, celui-ci assumait trois fonctions principales. Tout en assurant le service du courrier, il offrait aussi à sa clientèle, à l'instar de plusieurs de ses homologues européens, des contrats d'assurance et des comptes d'épargne (originellement destinés aux habitants de régions rurales reculées, auxquels les banques et les compagnies d'assurance ne s'intéressaient guère). A Tokyo, où l'on prête la plus grande attention aux rapports de pouvoir, le *Teishin-sho*, comme il se nommait à l'époque, passait pour un ministère de second rang.

Sous son nouveau nom de MPT, c'est aujourd'hui un organisme géant, souvent salué comme le « ministère du XXIᵉ siècle ». Il a acquis ce nouveau statut à partir de 1985, date à laquelle — sans doute à la suite d'un *nawabari-arasoi*, un combat territorial qui dut être acharné — il obtint la responsabilité du développement de tout le secteur des télécommunications japonais, de la diffusion des programmes de radio ou de télévision jusqu'aux réseaux de transmission de données.

Ainsi combine-t-il en un seul organisme des fonctions financières (elles-mêmes de plus en plus dépendantes de la technologie des télécommunications) et les fonctions de communication. L'association des deux éléments lui confère une situation stratégique absolument exceptionnelle.

Étudiant l'extension des pouvoirs du MPT, le *Journal of Japanese Trade and Industry* écrit :

« Une société sophistiquée axée sur l'information, où celle-ci circule aisément grâce aux télécommunications, ne se résume pas à ce seul aspect. Quand il y a flux d'information, il y a également flux de personnes, de biens et d'argent. S'il y a dissémination d'information sur un produit, par la publicité par exemple, il y a des gens qui vont l'acheter : le flux d'information s'accompagne d'un "flux physique" et d'un "flux monétaire". De tous les ministères, le MPT est le seul dont l'activité embrasse directement ces trois phénomènes. »

Bien entendu, la répartition des fonctions entre ministères et grands départements est différente dans d'autres États, mais il n'est nul besoin d'être grand clerc pour prévoir que le pouvoir ira aux services qui, dans l'économie supersymbolique, maîtriseront la régulation de l'information et recevront autorité sur les fonctions en voie d'expansion.

Étant donné que l'éducation et la formation professionnelle deviennent des éléments décisifs de l'efficacité économique, que l'importance de la recherche scientifique et du développement technique ne cessent de croître, que les problèmes d'environnement se posent de façon de plus en plus aiguë, les services dont dépendront ces domaines acquerront un poids énorme par rapport à ceux qui resteront chargés de fonctions en déclin.

Ces transferts de pouvoir interbureaucratiques ne forment pourtant qu'une petite partie de l'évolution générale.

Le mot d'ordre mondial de privatisation

Pendant un demi-siècle, les États n'avaient cessé d'assumer de nouvelles tâches ; mais les dernières décennies, correspondant à la phase initiale de l'économie supersymbolique, ont présenté une remarquable évolution de sens inverse.

Dans les économies avancées, des dirigeants aussi différents que le républicain Ronald Reagan et le socialiste François Mitterrand ont entrepris d'enlever systématiquement à l'État nombre de ses activités ou fonctions. Ils ont été imités dans des dizaines d'autres pays. Le fait le plus important est que dans toute l'Europe orientale, les réformateurs ont adopté la même position, commençant tous et presque du jour au lendemain à demander la dénationalisation des industries clés, ou le transfert de leurs activités à d'autres entreprises par voie de sous-traitance. La « privatisation » est devenue un mot d'ordre mondial.

Beaucoup voient dans ce mouvement le signe du triomphe du capitalisme sur le socialisme ; mais on ne saurait réduire la tendance à cette politique « capitaliste » ou « réactionnaire » qu'on entend si souvent évoquer, et l'opposition aux mesures de ce type n'est nullement « progressiste ». Ouvertement ou non, la résistance est le fait du « parti invisible » et non élu, qui défend son immense pouvoir sur la vie des gens — pouvoir qu'il exerce tout aussi fortement sous des gouvernements « libéraux » que « conservateurs », « de droite » que « de gauche », « communistes » que « capitalistes ».

Par ailleurs, peu d'observateurs ont remarqué qu'il existe un parallélisme sous-jacent entre le mouvement de privatisation dans le secteur public et la restructuration des entreprises dans le secteur privé.

Nous avons déjà vu de grandes sociétés se diviser en petits centres de profit, « aplatir » leurs pyramides, et créer des systèmes d'information à forme libre qui rompent avec la pratique bureaucratique des alvéoles et des canaux officiels.

Mais peu de gens paraissent avoir compris que si l'on modifie les structures économiques sans toucher à celles de l'État, on risque de provoquer une dysharmonie et une rupture organisationnelle préjudiciables aux unes comme aux autres. Une économie avancée exige au contraire une interaction constante ; et, comme il advient aux vieux époux, l'État et le monde des affaires finissent souvent par s'emprunter certaines de leurs caractéristiques. Quand il y a restructuration d'un côté, on s'attend de l'autre à des modifications correspondantes.

Maigrir pour agir

Quand, en 1986, Allen Murray en devint président, la Mobil Corporation était, par ses dimensions, la troisième société américaine. Comme les autres compagnies pétrolières, Mobil s'était lancée au début des années quatre-vingt dans un vaste programme de diversification. Elle racheta la très grosse chaîne de distribution Montgomery Ward et l'entreprise d'emballage Container Corporation.

Murray avait à peine pris ses fonctions que les premiers coups de hache tombèrent. En moins de deux ans, il revendit pour 4,6 milliards de dollars d'actifs, dont les deux sociétés citées. « Chez Mobil, a déclaré Murray, nous sommes revenus à nos propres bases. Nous nous occupons des affaires que nous connaissons. » Les ingénieurs pétroliers ne s'étaient pas révélés excellents vendeurs de dessous féminins ni de boîtes en carton.

Les États aussi ont commencé à remettre en cause les fonctions qu'ils assumaient. Ce que le monde des affaires nomme « désinvestissement », les hommes politiques du monde entier le dénomment maintenant « privatisation ».

Le gouvernement japonais a ainsi décidé qu'il n'était pas indispensable pour lui de gérer les chemins de fer. Quand il annonça son intention de revendre la société nationale, le personnel se mit en grève. Une campagne de sabotage, largement imputée au groupe gauchiste Chukaku-ha — le « Noyau central » —, endommagea les équipements de signalisation en vingt-quatre points répartis sur sept régions, paralysant le trafic tout autour de Tokyo. Une gare fut incendiée. Le syndicat des cheminots dénonça le sabotage, mais dix millions de banlieusards n'en subirent pas moins les conséquences. Malgré tout, le projet fut mis en œuvre, et aujourd'hui le réseau est propriété privée.

Le même gouvernement japonais décida qu'il n'avait aucune raison de continuer à s'occuper du téléphone : il vendit la Nippon Telephone and Telegraph, première des entreprises japonaises par le nombre d'emplois (elle en assurait environ 200 000). La société privée qui prit sa place devint très vite, pour un temps, une des valeurs boursières les plus appréciées dans le monde entier.

Dans bien d'autres pays, les gros titres des médias font état d'opérations similaires : l'Argentine privatise vingt sociétés, l'Allemagne occidentale vend Volkswagen, l'État français se dégage de Matra, producteur de matériels de défense, en même temps qu'il dénationalise de très grandes entreprises telles que Saint-Gobain, Paribas, la Compagnie générale d'électricité et même l'Agence Havas, axée sur la publicité.

Dans le même temps, le gouvernement britannique vend ses participations dans British Aerospace et British Telecom ; les aéroports d'Heathrow, Gatwick et autres restent placés sous la direction de la British Airport Authority, mais cet ex-organisme public est maintenant de nature privée, tout comme certains services d'autobus. Et le Canada offre au public une part du capital d'Air Canada.

Vues dans une perspective historique, les privatisations effectuées à cette date ne représentent guère plus qu'une piqûre de puce sur la peau d'un dinosaure ; il n'est même pas inconcevable que des entreprises récemment privatisées puissent se trouver renationalisées à la suite d'un brusque retour de fortune politique, ou d'un effondrement économique à l'échelle mondiale.

Il n'en reste pas moins que nous assistons à une très profonde reconsidération de la conception de l'État, qui devrait l'amener à s'amaigrir et à se réorganiser selon des voies assez parallèles à celles que suit l'économie privée.

La privatisation n'est pas pour autant la panacée que prêchaient ou prêchent Margaret Thatcher et les ultra-libéraux ; elle traîne souvent derrière elle une longue suite de problèmes non résolus. Pourtant, en cette époque où tous les gouvernements doivent affronter un environnement mondial aussi changeant que les images d'un kaléidoscope, la notion de privatisation permet aux hauts responsables de mieux percevoir les objectifs stratégiques prioritaires, et d'éviter de gaspiller les ressources fournies par les contribuables en un saupoudrage confus d'intérêts accessoires.

Chose plus importante encore, la privatisation accélère les réactions étatiques tant pour ce que lâchent les gouvernements que pour ce qu'ils préfèrent conserver ; elle les aide à retrouver une allure un peu mieux synchronisée avec le rythme accéléré de la vie personnelle et économique qu'impose l'économie symbolique.

Ce n'est cependant pas la seule voie que, consciemment ou non, les États ou gouvernements tentent d'emprunter pour faire face aux réalités nouvelles.

La hiérarchie contournée

Nous avons vu plus haut que, des constructeurs automobiles aux compagnies aériennes, beaucoup de grandes entreprises s'efforcent de réduire leur degré d'« intégration verticale » en renonçant à tout faire par elles-mêmes avec leur propre personnel, et en confiant certaines tâches à des fournisseurs extérieurs.

Nombre de gouvernements se posent aujourd'hui des questions similaires. Vaut-il mieux produire ou acheter ? Est-il besoin que l'État ait ses laboratoires et ses blanchisseries, qu'il accomplisse des milliers d'autres tâches dont pourraient s'acquitter des entrepreneurs privées ? Les dirigeants tendent de plus en plus à penser que leur rôle consiste à faire en sorte que les services existent et soient accessibles, non à les assurer directement.

Même si certaines fonctions spécifiques peuvent difficilement être abandonnées au secteur privé, la tendance va dans ce sens : elle reflète, dans le cadre de l'État, la nouvelle attitude des entreprises vis-à-vis de l'intégration verticale.

En même temps — exactement, là aussi, comme les firmes privées —, les États commencent à court-circuiter leurs hiérarchies, et donc à affaiblir le pouvoir bureaucratique. Selon le politologue Samuel Popkin, de l'université de San Diego (Californie), « il y a aujourd'hui à Washington moins de hiérarchies que du temps de Roosevelt » et « moins de hauts responsables avec qui un président puisse conclure un accord avec l'espoir raisonnable de voir son interlocuteur le faire appliquer dans le service ou la commission dont il a la charge ».

Le pouvoir a échappé aux anciens hiérarques, et laissé place à un système beaucoup plus fluide — plus difficile à manier aussi —, où les nouveaux centres de pouvoir ne cessent de se déplacer.

Comme ailleurs, les techniques de communication avancées minent les appareils hiérarchiques d'État en permettant de les contourner totalement. « Quand une crise éclate en n'importe quel point du globe, écrit Samuel Kernell, collègue de Popkin à San Diego, la Maison Blanche peut immédiatement entrer en contact avec des hommes qui sont sur place [...]. En rendant compte instantanément et directement au président, ces observateurs et ces responsables rompent avec les canaux traditionnels de l'information et avec la chaîne de commandement normale. »

Et, ajoute Kernell, « les spécialistes qui n'ont pas encore eu accès à l'information de dernière minute ne peuvent répondre aux préoccupations du président ».

Mais, malgré ces changements, la complexité croissante des situations et l'accélération des transformations font que les réactions bureaucratiques traînent de plus en plus, et qu'on voit s'accumuler les problèmes que la bureaucratie se révèle incapable de traiter.

Équipes secrètes et plombiers

En temps normal, une grande partie du travail du président des États-Unis, par exemple, ou du Premier ministre japonais, a consisté :

— à choisir entre les options qu'avaient étudiées et préparées leurs bureaucraties ;

— ceci, sur des problèmes dont ils n'avaient qu'une connaissance superficielle ;

— et seulement dans le cas où les différentes sections de leurs bureaucraties n'avaient pas préalablement réussi à se mettre d'accord.

Il y a évidemment des décisions que les dirigeants au plus haut niveau sont seuls à pouvoir prendre — décisions d'urgence qui ne peuvent attendre la mouture des lentes meules bureaucratiques, décisions d'orientation cruciales qui ne peuvent être différées, décisions de paix ou de guerre, décisions encore qui exigent le secret le plus absolu. Celles-là ne sont pas programmables, elles relèvent, pourrait-on dire, de la réaction viscérale. Mais les choix de ce genre sont relativement rares tant que tout se passe « normalement ».

S'il se trouve au contraire que, comme c'est maintenant le cas, on entre dans une période révolutionnaire où un nouveau système de production de la richesse s'oppose violemment aux structures de pouvoir édifiées pour le précédent, alors la « normalité » vole en éclats. Chaque jour apporte la nouvelle d'une crise ou d'une percée technologique également imprévues. Intérieurs ou internationaux, les problèmes ne se posent plus à partir de données stables. L'accélération des événements ne laisse aucun espoir raisonnable de pouvoir les dominer.

Dans de telles conditions, les meilleures des bureaucraties deviennent impuissantes, et on laisse des difficultés déjà sérieuses s'envenimer jusqu'à l'état de crise aiguë. Prenons, par exemple, le problème des « sans-logis » aux États-Unis ; il ne s'agit pas seulement d'une question de logements ; il s'y mêle l'alcoolisme, la drogue, le chômage, la maladie mentale, ou encore le prix élevé des terrains constructibles. Or, chacun de ces éléments relève d'une bureaucratie spécifique ; aucune n'est capable d'agir efficacement par elle-même, aucune non plus ne veut céder à une autre la moindre part de son budget, de son autorité ou de son domaine réservé. Ce ne sont pas seulement les gens qui sont sans domicile fixe, c'est aussi le problème lui-même.

Pour la drogue, il faudrait également une action concertée et simultanée de nombreuses bureaucraties : la police, la santé publique, le système scolaire, le ministère des Affaires étrangères, la réglementation des banques et celle des transports, sans compter bien d'autres administrations s'y trouvent impliqués. Mais il est quasiment impossible d'arriver à une action vraiment concertée.

La rapidité des mutations technologiques et sociales engendre partout des problèmes « croisés » de ce genre, lesquels tombent de plus en plus souvent aux oubliettes, tandis que de nouveaux conflits de territoire absorbent les ressources de l'État et retardent encore toute action positive.

Dans cet environnement, les dirigeants politiques sont en situation d'arracher le pouvoir à leurs propres bureaucrates. Voyant les problèmes se transformer en crises, ils sont souvent tentés de remonter le courant en prenant des mesures extrêmes, et d'obtenir des résultats en recourant à toutes sortes de groupes spéciaux, à des « plombiers » et à des « équipes secrètes ».

Dans leur sentiment de frustration, certains en viennent à mépriser franchement les fonctionnaires qui renâclent, et à faire toujours plus confiance à leurs intimes, à la pratique du secret, aux ordres non officiels, tous procédés qui court-circuitent la bureaucratie et finissent par abattre sa puissance.

C'est, bien sûr, exactement ce que fit la Maison Blanche sous la présidence de Reagan, quand elle s'embarqua dans la désastreuse affaire de l'Irangate en mettant sur pied son « entreprise » secrète destinée à vendre des armes à l'Iran, puis à transmettre les bénéfices aux *contras* du Nicaragua — cela au risque de violer la légalité.

Sans aller aussi loin, George Bush fit une expérience similaire. En 1989, il demanda au Département d'État et au Pentagone de préparer les propositions qu'il entendait présenter à l'OTAN au milieu de l'année. Les habituelles tribus de hauts et moyens fonctionnaires chaussèrent leurs lunettes et mordillèrent leurs crayons ; mais ce qu'ils adressèrent au sommet n'était finalement qu'une série de recommandations banales, qui sentaient le réchauffé.

Cependant, soumis à des pressions tant intérieures qu'extérieures, le président Bush avait absolument besoin d'une ouverture plus spectaculaire, qui contrebalancerait l'impact des avances récemment faites par Mikhaïl Gorbatchev. A cette fin, il mit au panier le rapport bureaucratique, réunit quelques ministres et une poignée de hauts conseillers, et élabora un plan de retrait d'une partie des forces américaines stationnées en Europe — plan qui obtint immédiatement l'adhésion des alliés et de l'opinion américaine.

De même, quand il énonça pour la première fois les dix conditions qu'il mettait à la réunification allemande, le chancelier Helmut Kohl ignora délibérément son ministre des Affaires étrangères. Chaque fois qu'un dirigeant contourne ainsi la bureaucratie, celle-ci ne manque pas de répandre des prédictions sinistres sur le désastre qui s'ensuivra, et va souvent jusqu'à organiser des fuites visant à compromettre l'application de la nouvelle politique.

Mais, en ces temps de bouleversements qui exigent des réactions immédiates ou novatrices, il devient manifeste que le seul moyen de faire vraiment quelque chose consiste à éliminer du circuit les ministères et grandes administrations : c'est ce qui explique la prolifération des unités *ad hoc* et « cellules de crise » non officielles qui se multiplient dans les cercles gouvernementaux, en concurrence avec la bureaucratie et à son détriment.

Joints au mouvement de privatisation et à la vaste redistribution de pouvoirs qui s'esquisse aux niveaux locaux, régionaux et supranationaux, tous ces faits annoncent des changements fondamentaux dans les dimensions et l'organisation des États. Il apparaît que les progrès de l'économie supersymbolique exerceront sur les gouvernements des pressions de plus en plus fortes qui les contraindront, comme avant eux les grandes entreprises, à un douloureux effort de restructuration.

Cette violence crise organisationnelle commence à se manifester au moment même où les responsables politiques doivent affronter un système mondial devenu terriblement instable, sans compter tous les périls spécifiques évoqués au chapitre précédent, des catastrophes écologiques les plus gigantesques aux explosions de haine raciale et à la multiplication des fanatismes.

Il faut donc s'attendre que le dangereux passage de la démocratie de masse à la démocratie en mosaïque s'accompagne d'une lutte pour le contrôle du système plus acharnée encore entre responsables politiques et bureaucrates.

CHAPITRE XXII

Les tactiques d'information

Nous vivons certes à l'âge des médias instantanés qui nous soumettent à un véritable bombardement d'images, de symboles et de « faits » dont tous prétendent accaparer notre attention. Pourtant, plus les progrès de la « société de l'information » multiplient les données, les informations élaborées et le savoir utilisables pour gouverner, plus il peut devenir difficile pour chacun — et les dirigeants politiques n'y font pas exception — de savoir réellement ce qui se passe.

On a beaucoup écrit sur la façon dont la télévision et la presse déforment l'image que nous nous faisons de la réalité, soit sciemment, soit par l'effet de la censure, soit même tout à fait involontairement. Les citoyens avertis mettent en question l'objectivité de l'imprimé aussi bien que de l'audiovisuel, mais il existe aussi, à un niveau plus profond, des distorsions qui jusqu'ici n'ont guère été étudiées, analysées ni comprises.

Dans les crises politiques qui menacent les démocraties d'économie avancée, tous les intéressés — hommes politiques et bureaucrates, militaires, groupes de pression économiques, plus la vague montante des associations de citoyens — utiliseront des « tactiques d'information », c'est-à-dire mèneront le « jeu du pouvoir » par des procédés fondés sur des manipulations de l'information effectuées essentiellement avant le stade où celle-ci parvient aux médias.

Du fait que le savoir sous toutes ses formes devient un élément de plus en plus décisif du pouvoir, que les données et informations s'entassent dans nos ordinateurs avant d'en ressortir à grands flots, les tactiques d'information ne cesseront de gagner en importance dans la vie politique.

Mais, avant d'essayer de comprendre quelles techniques sophistiquées exerceront leur influence dans l'avenir, il convient d'abord d'examiner les méthodes utilisées par les meilleurs joueurs actuels. Ces techniques « classiques », on ne les apprend dans aucune école : les acteurs vraiment perspicaces les appliquent intuitivement sur la scène où se joue le pouvoir politique, sans que les règles en aient jamais été codifiées ou formulées systématiquement.

Tant qu'une telle réglementation ne sera pas clairement établie, tout ce que nous disons de la « transparence de l'État », de la « véritable information des citoyens » ou du « droit du public à savoir » restera du domaine de la rhétorique ; car les tactiques d'information mettent en cause certaines de nos conceptions démocratiques les plus fondamentales.

Secret sur la luzerne et fuites orientées

Le 4 juillet 1967, le président Lyndon Johnson signait à la Maison Blanche un texte dénommé « loi sur la liberté d'information ». Au cours de la cérémonie, il déclara que « la liberté d'information est à tel point vitale que seule la prise en compte de la sécurité du pays, et non les désirs de responsables publics ou de citoyens privés, peut parfois en commander la limitation ».

A peine avait-il fini de parler qu'un journaliste demanda s'il pouvait obtenir un exemplaire de la rédaction initiale du commentaire présidentiel : c'était en somme la première requête formulée à la grande lumière des libertés neuves garanties par la loi.

Johnson refusa froidement.

Parmi les tactiques d'information, la « tactique du secret » est sans doute la première par l'ancienneté et l'étendue de son utilisation. Actuellement, le gouvernement des États-Unis classe « secrets » quelque vingt millions de documents par an, dont la plupart sont d'ordre militaire ou diplomatique, mais d'autres simplement susceptibles de créer des difficultés à la haute administration. Si la pratique peut paraître peu démocratique, voire franchement hypocrite, il faut dire que la plupart des autres pays vont beaucoup plus loin, déclarant secrets d'État les chiffres de la production de luzerne aussi bien que les statistiques démographiques. Il s'agit parfois de comportements rigoureusement paranoïaques, où tout est considéré a priori comme secret, sauf autorisation de publication spécifique.

Le secret est assurément un des instruments familiers de

l'action répressive et de la corruption, mais il a également ses raisons et ses vertus. Dans un monde rempli de généralissimes inquiétants, de narco-politiciens et de théologiens de l'assassinat, il est plus que jamais nécessaire du point de vue de la sécurité militaire. En outre, il a le grand avantage de permettre aux responsables de dire des choses qu'ils n'oseraient jamais prononcer devant une caméra de télévision, et qu'il est parfois nécessaire de dire. C'est grâce au secret qu'ils peuvent critiquer l'action de leurs supérieurs sans les mettre publiquement en cause, ou passer des compromis avec des adversaires. Savoir comment et quand utiliser le secret est un des arts essentiels de l'homme d'État, comme du bureaucrate.

C'est encore le secret qui fournit son terrain à cette autre tactique d'information presque aussi fréquemment employée — à cet autre instrument classique du pouvoir qu'est la « fuite orientée ».

Il y a des secrets qui restent secrets, et d'autres qui ne le restent pas. Quand la fuite est involontaire, il s'agit simplement d'un secret mal gardé — éventualité qui inspire aux fonctionnaires des réactions parfois démentielles. Ainsi un responsable de la CIA se serait-il écrié : « Pourquoi faut-il que nous envoyions l'estimation sur la Chine aux commandements militaires américains d'outre-mer sous prétexte que c'est là que les choses se passent ? C'est là aussi que les fuites se produisent. » En somme, mieux vaut garder l'information secrète que de la transmettre à ceux qui en ont besoin.

A l'inverse, les « fuites orientées » constituent des missiles informationnels, lancés sciemment et visant des objectifs précis.

Au Japon, certaines ont eu des résultats spectaculaires. Le scandale financier Recruit-Cosmos, qui entraîna en 1989 la chute du Premier ministre Noboru Takeshita, fut l'occasion d'une brillante campagne pour les organisateurs de fuites qui, à partir du bureau du procureur principal Yusuke Yoshinaga, alimentèrent systématiquement la presse quotidienne en renseignements confidentiels. « Sans ces fuites dans les journaux, écrit Takashi Kakuma, auteur de plusieurs livres sur la corruption au Japon, je suis persuadé que l'enquête aurait été arrêtée... »

Les journalistes reçurent à des moments soigneusement calculés, et goutte à goutte, des informations qui faisaient partie d'une chorégraphie de pouvoir parfaitement réglée. En communiquant tel ou tel détail à la presse, l'accusation empêcha les grands maîtres du ministère de la Justice de couper court aux investigations et de protéger les hautes personnalités du gouvernement Takeshita et du Parti libéral-démocrate. Sans ces fuites orientées, le gouvernement aurait peut-être survécu.

En France aussi les fuites ont joué un rôle politique majeur, et historiquement reconnu. Étudiant les difficultés que le pays avait éprouvées à se désengager de la guerre d'Indochine, un document établi par la Maison Blanche déclare : « Fuites et contre-fuites étaient des tactiques de politique intérieure communément admises... Même des rapports ou ordres relatifs à la guerre et classés ultrasecrets se trouvaient souvent reproduits mot pour mot dans les organes politiques. »

A Londres, les fuites sont si courantes que, d'après le ministre du Commerce et de l'Industrie Geoffrey Pattie, elles ont engendré un climat de suspicion hautement préjudiciable à l'innovation. Les responsables, assure-t-il, hésitent à exprimer une idée nouvelle, de crainte d'une indiscrétion immédiate qui aboutira à ridiculiser l'auteur avant même que sa proposition n'ait eu la moindre chance d'être examinée.

« Mais, ajoute-t-il, s'il ne se trouve personne pour penser — et penser amène vite à penser tout haut —, il n'y aura pas de pensée nouvelle, ni même de remise à jour des pensées anciennes. »

A Washington, où les fuites orientées provenant de la source dite « Gorge profonde » — non encore identifiée à ce jour — ont forcé Richard Nixon à abandonner la présidence, et où cette pratique demeure d'usage quotidien, la crainte des fuites a pris les proportions d'une véritable phobie. Citons à ce propos Dave Gergen, ancien responsable des relations publiques à la Maison Blanche :

« Voici quinze ans, écrit-il, les assistants du président se sentaient libres de rédiger des rapports sincères et d'exprimer des désaccords sérieux avec leurs collègues — ou avec le président — sur des sujets importants. Avec le Watergate, tout cela a disparu. Chacun a vite appris à ne rien écrire qu'il n'aimerait guère retrouver en première page du *Washington Post*... Ne dites jamais rien qui puisse prêter à controverse dans une conversation avec plus d'une seule personne. »

Une curieuse conséquence, fait-il remarquer, en est que « quand ce sont des problèmes sans aucune importance réelle qui se posent, on voit arriver des armées de bureaucrates qui se mettent à les étudier. Mais plus la question est grave, moins il y a de gens pour s'en occuper — et cela presque uniquement par crainte des fuites ».

Bien évidemment, ces mêmes dirigeants qui maudissent les auteurs de fuites en sont très souvent personnellement les meilleurs organisateurs. Au temps où il était conseiller pour la sécurité nationale à la Maison Blanche, Henry Kissinger décida un jour de faire mettre sur écoutes les téléphones de ses collaborateurs, dans l'espoir de savoir s'ils transmettaient à la presse ou au Congrès des informations compromettantes. Mais Kissinger était lui-même — et demeure — un maître en matière de fuites.

Parmi les tactiques d'information utilisées dans les guerres politiques et bureaucratiques, le secret et les fuites organisées ne sont pourtant que les plus familières, mais peut-être pas les plus importantes.

La source masquée

Toute donnée, information ou tout savoir communiqués d'un point à un autre requièrent : 1) une source, ou expéditeur ; 2) un ensemble de canaux ou de médias qui acheminent le message ; 3) un destinataire ; et bien évidemment 4) un message. Or les participants au jeu du pouvoir peuvent agir sur chacun de ces éléments.

Voyons d'abord l'expéditeur.

Quand nous trouvons une lettre dans notre courrier, nous désirons d'abord savoir qui nous l'a envoyée. En fait, l'identité de l'expéditeur constitue un aspect essentiel de tout message. Entre autres choses, elle nous aide à décider de la crédibilité que nous pouvons lui accorder.

C'est pourquoi la « tactique de la source masquée » est d'usage si courant. Un groupe de citoyens qui envoie par millions des demandes d'aide financière en se proclamant politiquement indépendant peut parfaitement être lui-même financé et contrôlé clandestinement par un parti. Sous un nom séduisant, un comité d'action politique peut en fait servir d'instrument à un agent d'intérêts économiques des plus rapaces. Une organisation aux buts apparemment patriotiques est peut-être en réalité au service d'un pays étranger. Tant la CIA que le KGB fournissent secrètement des fonds à des publications, à des syndicats et autres formations dans les pays qui les intéressent, et travaillent à y établir des organisations amicales. La méthode de la source masquée est le fondement de multiples groupements de façade qui représentent toutes les couleurs politiques possibles.

Mais, des salles de conseils d'administration aux cellules de prison, il y a bien des lieux différents où l'on s'efforce de déguiser l'expéditeur du message, et bien des manières de le faire.

Une femme emprisonnée pour meurtre a raconté comment

elle réussit à faire jouer une instance supérieure contre un gardien qui ne cessait de la tourmenter. Elle aurait pu adresser une plainte écrite au directeur ; mais, si le gardien en avait eu connaissance, il lui aurait rendu la vie plus difficile encore. Elle aurait également pu écrire directement à un homme politique pour dénoncer les traitements dont elle était victime, et lui demander de faire pression sur le directeur pour obtenir le déplacement du gardien ; mais le procédé était encore plus risqué.

« Heureusement, déclara-t-elle en une formule mémorable, les prisons sont pleines d'idéalistes. Ainsi j'ai pu trouver une autre prisonnière qui a écrit à la personnalité politique à ma place. » Elle avait dissimulé la véritable source du message.

Dans les entreprises comme dans l'État, des dirigeants jouent partout des variantes du même jeu. Quand un subalterne « se donne du galon » en utilisant le nom d'un supérieur (souvent sans son autorisation) en vue d'obtenir un avantage, il utilise la tactique de la source masquée.

Un exemple est devenu classique : en 1963, la méthode servit à influencer la politique américaine à l'égard du Viêt-Nam. Il s'agissait d'un rapport de Robert McNamara, secrétaire à la Défense, et du général Maxwell Taylor, rapport qui assurait au président et au pays qu'il « devrait être possible de retirer le gros des effectifs américains » vers la fin de 1965.

La prévision s'appuyait sur des données supposées provenir de Saigon ; mais ce qu'ignoraient les destinataires, c'est qu'une grande partie des informations datées de Saigon avaient été en réalité rédigées à Washington, puis envoyées au Viêt-Nam, d'où elles revenaient avec l'apparence de documents puisés à la source. Dans ce cas, la manœuvre avait pour but de prêter à ces données une authenticité factice.

D'autres messages à source masquée sont des faux forgés de toutes pièces.

Rarement employée dans la guerre bureaucratique quotidienne, cette variété est bien connue en politique internationale, où certaines de ces pièces ont parfois influencé le cours de l'histoire — tel le « télégramme Zimmermann » qui contribua à l'engagement des États-Unis dans la première guerre mondiale.

En 1986, le Département d'État dénonça publiquement comme faux un document qui prétendait rendre compte d'une réunion « confidentielle » tenue au Pentagone. D'après le texte, le secrétaire à la Défense de l'époque, Caspar Weinberger, y aurait assuré que l'Initiative de défense stratégique (le projet de « guerre des étoiles »), « donnerait aux États-Unis [...] la capacité de menacer l'Union soviétique d'un coup mortel ». Si la citation avait été exacte, elle aurait renforcé l'argumentation soviétique contre le projet.

En réalité, ce compte rendu imaginaire avait été mis en circulation en Allemagne occidentale (vraisemblablement par les Soviétiques) pour y servir le mouvement public d'opposition au programme américain. Un autre faux portant sur le même sujet fut publié dans la presse nigérienne.

Plus récemment, un document antijaponais fit son apparition à Washington le jour où le membre du Congrès Tom McMillen lut à la Chambre des représentants ce qu'il présenta comme une « note interne de haut niveau du gouvernement japonais ».

Prétendument adressé au Premier ministre par son « assistant spécial pour la coordination politique », le texte recommandait d'orienter les investissements nippons aux États-Unis vers des circonscriptions électorales où ils pourraient servir à influencer la politique américaine.

On n'aurait pu trouver mieux pour alimenter la campagne antijaponaise dans l'opinion américaine. Mais le document se révéla être en fait une fiction — fort gênante —, dont on finit par identifier l'auteur. C'était Ronald A. Morse, un des responsables du programme asiatique du Centre de recherches Woodrow Wilson. Morse assura l'avoir rédigé afin de donner une illustration imagée de ce qu'il considérait comme des pratiques courantes de la part des Japonais, et déclara avoir averti ceux à qui il l'avait communiqué qu'il s'agissait d'un document imaginaire.

Coups de couteau dans le dos et canaux détournés

Tous les messages passent par des canaux, mais certains canaux sont plus normaux que d'autres.

Tout dirigeant sait que la liste des destinataires constitue un instrument de pouvoir, puisqu'elle détermine qui recevra ou non le document. Laisser quelqu'un « hors circuit », c'est une façon de lui rogner les ailes ; or, la victime du procédé est parfois le plus haut responsable.

Quand John H. Kelly était ambassadeur des États-Unis à Beyrouth, il communiquait directement avec le Conseil national de sécurité de la Maison Blanche en utilisant les moyens de la CIA et non la voie régulière du Département d'État. Autrement dit, il court-circuitait son propre chef, le secrétaire d'État George P. Shultz.

Pendant ses séjours à Washington, Kelly rencontra souvent Oliver North et d'autres membres du Conseil de sécurité à propos de leur plan de vente d'armes à l'Iran en échange de la libération d'otages — plan que Shultz avait déconseillé.

Quand il apprit le comportement de Kelly à Beyrouth, Shultz fut pris d'une telle colère qu'il s'emporta publiquement contre l'ambassadeur, et interdit formellement au personnel du Département d'utiliser d'autres canaux, sauf par autorisation expresse du président ou de lui-même. Il est cependant peu probable que de tels ordres parviennent jamais à éliminer complètement ce genre de pratique : les canaux détournés sont trop utiles dans les luttes pour le pouvoir.

Mis au courant de l'affaire, le membre du Congrès Lee Hamilton, président de la commission de la Chambre des représentants pour le renseignement national, ne put contenir son indignation. « Je ne crois pas, dit-il, avoir jamais entendu parler d'une pareille affaire dans le passé. Court-circuiter totalement un secrétaire d'État américain ! »

Peut-être la colère lui avait-elle obscurci la mémoire. Il s'était en effet produit exactement la même chose quand l'ambassadeur américain au Pakistan avait communiqué secrètement avec le Conseil de sécurité, sans non plus passer par le secrétaire d'État. Dans ce cas, le canal détourné avait été organisé par Henry Kissinger, alors placé à la tête dudit Conseil. Kissinger s'en servit pour préparer la mission secrète du président Nixon en Chine, qui aboutit à la reprise des relations entre les deux pays.

Henry Kissinger était un pratiquant fervent du contournement, toujours empressé de garder les informations entre ses mains sans les transmettre au système bureaucratique officiel. Assurant avoir reçu l'accord du président, il demanda un jour à William J. Porter, ambassadeur en Corée du Sud, de communiquer directement avec lui sans passer par son chef officiel, William Rogers, alors secrétaire d'État.

La réaction de Porter figure dans son journal : « Voilà, écrivait-il, le service diplomatique secret Nixon-Kissinger qui se met en place, avec codes secrets et tout... Si le président était d'accord pour créer un super-réseau d'ambassadeurs sous les ordres de son conseiller pour la sécurité et sans en avertir le Secrétaire d'État, c'est qu'il se produisait quelque chose de tout nouveau dans l'histoire américaine... J'en conclus que je n'étais qu'un paysan ignorant, et ne bougeai pas. »

Au cours des négociations SALT avec les Soviétiques, la délégation américaine à Genève était placée sous la direction de Gerard C. Smith. Mais Kissinger et l'état-major interarmes du

Pentagone établirent une liaison privée afin de communiquer avec certains membres de la délégation à l'insu de Smith.

Kissinger avait aussi un lien direct avec Moscou, toujours en contournant le secrétaire d'État. Il envoyait des messages au Politburo par l'intermédiaire de l'ambassadeur Anatoli Dobrynine, et non par le canal normal des spécialistes du département d'État et de leurs homologues du ministère soviétique des Affaires étrangères. A Moscou, seuls quelques membres du Politburo, du secrétariat du parti et du corps diplomatique étaient au courant de l'existence de ces échanges.

Cependant, l'exemple le plus célèbre — et sans doute historiquement le plus important — d'usage de la tactique de contournement est celui des négociations qui contribuèrent à éviter une troisième guerre mondiale.

Au moment de la crise des missiles soviétiques installés à Cuba, et tandis que le monde entier retenait son souffle, le président Kennedy et le « premier » soviétique Khrouchtchev échangèrent force messages officiels. Le territoire américain était directement menacé ; Kennedy ordonna un blocus naval. En ces heures de tension maximale, Khrouchtchev envoya le représentant principal du KGB à Washington, Alexandre Fomine, prendre contact avec le journaliste américain John Scali, que Fomine avait déjà rencontré.

Au quatrième jour de la crise, et alors que le danger s'aggravait d'heure en heure, Fomine demanda à Scali s'il croyait que les États-Unis s'engageraient à ne pas envahir Cuba au cas où les Soviétiques retireraient leurs fusées et leurs bombardiers. Transmis à la Maison Blanche par le journaliste, ce message allait marquer un tournant décisif.

La méthode du double canal

Pourtant, même de tels usages de la tactique de contournement restent assez simples en comparaison de la méthode plus sophistiquée qu'on pourrait dénommer « tactique du double canal » — qui consiste à envoyer par deux voies différentes des messages aux contenus disparates, voire contradictoires, de façon à tester les réactions des destinataires ou à provoquer chez eux confusion et conflits.

Au cours des négociations sur les systèmes de missiles anti-missiles, Kissinger et le ministre soviétique des Affaires étrangères Andreï Gromyko recoururent chacun par deux fois à des voies détournées pour court-circuiter leurs propres hiérarchies.

A ces deux moments, en mai 1971 et avril 1972, Kissinger soupçonna les Russes d'utiliser contre lui la tactique du double canal.

Des années plus tard, Arkady Chevtchenko, ancien assistant de Gromyko qui était passé aux États-Unis, écrivit dans son autobiographie que les soupçons de Kissinger avaient été dénués de fondement. Il n'y avait pas eu manœuvre délibérée, mais simplement confusion, du fait qu'un des représentants soviétiques avait « agi selon des instructions périmées de Moscou, n'étant pas au courant des plus récentes ». Peu importe ici que la version soit ou non exacte. Ce qui est clair, c'est que les tactiques du canal détourné et du double canal sont des techniques largement utilisées dans la manipulation des pouvoirs.

Du côté des destinataires

A l'autre extrémité du processus de communication, on observe aussi chez les destinataires une étonnante variété de petits jeux.

Le plus familier est la tactique d'accès, qui consiste à essayer de contrôler ce qui parvient à votre supérieur, et par conséquent l'information qu'il recevra : le procédé est connu aussi bien de l'humble secrétaire que du responsable de haut rang. Ces problèmes d'accès donnent si couramment lieu à conflits qu'il n'est pas besoin de s'étendre sur le sujet.

Puis vient la tactique du « qui a besoin de savoir ? », très en vogue dans les services de renseignement, les réseaux terroristes et les mouvements politiques clandestins. Il s'agit alors de compartimenter les données, l'information et le savoir, de façon à ne les fournir qu'à des destinataires dûment qualifiés comme ayant « besoin de savoir ».

On en trouve l'exact opposé dans la tactique du « pas besoin de savoir », qu'un ancien secrétaire de cabinet de la Maison Blanche expose en ces termes :

« En tant que fonctionnaire de la Maison Blanche, est-ce que je devrais savoir telle ou telle chose ? Si je la sais, est-ce que cela signifie que je doive agir ? Est-ce que la personne qui m'en a parlé ne va pas aller voir quelqu'un d'autre et lui dire : "J'en ai déjà discuté avec la Maison Blanche" ? Cela pourrait m'engager dans un sale conflit entre deux autres joueurs à propos d'une chose à quoi je ne connais rien et dont je n'ai rien à faire [...]. Il y avait une masse de choses que je ne *voulais* pas savoir. »

La méthode du « pas besoin de savoir » est également utilisée par des subordonnés désireux de protéger leur supérieur : si celui-ci n'est pas informé, il pourra ainsi plaider l'ignorance au cas où l'affaire tournerait mal. Pendant l'enquête sur l'Irangate courait à Washington une plaisanterie assez révélatrice :

Question : « Combien faut-il de gens pour visser une ampoule électrique à la Maison Blanche ? »

Réponse : « Personne. Ils aiment bien garder Reagan dans le noir. »

Dans le même ordre d'idées, il existe encore une tactique du « forcé de savoir », mieux connue sous le nom de « tactique du parapluie ». Dans ce cas, le joueur s'assure qu'un autre aura eu connaissance de quelque chose — par exemple en lui adressant une note —, de sorte que, si tout va mal, le récipiendaire devra partager la responsabilité.

La manipulation du message

Les masses de données, d'information et de savoir qui alimentent chaque jour l'usine à penser de l'État fournissent l'occasion d'une multitude de manœuvres trompeuses (qui parfois trompent le trompeur lui-même). Manquant d'espace pour continuer à les classer et à en donner des exemples, nous nous bornerons à en signaler quelques-unes sous forme abrégée :

— LA TACTIQUE DE L'OMISSION. Le domaine politique étant conflictuel entre tous, les messages politiques sont encore plus consciemment sélectifs que tous les autres. Ils présentent généralement des lacunes béantes, là où quelqu'un a jugé bon d'appliquer la tactique de l'omission en supprimant certains faits significatifs, ou peu favorables à la thèse qu'il défend.

— LA TACTIQUE DES GÉNÉRALITÉS. Ici, les détails susceptibles de susciter une opposition bureaucratique ou politique sont recouverts d'un vernis d'abstractions impalpables. Les exemples abondent dans les communiqués diplomatiques — ce qui explique pourquoi leur lecture vous donne souvent la migraine.

— LES TACTIQUES TEMPORELLES. La méthode la plus fréquente consiste à retarder un message jusqu'au moment où le destinataire n'aura plus le temps de réagir. On déverse sur les législateurs d'épais documents budgétaires sur lesquels ils sont supposés prendre parti en quelques jours — bien avant qu'ils n'aient pu les assimiler et les analyser intelligemment. De même, les rédacteurs de discours de la Maison Blanche sont bien connus pour livrer leurs projets de discours présidentiels le plus tard possible, afin que les autres responsables n'aient pratiquement pas le temps de retoucher leurs textes.

— LA TACTIQUE DU DRIBBLE. Cette fois, au lieu de rassembler les données, l'information et le savoir en un document unique, on les communique par petites doses échelonnées, le résultat étant de brouiller le dessin d'ensemble et de le rendre plus difficile à percevoir pour le destinataire.

— LA TACTIQUE DU RAZ DE MARÉE. Quand quelqu'un se plaint de n'être pas informé, le joueur astucieux lui expédie d'un coup une telle cargaison de papiers que le malheureux, submergé, n'a aucune chance de repérer les faits essentiels dans toute cette écume.

— LA TACTIQUE NÉBULEUSE. Il s'agit d'enrober quelques faits exacts dans un flot de rumeurs nébuleuses, de sorte que les destinataires ne puissent distinguer les uns des autres.

— LA TACTIQUE DU CHOC EN RETOUR. Là, on répand une fausse nouvelle dans un pays lointain, qui sera reprise dans la presse nationale. C'est une méthode utilisée par les services de renseignement ou de propagande. Mais il arrive que le choc en retour se produise — ou semble se produire — sans avoir été voulu ni prévu.

La CIA s'était un jour arrangée pour faire publier dans la presse italienne un article de sa fabrication sur les terroristes des Brigades rouges. Le texte fut remarqué aux États-Unis, et incorporé dans un livre qu'Al Haig, alors secrétaire d'État, lut sur épreuves avant sa parution. Al Haig utilisa ce matériel dans une conférence de presse : ses commentaires furent à leur tour inclus dans le version définitive de l'ouvrage. Ce processus de références en ricochets est moins rare qu'on ne l'imaginerait.

— LA TACTIQUE DU GROS MENSONGE. Elle doit sa célébrité à Joseph Goebbels, ministre de la Propagande d'Hitler. L'idée de base est qu'un mensonge suffisamment énorme sera beaucoup plus facilement accepté que toute série de petits mensonges ordinaires. C'est dans cette catégorie que se range une allégation soviétique de 1987, selon laquelle l'épidémie mondiale de sida serait la conséquence d'expériences de guerre biologique organisées dans le Maryland sous l'égide de la CIA. Largement répandue dans le monde entier, la légende est absolument rejetée par les scientifiques soviétiques.

— LA TACTIQUE D'INVERSION. Il est peu de techniques de

manipulation ou d'arrangement des faits qui exigent autant d'audace, car elle consiste à inverser complètement le sens d'un message. On en a vu assez récemment un exemple en Israël, où le Premier ministre Itshak Shamir et Shimon Peres, alors ministre des Affaires étrangères, étaient pour le moins en mauvais termes. A un moment donné, Shamir donna instruction aux Affaires étrangères d'informer toutes les ambassades israéliennes de ce que Peres n'était aucunement autorisé à encourager une conférence internationale destinée à résoudre le problème israélo-arabe.

Ayant reçu le message de Shamir, l'entourage de Peres au ministère le jeta tout simplement au panier, et expédia partout des télégrammes disant exactement le contraire. Plus tard, quand on demanda à un haut responsable du ministère comment cela avait pu se produire, il répondit : « Comment pouvez-vous me poser une pareille question ? C'est bien une guerre. »

Rivalités politiciennes et hauts experts

A l'examen de cette longue liste des techniques si largement utilisées pour truquer les messages qui passent par les administrations, il devient évident que dans l'action politique ou l'exercice des responsabilités gouvernementales, bien peu d'affirmations, communications ou « faits » méritent d'être pris pour argent comptant. Il n'existe presque rien qui soit neutre à l'égard du pouvoir ; la plus grande partie des données, de l'information et du savoir qui circulent dans les sphères de l'État ont déjà subi un tel traitement d'élaboration politique que même en nous demandant *Cui bono* ? — A qui cela profite-t-il ? —, et quand bien même nous pensons avoir trouvé la réponse, nous ne serons peut-être pas encore en mesure de discerner la réalité dans ce tourbillon.

Encore tout cela a-t-il lieu avant le stade où les médias vont de nouveau accommoder les choses selon leurs propres besoins — c'est-à-dire dénaturer un peu plus profondément les « faits ».

Les implications portent sur le point crucial des relations unissant la démocratie au savoir. Il est certes généralement reconnu qu'une opinion publique informée est une des conditions nécessaires de la démocratie. Mais « informée », qu'est-ce que cela veut dire au juste ?

Dans toute démocratie, il est indispensable de limiter le territoire du secret d'État et d'élargir l'accès des citoyens à la documentation publique, mais ce ne sont là que de tout petits premiers pas. Pour comprendre les textes, il faudrait en effet savoir quel traitement ils ont subi au long du chemin qui les a fait passer de main en main, de niveau en niveau, de service en service, à travers les entrailles bureaucratiques de l'État.

Le « contenu » entier d'un quelconque message est loin d'apparaître sur le papier, pas plus que sur l'écran de l'ordinateur. En fait, son contenu essentiel, du point de vue politique, peut fort bien être la connaissance de son histoire antérieure.

A un niveau plus profond encore, la présence généralisée de ces procédés tactiques jette le doute sur ce qui peut subsister de croyance en une « rationalité » de l'action gouvernementale ou en l'aptitude des dirigeants à prendre des décisions à partir d'« éléments objectifs ».

Winston Churchill avait bien raison de refuser les rapports « triés et prédigérés » et d'exiger les « documents authentiques [...] dans leur forme originale », afin de pouvoir en tirer ses propres conclusions. Il n'en est pas moins évidemment impossible pour les décideurs de lire toutes les données brutes, de prendre connaissance de toute l'information, et de se colleter avec tout le savoir censé les aider à prendre leurs résolutions.

Ce que nous avons vu jusqu'à présent ne représente pourtant qu'une petite partie des astuces de métier qu'emploient dans leurs rivalités aussi bien les politiciens démagogues que les experts des hauts entourages. De Séoul à Stockholm, de Bonn à Pékin, les hommes politiques et bureaucrates à la page qu'on trouve dans toutes les capitales savent au plus profond d'eux-mêmes que les données, l'information et le savoir sont autant d'armes, chargées et prêtes à tirer, dont ils disposent dans ces luttes pour le pouvoir qui constituent l'essence de la vie politique.

Ce que pourtant la plupart d'entre eux *ne savent pas* encore, c'est que leurs manœuvres et procédés machiavéliques ne représentent plus que des jeux d'enfants — car les règles de la lutte pour le pouvoir changent en cette époque où c'est le savoir *sur* le savoir qui devient la souce primordiale du pouvoir.

Comme nous allons le voir, nous entrons à présent dans une ère où ce sont des « métatactiques » qui vont s'imposer à ces usines intellectuelles que nous dénommons États, et porter à un plus haut niveau tous les aspects du jeu pour le pouvoir.

CHAPITRE XXIII

Les métatactiques

En 1989, les cercles politiques furent le lieu d'une « première » qui passa inaperçue : cette année-là, John Sununu entra à la Maison Blanche en qualité de chef du staff présidentiel, devenant ainsi, selon toute probabilité, l'*informatnik* le plus haut placé dans le monde entier. Dans un univers grouillant de puces électroniques, il fut le premier lettré de l'ordinateur à occuper un des sommets du pouvoir politique.

Ingénieur en mécanique de formation, Sununu avait soutenu sa thèse au Massachusetts Institute of Technology ; il acquit rapidement la réputation d'un jeune prodige, capable de repérer et corriger immédiatement les erreurs de programmation, comme de remettre en question le modèle mathématique sur lequel se fondait une étude d'impact sur l'environnement. Quoi qu'on puisse penser de ses convictions politiques, il avait indéniablement compris quel pouvoir virtuel recélait l'informatique.

Avant de débarquer à Washington, Sununu avait été gouverneur du New Hampshire. Quand il dota cet État d'un système électronique de contrôle fiscal et financier, des élus locaux demandèrent à avoir accès aux données stockées dans l'unité centrale IBM. Sununu aiguilla leurs requêtes sur une voie de garage en déclarant : « Ils auront ce dont nous pensons qu'ils ont besoin. »

D'après le magazine *Time*, Sununu « paraissait vouloir modifier l'équilibre du pouvoir politique » en « tenant serrées contre sa poitrine les données financières informatisées de l'État ».

En fin de compte, le gouverneur fut contraint de remettre à un représentant des élus de l'État un mot de passe lui permettant d'accéder à certaines des données disputées (mais pas à toutes).

Dans le même sens, bien qu'un tribunal de l'État eût rendu un arrêt stipulant que les citoyens avaient droit à voir et à copier les documents publics, Sununu soutint que ce jugement ne s'appliquait pas aux données informatisées. Le gouverneur avait pleinement compris quel pouvoir confère le savoir sur le savoir.

Esquimaux et travailleurs intellectuels

Malgré tout, l'attitude adoptée par Sununu au New Hampshire n'était pas des plus subtiles. Estampiller un document « confidentiel » ou en réserver l'accès est une tactique vieille comme le monde ; aujourd'hui, ceux qui veulent contrôler les données, l'information et le savoir disposent de nouveaux instruments plus puissants, dont beaucoup sont d'ailleurs fondés sur l'informatique.

En réalité, nous assistons au passage à un stade supérieur de la lutte pour le pouvoir, où elle sera moins clairement discernable ; passage qui est lié au degré croissant d'abstraction et de complexité qu'entraîne dans l'ensemble de la société le développement de l'économie supersymbolique.

Prenons l'exemple des ordinateurs : nous les utilisons désormais pour leur propre construction. Nous disposons aussi d'une ingénierie de logiciels assistée par ordinateur, fondée sur ce qu'on pourrait appeler du « métalogiciel », soit des logiciels élaborés pour produire des logiciels. A partir de là, on peut imaginer un avenir où les progrès de cette ingénierie leur permettront de produire à leur tour des métalogiciels, et ainsi de suite vers des horizons de plus en plus reculés et des degrés d'abstraction tendant vers l'infini.

Dans le même ordre d'idées, les logiciels de feuilles comparatives se sont largement répandus dans le monde des affaires depuis le début des années quatre-vingt. Ces programmes ont permis à des centaines de milliers d'usagers de disposer des chiffres en colonnes et en rangées, comme dans un registre comptable, et de les manipuler aisément. Capables de montrer automatiquement comment telle modification d'un nombre ou d'une variable affecte tous les autres éléments, ils ont accoutumé toute une génération à penser en termes de scénarios du type « Qu'arriverait-il si... ? » : qu'arriverait-il si nous relevions le prix d'un produit de 2 % ? si les taux d'intérêt baissaient d'un demi-point ? si nous pouvions mettre le nouveau produit sur le marché un mois plus tôt ? Mais, comme les registres traditionnels, les feuilles comparatives restaient bidimensionnelles, plates comme un échiquier classique.

En 1989, la Lotus Development Corporation, première spécialiste en ce domaine, a lancé son 1-2-3 Release 3.0. Ce programme peut servir à élaborer des feuilles comparatives tridimensionnelles, ce qui, en comptabilité, équivaudrait à un échiquier où les pièces se déplaceraient non seulement sur le plan horizontal, mais aussi vers le haut et vers le bas. Il devient ainsi possible de simuler le changement dans une entreprise ou un processus selon des voies beaucoup plus complexes et révélatrices : les utilisateurs sont amenés à poser leurs questions du type « et si... ? » de manière beaucoup plus fine et à un niveau très nettement supérieur.

Le nouveau système de création de la richesse requiert une force de travail littéralement imprégnée de symbolisme. Les individus sont exposés en permanence au déluge de données que déversent les médias, les ordinateurs, les documents écrits, les téléfax, les téléphones, les films, les affiches, les annonces publicitaires, les notes diverses, les factures, les bordereaux, et mille autres stimulations symboliques ; par millions, ils passent leur temps à participer à des réunions, à exposer des idées, à persuader, à négocier, ou à échanger par d'autres moyens des données imagées ; ils forment une population de plus en plus « info-adaptée ».

De même que les Esquimaux acquièrent une grande sensibilité aux différences entre les types de neige, et que les agriculteurs perçoivent presque intuitivement les changements du temps ou du sol, de même ces travailleurs intellectuels entrent en harmonie avec leur environnement informationnel.

La sophistication croissante oblige les détenteurs du pouvoir à rechercher des instruments de persuasion et/ou de contrôle social renouvelés, et de plus haute qualité.

Les satellites, la vidéo, le ciblage, les réseaux de communication extra-intelligents, les sondages instantanés, la simulation, les modèles mathématiques et autres technologies analogues font aujourd'hui partie de l'arsenal courant des milieux politiques dans les nations évoluées. S'y ajoutent en outre de nouveaux moyens de manipuler l'information informatisée, à côté desquels les méthodes traditionnelles des politiciens ou des bureaucrates ne sont qu'agitation dérisoire.

Nourris par les nouveaux systèmes de création de la richesse, les outils de la manipulation qu'hommes politiques et représentants de l'administration utilisent pour préserver leur pouvoir ne cessent donc de se perfectionner en fonction des changements globaux qui affectent la population. C'est tout l'objet des méta-tactiques.

Vérité contre pouvoir

Pour mieux comprendre ce que l'expression recouvre, il suffit de songer au monde des affaires. Les investisseurs trop naïfs se bornent à analyser les « résultats » d'une société pour avoir une idée de sa rentabilité et de sa solidité. Mais, comme le dit le magazine *Fortune*, « les bénéfices, c'est comme les saucisses [...], ceux qui les apprécient sont les moins bien informés sur la liste des ingrédients ». Par conséquent, les investisseurs plus subtils ne se contentent pas de lire la dernière ligne du bilan comptable, mais cherchent à savoir ce qui se cache derrière, c'est-à-dire la « qualité des gains ».

Ils examinent les chiffres qui s'ajoutent aux chiffres, les hypothèses qui sous-tendent ces résultats, et jusqu'aux modèles comptables et informatiques qui permettent de les obtenir. Il s'agit donc là d'une analyse à un niveau supérieur, que l'on pourrait considérer comme un exemple simple de méta-analyse.

Quand on sait que General Motors peut légalement augmenter ses bénéfices (déclarés) de deux milliards de dollars par an rien qu'en modifiant le délai de dépréciation de ses ateliers, en changeant la façon dont cela joue sur le programme de mises à la retraite, en jonglant avec la valeur estimée de ses stocks et des véhicules en leasing, on imagine aisément ce que peuvent faire un gouvernement et ses diverses ramifications avec leur propre comptabilité.

Bien entendu, les gouvernements ont trafiqué leurs comptes dès l'invention de la comptabilité en partie double par les Vénitiens au XIVe siècle. Au demeurant, cette manipulation n'affecte pas seulement les budgets, mais s'attaque à toute sorte de données : information, savoir, etc., et ce, depuis le premier jour. Ce qui est nouveau, c'est la possibilité d'utiliser, pour ce faire, l'aide des ordinateurs.

Pourtant, les ordinateurs ont du bon. Ils augmentent largement les potentialités en savoir-faire des décideurs, améliorent l'efficacité de tous les services et permettent d'intégrer des processus complexes.

Grâce à la révolution informatique, on peut dessiner les modèles de certains problèmes sociaux, du chômage à l'augmentation des coûts et aux menaces qui pèsent sur l'environnement, avec une précision impossible auparavant, et donc les comprendre

mieux. On peut appliquer plusieurs modèles au même phénomène et examiner ainsi les interactions de nombreux facteurs.
Les bases de données s'établissent sur des échelles sans précédent,
et les analyses deviennent de plus en plus fouillées.

Partout où le nouveau système de création de la richesse
prend racine, l'État ne peut pas plus se passer d'ordinateurs que
les hommes d'affaires. Au reste, ce ne serait pas souhaitable. Les
gouvernements étaient moins démocratiques avant l'arrivée des
ordinateurs et autres technologies avancées.

Mais la politique s'occupe de pouvoir, pas de vérité. Les
décisions ne sont pas fondées sur des découvertes « objectives »,
ni sur une compréhension profonde des forces conflictuelles qui
œuvrent toutes dans leur propre intérêt. Les ordinateurs n'ont
pas la capacité d'éliminer cette lutte de pouvoir, aussi inévitable
qu'utile. Au contraire, ils la portent à un niveau plus élevé.

Les leaders politiques et les grands bureaucrates eux-mêmes
sous-estiment leur propre dépendance vis-à-vis de l'informatisation et, par conséquent, leur vulnérabilité face à ceux qui
savent la manipuler. La raison en est que, la plupart du temps,
l'informatisation se produit au plus bas niveau de la hiérarchie
intellectuelle. Nous ne voyons jamais les présidents ou les chefs
de parti tapoter sur des claviers et scruter des écrans. Pourtant,
les leaders prennent rarement une décision, qu'elle concerne le
choix d'un avion de chasse ou la politique fiscale, qui ne repose
sur des données manipulées à un moment ou à un autre par des
spécialistes de l'informatique.

Qu'il s'agisse du nombre de lits dans un hôpital, du contrôle
des importations ou de l'inspection vétérinaire de la viande, à
chaque fois qu'une politique doit être votée ou décidée, elle a
été analysée (et contre-analysée) en termes quantifiés, traduits et
préformatés pour l'ordinateur.

A toutes les étapes du processus, de la création de la base de
données au type de classement et aux logiciels utilisés, l'information est sujette à une manipulation si subtile, et le plus
souvent si discrète qu'elle est incomparable à tout ce que l'on
avait pu voir jusque-là.

Quand nous ajoutons à cela les distorsions délibérées produites
au gré des métatactiques utilisées par les politiciens et dirigeants
qui jouent à la « guerre de l'info » décrite au chapitre précédent,
une conclusion s'impose : le savoir politique ne parvient aux
décideurs qu'après avoir traversé un labyrinthe de miroirs
déformants. Demain, ces miroirs réfléchiront eux-mêmes d'autres
miroirs.

Le doigt kidnappé

Une littérature internationale de plus en plus abondante nous parle des « délits informatiques » : détournements bancaires, espionnage, virus, etc. Des films tels que *Wargames* ont dramatisé les dangers de l'accès illégal aux ordinateurs et aux systèmes de communication qui contrôlent les armes nucléaires. D'après un rapport publié en France, la Mafia aurait kidnappé un dirigeant d'IBM et lui aurait coupé un doigt, car elle avait besoin de ses empreintes pour forcer le système de sécurité d'un ordinateur.

Le Département américain de la justice a défini une dizaine de méthodes de base utilisées dans la délinquance informatique, qui vont de la modification de données au moment de la saisie, aux instructions dissimulées dans le logiciel et à l'introduction dans un système « par effraction ». Les « virus » dont on a tant parlé nous prouvent la réalité des risques de sabotage des moyens de communication militaires et politiques.

Mais, pour l'heure, on ne s'est guère intéressé à la manière dont des techniques similaires pourraient affecter la vie politique.

Un jour de 1986, Jennifer Kuiper, assistante d'Ed Zschau, membre du Congrès, vit son écran devenir muet. Quand elle réussit à remettre son engin en marche, deux cents lettres avaient disparu. Quatre jours plus tard, des centaines de lettres et d'adresses disparurent des fichers informatiques de John McCain. Après avoir éliminé toute possibilité d'erreur de manipulation, la police du Capitole ordonna une enquête.

Selon Ed Zschau, qui avait créé une société de logiciels avant d'entrer en politique, « tous les bureaux du Capitole peuvent être forcés par ce moyen [...]. Cela pourrait réduire à néant tout le travail d'un membre du Congrès ».

Dans le magazine *Information Executive*, J. A. Tujo souligne qu'avec deux cent cinquante mille traitements de texte en service dans les cabinets d'avocats américains, il serait fort possible pour un avocat marron d'obtenir des informations compromettantes sur son adversaire en utilisant illégalement les données de son ordinateur, et ce, grâce à un matériel électronique bon marché qu'on peut se procurer au magasin d'électronique du coin.

Mais hommes politiques et hauts dirigeants sont peut-être les plus vulnérables. Il y a des milliers d'ordinateurs, souvent liés en réseau, dans les bureaux et les foyers des membres du Congrès, sur les tables des milliers de fonctionnaires qui gèrent tout, des quotas de certains produits aux normes de sécurité dans les voyages. Un accès illégal pourrait provoquer des ennuis sans fin et faire basculer le pouvoir de manière inattendue.

De plus en plus, les ordinateurs sont utilisés lors des campagnes électorales. Ainsi, ce nouveau jeu, presque impossible à déceler, pourrait se jouer jusque dans les urnes elles-mêmes.

Tchernobyl dans les urnes

En décembre 1987, après seize ans de dictature militaire, des élections générales eurent lieu à Séoul, en Corée du Sud. Les résultats de cette campagne durement menée furent finalement validés, mais certains observateurs politiques remarquèrent quelques anomalies dans le déroulement du scrutin.

La marge du vainqueur, établie dès les tout premiers résultats, resta étrangement égale à elle-même tout au long de la nuit, quelles que fussent les régions recensées. Un candidat de l'opposition, très apprécié, jeta le doute sur son propre succès, dans la province de Kwangju, en disant qu'il était impossible qu'il eût obtenu 94 % des voix. Au mieux, déclara-t-il, il aurait dû n'en récolter que 80 %. On soupçonna vite que quelqu'un s'amusait non avec les bulletins, mais avec les ordinateurs censés les comptabiliser.

Ces soupçons ne furent jamais confirmés, mais Maggie Ford, correspondante du *Financial Times*, citant un analyste politique de Washington, écrivit « que ce serait l'enfance de l'art d'établir le modèle informatique d'un résultat acceptable. On pourrait l'affiner en tenant compte de la manière dont ont été perçus les candidats, des données d'âge et des divers incidents qui auraient émaillé la campagne. Un tel modèle pourrait fournir l'ampleur requise de la majorité ».

Il pourrait aussi très certainement moduler les résultats dans certains secteurs de manière subtile, afin d'apporter une victoire sans éveiller de soupçons. Cela est à la portée de tout programmeur compétent qui aurait accès au mot de passe et qui ordonnerait à l'ordinateur de créditer un certain pourcentage des voix d'un candidat à un autre, puis de baliser une « porte » qui effacerait toute trace de son intervention.

Le programme de surveillance des élections établi par l'Urban Policy Research Institute, qui se fonde partiellement sur le travail de deux chercheurs en informatique de Princeton, conclut que « l'introduction du comptage des voix par système informatique au cours de ces vingt dernières années a créé une potentialité de fraude et d'erreurs encore jamais imaginée ».

De nombreux responsables du bon déroulement des élections ne sont pas d'accord avec cette théorie, mais Election Watch est soutenu par Willis H. Ware, chercheur chez Rand. Celui-ci tire même des conclusions plus dramatiques : « Le système de vote électronique est tel qu'une catastrophe à la Tchernobyl ou à la TMI [la catastrophe nucléaire de Three Mile Island] ne demande qu'à se produire, un peu comme un tremblement de terre de force 8 sur l'échelle de Richter peut se produire d'un instant à l'autre en Californie. »

Allons un peu plus loin dans ces scénarios imaginaires. Que se passerait-il si l'ordinateur était « arrangé » par des techniciens, des programmeurs travaillant pour une grande société internationale désireuse par exemple de promouvoir un sénateur ? Ou imaginez que l'urne soit sous contrôle indirect et secret non plus d'un parti ou d'une firme, mais d'une puissance étrangère. Le résultat d'une élection pourrait changer du tout au tout en ajoutant ou en retranchant, à l'insu de tous, un petit nombre de voix dans chaque région. Nul n'en saurait jamais rien.

Prends garde, candidat !

On veut des chiffres !

Cette vulnérabilité ne concerne pas seulement les ordinateurs ou les élections, mais toutes les données, informations et connaissances générées par ordinateur, que l'on utilise à bon ou à mauvais escient.

Certains hommes politiques avisés se conduisent pourtant comme tous les gens intelligents en présence de nouvelles informations. Ils veulent en savoir davantage sur leurs sources et leur fiabilité, ils demandent comment les échantillons ont été établis pour un sondage, ils analysent les incohérences et les lacunes éventuelles, ils s'interrogent sur les statistiques trop belles, sur la logique qui préside à l'étude, etc.

Les dirigeants les plus avisés tiennent également compte des canaux qui leur ont transmis l'information, et passent en revue les divers intérêts qui auraient pu « moduler » l'information.

Et une minorité très faible, en sus de toutes les précautions ci-dessus, met également en question les présupposés et hypothèses de départ sur lesquels peuvent reposer les déductions les plus superficielles.

Enfin, les plus imaginatifs — et les plus rares sans doute — n'hésitent pas à remettre en cause tout le cadre de référence.

On compte des hommes de gouvernement dans les quatre catégories précitées. Pourtant, dans toutes les sociétés hautement technologiques, ils sont si pressurisés que, même s'ils en ont les moyens intellectuels, ils n'ont pas le temps de réfléchir au-delà de l'apparence des « faits » sur lesquels ils doivent fonder leur décision. Plus grave encore, le système bureaucratique décourage toute pensée hors du cadre habituel, comme tout examen en profondeur. Ceux qui tirent les ficelles du pouvoir savent en profiter.

Quand David Stockman, qui dirigeait le Bureau de la gestion et du budget, proposait des coupes budgétaires au président et à l'équipe de la Maison Blanche, il les choisissait dans des programmes qui ne comptaient que pour 12 % dans le budget de l'État, et ne s'appesantissait jamais sur le reste dans ses discussions avec ses supérieurs.

Plus tard, il raconta : « Ce qu'ils ne comprenaient pas — parce que je ne le leur avais jamais expliqué —, c'était que nous ne travaillions que sur une faible portion du budget. Nous n'avions pas même jeté un regard sur trois programmes géants qui représentaient plus de la *moitié* du budget intérieur : la protection sociale, les retraites, et Medicare. A eux seuls, ils représentent plus de deux cent cinquante milliards de dollars. Les programmes que nous avions amputés nous permirent d'économiser vingt-cinq milliards. Le président et son équipe ne voyaient jamais que la partie émergée de l'iceberg, sans avoir aucune notion des énormes masses qui se cachaient sous la surface de l'eau. Personne ne m'a jamais posé de questions sur les postes dans lesquels je *ne coupais pas*. »

Restaient-ils volontairement dans l'ignorance, n'avaient-ils pas le temps de poser des questions, ou bien se laissaient-ils aveugler par Stockman, grand maître ès statistiques ? Ou bien croulaient-ils simplement sous l'avalanche des chiffres générés par ordinateur ?

De nos jours, inutile de faire un discours politique si on ne l'émaille pas de statistiques informatisées. Pourtant, les décideurs remettent rarement en question les chiffres qu'on a établis pour eux.

Ainsi, Sidney Jones, ancien secrétaire au Commerce, a proposé un jour de nommer une commission des statistiques. Sans doute aurait-elle été capable de savoir que le décompte des « corps » avait été horriblement trafiqué pendant la guerre du Viêt-Nam. Ou peut-être aurait-elle compris pourquoi la CIA et le Pentagone n'étaient jamais d'accord sur l'ampleur et la localisation des essais nucléaires soviétiques et ne pouvaient donc pas déterminer si l'URSS violait ou non les accords de 1975 sur la limitation de ces essais. Peut-être aurait-on enfin su pourquoi les chiffres du produit national brut étaient fortement gonflés à un moment donné, puis corrigés à la baisse pour prouver que l'économie frisait la récession.

Dans tous ces cas, les causes étaient le plus souvent techniques, mais, inévitablement, elles étaient aussi de caractère politique. Même les chiffres apparemment les plus objectifs ont toujours été modulés en fonction des luttes politiques.

Le Bureau du recensement prend bien plus que tout autre la précaution de fournir ses définitions et de communiquer ses méthodes, afin que les utilisateurs puissent se faire leur propre idée sur la validité des résultats. Mais les spécialistes reconnaissent que toutes ces précautions et notes en bas de page sont systématiquement ignorées à Washington.

Selon un des responsables de ce service, « les hommes politiques et la presse s'en tamponnent ; tout ce qu'ils veulent, ce sont des chiffres ! »

Il y a deux grandes raisons à cela. L'une est la simple naïveté. Malgré tout ce que nous avons appris dans les générations passées sur la nature douteuse des données informatisées, « l'ordinateur est toujours considéré comme un dieu ». Mais il y a aussi une raison plus profonde. Les tacticiens de la politique ne sont pas à la recherche d'une « vérité » scholastique ni même de la simple précision. Ils ne cherchent que des munitions pour nourrir leurs guerres de l'information. Les données, l'information, le savoir n'ont pas besoin d'être « vrais » ou « précis » pour balayer un adversaire de son chemin.

La duperie des bases de données

Les États s'appuient de plus en plus sur des bases de données. Alors que la stratégie de Sununu, qui consistait simplement à interdire leur accès, relevait d'une infotactique ordinaire, la manipulation de bases de données relève de la métatactique.

Les métatacticiens ne contrôlent pas l'accès aux données, mais déterminent ce qui va ou ne va pas être pris en compte dans leur établissement.

Le questionnaire utilisé tous les dix ans pour le recensement aux États-Unis doit être approuvé par le Congrès. D'après un fonctionnaire du Bureau du recencement, « le Congrès fait pression sur nous. Nous voulions effectuer une étude sur le financement des exploitations agricoles. Le Congrès nous a expressément demandé de *ne pas* collecter cette donnée, car elle aurait pu être utilisée pour réduire les subventions aux agriculteurs ». Dans toutes les branches de l'industrie, les entreprises font également pression sur le Bureau du recensement pour qu'il pose ou ne pose pas certaines questions. Par exemple, une entreprise qui avait besoin d'une étude de marché dans ce secteur lui a demandé d'introduire une question sur les mobile homes ! Comme le nombre de questions est forcément limité, les différents lobbies se battent entre eux et font pression sur le Bureau pour obtenir gain de cause.

Peu importe à quel point les données sont informatisées et paraissent « objectives » ; elles reflètent toujours les valeurs et les rapports de pouvoir de la société.

Mais si contrôler ce qui entre dans les bases de données de plus en plus nombreuses relève de la plus élémentaire des métatactiques, il est beaucoup plus difficile de contrôler la manière dont elles sont réparties en différentes catégories.

Bien avant l'ère de l'ordinateur, lorsque le gouvernement américain s'inquiétait du gigantisme des monopoles dans l'industrie automobile, General Motors employait une tactique fort simple. Elle avait un représentant au sein d'un organisme peu connu, le Federal Statistics Users Concil, représentant dont la tâche consistait à s'assurer que les statistiques étaient élaborées de telle façon que leurs diverses composantes ne puissent jamais être publiées séparément. Ainsi, le degré de concentration économique était fourni sous la forme de la part des « trois *majors* », mais on ne connaissait jamais le pourcentage isolé de la plus importante des trois, General Motors.

Aujourd'hui, on utilise des systèmes très complexes pour classer, indexer, catégoriser les données qui se déversent quotidiennement dans les ordinateurs. Avec l'aide de l'informatique, la même donnée peut être « découpée » ou bien rangée dans différentes catégories. Ainsi, de farouches batailles politiques s'articulent autour de questions de plus en plus techniques, de plus en plus abstraites et inextricables.

Nombre de luttes de pouvoir se concentrent sur les indicateurs utilisés dans les bases de données et sur la place qu'on leur accorde. Si l'on veut savoir combien d'anges sont capables de danser sur la pointe d'une ogive nucléaire, est-ce que l'on compte les auréoles ou les harpes ? Les lits d'hôpitaux, faciles à décompter, sont parfois considérés comme un indicateur du niveau des services de santé d'une collectivité. Mais ne vaudrait-il pas

mieux compter le nombre de médecins par millier d'habitants ?
Et que révèlent en fait ces deux informations sur la santé des
habitants ? Le nombre de lits peut influer sur le programme de
subventions qui récompense ou pénalise les hôpitaux en fonction
de ce nombre plutôt qu'en se fondant sur les véritables besoins
de la collectivité.

Pour avoir une bonne image des besoins de santé, doit-on
décompter les patients ? les soins ? l'espérance de vie ? la mor-
talité infantile ? Le choix d'un ou plusieurs indicateurs influera
énormément sur le résultat.

Tous les métatacticiens connaissent le principe du WYMI-
WYG (*What You Measure Is What You Get* — Ce que tu
mesures, c'est ce que tu obtiendras).

Experts, équipes gouvernementales, lobbies et autres mènent
souvent bataille autour de telles questions. Tandis que certains
participants n'ont pas les moyens intellectuels de poser les
questions clés ou de comprendre les implications cachées,
d'autres en sont parfaitement capables et en profitent pour
défendre leurs propre intérêts commerciaux ou politiques. Bien
qu'ils se dissimulent sous un jargon hautement technologique,
les conflits sont le plus souvent d'ordre politique.

La plupart de ces manigances ont lieu à l'abri du regard du
public et à un niveau très inférieur à celui des ministres, lesquels
ont rarement le temps ou l'envie de comprendre des problèmes
aussi tortueux. Privés de ces éléments et de la formation qui
leur permettrait de voir clair à travers le barrage des faits et des
pseudo-faits, les décideurs sont obligés de s'en remettre aux
spécialistes.

Le maniement d'un nombre de plus en plus élevé de variables,
l'augmentation incommensurable des capacités de traitement
font qu'au lieu d'avoir affaire à un manque d'information, les
décideurs se retrouvent face à un trop-plein.

Cela implique que l'interprétation devient plus importante
que la simple collecte de l'information. Les données (de qualité
variable) ne manquent pas. Leur compréhension est rare. Mais
déplacer l'accent sur l'interprétation suppose également que cette
étape s'effectue à des niveaux plus élevés dans la hiérarchie du
travail intellectuel. Voilà qui fait basculer les relations de pouvoir
parmi les spécialistes eux-mêmes, et qui transfère du même coup
le terrain de jeu des tacticiens de l'information à un niveau plus
élevé, celui de la métatactique.

On en voit une parfaite illustration dans les dernières observations des satellites censés contrôler l'application de l'accord
américano-soviétique sur la réduction des armements. Les satel-

lites délivrent un tel déluge de données — ils peuvent repérer des objets d'une dizaines de centimètres — que les analystes, submergés, finissent par se noyer. D'après Thomas Rona, administrateur adjoint du Bureau scientifique de la Maison Blanche, « autrefois, le problème consistait à "humer" les données ; aujourd'hui, il s'agit bien davantage de les filtrer et de les interpréter ».

Leur seul volume, selon la revue *Science*, menace déjà de « submerger même une armée d'analystes », ce qui ne manque pas de susciter des pressions pour automatiser certaines fonctions d'interprétation.

On est donc conduit à s'appuyer sur l'intelligence artificielle et d'autres « outils technologiques de connaissance ». Mais leur usage élève encore le niveau d'abstraction et ensevelit les hypothèses critiques du système sous d'autres couches d'inférences.

Selon le magazine *Datamation*, dans le monde des affaires, « les entreprises cherchent à faire entrer les inférences des systèmes experts » dans leur système informatique. Plus de deux mille deux cents systèmes experts de ce type sont déjà en service en Amérique et sont capables de tâches aussi diverses que diagnostiquer le mauvais fonctionnement d'un outil, analyser des déchets chimiques ou évaluer les modalités d'application d'une assurance-vie. Les systèmes experts se propagent également dans l'administration, et ont par exemple été utilisés par le FBI pour tracer le portrait-type du tueur psychopathe.

Tout dépend donc de règles complexes établies par divers experts, pesées, systématisées, et gérées par l'ordinateur afin de venir en aide au décideur. Nous pouvons nous attendre à l'explosion de technologies similaires au sein de l'administration et dans la vie politique elle-même où les décisions sont souvent prises en fonction d'une masse de données, images, idées ambiguës, imprécises, souvent liées aux coûts, et parfois même sur la base de véritables tromperies qui n'ont pour but que de fourvoyer le pouvoir.

Cependant, ces outils signifient que la logique qui sous-tend les décisions est de plus en plus « enterrée », et que, pour ainsi dire, elle devient invisible. De manière paradoxale, le système même chargé clarifier l'information devient de plus en plus opaque pour la plupart de ses utilisateurs.

Ce n'est pas une raison pour se priver de l'intelligence artificielle et des systèmes experts, mais cela met en évidence un processus qui a des conséquences importantes pour la démocratie.

La politique n'était pas plus immaculée dans un quelconque âge d'or remontant à un lointain passé. De la dynastie des Chang en Chine aux Borgia, les détenteurs du pouvoir ont toujours manipulé la vérité à leur profit. Ce qui change de manière fantastique aujourd'hui, c'est le niveau auquel se déroulent ces jeux de l'esprit.

Dans les décennies à venir, le monde devra faire face à de nouveaux problèmes : menaces de catastrophe écologique mondiale, écroulement des vieux équilibres militaires, bouleversements économiques, révolutions technologiques. Tout cela requiert une action politique intelligente fondée sur une appréhension lucide des risques et des chances.

Mais quel est le degré de précision des images de la réalité d'après lesquelles les gouvernements prennent des décisions vitales ? Et peuvent-elles être précises quand toutes les données et informations sur lesquelles elles reposent sont si vulnérables à une « métamanipulation » aussi permanente qu'occulte ?

Une population fantôme

Au printemps 1989, quand le Dr James T. Hansen, directeur de l'Institut Goddard pour les études spatiales de la Nasa, se prépara à présenter un rapport au Congrès sur l'« effet de serre », il soumit tout d'abord son projet au Bureau de la gestion et du budget à la Maison Blanche. Pour lui, il était grand temps que le gouvernement américain entreprenne des actions de vaste envergure pour prévenir la sécheresse et autres conséquences désastreuses du réchauffement climatique.

Quand on lui rendit son texte, il s'aperçut que la Maison Blanche avait ajouté un paragraphe semant des doutes sur les preuves scientifiques énoncées et modérant sérieusement sa position. Il protesta, mais comme il avait perdu la bataille interne, il rendit ses vues publiques devant la presse.

Derrière ce type de conflit entre l'administration et l'un des plus grands experts gouvernementaux se cache une bataille bureaucratique qui passe souvent inaperçue. Le Département d'État et l'Agence nationale pour la protection de l'environnement voulaient tous deux que les États-Unis prennent la tête du combat contre l'effet de serre, mais le Bureau de la gestion et du budget, ainsi que le Département de l'énergie essayaient de mettre un frein à cette initiative.

Quand Hansen présenta son rapport à la presse, le sénateur Al Gore, l'un des rares membres du Congrès à bénéficier d'une haute formation technologique, demanda au Bureau de la gestion et du budget de « fournir les bases de ses conclusions. [...] Je veux savoir quel modèle climatique a été employé. »

Cette référence aux « modèles » prouve que cette lutte se joue au niveau des métatactiques, car de plus en plus de programmes gouvernementaux sont fondés sur des hypothèses et sous-hypothèses enterrées à l'intérieur de modèles informatiques complexes.

Ainsi, tandis qu'au Sénat Gore s'interrogeait sur les modèles utilisés par le clan des modérés, à la Maison Blanche Sununu mettait en question la validité des modèles qui alimentaient en munitions l'autre bord. La revue *Insight* écrivit : « C'est un bon connaisseur de la littérature scientifique, et il estime que les modèles informatiques prévoyant un réchauffement notable sont trop sommaires pour fournir une base d'action suffisante. »

Aujourd'hui, qu'il s'agisse d'économie, des coûts de la santé, d'armes stratégiques, de déficit budgétaire, de déchets toxiques, de politique fiscale, nous trouvons partout des modèles et des contre-modèles informatiques qui fournissent le matériau brut des controverses politiques.

Un modèle systématique peut nous aider à visualiser des phénomènes complexes. Il consiste en fait en une liste de variables auxquelles on attribue un coefficient calculé d'après leur signification supposée. Grâce aux ordinateurs, il est possible de construire des modèles fondés sur un plus grand nombre de variables que ceux que pourrait manier à elle seule l'intelligence humaine. Ils permettent également de prévoir ce qui se passerait si l'on attribuait aux variables un coefficient différent ou si on les combinait de manière nouvelle.

Mais, quelle que soit la « solidité » apparente du résultat final, en fin de compte, irrémédiablement, tous les modèles sont fondés sur des hypothèses « fragiles ». Au surplus, le poids accordé à une variable donnée est souvent tout aussi « fragile », intuitif, voire carrément arbitraire.

En conséquence, les protagonistes d'une lutte politique qui manient habilement les métatactiques se battront autour des variables, de leur coefficient, de la manière dont elles sont liées. En dépit des pressions politiques qui peuvent en biaiser l'issue, les résultats de tels conflits sont souvent condensés en d'impressionnants listings d'ordinateur apparemment neutres et objectifs.

Les modèles sont utilisés pour choisir et mettre en œuvre une politique, évaluer l'efficacité d'un programme, se demander « ce qui se passerait si... » Mais, ainsi que nous l'apprend *Data Wars*, récente étude gouvernementale sur les modèles, on peut également ment les utiliser pour « obscurcir un problème, justifier une position antérieure [...] ou retarder une décision ; pour accorder à telle ou telle question une attention plus symbolique que réelle, pour compliquer ou entraver toute prise de décision », etc.

Les auteurs de cette étude concluent : « Les modèles répondent autant à des besoins politiques et idéologiques qu'à des nécessités techniques [prises de décisions concrètes]. » Ils reconnaissent que la chose est inévitable, car les « modèles informatiques déterminent en fait "qui obtiendra quoi" ».

Une étude du Service de recherches du Congrès a par exemple révélé que, dans les années quatre-vingt, les plans de restrictions budgétaires opérées dans les programmes sociaux ont plongé au moins 557 000 Américains dans un état de pauvreté, chiffre qui, s'il avait été connu, eût bien entendu fourni des armes à l'opposition. Pourtant, il n'était pas fondé sur un comptage des indigents. C'était un correctif apporté à d'autres statistiques reposant sur des modèles qui essayaient de prévoir ce qui se serait passé s'il n'y avait pas eu de coupes sombres dans ces budgets.

En novembre 1988, les villes de New York, Houston, Chicago et Los Angeles ont intenté un procès au Bureau du recensement pour le contraindre à modifier ses méthodes de travail. Elles étaient soutenues par des associations de défense des droits civiques, par l'Union des maires et diverses autres organisations.

Dans tous les rencensements, certains groupes sont sous-estimés. Les pauvres, les nomades, les sans-abri sont plus difficiles à joindre. Les étrangers sans papiers ne souhaitent pas toujours être comptabilisés. Quelles qu'en soient les causes, cette sous-estimation peut avoir de lourdes conséquences politiques.

Comme Washington redistribue aux municipalités et aux États une grande partie des revenus de l'impôt, certaines villes peuvent ainsi être privées de fonds dont elles auraient dû bénéficier. Et parce que les sièges de la Chambre des représentants sont répartis au prorata de la population, des États dont le nombre d'habitants est largement sous-estimé peuvent se trouver lésés de quelques sièges, ce qui entraînera la perte pour eux d'autres bénéfices. Ainsi, une information inadéquate peut contribuer à déplacer le pouvoir politique.

Pour compenser cette sous-estimation, chaque fois qu'ils ont affaire à une maison sur laquelle ils ne disposent pas d'information, les ordinateurs du Bureau de recensement présument par extrapolation que les caractéristiques de ses occupants correspondent à celles des foyers environnants. Ils remplissent les blancs *à la place* des individus absents, si bien que des millions de personnes dont on présume l'existence ne constituent en fait qu'une population fantôme dont on détermine les caractéristiques en jouant « à la devinette ». Ces supputations assistées par ordinateur sont peut-être un meilleur correctif que ceux utilisés dans les anciennes méthodes statistiques, mais, comme toujours lors de l'utilisation de telles techniques, elles prêtent à controverse. Sur la foi de telles hypothèses, les électeurs de l'Indiana ont perdu un siège au Congrès, qui a été attribué à la Floride. Les supputations assistées par ordinateur y ont bel et bien modifié le pouvoir politique.

En résumé, on assiste au développement d'un nouveau type de lutte politique : une bataille d'hypothèses, laquelle repose sur des hypothèses s'appuyant elles-mêmes sur d'autres hypothèses dissimulées dans des logiciels complexes. Ce conflit autour de métaquestions reflète l'importance croissante de l'économie supersymbolique. Cette nouvelle économie ne pourra absolument pas fonctionner sans contacts humains, sans imagination, sans intuition, privée de toute forme de sensibilité ou d'autres qualités que nous attribuons plus volontiers aux êtres humains qu'aux machines. Mais elle requiert aussi des connaissances plus complexes et plus abstraites fondées sur des avalanches de données et d'informations, toutes sujettes à une manipulation politique de plus en plus subtile.

Ce tour d'horizon des tactiques de l'information et surtout des nouvelles métatactiques nous montre bien que les lois limitant l'accès aux secrets de l'État ne font qu'égratigner le savoir démocratique. La nouvelle économie, par sa nature même, demandera un libre échange d'idées, de théories novatrices, ainsi qu'une remise en question de l'autorité. Et pourtant...

Malgré la *glasnost*, malgré les lois sur la « liberté de la presse », malgré les fuites et les difficultés qu'éprouvent les gouvernements à garder un secret, malgré bien d'autres raisons encore, les véritables agissements de ceux qui tiennent les rênes du pouvoir, au lieu d'être éclaircis, risquent de devenir de plus en plus opaques.

On touche là au « métasecret » du pouvoir.

CHAPITRE XXIV

Un marché pour les espions

Art Buchwald, l'un des plus drôles parmi les humoristes américains, a imaginé un jour une réunion d'espions au Café Mozart, à Berlin-Est. S'y trouve notamment George Smiley, le célèbre personnage de John Le Carré, à qui Buchwald fait demander : « Quelqu'un sait-il qui voudrait acheter les plans pour la défense du couloir nord du pacte de Varsovie ? »

A quoi l'on répond : « Laisse tomber, Smiley. Il n'y a plus d'amateurs pour les secrets de défense. La guerre froide est terminée et les plans du pacte de Varsovie ne s'achètent plus : Moscou les distribue. »

La chronique de Buchwald était amusante, comme toujours. Mais ceux qui s'esclaffèrent le plus furent sans doute les vrais espions, par opposition à ceux qu'on rencontre dans les romans. Car, parmi les affaires qui connaîtront un « boom » au cours des prochaines décennies, l'espionnage sera l'une des plus importantes. Non seulement les espions ont de l'avenir, mais toute leur activité est en passe d'être révolutionnée.

Alors que la société entière se transforme pour s'adapter au nouveau système de création de la richesse fondé sur le savoir, les fonctions informationnelles des gouvernements essaiment, et certains types de savoir dérobé, de savoir secret, acquièrent désormais plus de prix pour ceux qui en ont besoin.

A son tour, ce changement va bouleverser les idées reçues sur la démocratie et l'information. Car même si nous laissons de côté l'action secrète et la surveillance intérieure pour nous concentrer sur le « pur » travail de renseignement — rassemblement et interprétation d'informations étrangères —, nous voyons émerger un système qui dépasse tout ce que nous avons connu jusqu'ici en fait d'espionnage.

Pour nous en convaincre, il suffit de jeter un rapide coup d'œil en arrière.

Papillons et bombes

Les espions s'activent au moins depuis que le *Livre des morts* égyptien a défini l'espionnage comme un péché mettant l'âme en péril. Mais, des pharaons à la fin de la deuxième guerre mondiale, les technologies disponibles en la matière sont restées primitives, et comme les savants d'autrefois, les espions, il y a peu, étaient encore en grande partie des amateurs dépourvus de toute formation.

Dans les premières années du siècle, c'est en chasseur de papillons loufoque que Robert Baden-Powell, futur fondateur du scoutisme, vagabonda à travers les Balkans pour en relever les fortifications, dissimulant les croquis de celles-ci dans le dessin compliqué d'ailes de lépidoptères. (Aux yeux de Baden-Powell, c'est de l'amateur enthousiaste, pratiquant l'espionnage comme un sport, qu'il fallait attendre les meilleurs résultats.)

Autre espion autodidacte : le capitaine japonais Giichi Tanaka. Après avoir travaillé à Moscou avec l'attaché militaire japonais, appris le russe et proclamé son adhésion à l'Église orthodoxe, il prit deux mois pour rentrer tranquillement chez lui et reconnaître le Transsibérien et les lignes ferroviaires de Chine orientale, ramenant à Tokyo de précieux renseignements en vue de la guerre russo-japonaise de 1905. Aujourd'hui encore, l'essentiel de la littérature d'espionnage raconte les exploits d'individus aussi audacieux à la recherche de secrets militaires.

Cependant, la révolution industrielle a transformé la guerre. La conscription généralisée, la mécanisation des transports, la mitrailleuse, la fabrication en série de chars et d'avions, le concept de guerre totale sont tous des produits de la Deuxième Vague, ou âge usinier. Le potentiel de destruction a augmenté parallèlement à la capacité de production, atteignant son point de non-retour avec la menace nucléaire réciproque entre les États-Unis et l'Union soviétique.

L'industrialisation du renseignement a suivi celle de la guerre. Au début du siècle, avec la redoutable Okhrana du tsar, ancêtre du KGB, l'espionnage russe est devenu plus systématique, plus bureaucratique. Des écoles d'espionnage ont été créées, et les espions ont commencé à recevoir une formation professionnelle.

Mais une poignée d'espions, même bien formés, ne pouvaient plus répondre à la demande croissante de renseignements. Tout comme, dans les usines, les chaînes de production prenaient le pas sur les individus, on se mit alors à chercher à atteindre dans ce domaine une forme de fabrication en série.

A l'aube du XXᵉ siècle, déjà, les Japonais disposaient non seulement de quelques espions à plein temps comme Tanaka, mais aussi de toute une infanterie d'émigrants installés en Chine ou en Sibérie, cuisiniers, domestiques et ouvriers d'usine espionnant les pays dont ils étaient les hôtes. Suivant le modèle industriel, le renseignement japonais mit au travail toute une main-d'œuvre d'espions non qualifiés pour produire des informations en série qu'ils donnèrent ensuite à « traiter » à une bureaucratie de plus en plus nombreuse.

Après la révolution russe de 1917, Lénine lança l'idée des *rabcors*, ou « journalistes du peuple » : des milliers de simples ouvriers étaient incités à écrire aux journaux pour dénoncer les prétendus traîtres et saboteurs antirévolutionnaires. Cette idée de correspondants amateurs fut appliquée au travail de renseignement à l'étranger, et, en 1929, on comptait en France trois mille de ces *rabcors*, dont des ouvriers employés dans les arsenaux et les fabriques d'armement, priés d'écrire à la presse communiste pour dénoncer leurs tristes conditions de travail. Ces contributions fournissaient néanmoins des aperçus utiles sur la production, et les lettres les plus révélatrices n'étaient pas publiées, mais envoyées à Moscou. Là encore, on employait des amateurs pour essayer de récolter en masse des renseignements de seconde importance.

Cependant, l'espionnage de haut niveau était confié à des professionnels soigneusement formés. Richard Sorge, né à Bakou et élevé à Berlin, devint l'un des plus brillants agents soviétiques de l'Histoire. Grâce à son enfance allemande, Sorge put entrer au parti nazi et se faire envoyer comme correspondant de la *Frankfurter Zeitung* au Japon, où, affichant des opinions prohitlériennes, il réussit à gagner la confiance de diplomates et fonctionnaires allemands et japonais de tout premier plan.

Les Soviétiques étaient terrifiés à l'idée que les Japonais pourraient déclencher une attaque surprise contre la Sibérie. Parfaitement informé, Sorge leur dit qu'ils n'avaient rien à craindre de ce côté-là, mais qu'en revanche l'Allemagne allait attaquer l'Union soviétique. En 1941, il avertit Moscou que cent cinquante divisions allemandes se regroupaient en vue de l'invasion, dont il allait jusqu'à préciser la date : le 22 juin. Mais Staline ignora son information.

Sorge était sur le point de prévenir Moscou de l'attaque japonaise contre Pearl Harbor — fournissant une fois encore la date exacte — lorsqu'il fut capturé puis exécuté par les Japonais. Par la suite, le général Douglas MacArthur devait parler de lui comme de l'« accablant exemple d'un brillant succès en matière d'espionnage ».

La carrière de Sorge soulignait certes la valeur que gardaient en l'occurrence le courage et l'initiative individuels. Mais la deuxième guerre mondiale vit aussi de remarquables innovations en toutes sortes de domaines, des instruments de codage et de décodage aux appareils de reconnaissance aérienne, radio et radar, et ces technologies débouchèrent sur une production réellement massive de renseignements — dont certains, cette fois, d'un niveau très élevé.

Les limousines du Kremlin

Depuis lors, de fantastiques progrès techniques ont rempli le ciel d'yeux et d'oreilles qui enregistrent automatiquement une foule de données. Des satellites, des instruments optiques ultra-perfectionnés, entre autres, surveillent en permanence le globe. Des détecteurs acoustiques couvrent les routes maritimes stratégiques. Des stations d'écoute, des radars géants et autres dispositifs électroniques sont disséminés sur toute la planète, de l'Australie à la Norvège.

La « Techint » (technological intelligence, autrement dit le renseignement technologique) comprend désormais la « Sigint » (signals intelligence, ou renseignement par signaux), qui englobe elle-même les transmissions, l'électronique et la télémétrie ; la « Radint », qui capte les signaux envoyés aux radars ou par les radars ; et le « renseignement par images », soit la photographie, les instruments de détection par infrarouge, etc. Tous ces secteurs se servent d'ordinateurs parmi les plus gros et les plus avancés qui soient au monde. Les systèmes qu'ils constituent sont si vastes, si précieux, si puissants qu'ils ont désormais pris le pas sur l'« Humint », c'est-à-dire le renseignement recueilli par de simples mortels.

William E. Burrows, auteur d'une étude sur l'espionnage spatial, évoque ainsi ces dispositifs de haute technologie :

« Les systèmes de perception à distance grâce auxquels chaque camp épie l'autre et la plus grande partie du reste du monde sont si nombreux, si divers et surabondants, qu'aucun préparatif en vue d'une attaque généralisée ne pourrait avoir lieu sans déclencher de multiples alarmes [...]. Pour que les troupes se mobilisent, que les avions décollent, que les civils se cachent, des ordres doivent être transmis assez rapidement sur de longues distances, et ce qui se transmet peut s'intercepter ; tout ce que requiert l'engagement d'une offensive doit être déplacé, et ce qui se déplace peut se photographier. »

Les mouchards qui peuplent le ciel peuvent capter tous les messages militaires, diplomatiques et commerciaux envoyés par téléphone, radio, télétype, etc., au moyen de satellites ou de systèmes à micro-ondes. Ils ont surpris des conversations entre gros bonnets du Kremlin à bord de leurs limousines, et entre savants chinois sur le site d'essais nucléaires de Lop Nor. (Par la suite, les Chinois ont cessé de se servir des moyens de communication aériens et installé des lignes souterraines, plus sûres.)

Il y a pourtant des limites à tout cela. Les États-Unis, si fiers de leurs moyens d'« espionnage céleste », ont bien déchanté en découvrant que les Soviétiques, censés avoir détruit 239 de leurs missiles SS-23, en avaient secrètement transbordé 24 en Allemagne de l'Est. De même, il y a des échecs. Du fait des progrès accomplis en matière de codage grâce aux ordinateurs, des codes de plus en plus nombreux refusent de se laisser percer. Les conditions atmosphériques restent un obstacle pour la photo-reconnaissance. Des contre-moyens électroniques peuvent être mis en place par l'ennemi pour empêcher ou brouiller la réception des renseignements attendus. Néanmoins, le rassemblement massif et quasi industriel de données est devenu une indéniable réalité.

Bien sûr, les agents traditionnels et la technologie de pointe ne sont pas les seules sources de renseignements. Quantité d'entre eux proviennent de sources accessibles à tous — journaux, émissions de radio, statistiques officielles, conférences scientifiques et commerciales — et viennent s'ajouter à l'information secrète pour former la matière première de l'usine à renseignements.

Pour traiter toutes ces données, une formidable bureaucratie s'est développée qui, comme dans les usines, applique le principe de la division du travail, fragmentant la production en une succession d'étapes. Le processus commence par l'identification des besoins du client, puis, une fois réunie la matière première provenant de sources secrètes aussi bien qu'officielles, viennent la traduction, le décodage et autres préparations, auxquels succèdent l'analyse et son emballage sous forme de rapports destinés à la clientèle.

Bien des sociétés se rendent compte aujourd'hui que cette production fragmentée est inadéquate. Comme on l'a vu, dans la nouvelle économie, certaines étapes sont éliminées ou effectuées simultanément. L'organisation bureaucratique est trop lente, trop lourde. Les marchés se transforment rapidement. La production en série cède elle-même le pas à une « production flexible » de produits de plus en plus ciblés. Pour nombre d'industries, il en est résulté une crise grave.

Comme il fallait s'y attendre, les renseignements traversent eux aussi une période de crise. Les nouvelles technologies employées se révèlent si efficaces, elles fournissent tant d'images par le biais des ordinateurs, elles enregistrent de si nombreuses conversations téléphoniques, elles inondent les services de renseignement d'une telle quantité d'informations qu'il devient impossible de les traiter convenablement. De plus en plus souvent, leur flux provoque une « paralysie de l'analyse ».

Trouver la bonne information, l'analyser correctement et la transmettre en temps voulu au bon client se révèle plus difficile que le fait même de recueillir les renseignements.

Ainsi, alors que le monde progresse vers un nouveau système de production appelé à supplanter le système usinier, les opérations de renseignement affrontent actuellement une crise de restructuration parallèle à celle que traverse l'économie elle-même.

Principaux concurrents

Considérer l'espionnage comme une énorme activité de production facilite la perception des choses. Ce n'est d'ailleurs pas pour rien que l'on appelle la CIA (l'agence centrale de renseignements américaine) la « Compagnie ».

Comme dans toute industrie, on trouve ici quelques maisons géantes et beaucoup de petites. Dans l'industrie mondiale de l'espionnage, les producteurs américains occupent une place prééminente. A côté de la CIA, il faut signaler la Defense Intelligence Agency du Pentagone et, surtout, la National Security Agency (NSA) et le National Reconnaissance Office, qui récoltent à elles quatre la plupart des données « Techint ». Par ailleurs, les divers commandements de l'armée disposent d'unités de renseignement spécialisées, et de même le gouvernement — notamment les départements des Affaires étrangères, de l'Énergie, des Finances et du Commerce, dont les services de renseignement sont moins connus et fonctionnent souvent avec des agents prêtés par la CIA. Le tout constitue la « communauté du renseignement » américaine.

Pour rassembler des informations sur l'étranger, les Soviétiques, eux, disposent d'une partie du KGB (l'autre a des fonctions de sécurité intérieure), ainsi que du GRU, spécialisé dans l'espionnage militaire et technologique. Ils possèdent en outre un vaste système de satellites, stations au sol, radars géants, avions de reconnaissance et autres appareils qui leur permettent d'intercepter les communications internationales et de surveiller les activités d'ordre nucléaire tout autour du globe.

Les Britanniques — réputés pour leur excellent travail d'analystes et le nombre impressionnant de taupes soviétiques qui ont réussi à s'introduire dans leurs services de renseignement — ont leurs propres services secrets, le MI6, ainsi qu'un équivalent de la NSA américaine, le GCHQ (Government Communications Headquarters).

En guise de CIA, les Français ont la DGSE, dite aussi la « Piscine », que complète le GCR (Groupement de contrôles radioélectriques). Fréquemment en bisbille avec les autres services occidentaux, la DGSE jouit d'un prestige grandissant en dépit de sa triste performance dans l'« affaire Greenpeace », au cours de laquelle sombra le *Rainbow Warrior*, bateau appartenant à des protestataires antinucléaires.

Le très estimé Mossad israélien, souvent appelé l'« Institut », et le Bundesnachrichtendienst ouest-allemand sont aussi d'importants producteurs de renseignement, comme les trois principaux services japonais. Le premier de ceux-ci, le Naicho, ou Bureau de recherches ministériel, est un petit organisme qui dépend directement du Premier ministre japonais. Il regroupe les informations provenant des services de renseignement militaires, d'organisations privées et de médias comme le Service d'information Kyodo ou la Presse Jiji, et du Chosa Besshitsu (ou « Chobetsu ») qui s'occupe de reconnaissance électronique et aérienne, visant notamment la Corée du Nord, la Chine et l'URSS. (En 1986, soit quatre-vingt-quatre ans après le fructueux voyage de Giichi Tanaka, les Soviétiques découvrirent sur la ligne du Transsibérien une curieuse boîte d'origine japonaise. La « Techint » avait supplanté l'« Humint » !)

Bref, presque toutes les nations ont quelque chose qui ressemble à un service chargé de recueillir des informations sur ce qui se passe hors de leurs frontières. En outre, certaines institutions non gouvernementales — des grandes compagnies pétrolières au Vatican — mènent elles aussi de vastes opérations de renseignement. Ces organisations constituent à elles seules une des plus importantes industries de « service » au monde.

Troc de secrets

Toutes ces « sociétés » sont partie prenante d'un vaste marché du renseignement. L'économie industrielle consiste à vendre des marchandises ou des services aux consommateurs, mais également à se les céder d'une firme à l'autre. De même, il y a longtemps que les espions commercent entre eux.

Au tournant du siècle, l'espion britannique Edward Gleichen procéda au relevé des fortifications marocaines, parfois avec le concours empressé des populations locales qui, raconta-t-il, « m'aidèrent à "saisir" les angles et les inclinaisons ». Ces renseignements furent ensuite transmis aux Français qui s'occupaient de « pacifier les indigènes ». On ne dit pas ce que les Britanniques reçurent en échange, mais cette forme de troc, comme aurait pu l'appeler Adam Smith, loin de se pratiquer seulement dans la coulisse, connaît un essor sans précédent.

Comme les sociétés multinationales d'aujourd'hui, les agences d'espionnage constituent des alliances et des consortiums. Depuis 1947, un pacte secret — l'accord de sécurité UKUSA — associe la NSA, le GCHQ britannique et leurs homologues canadien, australien et néo-zélandais. Par la suite, l'OTAN s'est jointe au traité. (Cependant, en 1986, la Nouvelle-Zélande a été exclue de l'accord portant sur le partage de l'information, pour avoir interdit l'entrée de ses ports aux navires américains équipés d'armes nucléaires.) Les adhérents à de pareils consortiums entretiennent des rapports difficiles, mêlant de faux renseignements aux vrais, s'accusant de laisser échapper des secrets ou d'être infiltrés par l'ennemi, ou encore de garder pour eux certaines informations.

De la fin de la deuxième guerre mondiale aux années quatre-vingt-dix, le second des grands consortiums mondiaux de renseignement se trouvait, bien sûr, dirigé de Moscou, et comprenait, outre la plupart des pays d'Europe de l'Est, Cuba et le Viêt-Nam du Nord.

Pour illustrer la manière dont il fonctionnait, nous citerons un exemple dans lequel intervient James D. Harper, un ingénieur californien à la retraite dont la femme travaillait pour un fournisseur de la Défense américaine, Systems Control. Harper vendit pour 250 000 dollars un nombre considérable de documents de Systems Control à Zdzislaw Przychodzien, pseudoemployé du ministère polonais de l'Industrie qui, en fait, n'était autre qu'un agent du SB (Sluzba Bezpieczenstwa) polonais.

Les documents, qui avaient trait aux missiles balistiques de défense américains, furent promptement expédiés à Varsovie, triés, copiés, puis recueillis par des agents du KGB. Celui-ci, dit-on, « confiait » régulièrement des missions spéciales aux services de ses satellites.

L'épisode Harper a connu maintes rééditions avec les services d'Allemagne de l'Est, de Bulgarie, de Hongrie et de Roumanie à l'époque où l'Europe de l'Est était encore sous domination soviétique. En même temps qu'ils travaillaient à promouvoir leurs propres intérêts, ces pays avaient des liens organiques si étroits avec l'URSS que, même après la chute de leurs propres gouvernements communistes, ils ont continué à collaborer avec les Soviétiques.

Mais, de même que toutes les nations n'entraient pas dans l'un ou l'autre des deux grands camps du renseignement, les membres de ceux-ci ne se contentaient pas de commercer entre eux. Bien d'autres relations vendeur/acheteur peuvent exister. Dans maints pays où le gouvernement passe aux mains d'un nouveau régime ou parti, l'une des plus importantes décisions à prendre — mais dont on ne débat jamais en public — réside dans le choix d'un « fournisseur de renseignements » ou « grossiste ».

Le cas du président Raul Alfonsin qui, après la chute de la junte militaire, prit la tête du nouveau gouvernement démocratique en Argentine, constitue ici un fort bon exemple. Le problème mentionné ci-dessus se posa à lui et à ses ministres en 1985. Parmi les principaux fournisseurs auxquels pouvait s'adresser l'Argentine étaient la CIA, les Français, les Britanniques ou le Mossad israélien. Aux termes du contrat envisagé, les espions argentins donneraient des informations sur certains pays en échange de celles qu'on leur fournirait sur d'autres qui, pour des raisons de moyens ou autres, sortaient du cadre de leur propre travail de renseignement.

La guerre des Malouines, qui les avait tout récemment dressés contre les Argentins, mettait les Britanniques hors du coup. La CIA ? Elle s'était compromise à Buenos Aires avec le régime précédent, et mieux valait de toute manière éviter les deux Supergrands. Les Français étaient une possibilité, mais s'ils étaient forts en Afrique, ils ne l'étaient point en Amérique du Sud, ce qui constituait un sérieux handicap. « Hélas, se plaignait un Argentin, le problème, avec les renseignements, c'est qu'on ne sait jamais avec qui l'on traite. »

A n'en pas douter, des questions similaires sont actuellement débattues dans les pays d'Europe de l'Est qui ont pris leurs distances vis-à-vis de Moscou et qui cherchent de nouveaux partenaires en matière d'espionnage, à l'Ouest ou ailleurs.

Même aux États-Unis, les règles qui président aux échanges de renseignements changent avec chaque nouvelle administration. L'Afrique du Sud, qui ne dispose pas de satellites, est informée sur les nations noires de sa périphérie à la fois par la Grande-Bretagne et les États-Unis, qui la tiennent du même coup au courant des activités du Congrès national africain, son principal mouvement d'opposition. Cependant, comme le président Jimmy Carter avait interdit tout échange de renseignements avec l'Afrique du Sud, il a fallu attendre l'administration Reagan pour rouvrir les vannes.

L'histoire secrète des renseignements internationaux recèle les associations à première vue les plus bizarres : les Australiens travaillant au Chili sous la direction de la CIA au renversement du gouvernement Allende ; les Français collaborant avec le Portugal et le Maroc ; les Roumains avec l'OLP ; les Soviétiques renseignant la Libye sur les opérations maritimes et aériennes des Israéliens ; les Israéliens fournissant des informations aux États-Unis.

Parmi toutes ces collaborations, la plus ahurissante est sans doute celle qui vit en 1989 deux anciens hauts fontionnaires du KGB — le vice-directeur Fiodor Cherbak et Valentin Zvezdenkov, chef des opérations antiterroristes — se rendre aux États-Unis pour rencontrer notamment William Colby, ancien directeur de la CIA, en vue de conclure un accord visant au partage du renseignement dans le domaine de la drogue et du terrorisme.

Cette panoplie d'accords secrets, toujours fluctuants, permet à telle nation de se cacher derrière telle autre, et de se livrer à certaines opérations que ses lois déclareraient illégales ou douteuses. Le GCHQ, par exemple, tient à jour une liste d'Américains dont les appels téléphoniques intéressent la NSA. Le troc international de secrets déjoue toutes les restrictions intérieures en matière de renseignement.

Les futurs géants

Avec l'adaptation du système mondial de renseignement à l'économie supersymbolique naissante, l'insatiable marché qu'il constitue exigera de nouveaux produits, et de nouveaux géants en prendront la tête.

Dans un avenir pas très lointain, il faut s'attendre à l'affaiblissement, voire à l'effondrement complet de l'alliance d'espionnage UKUSA-OTAN. Avec les changements intervenus en Europe de l'Est parmi les anciens satellites de l'Union soviétique, qui traitent désormais chacun pour leur propre compte avec les services d'espionnage occidentaux, l'équilibre mondial du renseignement se trouve remis en cause.

En outre, compte tenu des rôles diplomatique, politique et peut-être militaire beaucoup plus importants que leur énorme puissance économique vaut au Japon et à l'Allemagne, on peut s'attendre à ce que leurs activités dans le domaine du renseignement augmentent en proportion, ce qui stimulera d'autant les opérations d'espionnage et de contre-espionnage chez leurs voisins, partenaires commerciaux, alliés ou adversaires. (On peut notamment penser qu'avec la réunification de l'Allemagne, Bonn a récupéré, dans le domaine de l'espionnage, au moins quelques réseaux et « positions acquises » précédemment gérés par les Allemands de l'Est aux États-Unis, en France, en Grande-Bretagne et en d'autres pays.)

Japonais et Allemands sont eux-mêmes susceptibles de devenir les noyaux de nouveaux consortiums auxquels viendront se rattacher des puissances secondaires. En tout cas, il serait surprenant que le Bundesnachrichtendienst et le Chobetsu ne bénéficient pas l'un comme l'autre de substantielles rallonges budgétaires (dissimulées sans doute dans le budget d'autres ministères).

Ces glissements de pouvoir dans le monde caché du renseignement reflètent la nouvelle « configuration des forces » (pour reprendre une formule chère aux Soviétiques). En même temps qu'il intensifie la compétition entre nations de haut niveau technologique, le nouveau système de création de la richesse va bouleverser les priorités au sein des principaux services d'espionnage. Trois sujets en particulier retiendront à l'avenir l'attention des espions : l'économie, la technologie et l'écologie.

Appareils militaires et « listes de surveillance »

En 1975, un conseiller palestinien auprès du gouvernement de Bagdad fut informé que l'Irak, dans le cadre du changement d'orientation politique de l'Union soviétique vis-à-vis de l'Occident, désirait se porter acquéreur de soixante avions militaires représentant alors une valeur de 300 millions de dollars. Le conseiller, Saïd K. Aburish, tenta de négocier l'achat avec une firme britannique, mais Londres se refusa à garantir la fourniture de pièces de rechange. L'Irak se tourna alors vers la France, qui accepta de lui vendre des Mirage F-1 et de lui fournir les pièces de remplacement. Mais les Irakiens eurent le sentiment que les Français demandaient trop cher. D'après Aburish, ils le rappelèrent et lui dirent : « Laissez tomber l'affaire, et informez-vous de ce que ces salauds demandent aux autres pays. Vous avez tout l'argent qu'il faut pour acheter qui il faut. »

Non sans ironie, si l'on en croit l'histoire telle qu'il la raconte, il trouva le renseignement qu'il cherchait à l'Institut pour la paix de Stockholm, pas particulièrement en odeur de sainteté parmi les marchands d'armes. Quand, peu après, le Premier ministre français, Jacques Chirac, se rendit à Bagdad, Saddam Hussein, l'homme fort de l'Irak, lui fourra sous le nez une liste des prix demandés ailleurs. D'après Aburish, Chirac accorda sur-le-champ un rabais de 1 750 000 dollars par appareil. Les avions volèrent tout au long de la guerre Iran-Irak, qui prit fin en 1988.

Voilà un exemple typique du travail de renseignement accompli dans le domaine commercial pour le compte d'un gouvernement. L'importance du rabais — en l'occurrence, plus de cent millions de dollars —, comparée au modeste pot-de-vin qu'Aburish prétend avoir versé, montre bien les énormes marges de profit dépendant du renseignement économique. Ici, les risques sont souvent minimes, pour des bénéfices considérables. Mais l'affaire Aburish n'est encore que de la petite bière, un exemple de ce qu'on pourrait appeler le « micro-renseignement ».

Passons maintenant aux potentialités du « macro-renseignement ».

Lorsque, en 1973, la Grande-Bretagne négocia son entrée dans le Marché commun, ses représentants étaient armées d'informations provenant de messages interceptés émanant d'autres pays européens. Les avantages ainsi acquis dans le cadre de ces négociations ne sont pas possibles à chiffrer, mais, par comparaison, les cent millions de dollars économisés par l'Irak paraîtraient bien modestes. Voilà pour le macro-renseignement.

Aujourd'hui, la National Security Agency et le GCHQ britannique tiennent tous deux ce qu'on appelle des « listes de surveillance » de sociétés et d'organisations qui leur inspirent plus qu'un intérêt routinier. On y trouve des banques, des compagnies pétrolières, des négociants dont les activités sont susceptibles de perturber, par exemple, les cours du pétrole ou du blé.

Les Soviétiques ont eux aussi soin de recueillir toutes les informations économiques possibles et imaginables. Grâce aux renseignements qu'elle accumule, dit Raymond Tate, ancien membre de la NSA, « l'Union soviétique manipule depuis des années une multitude de marchés à travers le monde ».

Mais ce sont les Japonais qui, selon Lionel Olmer, ex-sous-secrétaire au Commerce des États-Unis, « possèdent le système de renseignements économiques le plus sophistiqué et le mieux organisé du monde, grâce à un réseau d'"agents" — terme que j'utilise sans mépris — dans leurs bureaux d'exportation. La Jetro (organisation japonaise du commerce extérieur) est le principal collecteur. Mais les sociétés commerciales japonaises vivent de l'information, celle-ci est leur oxygène et leurs activités s'étendent partout, de l'Afrique jusqu'à l'Europe de l'Est. Nous ne savons pas quelle proportion des renseignements qu'elles recueillent est partagée avec le gouvernement, mais, à notre avis, presque tous ».

A l'époque où il était au Commerce, raconte-t-il, « il nous est arrivé de passer une année pleine à essayer de prouver que les Japonais manipulaient secrètement la valeur du yen — c'était vers 1983. Nous n'avons pu trouver aucune preuve tangible que le gouvernement orchestrait les hausses et les baisses du cours de cette monnaie. Mais nous aurions rudement aimé le savoir ! » Là encore, il s'agit de macro-renseignement.

En 1988-1989, une lutte commerciale acharnée mit aux prises les États-Unis et le Japon, touchant l'accord qui devait présider à leur production conjointe de l'avion de combat FSX. Au cours de ces négociations, dit Olmer, « il aurait été fort utile que notre gouvernement soit mieux informé sur les véritables intentions du gouvernement japonais [...]. Voyait-il le projet FSX comme un tremplin qui permettrait au Japon de développer son aviation de transport civil en concurrence avec la nôtre ? Pour répondre à cette question, nous ne disposions que d'un amas de données contradictoires ». Ici, de même, l'enjeu n'était pas la vente de quelques appareils, mais le sort d'industries entières.

Toutefois, ce ne sont là encore que des escarmouches préludant à une guerre du renseignement économique qui, au cours des décennies cruciales qui nous attendent, deviendra plus systématique, plus déterminante pour la politique des gouvernements et la stratégie des entreprises.

Divers facteurs convergents conduisent les principaux fournisseurs mondiaux de renseignements à accorder une place de plus en plus importante à l'espionnage économique. D'abord, avec la fin de la guerre froide, les principales agences sont dans l'obligation de trouver de nouvelles missions afin de justifier leurs propres budgets. Ensuite, le nouveau système de création de la richesse contraignant les firmes à se mondialiser, de plus en plus nombreuses sont celles qui ont des intérêts hors frontières à soutenir et à protéger. Ces entreprises font pression sur les gouvernements pour qu'ils leur fournissent un appui politique en même temps que des renseignements économiques qu'elles ne sont pas en mesure de se procurer par leurs propres moyens. Que des services officiels de renseignement doivent ou non venir en aide à des intérêts privés, toujours est-il que cette pratique est appelée à s'étendre au rythme de la mondialisation de l'économie.

Mais, au-delà, se profile un fait alarmant, trop souvent ignoré. Cependant que, pour opérer au sein de la nouvelle économie supersymbolique, les entreprises sont de plus en plus dépendantes de l'électronique, édifiant des réseaux qui couvrent la planète entière, transmettant des données par-dessus les frontières, échangeant par ordinateur des informations avec d'autres firmes, l'ensemble du système commercial devient plus vulnérable à la pénétration électronique d'organisations comme la NSA, le GCHQ, le Chobetsu ou leur homologue soviétique. D'énormes flots d'informations jadis moins accessibles deviendront immanquablement les cibles des services de renseignement.

Enfin, avec la montée des enjeux et de la concurrence commerciale sur le plan mondial, la concurrence en matière de renseignement augmentera elle aussi, créant dans ce domaine un équivalent de la course aux armements. Une percée accomplie par les services d'espionnage d'un pays donné incitera aussitôt les autres à le surpasser, et les enchères ne cesseront de monter.

Dans une plus grande mesure qu'à aucun autre moment du siècle écoulé, l'espionnage sera mis au service non seulement des objectifs poursuivis par les gouvernements, mais des stratégies mises en œuvre par les entreprises elles-mêmes, sous prétexte que la puissance de ces dernières contribue forcément à celle du pays. Il faut donc s'attendre à une surveillance plus poussée des récoltes et des industries d'extraction dans les pays visés, à un espionnage plus serré des négociations commerciales importantes, à davantage de vols, de détournements de données, etc. Tout l'arsenal de surveillance électronique sera peut-être bientôt mis au service du commerce, de même que des armées d'agents formés à trouver des réponses précises au genre de questions que se posait en vain Olmer lorsqu'il était sous-secrétaire au ministère américain du Commerce...

Tout cela engendrera un « boom » dans les domaines de la cryptographie et du décodage, cependant que sociétés et individus mettront toujours plus de soin à protéger leurs secrets des oreilles et des yeux indiscrets. Tout cela aussi ouvrira grand la porte à la corruption — la vente clandestine à des personnes privées, par des agents ou ex-agents de renseignement, d'informations acquises par les gouvernements. En l'absence d'une réglementation internationale et de moyens de la faire appliquer, il en résultera d'âpres conflits entre nations.

Ligne X contre James Bond

Comme la puissance militaire, la puissance économique repose de plus en plus sur le savoir. La haute technologie est du savoir coagulé. Au fur et à mesure que l'économie supersymbolique gagne du terrain, la valeur de la technologie de pointe augmente.

En janvier 1985, près de deux cent mille tonnes d'acier roumain arrivèrent en Amérique du Nord où elles se vendirent 40 % moins cher que l'acier canadien équivalent. L'histoire de cet envoi remontait à treize ans auparavant, à l'époque où Nicolae Ceaucescu, le dictateur roumain, avait placé le programme de développement nucléaire de son pays sous l'égide de la DIE, son organe de renseignement à l'étranger.

D'après Ion Pacepa, ancien directeur de la DIE, qui devait par la suite passer à l'Ouest, des équipes d'ingénieurs-espions pourvus de faux papiers furent alors envoyés à l'étranger avec pour mission de trouver des emplois dans l'industrie nucléaire. Toujours selon Pacepa, ils réussirent à se placer au Canada, à la General Electric et à la Combustion Engineering, ainsi qu'en Allemagne de l'Ouest, chez Siemens, AEG et à la Kraftwerke Union, et en Italie à l'Ansaldo Nucleari Impiante. Bientôt, des renseignements techniques commencèrent à affluer à Bucarest.

Sachant que les Canadiens avaient du mal à vendre leur réacteur CANDU, Ceaucescu, par le biais de la DIE, fit savoir qu'il pourrait en acheter une vingtaine. En fait, le 27 octobre 1977, les Roumains signèrent avec les Canadiens un accord aux termes duquel quatre réacteurs seraient entièrement construits par les seconds, tandis que les autres le seraient avec l'assistance roumaine. Sur quoi le Canada déroula le tapis rouge pour accueillir les ingénieurs roumains, parmi lesquels plusieurs agents de la DIE.

Aux dires de Pacepa, il en résulta que « la DIE obtint bientôt des informations sur environ 75 % de la technologie Candu-600, système de sécurité moderne à l'usage des centrales nucléaires, sur la technologie et le matériel nécessaires à la fabrication de l'eau lourde, et sur les plans de centrales nucléaires construites au Canada, en Allemagne de l'Ouest et en France ».

Mieux encore, à force de belles paroles, la Roumanie parvint à convaincre le Canada de lui accorder un prêt d'un milliard de dollars, censés être utilisés pour rétribuer partiellement les firmes canadiennes impliquées dans le projet, le reste devant être remboursé dans le cadre d'échanges commerciaux.

En mars 1982, toute l'affaire fut remise en question. Cependant, la Roumanie avait déjà empoché une avance de 320 millions de dollars et disposait de l'essentiel de la technologie dont elle avait besoin. Elle n'avait plus qu'à envoyer au Canada les marchandises prévues dans le contrat de troc. C'est ainsi que l'acier roumain entra au Canada et commença à s'y vendre moins cher que celui fabriqué sur place.

L'arnaque roumaine, combinant espionnage technologique et escroquerie économique, est moins rare qu'il peut sembler dans un monde où les coûts de la recherche grimpent en flèche et font paraître dérisoires ceux de la technologie volée.

En fait, d'après le comte de Marenches, ancien chef du service de renseignement français : « Dans n'importe quel service de renseignement digne de ce nom, on trouverait sans difficulté des cas où le budget de toute une année est entièrement amorti par une seule et unique opération. Évidemment, les services de renseignement ne reçoivent aucune récompense concrète, mais l'industrie du pays en profite. »

C'est ce qui explique — plus que des considérations d'ordre strictement militaire — pourquoi les espions grouillent autour de tous les centres où s'élabore la nouvelle technologie, pourquoi les Soviétiques et bien d'autres se concentrent autour de Silicon Valley, pourquoi les Russes ont même essayé d'acheter trois banques californiennes, dont l'une prêtait de l'argent à certaines firmes de Silicon Valley. C'est pourquoi le Japon, lui aussi, constitue aujourd'hui une cible de première importance. (D'après un ancien officier du KGB installé là-bas, « même l'équipement d'écoute spécial employé par le KGB pour épier les communications radio entre les équipes de surveillance de la police nationale japonaise a été volé au Japon ! »)

Tout le système roumain a été modelé sur l'appareil d'espionnage technologique beaucoup plus important édifié par l'Union soviétique au Directorat T du KGB, au sein de la section scientifique et technologique dite « Ligne X ».

En 1987, un rapport du Département d'État américain reposant sur des informations de la CIA déclarait qu'un tiers des fonctionnaires de la Chambre du commerce et de l'industrie soviétique étaient connus comme — ou passaient pour être — des officiers du KGB ou du GRU. « Le fait de recevoir annuellement plus de 200 expositions commerciales et une centaine de délégations d'hommes d'affaires occidentaux, ainsi que de contrôler chaque année des milliers de produits, donne à des employés des occasions exceptionnelles de connaître tout ce qui peut s'importer... » Les Soviétiques s'intéressent en particulier aux robots, à la technologie des grands fonds marins, à la chimie industrielle, etc.

Le manque de devises rendant problématique pour de nombreux pays l'achat légal de technologie et du savoir-faire qu'elle implique, ceux-ci sont irrésistiblement tentés de se les procurer illégalement. Cela laisse présager un accroissement de l'espionnage technologique de la part des pays pauvres d'Afrique, d'Asie et d'Amérique du Sud. S'ils sont incapables de mettre eux-mêmes à profit le savoir volé par leurs ingénieurs ou leurs étudiants, ils peuvent toujours le revendre. Ce qu'on pourrait appeler le marché de « revente » constitue en effet l'un des aspects souvent ignorés de l'espionnage technologique.

Le savoir jouant un rôle de plus en plus déterminant pour la puissance économique, militaire et politique, l'espionnage en ce domaine engendre d'autre part des frictions de plus en plus fréquentes entre alliés.

En témoignent les accusations récentes selon lesquelles le renseignement français intercepterait les communications transatlantiques d'IBM, les transmettrait au groupe Bull et implanterait des agents dans les fabriques d'ordinateurs américaines.

Témoin aussi le CoCom.

Le CoCom — Coordinating Committee on Multilateral Export Controls —, basé à Paris, a été mis sur pied par seize nations pour lutter contre les fuites de la haute technologie occidentale vers ce qui était alors le bloc soviétique. Théâtre de dissensions de plus en plus vives parmi ses membres, le CoCom risque aujourd'hui de se désagréger. On s'y plaint sans cesse davantage des restrictions que cet organisme impose au commerce, et l'on s'y accuse réciproquement de s'en servir à son propre profit.

A l'initiative des Européens et des Japonais, on a envisagé de raccourcir la liste des technologies frappées de restrictions et des pays soumis à l'embargo. Mais, en 1983, quand les États-Unis, principale puissance du CoCom, proposèrent de rayer la Chine de cette liste, un chœur de protestations s'éleva. Selon le professeur Takehiko Yamamoto, de l'université Shizuoka, les nations d'Europe occidentale, « craignant [...] que le marché chinois ne tombe aux mains des Américains [...], s'opposèrent violemment à cette proposition et l'empêchèrent à tout jamais de voir le jour ».

Le Japon venait d'être secoué par l'affaire Toshiba. Celle-ci était née de la vente illégale à l'Union soviétique, par une filiale de Toshiba, d'un matériel hautement sophistiqué pour le meulage des pales d'hélices sous-marines. Sous la pression des USA, le Japon resserra son contrôle sur ses exportations pour éviter qu'une telle affaire ne se reproduise. Cependant, il se priva par la même occasion d'une partie de son marché chinois. Ainsi, en 1987, les exportations en Chine de machines-outils japonaises chutèrent de 65,9 %. C'est donc avec fureur que le Japon apprit l'ouverture à Shanghai d'un centre d'usinage Cincinnati Milacron.

Cette forme de guerre commerciale menace à présent de faire éclater le CoCom lui-même. Au surplus, l'intégration économique européenne se traduira par un affaiblissement du contrôle des exportations au niveau des pays membres, les marchandises pouvant désormais circuler librement entre les douze pays de la CEE.

Ainsi qu'on l'a vu, la montée de l'économie supersymbolique mondiale entraîne en outre la création de groupes transnationaux et multinationaux, assortie d'entreprises conjointes et de multiples alliances commerciales par-delà les frontières. Les échanges d'informations en tout sens augmenteront d'autant et deviendront ainsi plus difficiles à contrôler.

Pour toutes ces raisons, à travers le monde, la technologie rejoindra l'économie parmi les cibles prioritaires des espions. L'espion de l'avenir ressemblera sûrement moins à James Bond, dont les poings étaient le principal atout, qu'à l'ingénieur de la Ligne X, vivant paisiblement au coin de la rue et ne faisant rien de plus violent que de tourner les pages d'un manuel ou de tapoter sur son micro-ordinateur.

Les futures guerres écologiques

Un troisième secteur en expansion pour les espions de demain est celui de l'environnement. C'est un domaine où les frontières n'existent pas : la pollution du Rhin touche la Hollande aussi bien que l'Allemagne, les pluies acides concernent tous les pays, la déforestation de l'Amazonie est un problème planétaire.

Les connaissances toujours plus étendues en ce domaine contribuent sans doute à résoudre les difficultés, mais elles ouvrent également la voie à la manipulation subtile de l'environnement d'un pays par les responsables politiques d'un autre. Un grossier exemple en fut l'annonce par la Turquie, en 1989, qu'elle allait couper durant un mois le cours de l'Euphrate. Une telle perspective menaçait l'agriculture irakienne et l'approvisionnement de la Syrie en électricité. Selon les Turcs, cette coupure s'inscrivait dans le cadre de la réfection du barrage d'Atatürk. Mais, pour les sceptiques, elle cachait bien autre chose.

Les séparatistes kurdes du parti marxiste ouvrier kurde disposent, en Irak et en Syrie, de bases proches de la frontière turque. Les combattants du POK s'infiltraient en Turquie, qui demandait à ses voisins de surveiller la frontière pour prévenir ces infiltrations. Mais, celles-ci se poursuivant, les Turcs annoncèrent la fermeture du barrage, ce qui, quatre jours plus tard, entraîna un raid de partisans qui fit vingt-huit morts dans un village turc proche de l'Irak. Aussitôt, la presse turque réclama des représailles contre les bases rebelles placées sous contrôle syrien.

Que la coupure d'eau visât ou non à contraindre les gouvernements irakien et syrien à intervenir militairement contre les partisans kurdes, l'événement, étant donné ses implications écologiques, constituait pour ainsi dire un coup d'envoi pour l'éco-guerre qui, au cours des prochaines décennies, aura tendance à se généraliser et à devenir de plus en plus sophistiquée. Il se peut qu'un jour, une nation lâche contre son ennemi des insectes soumis à manipulations génétiques, ou bien cherche à modifier ses conditions climatiques.

Ce jour-là, les services de renseignement devront fournir des armes pour ces guerres écologiques.

En contrepartie, grâce aux systèmes d'observation par satellites, les services de renseignement seront bien placés pour contrôler — de même qu'ils le font aujourd'hui pour les accords de désarmement — l'application des traités relatifs à l'environnement.

Dans le même temps que l'éco-guerre et les éco-traités feront partie intégrante du nouveau système mondial, l'éco-renseignement s'intégrera plus étroitement aux structures politico-militaires.

La généralisation du nouveau système de création de la richesse commencera ainsi à transformer l'une des fonctions universelles de l'État-nation : le rassemblement de l'information. Mais nous n'avons fait jusqu'ici qu'entrevoir les changements les plus superficiels. D'autres, beaucoup plus profonds, nous attendent.

La privatisation de l'espionnage

Nous allons assister à une fusion telle que n'en ont encore jamais connu les économies capitalistes entre les renseignements recueillis par les services d'État et ceux collectés par des entreprises privées.

Il y a belle lurette que gouvernements et sociétés privées collaborent entre eux — longtemps que des sociétés géantes fournissent des « couvertures » aux agents de leur pays. Ainsi, la Bechtel Corporation, une entreprise de construction qui, basée à San Francisco, avait conclu avec le Moyen-Orient des contrats représentant des centaines de millions de dollars, fournit des emplois nominaux à des agents de la CIA, en échange de quoi elle reçoit de celle-ci de précieuses informations commerciales.

Il fut un temps où les entreprises américaines « couvraient » ainsi deux cents agents de renseignement à l'étranger. Elles y trouvaient leur compte. Cependant, alors que de nombreux gouvernements attendaient simplement de leurs hommes d'affaires qu'ils collaborent avec les services de renseignement, quitte à exercer des pressions en cas de refus, tel n'est pas le cas aux États-Unis. Les cadres des sociétés américaines, même s'ils ont des contacts avec des hommes politiques étrangers de haut niveau, sont rarement sollicités de donner des informations.

La ligne de démarcation entre espionnages public et privé s'estompera de plus en plus. Avec la prolifération des multinationales prolifèrent aussi les réseaux de renseignement privés — dits « para-CIA » — financés par elles. On observe le même phénomène parmi les banques et les compagnies pétrolières européennes, les maisons de commerce japonaises, les firmes de construction américaines. Tout porte à croire que certaines de ces para-CIA collaborent avec les services de renseignement de leur propre pays aussi bien que de leur pays-hôte.

Ces « pararenseignements » extérieurs font pendant aux « renseignements concurrentiels » qui se sont récemment développés au sein des industries nationales et dont il est question au chapitre XIV. Destinés à opérer dans le cadre de la loi, ces officines privées appliquent pourtant — du moins à un niveau rudimentaire — de nombreuses méthodes et techniques utilisées par les services de renseignement gouvernementaux. Elles engagent d'anciens espions et analystes ayant travaillé pour ces derniers, en sorte que les possibilités de liens officieux avec les services d'État augmentent d'autant.

Les relations incestueuses de ce type vont se multiplier avec la restructuration du commerce mondial à laquelle on assiste aujourd'hui, qui conduit à des alliances complexes par-delà les frontières nationales. Une société qui vient à conclure une « alliance stratégique » avec telle autre peut ignorer que certaines opérations de son partenaire se résument en fait à de l'espionnage au profit d'une autre puissance ; mais il se peut aussi qu'elle veuille le savoir — et réclame alors qu'une enquête soit menée par les espions de son propre gouvernement.

Par suite de tels changements, il est inévitable que de nombreuses activités commerciales autrefois strictement « privées » débordent sur le domaine public, se politisent et, du coup, déclenchent toute une série d'accusations, de contre-accusations, d'explosions de scandales et autres accidents.

Parallèlement aux transformations récemment intervenues dans le domaine des affaires, on assistera par ailleurs à un glissement de la fourniture massive vers une fourniture plus « pointue » de renseignements. Déjà, les gouvernements réclament des informations plus ciblées, précises, détaillées, ce qui requiert une plus grande spécialisation dans la recherche même des informations, ou du moins dans leur analyse.

Pour faire face à cette exigence — en particulier dans les domaines de l'économie, de la technologie et de l'environnement —, une base d'informations tactiques ultraprécises sera nécessaire sur une si grande variété de sujets que même les plus importants fournisseurs de renseignements, comme la CIA, ne pourront pas recruter, garder et payer tous les experts requis. Les services de renseignement imiteront donc les entreprises privées en sous-traitant de plus en plus, démantelant ainsi l'intégration verticale caractéristique des opérations de production en série.

Sous-traiter, les services d'espionnage le font depuis toujours. Les Français, tout comme la CIA, ont eu recours à des gangsters et à des mafiosi pour exécuter à leur place les besognes les plus déplaisantes. Les services ont souvent monté des sociétés fictives, comme la célèbre « Foreign Excellent Trench Coat Company » qu'utilisa durant la dernière guerre le réseau d'espionnage de l'Orchestre rouge dans son travail contre les nazis, ou les compagnies d'aviation « privées » dont se servit la CIA dans la guerre du Viêt-Nam. Mais les espions seront bientôt contraints de recourir dans des proportions inconnues jusqu'ici à l'apport extérieur d'experts et à des fournisseurs indépendants.

L'essor que prend cette forme de « sous-traitance » se traduit déjà par la prolifération d'officines de renseignement privées, spécialisées dans toutes les branches possibles et imaginables, de l'analyse des risques politiques à la récolte d'informations techniques. La Business Environment Risk Information, une société de Long Beach, en Californie, a sans doute commis d'énormes erreurs, mais elle a également à son actif d'avoir prévenu sa clientèle, dès décembre 1980, soit dix mois à l'avance, que le président égyptien Anouar el-Sadate serait assassiné. En outre, elle prédit neuf mois à l'avance l'invasion de l'Iran par l'Irak. En 1985, avant le « boom » qu'elles étaient appelées à connaître, ce genre d'info-boutiques se comptaient déjà par vingtaines.

Souvent, elles emploient d'anciens hauts fonctionnaires ou agents de renseignement. La plus éminente est la Kissinger Associates, qui, à un moment ou à un autre, compta parmi ses collaborateurs Brent Scowcroft, conseiller pour la Sécurité nationale du président Bush ; Lawrence Eagleburger, numéro deux au Département d'État ; William Simon, ex-ministre des Finances ; et, bien sûr, Henry Kissinger en personne, ancien conseiller pour la Sécurité nationale et ex-Secrétaire d'État. Ces maisons voient aller et venir des fonctionnaires ayant des liens avec le renseignement, comme William F. Colby, ancien directeur de la CIA, qui a ouvert sa propre agence à Washington après avoir quitté la « Compagnie ». « Le travail d'évaluation ressemble beaucoup au travail de renseignement », dit-il.

L'existence des entreprises privées de renseignement peut certes être « démentie » par les gouvernements qui les emploient ; mais, offrant des émoluments qui sont ceux du marché plutôt que de l'administration, elles sont à même d'attirer les meilleurs professionnels ; enfin, elles peuvent remplir les tâches secrètes qui, par définition, conviennent mal aux grandes instances bureaucratiques.

En matière de renseignement, nous assisterons donc à une fusion ou à une interpénétration beaucoup plus grandes entre secteurs public et privé.

La nouvelle signification de l'« œil privé »

Cependant, c'est dans l'espace et non sur terre qu'on trouve la preuve, de loin la plus spectaculaire, de ce qu'on pourrait appeler la « privatisation » croissante du renseignement. A l'heure actuelle, cinq nations — les États-Unis, la France, le Japon, l'Inde et l'Union soviétique elle-même — mettent sur le marché les données recueillies par leurs satellites.

Le phénomène remonte à 1972, date à laquelle la Nasa lança le premier Landsat à usage civil. Aujourd'hui, il y en a deux —

Landsat 4 et Landsat 5 —, et le lancement d'un troisième est prévu pour bientôt. Tournant sur orbite à sept cents kilomètres du sol, les Landsat fournissent des informations dont on se sert régulièrement pour la prospection minière, la prévision des récoltes, les opérations forestières, etc.

Les données qu'ils enregistrent sont transmises automatiquement à une quinzaine de pays qui, pour une redevance de six cent mille dollars par an, reçoivent un flot continu d'images digitalisées. Parmi les clients de Landsat se trouvent le secrétariat américain à la Défense aussi bien que l'armée japonaise, qui garde ainsi un œil sur la Sibérie orientale. En 1984, un savant américain, le Dr John Miller, de l'université de l'Alaska, a pu, sur la base de photos Landsat, détecter ce qui semblait être des essais soviétiques destinés à montrer qu'il était possible de lancer des missiles nucléaires à partir de sous-marins évoluant parmi les glaces de l'Arctique.

Le 21 février 1986, avec le lancement du satellite Spot, les Français sont entrés en concurrence avec Landsat. Depuis lors, les savants et le grand public sont à même de suivre partout sur le globe les opérations militaires et industrielles. Le temps est révolu où les Soviétiques partageaient avec les Américains le monopole du renseignement capté depuis l'espace.

Si les images fournies par Spot et Landsat ne sont pas aussi bonnes que celles dont dispose l'armée, elles le sont bien assez pour assurer aux renseignements militaires commercialisés par Spot la clientèle de gouvernements qui ne disposent pas de leurs propres satellites.

Les clients plus exigeants peuvent aujourd'hui acheter des images et des données à plusieurs fournisseurs, les mêler et les manipuler par ordinateur, et obtenir ainsi par inférence une information de loin supérieure à celle qu'ils pourraient tirer d'une seule source.

Du reste, une industrie prospère s'occupe essentiellement de traiter les données d'un ou plusieurs de ces satellites. Elle comprend aussi bien l'Environmental Research Institute of Michigan que le Saudi Center for Remote Sensing, à Riyad, ou encore l'Instituto de Pesquisas Espaçiais, à São Paulo. Pour sa part, l'ERDAS Inc., à Atlanta, produit des logiciels pour les quelque deux cents sociétés qui, de par le monde, s'occupent de ce traitement d'images « à valeur ajoutée ».

Le meilleur exemple de la démonopolisation du renseignement réside peut-être dans le travail du Space Media Network, basé à Stockholm, qui achète des données à la fois à Spot et à Landsat, les triture à l'ordinateur, et en ressort des images dont il approvisionne la presse mondiale. Pour souligner l'aspect « renseignement » de ses activités, le SMN déclare dans un prospectus informer sur « tous les points du monde où l'accès normal aux médias est limité ou interdit, soit les régions frontalières, les zones de guerre, de crise ou de catastrophe ».

Il a rendu publiques des images montrant les préparatifs secrets préludant à un programme de navette spatiale soviétique, des données sur un laser soviétique géant qui pouvait être partie intégrante d'un système antimissile, une fabrique de missiles chinois en Arabie Saoudite, un projet pakistanais de fabrication d'armes nucléaires à Kahuta, et il surveille en permanence le golfe Persique et ses affrontements militaires.

On n'écrit plus sur les murs, mais dans le ciel. Les renseignements engrangés dans l'espace continueront à se démonopoliser avec la mise en service de nouveaux satellites et le développement de la technologie informatique. En matière de satellites, des pays comme l'Irak et le Brésil ont accompli des progrès considérables. D'autres, y compris l'Égypte et l'Argentine, s'occupent de développer leur capacité de lancement de missiles, et l'Inscom, entreprise conjointe sino-brésilienne, vise à combiner le savoir-faire des Brésiliens dans le domaine des satellites aux possibilités chinoises dans celui du lancement de fusées.

De plus en plus, ce qui était autrefois réservé aux supergrands et à leurs espions est désormais accessible aux puissances mineures, et — à un certain niveau du moins — aux usagers privés comme aux médias planétaires.

En effet, dans cette évolution, les médias eux-mêmes deviennent, pour les producteurs de renseignements, des concurrents de toute première envergure. Un ancien haut fonctionnaire de la Maison Blanche raconte : « A mon arrivée, j'étais victime de la "mystique du secret" — tout ce qui portait la mention "secret" devait nécessairement être précieux. Cependant, je n'ai pas tardé à m'apercevoir que j'avais souvent déjà lu dans le *Financial Times* ce que j'avais sous les yeux. Plus rapide encore, l'information en temps réel de la télévision laisse généralement les espions sur la touche. »

Les progrès de la privatisation et la « médiatisation » du renseignement (le « pararenseignement ») contraindront les maîtres de l'espionnage à repenser leurs activités, tout comme il a fallu le faire dans tant d'autres secteurs. L'espionnage devra lui aussi s'adapter au nouveau système mondial de création de la richesse. Cependant, il se trouve confronté à certains problèmes qui ne se posent pas à l'industrie.

Contradictions fondamentales

Les clients des services de renseignement — fonctionnaires gouvernementaux et responsables politiques — ne souffrent plus d'aucune pénurie en fait d'informations : ils en sont gavés.

Le déluge de données désormais disponibles et la surcharge qui en découle signifient qu'à maints égards le problème essentiel de l'espion n'est plus la recherche de renseignements ; il réside dans leur interprétation et dans leur transmission aux responsables qui en ont besoin.

De ce fait, l'espionnage devient très dépendant des spécialistes et de l'intelligence artificielle pour effectuer son travail d'analyse. Mais la paralysie de l'analyse ne saurait trouver de solution par le seule grâce de la technologie. Elle exige une approche du savoir complètement nouvelle.

Dans la mesure où les fuites d'informations secrètes peuvent avoir de redoutables conséquences — notamment la mort des informateurs —, les CIA et mini-CIA du monde entier appliquent le principe de la « compartimentation ». Les analystes qui s'occupent d'un problème voient rarement l'ensemble du tableau : ils ne reçoivent que par bribes les informations strictement nécessaires, et n'ont souvent aucun moyen d'évaluer la crédibilité des fragments qu'on leur soumet. En théorie, l'information est rassemblée et transmise au niveau supérieur, et franchit ainsi différentes étapes avant de parvenir au sommet de la hiérarchie.

Mais on a vu ce que devient cette théorie dans le cadre bureaucratique et comment, à mesure que le changement s'accélère et que l'environnement devient plus turbulent, ce système pèche par excès de lenteur et ignorance de trop nombreux facteurs.

Ce qui n'est pas sans conséquences. Le sénateur Sam Nunn, principal expert militaire du Sénat américain, a violemment reproché aux services de renseignement de se laisser dépasser par l'évolution rapide des événements européens, mettant le Congrès dans l'impossibilité de prendre des décisions rationnelles concernant le budget de la Défense. Se laisser ainsi distancer risque de se révéler catastrophique.

C'est justement pour surmonter de tels problèmes que les sociétés les plus avancées donnent accès à leurs employés à davantage d'informations et les autorisent à communiquer librement hors de leur filière, sans se soucier des hiérarchies. Cependant, de telles innovations vont directement à l'encontre de la politique de secret qui s'impose dans les activités d'espionnage. Les espions sont dans une impasse.

Ils sont même dans une double impasse, car non seulement la plupart des informations qu'ils fournissent arrivent trop tard, mais elles sont souvent sans rapport avec ce qu'attendent les responsables qui constituent leur clientèle.

L'ancien sous-secrétaire au Commerce Lionel Olmer déclare : « Il nous faut des orientations plus fermes de l'administration sur le plan politique ; elle ne doit pas se contenter de consommer, mais contribuer à la production même. » Partout dans l'industrie, nous l'avons vu, on reconnaît désormais au client un rôle à jouer dans le processus de production, et des groupes d'usagers sont organisés en réseaux d'aide aux producteurs. Production et consommation ne sont plus séparées par une ligne de démarcation bien définie.

Qu'Olmer suggère aux hauts responsables politiques de contribuer à la production du renseignement est parfaitement logique. Mais plus les responsables politiques et les hauts fonctionnaires s'en mêleront, plus grand sera le risque que les dossiers soumis aux présidents et aux premiers ministres ne leur disent que ce qu'ils ont envie d'entendre — ou reflètent les vues limitées d'un parti, d'une faction. Cela ne manquera pas de dénaturer encore une information déjà trafiquée par les info- et métatacticiens entre les mains desquels elle est passée.

Si les renseignements sont déformés par un ennemi de la nation, comme la chose arrive lorsque des espions sont « doublés », les résultats peuvent être désastreux. Mais le même danger existe quand ils sont déformés à des fins politiques par quelqu'un de son propre camp.

La révolution historique qu'affronte l'industrie du renseignement pour dépasser le stade de la production en série la place dans le droit-fil de la trajectoire que suit l'évolution du nouveau système de création de la richesse. Comme les autres industries, celle du renseignement doit faire face à la concurrence la plus inattendue. Comme les autres, elle doit constituer de nouvelles alliances en fonction de changements qui surviennent en permanence. Comme les autres, elle doit refondre son organisation. Comme les autres, elle doit adapter ses produits à la clientèle. Comme les autres enfin, elle doit s'interroger sur ses fonctions les plus essentielles.

« Les actes les plus évidents d'un homme recèlent un côté secret », écrivait Joseph Conrad. Si transparentes qu'elles se veuillent, les démocraties ont elles aussi leur côté secret.

Si les opérations de renseignement, déjà difficiles à contrôler pour les parlements et les présidents, deviennent à ce point intriquées avec les activités courantes de la société, à ce point décentralisées, mêlées aux affaires et autres intérêts privés, jusqu'à rendre impossible tout contrôle effectif, la démocratie sera en danger de mort.

D'un autre côté, aussi longtemps que certaines nations seront dirigées par des tyrans, des tortionnaires, des terroristes ou par des fanatiques équipés d'armes toujours plus meurtrières, les démocraties ne pourront survivre sans secrets — ni services secrets.

La façon de gérer ces secrets — comme, du reste, le savoir en général — devient le problème politique central de l'ère des Nouveaux Pouvoirs.

CHAPITRE XXV

L'ordre du jour de l'information

L'homme au passeport irlandais attendit indéfiniment dans sa chambre d'hôtel à Téhéran un signal qui ne vint jamais.

Armé — bizarre, bizarre ! — d'un gâteau en chocolat en forme de clef, l'homme n'était autre, comme le monde n'allait pas tarder à l'apprendre, que Robert McFarlane, ancien conseiller de Ronald Reagan pour la sécurité nationale. Le gâteau, destiné à être offert en cadeau, resta pour compte. En effet, on n'a pas oublié que la tentative avortée de McFarlane pour libérer les otages et ouvrir une issue de secours aux « modérés » iraniens fit exploser le scandale de l'Irangate, c'est-à-dire l'événement le plus dommageable des huit années de la présidence Reagan.

Avec une distribution haute en couleur qui réunissait des marchands d'armes moyen-orientaux, des agents de la CIA, de mystérieux ex-généraux, un bel officier des Marines et sa superbe secrétaire, les séances de la commission d'enquête du Congrès qui suivirent fascinèrent les téléspectateurs du monde entier.

Pourtant, beaucoup, parmi ce public, surtout hors des États-Unis, passèrent à côté de l'essentiel.

En effet, la lutte politique à Washington n'avait pas grand-chose à voir avec le terrorisme, les comptes bancaires à numéros, les modérés iraniens ou les rebelles du Nicaragua. C'était bien plutôt une épreuve de force pour le contrôle de la politique étrangère américaine entre la Maison Blanche et un Congrès indigné. Cette bataille pour le pouvoir tournait autour du refus de la Maison Blanche d'informer les parlementaires de ses activités secrètes.

Les démocrates entendaient démontrer que le plan avait été ordonné par le président. La Maison Blanche républicaine soutenait que le fiasco était dû à l'excès de zèle d'exécutants agissant sans mandat présidentiel. Aussi les enquêtes et la couverture massive des médias se concentrèrent-elles sur les problèmes de politique étrangère eux-mêmes, et non plus sur le point de savoir « qui savait quoi, quand ». L'Irangate devint une guerre de l'information.

Les trous de mémoire, les documents déchiquetés, les secrets, fuites et mensonges constituent aujourd'hui encore un riche filon dans la mine d'usages et d'abus tactiques qui sont le lot quotidien de l'information. Mais, plus important, le scandale donne un avant-goût de ce à quoi va ressembler la politique, cependant que données, renseignements et connaissances deviendront plus politisés qu'ils ne l'ont jamais été au cours de l'Histoire. En effet, indépendamment des espions et de l'espionnage, le nouveau système de création de la richesse est en train de nous propulser à toute allure dans l'ère de la politique de l'information.

Une soif de savoir

La puissance de l'État a toujours reposé sur son contrôle de la force, de la richesse et du savoir. Ce qui est profondément différent aujourd'hui, ce sont les rapports entre ces trois éléments. Le nouveau système supersymbolique de création de la richesse met à l'ordre du jour du politique une grande diversité de problèmes liés à l'information.

Ceux-ci vont du respect de la vie privée au piratage des produits, des télécommunications à la sécurité des ordinateurs, de l'éducation et des délits d'initiés au nouveau rôle des médecins. Et même ceux-là ne font qu'affleurer à la pointe émergée de l'iceberg.

Bien qu'encore peu remarqué, cet agenda de l'information se garnit si rapidement que le 101e Congrès des États-Unis a vu l'introduction de plus d'une centaine de propositions de lois concernant les problèmes liés à ce domaine. Vingt-six portaient sur la manière dont le gouvernement fédéral devrait diffuser les données et informations recueillies aux frais du contribuable. Aujourd'hui, toute personne possédant un ordinateur personnel et un modem peut accéder à de nombreuses banques de données officielles pour obtenir des renseignements sur un nombre étourdissant de sujets. Mais comment cette dissémination doit-elle s'opérer ? Faut-il que le gouvernement signe des contrats avec des entreprises privées extérieures qui se chargeraient d'assurer la distribution électronique et de vendre l'accès moyennant finance ? Beaucoup de bibliothécaires, de chercheurs des universités, de défenseurs des libertés civiles soutiennent que les informations officielles devraient être non pas vendues, mais mises gratuitement à la disposition du public. D'un autre côté, les sociétés privées servant d'intermédiaires prétendent qu'elles fournissent des services supplémentaires justifiant la perception d'honoraires.

Mais la problématique de l'information s'étend bien au-delà de telles préoccupations.

Plus nous pénétrons dans la nouvelle économie supersymbolique, moins les questions d'information paraissent lointaines ou obscures. Un public dont le gagne-pain ne cesse de dépendre davantage de la manipulation des symboles se montre aussi de plus en plus sensible à leur importance en termes de puissance. Une des choses qu'il fait déjà, c'est de revendiquer un « éventail d'informations » de plus en plus large, surtout quand il s'agit des conditions auxquelles est directement lié son bien-être.

En 1985, une enquête menée aux États-Unis par le Bureau des statistiques du travail a constaté que plus de la moitié des 2,2 millions de travailleurs touchés par des mesures de licenciement collectif n'étaient prévenus que vingt-quatre heures avant d'être mis à la rue. Dès 1987, les organisations syndicales réclamèrent une loi imposant aux entreprises prévoyant des compressions de personnel importantes d'accorder soixante jours de préavis à leurs salariés et d'informer également les autorités aussi bien de l'État que de la localité concernés.

Les employeurs s'opposèrent vigoureusement à cette proposition de loi, faisant remarquer que rendre publique une pareille information réduirait à néant les efforts déployés par les responsables pour sauver l'entreprise. Qui voudrait encore y investir, fusionner ou passer des marchés avec elle, ou lui consentir des refinancements dès lors que l'on saurait que des licenciements massifs sont sur le point de s'y produire ?

Mais l'opinion publique se montrait de plus en plus favorable à cette mesure. Le président du groupe démocrate au Sénat déclara alors : « Ce n'est pas une affaire de législation ouvrière. C'est une simple question d'équité. »

En 1988, la bataille faisait rage à Washington, avec un Congrès massivement pour et la Maison Blanche foncièrement contre. Finalement, la loi passa, malgré la menace d'un veto présidentiel. Les travailleurs américains ont désormais la possibilité de savoir à l'avance quand ils vont perdre leur emploi par suite de la fermeture d'une entreprise.

Les Américains attendent aussi plus d'informations sur les

conditions dans lesquelles ils travaillent. Dans tout le pays, des groupes de défense de l'environnement et des collectivités entières réclament à cor et à cri des instances gouvernementales des renseignements détaillés sur les déchets toxiques et autres polluants.

Ils ont été indignés d'apprendre, il y a peu, qu'au moins à trente reprises entre 1957 et 1985 — plus d'une fois par an ! —, l'usine d'armements atomiques de Savannah River, près d'Aiken, en Caroline du Sud, avait connu ce qu'un spécialiste a ensuite appelé des « incidents de réacteur de la plus haute gravité ». Parmi eux, une « fuite » de radioactivité assez largement répandue et une fusion du combustible nucléaire. Mais aucun ne fut signalé aux habitants des alentours ni au grand public. Aucune mesure ne fut prise non plus quand les spécialistes présentèrent leur mémoire sur ces « incidents ». L'affaire ne vint au jour que lors d'une enquête menée par une commission du Congrès en 1988.

L'usine était exploitée par E.I. Du Pont de Nemours & Cie pour le compte du gouvernement des États-Unis, et Du Pont fut accusé d'avoir dissimulé les faits. La société publia aussitôt un démenti indiquant qu'elle les avait signalés au Département de l'énergie, conformément à la procédure habituelle.

Dès lors, le « D.E. », comme on l'appelle communément, accepta le blâme pour avoir gardé l'information secrète. Cet organisme était imbu des principes du secret militaire et des traditions héritées du projet Manhattan qui aboutit à la mise au point de la bombe atomique pendant la deuxième guerre mondiale. Mais la pression de l'opinion, réclamant la transparence, déclencha un conflit interne entre le secrétaire à l'Énergie, John S. Herrington, qui se battait pour des normes de sécurité plus élevées, assorties d'une plus grande ouverture, et ses propres responsables sur le terrain, qui résistaient.

Cependant, au moment même où ce conflit faisait rage, une nouvelle loi — révolutionnaire — entrait en application, exigeant pour la première fois que, sur tout le territoire des États-Unis, les collectivités locales reçoivent des informations détaillées sur les déchets toxiques et autres produits dangereux auxquels elles risquaient d'être exposées. « Pour la première fois — déclara Richard Siegel, consultant dont le cabinet a aidé trois cents usines à se conformer à ces règles —, le public va savoir ce que dégage l'usine au bas de la rue. » Nouvelle victoire très nette pour l'accès du public à l'information.

Cette exigence croissante de transparence n'est pas un phénomène purement américain et elle ne se limite pas aux problèmes intérieurs.

A Osaka, au Japon, des citoyens ont créé un « réseau Kansaï pour le droit de savoir », qui a organisé depuis lors ce qu'ils appellent des « tournées » auprès des autorités municipales et préfectorales pour réclamer l'accès aux renseignements jusqu'ici confidentiels. Sur douze demandes adressées aux services préfectoraux, six ont été satisfaites, les autres promptement rejetées. Parmi ces dernières figurait le souhait d'en savoir davantage sur les notes de frais du gouverneur...

La réponse, si l'on peut dire, de la municipalité d'Osaka se révéla plus adroite. Quand le groupe réclama le dossier relatif à l'achat, pour le compte de la ville, d'un tableau de Modigliani, à présent fleuron de son musée d'Art moderne, les autorités ne dirent pas non. Elles ne répondirent pas, tout simplement. Mais les pressions pour l'accès aux documents officiels, d'intérêt local aussi bien que national, ne se relâcheront pas pour autant.

Le développement de ce que l'on pourrait appeler l'info-conscience, parallèlement à celle d'une économie fondée sur les ordinateurs, l'information et la communication, a contraint les gouvernements à prêter une attention de plus en plus soutenue aux problèmes liés à la connaissance : ainsi ceux du secret, de l'accès du public et du respect de la vie privée.

Depuis 1966, époque où les États-Unis votèrent leur loi sur la liberté de l'information qui élargissait le droit des citoyens à l'accès aux documents officiels, cette notion s'est régulièrement étendue au sein des économies avancées. Le Danemark et la Norvège ont suivi en 1970, la France et les Pays-Bas en 1978, le Canada et l'Australie en 1982. Mais cette liste ne dit pas tout, loin de là. Car un nombre encore plus élevé d'États, de provinces et de municipalités ont également adopté des textes réglementaires — parfois même avant que le pays lui-même ait bougé. C'est le cas au Japon où cinq préfectures, cinq grandes villes, deux districts spéciaux et huit villes moyennes le firent dès 1985.

La même période a également vu la promulgation rapide de lois définissant le droit au respect de la vie privée. Des textes sur ce thème ont été adoptés en Suède (1973) et aux États-Unis (1974). En 1978, ce fut le tour du Canada, de la France et de l'Allemagne de l'Ouest de suivre le mouvement, la Grande-Bretagne le rejoignant en 1984. De nombreux pays mettent en place des organismes chargés de la « protection des données », qui ont spécialement vocation à protéger des intrusions abusives des ordinateurs dans la vie privée. Bien entendu, termes et méthodes varient d'un pays à l'autre, de même que l'efficacité.

Mais le tableau d'ensemble est net : partout, à mesure que se développe l'économie supersymbolique, les questions d'information prennent davantage d'importance politique.

Bombes terroristes et victimes du sida

Partout aussi, on assiste à une guerre de l'information sans répit entre les servants du secret et les groupes de citoyens luttant pour obtenir un accès de plus en plus large à l'information.

Il arrive, par exemple, que cette dernière exigence se heurte aux nécessités publiquement reconnues de sûreté ou de sécurité. Après l'explosion d'une bombe terroriste à bord du vol 103 de la Pan Am au-dessus de Lockerbie, en Écosse, qui fit 259 morts parmi les passagers et les membres de l'équipage, le 21 décembre 1988, la presse révéla que les autorités avaient été averties. L'opinion mondiale, indignée, voulut alors savoir pourquoi le grand public n'avait pas été alerté aussitôt. Une grande part de la colère envers les terroristes dévia sur les autorités.

Cette violente réaction entraîna l'ouverture rapide d'une enquête par une sous-commission de la Chambre des représentants, et celle-ci rendit publique une longue liste des consignes de sécurité précédemment adressées aux compagnies aériennes par l'administration fédérale en charge de l'Aviation. Mais cette violation du secret entourant ces consignes mit hors de lui le secrétaire aux Transports, qui accusa la sous-commission de risquer, par ce geste, « de compromettre des vies en révélant certains dispositifs de sécurité ».

La présidente de la sous-commission, Cardiss Collins, ne céda pas et qualifia la volée de bois vert administrée par le secrétaire de « faux-fuyant ». En fait, déclara-t-elle, la publication des consignes de l'AFA avait révélé l'existence de failles graves dans tout le système de mise en garde, et servait par conséquent le public. Mais il était tout aussi évident que, les compagnies aériennes américaines recevant à elles seules quelque trois cents menaces de bombes par an, la diffusion des consignes risquait de paralyser tout le trafic aérien en fournissant aux terroristes la possibilité de perturber le système à n'importe quel moment pour le prix d'une simple communication téléphonique.

Bientôt, l'exécutif, le législatif, les compagnies aériennes, les agences de tutelle, la police, etc., se trouvèrent tous engagés dans une mêlée générale — qui se poursuit encore — pour le contrôle de ces informations.

En décembre 1989, donc tout juste un an après la tragédie de Lockerbie, Northwest Airlines reçut une menace concernant son vol 51 Paris-Detroit. Se rappelant l'attentat de l'année précédente, la compagnie décida qu'elle devait informer les passagers détenteurs d'un billet pour ce vol et qu'elle le ferait au moment de l'accès à bord, juste avant le décollage. Mais, un journal suédois ayant ébruité la nouvelle, Northwest se mit en devoir d'avertir à l'avance les passagers par téléphone en leur proposant de les aider à prendre d'autres dispositions, s'ils le souhaitaient. (Tous ne le firent pas, et le voyage se déroula sans encombre.)

Les exigences d'une information plus large se heurtent aussi à celles — mentionnées plus haut — du respect de la vie privée. Parmi les info-problèmes propres à susciter le plus de passions, il faut ranger ceux que soulève l'épidémie de sida. Alors qu'elle se répandait rapidement dans de nombreux pays, véhiculant pas mal d'hystérie avec elle, certains extrémistes demandèrent que les victimes fussent littéralement marquées et parquées. Des parents affolés essayèrent de faire exclure les enfants sidaïques des salles de classe. Le virulent William Bennett, alors secrétaire à l'Éducation, réclama qu'on fît subir des tests obligatoires à plusieurs groupes bien définis comprenant tous les malades hospitalisés, les couples désireux de régulariser leur union, les immigrants, les prisonniers. Il aurait souhaité en outre que, pour tout individu séropositif, ses conjoints et partenaires sexuels passés fussent sans exception automatiquement recensés.

Sa position souleva un tollé général chez les responsables de la santé publique, les hommes de loi et les partisans des libertés civiles, tous favorables à un examen volontaire. Assez paradoxalement, ceux qui se battaient pour la protection de la vie privée dans ce cas précis étaient les mêmes qui avaient mené campagne pour une information ouverte dans d'autres.

Certains assuraient que les tests n'étaient pas fiables à 100 %. Si les résultats en étaient connus, les victimes subiraient des discriminations au travail ou à l'école, sans compter maints autres préjudices. De surcroît, si ces examens étaient obligatoires, beaucoup de victimes potentielles pourraient se cacher, ou refuser de se faire soigner. La position de Bennett fut publiquement attaquée par le chirurgien-général Everett Koop, première autorité médicale officielle du pays.

La controverse fait toujours rage, non pas seulement à Washington, mais dans les capitales de nombreux pays. Les droits respectifs de l'individu et de la collectivité, ainsi que la contradiction entre « privé » et « ouvert » demeurent aujourd'hui encore dans le flou le plus complet.

D'autres conflits d'intérêt naissent de l'imbroglio inextricable des textes existants dans des domaines comme ceux du copyright, des brevets, du secret des affaires, des délits d'initiés, etc. — toutes parties intégrantes de cet ordre du jour de l'information qui est en train de passer dans la sphère du politique. A mesure que l'info-économie supersymbolique continue à se développer, une éthique de l'information pourra se dégager, appropriée aux économies avancées. Aujourd'hui, cette éthique cohérente fait encore défaut et les décisions politiques sont prises dans un vide moral saisissant. Il est peu de règles qui n'en contredisent pas d'autres.

De nombreuses régions du monde manquent encore de la plus élémentaire liberté d'information et doivent affronter la répression culturelle, une brutale censure de la presse, la hantise paranoïaque de leurs dirigeants pour le secret. Dans les démocraties de haute technologie, au contraire, là où la liberté d'expression est plus ou moins garantie, la politique de l'information commence à se hisser à un niveau plus subtil.

La nouvelle rétroaction mondiale

En raison du caractère de plus en plus imbriqué des développements technologiques, des problèmes d'environnement, de finances, de télécommunications et de médias, de nouveaux systèmes de rétroaction culturelle ont commencé à fonctionner, qui font que la politique d'information d'un pays concerne aussi tous les autres. L'ordre du jour de l'information devient mondial. Quand Tchernobyl envoya des nuages radioactifs au-dessus de certaines zones du continent européen, ils suscitèrent une grande vague de colère contre les Soviétiques, ceux-ci ayant tardé à avertir les gouvernements concernés sur la trajectoire des retombées. Ces pays soutenaient qu'ils avaient le droit de connaître les faits, et d'en être informés sur-le-champ.

Cela revenait à dire qu'aucun pays n'a par lui-même le *droit* de dissimuler les faits et qu'une éthique de l'information, fût-elle implicite, transcende les intérêts nationaux. Quand un autre désastre frappa l'URSS — un séisme en Arménie —, les autorités, qui avaient retenu la leçon, le signalèrent aussitôt à la presse du monde entier.

Mais, aux termes de ce principe implicite, l'Union soviétique n'était pas la seule contrevenante. Peu après Tchernobyl, l'amiral Stansfield Turner, ancien directeur de la CIA, critiqua publiquement les États-Unis pour n'avoir pas divulgué assez d'informations sur le désastre parmi celles qu'avaient recueillies leurs satellites-« espions ». Sans trahir le moindre secret, Turner déclara : « Nos capacités de collecte de renseignements [...] nous donnent la possibilité d'informer correctement les gens à travers le monde entier. »

En fait, alors que de nouveaux médias capables de diffuser l'information encerclent la planète, facilitant la mondialisation requise par le nouveau système de création de la richesse, il devient plus difficile de confiner des renseignements à l'intérieur des frontières nationales, ou de les contenir à l'extérieur.

C'est ce que le gouvernement britannique a oublié dans l'affaire dite du *Spycatcher* (le « piégeur d'espions »). Quand Peter Wright écrivit un livre ainsi intitulé, dans lequel il portait de sérieuses accusations contre d'anciens membres du contre-espionnage britannique, le gouvernement Thatcher intervint pour en interdire la publication, sur quoi Wright le fit paraître aux États-Unis et ailleurs. La tentative de Londres pour occulter ce livre en fit un best-seller international. Partout, télévisions et journaux lui consacrèrent des comptes rendus, garantissant ainsi que les informations que le gouvernement britannique aurait aimé censurer reprendraient le chemin de la Grande-Bretagne et y pénétreraient. En raison de ce processus de rétroaction, le gouvernement britannique fut contraint de battre en retraite, et le livre de Wright finit par devenir aussi un best-seller dans son propre pays.

L'utilisation des médias hors des frontières d'un pays pour influencer certaines décisions politiques est également en train de devenir plus courante. Quand, à Bonn, le gouvernement Kohl nia que des firmes allemandes eussent aidé l'homme fort de la Libye, Muammar al-Kadhafi, à construire une usine d'armes chimiques à 75 kilomètres de Tripoli, les services de renseignement américains divulguèrent les preuves apportées par leurs satellites et engins de reconnaissance aux médias américains et européens. Cela conduisit le magazine allemand *Stern* à entreprendre une enquête approfondie qui, à son tour, obligea le gouvernement allemand, rouge de confusion, à admettre qu'il avait toujours su ce qu'il prétendait ne pas savoir.

Les cas se succèdent où nous voyons l'information — à propos de qui la possède, de comment elle a été obtenue — au cœur de conflits politiques aussi bien intérieurs qu'internationaux. La raison profonde de l'importance nouvelle prise par la politique de l'information réside dans la confiance grandissante que place le pouvoir, sous toutes ses formes, dans la connaissance. Plus la conscience de ce transfert historique se sera répandue, plus l'info-politique gagnera en intensité.

Pourtant, ce ne sont encore là que des escarmouches, compa-rées à ce qui pourrait se révéler la plus importante guerre de l'information des décennies à venir.

Le code d'Indiana Jones

Les échoppes sont parmi les spectacles les plus courus en Thaïlande. On peut y acheter des vidéocassettes, des bandes magnétiques et autres produits à des prix dérisoires. Une des raisons en est que ces objets, comme toute sorte d'autres qui circulent aujourd'hui de par le monde, sont piratés — ce qui signifie que les créateurs, les éditeurs et les maisons d'enregistre-ment sont privés des droits qui sont censés leur revenir.

En Égypte, des éditions clandestines produisent illégalement, sans payer ni les auteurs ni les propriétaires du copyright, des livres occidentaux traduits en arabe. « Le piratage des livres au Moyen-Orient a atteint des proportions qui ne le cèdent qu'à celles de l'Extrême-Orient et du Pakistan », souligne le mensuel *Middle East*, publié à Londres. A Hong Kong, la police a arrêté soixante et une personnes après avoir perquisitionné dans vingt-sept librairies où elle avait découvert six cent quarante-sept ouvrages prêts à être reproduits illégalement. Pourtant, dans de nombreux pays, le piratage est non seulement légal, mais encouragé en raison de l'apport qu'il peut représenter pour l'exportation. Les nouvelles techniques le rendent encore meil-leur marché et plus aisé.

Ulcéré par ces pratiques qui coûtaient à l'industrie du film américaine quelque 750 millions de dollars par an, Hollywood a contre-attaqué vers le milieu des années quatre-vingt. Quand *Indiana Jones et le temple maudit* fut distribué dans les salles, chaque copie du film portait un code subliminal qui l'identifiait sans risque d'erreur possible ; de la sorte, si des reproductions en étaient faites frauduleusement, les enquêteurs seraient en mesure de retrouver leur origine. A partir de ce moment, des codes similaires commencèrent à être employés par nombre de grandes sociétés de production.

Néanmoins, Taiwan, par exemple, abritait encore en 1989 douze cents prétendus « salons TV », petites salles privées où des adolescents pouvaient se réunir pour regarder des vidéocas-settes piratées des derniers films américains — en somme, une sorte de version miniaturisée des *drive-in*. Les jeunes faisaient la queue le long des pâtés d'immeubles pour y entrer et ces représentations illégales étaient si appréciées qu'elles faisaient baisser la vente des billets dans les salles ordinaires. Les pressions de Hollywood finirent par contraindre le gouvernement à sévir.

Parallèlement au piratage proprement dit ont éclaté des guerres de brevets — divers pays refusant de payer redevances ou royalties sur un nouveau produit pharmaceutique conçu et testé au prix d'énormes investissements par des chercheurs spécialisés.

En plus du piratage caractérisé, la contrefaçon est devenue une industrie mondiale de grande envergure, avec les imitations de pacotille des modèles de grands couturiers, entre autres produits qui inondent les marchés. Mais, en fin de compte, plus important encore est le vol ou la copie illégale de logiciels, non pas par des individus pour leur propre usage, mais, sur grande échelle, par des distributeurs-pirates à travers le monde entier. Tous ces problèmes ont été rendus plus aigus par l'irruption des techniques les plus récentes.

Dès 1989, les problèmes posés par la protection de la « propriété intellectuelle » — base d'une grande partie du nouveau système de création de la richesse — provoquèrent des désaccords politiques entre les pays. La propriété intellectuelle — l'expression elle-même est très controversée — implique la propriété d'éléments immatériels résultant d'un travail de création dans les domaines des sciences, des techniques, des arts, de la littérature, du design et de la manipulation du savoir en général. Avec l'extension de l'économie supersymbolique, ils deviennent plus rentables du point de vue économique, et donc plus politiques.

A Washington, des batailles politiques ont éclaté, menées par divers lobbies soutenus par le représentant de la Commission du commerce, exigeant une action résolue du pays à l'encontre de la Thaïlande pour n'avoir supprimé ni le piratage, ni la contrefaçon de créations américaines. Si ce pays refusait de sévir, ils demandaient que les États-Unis usent de représailles. Ce qui revenait à préconiser l'abolition des exemptions de droits de douane sur certaines exportations thaïlandaises comme les fleurs artificielles, les carreaux de faïence, les haricots déshydratés et le matériel de télécommunications.

Opposés à cette demande, le Département d'État et le Conseil national de sécurité plaidèrent pour la clémence, plaçant les intérêts diplomatiques et les impératifs militaires au-dessus de ceux des détenteurs de copyrights et de brevets.

Au dernier jour de sa présidence, Ronald Reagan rejeta des propositions encore plus drastiques prônant une intervention musclée, mais supprima les exemptions de droits de douane bénéficiant aux produits thaïlandais visés.

Cependant la Thaïlande n'est pas le pire contrevenant aux lois protégeant les copyrights et brevets tels qu'on les conçoit dans les économies avancées ; cette escarmouche mineure à Washington ne fait qu'illustrer ce qui se passe sur une bonne centaine de fronts, alors même que les produits d'activités créatrices jouent un rôle de plus en plus déterminant dans toutes les économies de haute technologie.

En 1989, les propriétaires de copyrights américains, y compris l'industrie de la musique et celle des logiciels, ainsi que les éditeurs, ont demandé au gouvernement américain de prendre des mesures contre douze pays qui, selon eux, soustrayaient annuellement pour 1,3 milliard de dollars de rentrées à l'économie américaine. Parmi les douze, la Chine, l'Arabie Saoudite, l'Inde, la Malaisie, Taiwan et les Philippines.

La protection de la propriété intellectuelle, bien que défendue avec le maximum d'agressivité par les Américains, préoccupe aussi beaucoup la Communauté européenne et le Japon. La CEE a demandé aux autorités douanières du monde entier de saisir seize produits contrefaits et d'infliger des sanctions pénales aux pirates se livrant à une commercialisation de leurs produits.

La bataille politique autour de la propriété intellectuelle se livre notamment au sein du conseil du GATT, où les économies avancées se heurtent à une opposition résolue des pays moins développés dont les négociateurs se font parfois l'écho de ces étudiants arabes qui achètent des livres piratés en arguant que « la notion occidentale de copyright est élitiste et destinée à remplir les poches des éditeurs ».

Mais ce n'est pas ce point de vue qui est le plus menaçant pour les nations à haute technologie. C'est un doute philosophique lancinant : la propriété intellectuelle est-elle de même nature que celle des biens matériels, ou bien faut-il repenser entièrement toute la notion de propriété ?

Futurologue et ancien diplomate, Harlan Cleveland a médité sur la « folie qu'il y a à refuser le partage de ce qui ne peut pas être possédé ». Cleveland fait remarquer que « ce qui constitue une grande entreprise ou un grand pays, ce n'est pas la protection de ce qu'ils connaissent déjà, mais l'acquisition et l'adaptation de connaissances nouvelles émanant d'autres entreprises et d'autres pays. Comment la "propriété intellectuelle" pourrait-elle être "protégée" ? La question contient en germe sa propre confusion : c'est le mauvais verbe appliqué au mauvais nom. »

Ce genre d'argument est souvent avancé pour conforter la

vision d'un monde où toute l'information serait sans entraves. Un rêve qui se raccorde exactement aux demandes instantes des pays plus pauvres qui réclament la science et la technologie nécessaires pour se libérer du sous-développement économique. Mais ce qui n'a pas encore reçu de réponse, c'est la question soulevée par les pays à haute technologie : qu'arrivera-t-il — aux pauvres comme aux riches — si le flux des innovations technologiques vient à se tarir dans le monde entier ? Si, par suite du piratage, un laboratoire pharmaceutique ne peut plus amortir les dépenses considérables exigées par la mise au point de remèdes nouveaux, il est peu probable qu'il continuera d'investir des fonds dans la recherche. Cleveland a raison de souligner que tous les pays auront à l'avenir besoin de savoir, de culture, d'art et de science venus de l'extérieur. Mais, dans ce cas, il y aura tout autant besoin de règles fondamentales régissant de manière civilisée les échanges, et ces règles devront promouvoir plutôt que freiner la poursuite de l'innovation.

Parvenir à élaborer ces règles nouvelles, ainsi que l'éthique informationnelle sous-jacente, dans un monde encore divisé en économies agraires, économies usinières et économies post-industrielles, risque de se révéler extrêmement difficile. Une chose est évidente : ces problèmes ne peuvent que revêtir de plus en plus d'importance. Le contrôle des immatériels — idées, culture, images, théories, formules scientifiques, logiciels — absorbera une part sans cesse croissante de l'attention politique dans tous les pays, cependant que piratage, contrefaçon, vol et espionnage technologique menaceront de plus en plus gravement des intérêts vitaux, qu'ils soient privés ou nationaux.

Selon les termes d'Abdul A. Said et Luiz R. Simmons dans *The New Sovereigns*, étude sur les sociétés multinationales, « la nature du pouvoir est en train de subir une transformation radicale. Il est de plus en plus défini en termes de mauvaise répartition de l'information. L'inégalité, longtemps associée avant tout aux revenus, en vient à l'être aux facteurs technologiques ainsi qu'au contrôle politique et économique des connaissances ».

Au XIXe et au début du XXe siècle, des pays ont fait la guerre pour s'emparer du contrôle des matières premières nécessaires à leurs économies usinières. Au XXIe siècle, la matière première la plus essentielle sera le savoir. Est-ce lui qui sera l'enjeu des guerres et des révolutions sociales du futur ? Le cas échéant, quel rôle y joueront les médias ?

CHAPITRE XXVI

Les faiseurs d'images

C'est un imprimeur de vingt-trois ans, Benjamin Day, qui, avec ses idées folles, a changé l'histoire de ce que nous appelons aujourd'hui les médias. Cela se passait en 1833, et New York comptait alors 218 000 habitants. Mais le plus grand quotidien de la ville n'avait que 4 500 abonnés. A une époque où le travailleur urbain américain gagnait en moyenne 75 cents par jour, un journal new-yorkais en coûtait 6, et rares étaient ceux qui pouvaient se le payer. Ces feuilles étaient imprimées sur des presses à main qui ne pouvaient sortir que quelques centaines d'exemplaires à l'heure.

Day prit un risque insensé.

Le 3 septembre 1833, il lança le *New York Sun* à un penny le numéro. Il lança aussi dans les rues une horde de gamins pour le vendre — une innovation à l'époque. Pour quatre dollars par semaine, il engagea un collègue imprimeur, chargé de se rendre dans l'enceinte des tribunaux et de couvrir les affaires judiciaires — un des premiers exemples de l'usage des « reporters ». En quatre mois, le *Sun* avait conquis la plus nombreuse clientèle de la ville. En 1835, il acheta le dernier cri de la technique : une presse actionnée par la vapeur, et son journal atteignit une diffusion inouïe : 20 000 exemplaires par jour ! Day avait inventé le journalisme populaire et l'exploitation des faits divers.

A peu près à la même époque, les innovations d'autres « enragés » suivaient des lignes parallèles aux siennes : Henry Hetherington avec son *Twopenny Dispatch* en Angleterre, Émile de Girardin avec *la Presse* en France. Le journal à un sou — dit « presse des pauvres » en Angleterre — était plus qu'une simple affaire commerciale. Il allait avoir des effets politiques durables.

Avec les premiers syndicats et les débuts de l'éducation de masse, il contribua à faire entrer les classes moins favorisées dans la vie politique des nations.

Dès les années soixante-dix, un quelque chose appelé « opinion » commença à devoir être pris en compte par les hommes politiques de tout bord. « Désormais, écrivit un penseur français, il n'est pas un gouvernement européen qui ne compte avec l'opinion, qui ne se sente obligé de rendre compte de ses actes, de montrer qu'ils se conforment étroitement à l'intérêt national, ou d'invoquer l'intérêt général pour justifier tout accroissement de ses prérogatives. »

Un siècle et demi après Benjamin Day, un autre « enragé » eut une idée qui aurait dû immanquablement le ruiner. Grand, truculent, impatient et brillant, Ted Turner avait hérité une affaire de panneaux d'affichage quand son père s'était donné la mort. Il l'organisa, acheta des stations de radio et de télévision, et se demandait ce qu'il allait faire ensuite quand il remarqua un fait bizarre. La télévision par câble se propageait à toute allure dans l'ensemble du pays, mais ses stations manquaient dangereusement de programmes et de publicité. Pendant ce temps, très haut dans le ciel, évoluaient des engins appelés « satellites ».

Turner additionna deux plus deux, et obtint cinq. Il envoya les programmes de sa station d'Atlanta à un satellite, qui les renvoya aux stations affamées de programmes. Dans le même temps, il offrait d'un coup un marché national aux publicitaires qui ne voulaient pas prendre la peine d'acheter de l'espace aux douzaines de petits réseaux câblés pris individuellement. Sa « superstation » d'Atlanta devint la pierre angulaire d'un empire en pleine expansion.

Le 19 juin 1989, Turner passa à l'étape suivante, plus folle encore. Il créa ce que les critiques baptisèrent la « chaîne poulet aux nouilles » — *Chicken Noodle Network* — pour CNN, ou Cable News Network. CNN devint la risée de tous les magnats de la pub, depuis les canyons de Manhattan jusqu'aux studios de Los Angeles. Wall Street était sûr qu'elle allait s'effondrer, entraînant probablement les autres affaires de Turner avec elle. Personne n'avait encore jamais essayé de créer une chaîne diffusant des informations vingt-quatre heures sur vingt-quatre.

Aujourd'hui, CNN est peut-être la source de nouvelles télévisées la plus influente de tous les États-Unis. Les téléviseurs sont continuellement réglés sur sa fréquence à la Maison Blanche, au Pentagone, dans les ambassades aussi bien que dans des millions de foyers à travers tous les États-Unis.

Mais les rêves fous de Turner allaient bien au-delà de cette dernière, et CNN opère aujourd'hui dans quatre-vingt-six pays, ce qui en fait la plus diffusée de toutes les chaînes de télévision, fascinant cheiks du Moyen-Orient, journalistes européens et hommes politiques latino-américains par sa couverture de première main d'événements comme l'assassinat du président égyptien Anouar el-Sadate, la répression des manifestations sur la place Tien Anmen en 1989, l'invasion américaine au Panama, la guerre du Golfe et les bombardements de Bagdad. CNN arrive par air ou par câble dans les chambres d'hôtel, les bureaux, les foyers, voire les suites des passagers à bord du *Queen Elizabeth II*.

Un des trésors secrets de Ted Turner n'est autre qu'une vidéocassette de sa rencontre privée avec Fidel Castro. Au cours de l'entretien, ce dernier indique que lui aussi regarde régulièrement CNN, et Turner, qui ne recule devant rien pour promouvoir ses sociétés, lui demande s'il accepterait de le répéter à l'antenne pour une publicité. L'autre tire quelques bouffées de son cigare et répond : « En fait, pourquoi pas ? » Le spot n'est jamais passé à l'antenne, mais Turner le sort de temps en temps pour le montrer à des amis.

Turner est unique. Beau, la voix rauque, drôle, capricieux, il possède un élevage de bisons, l'équipe de base-ball des Atlanta Braves, la filmothèque de MGM et, selon ses détracteurs, la plus grande gueule de tout le Sud des États-Unis.

Féroce partisan de la libre entreprise, il avait milité pour la paix longtemps avant de nouer avec l'actrice Jane Fonda une liaison très médiatisée, lançant les « Jeux de l'amitié » à Moscou à une époque où il fallait un sacré courage politique aussi bien que financier pour le faire. Ses chaînes diffusent aussi de nombreux programmes en faveur de la défense de l'environnement.

Aujourd'hui, Turner est de loin le plus imaginatif de la douzaine de rudes seigneurs des médias qui sont en train de les révolutionner plus profondément encore que Benjamin Day, et dont les efforts collectifs vont, à terme, opérer des transferts de pouvoir dans de nombreux pays.

La société multicanaux

Le changement d'orientation radical intervenu dans les médias depuis au moins 1970 — lorsque *le Choc du futur* prédisait l'avènement d'une démassification des ondes — porte sur la fragmentation des audiences massives en segments et sous-

groupes recevant chacun une configuration différente de programmes et de messages. Il s'est accompagné d'une extension
considérable du volume d'images diffusées par la télévision sous
forme de nouvelles et de divertissements.

Il y a une raison à cette explosion d'images.

De toute éternité, les êtres humains ont à l'évidence échangé
des représentations symboliques de la réalité. C'est là tout le
rôle du langage. C'est sur cela que se fondent les connaissances.
Mais les différentes sociétés exigent des quantités différentes
d'échanges symboliques. Le passage à une économie reposant
sur les connaissances accroît brutalement la demande de communication et sature les vieux systèmes de fourniture d'images.

Les économies avancées exigent une main-d'œuvre très fami-
liarisée avec l'élaboration symbolique. De son côté, cette main-
d'œuvre a besoin d'un accès instantané — et, dans une grande
mesure, libre — à toute sorte d'informations jugées jusqu'ici
sans rapport avec sa productivité. Elle a besoin d'éléments
capables de s'adapter très vite à des changements répétés dans
les méthodes de travail, l'organisation et la vie quotidienne —
voire de les anticiper.

Les meilleurs travailleurs sont attentifs au monde, réceptifs
aux idées nouvelles, aux préférences des clients, aux changements
économiques et politiques, conscients des pressions de la concurrence, des tendances culturelles et d'une foule d'autres choses
qui ne semblaient concerner autrefois que les élites du management.

Ce large éventail de connaissances n'est pas seulement pro-
digué par les cours et les manuels, mais par l'exposition au feu
continu des nouvelles diffusées par la télévision, les journaux,
les magazines et la radio. Aussi, indirectement, par les « divertissements » dont une large part fournit involontairement des
renseignements sur les nouveaux styles de vie, les relations
interpersonnelles, les problèmes sociaux, voire les modes de vie
et marchés étrangers.

Certaines séries, comme *Murphy* autour de Candice Bergen,
prennent délibérément les nouvelles du jour comme centre des
drames ou comédies mis en scène. Mais même lorsque ce n'est
pas le cas, les spectacles télévisés, parfois malgré eux, donnent
des images de la réalité.

Il est vrai que le contenu intentionnel d'un spectacle télévisé
— intrigue et comportement des principaux personnages —
brosse souvent un tableau assez faux de la réalité sociale. Mais
il y a dans tous les programmes et publicités, aussi bien que

dans les films, un niveau complémentaire, ce que nous pourrions appeler « contenu involontaire ».

Il s'agit de détails à l'arrière-plan : paysages, voitures, scènes de rue, architectures, téléphones, répondeurs, de même que des incidents à peine remarqués, comme les plaisanteries échangées entre une serveuse et un client au moment où le héros s'assied à un comptoir de libre-service. Par contraste avec le contenu intentionnel, le détail involontaire fournit souvent un tableau très exact de la réalité quotidienne. De plus, même le film policier le plus banal illustre des manies et des modes du jour, des attitudes populaires envers le sexe, la religion, l'argent, la politique.

Rien de tout cela n'est ignoré ni oublié par le spectateur, qui le classe au fond de sa mémoire, où se forme ainsi une banque générale de connaissances sur le monde. Ainsi, bon et mauvais spectacles influencent la provision de convictions que chacun apportera sur son lieu de travail. (Paradoxalement, une grande partie de l'image que le travailleur se fait du monde, et qui affecte de plus en plus la productivité économique, est ainsi absorbée pendant les heures de « loisir ».) C'est pour cela que le « simple amusement » n'est plus si « simple ».

En bref, la nouvelle économie est étroitement liée non seulement aux anciens savoir-faire théoriques et techniques, mais à la culture populaire et au marché en expansion de l'image. Au demeurant, celui-ci ne fait pas que se développer, il se restructure simultanément. Ses catégories elles-mêmes sont en train de se remodeler. Pour le meilleur ou pour le pire, les vieilles frontières entre industrie du spectacle et politique, loisir et travail, nouvelles et variétés, se lézardent toutes, et nous sommes exposés à un ouragan d'images souvent fragmentées, kaléidoscopiques.

L'irruption du choix

Jusqu'à une date récente, les principaux fournisseurs de ces images étaient les grandes chaînes de télévision. Actuellement, aux États-Unis, où la démassification est la plus avancée, leur pouvoir s'effondre. Là où ABC, NBC et CBS trônaient pratiquement seules, il existe maintenant soixante-douze stations nationales de types divers — et d'autres s'annoncent. Selon *The Hollywood Reporter*, « la grande nouvelle dans le câble, c'est une nouvelle fournée de chaînes offrant des "niches" au marché de la publicité ». Vont bientôt s'y ajouter une chaîne consacrée au music-hall, une autre à la consommation, une autre encore à la science-fiction. En outre, Channel One introduit des programmes dans les salles de classe et National College Television utilise des satellites pour envoyer des programmes spéciaux aux étudiants des universités.

Dès 1970, on pouvait lire dans *le Choc du futur* : « L'invention de l'enregistrement vidéo-électronique, l'extension de la télévision par câble, la possibilité d'émettre directement à partir de satellites [...], tout cela laisse prévoir d'immenses développements dans la diversité des programmes. »

Aujourd'hui, la télévision par câble est reçue dans 57 % des foyers américains et les prévisions les plus prudentes portent cette proportion à 67 % dans les dix ans à venir. L'usager moyen a le choix entre plus de vingt-sept canaux, chiffre qui dépassera bientôt la cinquantaine. Dans une petite ville comme Rochester (Minnesota), les téléspectateurs ont à leur disposition plus de quarante canaux offrant un large éventail de thèmes, depuis des variétés destinées aux Noirs et des programmes en espagnol jusqu'à des émissions spécialisées de formation médicale destinées à l'audience plus large de la communauté médicale autour de la célèbre clinique Mayo.

Le câble a le premier commencé à fragmenter l'audience de masse. Vidéocassettes et émissions directes à partir de satellites (envoyant des signaux non seulement aux stations câblées, mais dans les foyers eux-mêmes) fractionnent encore ces fractions. Ainsi, les premières offrent le choix entre des milliers de films et d'émissions. Et, récemment, quatre grandes sociétés se sont regroupées pour fournir cent huit canaux de télévision (standard et haute définition) aux spectateurs américains en envoyant des signaux, depuis le satellite commercial le plus puissant au monde, à des antennes paraboliques « grandes comme des mouchoirs » qui équipent les foyers.

De plus, le nombre de stations émettant indépendamment des grandes chaînes a quadruplé depuis la fin des années soixante-dix. Beaucoup se sont groupées en organisations permanentes ou temporaires qui rivalisent avec les « majors » dans les programmations haut de gamme. Selon *Newsweek*, l'impact de toutes ces forces démassificatrices sur les chaînes naguère toute-puissantes a été littéralement « catastrophique ».

Robert Iger, responsable des variétés à ABC, déclare : « Les maîtres mots, dans tout cela, sont : choix et alternatives. C'est ce dont les gens ne bénéficiaient pas en 1980. C'est ce qu'ils ont aujourd'hui. » Mais c'est précisément ce que les principales chaînes étaient destinées à empêcher. En effet, CBS, ABC et NBC étaient des compagnies usinières de la Deuxième Vague, accoutumées à traiter avec les masses et non pas avec des micro-marchés hétérogènes, et elles ont autant de difficulté à s'adapter à l'économie post-usinière de la Troisième Vague que General Motors et Exxon. La décision prise par NBC de participer à l'aventure de l'émission directe par satellite donne la mesure de leur inquiétude.

Comme on lui demandait ce qui allait arriver aux trois « majors », Al Burton, producteur indépendant de haut niveau, répondit : « Il était une fois aussi trois grandes chaînes de radio. Aujourd'hui, presque plus personne ne se rappelle qu'elles ont existé ! »

L'Eurovision arrive

Si la démassification des médias a commencé aux États-Unis, l'Europe est en train de les rattraper.

En Amérique, radiodiffusion et télévision étaient des industries privées, alors que dans la plupart des pays européens la première et surtout la seconde ont été pendant des décennies sous la coupe des gouvernements ou financées grâce à des redevances spéciales payées par les usagers. Résultat : les Européens avaient encore un choix de programmes plus restreint que les Américains à l'époque où dominaient les grandes chaînes.

A l'heure actuelle, les changements sont remarquables. Il y a maintenant plus de cinquante satellites TV en Europe. British Satellite Broadcasting (BSB) prépare cinq services directs par satellite, tandis que Sky Television, sa concurrente, en prévoit six.

Sky et BSB se livrent une bataille sans merci, chacun menaçant de couler l'autre et dépensant à cette fin des sommes considérables sans aucune perspective de rentabilité immédiate. Toutes deux ont les yeux rivés sur le pactole à en attendre, si une estimation faite par Saatchi & Saatchi, première agence de publicité britannique, se révèle ne serait-ce que partiellement exacte. D'après celle-ci, dans moins de dix ans, plus de la moitié des foyers britanniques seront équipés pour recevoir des émissions directement transmises par satellite, et l'ensemble de la télévision par satellite récoltera une somme de quelque 1,3 milliard de dollars en publicité. D'abord lentes à démarrer, les antennes paraboliques individuelles se vendent maintenant rapidement et leur parc dépasse les 700 000.

Les Britanniques, qui devaient se contenter jusque-là des deux canaux de la BBC, et qui n'ont eu leur quatrième chaîne qu'en

1982, disposeront sans doute d'ici peu de quinze canaux alimentés par satellite.

Dans un geste politiquement explosif, la France a vraiment mis fin au monopole d'État sur la télévision en 1986, quand La Cinq entra en service à grands renforts de stars et de strass, avec le chanteur-acteur Charles Aznavour pour couper le ruban. En peu de temps, le pays passa de trois chaînes de service public à six, dont quatre privées. Les chaînes à péage, comme Canal Plus en France, se développent également en Suisse et aux Pays-Bas.

En Italie, la RAI, radiotélévision d'État, doit maintenant affronter la concurrence d'au moins quatre chaînes. Rome s'enorgueillit de posséder quelque vingt-cinq canaux de télévision.

L'Allemagne fédérale s'est dotée de deux nouveaux canaux commerciaux et se câble à vive allure depuis 1985, date à laquelle la première chaîne utilisant cette technique entra en service aux accents de la *Symphonie du Nouveau Monde* de Dvorak. Aujourd'hui, six millions de foyers allemands sont déjà câblés et, pour ne pas être en reste, l'Espagne lance trois nouvelles chaînes privées pour rivaliser avec ses réseaux publics.

La situation change si rapidement que ces données seront sans doute périmées à l'heure où elles paraîtront. Et personne ne sait avec certitude combien d'autres canaux l'Europe ajoutera encore au cours des années à venir, doublant ou peut-être triplant le total. Cela, sans tenir compte de l'explosion probable de la radio aussi bien que de la télévision dans les pays est-européens libérés du joug communiste. Là-bas, les chaînes pluralistes vont pousser comme des pissenlits.

Pendant ce temps, le Japon, pionnier de la télévision haute définition, a été beaucoup plus lent à développer le câble ou à multiplier les canaux. Mais, s'il se conforme à tous ses précédents historiques, le jour où il aura finalement pris sa décision, il agira avec une rapidité foudroyante.

On assiste donc à deux phénomènes apparemment contradictoires. Au niveau financier : consolidation. Au niveau de ce que voit effectivement le public : diversité croissante, alimentée par la multiplication étourdissante de nouveaux canaux et médias.

La « commercialisation planétaire »

L'existence d'une représentation planétaire du marché a conduit certaines compagnies, y compris celles des médias, à une conclusion simple, linéaire : le moment était venu de « mondialiser », c'est-à-dire d'essayer de faire à l'échelle planétaire ce qu'elles avaient fait auparavant avec succès à l'échelle nationale.

Cette stratégie linéaire s'est révélée perdante.

Une création de richesse du type avancé présuppose, certes, la mondialisation d'une bonne partie de la fabrication et le développement parallèle de moyens de distribution à l'échelle du globe. Ainsi, tandis que certaines sociétés commençaient à nouer des alliances, transcendant les frontières dans ces deux domaines, voire à fusionner par-dessus les barrières nationales, les agences de publicité suivirent le mouvement. Profitant de la baisse du dollar, WPP (Grande-Bretagne), par exemple, absorba J. Walter Thompson et Ogilvy & Mather, deux géants américains. Dans son offensive pour devenir le n° 1 mondial, Saatchi & Saatchi dévora Compton Advertising et Dancer Fitzgerald Sample, entre autres.

En théorie, ces agences transnationales devaient être en mesure de faire passer la publicité standardisée émanant d'entreprises transnationales sur des médias transnationaux avec un minimum d'efforts. Les mêmes textes seraient traduits en plusieurs langues. Presto ! D'où des commissions encore plus juteuses pour les agences.

La base théorique de cette stratégie de la « commercialisation planétaire » était notamment fournie par un gourou du marketing, Theodore Levitt, de Harvard, qui clamait *urbi et orbi* que « les besoins et les désirs du monde ont été irrévocablement homogénéisés » et qui célébrait l'avènement de produits et de marques « planétaires » — sous-entendant que si le même produit soutenu par la même publicité s'était bien vendu dans un pays, il se vendrait ensuite aussi bien dans tous les autres. La standardisation de caractère industriel qui avait eu lieu auparavant au niveau national allait désormais s'appliquer aussi bien au niveau mondial.

Ce qui cloche dans cette théorie, c'est qu'elle fait trop peu de distinction entre les différents marchés et régions du monde. Certains pays en sont encore au stade précédant le marché de masse, alors que d'autres y ont accédé, tandis que d'autres encore font déjà l'expérience du caractère démassificateur de l'économie avancée. Dans ces derniers, les consommateurs exigent une plus grande individualisation des produits et rejettent carrément certains biens ou services homogènes. On ne peut donc compter que le même marketing ou la même publicité agiront dans tous les cas.

La théorie de Levitt sous-estime aussi gravement l'impact économique des préférences et concepts culturels à un moment où la culture, loin de perdre de son importance, en gagne. Une étude faite en 1988 par la banque d'affaires Samuel Hill pour la Confederation of British Industry donne à penser que même une Europe unie ne pourra être considérée comme uniforme. D'après ce rapport, les ménagères françaises préfèrent les machines à laver qui se chargent par le dessus, alors qu'en Grande-Bretagne, on achète plutôt celles qui se chargent par le devant. Pour les Allemands, l'hypotension exige une médication lourde, alors que les médecins britanniques ne partagent pas cet avis. Les Français s'inquiètent d'un trouble « cardio-digestif » connu sous le nom de « spasmophilie », alors que les médecins britanniques ne reconnaissent même pas son existence. Les attitudes à l'égard de la nourriture, de la beauté, de l'amour, du travail, des distractions — ou, d'ailleurs, de la politique — sont-elles moins diverses ?

En pratique, cette théorie simpliste s'est révélée désastreuse pour les entreprises qui l'ont appliquée. Dans un article paru en première page, *The Wall Street Journal* l'a qualifiée de coûteux fiasco. Le journal détaillait les affres de Parker Pen quand il essaya de la suivre (lourd déficit, licenciement des responsables, et finalement vente de sa division stylos). La tentative déployée pour faire acheter des produits de beauté Erno Laszlo par des Australiennes à peau claire comme par des Italiennes à peau mate se solda par un échec, ce qui n'avait rien d'étonnant. Même McDonald tient compte des différences nationales, vendant de la bière en Allemagne, du vin en France et même, à un moment donné, de la tourte au mouton en Australie. Aux Philippines, la maison propose des McSpaghettis. Si la diversité est nécessaire pour les produits de consommation, peut-on penser qu'elle le sera moins pour la culture ou les programmes politiques ? Des médias planétaires vont-ils vraiment faire disparaître les différences entre les peuples par homogénéisation ?

Le fait est qu'à quelques exceptions près, les cultures aussi, comme les produits, tendent à la démassification. Et la multiplicité même des médias accélère ce processus. C'est donc à une extrême diversité et non pas à l'uniformité que les spécialistes chargés de « vendre » des candidats ou des idées politiques seront obligés de se mesurer. Si, presque toujours, les produits échouent quand ils essaient d'enlever un marché mondial, pourquoi hommes et doctrines politiques réussiraient-ils mieux ?

Plutôt que d'homogénéiser la planète comme l'ont fait les vieux médias de la Deuxième Vague, le nouveau système mondial pourrait y accentuer la diversité. La mondialisation n'est donc pas l'homogénéité. Au lieu d'un seul village planétaire, comme le prévoyait feu Marshall McLuhan, théoricien canadien des médias, nous en verrons probablement se développer une multiplicité, très différents, tous reliés au nouveau système de médias, mais s'efforçant tous de conserver ou de renforcer leur identité culturelle, ethnique, nationale ou politique.

Les nouveaux barons

La mondialisation des médias, nécessaire à la nouvelle économie, se réalise en fait à pas de géant.

Quand le japonais Sony fit l'acquisition de Columbia Pictures Entertainment pour 5 milliards de dollars, s'arrogeant du même coup la plus grande filmothèque de Hollywoord, y compris des produits de qualité comme *Sur les quais, Lawrence d'Arabie* et *Kramer contre Kramer*, ainsi que 220 salles et 23 000 épisodes de télévision, il ébranla violemment l'industrie du spectacle. En réalité, Sony, qui prépare une action de grande envergure pour vendre ses vidéogrammes en 8 mm, voulait le « software » allant avec son « hardware ». Mais il ne s'agit là que d'une transaction parmi toutes celles qui sont en train de modifier l'industrie de l'image jusque dans ses structures.

Ainsi Fujisankei Communications Group s'est introduit chez Virgin Music. TV South (britannique) a acheté MTM Enterprises, société de télévision fondée par Mary Tyler Moore. Le groupe allemand Bertelsmann, une des plus importantes constellations de médias au monde, possède des entreprises dans plus de vingt pays. L'empire de Rupert Murdoch, qui s'étend sur trois continents, comprend journaux et magazines, édition, production de films et une chaîne de télévision aux États-Unis.

Un des effets secondaires de cette activité fébrile est l'ascension d'un groupe haut en couleur de barons des médias mondiaux, parmi lesquels l'Australien Murdoch a fait figure de pionnier.

Accusé (parfois injustement) de ne faire que dégrader les journaux qu'il acquiert, de traiter cavalièrement les syndicats et de se montrer un concurrent impitoyable, il sait aussi voir loin et étudier systématiquement les dernières technologies. Mis à part les journaux qu'il possède ou contrôle en Australie, aux États-Unis et en Grande-Bretagne, Murdoch s'est employé à bâtir avec soin un empire de médias planétaire, intégré verticalement.

Il possède une part importante de la 20th Century Fox Broadcasting, qui elle-même possède les droits sur des milliers d'heures de cinéma et de programmes de télévision. Il possède la chaîne Fox TV et la revue *TV Guide* aux États-Unis. En Europe, il a été un pionnier de la télévision par satellite et détient 90 % de Sky Channel, nouvelle chaîne sportive, ainsi qu'un canal diffusant des nouvelles vingt-quatre heures sur vingt-quatre, qui tire une partie de sa substance des journaux londoniens du groupe. Il est, en outre, associé à parité avec l'entreprise britannique Amstrad pour fabriquer des antennes paraboliques bon marché destinées à recevoir les programmes dans les foyers.

Cette intégration verticale produira-t-elle en fin de compte la « synergie » désirée ? Cela reste à prouver. D'autres industries, au contraire, s'éloignent de cette forme de structure, nous l'avons vu. Mais, qu'il gagne ou qu'il perde, Murdoch a déjà insufflé une énergie nouvelle à toutes les entreprises d'édition et de radiotélévision.

En Grande-Bretagne, Robert Maxwell, ce bulldozer plastronnant — parfois appelé derrière son dos le « Tchèque bondissant », la « Tornade noire » ou « Capitaine Bob » — a commencé en éditant une petite série de périodiques universitaires à diffusion confidentielle. Né en Tchécoslovaquie, il a servi comme officier dans l'armée britannique durant la deuxième guerre mondiale, avant d'être élu aux Communes.

A partir d'une base minuscule de publications savantes, il a bâti un empire fait de morceaux de nombreuses télévisions existantes, y compris TF1 en France, Canal 10 en Espagne, Central Television en Grande-Bretagne, un canal cinéma et un autre MTV. Parmi ses multiples entreprises, des magazines, des journaux, et les éditions Macmillan aux États-Unis.

Vivante antithèse de Maxwell et de Turner, Reinhard Mohn, lui, est un homme modeste, porté sur la philosophie, qui a des idées soigneusement posées sur le management, la participation des salariés, les responsabilités sociales des possédants.

Prisonnier de guerre allemand à Concordia (Kansas) pendant la dernière guerre, Mohn fut impressionné non seulement par la démocratie américaine, mais, entre bien d'autres choses, par le Book-of-the-Month Club. Rentré dans la petite ville de Guetersloh, il reprit la maison d'éditions bibliques de sa famille et se mit en devoir de faire du groupe Bertelsmann un générateur d'énergie pour les médias. En plus de clubs de livres et de disques ou cassettes en Allemagne, en France, en Espagne, au Brésil, aux États-Unis, ainsi que dans dix-huit autres pays, Bertelsmann détient le Bantam Doubleday Dell Publishing Group, les éditions Plaza y Janes en Espagne, plus trente-sept périodiques dans cinq pays, plus des marques de disques comme RCA/Ariola, et un nombre important de parts dans la radio et la télévision.

L'Italien Silvio Berlusconi, dont les stations de télévision représentent 60 % de tous les budgets publicitaires du pays, s'est introduit en France où il possède une partie de La Cinq, en Allemagne avec une grosse participation dans Tele 5, et à Moscou, qui l'a nommé fournisseur exclusif pour l'Europe de la publicité à destination de l'Union soviétique. Berlusconi fait en même temps les yeux doux à la Yougoslavie, à l'Espagne et à la Tunisie.

Comment se forge l'opinion planétaire

Lorsqu'ils affectent les médias, les transferts de puissance financière déchaînent toujours des discussions enflammées. Aujourd'hui, la taille même des empires médiatiques est source d'angoisse. Les chaînes et autres médias installés se sentent menacés. En outre, la concentration du contrôle financier entre les mains des Murdoch et autres Berlusconi fait resurgir le spectre des grands magnats de la presse d'autrefois, comme William Randolph Hearst aux États-Unis ou lord Northcliffe en Grande-Bretagne, des hommes dont l'influence politique — énorme — n'était pas universellement appréciée, loin de là.

La première critique, et la plus fréquente aujourd'hui, c'est que les nouveaux médias planétaires contribueront à uniformiser le monde. L'échec de la théorie du « marketing planétaire » semble pourtant indiquer que cette crainte est excessive.

Les mass media ont produit leurs effets homogénéisants les plus marqués quand il n'existait que quelques canaux, peu de médias différents, donc peu de choix pour les téléspectateurs. A l'avenir, c'est l'inverse qui prévaudra. Si le contenu de chaque programme peut être bon ou mauvais, le « contenu » nouveau le plus important est l'existence de la diversité elle-même. Le passage d'un environnement médiatique pauvre en choix à un autre, fort riche, a des incidences non seulement culturelles, mais politiques.

Les gouvernements à haute technologie se trouvent confrontés à un avenir où des messages multiples, contradictoires, taillés aux mesures des usages commerciaux aussi bien que des traditions culturelles ou politiques, bombarderont leurs populations, plutôt qu'une seule incitation répétée à l'unisson par quelques médias géants. La vieille politique de « mobilisation en masse » et de « fabrication de consensus » devient bien plus difficile dans ce nouveau contexte médiatique.

En soi, un choix plus large est à cet égard foncièrement

démocratique, et il complique la vie des hommes politiques qui offrent à leurs mandants un panorama sans possibilité de choix.

Un second ensemble de critiques vise les nouveaux barons des médias et a trait à leurs propres options politiques. Murdoch est jugé trop conservateur, Maxwell trop proche du Parti travailliste, et Turner aussi indéfinissable qu'imprévisible. Celui-ci a vendu son âme au président Mitterrand, cependant que celui-là couche ailleurs. Si toutes ces accusations étaient justifiées, elles ne tarderaient pas à s'annuler.

Bien plus importants que leurs options personnelles sont les intérêts qu'ils défendent en commun. Bien entendu, tous sont des capitalistes opérant dans un ordre capitaliste, et, en tant que tels, nous pouvons penser qu'en général la couleur du bilan les intéresse plus que celle des partis.

Que ces seigneurs des médias penchent à droite ou à gauche est bien moins décisif que le soutien qu'ils apportent, par leur action plus que par leurs paroles, à l'idéologie du mondialisme. Ce dernier — ou, pour le moins, le supranationalisme — est l'expression naturelle de la nouvelle économie, promise à déborder les frontières nationales, et il est de l'intérêt des nouveaux magnats des médias de diffuser cette doctrine.

Mais cet intérêt personnel se heurte à un autre : pour que leurs stations de radio et de télévision, leurs journaux et magazines réussissent financièrement, ils vont être obligés de démassifier — ce qui veut dire qu'ils seront amenés à chercher des « niches », à diffuser des programmes spécialisés, à faire appel à des intérêts très locaux. Le slogan familier « Pensez mondial, agissez local » définit parfaitement les nouveaux impératifs des médias.

Mais l'existence même de puissants moyens de communication capables de franchir les océans va déplacer le pouvoir en le faisant passer des dirigeants politiques nationaux à la nouvelle communauté planétaire. Ainsi, sans nécessairement l'avoir voulu, les nouveaux barons sont en train de modifier de fond en comble le rôle de l'« opinion planétaire » à travers le monde.

Tout comme, au siècle passé, les dirigeants nationaux étaient contraints de justifier leur action devant le tribunal de leur « opinion publique », ceux de demain se trouveront confrontés à une « opinion planétaire » grandement renforcée. Et, de même que l'œuvre de Benjamin Day, d'Henry Hetherington ou d'Émile de Girardin a permis aux classes défavorisées d'accéder à la vie politique des nations, de même les activités des actuels seigneurs des médias feront participer des millions de nouveaux êtres humains au processus de décision planétaire.

Actuellement, les États bafouent l'opinion planétaire sans trop se soucier des conséquences. Elle n'a pu sauver ni les victimes d'Auschwitz, ni le peuple cambodgien, ni, plus récemment, les boat-people fuyant la faim et l'oppression en Asie. Elle n'a pas non plus empêché les dirigeants chinois de massacrer leurs étudiants contestataires.

Néanmoins, elle a parfois retenu la main de régimes criminels. L'histoire des droits de l'homme regorge de cas où des protestations mondiales ont empêché la torture ou l'exécution d'un prisonnier politique. Il est peu probable qu'Anatoli Chtcharanski eût résisté à son expérience des camps soviétiques si le monde extérieur n'avait fait pression sur Moscou pour qu'il soit libéré. Les chances de survie d'Andreï Sakharov furent améliorées quand il obtint le prix Nobel de la paix et que son nom fut sur toutes les lèvres, par suite de l'attention continuelle que lui portaient les médias dans le monde entier.

Le système ne fera pas que les pays se comportent comme des enfants de chœur, mais il rendra plus coûteux les défis lancés à l'opinion internationale. Dans le monde que construisent les barons des médias, ce que l'étranger dira d'un pays donné aura plus de poids à l'intérieur de ses frontières qu'à aucune autre période passée.

Les gouvernements inventeront certainement des mensonges plus sophistiqués pour justifier les décisions qui les servent et pour manipuler des médias de plus en plus « systémiques ». Ils accroîtront aussi les efforts de propagande visant à améliorer leur image de marque, mais si ces efforts échouent, ils pourraient pâtir de graves sanctions économiques découlant de comportements réprouvés par le reste du monde.

L'Afrique du Sud peut bien prétendre que les sanctions n'ont nui en rien à son économie, ou que son image de paria ne lui a pas non plus causé de torts ; ses dirigeants savent bien qu'il n'en est rien. L'opinion planétaire prépare le terrain à l'action planétaire.

Même si un monde indigné n'inflige pas officiellement de sanctions à un régime pervers, des organismes internationaux comme la Banque mondiale peuvent rejeter ses demandes de crédits — qui portent sur des milliards. Les banques privées peuvent prendre peur, les investisseurs étrangers et les touristes aller ailleurs. Pis encore, les sociétés et les pays qui consentent à faire des affaires avec tel ou tel de ces pays mis au ban des nations sont en mesure de se montrer plus exigeants et plus durs qu'ils ne l'auraient été en d'autres circonstances. Dans les négociations, le rapport de forces est désormais fonction de l'image planétaire de chacun.

En outre, l'importance de l'opinion planétaire croissant parallèlement à l'extension des médias « systémiques », les plus astucieux tenteront de s'en servir comme d'une arme non conventionnelle. Non seulement pour sauver certains prisonniers politiques ou acheminer des secours de première urgence vers des zones sinistrées, mais aussi pour nous épargner une partie au moins des désastres écologiques qui pourraient sans cela être infligés à une planète meurtrie.

Quand des Arméniens furent assaillis par des Azéris à Bakou, leurs compatriotes de Los Angeles furent aussitôt avertis et se mirent à mobiliser des forces politiques. Quand des jésuites sont assassinés par un escadron de la mort au Salvador, le monde entier le sait. Quand un syndicaliste est emprisonné en Afrique du Sud, la nouvelle se répand. Les nouveaux médias planétaires fonctionnent essentiellement pour faire des profits, mais ils élèvent involontairement le niveau de l'action politique transnationale par une éblouissante prolifération d'associations et de groupes militants.

Sans même l'avoir voulu, Murdoch et Maxwell, Turner et Mohn, Berlusconi et autres nouveaux magnats des médias sont en passe de créer un formidable outil et de le remettre entre les mains de la communauté planétaire.

Mais, pour l'heure, cela égratigne encore à peine la surface de ce qui est en train de se dérouler sous nos yeux. Comme nous allons le voir au chapitre suivant, le nouveau système médiatique planétaire est en fait devenu le principal instrument de la révolution en cours dans le monde actuel, en proie à de si rapides bouleversements.

CHAPITRE XXVII

Médias et subversion

Le 30 juin 1988, à Victorville, près de Los Angeles, le shérif reçut une plainte. Cinq Mexicains faisaient une musique de tous les diables, ingurgitaient de la bière et pissaient sur la pelouse ; le tapage durait depuis douze heures. Quand six policiers débarquèrent sur place et tentèrent de calmer ces énergumènes, coups de poing et coups de matraque commencèrent à pleuvoir. Pour les hommes du shérif, il n'y avait là rien de bien extraordinaire. Sauf un détail.

A leur insu, pendant qu'ils s'efforçaient de mater les cinq perturbateurs en faisant usage de leurs matraques et de prises de judo, un voisin avait braqué une caméra vidéo dans leur direction.

La rumeur publique s'enflamma à la nouvelle des brutalités policières sitôt que le film de quatre minutes eut été projeté devant la communauté *latino* de la ville. Suivirent des protestations au nom des droits civils, puis un procès contre les policiers, accusés d'avoir fait un usage abusif de la force. Armando Navarro, directeur de l'Institut pour la justice sociale, organisation locale pour les droits civiques, déclara . « Voilà vingt et un ans que je milite dans les mouvements communautaires ; jamais je n'ai rien vu d'aussi typique et qui révèle la violence sous ses vraies couleurs. »

Les défenseurs des policiers soutinrent de leur côté que le film ne disait pas la vérité, car il ne montrait pas ce qui s'était passé avant que la caméra ne commence à filmer, quand, selon les forces de l'ordre, la violence s'était exercée contre eux.

L'affaire prit des dimensions plus considérables encore lorsque la personne qui avait tourné le film disparut et qu'un représentant du consulat mexicain à Los Angeles fit son apparition dans la salle d'audience pour suivre les débats, se déclarant inquiet de la discrimination antimexicaine qui sévissait à Los Angeles. Finalement, une cour fédérale trancha en faveur des Mexicains, auxquels elle alloua un million de dollars.

Il est peu probable que les révolutionnaires qui renversèrent le gouvernement communiste en Tchécoslovaquie en 1989 aient jamais entendu parler de l'affaire des « Cinq de Victorville ». Mais, dans les rues de Prague, les étudiants avaient installé des écrans de télévision au coin des rues et passaient des bandes vidéo montrant la brutalité des autorités dans leur volonté d'écraser les manifestations antigouvernementales. Ils diffusaient aussi les enregistrements des discours du dramaturge Vaclav Havel, passé depuis lors de la prison pour délit d'opinion à la présidence. Ailleurs aussi, comme à Taiwan, l'opposition politique a fait usage de ces moyens d'information pour dénoncer ce qu'elle appelle les « violences de la répression ».

Partout dans le monde, de nouveaux moyens de communication ou de nouvelles façons d'exploiter les anciens sont utilisés pour défier — ou parfois renverser — la puissance de l'État. Selon les termes du fondateur de Solidarité, Lech Walesa, décrivant les bouleversements politiques intervenus en Europe de l'Est : « Ces réformes sont un résultat de la civilisation — ordinateurs, satellites de télévision [et autres innovations] offrent des solutions nouvelles. »

Le vilain petit bonhomme à la télévision

Il est clair que la vague de révolutions qui déferla de proche en proche sur l'Europe de l'Est au cours de l'année 1989 a été la conséquence de trois facteurs convergents : l'échec à long terme du socialisme, incapable de dispenser la richesse économique qu'il avait promise ; l'annonce par l'Union soviétique qu'elle ne soutiendrait plus les gouvernements communistes par la menace d'une intervention militaire ; l'avalanche de nouvelles affluant dans les pays communistes malgré tous les efforts de leurs censeurs — des nouvelles apportées par les nouveaux moyens de communication.

Pendant les vingt-cinq ans de sa dictature, Nicolae Ceaucescu imposa la censure la plus rigoureuse de tous les régimes communistes d'Europe de l'Est, contrôlant tout ce qui paraissait dans la presse et surtout à la télévision. Lui-même était un grand amateur de cette dernière, en particulier des épisodes de *Kojak*, série policière américaine avec Telly Savalas comme vedette. Mais, malgré les heures passées devant le petit écran, il ne comprit rien à la révolution médiatique et le paya de sa vie à Noël 1989.

S'il avait étudié le rôle de ce nouveau système planétaire, par exemple dans la chute de Ferdinand Marcos aux Philippines, il aurait su que le contrôle des médias n'est pas suffisant pour maintenir un peuple dans l'ignorance, et que les événements de politique intérieure se jouent de plus en plus sur une scène planétaire.

« Ce qui s'est passé aux Philippines, a pu constater le professeur William Adams, spécialiste des médias à l'Université George-Washington, a été un pas de dimension épique vers un nouveau type de révolution — une révolution par les médias et par les symboles. »

En raison des liens historiques étroits entre les Philippines et les États-Unis, ainsi que du maintien de bases militaires américaines dans ce pays, Marcos aussi bien que sa principale opposition politique sollicitaient le soutien de Washington. Les deux camps recherchaient l'appui des journalistes étrangers pour raconter leur version de l'histoire.

L'opposition grandissant, Marcos accepta bien à contrecœur d'organiser des élections en 1986, et la campagne qui s'ensuivit fut couverte jusqu'à saturation par les télévisions américaines qu'attirait le charme de Cory Aquino, veuve d'un héros assassiné, affrontant le vieux dictateur corrompu.

Au début, le président Reagan soutint Marcos. Mais, à mesure que la télévision couvrait les événements, les Américains purent voir de gentils manifestants pacifiques, appartenant évidemment aux classes moyennes, brutalisés par les nervis de Marcos, et la position de Reagan commença à s'infléchir. Le critique de télévision du *Washington Post* devait écrire : « Cela ne faisait pas bon effet d'être allié à ce vilain petit bonhomme de la télévision. »

Reagan envoya une délégation officielle à Manille pour contrôler la régularité des élections. Dirigée par le sénateur Richard Lugar, elle constata de nombreux cas de corruption et de fraude qu'elle révéla aux téléspectateurs avant même de rendre compte officiellement au président. Son rapport compromit encore davantage la campagne de Marcos et ce que les Américains voyaient sur leurs écrans de télévision revenait instantanément se frayer un chemin aux Philippines.

Cette couverture influença aussi la Maison Blanche, qui finit par soutenir une faction militaire anti-Marcos, après quoi l'alliance de la force et de l'information contraignit le dictateur à l'abandon. Confronté à l'inévitable, il s'enfuit et reçut l'autorisation de se réfugier à Hawaii.

Un analyste politique devait dire par la suite : « S'il avait été l'un des grands tyrans du XXᵉ siècle, il aurait sorti les médias à coups de bottes et fait donner les mitrailleuses. »

Pourtant, l'inverse est peut-être tout aussi vrai dans le cas de Ceaucescu : s'il avait laissé entrer les médias et évité d'utiliser les mitrailleuses, il aurait peut-être survécu. Initialement, le renversement des régimes communistes dans les autres pays de l'Est, pendant le dramatique hiver 1989, a été pacifique. Il n'y a qu'en Roumanie que les mitrailleuses ont crépité.

Un des derniers actes du dictateur fut d'ordonner le massacre de Timisoara. Quand, après cela, la foule se répandit dans les rues de Bucarest, des combats éclatèrent entre militaires et agents de la Securitate, la police politique de Ceaucescu. La lutte dura plusieurs jours, la Securitate continuant à se battre même après la mort du dictateur et de son épouse, rapidement jugés par un conseil de guerre puis passés par les armes

A ce moment, le centre de la révolution était le studio 4 de la « Télévision roumaine libre » ; alors que tireurs isolés et commandos essayaient de reprendre le bâtiment, les chefs de la révolution, maîtres des ondes, passaient et repassaient les images des corps du dictateur et de son épouse C'est seulement après que l'effusion de sang cessa.

Peu après, le *New York Times* put écrire que la dictature avait été remplacée par une « vidéocratie ».

Quant au *Financial Times*, il exultait devant la chute des régimes communistes dans l'ensemble de l'Europe de l'Est : « Il est apparu que les médias, vus par George Orwell comme des instruments d'asservissement, étaient libérateurs ; même un Ceaucescu n'a pu mettre un bandeau sur les yeux de son peuple. »

Pourtant, en s'hypnotisant sur la télévision, nombre d'observateurs passent à côté d'un problème plus vaste. En effet, ce n'est pas simplement elle qui est révolutionnaire, mais l'*interaction* combinée de nombreuses technologies différentes.

Des millions d'ordinateurs, de télécopieurs, d'appareils de reproduction, de cassettes vidéo, de téléphones perfectionnés, avec les techniques du câble et du satellite, réagissent maintenant les uns sur les autres, et ne peuvent être compris si on les considère isolément. La télévision n'est qu'un élément de ce système beaucoup plus vaste relié en bien des points aux réseaux électroniques intelligents utilisés dans les affaires et la finance pour échanger des données engrangées dans les ordinateurs.

Ce nouveau système médiatique, que l'on pourrait dire enveloppant, est à la fois à l'origine de la nouvelle économie fondée sur le savoir et une réaction à son emprise ; il représente un bond quantique dans la manière dont l'espèce humaine utilise symboles et images. Aucune partie de cette toile immense n'est entièrement coupée du reste, et c'est cela qui, en retour, la rend potentiellement subversive, non seulement pour les Ceaucescu qui sévissent encore en ce bas monde, mais pour tous les détenteurs de pouvoir. Le nouveau système médiatique est un accélérateur : il hâte les transferts de pouvoir.

Trois modes de communication

La meilleure façon de comprendre sa puissance est de replacer la révolution médiatique actuelle dans une perspective historique et de distinguer nettement entre trois modes de communication différents.

En simplifiant à l'excès, nous pouvons dire que dans la Première Vague, celle des sociétés agraires, la plupart des communications se passaient de bouche à oreille ou en tête à tête à l'intérieur de très petits groupes. Dans un monde sans journaux, ni radio, ni télévision, la seule façon pour qu'un message atteignît une audience de masse consistait à rassembler une foule. En fait, on peut dire que celle-ci a été la première forme de communication de masse.

Une foule peut « faire monter un message » jusqu'à son chef. L'importance du rassemblement est en soi un message. Mais, quel qu'en soit par ailleurs le contenu, elle en envoie aussi un, identique, à tous les participants. Ce message — qui peut être profondément subversif — est simple : « Vous n'êtes pas seul. » La foule a donc joué un rôle crucial dans l'Histoire. Mais le problème avec elle, en tant que moyen de communication, c'est son caractère en général éphémère.

Elle n'a pas été le seul media prétechnologique. En Occident, pendant le Moyen Age, l'Église catholique, en raison de son organisation ramifiée, fut ce qu'il y avait de plus ressemblant à un système de communication de masse durable — et le seul à pouvoir transmettre le même message à de nombreuses populations *par-delà les frontières politiques*. Cette capacité unique conférait une puissance énorme au Vatican face à des rois et principicules européens perpétuellement en guerre les uns contre les autres. Elle explique pour une part les luttes entre l'Église et l'État, dont les péripéties ensanglantèrent le Vieux Continent pendant des siècles.

Lors de la Deuxième Vague, ayant besoin de plus de communications à distance, le système de création de richesse fondé sur la production industrielle de masse donna naissance à la poste, au télégraphe et au téléphone. Mais les nouvelles fabriques avaient aussi besoin d'une main-d'œuvre homogène, et c'est alors que furent inventés les mass media, fondés sur la technique. Journaux, magazines, films, radio et télévision, capables chacun de faire passer simultanément le même message à des millions d'hommes, devinrent les instruments essentiels de la massification dans les sociétés industrielles.

Par contraste, le nouveau système de la Troisième Vague reflète les besoins de l'économie post-production de masse qui est en train d'émerger. Comme les plus récentes usines à « production flexible », elle fait du sur mesure, diversifiant l'image de ses produits, envoyant représentations, idées et symboles différents à des segments de population, des marchés, des tranches d'âge, des professions, des groupes ethniques ou sociologiques ciblés au plus près.

Cette nouvelle diversité très poussée des messages et des médias est nécessaire, car le nouveau système de création de la richesse exige une main-d'œuvre et une population beaucoup plus hétérogènes. La démassification prévue dans *le Choc du futur* et développée dans *la Troisième Vague* est devenue un caractère déterminant du nouveau système médiatique. Mais ce n'est là qu'un de ses aspects.

Médiafusion

Contrairement aux médias de la Deuxième Vague, dont chacun opérait plus ou moins indépendamment des autres, les nouveaux sont étroitement interconnectés et fusionnés, échangeant entre eux données, images et symboles. Les exemples de cette fusion abondent.

Une émission de radio dans laquelle les auditeurs peuvent intervenir, créant ainsi un lien avec le plateau, a fait le sujet d'un film en 1988, *Talk Radio*, à son tour diffusé par la télévision à péage et critiqué par la presse. Pourquoi ne pas imaginer qu'il sera un jour discuté par les participants à une autre émission de radio ?

Ou prenez *Broadcast News*, film sur les présentateurs de

télévision, qui, après être passé dans de nombreuses salles de cinéma, a été repris à la télévision et annoncé dans la presse.

Newsweek décrit « le spectacle aujourd'hui presque banal d'un fermier de l'Iowa interviewé par un reporter de la presse écrite, pris par un photographe et filmé par une équipe de télévision, tout cela pour faire le sujet d'un article sur les médias dans une revue ». Un cliché de cette scène illustre précisément l'article de *Newsweek*.

Si l'on pénètre plus profondément dans le système, on constate que les salles de rédaction des journaux regardent les écrans de télévision pour se tenir au courant des derniers événements. Nombre de correspondants européens à Washington suivent la couverture en direct de CNN, puis écrivent leurs « papiers » pour les journaux d'après ce que leur a montré la télévision. De moyen de transmission, celle-ci se fait source.

Les producteurs d'émissions-débats à la télévision empruntent aux journaux leurs idées pour les sujets à traiter et les personnalités à inviter. Tous dépendent de télécopieurs, d'ordinateurs, de machines à traitement de texte, de compositeurs électroniques, d'images digitalisées, de réseaux électroniques, de satellites et autres techniques interdépendantes.

C'est cette interpénétration serrée qui transforme des médias isolés en *système*. Combinée à la mondialisation, elle réduit l'impact de l'un quelconque des médias, canaux, publications ou technologies par rapport à tous les autres. Mais elle dote l'ensemble du système d'un pouvoir immensément accru, qui irrigue toute la planète. Ce qui est à l'œuvre n'est dont pas une « vidéocratie », mais une « médiafusion ».

Vallées d'ignorance

A « fusion », il convient d'ajouter « diffusion », car aucune région du monde n'est plus désormais totalement coupée du reste. Les messages traversent les frontières les plus jalousement gardées.

Malgré la sévère censure de Ceaucescu, de nombreux Roumains pouvaient capter la télévision des Bulgares — qui, eux, préféraient souvent la télévision soviétique à la leur. Dès avant la révolution, les Roumains connaissaient le nom des dissidents qui risquaient l'emprisonnement en manifestant pour les droits de l'homme. Ces noms avaient été rendus familiers par les radios étrangères qui émettaient à destination de la Roumanie.

La plupart des Allemands de l'Est pouvaient recevoir les

stations de télévision ouest-allemandes, qui leur disaient des choses que leur gouvernement aurait préféré cacher. En 1989, quand de grandes manifestations antigouvernementales eurent lieu à Leipzig, les Allemands de l'Est en furent informés par les émissions ouest-allemandes. Ils apprirent de la même façon que la Hongrie avait ouvert ses frontières aux réfugiés est-allemands et que des fissures se produisaient dans le mur de Berlin. Ceux que ces émissions ne pouvaient atteindre se trouvaient surtout dans la région de Dresde, appelée « vallée de l'Ignorance ». Ce genre de « vallées » se raréfient de plus en plus.

La « porosité » des frontières n'est pas nouvelle, ni le fait que la Voix de l'Amérique et Radio Free Europe, la BBC et d'autres stations diffusaient des programmes sur ondes courtes à destination des pays communistes. Au cours des manifestations pour la démocratie qui précédèrent le massacre autour de la place Tien Anmen, la Voix de l'Amérique émit onze heures et demie par jour, atteignant un public estimé à cent millions de Chinois. Elle dispensait même des instructions sommaires pour déjouer les tentatives des autorités visant à brouiller les transmissions.

Mais ce qui est différent aujourd'hui, c'est la stratégie des médias subversives à laquelle recourent les révolutionnaires.

La stratégie médiatique des révolutionnaires

Ce que Ceaucescu ne sut déceler — il ne fut pas le seul —, ce sont les procédés stratégiques dans lesquels certaines formes de communication des trois Vagues peuvent parfois se combiner ou s'opposer.

La religion en fournit un bon exemple. Une des plus grandes bénéficiaires des révolutions de 1989 en Europe de l'Est a été l'Église catholique, longtemps persécutée mais jamais anéantie par les régimes communistes. L'Église, comme il a été suggéré plus haut, a elle-même été un système de communication de masse, longtemps avant que les Jim Bakker et Jimmy Swaggert d'aujourd'hui se lancent dans les tournées évangélistes, et longtemps avant que Pat Robertson ne se forge une audience telle à la télévision qu'il a pu se permettre de mener une campagne pour la présidence des États-Unis.

Si l'Église exerce aujourd'hui un pouvoir dans le monde, c'est en partie dû à son influence morale et à ses ressources économiques, mais aussi au fait qu'elle continue de servir de moyen de communication pour les masses. Capable de toucher des millions et des millions d'hommes tous les dimanches matin elle fait paraître bien pâlotte l'audience de certaines émissions pourtant cotées parmi les toutes premières du monde. Bien entendu, elle communique aussi avec ses membres durant les six autres jours de la semaine et, dans le monde actuel, elle fait usage de journaux et autres supports pour conforter son mode de communication directe.

Tant que l'Église catholique — ou n'importe quelle autre religion organisée — pourra réunir d'énormes troupeaux de fidèles et atteindre ainsi une audience de masse, tous les gouvernements seront obligés d'en tenir compte. Certains, nous l'avons vu, ont essayé de l'extirper (ce qui est quasi impossible). D'autres ont voulu colporter un produit de substitution à base de nationalisme, de marxisme ou de quelque autre doctrine. D'autres encore recourent à la corruption et tentent de la coopter.

Dans les États totalitaires, l'existence entre les mains de l'Église d'un moyen de communication de masse ni rallié ni asservi représente pour eux un danger constant, car ce canal risque toujours d'être mis à la disposition de l'opposition politique. C'est ce qui explique la férocité avec laquelle les États communistes essayèrent d'exterminer l'Église ou, quand cela s'avérait impossible, de l'acheter.

Cette reconnaissance de la religion organisée en tant que mass media — quoi qu'elle puisse être par ailleurs — contribue à expliquer nombre de récents transferts de pouvoir.

Elle aide à expliquer pourquoi, si souvent dans l'Histoire, des pays aussi différents que l'Iran du shah ou la Corée du Sud de Chun Doo Hwan voient le mécontentement populaire, qu'il soit de nature économique ou autre, canalisé dans des mouvements religieux. En Iran, bien entendu, cette canalisation de la protestation sous une forme religieuse a abouti à la chute du régime laïc de l'empereur. En Corée du Sud, il en est résulté un développement spectaculaire du christianisme, aussi bien catholique que protestant. Dans l'un et l'autre pays, la religion organisée a pris la place d'une opposition politique ou a fusionné avec elle.

Par une curieuse ironie du sort, plus un gouvernement totalitaire censure et contrôle efficacement tous les autres moyens d'expression, plus celui de l'Église devient important comme véhicule potentiel pour la dissidence. Il peut devenir la seule manière de faire connaître son opposition au régime.

Mais, quand l'Église ouvre son « canal » et exprime le ressentiment populaire du haut de la chaire, le médium modifie le message, et la protestation, qui pouvait avoir la faim ou quelque autre motif matériel pour origine, est refondue en termes religieux. Ce qui explique pourquoi des mouvements partis pour atteindre des buts sans grand rapport avec la religion se sont transmués en croisades.

En Iran, l'ayatollah Khomeiny fusionna le ressentiment de classe et la rage nationaliste avec la ferveur religieuse. Amour d'Allah + haine de l'impérialisme + anticapitalisme = un fanatisme exacerbé qui a transformé le Moyen-Orient en poudrière.

Mais Khomeiny a fait plus que combiner ces trois éléments en une passion unique. Il a aussi mêlé à des médias de la Première Vague — exhortations directes de ses mollahs aux fidèles — la technologie de la Troisième Vague — messages politiques enregistrés sur bande magnétique et introduits clandestinement dans les mosquées où elles étaient écoutées et reproduites grâce à des magnétophones bon marché.

Pour contrer Khomeiny, le shah utilisa des médias de la Deuxième Vague — presse, radio, télévision. Dès que l'ayatollah eut renversé l'empereur et pris le contrôle de l'État, il s'empara à son tour de ces instruments centralisés.

Cette stratégie qui consiste à utiliser des médias de la Première et de la Troisième Vague pour combattre ceux de la Deuxième est fréquente parmi les mouvements révolutionnaires et elle a été plus évidente encore en Chine au cours des manifestations pour la démocratie en 1989. Les vieillards de Pékin qui tremblèrent quand Ceaucescu tomba à Bucarest, six mois après qu'eux-mêmes eurent massacré leurs étudiants près de la place Tien Anmen, avaient sous-estimé la force de cette stratégie.

Le syndrome chinois

En Chine aussi, trois modes de communication se sont heurtés dans la bataille pour le contrôle de la pensée.

Dans ce pays, les petites affiches murales étaient un instrument traditionnel de la Première Vague pour les protestataires. Dès le début de 1989, elles commencèrent à apparaître sur les murs proches de l'université de Pékin, fustigeant la corruption, brocardant les enfants privilégiés des hauts dirigeants du parti, prônant la démocratie élargie, réclamant l'éviction du Premier ministre Li Peng, entre autres.

Vers la fin du printemps, une autre arme de communication propre à la Première Vague entra en action : la foule. Prenant prétexte d'un service à la mémoire de Hu Yaobang, chef communiste de tendance réformiste, des étudiants appartenant aux universités de Pékin se réunirent place Tien Anmen le

22 avril. Les premières revendications des protestataires étaient modérées ; elles portaient surtout sur la liberté d'expression et la fin de la corruption. Mais, le gouvernement les ayant brutalement rejetées, les manifestants restèrent sur la place et entamèrent une grève de la faim. Les foules pacifiques grossirent.

Elles ne tardèrent pas à être rejointes par des ouvriers portant des banderoles qui proclamaient : « Voici venir vos grands frères ! » Et comme le gouvernement ne bougeait pas d'un pouce, le mouvement se renforça jusqu'à atteindre son point culminant, les 18 et 19 mai, où plus d'un million de marcheurs pacifiques, appartenant à toutes les classes de la société, descendirent dans la rue. L'ampleur impressionnante de cette masse était à elle seule un message.

Durant la même période, une lutte féroce s'était engagée parmi les dirigeants chinois : comment riposter ? Le gouvernement, conduit par Li Peng, essaya d'utiliser contre les protestataires les médias de la Deuxième Vague — journaux, radio et télévision. Mais le parti, présidé par Zhao Ziyang, en contrôlait une grande partie, y compris l'organe officiel, *le Quotidien du Peuple*.

Pendant que cette lutte pour le pouvoir oscillait d'un camp à l'autre, la couverture des informations par les médias de la Deuxième Vague en faisait autant. Quand les partisans de Zhao avaient le dessus, *le Quotidien du Peuple* et la télévision chinoise témoignaient de la sympathie pour les revendications des étudiants. Au contraire, quand les « durs » l'emportaient, chroniqueurs, éditeurs et journalistes étaient obligés de manipuler l'information au détriment des manifestants, utilisant les médias de la Deuxième Vague pour affaiblir le message transmis par ceux de la Première.

Mais, dans le même temps, une bataille s'amorçait pour le contrôle des instruments plus perfectionnés de la Troisième Vague : satellites, fax, caméras de télévision portatives, ordinateurs, copieuses et chaînes de communication mondiales.

Les « durs » se trouvaient désormais confrontés à un double problème. Il leur fallait asseoir leur contrôle, et de façon décisive, non seulement sur les médias intérieurs, mais aussi sur la couverture de la presse étrangère. Le joker, en l'occurrence, était la présence d'un contingent très important de journalistes de la presse écrite, de la radio et de la télévision, venus en Chine pour rendre compte du sommet Deng-Gorbatchev. Ces reporters, dont beaucoup faisaient usage des satellites, d'ordinateurs et autres instruments sophistiqués de la Troisième Vague, restèrent sur place pour couvrir ce qui se passait dans les rues.

Particulièrement influente était CNN, dont la couverture

assurée vingt-quatre heures sur vingt-quatre était reçue non seulement à la Maison Blanche, mais par des millions de téléspectateurs à travers le monde — et, ce qui n'était pas moins important, dans certains hôtels à Pékin même. Tandis que la bataille politique faisait rage, les autorités chinoises coupèrent les liaisons-satellite avec le monde extérieur, puis les rétablirent, puis dirent aux journalistes étrangers d'utiliser les fréquences TV de la Chine ! La confusion était à son comble.

Bien conscients que l'opinion mondiale revêt de plus en plus d'importance, les « durs » essayèrent désespérément de couper toutes les connexions entre les protestataires et leurs partisans hors de Chine ; mais celle-ci ayant, dans la période récente, noué des relations économiques très étendues avec le monde extérieur et permis à des jeunes d'aller étudier à l'étranger, l'entreprise se révéla fort difficile.

Les protestataires adressèrent directement des messages aux téléspectateurs étrangers. Ils répétèrent patiemment leurs revendications aux reporters et aux équipes de télévision. Ils traduisaient. Ils peignaient des slogans en langues étrangères pour que les téléspectateurs puissent, hors de Chine, les comprendre instantanément. « Le 1789 de la Chine » comparait leur soulèvement à la Révolution française. Pour la consommation américaine, ils chantaient *We shall overcome* (« Nous vaincrons ») et adaptaient les paroles de Patrick Henry — « Donnez-moi la démocratie ou donnez-moi la mort. » Cette stratégie de la main tendue fut récompensée par des marches de sympathie à Hong Kong, à Taiwan, en Australie et à travers tous les États-Unis.

Pendant ce temps, à Harvard, un étudiant chinois installa une liaison téléphonique Pékin-Boston qui acheminait vingt-quatre heures sur vingt-quatre des nouvelles de la place Tien Anmen jusqu'à son petit appartement ; de là, elles étaient retransmises par téléphone, fax ou ordinateur aux étudiants chinois à travers tous les États-Unis.

A leur tour, à Stanford et Berkeley, les étudiants créèrent ce qu'ils appelèrent un « pont aérien de l'information », renvoyant par fax aux grévistes les dernières nouvelles parues dans la presse américaine. Les bulletins étaient adressés aux sièges de sociétés installées à Pékin ou en d'autres villes dans l'espoir que des mains amies les transmettraient aux étudiants en grève. On estimait à trente mille le nombre des télécopieurs en Chine, et à trois millions celui des lignes téléphoniques à Pékin même.

Les étudiants chinois aux États-Unis, dont beaucoup étaient fils ou filles de hauts fonctionnaires, voire de membres éminents du gouvernement et du Parti, enregistraient aussi des interviews réalisées par téléphone avec les grévistes, puis les remettaient aussitôt à la Voix de l'Amérique, qui les renvoyait en Chine.

Cette bataille planétaire pour le contrôle de l'information et des moyens de communication se poursuivit même après que les « durs », ayant fait appel à la troupe, eurent massacré de nombreux manifestants et brisé la grève. Recourant de nouveau aux mass media de la Deuxième Vague, le gouvernement diffusa alors les portraits d'étudiants et de « meneurs », ainsi que des numéros de téléphone à l'intention des délateurs, au cas où ils auraient identifié les fugitifs.

Seulement, la même vidéo était transmise hors de Chine et, du Canada à l'Italie, certains téléspectateurs, utilisant les lignes téléphoniques internationales directes, s'évertuèrent à embouteiller les communications afin d'empêcher les délateurs chinois de joindre les autorités. Première tentative connue de particuliers intervenant de la sorte par-delà les frontières de leur pays.

En Chine, le pouvoir vérifia une fois de plus qu'il était au bout du fusil, ainsi que Mao l'avait dit, mais il était évident, comme le soulignaient au reste les événements en Europe de l'Est et ailleurs, que les « durs » qui avaient pris le contrôle de la situation ne pourraient pas jouir en paix de leur victoire. L'entrée du pays dans le XXIe siècle ne faisait que commencer.

Ce que les événements de Chine ont également révélé avec une netteté saisissante, ce sont les stratégies médiatiques de la révolution et de la contre-révolution. Aujourd'hui, les mass media de la Deuxième Vague exercent encore une influence énorme. Mais, à mesure que le monde s'avance — à toute allure — dans l'ère des Nouveaux Pouvoirs, les instruments de contrôle des esprits, autrefois si écrasants, seront à leur tour écrasés par les médias subversifs de demain.

CHAPITRE XXVIII

La génération « toutécran »

Presque au milieu pile du XXe siècle, George Orwell publia *1984*, pamphlet brûlant contre le totalitarisme, qui dépeignait un gouvernement contrôlant totalement les mass media. Les brillants néologismes de l'auteur passèrent dans la langue courante, et le livre devint une puissante arme d'assaut dans la lutte contre la censure et la manipulation des cerveaux ; aussi fut-il interdit pendant des décennies en Union soviétique.

Mais, s'il aida à rallier les forces opposées à l'asservissement de l'esprit, la préfiguration qu'il donnait de l'avenir se révéla des plus discutables.

Orwell annonça correctement l'apparition des techniques comme ces écrans de télévision bi-directionnels qui peuvent être utilisés pour faire parvenir la propagande officielle aux téléspectateurs tout en les espionnant, et, pour ce qui concerne les atteintes à la vie privée, ses avertissements restent plutôt au-dessous de la réalité. Mais il n'a pas prévu — non plus que personne à l'époque — la plus importante révolution de notre ère : le passage d'une économie fondée sur le muscle à une économie dépendant de l'intelligence.

Il n'a donc pas pronostiqué l'étonnante prolifération actuelle des nouveaux instruments de communication. Le nombre et la diversité de ces technologies sont actuellement si grands et changent si vite que les experts eux-mêmes s'y perdent. Se trouver confronté à l'armada de toutes les abbréviations techniques, de HDTV et ISDN à VAN, ESS, PABX, CPE, OCC et CD-I, revient à s'engluer dans un véritable goudron de sigles. Le seul examen des réclames pour les biens de consommation correspondants laisse tout étourdi.

Mais si l'on s'élève au-dessus de ce tintamarre, les contours essentiels des médias de la Troisième Vague deviennent remarquablement clairs.

L'infrastructure électronique des économies avancées aura six caractères distincts, dont certains s'annoncent déjà, et cette demi-douzaine de clés pour l'avenir sont : interactivité, mobilité, convertibilité, compatibilité, ubiquité et planétarisation.

Combinés, ces six principes laissent présager une transformation totale non seulement de la manière dont nous nous enverrons des messages, mais de celle dont nous penserons, dont nous verrons notre place dans le monde, et donc une transformation de nos relations avec ceux qui nous gouvernent. A eux tous, ils mettront les autorités (ou leurs opposants révolutionnaires) dans l'impossibilité de manipuler les idées, les images, les données, l'information ou les connaissances comme elles le faisaient par le passé.

Le golfeur esclave

Dans un bâtiment trapu du Santa Monica Boulevard, à Los Angeles, un ancien président de la 20th Century Fox, Gordon Stulberg, plaisante avec Bernard Luskin, psychothérapeute, ancien proviseur de collège et ancien directeur du California Educational Computing Consortium. Ensemble, ils dirigent American Interactive Media, équipe d'éducateurs, d'artistes et de programmeurs qui se prépare à révéler au monde le prochain progrès dans la technologie du disque compact : CD-I — I comme « interactif».

AIM se propose de sortir des disques qui passeront sur l'écran de télévision familial et permettront au spectateur d'intervenir dans le spectacle qu'il voit, une télécommande à la main, le pouce sur une minuscule manette de jeu. Le détenteur d'un disque intitulé « Golf Interactif » pourra faire une partie contre un autre joueur en manipulant un golfeur-esclave sur l'écran au moment où il prépare son coup. Vous pourrez le faire tourner à droite, ou à gauche, ou modifier son swing. Vous pourrez contrôler tout ce qui se passe sur l'écran.

Le disque de l'*Encyclopédie Grolier* permet d'appeler des informations audiovisuelles sur n'importe lequel des sujets qu'elle a répertoriés. Texte, animation et images donnent des explications, disons, sur un moteur d'automobile ou une molécule d'ADN ; il peut être manipulé par l'utilisateur.

D'autres disques interactifs AIM comprennent des jeux, des récits bibliques, un nouveau type d'atlas, un cours de photographie mis au point avec Time-Life, un autre qui vous fait visiter le Smithsonian et vous permet de manipuler les objets exposés tout en circulant.

AIM, qui appartient à Polygram Records, filiale de N.V. Philips, géant hollandais de l'électronique, n'est que l'une des entreprises qui travaillent sur la technologie de la vidéo interactive. Leur but est de rendre l'expérience TV active plutôt que passive — de mettre hors circuit la « limace de divan ».

Pendant ce temps, Interactive Game Network, société nord-californienne financée en partie par United Artists, le groupe Videotron Ltd. et General Electronics Ltd., emprunte une voie différente pour parvenir au même but. Elle construit un appareil qui permettra au téléspectateur de participer chez lui à des jeux télévisés populaires comme *Jeopardy* ou la *Roue de la fortune*. Les joueurs enverront leurs réponses à un ordinateur central qui vérifiera tous les résultats et choisira un gagnant.

Mais le bond le plus radical vers l'interactivité — qui n'est encore pour le moment qu'une simple lueur dans l'œil — n'est autre qu'un vaste réseau de ce que George Gilder a appelé les « téléordinateurs », des téléviseurs interactifs qui seront en fait également des ordinateurs.

En plus des disques ou des cassettes, le téléviseur lui-même prendra vie entre les mains de son utilisateur, déclare Gilder qui a étudié de près les limites technologiques en matière de vidéo et d'ordinateur. « La ligne de démarcation entre "télévision", où le Japon règne pour l'heure en maître, et "ordinateurs", où l'industrie américaine détient les meilleurs atouts, s'estompe de jour en jour », explique-t-il. La fusion prochaine entre ces deux technologies fera passer le pouvoir des anciennes chaînes de télévision aux usagers, leur permettant de « moduler les images à leur gré ». Ce nouvel hybride pourrait aussi, selon Gilder, transférer le pouvoir du Japon aux États-Unis.

Que ce soit vrai ou non, deux puissants courants de développement économique vont déboucher ainsi l'un et l'autre sur une immense extension de l'interactivité vidéo.

Un luxe décadent

Un deuxième principe du nouveau système est la mobilité. Le téléphone présent dans la cabine d'un avion, ou plus encore sans fil et dans l'automobile, commence à habituer les usagers à l'idée de pouvoir communiquer n'importe où, de n'importe quel endroit, tout en se déplaçant.

Considérés au début comme un luxe décadent (de même d'ailleurs que les tout premiers appareils au XIXe siècle), les téléphones de bord utilisant la radio cellulaire sont maintenant largement répandus aux États-Unis.

Un consortium, appelé Phonepoint et représentant la Bundespost allemande, France Télécom et Nymex, société de téléphonie new-yorkaise, ainsi que British Telecom, travaille à l'introduction rapide d'un « téléphone de poche » sophistiqué en Angleterre également. Ces appareils mobiles ne sont d'ailleurs pas des symboles de standing purement décoratifs. Pour les représentants de commerce, les plombiers, les médecins, entre autres, ils sont devenus un outil de travail qui augmente leur productivité.

Alors que les gens travaillent et jouent tout en se déplaçant, la demande de moyens de communication encore meilleur marché, plus simples et toujours disponibles, s'envole, ce qui fournit déjà la base de l'étape suivante, cette invention digne d'une bande dessinée : le téléphone-bracelet Dick Tracy.

Mais le téléphone n'est que l'un des innombrables appareils nouveaux qui s'émancipent de leurs socles ou de leurs rivets de fixation. Sony propose une copieuse de 150 grammes. Le fax dans l'automobile, la vidéo de poche, l'ordinateur dit *laptop*, qu'on peut tenir sur ses genoux, et la copieuse portable se répandent à toute allure. La mobilité est le deuxième signe distinctif du nouveau système.

Vient ensuite la convertibilité, c'est-à-dire la capacité de transférer des informations d'un média à un autre. Nous nous acheminons, par exemple, vers des technologies fondées sur la parole qui pourront faire passer un message de la forme orale à la forme écrite, et vice versa. Des machines capables de prendre en même temps sous la dictée de plusieurs personnes et de recracher des lettres dactylographiées ne sont plus très loin de devenir réalité.

De tels instruments pourront tout bouleverser, depuis l'emploi et l'organisation du travail de bureau jusqu'au rôle de la lecture et de l'écriture dans la vie quotidienne. Mais ils représentent encore bien peu, comparés à une autre forme de conversion : la traduction automatique. Celle des documents commerciaux d'une langue dans une autre, au moins sous une forme sommaire, existe déjà en France avec le Minitel, comme nous l'avons vu au chapitre X. Une traduction plus raffinée fait l'objet de recherches intenses au Japon (qui considère sa langue comme un lourd handicap économique). De même la CEE, qui doit traduire les langues de ses douze membres, attend impatiemment une percée en ce domaine.

Le quatrième principe de la nouvelle infrastructure, la compatibilité, est un leitmotiv chez les utilisateurs d'ordinateurs et des télécommunications dans le monde entier, qui réclament à cor et à cri la possibilité de connecter leurs appareils à la phénoménale diversité de tous les autres, quel que soit le fabricant ou le pays d'origine.

Malgré les batailles politiques acharnées qui se livrent au sujet des normes, d'immenses efforts poussent désormais à la compatibilité afin que le même téléordinateur vidéo-voix interactif et mobile de demain puisse se relier à un gros système IBM à Chicago, un *laptop* Toshiba utilisé à Francfort, un superordinateur Cray dans Silicon Valley ou le téléphone Dick Tracy d'une ménagère à Séoul.

Plus que la compassion

La notion d'ubiquité, cinquième clé, recouvre autre chose. Nous entendons par là l'extension systématique du nouveau système médiatique au monde entier, ainsi qu'à toutes les couches de la société.

Un cauchemar virtuel hante les gouvernements des pays à haute technologie : le divorce, au sein des populations, entre inforiches et infopauvres. Tout gouvernement qui ne prendrait pas des mesures concrètes pour éviter cette discrimination s'exposerait à de graves bouleversements politiques dans l'avenir. Cependant, cette dangereuse polarisation n'est pas du tout inévitable.

En fait, si l'on peut imaginer une très grande égalité dans l'accès à l'information au sein de la société qui émerge, c'est non point par compassion ou lucidité politique de la part des élites fortunées, mais en raison de ce que l'on pourrait appeler la loi d'ubiquité.

Celle-ci stipule que de fortes incitations commerciales aussi bien que politiques se feront jour pour rendre la nouvelle infrastructure électronique inclusive plutôt qu'exclusive.

Dans son âge tendre, le téléphone était considéré comme un luxe. L'idée qu'un jour tout le monde en aurait un semblait tout simplement farfelue. Pourquoi diable tout le monde en aurait-il voulu un ?

Si, aujourd'hui, dans les pays industrialisés, chacun ou presque, riche ou pauvre, en est équipé, ce n'est pas un effet de l'altruisme, mais dû au fait que plus les usagers raccordés au système ont été nombreux, plus il est devenu précieux pour tous, en particulier dans le domaine du commerce.

Il en est allé de même, nous l'avons vu, aux premiers stades du développement des services postaux. L'économie industrielle avait besoin d'un moyen commode pour envoyer des factures, faire de la publicité, vendre journaux et magazines à tout un chacun, et pas seulement aux riches. Et aujourd'hui, une fois encore, tandis que les télécopieurs commencent à se substituer à la poste de l'ère industrielle, des pressions du même ordre accélèrent la diffusion de la nouvelle technologie.

Il y avait aux États-Unis, en 1989, 2,5 millions de télécopieurs qui moulinaient des milliards de pages par an ; le nombre des usagers a doublé chaque année, notamment parce que les premiers ont harcelé amis, clients et parents pour qu'ils en achètent un au plus vite afin de pouvoir leur envoyer des messages. Plus il y a de télécopieurs en service, plus la valeur du système est grande pour tous.

Il est donc indiscutablement de l'intérêt des pays aisés de trouver les moyens qui permettront au nouveau système d'inclure les moins aisés plutôt que de les exclure.

Comme les téléphones et les téléviseurs, les télécopieurs vont faire leur apparition jusque dans les foyers les plus humbles, poussés par la loi d'ubiquité. Fibres optiques et autres technologies avancées en feront autant, payées par les particuliers, l'ensemble de la collectivité ou certains usagers dont les redevances financeront le service pour ceux qui n'ont pas les moyens de se l'offrir.

La diffusion maximale des capacités de communication est partie intégrante du nouveau système de création de la richesse. Tout indique qu'on s'achemine vers ce que la vieille société de téléphone Bell appelait un « service universel », c'est-à-dire doté de l'ubiquité — elle-même combinée à l'interactivité, à la mobilité, à la convertibilité et à la compatibilité.

Enfin, la nouvelle infrastructure a une portée planétaire. Tandis que le flux et le reflux des capitaux franchissent les frontières grâce à l'électronique, passant de Zurich à Hong Kong, de Hong Kong à la Norvège, de la Norvège à Tokyo, de Tokyo à Wall Street en quelques millièmes de seconde, les informations empruntent des voies tout aussi complexes. Une modification dans les taux d'escompte aux États-Unis ou la parité yen-deutschemark font aussitôt le tour du monde, et, dès le matin suivant l'attribution des Grammys à Los Angeles, les ados de Ho Chi Minh-Ville discutent des mérites respectifs des lauréats.

Les frontières mentales d'un État deviennent aussi perméables que ses frontières financières.

La combinaison de ces six principes dote la planète d'un système nerveux révolutionnaire, capable de véhiculer des quantités formidablement accrues de données, d'informations et de connaissances, à un rythme de transmission et de traitement beaucoup plus rapide. Il est bien plus adaptable, intelligent et complexe qu'on ne l'aurait jamais imaginé auparavant.

Activisme électronique

La naissance d'un système médiatique nouveau correspondant aux nécessités d'une méthode inédite de création de la richesse constitue un défi pour les détenteurs de pouvoir en faisant surgir de nouveaux électorats, de nouvelles stratégies, des méthodes et alliances politiques nouvelles.

Tout comme, par exemple, les gens du XVIIIᵉ siècle ne pouvaient imaginer les changements politiques découlant du développement d'une économie usinière, il est presque impossible aujourd'hui — à moins de recourir à la science-fiction — de prévoir les usages politiques que l'on pourra assigner au système médiatique en train d'émerger.

Prenons l'interactivité.

En permettant aux téléspectateurs d'utiliser l'écran plutôt que de le regarder simplement, on pourra transformer campagnes électorales et candidats. Les médias interactifs rendent possibles des sondages d'opinion beaucoup plus affinés qu'auparavant ; au lieu de poser des questions ne comportant que *oui* ou *non* pour toute réponse, les personnes interrogées auront le choix entre de nombreuses options.

Mais les possibilités vont bien au-delà du scrutin lui-même. Une fois élu, un candidat créera-t-il des emplois pour l'amélioration de l'environnement, et, si oui, combien ? Comment réagira-t-il à une prise d'otages, à des émeutes raciales ou à une catastrophe nucléaire dans des conjonctures différentes ? Au lieu d'essayer d'évaluer les qualités et les jugements d'un président potentiel en écoutant des petites « pubs » de trente secondes, les usagers de la vidéo interactive pourront demain choisir un programme ou glisser une disquette montrant le candidat en train de discuter et de prendre des décisions en différentes circonstances suggérées par l'électeur lui-même. Les plates-formes politiques pourront être publiées sur des feuilles d'un format permettant aux électeurs de calculer leurs propres prévisions budgétaires et de poser des questions du genre : « Et si telle chose se produisait ? »

Si de très nombreux téléspectateurs peuvent participer à un jeu de grande audience comme *Jeopardy* avec un ordinateur pour comptabiliser les réponses, il ne faut pas déployer beaucoup d'imagination pour comprendre qu'une technique similaire pourrait être adaptée au dépouillement des bulletins de vote ou aux prises de décisions collectives, et donc à une organisation politique d'un type nouveau.

Futurologues et spécialistes en simulation spéculent depuis longtemps sur la possibilité d'organiser des citoyens en très grand nombre pour participer à des « jeux » politiques. Le professeur José Villegas, de Cornell University, mettait déjà au point des modèles pour ce genre d'activité vers la fin des années soixante ; ils comprenaient des divertissements auxquels habitants des ghettos et squatters pouvaient prendre part en en retirant une forme d'éducation politique — et de protestation.

Ce qui faisait défaut, c'était la technologie. Le développement de l'interactivité par les réseaux fera pénétrer les instruments des « jeux » politiques dans des millions de foyers. Avec eux, les citoyens pourront — en principe, du moins — procéder à leurs propres sondages et constituer leurs propres « partis électroniques » ou « groupes de pression électroniques » autour de divers problèmes.

On peut aussi aisément imaginer des sabotages électroniques, non pas à l'instar des déprédations dues à des délinquants isolés, mais comme manœuvres de protestation ou de chantage politiques. A 14 h 25, dans l'après-midi du 15 janvier 1990, des ingénieurs de Bedminster (New Jersey) remarquèrent des lumières rouges qui s'allumaient sur les soixante-quinze écrans reflétant la situation aux États-Unis du réseau de téléphone à longue distance AT & T. Chacune indiquait un incident.

« Ça s'est passé d'un seul coup. Pouf, ça y était ! » devait s'écrier William Leach, directeur du centre opérationnel du réseau. Le « pouf » en question provoqua une panne complète du réseau téléphonique américain à longue distance qui dura neuf heures — neuf heures pendant lesquelles on estime à soixante-cinq millions le nombre d'appels qui ne purent aboutir.

Les enquêteurs d'AT & T conclurent que la panne résultait d'une erreur dans un logiciel, mais sans pouvoir « exclure catégoriquement » l'éventualité d'un sabotage. Le 15 janvier était en effet jour de fête nationale, commémorant la naissance du pasteur Martin Luther King Jr., et il est vrai que certains Américains qui le haïssaient férocement étaient indignés qu'une fête nationale lui fût consacrée. Le « black-out » d'AT & T a pu n'être qu'un simple fait du hasard, mais ce n'est pas faire montre d'une excessive crédulité que d'imaginer de telles protestations ou de tels sabotages électroniques dans l'avenir.

Dores et déjà, au demeurant, on peut constater très concrètement les profondes tensions sociales qui résultent de l'avènement d'une nouvelle forme d'économie — des problèmes liés à la façon dont le savoir est diffusé au sein de la société.

La ligne de clivage de l'information

Aujourd'hui, parce que la loi de l'ubiquité n'a pas encore parachevé son action, les sociétés à haute technologie, en particulier les États-Unis, souffrent d'une mauvaise répartition de l'information, « ligne de clivage » aussi profonde que le Grand Canyon.

Un problème apparemment insoluble pour beaucoup de ces sociétés est l'existence de ce qu'on en est venu à appeler une « sous-classe ». Elle constitue non seulement une insulte morale pour les sociétés d'abondance, mais aussi une menace pour la paix sociale et, en fin de compte, pour la démocratie. Il serait inepte de croire que tous ceux qui en font partie sont des « victimes » de la société ou du chômage. Beaucoup — la plupart, peut-être — en sont arrivés là pour d'autres raisons.

Ce qui est de plus en plus clair, en revanche, c'est que le travail exige des connaissances de plus en plus poussées, si bien que même quand des emplois sont disponibles, la majorité des membres de ce groupe ne remplissent pas les conditions requises pour les occuper.

De plus, les connaissances doivent aller bien au-delà des savoir-faire spécifiques à la tâche à accomplir. Pour être vraiment employable, un travailleur doit partager certaines notions culturelles implicites concernant le temps, le vêtement, le savoir-vivre, l'argent, la causalité, la langue. Par-dessus tout, il doit être en mesure d'échanger des informations.

Ces savoirs de l'ordre de la culture générale ne peuvent être fournis uniquement par les manuels ou des sessions de formation. Ils présupposent une certaine familiarité avec le fonctionnement du monde au-delà de la rue où l'on habite. Ce genre de connaissances est de plus en plus fourni par l'environnement médiatique. C'est à partir de celui-ci que les gens déduisent aussi bien les normes sociales que les « faits » relatifs à la marche des choses.

La nature des médias, les images qu'ils diffusent, les groupes qu'ils ciblent et les rétroactions qu'ils permettent sont donc en relation directe aussi bien avec l'emploi qu'avec les problèmes de déclassement. En outre, la ligne de clivage culturel entre la sous-classe et le courant principal de la société s'élargit à mesure que se déploie le nouveau système médiatique.

Jeffrey Moritz est président de National College Television, qui utilise des satellites pour diffuser des programmes spécialisés à l'intention des étudiants quarante-deux heures par semaine. Il assure en toucher sept cent mille. Agés de dix-huit à trente-quatre ans, aujourd'hui citoyens, ce sont les dirigeants potentiels de demain. Ils sont donc très exactement aux antipodes des jeunes de la sous-classe. (Comme Moritz le fait remarquer, la population des collèges comprend aujourd'hui probablement deux futurs présidents, une centaine de sénateurs et des milliers de chefs d'entreprise.)

Voici comment il les décrit :

« Aujourd'hui, l'étudiant de vingt ans constitue le "public le plus vidéo-sophistiqué" de l'Histoire [...]. Il y a vingt ans, *Sesame Street* a débuté dans le but précis de former les tout-petits et les enfants d'âge préscolaire aux techniques télévisuelles sophistiquées, y compris des clips très courts (quatre-vingt-dix secondes), des effets spéciaux vidéo, une participation interactive, de nouveaux héros, un accès quotidien facile. [A mesure qu'il prenait de l'âge], ce public passa à d'autres programmes [comme] *Electric Company, Zoom,* puis *Nickelodeon, MTV,* chacun représentant une étape dans une progression continue [...]. L'audience créée par *Sesame Street* a désormais remodelé la télévision tout entière. »

Les émissions citées passent tous les soirs sur les chaînes à vocation éducative ou les chaînes câblées plutôt que sur les grands réseaux de la Deuxième Vague.

Moritz utilise le terme de *« screenie** pour désigner cette génération gorgée de vidéo, qui a digéré des heures et des heures de télévision en s'imprégnant de sa « vidéo-logique ». A cela, il faut ajouter, pour beaucoup d'entre eux, autant d'heures de jeux interactifs et, plus important encore, de travail sur leurs ordinateurs personnels. Non seulement ils obéissent à une logique différente, mais ils sont habitués à faire faire des choses à l'écran, et ils deviendront donc d'excellents clients pour les services et produits interactifs qui apparaîtront bientôt sur le marché. Par-dessus tout, ils sont habitués à choisir.

---

* De *screen,* écran. *(N.d.T.)*

Le profond fossé entre les jeunes de la sous-classe et les
« toutécran », qui caractérise aujourd'hui les États-Unis, s'élar-
gira aussi en Europe, au Japon et dans d'autres sociétés à haute
technologie, à moins que des mesures ne soient prises pour
lancer un pont sur ce Grand Canyon de l'information.

La nouvelle alliance

Dans une économie fondée sur les connaissances, le plus
important problème de politique intérieure n'est plus la distribution (ou la redistribution) de la richesse, mais celle de
l'information et des médias qui la produisent.

C'est un bouleversement si révolutionnaire que la cartographie
politique classique ne saurait en rendre compte. Le nouveau
système de création de la richesse obligera les hommes politiques
— qu'ils agissent sur le terrain ou élaborent des théories, qu'ils
se considèrent encore comme de gauche ou de droite, radicaux
ou conversateurs, féministes ou traditionalistes — à repenser
toutes les notions élaborées au cours de l'âge usinier. Ces
concepts mêmes sont à présent dépassés.

De plus en plus, justice sociale et liberté dépendent de la façon
dont chaque société traite ces trois problèmes : éducation, technologie de l'information (y compris les médias) et liberté d'expression.

Dans le cas de l'éducation, la reconceptualisation exigée
aujourd'hui est si profonde, dépassant de si loin les questions de
budgets, d'effectifs des classes, de salaires des enseignants, ainsi
que les conflits traditionnels sur les programmes, qu'elle ne
saurait être traitée ici. Comme les chaînes de télévision de la
Deuxième Vague (ou d'ailleurs toutes les industries usinières),
nos systèmes conçus pour l'éducation de masse sont dans une
large mesure obsolètes. Exactement comme dans le cas des
médias, l'éducation exigera la prolifération de nouveaux canaux
et un accroissement considérable de la diversité dans les programmes. Pour que les écoles préparent les gens à vivre correctement dans la société de la Troisième Vague, et à plus forte
raison pour qu'ils y jouent un rôle productif, il faudra qu'un
système riche en choix vienne remplacer un système pauvre en
choix.

Les liens entre l'éducation et les six principes du nouveau
système médiatique — interactivité, mobilité, convertibilité,
compatibilité, ubiquité et planétarisation — ont à peine été
explorés. Pourtant, vouloir ignorer les rapports entre le système

éducatif et le système médiatique de l'avenir, c'est se moquer de ceux qui seront formés par l'un comme par l'autre.

Il est à noter que l'éducation est une priorité non plus seulement pour les parents, les enseignants et une poignée de réformateurs pédagogiques, mais aussi pour maints secteurs de pointe de l'économie, les décideurs reconnaissant de plus en plus la connexion entre éducation et compétitivité planétaire.

La deuxième priorité suppose l'universalisation rapide de l'accès aux ordinateurs, aux technologies de l'information et aux médias avancés. Aucun pays ne peut faire fonctionner une économie du XXIe siècle sans une infrastructure électronique adaptée elle aussi au XXIe siècle, englobant ordinateurs, communication des données et autres médias récents. Cela exige de la population qu'elle soit aussi familière avec cette infrastructure informationnelle qu'elle l'a été avec les automobiles, routes, autoroutes, trains et infrastructure des transports de l'ère usinière.

Bien entendu, il n'est pas nécessaire que tout le monde soit ingénieur des télécom ou spécialiste des ordinateurs, non plus que réparateur de véhicules. Mais il faut que l'accès au système médiatique — y compris les ordinateurs, les fax et les télécommunications avancées — soit aussi libre et aisé que l'est aujourd'hui l'accès au système de transports. L'objectif primordial de ceux qui souhaitent développer une économie avancée doit donc être d'accélérer la mise en œuvre de la loi de l'ubiquité — c'est-à-dire de garantir à tous les citoyens, pauvres et riches, l'accès à un éventail de médias aussi ouvert que possible.

Enfin, si la base de la nouvelle économie réside dans le savoir, l'idéal démocratique de liberté d'expression devient une priorité politique absolue plutôt qu'une préoccupation secondaire.

Tout gouvernement vise essentiellement à garder le pouvoir. Quel qu'en soit le coût économique pour chacun d'entre nous, il cherchera les moyens de subordonner à ses desseins la dernière révolution survenue dans la communication, et il imposera des limites à la libre circulation des nouvelles.

De même que l'État a inventé de nouvelles formes de contrôle des esprits quand la révolution industrielle a fait naître la communication de masse, il cherchera de nouveaux instruments et techniques lui permettant de conserver au moins une part de son emprise sur les images, idées, symboles et idéologies diffusés parmi la population grâce à la nouvelle infrastructure électronique.

L'enthousiasme qu'a suscité la façon dont les médias ont été utilisés pour renverser les régimes totalitaires d'Europe de l'Est ne devrait pas dissimuler, aux yeux des citoyens, les manipulations de l'esprit plus sophistiquées que gouvernements et hommes politiques tenteront à l'avenir.

Aucune société ne peut tolérer une liberté d'information totale. Une part de secret est nécessaire à toute vie en société. Une liberté d'information totale entraînerait un manque total de protection de la vie privée. Il y a des moments de crise extrême, des moments de péril « net et immédiat », où la liberté absolue incite les incendiaires à verser de l'essence sur un feu dévorant. L'absolu en matière d'expression n'est pas plus réalisable qu'en n'importe quel autre domaine.

Mais plus la société progresse vers une économie supersymbolique, plus il devient important de donner un champ extrêmement large aux désaccords et à la libre expression. Plus un gouvernement coupe ou gèle cet afflux de données, d'informations et de connaissances — y compris les idées farfelues, les innovations, voire les divergences politiques —, plus il ralentit les progrès de la nouvelle économie.

Car l'immense extension du système « neural » planétaire coïncide en effet avec le changement le plus important survenu dans le rôle de la libre expression depuis — au moins — les révolutions française et américaine.

Dans le passé à dominante agraire, les idées nouvelles constituaient souvent une menace pour la survie. Dans des communautés vivant à la limite précaire de la simple subsistance en usant de méthodes affinées au fil des siècles, toute déviation était dangereuse pour une économie qui laissait peu de marge au risque. La notion même de liberté de pensée leur était étrangère.

Avec le développement de la science et de la révolution industrielle, une idée radicalement nouvelle a pris corps : à savoir que des esprits libérés des entraves étatiques ou religieuses étaient nécessaires au « progrès ». Mais ceux auxquels on pouvait l'appliquer ne représentaient qu'une frange de la population.

Avec l'essor révolutionnaire du nouveau système de création de la richesse, il ne s'agit plus d'une mince couche de la population laborieuse, mais d'un nombre important et sans cesse accru d'actifs dont la productivité dépend précisément de la liberté de tout créer, depuis des designs destinés aux produits jusqu'aux logiciels, aux métaphores, aux percées scientifiques, aux concepts épistémologiques. Les économies supersymboliques se développent à partir de cultures aiguillonnées en permanence par des idées nouvelles, souvent subversives, englobant les théories politiques.

Naguère domaine réservé des intellectuels, la lutte pour la

liberté d'expression devient ainsi l'affaire de tous les partisans du progrès économique. Tout comme une éducation adéquate et l'accès aux nouveaux médias, la liberté d'expression n'est plus un délicat raffinement politique, mais une condition préalable à la compétitivité économique.

Cette découverte pose les bases d'une coalition politique insolite pour l'avenir — insolite en ce sens qu'elle réunit deux groupes qui se sont souvent opposés depuis les tout premiers jours de la révolution industrielle : intellectuels, scientifiques, artistes et défenseurs des droits civiques d'un côté, décideurs avancés, voire actionnaires et capitalistes de l'autre, qui tous constatent désormais que leurs intérêts dépendent de la volonté de révolutionner le système éducatif, d'élargir l'accès de l'ensemble de la population aux ordinateurs et autres nouveaux médias, enfin de protéger — voire d'étendre — la liberté d'expression.

Une telle coalition est la meilleure garantie de progrès aussi bien économique qu'intellectuel au sein des sociétés du XXIᵉ siècle.

Pour Marx, être libre, c'était reconnaître la nécessité. Ceux qui aspirent à bâtir les économies du XXIᵉ siècle pourraient bien reconnaître que la nécessité est mère de la liberté.

Aspirations à un nouvel âge
des Ténèbres

Nous allons aborder maintenant l'ultime transfert de pouvoirs. Le choix est entre remodeler la démocratie pour le XXIᵉ siècle — ou bien retomber dans un nouvel âge des Ténèbres.

Une voie mène le pouvoir de l'État vers l'individu ; l'autre menace de réduire ce même individu à néant.

Rien, dans un avenir prévisible, ne va arracher le fusil des mains de l'État. Rien n'empêchera celui-ci de drainer les richesses et d'en disposer pour ses propres fins, en vue d'accroître encore son autorité. Mais ce qui changera probablement, comme nous commençons déjà à le voir, c'est l'aptitude de l'État à contrôler le savoir.

La nouvelle économie prospère et se nourrit d'une expression plus libre, de meilleures rétroactions entre gouvernants et gouvernés, d'une plus large participation populaire aux décisions. Elle peut produire des gouvernements moins bureaucratiques, plus décentralisés, plus souples. Elle peut engendrer une plus grande autonomie pour l'individu, provoquer un glissement qui éloignera le pouvoir de l'État — non pas pour le faire « sécher sur pied », mais pour l'humaniser.

Pourtant, toute nouvelle alliance de groupes démocratiques devra affronter trois forces géantes qui foncent actuellement en avant pour converger en une croisade planétaire qui pourrait, si nous n'y prenons garde, nous plonger dans un nouvel âge des Ténèbres.

Frénésie sacrée

Sous une forme ou une autre, la religion organisée détenait virtuellement le monopole de la production et de la distribution des connaissances abstraites à l'ère pré-usinière, c'est-à-dire avant les Lumières et l'avènement de la démocratie en Occident. Aujourd'hui, des forces sont à l'œuvre qui tentent de restaurer ce pouvoir monopolistique sur les esprits.

Il peut sembler que la résurgence de la religio-politique à travers le monde n'a pas grand-chose à voir avec l'essor de l'ordinateur et de la nouvelle économie. C'est le contraire qui est vrai.

Le système de création de la richesse fondé sur les connaissances, dont l'ordinateur est le symbole, fait tomber le rideau sur trois siècles au cours desquels les pays industrialisés ont dominé la planète. Chez eux, cette période a été marquée par une lutte pour la maîtrise des esprits entre les forces de la religion, alignées sur les élites dirigeantes de l'époque agraire, et des forces séculières qui se battaient pour le « modernisme » industriel et la démocratie de masse.

Vers le milieu de l'ère industrielle, ces dernières étaient parvenues à supplanter la religion organisée, affaiblissant son emprise sur les écoles, les mœurs, l'État lui-même.

Dans les années soixante, *Time* se demandait en page de couverture : « Dieu est-il mort ? », et une Église catholique perturbée réunissait le Concile Vatican II, l'un des événements les plus marquants depuis des siècles. Là où l'industrialisation s'était imposée, les trois grandes religions de l'Occident avaient toutes vu leur puissance sociale, morale et politique diminuer.

Mais c'est précisément à ce moment-là que l'ordinateur commença à bouleverser réellement la façon dont la richesse était créée. Les technologies, qui allaient ruiner radicalement l'économie des cols bleus, fondée sur les usines, se mirent à sortir plus vite des laboratoires, puis d'unités de production publiques ou privées, pour devenir d'un usage de plus en plus généralisé.

Coïncidant avec cette tendance révolutionnaire, surtout marquée aux États-Unis, on vit alors apparaître le mouvement hippie qui lança de furieux assauts sur les plates-bandes culturelles de l'ère industrielle, y compris son laïcisme.

Les cheveux longs allaient de pair avec une technophobie galopante, assortie d'un intérêt très répandu pour le mysticisme, la drogue, les sagesses orientales, l'astrologie et des religions à peine connues. Ayant décidé que la société industrielle lui faisait horreur, le hippie prônait d'en revenir à un passé mythique revêtu de tous les charmes. Retour à la terre, bijoux de pacotille et serre-tête indiens symbolisaient le rejet de toute l'ère industrielle ainsi que l'aspiration à un repli sur une culture préindustrielle. Ce fut le germe qui donna naissance à l'actuel bourgeonnement du mouvement New Age, avec ses myriades de croyances et sa quête de sacré.

Dans les années soixante-dix et quatre-vingt, les signes d'une crise se multiplièrent partout dans la vieille société industrielle. Les retombées sur l'environnement menaçaient sa vie même. Les industries de base commençaient à reculer devant les nouvelles productions, hautes technologies et services. L'urbanisme, les structures de santé publique et d'éducation sombraient tous dans la crise. Les plus grandes entreprises étaient obligées de se restructurer. Les syndicats déclinaient. Les communautés étaient déchirées par des conflits moraux, ravagées par la drogue, le crime, la désunion des familles, entre autres troubles aigus.

Indignés par le rejet païen opposé par les hippies au christianisme traditionnel, bouleversés par l'écroulement de leur univers familier, les intégristes chrétiens déclenchèrent contre le laïcisme un épuissante riposte qui prit bientôt la forme d'une action politique extrêmement efficace. Là encore, il s'agissait du rejet violent d'un présent anarchique et douloureux, assorti de la quête des certitudes absolues du passé.

Hippies et contre-hippies, païens et chrétiens, quelles que fussent leurs différences, se rejoignirent pour donner l'assaut à une société qui reniait ses valeurs spirituelles.

Ceux qui le lancèrent ne se considéraient pas comme des ennemis de la démocratie ; la plupart eussent même été choqués par cette idée. Certains parmi les hippies étaient — si l'on peut leur accoler une étiquette — plutôt libertaires. Il n'empêche que le laïcisme qu'ils attaquaient était l'un des piliers de la démocratie moderne.

Pendant ce temps, on relevait les signes d'un renouveau religieux, relayé par un extrémisme fondamentaliste dans de nombreuses autres parties du monde.

A partir de la fin de la première guerre mondiale, des dirigeants comme Atatürk en Turquie, Reza Shah puis le shah en Iran prirent le pouvoir au Moyen-Orient. Ces hommes, qui s'étaient voués à la « modernisation » de leur pays, se mirent en devoir d'édifier des sociétés laïques où mollahs et fanatiques religieux furent contraints de se contenter de rôles subalternes.

Mais ces régimes restaient identifiés à un colonialisme occidental persistant. Exploitation et corruption fleurissaient, bafouant tous les principes de la morale. Les élites dirigeantes passaient plus de temps à skier à Gstaad et à conférer avec leurs banquiers personnels à Zurich qu'à assurer une large répartition de la richesse nationale. Pendant la guerre froide, les services de renseignement de divers pays industrialisés, capitalistes aussi bien que communistes, trouvaient parfois intérêt à fournir des subsides aux extrémistes religieux du Moyen-Orient.

Tous ces facteurs ne cessaient de rallumer les flammes du fondamentalisme religieux, finalement symbolisé par la frénésie sacrée avec laquelle le khomeinisme sonna la charge contre le monde moderne et le laïcisme dont celui-ci se prévalait.

Cette offensive fanatique aurait peut-être eu moins d'écho si la civilisation industrielle, foyer du laïcisme, n'avait été elle-même en crise — morale aussi bien que sociale —, n'offrant plus un modèle très stimulant pour le reste du monde. En fait, ces États, déchirés dans leurs profondeurs, ne semblaient plus être aussi invincibles qu'ils l'avaient été naguère. Désormais, preneurs d'otages, terroristes et rois du pétrole paraissaient en mesure de les faire chanter.

Ainsi, au moment même où l'ère usinière prenait fin, sa philosophie laïque dominante était attaquée à la fois du dedans et du dehors, cependant que fondamentalisme et religion en général reprenaient le dessus.

En URSS, où Mikhaïl Gorbatchev essayait de réformer l'économie et le système politique, les flammes du fondamentalisme islamique commençaient à lécher toute la lisière sud du pays. Bientôt, Azéris musulmans et Arméniens chrétiens en vinrent à se massacrer dans tout le Caucase, et quand des troupes soviétiques furent envoyées aux côtés de la milice pour rétablir l'ordre, le gouvernement iranien enjoignit à Moscou de ne pas utiliser la force contre des musulmans. Les flammes montaient. Les réformes de Gorbatchev ménageant une plus grande liberté d'expression, on perçut également les signes du renouveau d'un fondamentalisme chrétien.

Ailleurs, des phénomènes similaires se produisaient. En Israël, les Juifs non pratiquants étaient rossés, leurs voitures lapidées par des fondamentalistes dont les idées et modèles sociaux avaient été forgés par des siècles d'existence dans les minuscules *shtetls* pré-industriels d'Europe orientale et les communautés du Moyen-Orient. En Inde, l'extrémisme musulman déchirait le Cachemire, et l'extrémisme hindou, le reste du sous-continent.

Au Japon, où coexistent bouddhisme et shintoïsme, il n'est pas possible de définir la religion dans les mêmes termes qu'en

Occident, si bien que la notion même de fondamentalisme ne
peut sans doute s'appliquer. On relève néanmoins les indices
d'un intérêt nouveau pour les formes anciennes du shinto que le
régime militariste exploita à ses propres fins politiques avant la
deuxième guerre mondiale. En 1989, le ministère de l'Éducation
a pris l'initiative — très controversée — d'ordonner que soit
enseigné aux élèves le respect pour l'empereur, grand prêtre du
shinto.

Ce à quoi nous assistons, c'est bel et bien à une attaque en
règle ; elle obscurcit le ciel et les idées des Lumières qui avaient
contribué à nous introduire dans l'ère industrielle.

Si tous ces mouvements religieux sont à l'évidence différents
et se heurtent souvent violemment les uns contre les autres, si
certains sont extrémistes et les autres non, tous — chrétiens ou
New Age, judaïques ou islamiques — convergent sur un point :
leur hostilité envers le laïcisme, base philosophique de la
démocratie de masse.

Aujourd'hui donc, pays après pays, on voit le séculier battre
en retraite. Et qu'est-ce que les défenseurs de la démocratie ont
mis à la place ? Jusqu'à présent, ils n'ont su rénover ni les
structures démodées de leur démocratie de masse, ni la réflexion
philosophique qui les sous-tend.

La religion n'est pas l'ennemi de la démocratie. Dans une
société laïque multireligieuse, avec une séparation bien nette
entre l'Église et l'État, la variété même des croyances et des non-
croyances ajoute à son dynamisme. Dans bien des pays, les
mouvements religieux constituent la seule force qui s'oppose à
la mainmise de l'État. Au reste, le fondamentalisme n'est pas en
soi une menace. Mais, au sein même de ce gigantesque réveil
religieux que connaissent tous les pays — et pas seulement
l'Iran —, des fanatiques pullulent qui cherchent avec acharnement à instaurer un contrôle théocratique sur les esprits et les
mœurs, cependant que d'autres leur apportent un soutien incons-
cient.

Tolérer la diversité est le premier commandement de la société
démassifiée, y compris la tolérance pour les intolérants — du
moins jusqu'à un certain point.

Les religions à vocation universelle, qui souhaitent s'étendre
dans le monde entier et rassembler tous les humains en leur
sein, peuvent être compatibles avec la démocratie. De même
celles qui exigent d'exercer un contrôle total sur tous les aspects
de la vie de leurs fidèles, mais n'essaient point de l'imposer à
ceux qui ne le sont pas.

Celles qui ne sont *pas* compatibles sont les religions (de même que les idéologies politiques) qui combinent totalitarisme et universalisme. De tels mouvements sont en contradiction avec toutes les définitions possibles de la démocratie.

Pourtant, certains parmi les mouvements religieux les plus puissants — et qui se développent le plus vite dans le monde aujourd'hui — présentent précisément cette configuration mortelle.

Ils sont déterminés à s'emparer du pouvoir sur la vie et les esprits dans des nations, des continents, voire sur la planète entière. Déterminés à prendre le contrôle de l'État partout où ils le peuvent. Déterminés à étouffer les libertés que la démocratie rend possibles.

Ce sont les agents d'un nouvel âge des Ténèbres.

Éco-théocratie

Pendant ce temps, une marée verte prend elle aussi de l'ampleur à travers le monde entier. Ce mouvement pour la bonne santé — et le bon sens — écologique est un exemple positif de l'action de citoyens ordinaires imposant une direction à leurs propres dirigeants. L'écologie a été portée au premier rang des priorités par une succession de catastrophes sans précédent, depuis Three Mile Island et Tchernobyl jusqu'à Bhopal et la marée noire en Alaska.

La société industrielle a atteint ses limites, en ce sens qu'il est impossible de continuer à entasser les déchets toxiques dans nos arrière-cours, à dépouiller la terre de ses forêts, à déverser des débris de plastique dans nos océans et à percer des trous dans la couche d'ozone. Le mouvement mondial pour la protection de l'environnement est donc une réaction déclenchée par l'instinct de survie face à une menace planétaire.

Mais il a lui aussi une frange antidémocratique. Certains de ses partisans prônent un retour aux ténèbres, et quelques-uns sont déjà prêts à le confisquer sans ménagements pour poursuivre leurs propres desseins politiques ou religieux.

Les problèmes sont si complexes et si coriaces que le mouvement des Verts va sans doute se scinder pour le moins en quatre fractions.

Une partie poursuivra selon un mode d'action démocratique, légale et non violente. Mais, après une succession de crises et de drames écologiques, une deuxième aile, qui existe déjà sous forme embryonnaire, pourrait bien passer de la lutte contre l'éco-vandalisme à un éco-terrorisme de grande envergure pour faire triompher ses exigences.

Une autre cassure va intensifier la guerre idéologique qui déchire déjà ce mouvement. D'un côté, ceux qui plaident pour un progrès technologique et économique dans le cadre de contraintes environnementales très strictes. Refusant de renoncer si peu que ce soit à leur confiance dans l'imagination et l'intelligence humaines, ils croient au pouvoir de l'esprit — donc à notre aptitude à mettre au point des techniques qui utiliseront moins de ressources, provoqueront moins de pollution et recycleront tous les déchets pour en faire des matières utilisables. Ils soutiennent que la crise actuelle réclame des changements révolutionnaires dans la manière dont économie et technologie sont organisées. Orientés vers l'avenir, ils constituent le courant principal des défenseurs de l'environnement.

Mais le contrôle idéologique du mouvement leur est disputé par de prétendus « fondamentalistes » ou « intégristes » qui voudraient replonger la société dans un stade médiéval et ascétique pré-technologique. Ce sont des « éco-théologiens », et certaines de leurs vues concordent avec celles des extrémistes religieux.

Ils soutiennent que la technologie ne peut apporter aucun soulagement et que nous sommes condamnés à retomber dans la pauvreté pré-industrielle, perspective qu'ils considèrent comme une bénédiction.

Les grandes lignes de leur position sont clairement exposées dans une série d'articles que l'on pourrait dire « fondateurs », publiée par *New Perspectives Quarterly*. Pour ces théoriciens du retour en arrière, les problèmes ne sont pas essentiellement écologiques, mais d'ordre religieux. Ils souhaitent restaurer un monde imprégné de religion, qui n'a plus existé en Occident depuis le Moyen Age, et le mouvement de défense de l'environnement leur fournit un véhicule commode.

Ce groupe réduit l'histoire de nos relations avec la nature à l'allégorie biblique. D'abord un « âge d'Or » écologique, quand les hommes vivaient en harmonie avec la nature et l'adoraient. L'espèce a chu hors de cet « Eden » à l'avènement de l'ère industrielle, quand le « Diable » — la technologie — a dominé les affaires humaines. Il nous faut maintenant passer à un nouveau « Paradis », fait de pérennité et d'harmonie parfaites. Sinon, c'est « Armageddon », l'Apocalypse, qui nous menace.

Surimposer ainsi une parabole occidentale — voire chrétienne — à l'histoire éminemment complexe de nos rapports avec la nature est une démarche propre aux éco-théologiens qui idéalisent la vie dans le village médiéval.

Rudolf Bahro, théoricien « vert » influent, qui vit actuellement en Allemagne de l'Ouest, soutient fort explicitement que ce dont nous avons besoin, c'est de « théologie, et non pas d'écologie — de la naissance d'un nouvel âge d'Or cultivant [...] la noblesse dans l'homme ».

Remontant au XIIIe siècle, il cite Maître Eckhart, fondateur du mysticisme allemand, « qui vivait dans la vallée aujourd'hui ravagée du Rhin » et qui nous disait que tous les êtres portaient Dieu en eux. Bahro a rencontré la même idée dans les effusions poétiques de Mechtild de Magdebourg, également au XIIIe siècle, dont il cite la belle formule : pour elle, toute créature est « un éclair de grâce ».

A ses yeux, le salut écologique est donc affaire de religion, chose que le monde profane ne pourra jamais assurer. Bahro approuve même l'ayatollah Khomeiny quand celui-ci déclara à Gorbatchev qu'il ferait mieux de recourir à Allah plutôt qu'aux réformes économiques pour résoudre les problèmes de l'Union soviétique.

Autre théoricien, Wolfgang Sachs, de l'université de Pennsylvanie, attaque le Worldwatch Institute, centre de recherches sur l'environnement de tout premier plan, qu'il accuse de recourir à « un point de vue spécifiquement moderne », tout en récusant le « conservationniste » Amory Lovins quand il réclame une plus grande efficacité dans l'utilisation des ressources énergétiques ; ce que veut Sachs, c'est une « bonne économie domestique », dans la tradition des « foyers orientés vers la simple subsistance ».

Ivan Illich, un de nos critiques sociaux les plus imaginatifs, auteur de plusieurs ouvrages brillants sur les théories écologistes, est opposé au « fascisme du management » tout comme au luddisme simpliste. Ce qu'il prône, c'est « la pérennité sans le développement » — bref, la stagnation.

Pour Illich, la frugalité *est* la condition humaine et doit être acceptée comme telle. Donc, qui a besoin de développement ? Selon lui, le nouveau système de création de la richesse a insufflé une vie nouvelle à la logique exténuée de l'industrialisme. Il ne voit pas qu'en réalité le nouveau système technologique fondé sur le savoir contredit à bien des égards cette vieille logique de l'industrialisme.

Pour Illich aussi, le pacte ultime est d'ordre théologique. « Dieu a été le coordinateur du Cosmos » en un temps où la simple subsistance était acceptée comme normale et naturelle, état auquel nous devrions revenir. Tant que Dieu a gouverné l'esprit médiéval, humanité et nature sont restées en harmonie. « L'homme, facteur de déséquilibre », a détraqué cette harmonie dans la foulée de la révolution scientifique. Illich considère l'idée d'un « éco-système susceptible d'être scientifiquement régulé par des mécanismes rétroactifs multiples » comme un piège et une illusion. Il laisse clairement entendre que le retour à un monde ascétique centré sur Dieu serait de loin préférable.

La rhétorique théo-écologiste contient plus qu'une allusion à la notion chrétienne de Jugement dernier. Comme l'ont relevé Linda Bilmes et Mark Byford, les Verts appartenant à cette tendance assurent que « la consommation est un péché » ; les catastrophes écologiques sont considérées par eux comme « le châtiment du consumérisme excessif, du manque de spiritualité, du gaspillage ». Comme dans un sermon dominical, nous sommes exhortés à « nous repentir et à nous amender ». Ou, serait-on tenté d'ajouter, gare aux flammes de l'Enfer !

Ce n'est pas le lieu d'essayer de résoudre les graves problèmes soulevés par le débat écologique — aussi important sur le plan philosophique que celui soulevé par les penseurs des Lumières à l'aube de l'ère industrielle. Ce qui nous importe ici, c'est de souligner la conformité entre les vues des éco-théologiens et celles du renouveau fondamentaliste, avec sa profonde hostilité à la démocratie laïque.

L'accent mis sur les absolus, la conviction que des restrictions drastiques au libre choix des individus peuvent se révéler nécessaires (pour rendre les gens « moraux » ou « protéger l'environnement ») laissent présager en dernière analyse une attaque conjuguée contre les droits de la personne humaine. Au demeurant, nombre de défenseurs de l'environnement s'inquiètent eux-mêmes ouvertement de l'arrivée des « ayatollahs verts », ou « éco-fascistes », désireux d'imposer leur type particulier de salut. Ainsi, Bahro avertit que « lors des crises profondes de l'humanité, le charisme joue toujours un rôle, et plus la crise est grave, plus la figure charismatique qui émerge est sombre [...]. Aurons-nous un Adolf vert ou pas ? [...] Cela dépend des progrès accomplis dans l'ordre des mentalités d'ici au prochain Tchernobyl ».

On peut admirer l'intégrité et la créativité d'un penseur comme Illich, qui n'a assurément rien d'un fasciste, tout en débusquant les implications profondément antidémocratiques contenues dans sa quête de l'absolu, du constant, du statique et du sacré. Critiquant les éco-théologiens, le sociologue français Alain Touraine met en garde : « Si nous rejetons la raison au nom de la préservation de la couche d'ozone, nous allons vers un fondamentalisme vert, une éco-théocratie dans le style de l'ayatollah Khomeiny. »

Si une telle crainte peut paraître excessive, que l'on se rappelle le mouvement de jeunesse dit *Wandervogel* dans l'Allemagne des années vingt, là où le mouvement vert est le plus actif aujourd'hui. Il s'agissait des « hippies verts » de la République de Weimar qui sillonnaient le pays avec leurs sacs à dos, leurs guitares et leurs fleurs, organisant des festivals dans le style de celui de Woodstock, très portés sur la spiritualité et le retour à la nature.

Dix ans après, Hitler était au pouvoir. Hitler qui, lui aussi, exaltait les valeurs pré-industrielles, présentant l'utopie nazie comme celle où « le forgeron retrouve sa forge, le cultivateur marche derrière sa charrue ». Selon les termes du professeur J.P. Stern, de l'University College de Londres, il s'agissait là de l'évocation d'une « idylle rustique pré-industrielle ». Les idéologues hitlériens louaient sans relâche l'« organique », insistaient sur la forme physique, utilisaient des analogies biologiques pour justifier la plus abjecte des haines raciales. « Des centaines de milliers de jeunes sont passés par le mouvement de jeunesse », écrit George L. Mosse dans *The Crisis of German Ideology*, « et nombre d'entre eux n'ont pas eu beaucoup de mal à s'accommoder des positions idéologiques nazies ».

Peut-on vraiment imaginer un parti néo-vert, avec brassards, baudriers et bottes, se mobilisant pour imposer au reste de la société ses propres vues sur la nature ?

Bien sûr que non, dans des circonstances normales. Mais si celles-ci viennent à ne plus l'être ?

Considérez les conséquences d'une autre catastrophe écologique du genre de celle de Bhopal, se produisant par exemple à Seattle, Stuttgart ou Sheffield, suivie par des accidents analogues en d'autres endroits, eux-mêmes accompagnés par une confusion et une corruption monstrueuses dans l'organisation et la distribution des secours — tout cela au milieu des clameurs des fondamentalistes prêchant que le désastre a été infligé par Dieu pour châtier la « permissivité » et l'immoralité. Représentez-vous ces événements survenant à une époque de profonde dépression économique. Imaginez un « éco-Adolf » séduisant, éloquent, qui promettrait non seulement de résoudre la crise en cours, mais de « purifier » la société matériellement, moralement, politiquement — pourvu seulement qu'on lui donne des pouvoirs « spéciaux ».

Certains thèmes de la rhétorique éco-théologique actuelle ont quelque chose d'absurde, comme naguère celle d'Adolf Hitler et de ses idéologues. Les propagandistes nazis exaltaient le Moyen Age (surtout l'époque où le Saint Empire romain germanique dominait l'Europe), comme le temps où la *Kultur* atteignit son « sommet le plus élevé ».

Aujourd'hui, un fondamentaliste (« fundi ») britannique écrit dans une lettre à l'*Economist* que « les objectifs des Verts, "fundi" comme moi [...], [sont de] revenir à une Europe qui existait dans un lointain passé [...], entre la chute de Rome et l'avènement de Charlemagne », dans laquelle l'unité de base de la société était « la propriété rurale, à peine plus grande qu'un hameau [...]. La seule façon pour les êtres humains de vivre en harmonie avec la nature est de s'en tenir à la simple subsistance ».

Ce que les « éco-moyenâgistes » ne nous disent pas, en général, c'est le prix politique qu'il faudrait payer. Ils font rarement remarquer que la démocratie était bien absente de ces villages bucoliques qu'ils proposent pour modèles — des villages sous la coupe du patriarcat le plus cruel, de l'ingérence religieuse dans les consciences, de l'ignorance féodale et de la force. Telle était la *Kultur* exaltée par les nazis. Ce n'est pas pour rien que la période séparant la chute de Rome et l'avènement de Charlemagne a pu être baptisée l'âge des Ténèbres.

S'il n'y avait qu'eux, les éco-théologiens ne mériteraient pas que l'on s'arrête sur leur cas. Ils ne représentent qu'une mince frange à l'extrême bord du mouvement de défense de l'environnement. Mais ce serait une erreur de les considérer comme un phénomène isolé ou insignifiant. Renouveau religieux et mouvement « vert », l'un comme l'autre, engendrent des ultras qui seraient trop contents de larguer la démocratie. A leurs extrêmes, ces deux mouvements peuvent converger pour imposer de nouvelles restrictions au comportement individuel et politique, pour la plus grande gloire de Dieu et de la Viridité. Ensemble, ils poussent à un transfert du pouvoir vers le passé.

Les nouveaux xénophobes

Une autre caractéristique du village à l'âge des Ténèbres était une extrême xénophobie — la haine de l'étranger, fût-il du village d'à côté. Avec l'avènement de l'ère industrielle, le loyalisme des individus et des masses s'est trouvé peu à peu transféré à la nation. Mais xénophobie, chauvinisme, haine de l'étranger, de celui du dehors continuèrent à faire office d'instruments du pouvoir étatique.

Le passage actuel à une économie fondée sur le savoir exige plus d'interdépendance supranationale que celle à laquelle elle se substitue. Inévitablement, cela restreint l'autonomie d'action de chaque pays, ce qui, à son tour, suscite un choc en retour xénophobe en tous domaines, du commerce jusqu'à la culture.

Aujourd'hui, dans toute l'Europe, les gouvernements se préparent à subir un assaut de cultures importées — via la télévision et le cinéma principalement — par suite de l'intégration du marché européen. Ils sont particulièrement inquiets du conditionnement des nouvelles par l'étranger. *Le Monde* assure que le projet de la CEE, *Télévision sans frontières*, « risque d'accélérer l'implantation des producteurs et distributeurs anglo-saxons qui ont pris une avance décisive dans la création de réseaux transeuropéens ». Les Européens appréhendent la perspective d'une chaîne marocaine diffusant par satellite des émissions en arabe destinées aux quelque onze millions d'immigrants nord-africains, surtout musulmans, installés sur le Vieux Continent. Cette inquiétude n'a fait que grandir quand des intégristes musulmans ont enregistré des succès électoraux dans l'Algérie laïque.

Mais ce n'est là qu'un avant-goût de ce qui va se passer. La technologie des satellites et d'autres équipements nouveaux destinés aux médias fait sauter les verrous des cultures nationales. Selon un spécialiste des satellites, Dan Goldin, de TRW, le jour n'est pas très éloigné où des postes familiaux recevant des émissions par satellites seront vendus pour une fraction de leur prix actuel, déjà bas, et où des millions d'individus à travers le monde pourront capter des programmes de l'étranger — un spectacle de variétés brésilien, un bulletin d'informations nigérien, une pièce de théâtre sud-coréenne, une émission de propagande libyenne. Or, ces communications croisées menacent l'« identité nationale » que les gouvernements cherchent à préserver et à inculquer dans leur propre intérêt.

Quand les craintes d'un déracinement culturel sont aiguisées par une immigration de grande ampleur, l'identité devient un problème explosif.

En préconisant l'ouverture des frontières pour les capitaux, les cultures et les populations, les promoteurs du marché unique européen cherchent à remplacer les sentiments d'appartenance nationale traditionnels par un « supranationalisme ».

Mais, précisément parce que la nouvelle économie devient plus globalement intégrée, exportant chômage, pollution et culture aussi bien que produits et services, nous assistons à la fois à un renouveau du nationalisme et à ses répercussions dans un monde de haute technologie.

Le mouvement lepéniste en France, avec sa propagande férocement anti-arabe, dirigé par un ancien para qui se permet de qualifier les chambres à gaz de « détail », fait appel à des réflexes xénophobes pavloviens. Son parti a obtenu dix sièges au Parlement européen.

Créé en Allemagne fédérale par un ancien sous-officier de la Waffen-SS, Franz Schönhuber, le Parti républicain attaque non seulement les travailleurs immigrés turcs, mais jusqu'aux réfugiés d'origine allemande venus de Pologne et d'Union soviétique, les accusant de prendre travail, logements et retraites aux « vrais Allemands ». Liés aux lepénistes de France et à divers partis extrémistes ailleurs en Europe, les *Republikaner* ont remporté onze sièges aux élections législatives de Berlin-Ouest en 1989, et six au Parlement de Strasbourg.

Sous des banderoles proclamant « l'Allemagne d'abord », Schönhuber, à l'instar d'Hitler après le traité de Versailles, dépeint celle-ci — un des pays les plus riches au monde — comme une « victime ».

D'après un article du distingué germaniste Josef Joffe paru dans le *Wall Street Journal*, Schönhuber a lancé un « appel aux armes contre le reste du monde qui chercherait à opprimer l'Allemagne en l'enchaînant à son passé » — lisez que le monde ne veut pas la laisser oublier les crimes de Hitler (mais Schönhuber a depuis lors quitté ce parti, le jugeant par trop extrémiste).

Dans tout pays à qui l'on reproche en permanence les fautes d'une génération déjà ancienne, on peut certes s'attendre à une réaction en forme de réaffirmation de la fierté nationale. Mais fierté de quoi ? Au lieu d'exhorter l'Allemagne à devenir une puissance à rayonnement mondial en élaborant une démocratie avancée du XXIe siècle, les néo-nationalistes en appellent à bien des pathologies antidémocratiques de son passé, fournissant ainsi à ses voisins de bonnes raisons de ne pas vouloir qu'elle oublie ses crimes.

Le mur de Berlin étant tombé, la réunification *de facto* bien avancée, ce qui se passe à Bonn comme à Berlin (bientôt sans doute à nouveau capitale) a des répercussions dans toute l'Europe, et beaucoup d'yeux surveillent de près les *Republikaner*.

Mais on trouve des mouvements nationalistes similaires dans l'ensemble de l'Europe occidentale, depuis la Belgique jusqu'à l'Italie et l'Espagne, partout où le libre flux des cultures, des communications et des mouvements migratoires menace les vieilles conceptions que les nations avaient d'elles-mêmes.

La résurgence d'une xénophobie débridée ne se limite cependant pas à l'Europe. Aux États-Unis aussi, les réflexes nationalistes prennent de l'ampleur. Hantés par la crainte que l'Amérique ne connaisse un certain déclin économique et militaire, lassés de s'entendre répéter qu'ils sont trop impérialistes, trop matérialistes, violents, béotiens, etc., même des Américains habituellement apolitiques se montrent réceptifs à la démagogie nationaliste.

L'hostilité à l'immigration est très vive, encouragée par les éco-extrémistes qui prétendent que l'afflux des Mexicains porte préjudice à l'environnement aux États-Unis. Mais cette renaissance du « nativisme » n'est qu'une des manifestations d'un nouveau chauvinisme.

Quand la Cour suprême décida en 1990 que brûler un drapeau était une forme de la libre expression politique et se trouvait donc protégé par la Déclaration des droits, les passions se déchaînèrent. Les présentateurs de télévision furent assiégés d'appels furibonds et la Maison Blanche proposa aussitôt de modifier la Constitution pour interdire cette pratique.

Autre symptôme de cette mentalité nouvelle : les campagnes anti-nipponnes, sport très populaire ces derniers temps parmi les protectionnistes et les citoyens de base, inquiets du déficit budgétaire américain comme des achats massifs de sociétés et de biens immobiliers par les Japonais.

Dans le même temps, l'ultranationalisme se développe parallèlement au Japon. Les nationalistes qui refont surface réclament que la Constitution soit amendée afin de permettre une reconstitution musclée de l'armée. Pour eux, le Japon n'a « rien fait de honteux » pendant la deuxième guerre mondiale — point de vue qui perturbe fort la Chine et les autres pays voisins envahis à l'époque par les Japonais. Pour avoir suggéré que l'empereur Hirohito avait peut-être une part de responsabilité dans la dernière guerre, le maire de Nagasaki a été victime d'une tentative d'assassinat. Un grand quotidien, l'*Asahi Shimbun*, dont l'un des reporters avait été assassiné peu auparavant, sans doute par des nationalistes, a lancé une mise en garde, écrivant que de telles violences « conduiraient au fascisme ».

Les ultras prétendent en outre que le Japon a une « âme » et une langue différentes de celles de tous les autres pays, et bien sûr supérieures. Le culte du « yamatoïsme », qui favorise le développement de telles idées, est invoqué pour compenser la perte d'identité nationale résultant de l'occidentalisation menée depuis l'après-guerre.

Traités par les États-Unis avec une condescendance quelque peu méprisante depuis la guerre, excédés de s'entendre reprocher par les autres une politique économique qui leur a valu des succès phénoménaux, certains Japonais sont disposés à écouter les sirènes nationalistes. Cette superbe patriotique, qui coïncide avec une percée financière extraordinaire sur les marchés mondiaux et des capacités militaires en rapide croissance, ne demande qu'à s'associer aux forces les plus antidémocratiques au sein de la société japonaise.

Enfin, ce qui rend proprement stupéfiante l'ampleur de la résurgence du nationalisme, c'est sa réapparition en tant que force politique de poids en Union soviétique et dans les pays est-européens. En fait, au moins autant que de démocratiques, les bouleversements qui ont eu lieu dans ces régions pourraient être qualifiés de nationalistes au sein de pays couchés depuis bientôt un siècle sous le joug russe.

Repenser la notion de « nation » est l'une des tâches les plus importantes et les plus lourdes de passions qui attendent le monde au cours des prochaines décennies, et elle sera décisive. De même, maintenir le contrôle de l'État sur certaines fonctions, afin d'éviter qu'elles ne soient « localisées » ou mondialisées, est essentiel. Mais le tribalisme et le nationalisme aveugles sont l'un et l'autre de dangereux facteurs de régression. Liés à la notion de supériorité raciale ou de droit divin, ils ne débouchent que sur la violence et la répression.

Il est significatif qu'en URSS, où les passions ethniques ont ébranlé l'État lui-même, ces mouvements sont souvent liés aussi bien à l'écologie qu'à l'intégrisme religieux. Les thèmes de la première sont exploités pour exciter les sentiments ethniques contre Moscou. A Tachkent, un mouvement appelé Birlik, qui avait commencé par bloquer la construction d'une usine de composants électroniques, a pris une coloration islamique intégriste.

Plus significative encore que les revendications de plus en plus véhémentes d'autonomie ou d'indépendance des composantes ethniques dans les pays Baltes, l'Arménie, la Géorgie, l'Azerbaïdjan et d'autres républiques de l'URSS, peut paraître la montée de l'ethnocentrisme parmi la population grand-russe dominante. Évoquant Tolstoï, l'historien Paul Johnson décrivait le nationalisme russe dans des termes qui pourraient trouver à s'appliquer aujourd'hui. Il s'agissait, selon lui, d'« un esprit chauvin, imprégné de la conviction que les Russes sont une race à part, douée de qualités morales uniques (incarnées dans le paysan) et vouée par Dieu à remplir une mission ici-bas ».

Cette attitude s'exprime aujourd'hui sous sa forme extrême dans l'organisation Pamiat, antisémite et xénophobe, qui prétend compter trente branches à travers l'Union soviétique, et 20 000 membres rien qu'à Moscou ; elle entretient des liens très étroits avec l'armée et le KGB, et bénéficie d'appuis chez les fonctionnaires de rang moyen. Plusieurs auteurs à succès et certaines figures des milieux culturels russes en font partie. Pamiat, actuellement poursuivi en justice pour incitation à la haine, fait songer au mouvement des Cent Noirs qui organisait des pogroms sous le tsarisme au début du siècle.

Pamiat et d'autres groupes similaires prétendent s'intéresser uniquement à la sauvegarde des monuments anciens et de l'environnement, mais leur objectif véritable est de recréer cette même société fondée sur la communauté villageoise qu'exaltent ici les « Verts » fondamentalistes. Certains réclament aussi la restauration du tsarisme, lié à l'orthodoxie religieuse.

Comme Schönhuber qui se défend d'être antisémite mais reprend à son compte les mensonges hitlériens sur les Juifs, Pamiat vilipende tous ceux qui ont « réduit nos églises, nos temples, nos monastères, les tombeaux des héros nationaux de notre chère Patrie » ainsi que « l'environnement de notre pays à un état catastrophique ». Il réclame d'urgence un retour massif à la terre — « A bas les mégalopoles ! » — et renouveau de l'« institution séculaire du laboureur ».

Nous retrouvons là l'ethnocentrisme xénophobe explicitement mêlé à l'intégrisme religieux et à l'« éco-moyenâgisme » dans un seul et même chaudron digne de l'âge des Ténèbres.

Il y a là un mélange inflammable de forces qui pourraient exploser au visage des démocraties partout où elles existent aujourd'hui. Dans le pire des cas, il évoque l'image d'un État raciste ou tribal, éco-fasciste et théologique — recette optimale pour la suppression des droits de la personne humaine, de la liberté de pensée et, par-dessus le marché, de la propriété privée.

Un tel État semble difficile à imaginer — sauf peut-être comme la résultante de quelque crise ou tragédie de très vaste ampleur, un éco-spasme combinant bouleversement écologique, crise économique profonde, terreur ou guerre.

Mais il n'est nul besoin d'imaginer le pire scénario pour avoir le frisson. Il n'est nul besoin que de tels mouvements, isolément ou ligués, prennent le contrôle d'un État pour restreindre ou détruire brutalement une forme de démocratie qui, même dans les nations à haute technologie, est déjà fragilisée par son déphasage de plus en plus marqué par rapport à l'économie et à la société qui émergent.

Les gouvernements contrôlés ou lourdement influencés par des extrémistes qui font passer leur type particulier de croyance, d'écologie ou de nationalisme avant les valeurs de la démocratie ne sauraient rester longtemps démocratiques.

Le système avancé de création de la richesse qui se répand actuellement à travers le monde ouvre de nouvelles perspectives à la démocratie. Pour la première fois, comme nous l'avons vu, il fait de la liberté d'expression non seulement un atout politique, mais une nécessité économique. Néanmoins, au moment où la vieille société industrielle entame son ultime descente en vrille, des forces antagonistes surgissent qui pourraient anéantir à la fois la démocratie et les possibilités du progrès économique.

Pour sauvegarder à la fois le développement et la démocratie, il faudra que les systèmes politiques passent d'un bond à un nouveau stade, comme l'économie elle-même le fait actuellement. Cet énorme défi pourra-t-il être relevé ? La réponse dira si l'ultime transfert de pouvoirs qui se dessine contribuera à protéger ou à asservir l'individu.

A l'ère des Nouveaux Pouvoirs qui s'ouvre à nous, la lutte idéologique essentielle ne se livrera plus entre démocratie capitaliste et totalitarisme communiste, mais entre démocratie du XXIᵉ siècle et ténèbres du XIᵉ siècle.

SIXIÈME PARTIE

Transferts de pouvoir
à l'échelle planétaire

CHAPITRE XXIX

Le « facteur S »

Peu de déplacements de pouvoir en temps de paix ont été aussi spectaculaires que ceux qui ont suivi la rapide désintégration du bloc soviétique, autrefois si rigide. Brusquement, Varsovie, Prague, Budapest, Bucarest et Berlin recouvraient le pouvoir, centralisé jusqu'alors pendant près d'un demi-siècle à Moscou. En l'espace de quelques mois dramatiques, l'« Est » se scindait.

Un autre déplacement de pouvoir a accompagné l'éclatement de ce que l'on appelle le Sud. Les PMA, ou « pays les moins avancés* », n'ont jamais été capables de constituer un véritable front uni face au monde industrialisé, et ce, malgré les efforts amorcés par la conférence réunie à Bandung, en Indonésie, en 1955. Dans les années soixante-dix, l'Organisation des Nations unies consacrait toute sa rhétorique aux besoins communs du « Sud ». Des programmes d'échanges technologiques « Sud-Sud » et d'autres formes de coopération furent mis en œuvre, des campagnes lancées pour modifier les termes du commerce entre le Nord et le Sud. Le pouvoir se déplaça bel et bien... mais pas comme l'avaient espéré les porte-parole d'un Sud uni.

En effet, les PMA se sont scindés en groupes distincts, caractérisés par des besoins très différents. Le premier de ces groupes est constitué de pays désespérément pauvres, dépendant encore pour une grande part du travail paysan de la Première

---

* L'expression « les moins avancés » est trompeuse, puisque les PMA sont culturellement et dans d'autres domaines très développés. Une expression plus appropriée serait : « moins avancés économiquement », qui est le sens où PMA sera utilisé ici. (N.d.A.)

Vague. Le second comprend des pays comme le Brésil, l'Inde et la Chine, qui, s'ils appartiennent à la Deuxième Vague et représentent des puissances industrielles importantes, abritent néanmoins de vastes populations tirant encore leur subsistance de l'agriculture préindustrielle. Le dernier, enfin, est composé de pays comme Singapour, Taiwan et la Corée du Sud, pratiquement industrialisés et progressant à pleine vitesse dans la haute technologie de la Troisième Vague. Ainsi, il y a donc bien éclatement de pouvoir dans le bloc de l'Est comme dans le Sud.

L'émergence du Japon et de l'Europe en tant que rivaux des États-Unis — émergence conduisant à une hypercompétition par laquelle chacun lutte pour dominer le XXIe siècle — constitue le troisième déplacement important de pouvoir. A son tour, l'« Occident » est aujourd'hui en train de se diviser.

Alors que les hommes politiques, les diplomates et les médias continuent d'envisager ces mutations comme des phénomènes isolés, un lien profond s'est tissé entre eux trois. La structure mondiale qui reflétait l'hégémonie des puissances industrielles de la Deuxième Vague s'est brisée comme une boule de cristal sous le coup de masse d'un forgeron.

Naturellement, nombreuses sont les causes à l'origine de tels développements historiques, et aucune explication ne saurait à elle seule les justifier. Réduire l'Histoire à une force ou à un facteur unique serait faire fi de la complexité, du hasard, du rôle des individus et d'un grand nombre d'autres variables. Mais, de même, considérer l'Histoire comme une succession d'accidents sans modèles ou sans rapport les uns avec les autres serait tout aussi réductionniste.

On peut avoir un aperçu des futurs modèles de pouvoir à travers le monde en identifiant les forces communes qui sous-tendent chacun de ces déplacements majeurs de pouvoir, au lieu de les considérer comme des événements isolés. En fait, nous comprenons que ces trois mutations de portée historique sont étroitement liées au déclin de l'industrialisation et à l'essor de la nouvelle économie axée par le savoir.

Pyramides et tirs lunaires

Les progrès en science et en technologie ont été si extraordinaires depuis la deuxième guerre mondiale qu'il serait presque superflu d'en imaginer d'autres. Si cette période n'avait été celle d'aucune autre découverte en dehors de l'informatique et de l'ADN, on ne pourrait pas moins dire de l'après-guerre qu'elle est la période la plus révolutionnaire de toute l'histoire scientifique. En fait, il s'est passé bien davantage.

Non seulement nous avons perfectionné nos technologies, mais nous avons commencé à agir sur la nature de manière de plus en plus fouillée, de telle sorte qu'au lieu de traiter avec de gros morceaux de matière, nous pouvons à présent créer une couche de matériau si incroyablement fine que, selon les termes du magazine *Science*, « les électrons à l'intérieur se déplacent dans deux dimensions seulement ». Nous pouvons graver à l'eau-forte des lignes larges d'à peine 20 milliardièmes de mètre, et nous serons bientôt capables d'assembler des objets atome par atome. Ce n'est plus là du « progrès », c'est un véritable bouleversement.

La US National Academy of Engineering a répertorié en 1989 ce qu'elle considérait comme les dix promesses techniques les plus importantes de ces vingt-cinq dernières années. La liste commençait par le premier atterrissage d'Apollo sur la Lune, qui égalait dans l'histoire la construction des pyramides égyptiennes. Venaient ensuite le développement des satellites, des microprocesseurs, des lasers, le jumbo-jet, les produits de l'ingénierie génétique, entre autres découvertes sensationnelles. Dès le début des années cinquante, quand le nouveau système de création de la richesse prit son essor aux États-Unis, les êtres humains, pour la première fois dans l'Histoire, se frayaient un chemin vers les étoiles, identifiaient le programme génétique de la vie et inventaient des outils intellectuels aussi importants que le fut l'écriture. Un ensemble de réalisations inouï pour une seule génération.

Le savoir scientifique ou technologique n'est pas seul à accomplir des progrès remarquables. Partout, de la théorie des organisations à la musique, de l'étude de l'écosystème à notre compréhension du cerveau, de la linguistique à la théorie de l'apprentissage et à l'étude des systèmes instables, des structures chaotiques et dissipatives, la base du savoir est bouleversée. Et alors même que ce bouleversement se produit, des chercheurs travaillant dans des domaines comme les réseaux neuronaux et l'intelligence artificielle trouvent encore le moyen de fournir un nouveau savoir sur le savoir lui-même.

Ces progrès en forme de mutations, apparemment éloignés des univers de la diplomatie et de la politique, sont en fait inévitablement liés aux explosions géopolitiques d'aujourd'hui. Le savoir est devenu le « facteur S » dans les luttes de pouvoir à l'échelle planétaire.

Des économies politiques de seconde main

Considérons, par exemple, les implications du « facteur savoir » sur le pouvoir soviétique.

Aujourd'hui, comme nous l'avons vu, les déplacements historiques de pouvoir ont fait en sorte que deux des sources de pouvoir les plus importantes — la violence et la richesse — sont devenues de plus en plus dépendantes de la troisième : le savoir. Du fait de l'expansion de la technologie fondée sur le savoir et la circulation relativement libre des idées, les États-Unis, l'Europe et le Japon sont parvenus, sur le plan économique, à laisser les nations socialistes loin derrière. Cette même technologie a rendu également possible un bond colossal dans la puissance militaire.

Un chasseur bombardier est aujourd'hui l'équivalent d'un ordinateur avec des ailes. Son efficacité dépend presque entièrement du savoir emmagasiné dans son avionique, dans l'armement dont il est équipé — ainsi que dans le cerveau du pilote. En 1982, les programmateurs militaires soviétiques durent tous souffrir d'un ulcère quand 80 Mig de construction russe, pilotés par des Syriens, furent détruits par des pilotes israéliens qui ne perdirent pas un seul appareil. Le tanks russes ne firent pas mieux face aux blindés israéliens.

Même si l'URSS comptait de brillants scientifiques dans les rangs de son armée et possédait suffisamment d'armes atomiques pour anéantir le monde entier, elle ne manquerait pas d'être dépassée dans la course aux l'armements conventionnels de très haute technologie ou dans celle aux systèmes de défense stratégiques. La sophistication croissante des armes conventionnelles fondées sur l'information (lesquelles, en fait, ne sont donc pas conventionnelles du tout) menaçait la supériorité soviétique sur son terrain, en Europe orientale.

Dans le même temps, l'Initiative de défense stratégique (l'IDS, ou « guerre des étoiles »), très riche en savoir, menaçait de rendre dérisoires les missiles soviétiques à longue portée. Bien que les détracteurs de l'IDS aient considéré cette performance comme impossible, la seule éventualité de la menace inquiéta Moscou. Si l'IDS pouvait arrêter tous les missiles nucléaires russes avant qu'ils n'atteignissent les États-Unis, ceux-ci ne servaient à rien. Cela signifiait aussi que les États-Unis pouvaient déclencher une attaque nucléaire sans crainte de représailles. Même si, comme c'est le plus probable, l'IDS restait relativement peu efficace et n'arrêtait qu'une fraction des ogives nucléaires ennemies, les programmateurs militaires soviétiques pouvaient se demander combien de missiles américains demeureraient saufs pour la riposte. Dans un cas comme dans l'autre, l'IDS rendait improbable et d'autant plus risquée la théorie du recours à l'arme nucléaire du côté soviétique.

Sur terre et dans l'espace, les Soviétiques étaient ainsi confrontés à une double menace.

Face à cette triste réalité — pour ne pas parler de son propre déclin économique —, Moscou conclut de manière rationnelle qu'elle ne pouvait plus protéger militairement son glacis est-européen, sauf à un coût inacceptable et en hausse vertigineuse. Pour des raisons économiques aussi bien que militaires, une réduction de ses engagements vis-à-vis des autres pays de son empire devint par conséquent nécessaire.

Au bout du compte, cependant, ce ne furent ni les armes ni l'économie qui eurent raison des Soviétiques, mais le « facteur S » — ce nouveau savoir dont dépendent de plus en plus la force militaire et la puissance économique.

Ce même « facteur S » permet aussi d'expliquer le clivage entre les « pays les moins avancés » et l'émergence de trois groupes distincts parmi eux. Dès lors que les économies les plus avancées se tournent vers l'informatique et les technologies de l'information, et fabriquent des produits à plus haute valeur ajoutée, elles transfèrent nombre d'anciennes opérations, moins axées sur l'information, davantage liées au travail physique, à des pays tels que la Corée du Sud, Taiwan, Singapour, et désormais la Thaïlande. Autrement dit, tandis que l'Europe, le Japon et les États-Unis passaient aux formes de création de la richesse de la Troisième Vague, ils abandonnaient les tâches de la Deuxième à d'autres pays, accélérant d'autant l'industrialisation de ceux-ci, qui laissèrent à la traîne les autres PMA.

Nombre de ces « nouvelles économies industrialisées », ou NEI, entrent à leur tour dans la course pour refiler les opérations de la Seconde Vague à des pays plus pauvres et économiquement arriérés — avec la pollution et autres inconvénients qui vont de pair — cependant qu'eux-mêmes tentent de se hisser à une production plus riche en savoir. Ces différents rythmes de développement économique ont ainsi creusé l'écart entre les PMA.

Quant à la rivalité intercapitaliste entre l'Europe, le Japon et les États-Unis, elle s'explique par le fabuleux succès de la politique américaine d'après-guerre qui a favorisé la reconstruction économique et la restauration des structures industrielles européennes et japonaises qui avaient été détruites. C'était leur donner la chance de connaître un nouveau départ, l'occasion de remplacer les anciennes machines d'avant-guerre par de nouvelles technologies flambant neuves, alors que les États-Unis, dont les usines n'avaient pas été bombardées, devaient encore amortir leurs infrastructures existantes.

Pour maintes raisons, dont une culture plus orientée vers l'avenir, la stimulation économique régionale due à la guerre du Viêt-Nam, et, bien entendu, l'extraordinaire travail et la créativité de sa génération d'après-guerre, le Japon est passé en tête. Ses yeux ont toujours regardé vers le XXIᵉ siècle, sa culture a toujours mis l'accent sur l'importance de l'éducation, du sens des affaires, du savoir en général. Il s'est emparé de l'ordinateur et de tous ses dérivés en électronique et en technologie de l'information avec une passion quasi érotique.

Les résultats auxquels le Japon est parvenu en passant de l'ancien au nouveau système de création de la richesse ont été étonnants et l'ont placé inévitablement en compétition avec les États-Unis. A son tour, après être restée à la traîne pendant des années, l'Europe, saisie d'effroi, s'est lancée dans une stratégie d'intégration économique et politique.

Nous reviendrons plus tard sur ces développements. Pour l'heure, il est essentiel de reconnaître qu'à chaque étape, le nouveau système de création de la richesse fondé sur le savoir a représenté une contribution majeure ou une cause première aux grands déplacements historiques de pouvoir qui remodèlent aujourd'hui notre monde. Comme nous allons le voir, les implications planétaires de ce phénomène ne laissent pas de surprendre.

CHAPITRE XXX

Les rapides et les lents

L'un des plus grands déséquilibres de pouvoir sur cette terre divise aujourd'hui pays riches et pays pauvres. Cette répartition inégale du pouvoir, qui affecte la vie de milliards d'entre nous, ne va pas tarder à se modifier au fur et à mesure que se propagera le nouveau système de création de la richesse.

Depuis la fin de la deuxième guerre mondiale, le monde est partagé entre capitalistes et communistes, et entre Nord et Sud. Aujourd'hui, alors que ces anciens clivages tendent à perdre de leur signification, une nouvelle division se fait jour.

Dorénavant, le monde sera partagé entre les plus rapides et les plus lents.

Ces notions de rapidité et de lenteur ne sont pas de simples formules, et l'on peut distinguer concrètement les économies rapides des économies lentes. Les organismes primitifs ont des systèmes neuronaux lents, tandis que le système nerveux humain, plus évolué, traite les signaux plus rapidement. Il en va de même pour les économies primitives et les économies avancées. Historiquement, le pouvoir s'est déplacé des lents vers les rapides, que nous parlions d'espèces ou de pays.

Dans les économies rapides, la technologie accélère la production. Leur allure est déterminée par la vitesse des transactions, le temps nécessaire à la prise de décisions (en particulier en ce qui concerne les investissements), le rythme auquel les idées nouvelles sortent des laboratoires, la vitesse à laquelle elles arrivent sur le marché, la vélocité des mouvements du capital, et, par-dessus tout, la rapidité avec laquelle les données, l'information et le savoir parcourent le système économique. Les économies rapides génèrent la richesse — et le pouvoir — plus vite que les économies lentes.

Par contre, dans les sociétés paysannes, les processus économiques semblent figés. La tradition, les rites et l'ignorance restreignent socialement les choix acceptables. Les communications sont frustes, les transports limités. Avant l'émergence de l'économie de marché en tant qu'instrument permettant d'opérer des choix d'investissement, la tradition gouvernait les décisions technologiques. Comme l'écrit l'économiste Don Lavoie, elle s'en remettait aux « règles et aux tabous pour préserver les techniques de production qui s'avéraient applicables au long de la lente marche de l'évolution biologique et culturelle ».

Comme la plupart des individus avaient tout juste de quoi vivre, les expériences étaient jugées dangereuses, les innovateurs, écartés, et les progrès des méthodes de création de la richesse se manifestaient si lentement qu'ils étaient à peine perceptibles d'une génération à l'autre. Des siècles de stagnation n'étaient ponctués que de rares moments d'innovation.

L'explosion historique que nous appelons aujourd'hui la révolution industrielle vivifia le métabolisme économique. Les routes et les communications s'améliorèrent, et les entrepreneurs, motivés par le profit, se mirent activement à innover. Profitant d'excédents importants, la société pouvait expérimenter des techniques approximatives, grossières, sans courir un grand risque social. « Aujourd'hui, fait remarquer Lavoie, l'expérience technologique étant bien moins coûteuse, les méthodes de production [pourraient] changer encore bien plus vite qu'elles ne le font. »

Tout cela, cependant, ne fait que dessiner le cadre dans lequel va se développer l'économie symbolique super-rapide que nous voyons naître sous nos yeux.

Le code-barre sur le paquet de Marlboro, l'ordinateur dans le camion de Federal Express, le scanner à la caisse de Safeway, la billetterie automatique, l'expansion des réseaux de données « intelligents » à travers la planète, les robots téléguidés, l'« informationalisation » du capital sont autant d'étapes préliminaires à l'instauration d'une économie du XXIe siècle qui opérera à une vitesse proche du temps réel.

A la longue, le cycle entier de création de la richesse sera instantanément saisi sur les écrans.

Une rétroaction continue sera déversée depuis les capteurs intégrés de la technologie intelligente, les scanners optiques équipant les magasins, les émetteurs des camions, des avions et des bateaux envoyant des signaux à des satellites (tant et si bien que les managers pourront suivre à tout moment les mouvements de tous leurs véhicules). Cette information sera combinée aux résultats de sondages et à l'information provenant de milliers d'autres sources.

En faisant en sorte que chaque unité de temps sauvée ait *plus* de valeur que l'unité précédente, l'effet d'accélération crée une boucle rétroactive de renforcement qui accélère l'accélération.

Ce qui en résulte ne sera pas une simple évolution, mais une véritable révolution, car, dans ce contexte de travail en temps réel, le management et les finances requerront des procédures radicalement différentes des méthodes les plus avancées parmi celles employées actuellement. Au demeurant, aujourd'hui même, bien avant que les opérations en temps réel ne soient généralisées, le temps lui-même est devenu un facteur de production de plus en plus décisif. Ainsi le savoir est utilisé pour rétrécir les intervalles de temps.

Or cette accélération des réponses neurales de l'économie des pays à haute technologie a des conséquences encore invisibles sur les économies de basse technologie.

En effet, plus le temps devient précieux, moins les facteurs traditionnels de production — matières premières et travail — le sont. Et il s'agit dans la plupart des cas de ce que vendent ces pays.

Comme nous allons le voir, l'effet d'accélération va transformer toutes les stratégies actuelles du développement économique.

Retour chez soi

Le nouveau système de création de la richesse est marqué par l'expansion d'un réseau planétaire de marchés, de banques, de centres de production et de laboratoires qui communiquent instantanément les uns avec les autres, échangeant en permanence d'énormes flux de données, d'information et de savoir.

Cette économie « rapide » de demain, la nouvelle dynamique résultent de l'accélération de la production de la richesse, sera source de l'avance économique. En tant que telle, elle est aussi source d'un grand pouvoir. En être écarté reviendra à être exclu de l'avenir.

Tel est pourtant le destin qui attend de nombreux PMA.

Dès lors que le système mondial dominant de production de la richesse s'intensifie, les pays qui voudront vendre devront opérer à la vitesse des acheteurs. Cela signifie que des économies lentes devront accélérer leurs réponses neurales sous peine de perdre contrats et investissements, et de devoir abandonner la course.

On peut déjà détecter les tout premiers signes d'une telle situation.

Dans les années quatre-vingt, les États-Unis ont dépensé 125 milliards de dollars par an en vêtements, dont la moitié avaient été fabriqués par des ouvriers sous-payés dans des usines disséminées de Haïti à Hong Kong. Demain, une grande partie de ce travail retournera aux États-Unis afin de satisfaire aux nouveaux impératifs de rapidité.

Bien entendu, les taxations, les tarifs, les taux de change et autres facteurs continuent d'influencer les affaires quand des investissements ou des achats sont faits à l'étranger. Mais, à long terme, des changements bien plus fondamentaux interviendront dans la structure des coûts. Déjà, la transition vers le nouveau système de création de la richesse sonne le repli vers les États-Unis, le Japon et l'Europe d'usines et de contrats « incontrôlables ».

Tandy, important fabricant et détaillant de matériel électronique, a ainsi rapatrié récemment sa production de Tandy Color Computer de la Corée du Sud au Texas. Alors que l'usine asiatique était automatisée, celle du Texas fonctionne en flux « absolument continu » et possède des équipements de contrôle plus sophistiqués. Tandy a, par ailleurs, installé en Virginie une unité de production entièrement robotisée qui fabrique cinq mille enceintes de haut-parleurs par jour. Elle les vend à des fabricants japonais qui se les fournissaient autrefois à moindre prix dans les Caraïbes.

L'industrie de l'informatique progresse certes avec une extrême rapidité. Toutefois, cela reste vrai aussi pour des activités plus lentes. Ainsi, la société Arrow, l'un des plus grands fabricants de chemises américains, a récemment rapatrié 20 % de sa production aux États-Unis après quinze ans d'approvisionnements à l'étranger. Frederick Atkins Inc., acheteur pour des chaînes de grands magasins américains, a fait passer ses achats de fabrication domestique de 5 % à 40 % en l'espace de trois ans.

A l'origine de ces déplacements, du moins pour une part, l'importance croissante du temps en économie.

« La nouvelle technologie — rapporte le magazine *Forbes* — donne aux fabricants nationaux de confection un avantage considérable sur leurs concurrents asiatiques. En raison des fluctuations de la mode et de cette manie de changer de style au moins six fois par an, les détaillants veulent pouvoir maintenir leurs stocks au plus bas. Cela nécessite une réponse rapide des

fabricants de confection qui peuvent fournir de petits lots dans
tous les styles, toutes les tailles et toutes les teintes. Les
fournisseurs asiatiques, eux, de l'autre côté de la planète, réclament des commandes trois mois ou plus à l'avance. »

Le groupe italien Benetton, lui, livre de nouvelles commandes
de demi-saison en moins de deux à trois semaines. Grâce à son
réseau électronique, Haggard Apparel, à Dallas, est aujourd'hui
capable de reconstituer le stock de pantalons de 2 500 clients en
trois jours, au lieu des sept semaines autrefois exigées.

Comparez avec la situation dans laquelle se trouvent en Chine
les industriels ou artisans qui ont besoin d'acier.

En 1988, la Chine a connu la pire pénurie d'acier jamais
rencontrée de mémoire d'homme. Bien que les industriels aient
réclamé des stocks à grands cris, 40 % de la production annuelle
totale du pays sont restés cadenassés dans les entrepôts de
Storage and Transportation General Corporation (STGC). Pourquoi ? Parce que cette entreprise — aussi incroyable que cela
puisse paraître aux yeux de qui vit dans une économie rapide
— livre seulement deux fois par an !

Les directeurs de STGC n'avaient que faire de la montée en
flèche des prix de l'acier. Ils ne se souciaient guère plus du
marché noir engendré par la pénurie, de la fraude galopante ou
de la situation de crise dans les usines en manque de métal.
L'organisation n'était tout simplement pas adaptée pour de plus
fréquentes livraisons. Si cet exemple est sans nul doute extrême,
il n'est pas unique. Un « grand mur », qui prend de plus en plus
d'ampleur au fil des ans, sépare les rapides des lents.

Cette grande barrière culturelle et technologique explique en
partie le taux élevé d'échecs dans les projets communs entre
pays rapides et pays lents.

De nombreuses transactions s'effondrent quand un fournisseur
de pays lent ne parvient pas à respecter les délais. La différence
de rythme de la vie économique dans l'un et l'autre mondes
pose un problème culturel. Les dirigeants des pays lents n'ont
pas conscience de l'importance que leurs partenaires accordent
au temps — ou ne comprennent pas pourquoi il leur paraît si
important. Ces exigences de rapidité leur semblent aussi extra-
vagantes qu'arrogantes. Cependant, pour le partenaire du pays
rapide, rien n'est plus déterminant. Un retard de livraison est
presque aussi catastrophique que l'annulation pure et simple de
cette livraison.

Le coût croissant du manque de fiabilité, des négociations
interminables, des formalités, du suivi approximatif, des réponses
tardives à des demandes pressantes d'information diminue

l'avantage concurrentiel du travail physique à faible salaire dans les économies lentes.

Il en va de même pour les dépenses dues aux retards, aux irrégularités, aux paralysies bureaucratiques, aux prises de décisions qui se font attendre — sans parler des dessous de table souvent indispensables pour accélérer les choses.

Dans les économies avancées, la rapidité des décisions est en train de devenir un critère capital. Pour certains cadres, l'inventaire des « décisions en cours » — ou « DEC » — représente un poste presque aussi important que celui du « travail en cours ». Ils essaient de remplacer les prises de décisions séquentielles par des « traitements parallèles », rompant ainsi avec la bureaucratie. Ils parlent de « vitesse de mise sur le marché », de « réponses rapides », de « cycle de temps court » et de « concurrence fondée sur le temps ».

La précision accrue du minutage requis par des systèmes comme les livraisons « juste-à-temps » signifie que le vendeur doit satisfaire à des exigences de calendrier encore plus contraignantes et serrées qu'auparavant, si bien qu'il n'a jamais été aussi facile de commettre une erreur.

De leur côté, les acheteurs réclamant des livraisons plus fréquentes et mieux ajustées, les fournisseurs des pays lents sont obligés de maintenir à grands frais des inventaires importants ou des stocks régulateurs — avec le risque que les produits immobilisés ne deviennent rapidement périmés ou invendables.

L'impératif de la nouvelle économie est clair : dans les pays les moins avancés, les fournisseurs devront faire progresser leurs technologies afin de satisfaire les normes de vitesse du monde s'ils ne veulent pas, victimes de l'effet d'accélération, être brusquement dépossédés de leurs marchés.

Biens immobiliers stratégiques

La probabilité que nombre des pays les plus pauvres se retrouvent coupés de la dynamique de l'économie mondiale et soient voués à stagner, abandonnés, est renforcée par trois autres facteurs puissants qui résultent directement ou indirectement de l'avènement du nouveau système de création de la richesse.

L'une des façons d'envisager pour l'avenir le pouvoir économique des PMA ou son absence consiste à se demander ce qu'ils ont à vendre au reste du monde. Nous pouvons commencer par une ressource assez rare que seuls quelques pays peuvent offrir à tout moment aux autres : l'emplacement stratégique.

Les économistes ne considèrent pas habituellement les biens immobiliers militairement stratégiques comme une ressource vendable ; or, pour beaucoup de PMA, tel est pourtant le cas.

Les pays en quête de puissance militaire et politique sont fréquemment disposés à payer pour en obtenir. Comme Cuba, nombre de PMA ont aujourd'hui vendu — ou loué — des sites ou des installations à l'Union soviétique, aux États-Unis ou à d'autres, pour des besoins militaires, politiques ou de services secrets. Cuba, en permettant aux Russes d'avoir un pied sur son territoire à 150 km des côtes américaines et d'exercer une influence accrue dans toute l'Amérique centrale, a obtenu une subvention annuelle de cinq milliards de dollars de Moscou.

Pendant près d'un demi-siècle, la « guerre froide » a signifié que même le plus pauvre des pays (dans la mesure où il détenait une position stratégique) avait quelque chose à vendre au meilleur acheteur. Certains pays, comme l'Égypte, sont parvenus à vendre leurs faveurs d'abord à une superpuissance, puis à l'autre.

Mais, tandis que le monde se réjouissait du relâchement des tensions entre Américains et Soviétiques, les Philippines, le Viêt-Nam, Cuba et le Nicaragua sandiniste se désolaient, eux qui avaient vendu l'accès à leurs positions géographiques stratégiques. Désormais, il est peu probable que les deux plus gros clients d'emplacements stratégiques surenchérissent comme par le passé.

Par ailleurs, plus les moyens logistiques croissent, plus la portée des avions et des missiles s'étend, plus les sous-marins prolifèrent, plus les opérations militaires par ponts aériens vont vite, et plus décroît le besoin en bases outre-mer, en installations de maintenance et de réserves prépositionnées.

Les PMA doivent par conséquent anticiper la fin du marché des emplacements stratégiques. A moins que celui-ci ne soit remplacé par d'autres formes d'aide internationale, cet épilogue va tarir le flux de milliards de dollars d'« aide étrangère » et d'« assistance militaire » qui s'est déversé jusqu'à présent chez certains PMA.

Comme nous le verrons, la détente américano-soviétique est la réponse soviétique au nouveau système de création de la richesse des pays à haute technologie. L'effondrement du marché des emplacements stratégiques en est une des conséquences indirectes.

Quelles que soient les grandes puissances de l'avenir, même si elles continuent d'implanter des bases, de mettre en place des postes d'écoute satellite ou de construire des terrains d'aviation

et des bases sous-marines en terre étrangère, les « concessions »
seront négociées pour des temps plus courts. Aujourd'hui,
l'accélération des changements rend toutes les alliances plus
fragiles, plus limitées dans le temps, décourageant les grandes
puissances de faire des investissements à long terme sur des
emplacements fixes.

Les guerres, les menaces, les insurrections surgiront en des
lieux inattendus. C'est pourquoi les états-majors des grandes
puissances mettront l'accent sur les forces mobiles à déploiement
rapide, sur la puissance navale et les opérations spatiales plutôt
que sur les installations fixes. Tout cela diminuera encore le
pouvoir de marchandage des pays dotés d'emplacements à louer.

En fin de compte, l'essor de la puissance militaire nipponne
dans le Pacifique risque de conduire les Philippines et d'autres
pays de l'Asie du Sud-Est à *accueillir* les Américains ou d'autres
forces pour faire contrepoids à une menace japonaise naissante.
Poussé à l'extrême, un tel raisonnement peut même conduire à
vouloir *payer* pour être protégé, au lieu de se faire payer.

De nouveaux déclenchements d'hostilités régionales ou de
nouveaux déchaînements de violence intérieure dans nombre de
régions du globe continueront d'assurer la prospérité des industries de l'armement. Mais, quoi qu'il arrive, il sera plus difficile
d'obtenir des avantages des États-Unis et des Soviétiques. Cela
nuira à l'équilibre précaire des rapports de puissance entre les
PMA — comme entre l'Inde et le Pakistan, par exemple —, et
déclenchera également des déplacements de pouvoir potentiellement violents *à l'intérieur* de ces pays, en particulier parmi les
élites étroitement liées (parfois de manière corrompue) aux
programmes d'aide, aux installations militaires et aux opérations
de services secrets.

En bref, l'âge d'or de la « guerre froide » est révolu. Des
déplacements de pouvoir on ne peut plus complexes nous
attendent. Quant au marché des emplacements stratégiques dans
les PMA, il ne sera plus jamais ce qu'il a été.

Au-delà des matières premières

Un second coup attend des pays qui fondent leurs plans de
développement sur l'exportation de matières premières comme
le cuivre ou la bauxite.

Ici également, des déplacements de pouvoir sont sur le point
de se faire jour.

Si la production de masse nécessitait de grandes quantités

d'un petit nombre de ressources, les méthodes de fabrication démassifiées, au fur et à mesure qu'elles s'étendront, auront en revanche besoin de beaucoup plus de ressources différentes — et en plus petites quantités.

Par ailleurs, le métabolisme plus rapide du nouveau système de production mondial implique aussi que les ressources considérées aujourd'hui comme vitales pourraient n'avoir plus aucune valeur demain, à l'instar de toutes les industries extractives, des mines, des installations portuaires et autres moyens destinés à les transporter. Inversement, des déchets aujourd'hui inutiles pourraient brusquement revêtir une grande valeur.

Ainsi, on a traité le pétrole lui-même comme une matière inutilisable jusqu'à ce que les nouvelles technologies, en particulier le moteur à explosion, le rendent vital. Le titane, quant à lui, n'était qu'une vulgaire poudre blanche jusqu'à ce que la production d'avions et de sous-marins le pare d'indispensables qualités. Mais le rythme auquel les nouvelles technologies apparaissaient était lent. Aujourd'hui, ce n'est plus vrai.

La supraconductivité, pour ne prendre qu'un seul exemple, finira par réduire le besoin d'énergie en abaissant le niveau des pertes de transmission, mais, dans le même temps, son utilisation nécessitera de nouvelles matières premières. Les nouveaux appareils antipollutions adaptés aux automobiles ne dépendront peut-être plus du platine. De nouveaux produits pharmaceutiques exigeront peut-être des substances organiques aujourd'hui inconnues ou encore dénuées de valeur. Les pays frappés de pauvreté pourraient alors devenir d'importants fournisseurs, tout en affaiblissant la position des gros exportateurs actuels.

Qui plus est, pour reprendre les termes d'Umberto Colombo, président du Comité des sciences et des technologies de la CEE, «dans les sociétés avancées et riches d'aujourd'hui, chaque augmentation du revenu par habitant est liée à une hausse de plus en plus réduite des quantités de matières premières et d'énergie utilisées». Colombo cite des chiffres du Fonds monétaire international qui montrent que «le Japon [...] a consommé en 1984 seulement 60 % des matières premières requises en 1973 pour le même volume de rendement industriel». La progression du savoir nous permet de faire plus avec moins, et affaiblit ainsi le pouvoir des gros producteurs.

En outre, l'expansion rapide du savoir scientifique accroît les possibilités d'inventer des substituts aux ressources importées. Les économies avancées seront bientôt à même de créer pratiquement de toutes pièces des collections entières de nouveaux matériaux fabriqués sur commande, comme les «nanocomposites ». Plus les pays de haute technologie sont à la pointe de l'innovation, moins ils sont dépendants des matières premières importées en grandes quantités de l'étranger.

Le nouveau système de création de la richesse est trop changeant, trop rapide pour être enchaîné à quelques matériaux « vitaux ». Par conséquent, le pouvoir passera des gros producteurs de matières premières à ceux qui contrôlent « au compte-gouttes » les quantités de substances temporairement indispensables, et de ces derniers à ceux qui contrôlent le savoir nécessaire pour créer de nouvelles ressources *de novo*.

La main-d'œuvre « à bon marché » chère

Tout cela serait un moindre mal pour les PMA si un troisième coup violent ne risquait de les atteindre à l'improviste et de bouleverser de fond en comble les rapports de puissance entre eux.

Depuis l'aube enfumée de l'ère industrielle, les fabricants capitalistes poursuivent leur quête du Graal de la main-d'œuvre à bon marché. Après la fin de la deuxième guerre mondiale, on a assisté à une ruée vers les sources étrangères de main-d'œuvre. De nombreux pays en voie de développement ont joué tout leur avenir économique sur la théorie selon laquelle vendre une main-d'œuvre à bon marché conduirait à la modernisation.

Certains, comme les « quatre dragons » d'Extrême-Orient — Corée du Sud, Taiwan, Hong Kong et Singapour — ont gagné leur pari. Ils ont été aidés tout au long de leur essor par une puissante éthique du travail, des facteurs culturels uniques, mais également par le fait que deux conflits acharnés — la guerre de Corée dans les années cinquante, celle du Viêt-Nam dans les années soixante et le début des années soixante-dix — avaient déversé des milliards de dollars sur la région. Certains Japonais ont pu comparer cet afflux d'argent à un « souffle divin ».

Au vu de leur succès, il est à présent presque universellement reconnu que le déplacement des exportations de produits agricoles ou de matières premières vers celles de biens fabriqués par une main-d'œuvre à bon marché conduit au développement. Pourtant, rien ne saurait être plus éloigné de la vérité à long terme.

Il est certain que, partout dans le monde, la course à la main-d'œuvre à bon marché continue d'être largement pratiquée. Aujourd'hui encore, le Japon lui-même transfère usines et contrats de Taiwan et de Hong Kong, où les salaires ont augmenté, en Thaïlande, en Malaisie et en Chine, où ils représentent une dixième de ceux du Japon. Les pays riches auront encore maintes occasions de localiser des réservoirs de main-d'œuvre à bon marché dans les PMA.

Cependant, comme les locations de bases militaires ou les cargaisons de minerais, la vente de main-d'œuvre à bon marché est également en train d'atteindre ses limites.

Au fur et à mesure que le nouveau système s'étend, le coût de la main-d'œuvre représente une fraction de plus en plus réduite du prix de revient total de la production. Ainsi, dans certaines industries, il ne compte plus que pour 10 %, ce qui veut dire que 1 % d'économies sur la main-d'œuvre ne représente plus qu'un millième du prix de revient.

En revanche, des techniques plus pointues, des flux d'information plus rapides et de meilleure qualité, un stock réduit, une organisation rationalisée peuvent entraîner des économies bien supérieures à celles réalisées sur le dos d'ouvriers payés à l'heure.

C'est pourquoi il peut être bien plus profitable d'être à la tête d'entreprises avancées au Japon ou aux États-Unis, dotées d'employés bien formés et bien rémunérés, qu'à la tête d'une usine rudimentaire, en Chine ou au Brésil, employant des masses d'ouvriers peu instruits et sous-payés.

Pour reprendre les propres termes d'Umberto Colombo, la main-d'œuvre à bas prix « ne suffit plus à assurer l'avantage du marché aux pays en voie de développement ».

Hypervitesses

A l'horizon se profile donc un dangereux clivage entre les économies rapides et les économies lentes. Ce clivage va engendrer d'énormes déplacements de pouvoir à travers le « Sud » ; de proche en proche, il aura des répercussions considérables, sur tous les plans, à travers la planète entière.

Grâce au nouveau système de création de la richesse, on peut envisager un avenir meilleur pour les larges couches de la population mondiale qui font aujourd'hui encore partie des pauvres. Mais on ne peut exclure que les dirigeants des PMA fassent en sorte que ces changements ne se produisent pas, vouant leurs peuples à une misère incurable et se condamnant eux-mêmes à l'impuissance.

Car dans le même temps que des industriels chinois attendent d'être livrés en acier ou que les économies traditionnelles avancent à un rythme extrêmement lent, les États-Unis, le Japon et l'Europe — sans oublier, dans ce cas précis, les Soviétiques — s'emploient à mettre en œuvre des projets de construction d'avions supersoniques capables de transporter 25 tonnes (passagers et fret) à Mach 5, ce qui mettrait New York, Sydney, Londres et Los Angeles à deux heures et demie de Tokyo.

Jiro Tokuyama, ancien directeur du prestigieux Institut de recherche Nomura, aujourd'hui principal conseiller de l'Institut de recherche Mitsui, dirige une étude sur ce qu'on appelle les « trois T » : télécommunications, transports et tourisme. Patronnée par la Conférence de coopération économique du Pacifique, cette étude s'intéresse dans quinze pays à trois facteurs clés qui risquent d'accélérer davantage encore la rapidité des processus économiques dans la région.

Tokuyama estime que le nombre de passagers transportés annuellement par les compagnies aériennes du Pacifique a des chances d'atteindre 134 millions... à la fin du siècle. L'Association des compagnies aérospatiales japonaises, poursuit-il, estime que cinq cents à mille appareils supersoniques devront être fabriqués d'ici là. Nombre d'entre eux emprunteront les routes du Pacifique, accélérant le développement économique de cette région et son équipement en moyens de télécommunications. Dans un article consacré aux « trois T », Tokuyama expose clairement les implications commerciales, sociales et politiques de ce développement.

Il évoque également une proposition émanant de Taisei, entreprise de bâtiment japonaise, visant à construire une île artificielle de cinq kilomètres de long pour servir d'« AVA » — « aéroport à valeur ajoutée » — capable de recevoir des supersoniques, doté d'un centre de conférences internationales, d'un centre commercial, entre autres équipements, et qui serait relié par trains à grande vitesse aux zones à forte densité de population.

Pendant ce temps, au Texas, le milliardaire H. Ross Perot construit un aéroport qui sera doté d'équipements industriels avancés. Dans son idée, les avions pourront atterrir jour et nuit, acheminant des composants destinés à entrer dans la fabrication de produits finis en une nuit ou à être assemblés dans les installations situées dans le périmètre de l'aéroport, de telle sorte que, dès le lendemain matin, les appareils puissent repartir avec leur cargaison pour les quatre coins du monde.

Dans le même temps, sur le plan des télécommunications, les économies avancées investissent des milliards dans l'infrastructure électronique indispensable aux opérations d'une économie super-rapide.

L'expansion des réseaux intelligents progresse à grands pas, et il est à présent question de créer des réseaux de fibres optiques spéciaux à vitesse supérieure reliant des superordinateurs, à travers tous les États-Unis, à des milliers de laboratoires et groupes de recherche. (Les réseaux existants, transportant 1,5 million de bits par seconde, sont considérés comme trop lents. Les nouveaux réseaux enverraient trois milliards de bits par seconde — c'est-à-dire trois « gigabits » — à travers tout le pays.)

Ce nouveau réseau est nécessaire, disent ses défenseurs, dans la mesure où les réseaux existants sont déjà saturés. Pour eux, le projet mérite de recevoir le soutien du gouvernement, car il aiderait les États-Unis, déjà leaders en ce domaine, à conserver leur avance sur l'Europe et le Japon.

Il ne s'agit pas là de voix isolées. Pour Mitch Kapor, fondateur de la Lotus Development Corporation, le géant du logiciel, « nous avons besoin de bâtir une infrastructure nationale qui sera l'équivalent, dans le domaine de l'information, de la construction des autoroutes au cours des années cinquante et soixante ». Une analogie encore plus frappante consisterait à comparer les infrastructures informatisées des télécommunications d'aujourd'hui aux réseaux routiers et aux chemins de fer du début de la révolution industrielle.

Nous assistons donc là à l'émergence d'un sytème neural électronique adapté à la nouvelle forme d'économie et à défaut duquel n'importe quel pays, quel que soit le nombre de ses usines, sera voué à l'arriération.

Fossés électroniques et minorités dynamiques

Dans les PMA comme dans le reste du monde, le pouvoir émane toujours des étuis de revolver, des portefeuilles et des livres — ou, de nos jours, des ordinateurs. Si nous ne voulons pas d'un monde anarchique, peuplé de milliards de pauvres, dirigé par des gouvernements instables conduits par des dirigeants incontrôlables prêts à déclencher à tout moment une guerre nucléaire, chimique ou bactériologique, nous avons besoin de stratégies planétaires susceptibles d'empêcher que ne se creuse le clivage qui nous menace.

D'après une étude d'*Intelligence Requirements for the 1990s* menée par des experts américains, dans la décennie à venir, les PMA auront acquis de nouvelles armes sophistiquées, et une puissance de feu énorme viendra compléter leurs arsenaux. Pourquoi ?

Au fur et à mesure que la puissance économique des PMA décroît, leurs dirigeants se trouvent confrontés à une opposition politique et leur situation devient des plus précaires. En pareilles circonstances, ils sont capables de se comporter comme les dirigeants ont toujours fait depuis que le monde est monde : en se dotant de la forme de pouvoir la plus primitive — la force armée.

Or, c'est la pénurie de savoir économiquement pertinent qui constitue la carence la plus aiguë des PMA. La voie du développement et de la puissance économique au XXIᵉ siècle ne passe plus par l'exploitation des matières premières et de la force de travail, mais, comme nous l'avons vu, par les performances de l'esprit humain.

Les stratégies de développement n'ont aucun sens si elles ne prennent pas en compte le nouveau rôle du savoir dans la création de la richesse et l'impératif d'accélération qui l'accompagne.

Le savoir (qui, dans notre définition, inclut des notions telles que l'imagination, les valeurs, les images, la motivation, autant que les compétences techniques en tant que telles) jouant un rôle de plus en plus central dans l'économie, les Brésiliens et les Nigériens, les Indiens du Bangladesh et les Haïtiens doivent réfléchir à la meilleure façon d'acquérir ou de générer eux-mêmes cette ressource.

Il est clair que tout enfant du Nordeste brésilien, ou de toute autre région du monde, condamné à une vie de misère ou de sous-développement intellectuel par suite de la malnutrition, représente une perte irréparable pour l'avenir. De nouvelles formes d'éducation à caractère révolutionnaire, qui ne seront plus fondées sur les anciens modèles du monde industriel, seront nécessaires.

Tout aussi indispensable sera l'acquisition du savoir en provenance de l'étranger. Cet apprentissage pourra revêtir des formes non conventionnelles — parfois même illicites. Le vol de secrets technologiques constitue déjà une affaire florissante. Nous devons nous attendre à ce que de rusés PMA se mettent de la partie.

Autre façon d'acquérir un savoir-faire : organiser la fuite des « cerveaux ». Leur sortie peut s'opérer à petite échelle en achetant ou en attirant des équipes de chercheurs. Mais les plus astucieux ont compris qu'il existe de par le monde certaines minorités dynamiques — souvent des groupes persécutés — capables de stimuler une économie si on leur en fournit les moyens. Les Chinois d'outre-mer en Asie du Sud-Est, les Indiens en Afrique orientale, les Syriens en Afrique occidentale, les Palestiniens dans certaines régions du Moyen-Orient, les Juifs en Amérique, les Japonais au Brésil ont tous joué ce rôle à une époque ou à une autre.

Transplanté dans une culture différente, chacun a apporté non seulement son énergie, son dynamisme, sa perspicacité commerciale ou technique, mais aussi une attitude positive envers le savoir — un appétit d'ogre pour les dernières informations, les idées nouvelles, les nouvelles compétences. Ces groupes injectent une forme de vigueur économique hybride. Ils travaillent dur, ils innovent, ils dispensent une éducation à leurs enfants, et, même s'ils font fortune en cours de route, ils stimulent et accélèrent les réflexes de l'économie du pays d'accueil. Nous verrons sans nul doute divers PMA mettre la main sur de tels groupes et les inviter à s'installer à l'intérieur de leurs frontières pour injecter l'adrénaline nécessaire à leur économie*.

Les gouvernements astucieux encourageront aussi le développement d'associations et d'organisations non gouvernementales : de tels groupes accélèrent en effet l'expansion d'une information économiquement utile par le moyen de *newsletters*, de réunions, de conférences et de voyages à l'étranger. Les fédérations de commerçants, d'ingénieurs de la pétrochimie, d'employés, de programmeurs, de syndicats ouvriers, de banquiers, de journalistes, etc., canalisent l'échange rapide d'informations sur ce qui marche ou ne marche pas dans leurs secteurs respectifs. Elles représentent un moyen de communication important, malheureusement trop souvent négligé.

Les gouvernements qui abordent avec sérieux les conditions de leur développement devront aussi reconnaître la nouvelle signification économique de la libre expression. Le refus d'autoriser la circulation d'idées nouvelles — dont les idées économiques et politiques, même si elles ne sont pas flatteuses pour les dirigeants — est presque toujours un signe de faiblesse de l'État. En l'occurrence, ceux qui détiennent le pouvoir considèrent leur position comme plus importante que l'amélioration des conditions de vie de leurs concitoyens. Les gouvernements qui

---

* Pendant la deuxième guerre mondiale, l'armée japonaise avait préparé à cette fin un plan visant à installer un grand nombre de Juifs européens persécutés en Mandchourie, appelée alors Mandchoukouo. Néanmoins, ce « plan Fugu » ne fut jamais mis en œuvre. *(N.d.A.)*

ont choisi de faire partie intégrante du nouveau monde ouvriront systématiquement les vannes de la discussion publique.

D'autres se joindront aux « consortiums de savoir » — formes de partenariat nouées avec d'autres pays ou avec des sociétés à dimension mondiale — pour explorer les retombées de la technologie et de la science, en particulier la possibilité de créer de nouveaux matériaux.

Au lieu de se plier à des concepts nationalistes périmés, c'est ainsi qu'ils poursuivront passionnément — mais intelligemment — leur propre intérêt national. Plutôt que de refuser de verser des royalties à des laboratoires pharmaceutiques d'origine étrangère sous le fier prétexte que la santé serait au-dessus de ces grossières considérations, comme l'a fait le Brésil, ils se feront un plaisir de les payer — dans la mesure où cet argent restera dans le pays pendant un nombre convenu d'années et où servira à des projets de recherche menés avec la participation d'experts de ses propres laboratoires. Les profits retirés de la production issue de cette recherche commune pourront alors être répartis entre le pays d'accueil et la multinationale étrangère. De cette façon, les royalties financeront le transfert de technologie et la technologie elle-même. Un nationalisme efficace se substitue ici à un nationalisme anachronique et autodestructeur.

De même, les gouvernements astucieux accueilleront les dernières innovations de l'informatique sans se soucier de savoir qui les a construites, au lieu d'essayer de monter leur propre industrie informatique derrière des barrières douanières qui empêchent non seulement l'entrée de produits nouveaux, mais celle du savoir avancé.

L'industrie informatique évolue si rapidement à l'échelle planétaire qu'aucun pays, pas même les États-Unis ou le Japon, ne saurait rester dans la course sans l'aide des autres.

A l'exclusion de certains ordinateurs et logiciels marginaux, le Brésil a certes réussi à monter sa propre industrie informatique, mais, au regard de ce qui se fait à l'étranger, ses produits sont dépassés. Autrement dit, les banques, les industriels et les hommes d'affaires brésiliens ont recours à des techniques inefficaces, comparées à celles de leurs concurrents étrangers. Ils entrent dans la compétition une main attachée derrière le dos. Là où il croyait remporter une victoire, le Brésil a perdu.

Ce pays a enfreint la toute première règle du nouveau système de création de la richesse : « Faites ce que vous voulez avec les industries qui évoluent lentement, mais écartez-vous du passage d'une industrie en évolution rapide. » A fortiori s'il s'agit d'une industrie qui traite de la plus importante des ressources — le savoir !

D'autres PMA éviteront ces erreurs. On peut même aller jusqu'à penser que certains investiront modestement dans les fonds de placement à risque existant aux États-Unis, en Europe et au Japon, à condition toutefois que leurs propres techniciens, scientifiques et étudiants accompagnent ce capital et puissent s'initier au savoir-faire élaboré par les sociétés ainsi développées. C'est de cette façon que Brésiliens, Indonésiens, Nigériens ou Égyptiens pourront se retrouver aux premières places dans les industries de demain. Géré intelligemment, un tel programme pourrait tout à fait s'autofinancer, voire rapporter des bénéfices.

Par-dessus tout, les PMA aborderont de manière radicalement nouvelle le rôle et la place de l'agriculture en la considérant non plus nécessairement comme un secteur « arriéré » de l'économie, mais comme un secteur qui pourrait un jour, grâce à l'informatique, à la biogénétique, aux satellites-météo et à toutes les autres nouvelles technologies, se moderniser et participer davantage au progrès que toutes les usines, aciéries et mines existant de par le monde. Une agriculture fondée sur le savoir pourrait devenir demain le fer de lance de l'avance économique

Par ailleurs, l'agriculture ne se cantonnera pas à la production de denrées alimentaires, mais participera à l'accroissement de la production de ressources énergétiques et de matières premières débouchant sur de nouveaux matériaux. Ce ne sont là que quelques-unes des pistes susceptibles d'être explorées dans les années à venir.

Néanmoins, aucun de ces efforts ne portera ses fruits si le pays concerné ne devient pas partie prenante à l'économie mondiale à rythme rapide, aux réseaux de télécommunications et à l'informatisation qui la sous-tendent.

La mauvaise répartition des télécommunications dans le monde d'aujourd'hui est encore plus dramatique que la mauvaise répartition des denrées. Sur les 600 millions de téléphones répertoriés sur la planète, 450 millions se trouvent dans neuf pays seulement. La répartition déséquilibrée des ordinateurs, des bases de données, des publications techniques, des dépenses consacrées à la recherche en dit plus long sur l'avenir potentiel des nations que tous les chiffres de PNB fournis par les économistes.

Pour se brancher sur la nouvelle économie mondiale, des pays comme la Chine, le Brésil, le Mexique, l'Indonésie, l'Inde, ainsi que l'Union soviétique et les pays d'Europe de l'Est, doivent trouver les ressources nécessaires pour mettre en place leurs propres infrastructures électroniques. Or il ne s'agit pas de l'installation de simples services téléphoniques, mais de systèmes de transmission de données modernes et ultrarapides, capables de se relier aux derniers-nés des réseaux mondiaux.

Heureusement, les pays lents ont aujourd'hui la possibilité de sauter toute une étape du développement de cette infrastructure et de passer d'un bond des communications de la Première à celles de la Troisième Vague, sans avoir à investir les sommes considérables requises pour l'élaboration des réseaux et systèmes de la Deuxième Vague.

Le système Iridium, par exemple, annoncé par Motorola, placera soixante-dix-sept minuscules satellites en orbite basse, permettant ainsi à des millions d'habitants de régions reculées et à faible densité de population — comme les régions arctiques de l'Union soviétique, le désert chinois ou l'Afrique de l'intérieur — d'envoyer et de recevoir du son, des données et des images digitalisées au moyen de téléphones manuels.

Il n'est pas nécessaire d'installer sur des milliers de kilomètres des câbles en cuivre ou même en fibre optique à travers la jungle, les glaces ou le sable. Les téléphones portatifs communiqueront directement avec le satellite le plus proche, qui transmettra les messages. D'autres progrès réduiront pareillement le coût très élevé des télécommunications, les mettant à la portée des pays aujourd'hui les plus pauvres. Une production à vaste échelle et une hypercompétition entre les fournisseurs américains, européens et japonais contribueront également à faire baisser les prix.

La nouvelle clé du développement économique est claire : le « fossé » qui doit être comblé est d'ordre informatique et électronique. Il ne s'agit pas d'un fossé entre le Nord et le Sud, mais d'un déphasage entre rapides et lents.

CHAPITRE XXXI

Le choc du socialisme avec le futur

La spectaculaire disparition du socialisme en Europe de l'Est, qui s'est déroulée sur fond de douloureuses effusions de sang à Bucarest, à Bakou et à Pékin, n'est pas le fruit du hasard.

Le socialisme est entré en collision avec le futur.

Les régimes socialistes ne se sont pas effondrés du fait de complots ourdis par la CIA, d'un encerclement capitaliste ou d'un étranglement économique de l'extérieur. Les gouvernements communistes d'Europe de l'Est ont jeté bas les principes de la théorie des dominos dès que Moscou eut annoncé qu'il n'enverrait plus de troupes pour les protéger de leur propre peuple. Cependant, en Union soviétique, en Chine et ailleurs, la crise du socialisme en tant que système a pris racine plus en profondeur.

Tout comme l'invention du procédé de composition à l'aide de caractères mobiles imaginé par Gutenberg au milieu du XVe siècle a conduit à la diffusion du savoir et a libéré, en Europe occidentale, le savoir et la communication de l'emprise de l'Église catholique, l'apparition, au milieu du XXe siècle, de l'informatique et des nouveaux moyens de communication a brisé la domination de Moscou sur la pensée dans les pays qu'il dirigeait ou maintenait en son pouvoir.

Le point de rupture

En 1956, le leader soviétique Nikita Khroutchtchev rêvait d'« enterrer l'Occident ». Ironie de l'histoire : cette même année, aux États-Unis, les « cols bleus » étaient pour la première fois dépassés en nombre par les travailleurs du savoir et des services — changement qui annonçait le prochain déclin de la civilisation usinière et l'essor de l'économie supersymbolique.

Que les économistes marxistes (et beaucoup d'autres plus classiques) aient pu taxer les travailleurs intellectuels de « non productifs » relève du même pied de nez de l'Histoire. Car ce sont bien ces mêmes travailleurs « non productifs » qui, sans doute plus que les autres, ont donné une extraordinaire impulsion aux économies occidentales depuis le milieu des années cinquante.

Aujourd'hui, même avec toutes leurs prétendues « contradictions » non résolues, les pays capitalistes à technologie avancée ont largement distancé le reste du monde sur le plan économique, à tel point d'ailleurs que le rêve de Khroutchtchev en devient pathétique. C'est un capitalisme fondé sur l'informatique, et non un socialisme usinier, qui a accompli ce que les marxistes appellent un « saut qualitatif ». Face à l'expansion de la vraie révolution dans les pays à technologie avancée, les pays socialistes se sont transformés en un bloc profondément réactionnaire, dirigé par des vieillards imprégnés de l'idéologie du XIXᵉ siècle. Mikhaïl Gorbatchev a été le premier dirigeant soviétique à reconnaître ce fait historique.

Dans un discours de 1989, quelque trente ans après l'apparition aux États-Unis du nouveau système de création de la richesse, il déclarait : « Nous avons été presque les derniers à comprendre qu'à l'âge de la science de l'information, le meilleur atout est le savoir. »

Ce n'est pas en tant qu'individu hors du commun que Gorbatchev est parvenu au faîte du pouvoir, mais en tant que représentant d'une nouvelle classe de citoyens soviétiques mieux éduqués et appartenant en grande partie aux « cols blancs » — précisément le groupe que les anciens dirigeants méprisaient, et précisément celui qui est le plus étroitement lié à la production symbolique.

Marx lui-même a donné la définition classique de la conjoncture révolutionnaire. Elle apparaît, selon lui, quand les « rapports de production » (c'est-à-dire la nature de sa propriété et de son contrôle) limitent la progression du développement des « moyens de production » (en gros, la technologie).

Cette formule rend parfaitement compte de la crise du monde socialiste. De la même manière que les « rapports » de type féodal entravèrent le développement industriel, les « rapports de production » de type socialiste ont empêché lesdits pays socialistes de tirer profit du nouveau système de création de la richesse fondé sur l'informatique, la communication, et, par-dessus tout, le libre accès à l'information. L'erreur capitale inhérente à l'expérience de la grande nation socialiste du XXᵉ siècle réside dans les idées obsolètes qu'elle professait sur le savoir.

La machine précybernétique

A quelques exceptions près, le socialisme n'a pas conduit à l'abondance, à l'égalité ni à la liberté, mais à un système à parti unique, à une bureaucratie pléthorique, à une police secrète obtuse, au contrôle gouvernemental des médias, au secret et à la répression de la liberté intellectuelle et artistique.

En dehors des fleuves de sang qui ont coulé pour le mettre en place, un bref coup d'œil sur ce système révèle que chacun de ces éléments n'est pas simplement une façon d'organiser la vie des individus, mais — de manière bien plus profonde — une façon d'organiser, de canaliser et de contrôler le savoir.

Un système politique à parti unique a pour fonction de contrôler la communication politique. Puisque aucun autre parti n'existe, il restreint la diversité de l'information politique qui circule dans la société, empêchant la rétroaction et aveuglant ceux qui sont au pouvoir sur la complexité des problèmes. Il devient dès lors très difficile au système de détecter les erreurs et de les corriger dans la mesure où l'information — rigoureusement conforme — remonte de la base vers le sommet par les seules voies autorisées et que les ordres redescendent par les mêmes voies.

Le contrôle de haut en bas en vigueur dans les pays socialistes reposait sur le mensonge et la désinformation, puisqu'il était souvent risqué de rapporter de mauvaises nouvelles. Faire le choix de gouverner selon un système de parti unique revient en fait à prendre toutes les décisions en matière de savoir.

L'écrasante bureaucratie que le socialisme a instaurée dans chaque sphère de la vie était aussi, comme nous l'avons vu au chapitre XV, un moyen de limiter le savoir : elle l'enfermait dans des compartiments ou des cases prédéterminés et restreignait la communication à des « voies officielles », tout en rendant illégitime la communication et l'organisation informelles.

La police secrète, la mainmise de l'État sur les médias, l'intimidation des intellectuels et la répression de la liberté artistique constituent autant d'autres tentatives pour limiter et contrôler l'information.

Chacun de ces éléments repose sur un seul et même postulat

— dépassé — sur le savoir, postulat qui inspire l'arrogante croyance selon laquelle ceux qui détiennent le pouvoir — qu'ils appartiennent au parti ou à l'État — savent ce que les autres doivent savoir.

Ces caractéristiques communes à tous les pays socialistes découlaient du concept de la machine précybernétique tel qu'il était appliqué à la société et à la vie, et garantissaient en économie un crétinisme manifeste. Les machines de la Deuxième Vague — comme celles qui faisaient partie de l'univers de Marx au XIXᵉ siècle — fonctionnaient pour la plupart sans aucune rétroaction. Branchez-les, allumez le moteur, et elles se mettent en marche sans tenir compte de ce qui se passe dans leur environnement extérieur.

En revanche, les machines de la Troisième Vague sont intelligentes. Pourvues de capteurs qui interceptent l'information de l'environnement, détectant les changements et s'adaptant en conséquence, elles sont autorégulatrices. La différence technologique est révolutionnaire.

Quand Marx, Engels et Lénine s'en prenaient avec violence à la philosophie du « matérialisme mécanique », leur propre pensée, reflétant leur époque, demeurait imprégnée de certaines analogies et hypothèses fondées sur un outillage pré-intelligent.

Ainsi, la lutte des classes représentait pour les socialistes marxistes « la locomotive de l'Histoire ». Une des tâches capitales était de mettre la main sur la « machine de l'État ». Et la société elle-même, à l'image d'une machine, pouvait être préprogrammée pour dispenser abondance et liberté. En prenant le contrôle de la Russie en 1917, Lénine devint le mécanicien suprême.

En intellectuel brillant, il avait compris l'importance des idées. Mais il pensait que la production symbolique — l'esprit lui-même — pouvait être lui aussi programmé. Là où Marx parlait de liberté, Lénine, en s'emparant du pouvoir, se chargea de diriger le savoir. Ainsi, il insista pour que l'art, la culture, la science, le journalisme et toute activité symbolique en général soient au service d'une stratégie d'ensemble. En temps voulu, les diverses branches de l'éducation seraient organisées en une « académie » subdivisée en départements et dotée de grades bureaucratiques bien définis, le tout assujetti au parti et au contrôle de l'État. Les « ouvriers culturels » seraient employés par des institutions contrôlées par un ministère de la Culture, l'édition et la radiodiffusion seraient des monopoles d'État et le savoir deviendrait un rouage de la machine de l'État.

Cette approche étriquée du savoir, diamétralement opposée

aux principes nécessaires à tout progrès économique à l'ère de l'informatique, a bloqué tout développement jusque dans les économies usinières de bas niveau.

Le paradoxe de la propriété

L'expansion actuelle du système de création de la richesse de la Troisième Vague constitue également un défi aux trois piliers de la foi socialiste.

Prenons l'exemple de la propriété.

Depuis toujours, les socialistes ont accusé la propriété privée des moyens de production d'être à l'origine de la pauvreté, des dépressions, du chômage et autres maux de l'industrialisme. Pour résoudre ces problèmes, une solution : donner les usines aux travailleurs, que ce soit à travers l'État ou par des entreprises collectives.

Une fois ce stade atteint, les choses seraient différentes. Plus de gâchis concurrentiel, une planification entièrement rationnelle, une production orientée vers l'utilité plutôt que vers le profit, un investissement intelligent destiné à faire progresser l'économie. Pour la première fois dans l'Histoire, le rêve de l'abondance pour tous se réaliserait enfin.

Au XIXᵉ siècle, lorsqu'elles furent formulées, ces idées semblaient refléter le savoir scientifique le plus avancé. Les marxistes, en fait, prétendaient être allés au-delà des idéaux utopiques ; ils étaient arrivés à un véritable « socialisme scientifique ». Les utopistes pouvaient rêver de communautés autonomes, les socialistes scientifiques savaient que, dans une société usinière en développement, de telles notions seraient impraticables. Si des utopistes comme Charles Fourier se tournaient vers le passé agraire, les socialistes scientifiques, eux, se tournaient vers ce qui était alors l'avenir industriel.

Ainsi, plus tard, quand les régimes socialistes expérimentèrent les coopératives, la gestion ouvrière, la collectivisation et autres solutions analogues, le socialisme d'État — étatisation de tout, des banques aux brasseries, des laminoirs aux restaurants — devint la forme dominante de la propriété dans tout l'univers socialiste. (Cette obsession de l'étatisation fut si totale que le Nicaragua, entré tardivement dans le monde socialiste, créa la Lobo Jack, une boîte de nuit appartenant à l'État !) Partout, ce fut l'État — et non les ouvriers — qui devint le principal bénéficiaire de la révolution socialiste.

Le socialisme n'est pas parvenu à tenir sa promesse d'améliorer radicalement les conditions de vie matérielles des gens. Lorsque, après la révolution, le niveau de vie baissa en Union soviétique, on imputa le phénomène, non sans quelque raison, aux effets de la première guerre mondiale et à la contre-révolution. Plus tard, on rendit l'encerclement capitaliste responsable des déficits. Plus tard encore, ce fut la deuxième guerre mondiale la grande coupable. Pourtant, trente ans après la guerre, des denrées de base comme le café et les oranges manquaient encore à Moscou. Durant la période précédant la *perestroïka*, un chercheur travaillant dans un institut d'État à Moscou se nourrissait essentiellement de choux et de pommes de terre. En 1989, quatre ans après le début de la tentative de réforme de Gorbatchev, l'URSS importait annuellement 600 millions de lames de rasoir et 40 millions de tubes de crème à raser.

Étrangement, bien qu'ils soient de moins en moins nombreux, les socialistes orthodoxes continuent d'exiger la nationalisation de l'industrie et de la finance. Du Brésil au Pérou, en passant par l'Afrique du Sud et même les pays occidentaux industrialisés, il subsiste encore des inconditionnels qui, en dépit des preuves contraires administrées par l'Histoire, considèrent la « gestion publique » du pays comme « progressiste » et refusent d'accepter la dénationalisation ou la privatisation de l'économie.

Certes, l'économie mondiale de plus en plus libéralisée, célébrée aveuglément par les grandes entreprises multinationales, reste instable et pourrait bien s'effondrer comme un château de cartes. L'immense dette sur laquelle elle repose est comme une baudruche qui risque d'éclater du jour au lendemain. Les guerres, les soudaines ruptures d'approvisionnement en énergie ou autres ressources, n'importe quelle calamité pourraient entraîner sa perte dans les décennies à venir. En cas de catastrophe, on pourrait tout à fait imaginer qu'il apparaisse nécessaire d'opérer d'urgence des nationalisations temporaires.

Néanmoins, maints témoignages indéniables prouvent que les entreprises étatisées malmènent leurs employés, polluent l'atmosphère, maltraitent le grand public au moins autant que les entreprises privées. Beaucoup sont devenues des monstres d'inefficacité, de corruption et d'avidité. Leurs échecs encouragent souvent un vaste marché noir qui sape la légitimité même de l'État.

Ironie du sort, les entreprises nationalisées, au lieu de prendre la tête du progrès technologique, comme promis, sont presque toutes uniformément réactionnaires — ce sont les entreprises les plus bureaucratiques, les plus lentes à se réorganiser, les moins prêtes à s'adapter aux besoins changeants du consommateur, les plus terrifiées à l'idée de livrer l'information aux citoyens, les dernières à adopter les nouvelles techniques.

Pendant plus d'un siècle, socialistes et défenseurs du capitalisme s'affrontèrent violemment sur la question de la propriété privée et de la propriété publique. Des centaines d'hommes et de femmes vouèrent littéralement leur vie à ce combat. Ce que ni les uns ni les autres n'envisagèrent, c'est qu'un nouveau système de création de la richesse rendrait obsolètes presque tous leurs arguments.

Pourtant, c'est bien ce qui s'est passé. Car aujourd'hui, la forme de propriété la plus importante est impalpable. Elle est supersymbolique. Elle s'appelle savoir. Le même savoir peut être utilisé simultanément par plusieurs individus pour créer de la richesse et produire encore plus de savoir. Et, à l'inverse des usines et des champs, le savoir est inépuisable. Ni les régimes socialistes, ni les socialistes en général n'ont réussi à assimiler ce phénomène véritablement révolutionnaire.

Combien de vis « filetées à gauche » ?

La planification centrale fut le second pilier de la cathédrale de la théorie socialiste. Au lieu de laisser le « désordre » du marché déterminer l'économie, la planification intelligente de haut en bas serait censée concentrer les ressources sur des secteurs clés et d'accélérer le développement technologique.

Toutefois, cette planification dépendait du savoir. Dès les années vingt, l'économiste autrichien Ludwig von Mises qualifiait le savoir défaillant de cette planification — ou, selon ses propres termes, son « problème de calcul » — de talon d'Achille du socialisme.

Combien de chaussures — et de quelles pointures — une usine d'Irkoutsk devrait-elle fabriquer ? Combien de vis filetées à gauche, ou quelle qualité de papier ? Quels rapports de prix fixer entre carburateurs et concombres ? Combien de roubles, de zlotys ou de yens faudrait-il investir dans chacun des dix mille secteurs de production ?

Répondre à ces questions, y compris même dans une économie usinière rudimentaire, requiert plus de savoir que les planificateurs centraux n'en peuvent collecter ou analyser, en particulier quand les directeurs, redoutant les problèmes, mentent régulièrement sur la production réelle. C'est ainsi que l'on vit des chaussures dont personne ne voulait s'entasser dans les entrepôts.

Déficits et marché noir devinrent chroniques dans la plupart des économies socialistes.

Des générations de planificateurs socialistes consciencieux s'arrachèrent les cheveux face à cette difficulté. Ils exigeaient toujours plus de données et obtenaient encore plus de mensonges. Ils renforcèrent la bureaucratie. Ne pouvant avoir recours aux signaux de l'offre et de la demande générés par un marché concurrentiel, ils tentèrent de mesurer l'économie en termes d'heures de travail, ou de compter les objets en fonction de ce qu'ils étaient plutôt que pour ce qu'ils représentaient en termes de valeur. Plus tard, ils essayèrent le modèle économétrique et l'analyse entrées-sorties.

Rien ne marchait. Plus ils avaient d'informations, plus l'économie devenait complexe et désorganisée. Soixante-quinze ans après la révolution russe, le véritable symbole de l'URSS n'était plus le marteau et la faucille, mais les queues devant les magasins.

Aujourd'hui, dans tout l'univers socialiste et ex-socialiste, on fait la course pour introduire l'économie de marché — totalement comme en Pologne ; timidement, à l'intérieur d'un régime planifié, comme en Union soviétique. Désormais, les réformateurs socialistes sont presque unanimes à reconnaître que le fait de laisser l'offre et la demande déterminer les prix — au moins dans certains domaines — fournit ce que le plan central, lui, ne pouvait assurer, à savoir des signaux indiquant ce que l'économie réclame et dont elle a besoin.

Cependant, lorsqu'ils débattent de la nécessité d'introduire ces signaux, les économistes négligent de tenir compte du changement fondamental que cela implique dans le système de communication, et des formidables déplacements de pouvoir qui en découlent. La différence fondamentale entre une économie planifiée et une économie assistée par le marché réside dans le fait que, dans la première, l'information circule verticalement, tandis que, dans la seconde, bien plus d'information circule horizontalement ou en diagonale à l'intérieur du système. Acheteurs et vendeurs s'échangent des informations à tous les niveaux et dans tous les sens.

Ce changement ne menace pas seulement les hauts fonctionnaires de la planification ou les dirigeants eux-mêmes, mais des millions de petits bureaucrates dont la seule source de pouvoir repose sur le contrôle de l'information fournie tout au long de la voie officielle.

L'incapacité du système de planification centrale à faire face à des niveaux élevés d'information fixe des limites à la complexité économique nécessaire à la croissance.

Les nouvelles méthodes de création de la richesse requièrent tant de savoir, tant d'information et de communication qu'elles sont hors de portée des économies planifiées. L'essor de l'économie supersymbolique a ainsi percuté la base même du second pilier de l'orthodoxie socialiste.

La poubelle de l'Histoire

L'accent excessif mis par le socialisme sur les équipements mécaniques, sa façon de se concentrer sur l'industrie usinière et de se désintéresser de l'agriculture et du travail intellectuel constituent le troisième pilier à s'être effondré.

Dans les années qui suivirent la révolution de 1917, les fonds manquant pour construire les aciéries, barrages et usines de construction automobile dont les Russes avaient besoin, les dirigeants soviétiques adoptèrent la théorie dite de l'« accumulation socialiste primitive » formulée par l'économiste E. A. Preobrajenski. Selon ce dernier, on pouvait soutirer aux paysans le capital nécessaire en abaissant de force leur niveau de vie jusqu'au minimum vital. Les surplus ainsi dégagés seraient utilisés pour alimenter l'industrie lourde et payer les ouvriers.

Nikolaï Boukharine, leader bolchevique qui devait payer sa prescience de sa vie, prédit avec justesse que cette stratégie n'aboutirait à rien d'autre qu'à l'effondrement de l'agriculture. Pire, cette politique conduisit à l'oppression meurtrière de la paysannerie par Staline, puisqu'un tel programme ne pouvait qu'être appliqué par la contrainte. Des millions d'hommes moururent de faim ou de persécution.

Conséquence de ce « parti pris industriel », comme le dénomment aujourd'hui les Chinois : l'agriculture a représenté et représente encore un secteur sinistré dans pratiquement toutes les économies socialistes. Exprimé différemment, les pays socialistes ont poursuivi une stratégie de la Deuxième Vague aux dépens d'individus de la Première Vague.

En outre, les socialistes ne se sont pas privés de dénigrer les services et les cols blancs. Leur volonté de voir s'exprimer le « réalisme socialiste » dans les arts, avec ses fresques murales représentant de robustes ouvriers à l'œuvre dans les aciéries et les usines, n'a rien de fortuit. Le travail physique était mis en vedette parce que le premier objectif du socialisme était l'industrialisation à marches forcées. Le travail intellectuel, c'était bon pour les chiffes molles non productives.

Cette attitude largement répandue allait de pair avec une attention exclusive portée à la production plutôt qu'à la consommation, aux biens d'équipement plutôt qu'aux biens de consommation.

Tandis que certains marxistes, en particulier Antonio Gramsci, mettaient en question cette attitude, et que Mao Zedong insistait pour que la pureté idéologique triomphe des obstacles matériels, l'idée cardinale des régimes marxistes consistait toujours à surévaluer la production matérielle et à sous-évaluer les produits de l'esprit.

Les marxistes purs et durs soutenaient le point de vue matérialiste selon lequel les idées, l'information, l'art, la culture, le droit, les théories et tout autre produit impalpable de l'esprit participaient d'une « superstructure » suspendue, pour ainsi dire, au-dessus de la « base » économique de la société. Alors qu'il y a, de l'avis général, une certaine rétroaction entre les deux, c'était l'infrastructure qui déterminait la superstructure, et non l'inverse. Ceux qui professaient une opinion contraire étaient traités d'« idéalistes » — à l'époque, une étiquette on ne peut plus dangereuse à porter.

En faisant valoir le primat du matérialisme, Marx montrait du doigt le point faible de Hegel. L'ironie de l'Histoire est qu'aujourd'hui, le nouveau système de création de la richesse révèle à son tour le point faible de Marx. Ou, plus précisément, de Marx et de Hegel.

Pour les marxistes, le « hardware » a toujours eu plus d'importance que le « software » ; la révolution informatique nous apprend à présent que c'est le contraire qui est vrai. C'est le savoir qui conduit l'économie et non l'économie qui conduit le savoir.

Cependant, les sociétés ne sont ni des machines ni des ordinateurs. Elles ne peuvent être réduites au « hardware » et au « software », à la base et à la superstructure. Un modèle plus approprié les décrirait comme composées de bien plus d'éléments, lesquels seraient tous liés en boucles rétroactives extrêmement complexes et en continuel changement. A mesure que cette complexité s'accroît, le savoir devient plus vital pour leur économie et la survie écologique.

En bref, cette nouvelle économie dont les matières premières sont intangibles a pris son essor face à un socialisme mondial qui n'y était pas préparé. Le choc du socialisme avec le futur lui a été fatal.

Si le socialisme orthodoxe est bon pour ce que Lénine appelait la « poubelle de l'Histoire », cela ne signifie cependant pas que les rêves magnifiques qui l'ont nourri soient morts avec lui. Le désir de créer un monde dans lequel l'abondance, la paix et la justice sociale prévalent est toujours aussi noble et partagé. Mais un tel monde ne saurait naître sur des bases périmées.

Aujourd'hui, la plus importante révolution en cours sur la planète est l'essor d'une civilisation de la Troisième Vague dotée d'un système de création de la richesse radicalement nouveau. Tout mouvement qui n'a pas encore appréhendé ce fait est condamné à revivre ses échecs. Tout État qui maintient le savoir captif enferme ses citoyens dans un passé de cauchemar.

CHAPITRE XXXII

Le pouvoir de l'équilibre

A peine l'ère des Nouveaux Pouvoirs est-elle entamée que, déjà, l'avenir s'en empare. Avec le bloc de l'Est en pleine explosion, les divisions constantes du Sud et le pouvoir grandissant de l'Occident — Europe, Japon, Amérique —, nous assistons en permanence à une série de conférences, de sommets, de pourparlers diplomatiques destinés à édifier un ordre nouveau.

Malgré les exhortations, les discours, les petites phrases, la nouvelle architecture du pouvoir mondial reposera moins sur les mots que sur la nature du pouvoir que chacun pourra mettre sur la table, sur un plan quantitatif aussi bien que qualitatif.

Les États-Unis et l'Union soviétique ne sont-ils que de vieilles gloires ? S'il en est ainsi, combien de nouvelles superpuissances vont-elles se dresser pour tenter de prendre leur place ?

D'aucuns parlent d'un nouveau monde qui s'articulerait autour de trois pôles : l'Europe, le Japon et les États-Unis. D'autres estiment que le monde est partagé entre six ou huit blocs régionaux. D'autres encore pensent que la bipolarité va se transformer en étoile à cinq branches, avec la Chine à une extrémité et l'Inde à une autre. La nouvelle Europe s'étendra-t-elle de l'Atlantique aux frontières soviétiques ou au-delà ? Nul ne peut se prononcer sur ces hypothèses en toute certitude, mais le critère des nouveaux pouvoirs peut nous aider à y voir plus clair.

Toutes ces questions nous rappellent que si maints autres facteurs entrent en jeu, de la stabilité politique à la croissance démographique, ce sont néanmoins la violence, la richesse et le savoir qui demeurent les trois sources principales d'où dérivent toutes les autres formes de pouvoir, et que ces éléments sont en état de révolution permanente.

La violence, par exemple.

La démocratisation de la mort

On a tant parlé des « progrès de la paix » que, tandis que les deux plus grandes puissances baissaient les armes, le monde a peu prêté attention aux autres États qui semblaient vouloir combler le vide ainsi créé.

L'Inde, par exemple, en dépit de ses dehors pacifistes, est le plus gros acheteur d'armes depuis 1986. En 1987, elle a acheté plus de matériel militaire que l'Iran et l'Irak réunis. Cette politique s'est attiré les foudres du Japon, ce qui a provoqué une riposte acerbe de New Delhi. L'Inde est déjà dotée d'armes atomiques et espère bientôt pouvoir construire un missile nucléaire d'une portée de plus de deux mille kilomètres. Le Pakistan, qui n'est pas loin de pouvoir fabriquer une arme nucléaire, a construit un missile à courte portée avec l'aide de la Chine.

D'après le directeur de la CIA, William Webster, d'ici moins de dix ans, plus de quinze pays seront capables de fabriquer des missiles balistiques ; la plupart se situent dans un Moyen-Orient à hauts risques. L'Égypte, l'Irak et l'Argentine se sont associés pour mener à bien un projet de construction de missiles.

Nombre de scénarios terrifiants se cachent derrière ces données. Les armes nucléaires soviétiques sont basées en Azerbaïdjan et en d'autres républiques islamiques où les conflits ethniques font rage, si bien que certains spécialistes envisagent un scénario catastrophe dans lequel l'une de ces républiques s'emparerait de l'arme fatale. Un haut fonctionnaire américain se demande avec angoisse si « le Kazakhstan ne deviendra pas un jour la quatrième puissance nucléaire ».

Ces risques sont si considérables que Moscou a commencé à retirer ses armes des pays Baltes, et, dans une conversation avec l'auteur, un fonctionnaire soviétique a reconnu : « J'étais contre l'IDS [l'Initiative de défense stratégique, plus connue sous le nom de « guerre des étoiles »], mais j'ai changé d'avis. Si l'Union soviétique vient à se démembrer, le monde pourrait se retrouver confronté à dix entités nationales dotées d'armes nucléaires. »

De fait, l'éventualité d'une guerre civile en Union soviétique ou dans d'autres pays implique que des forces rebelles puissent s'emparer d'armes nucléaires, ou que loyalistes et rebelles se battent pour s'arracher une partie de cet arsenal.

Plus menaçant encore, certains pays en voie de développement (l'Irak et la Libye ne sont pas seuls en cause) ont entrepris de s'équiper d'installations destinées à la fabrication d'armes chimiques et bactériologiques. Bref, la répartition actuelle des armements dans le monde — à commencer par l'arme nucléaire — n'est ni immuable, ni stable.

Une source clé du pouvoir d'État, la capacité d'hyperviolence, autrefois concentrée entre les mains de quelques nations, se trouve donc répartie de manière plus démocratique — mais aussi bien plus inquiétante.

De surcroît, la nature même de la violence a subi une transformation profonde : elle devient de plus en plus dépendante de technologies avancées telles que la micro-électronique, l'optique, l'intelligence artificielle, les satellites, les télécommunications, des logiciels de simulation très évolués. Ainsi, alors que pour fonctionner les F-16 avaient besoin d'un programme de 135 000 lignes, les chasseurs tactiques ultramodernes d'aujourd'hui en exigent un million. Ces bouleversements du système militaire ne se traduisent pas simplement en déplacement de pouvoir, ils révolutionnent la nature même du jeu de la guerre à l'échelle planétaire.

Shintaro Ishihara, ancien membre du gouvernement nippon, a récemment provoqué un scandale à Washington en publiant un petit opuscule, *Le Japon qui peut dire non*, rassemblant des allocutions qu'il avait prononcées en diverses occasions avec Akio Morita, cofondateur de Sony. Ishihara y soulignait que, pour augmenter la précision de leurs armes nucléaires, l'URSS et les États-Unis auraient besoin de semi-conducteurs sophistiqués de fabrication japonaise.

Parlant des États-Unis, il déclarait : « Ils en sont arrivés à un point où, quand bien même ils poursuivraient leur expansion militaire, ils seraient totalement bloqués si le Japon venait à cesser de leur fournir les modules électroniques. Si, par exemple, le Japon réservait la vente de ses puces à l'Union soviétique, cela bouleverserait de fond en comble l'équilibre des forces militaires. Certains Américains disent que, dans un pareil cas, ils n'hésiteraient pas à envahir le Japon. Nous sommes parvenus à un âge où nous pouvons regarder cette éventualité en face. »

Cette remarque d'Ishihara n'en sous-estimait pas moins la dépendance croissante de la violence vis-à-vis du savoir, qui reflète la configuration historique du pouvoir aujourd'hui.

L'océan du capital

Le deuxième terme de la trilogie du pouvoir — la richesse —, comme on l'a vu aux chapitres précédents, subit lui aussi de profondes transformations au fur et à mesure que le nouveau système de création de la richesse se propage à travers toute la planète.

Cependant qu'elles fabriquent et distribuent leur production par-delà les frontières nationales, acquièrent des firmes étrangères, partent en quête de ressources intellectuelles dans le monde entier, les sociétés ont besoin de trouver de l'argent frais dans de nombreux pays. Ces capitaux, il leur faut les obtenir rapidement. Nous assistons ainsi à une course à la libéralisation du marché des capitaux de sorte que les investissements puissent traverser facilement les frontières.

Comme nous l'avons déjà souligné, un océan de capitaux se trouve ainsi affranchi de toute barrière. Mais cette situation prive les banques centrales et les nations en tant que telles d'une partie de leur pouvoir, et n'est pas sans créer des risques de désordres financiers en chaîne à l'échelle mondiale.

Ainsi que nous l'avons écrit dans le *New York Times* peu après le krach boursier d'octobre 1987, « bâtir un seul système financier ouvert, sujet à une régulation minimale, revient à vouloir construire un gigantesque pétrolier sans caissons d'étanchéité. Avec une compartimentation ou des mesures de sécurité, un gros système peut surmonter la défaillance de certaines de ses parties. Mais, à défaut de ces précautions, le moindre trou dans la coque peut provoquer le naufrage ».

Depuis, Alan Greenspan, président de l'U.S. Federal Reserve Board, a également souligné que la création d'organismes financiers multinationaux qui achètent, vendent, investissent dans de nombreux pays, augmentait les risques d'un krach à très vaste échelle. « Un "trou" dans un ou plusieurs de ces établissements, déclara Greenspan, pourrait entraîner de graves perturbations » d'un pays à l'autre.

Avec ces giga-organismes financiers, les nations risquent de perdre le contrôle d'un de leurs pouvoirs clés. L'éventualité d'une monnaie européenne unique, par exemple, réduirait la marge de manœuvre des gouvernements nationaux pour régler leurs problèmes économiques. Une proposition vise même à doter les commissaires de Bruxelles d'un plus grand pouvoir de contrôle sur les budgets des pays de la CEE que celui que l'administration fédérale américaine exerce sur ses cinquante

États, ce qui représenterait en l'occurrence un basculement massif de pouvoir.

La nouvelle architecture du savoir

Ce sous-chapitre nous conduit à aborder le troisième terme de la trilogie du pouvoir — le savoir.

On a dit que l'essor fulgurant de l'ordinateur au cours des dernières décennies constituait un bouleversement aussi important dans l'ordre du savoir que l'invention de l'imprimerie au XVᵉ siècle, voire même que celle de l'écriture. Parallèlement à ce bouleversement, nous avons assisté à l'expansion sans précédent des réseaux et des médias chargés de transmettre l'information et les données.

Si rien d'autre n'avait changé par ailleurs, ces développements eussent mérité à eux seuls l'appellation de *révolution du savoir*. Mais nous n'ignorons pas que d'autres bouleversements viennent encore modifier le système du savoir — ou « info-sphère » — de notre monde de haute technologie.

La vitesse de transmission des informations a pour conséquence que les « faits » donnés deviennent de plus en plus rapidement obsolètes et que le savoir qu'ils recèlent a une durée de vie de plus en plus brève. Pour surmonter ce caractère périssable, on élabore actuellement de nouveaux outils technologiques et organisationnels destinés à accélérer les processus de recherche et développement ainsi que ceux d'apprentissage. Le métabolisme de la connaissance gagne en intensité.

Autre point important : les sociétés à haute technologie se sont mises à réorganiser leurs connaissances. Comme nous l'avons vu, le savoir-faire quotidien des hommes d'affaires et des responsables politiques devient de jour en jour plus abstrait. Les disciplines conventionnelles s'effondrent. Avec l'aide des ordinateurs, la même donnée peut être associée à d'autres ou découpée de différentes manières, ce qui permet à l'utilisateur d'analyser le même problème sous des angles différents et de synthétiser une sorte de métasavoir.

Dans le même temps, les progrès de l'intelligence artificielle et des systèmes experts fournissent de nouveaux moyens de concentrer les savoirs. Tous ces bouleversements ont provoqué un regain d'intérêt pour les théories cognitives, les méthodes d'apprentissage, la « logique floue », la neurobiologie et autres champs de recherche portant sur l'architecture même du savoir.

En bref, le savoir est aussi profondément remodelé que la

violence et la richesse, si bien que tous les éléments de la trilogie du pouvoir subissent une révolution simultanée. De jour en jour, cependant, les deux autres sources de pouvoir dépendent de plus en plus du savoir.

Ces éléments dessinent l'arrière-plan mouvementé sur lequel s'inscrit la vocation à la grandeur ou au déclin des civilisations et des pays. Ils expliquent également pourquoi les assertions les plus courantes sur le pouvoir sont si souvent trompeuses.

L'Union soviétique unijambiste

Les diplomates aiment beaucoup parler de l'« équilibre de pouvoirs » ou de la puissance, mais les critères des Nouveaux Pouvoirs nous permettent d'analyser non plus seulement cet équilibre de pouvoirs mais aussi le « pouvoir de l'équilibre ».

Les nations (ou alliances) peuvent être réparties en trois types : celles dont la puissance se fonde essentiellement sur une seule « patte du trépied » violence-richesse-savoir, celles qui reposent sur deux pattes, celles enfin qui s'appuient sur les trois éléments des tryptiques.

Pour prévoir comment les États-Unis, le Japon ou l'Europe maîtriseront les conflits à venir, il convient d'analyser ces trois sources de pouvoir et de concentrer son attention sur la troisième, les bases du savoir, car ce dernier élément déterminera de plus en plus la valeur des deux autres.

Cette base inclut bien entendu des disciplines traditionnelles telles que la science, la technologie, l'éducation. Elle englobe les conceptions stratégiques du pays, ses capacités d'espionnage, sa langue, sa connaissance des autres cultures, son rayonnement culturel et idéologique sur le reste du monde, la ramification de son système de communication, ainsi que tout l'éventail d'idées, d'informations, d'images nouvelles qui en émane. Tout cela vient alimenter la puissance d'une nation et détermine la qualité du pouvoir qu'elle peut exercer dans tout conflit ou crise.

Au-delà de chaque élément composant notre triade, les critères des Nouveaux Pouvoirs nous fournissent des indices précieux en nous permettant de nous interroger sur la *relation* entre violence, richesse et savoir à une période donnée.

Si nous considérons le pouvoir de l'équilibre comme quelque chose de distinct de l'équilibre du pouvoir, nous nous apercevons que, pendant toute la guerre froide, le pouvoir des États-Unis s'appuyait sur une base excessivement large. Les États-Unis possédaient une énorme puissance militaire, jouissaient d'une économie florissante, et possédaient la meilleure source de savoir du monde entier : une recherche scientifique et technologique évoluée, mais aussi une riche culture populaire que le reste du monde a pu jalouser.

L'Union soviétique, au contraire, était — et reste toujours — totalement déséquilibrée. Elle revendiquait un statut de super-puissance en s'appuyant exclusivement sur sa force militaire. Son économie, dans un état désastreux à l'intérieur, était de peu de poids dans le reste du monde. Bien que la recherche et le développement fussent un secteur de pointe dans quelques domaines liés à la défense, son savoir-faire technologique en général était bien peu avancé, entravé par une peur obsessionnelle des fuites. Son système de communication était abominable, son système d'éducation fort médiocre, et ses médias, soumis à la censure centrale, connaissaient eux aussi un énorme retard.

Pendant la guerre froide, ce furent donc les États-Unis, au pouvoir équilibré, et non pas l'Union soviétique, avec son pouvoir unijambiste, qui remportèrent la course de fond.

Cette vision, à demi comprise seulement par les acteurs eux-mêmes, explique pour une grande part le comportement de l'Europe, des États-Unis et du Japon dans la course qui les mène vers une inévitable collision.

CHAPITRE XXXIII

Triades : Tokyo-Berlin-Washington

Récemment encore, le Japon était un pays qui marchait sur une seule jambe.

Si l'influence globale d'une nation repose principalement sur son potentiel militaire, sa richesse et son savoir, ce pays ne possédait guère jusqu'à présent qu'un des trois éléments de cette triade de pouvoirs — à peu près comme l'Union soviétique. Au lieu d'un armement nucléaire et de l'équivalent de l'Armée rouge, le Japon avait de l'argent, encore de l'argent.

Mais les tabourets à un pied sont notoirement instables, et la richesse elle-même a ses limites. C'est pourquoi le Japon d'aujourd'hui cherche à rééquilibrer son pouvoir.

Le canon japonais

C'est d'abord sous la rude pression de Washington que les Japonais se résolurent à engager leurs premières dépenses militaires d'après-guerre, mais, depuis peu, il n'est guère besoin de les pousser à accroître leurs forces armées. Ce qui était impensable depuis Hiroshima — à savoir l'idée d'un Japon doté d'armes atomiques — n'est plus considéré comme une hypothèse absolument invraisemblable ; au contraire, certains « faucons » en ont déjà les yeux brillants de convoitise.

Actuellement, le budget militaire du pays est le troisième du monde, après ceux des États-Unis et de l'Union soviétique. A en croire leurs adversaires, lesdits faucons souhaitent maintenant déployer l'influence militaire du Japon au-delà de ses eaux territoriales immédiates ; pouvoir signer un traité d'assistance mutuelle avec un pays voisin de manière à obtenir la reconnaissance officielle de sa mission dans le maintien de l'ordre régional ; et doter la marine d'un porte-avions qui accroîtrait notablement le rayon d'action des forces nipponnes.

En plein essor, le complexe militaro-industriel maîtrise difficilement son impatience dans l'attente de pouvoir construire ses propres avions de combat, missiles et autres armements de pointe. Des sociétés comme Fuji Heavy Industries, Kawasaki Heavy Industries, Nissan, Mitsubishi et Komatso produisent du matériel militaire sous licence américaine. Après d'âpres négociations avec les États-Unis a été lancé un projet commun visant à construire un appareil de combat ultramoderne, le FSX, qui utilisera des alliages sophistiqués et un système de radar à phases actives, entre autres technologies avancées. Le Japon a d'autre part entrepris des recherches sur la défense anti-missiles.

Le Japon n'est ni agressif ni irresponsable. Depuis la deuxième guerre mondiale, ses cadres militaires sont restés fermement contrôlés par le pouvoir civil, et tous les sondages montrent que l'opinion publique y est de loin plus attachée à la paix qu'aux États-Unis. Il n'en est pas moins difficile de dire combien de temps ce sentiment prévaudra si les tensions entre Washington et Tokyo continuent de s'aggraver, ni d'imaginer clairement le rôle que pourraient jouer les forces japonaises en Asie du Sud-Est au cas 1) où celles des États-Unis y seraient à l'avenir moins présentes ou s'en seraient totalement retirées, et 2) où une guerre, ou une révolution, menacerait les énormes investissements japonais dans la région.

Alors que l'instabilité politique augmente de Pékin et Hong Kong jusqu'à Manille, les voisins du Japon regardent d'un œil inquiet à la fois son réarmement et le relatif désengagement des États-Unis après leur mésaventure au Viêt-Nam, les retraits de troupes qu'ils ont opérés en Corée du Sud et, plus généralement, la réduction de leurs dépenses militaires.

Le Japon s'achemine désormais vers une autosuffisance militaire qui l'amènera sans doute un jour à suggérer avec la plus grande courtoisie que la présence des forces américaines n'est plus indispensable dans l'archipel — ni même dans le reste de l'Asie du Sud-Est.

En 1988, le Premier ministre de l'époque, Noboru Takeshita, posa le problème du réarmement japonais dans une perspective parfaitement limpide : le pays, déclara-t-il à l'Académie de défense nipponne, a besoin d'une puissance militaire correspondant à sa nouvelle et formidable force économique. En somme, le Japon n'a de cesse de vouloir rééquilibrer sa triade de pouvoirs.

Léviathan économique

La deuxième « jambe » du pouvoir japonais — la richesse — a fait l'objet de tant d'études qu'il n'est guère besoin d'y ajouter ici. En 1986, le Japon est devenu le premier pays créditeur du monde ; en 1987, la valeur cumulée des titres cotés à la Bourse de Tokyo a dépassé le montant de celle de New York. Les plus grandes banques, les plus grandes sociétés de courtage en valeurs sont désormais japonaises. L'acquisition par les Japonais de biens immobiliers américains de première grandeur, comme un édifice aussi symbolique que le Radio City Hall ou encore les studios de la Columbia, ont déclenché aux États-Unis une vague de sentiments anti-japonais, et l'on observe les mêmes réactions en Europe ou en Australie. Dans le même temps, l'État américain est tombé sous la dépendance des investisseurs nippons pour le financement de près d'un tiers de son déficit budgétaire, et la crainte se fait jour qu'une brusque cessation de ce soutien puisse porter un coup fatal à l'économie américaine.

La multiplication de ces exemples a donné lieu à des prédictions selon lesquelles le Japon serait en passe de devenir un Léviathan économique capable de dominer le monde pour les cinquante années à venir.

Pourtant, la fusée économique nipponne ne peut se maintenir éternellement en orbite. Le mouvement d'exportation des biens, et plus encore des capitaux, se heurtera peu à peu à des résistances accrues et à des conditions d'échanges et d'investissements moins favorables. Il s'ensuivra des tensions avec les pays les plus riches, tensions qui pourraient amener le Japon à investir davantage dans les pays moins développés où les profits éventuels sont certes plus élevés, mais les risques aussi.

Si, comme il paraît probable, les États-Unis retirent d'Europe une part importante des forces qui y sont stationnées, leur déficit budgétaire pourrait se trouver réduit, ce qui renforcerait le dollar, affaiblirait le yen et ralentirait du coup l'expansion nipponne à l'extérieur. Une des conséquences en serait d'alourdir la facture pétrolière japonaise, puisque celle-ci se règle en dollars.

Le taux d'épargne, déjà en baisse, tendra à diminuer encore du fait que les consommateurs aspireront à davantage d'agréments et de loisirs, et que, dans le même temps, la population âgée, en forte croissance, inclinera à dépenser les économies qu'elle a amassées durant ses années de travail — ces deux évolutions parallèles laissant prévoir un relèvement des taux d'intérêt et, à long terme, un ralentissement de la croissance.

Plus grave encore, l'économie, comme le savent tous les Japonais, repose en un équilibre précaire sur une énorme vague de spéculation immobilière qu'un rien suffirait à faire retomber. Le jour où cela se produira, les ondes de choc atteindront la Bourse de Tokyo, déjà fort instable, et se répercuteront instantanément à Wall Street, Zurich et Londres.

De surcroît, le Japon traîne derrière lui toute une série de problèmes sociaux et politiques longtemps négligés. Dans son système politique corrompu, peu maniable et discrédité, aucun des deux principaux partis n'est capable de s'adapter aux réalités nouvelles : le Parti libéral-démocrate dépend trop des électeurs ruraux et manque d'une base urbaine suffisante ; les socialistes en possèdent une, mais se montrent incapables de se débarrasser de leurs dogmes économiques et politiques périmés.

La période de croissance continue tire à sa fin, et le Japon des prochaines décennies sera beaucoup moins stable que celui d'aujourd'hui.

La course au juku

Plus important que l'armement ou la richesse est le savoir, dont l'un et l'autre dépendent d'ailleurs de plus en plus. Nombre d'enfants japonais fréquentent un *juku*, c'est-à-dire une école spéciale où, après les heures de classe normales, on les gave pour améliorer encore leurs résultats. Pendant des dizaines d'années, la nation entière a ressemblé à un grand *juku* et fait des heures supplémentaires pour développer ce qui est en dernière instance sa source de puissance — sa base de savoir.

Depuis 1970, le Japon s'est lancé délibérément et avec enthousiasme dans un effort ininterrompu visant à bâtir une économie fondée sur l'information ; l'essor de la recherche-développement avait même commencé plus tôt. En 1965, la proportion de scientifiques et d'ingénieurs sur dix mille travailleurs représentait à peu près le tiers de ce qu'elle était alors aux États-Unis ; en 1986, elle dépassait le chiffre américain. La « densité de savoir » de la force de travail est montée en flèche.

Le pays se place aux premiers rangs dans tous les domaines de pointe, des biotechnologies aux techniques spatiales. Il peut consacrer d'énormes capitaux à la recherche-développement ou les investir dans la création d'entreprises de haute technologie dans le monde entier. Il a accompli des percées importantes dans les domaines de la supraconductivité, des matériaux nouveaux et de la robotique. Après les États-Unis et l'URSS, il a été le troisième pays à envoyer sur la Lune un vaisseau spatial inhabité, et il a remporté des succès stupéfiants dans la fabrication des semi-conducteurs.

Mais nous n'en sommes qu'aux premiers mètres du grand marathon scientifique et technologique, dans lequel le Japon pâtit encore d'un certain retard. Aujourd'hui, il dépense encore en redevances, brevets et licences de technologies étrangères, 3,3 fois plus qu'il ne retire de la vente des siennes (60 % du montant total allant aux États-Unis). Ses points faibles concernent en particulier des domaines tels que les architectures informatiques parallèles, le traitement informatique de la dynamique des fluides, le phasage et autres techniques de pointe relatives au radar.

Quelle que soit son avance dans la fabrication des composants électroniques et des ordinateurs, le Japon demeure médiocre dans le secteur de plus en plus décisif du logiciel. Annoncée à grand fracas sous le nom de « Projet de cinquième génération », sa tentative visant à accomplir un grand bond en avant n'a donné à ce jour que des résultats décevants.

Financé par le MITI (le ministère du Commerce extérieur et de l'Industrie), ce projet devait être pour le Japon l'équivalent de ce qu'avait été pour l'Union soviétique le Spoutnik — le tout premier des engins spatiaux. Il suscita un tel enthousiasme qu'en 1986 le Dr Akira Ishikawa, de l'université Aoyama Gakuin de Tokyo, affirmait que les Japonais y voyaient « rien de moins que le gage de leur survie, l'instrument... de [leur] autosuffisance ». Pourtant, il apparut dès 1988 que le projet connaissait de graves difficultés en raison d'un planning trop flou, de divers problèmes techniques et du manque de dérivés commercialement intéressants. En 1989, on n'annonçait encore que des résultats modestes. Fait plus décisif, le pays est en retard pour l'élaboration du « méta-logiciel » — du logiciel à produire des logiciels.

Interrogés récemment, 98 % des dirigeants d'entreprise reconnaissaient la supériorité américaine en matière de logiciels ; 92 % admettaient que les États-Unis conservaient leur avance en matière d'intelligence artificielle et de superordinateurs ; 76 % étaient du même avis pour ce qui concernait la conception et la fabrication assistées par ordinateur.

Certes, dans ces premières longueurs de la course à la recherche-développement, les États-Unis se relâchent, le Japon gagne rapidement du terrain, mais la ligne d'arrivée est encore bien loin.

Cependant, le pouvoir par le savoir ne se résume pas à la science et à la technologie, et c'est là un point que le Japon comprend beaucoup mieux que les États-Unis. La règle selon laquelle il faut « connaître son adversaire » est tout aussi vitale dans la rivalité commerciale ou scientifique qu'aux échecs ou à la guerre.

Or le Japon en sait infiniment plus sur les États-Unis que ceux-ci sur celui-là. Ayant pendant des dizaines d'années dépendu militairement et politiquement des États-Unis, dont les décisions revêtaient pour eux une importance primordiale, les Japonais *ont eu besoin* de connaître à fond l'Amérique.

Beaucoup d'entre eux n'ont cessé de voyager d'un bout à l'autre des États-Unis, de la Silicon Valley à Washington et à Wall Street, de Harvard et du Massachusetts Institute of Technology à l'université de Stanford (Californie), visitant des milliers d'entreprises, d'administrations, de laboratoires, d'écoles et de foyers, s'initiant le plus possible à ce qui fait tourner l'Amérique — non seulement dans l'ordre politico-économique mais aussi du point de vue culturel, psychologique et social. Il ne s'agissait pas tant d'une activité d'espionnage économique (bien que cet aspect n'en fût certainement pas absent) que de l'expression de la curiosité profondément enracinée des Japonais pour le monde extérieur, et de leur quête d'un modèle d'action.

Après être resté trois cents ans isolé du reste de la planète, le Japon, à la suite de la révolution de l'ère Meiji, s'est lancé dans un ardent effort pour combler son ignorance forcée ; son peuple est devenu le plus grand lecteur de journaux du monde, le plus soucieux de connaître les comportements des autres, le plus avide de voyages.

Cet intense désir d'apprendre contrastait vivement avec le provincialisme américain. Avec toute l'arrogance de la puissance mondiale dominante, avec un marché intérieur si vaste qu'ils pouvaient se permettre de considérer les exportations comme des affaires secondaires, avec la condescendance du vainqueur et le racisme latent que leur inspirait leur couleur de peau le plus souvent blanche, les Américains se souciaient fort peu de connaître quelque chose du Japon, hormis quelques traits exotiques où les geishas et la mixité des bains publics figuraient en bonne place. Le Japon ne devrait devenir à la mode que plus tard.

Alors que 24 000 étudiants nippons se ruaient annuellement

aux États-Unis, moins d'un millier d'Américains prenaient la peine de faire le trajet inverse.

De tous les pays, le Japon est certainement celui qui travaille le plus à accroître l'ensemble de son savoir : à lui seul, ce fait contribue à expliquer pourquoi il a si bien su vendre aux États-Unis, et pourquoi les firmes américaines auraient encore le plus grand mal à vendre au Japon, à supposer que tous les obstacles douaniers soient levés du jour au lendemain.

Il reste néanmoins que la base du savoir japonais présente encore des lacunes importantes. Reflétant ses propres valeurs raciales, elle tend à montrer quelque naïveté dans l'évaluation des facteurs ethniques et a du mal à jauger la place qu'ils tiennent dans une économie planétaire.

Le système d'éducation, si vanté, que tant d'universitaires et de responsables économiques américains considèrent ingénument comme un modèle, est lui-même férocement critiqué par nombre d'intéressés au motif que ses méthodes sont par trop uniformisantes et tendent à étouffer la créativité. Dans le primaire et le secondaire, les syndicats d'enseignants et la bureaucratie de l'éducation rejettent sans même la regarder toute proposition innovatrice. L'enseignement supérieur n'a pas la renommée de qualité que se sont acquis les produits industriels. Les Acuras valent mieux que les diplômés.

Quand il s'agit de tisser des réseaux électroniques extra-intelligents ou de télévision à haute définition, le Japon est au premier rang mondial ; mais il retarde à la fois sur les États-Unis et sur l'Europe quand il s'agit de desserrer la réglementation des médias et de favoriser le plein développement de la télévision par câble ou de la transmission directe par satellite, moyens qui permettraient cette diversification des images et des idées si nécessaire à l'épanouissement des capacités créatrices d'une culture nationale.

Or, c'est justement sur le terrain des exportations culturelles que le Japon manifeste une de ses plus grandes faiblesses. Le pays ne manque pas de grands écrivains, artistes, architectes, chorégraphes et cinéastes ; mais ils sont peu connus à l'étranger, et les rares qui le sont n'y exercent qu'une influence réduite.

Dans ses efforts pour mieux équilibrer ses pouvoirs, le pays a lancé une offensive culturelle de grande envergure, en commençant par des domaines d'intérêt économique direct, tels que la mode et le design industriel. Il passe à présent au terrain des arts plus populaires — télévision, cinéma, musique et danse —, ainsi qu'à celui de la littérature et des beaux-arts. La création récente des prix du Praemium Imperiale, destinés à devenir l'équivalent nippon des Nobel et patronnés par l'Association japonaise des arts, illustre cette volonté de jouer un rôle plus important sur la scène culturelle mondiale.

Mais la diffusion à l'étranger des idées et de la culture nipponnes se heurte à un formidable obstacle : celui de la langue. Il se trouve des érudits d'inspiration nationaliste pour assurer que la langue japonaise recèle un élément mystique intraduisible, qu'elle possède en quelque sorte une « âme » unique. En réalité, comme le sait tout poète ou traducteur, aucune langue n'est absolument traduisible, puisque chacune diffère des autres par des schèmes spécifiques dans le maniement des concepts et des métaphores. Reste que le japonais n'est parlé que par 125 millions d'individus, ce qui constitue un handicap considérable pour la conquête d'un rayonnement mondial équilibré. C'est bien pourquoi le Japon pousse ses recherches sur la traduction par ordinateur avec plus d'acharnement que tout autre pays.

Cependant, le défi majeur demeure celui de la démassification, déjà en cours, d'une société que la propagande interne a longtemps entraînée à croire que l'uniformité était en soi une vertu. Voici plus de dix ans que l'anthropologue Kazuko Tsurumi, de l'université Sophia, a montré l'existence dans la population japonaise d'une diversité plus marquée que ne veulent bien le reconnaître les dirigeants du pays ; mais il ne s'agissait là encore que d'une diversité relative à l'intérieur d'un cadre homogénéisant qui correspondait à une société de la Deuxième Vague. A présent que le Japon entre dans l'ère de la Troisième Vague, il va lui falloir faire face à des pressions en sens contraire potentiellement explosives.

Or l'opposition traditionnelle à la diversification sociale, économique et culturelle est en relation directe avec la plus grave, pour l'avenir, de toutes les faiblesses du pays.

Les Nippons ne sont plus ces « animaux économiques » qu'on les accusait d'être, et la puissance du pays a cessé de reposer sur un seul élément de la triade des pouvoirs. Il n'empêche que dans le domaine, essentiel dans la course à la puissance, de la création et de la diffusion des idées, de l'information, des images et du savoir, ils conservent un sérieux retard sur les États-Unis.

Au moment même où il leur faut déployer simultanément ces diverses sources de puissance, les responsables économiques et politiques n'ont pas de stratégie internationale clairement définie. Certes, il existe au sommet un consensus sur certains objectifs intérieurs primordiaux : favoriser l'expansion interne en réduisant le volume des exportations supposées indispensables, améliorer la qualité de la vie en développant les loisirs, réhabiliter un environnement lourdement dégradé... Mais, sur la politique économique à mener vis-à-vis du monde extérieur, les élites japonaises sont profondément divisées, incertaines qu'elles sont du rôle mondial que le pays devrait jouer dans l'avenir, à supposer qu'il lui en revienne un.

Une des stratégies en présence présuppose que le monde va vers un éclatement en grandes régions : alors le Japon pourrait devenir la puissance dominante dans le Sud-Est asiatique ; dans cette hypothèse, il faudrait y concentrer les investissements et l'aide bilatérale, tout en se préparant posément à y devenir la grande force de police régionale. Cette option présenterait l'avantage de rendre le Japon moins vulnérable aux mesures protectionnistes américaines ou européennes.

Une deuxième approche consiste à dire que le Japon devrait concentrer ses efforts sur les économies en voie de développement, où qu'elles se situent. S'y rattache une variante spécifique selon laquelle il faudrait accorder la priorité à la création des infrastructures électroniques dont ces pays ont absolument besoin pour s'intégrer à l'économie mondiale. Il est vrai que ce choix stratégique correspondrait à l'un des besoins essentiels des économies retardataires, comme aux points forts de la technologie nipponne, en même temps qu'il contribuerait à « verrouiller » électroniquement les relations de ces pays avec la puissance économique japonaise.

Une troisième stratégie, qui actuellement semble rallier le plus grand nombre de suffrages, envisage la mission du Japon comme mondiale et refuse de la confiner à telle région ou à tel domaine spécifique. Ses partisans n'entretiennent nullement un rêve messianique de domination universelle ; ils pensent seulement que l'économie nipponne est trop forte, trop diversifiée, et connaît une croissance trop rapide pour qu'on puisse songer à borner son rôle à une partie du monde ou à un groupe limité de pays.

C'est cette tendance « mondialiste » qui a poussé à envoyer des unités de la flotte japonaise au Moyen-Orient afin d'aider les États-Unis et leurs alliés à protéger le golfe Persique au temps de la guerre entre l'Irak et l'Iran ; c'est le même camp qui préconise l'octroi de prêts à l'Europe de l'Est, d'assumer un rôle diplomatique accru sur la scène internationale, et de s'assurer des positions importantes au sein du Fonds monétaire international, de la banque mondiale, entre autres institutions à vocation planétaire.

Quand le Japon fera son choix entre ces trois stratégies, ce ne sera sans doute pas par une décision tranchée. Le pays a coutume de minimiser ses divergences, mais les observateurs avisés pourront toujours discerner de quel côté penchera le balancier de bambou. C'est à ce moment que le monde ressentira les premiers effets réels des visées japonaises sur le proche avenir.

La nouvelle Ost-Strategie

Si le conflit interne au monde capitaliste va s'intensifier, c'est que les ambitions japonaises vont se heurter à celles des deux autres principaux joueurs, les États-Unis et l'Europe. Sur cette dernière, rappelons ces lignes écrites le 23 août 1915 :
« Il est possible de créer des États-Unis d'Europe [...] mais à quelle fin ? Dans le seul but de supprimer le socialisme en Europe et de protéger ensemble [...] le butin contre le Japon et l'Amérique. »
L'auteur en était un obscur révolutionnaire du nom de Vladimir Ilitch Lénine, qui n'était pas encore le maître de l'Union soviétique. Que penserait-il des événements actuels ?
Tout comme la désintégration du communisme, la course à l'intégration européenne est une conséquence de l'avènement de la Troisième Vague et de son nouveau système de création de la richesse. Comme le déclara Gianni de Michelis, alors président du Conseil des ministres des Affaires étrangères de la Communauté européenne : « L'intégration a été la réponse politique à la nécessité de passer d'une société industrielle à une société post-industrielle. » Dans le même temps, de Michelis prédit que l'extension de l'économie de marché à l'Europe orientale entraînerait une énorme vague d'expansion économique. Mais le tableau réel n'est pas tout à fait aussi rose.
L'écroulement des gouvernements marxistes-léninistes en Europe de l'Est a donné aux peuples un heureux sentiment de liberté et leur a apporté une bouffée d'espoir. Mais il bouleverse également les conditions du combat triangulaire entre l'Europe, les États-Unis et le Japon, il entraîne une vacance de pouvoir et engage l'Europe occidentale dans une nouvelle stratégie totalement inattendue.
Supposons que, malgré les brûlantes animosités ethniques qui font rage en Yougoslavie, en Bulgarie, en Roumanie et ailleurs, la paix se maintienne dans la région ; supposons qu'il ne se trouve pas de démagogues pour déchaîner des conflits frontaliers entre Allemands, Polonais, Hongrois et Roumains, et qu'il n'y ait ni répressions militaires, ni guerres civiles, ni autres soulèvements ; supposons encore que l'Union soviétique n'éclate pas en pièces et morceaux dressés les uns contre les autres (un

journal soviétique imagine que la notion même d'Union des Républiques socialistes soviétiques pourrait « disparaître de la carte politique du monde »). Si donc, bien que ce soit peu probable, une stabilité relative s'y maintient, la perspective la plus vraisemblable pour l'Europe de l'Est est que le retrait des Soviétiques sera suivi de l'arrivée des Européens de l'Ouest — autrement dit, en pratique, des Allemands.

Sous la tutelle occidentale, les Européens de l'Est ne retrouveraient certes pas d'aussi mauvaises conditions de vie que sous la domination soviétique et, précédemment, celle de Hitler ; ce néocolonialisme en douceur pourrait même élever considérablement leur niveau de vie. Mais ce qu'il ne fera pas — du moins, pas avant très longtemps —, c'est laisser l'Europe orientale dépasser le stade de l'âge usinier.

Les populations chériront leur indépendance durement acquise ; en formant une sorte de fédération, elles pourront renforcer leur position dans leurs négociations avec l'Ouest. Le secrétaire d'État américain James Baker a déjà évoqué la possibilité d'une association entre la Pologne, la Hongrie et la Tchécoslovaquie. Mais ni cette résurrection d'un ersatz d'Empire austro-hongrois, ni même une réincarnation de l'empereur François-Joseph (certains jeunes Tchèques ne veulent-ils pas nommer « roi » Vaclav Havel, le dramaturge président de la Tchécoslovaquie nouvelle ?), ni même, à la limite, la constitution d'« États-Unis d'Europe orientale » ne sauraient empêcher cette nouvelle forme de satellisation de s'imposer.

Pour s'en persuader, il n'est que de comparer la triade des pouvoirs de l'Europe centre-orientale — c'est-à-dire ses forces armées, son économie, ses ressources en savoir — avec celle de ses voisins occidentaux.

De ce point de vue, et sans même que d'autres États viennent s'y intégrer, la CEE est en mesure de mettre sur la table un pouvoir d'une supériorité écrasante sous ses trois formes.

Pour avoir un aperçu de son énorme potentiel militaire, négligeons l'OTAN et feu le pacte de Varsovie, et imaginons que presque toutes les troupes américaines et soviétiques aient été retirées : même dans ces conditions, l'Europe occidentale posséderait encore des forces considérables.

Dès octobre 1988, le chancelier d'Allemagne occidentale, Helmut Kohl, proposait la création d'une armée européenne commune. Bien qu'il célébrât les vertus de l'alliance avec les États-Unis, on discernait nettement derrière ses propos le refrain « *U.S. go home !* ». La menace soviétique apparaissant beaucoup moins redoutable, les Allemands ne jugent plus la protection américaine indispensable. Sans doute est-il vrai qu'un retrait américain complet doublerait les coûts afférents à la puissance militaire de l'Europe de l'Ouest ; mais en ajustant bien ces dépenses, en les répartissant sur un plus grand nombre de pays, on pourrait les rendre tout à fait supportables. Il en résulterait une nouvelle Europe aux muscles vigoureux et à la puissante armure.

Qui commanderait cette armée européenne de demain ? S'il pouvait y avoir les moindres doutes à ce sujet, quelques chiffres suffiraient à les dissiper. Jusqu'à présent, les armées française et ouest-allemande étaient pratiquement à égalité pour les forces conventionnelles. La France disposait de 466 000 hommes, la Bundeswehr de 494 000 ; la France possédait vingt et un sous-marins, l'Allemagne vingt-quatre ; la France alignait neuf escadrilles de Mirage et d'avions Jaguar d'attaque au sol ; l'Allemagne, vingt et une de Tornado, F4-Fs et Alpha.

Mais la réunification allemande est venue modifier du tout au tout ce tableau. Si les forces occidentales et orientales du pays venaient à être fusionnées, le budget militaire allemand augmenterait de 40 %, les effectifs de près de 50 %, les forces aériennes d'attaque au sol équivaudraient à près de trois fois celles de la France. La réunification a sonné le glas de la politique française telle que l'exprimait l'ancien président Giscard d'Estaing quand il déclarait que les forces françaises devaient être « de taille équivalente à celle des autres forces du continent, c'est-à-dire à l'armée allemande ».

Bien entendu, la France possède un armement nucléaire — sa fameuse « force de frappe » — et la Grande-Bretagne dispose elle aussi de sa propre capacité nucléaire. Mais on peut raisonnablement être sûr que, si elle le souhaitait, l'Allemagne serait en mesure de s'en doter du jour au lendemain — ce dont la France, la Grande-Bretagne et le reste du monde sont parfaitement conscients.

Un autre élément, et non des moindres, contribue encore à rompre l'équilibre militaire intra-européen : juste avant la date à laquelle ils s'étaient engagés par traité à les détruire, les Soviétiques ont secrètement remis à l'Allemagne de l'Est vingt-quatre missiles SS-23 de moyenne portée. Avec la réunification complète du pays, ceux-ci vont vraisemblablement revenir à l'armée allemande unifiée — ce qui est bien la dernière chose qu'auraient souhaitée les Soviétiques !

Tandis que les hommes politiques européens ne parlent que d'unité, de bonnes relations et d'espoirs radieux, partout les généraux soupèsent avec soin ces chiffres. Les capacités de combat ne s'apprécient certes pas comme on compterait des sous, et nul ne songe sérieusement à une réédition des guerres de 1870, 1914 ou 1939. Mais, si grossière soit-elle, la comparaison chiffrée montre bien que, hormis peut-être en cas d'extrême urgence — qui amènerait à abattre la carte nucléaire —, dans toute armée européenne, ce sera l'Allemagne qui, pour ainsi dire, commandera la manœuvre.

Les Allemands d'aujourd'hui n'ont rien d'une horde nazie. Imprégnés des valeurs démocratiques et des idées modérées qui caractérisent les classes moyennes aisées, ils ne sont nullement militaristes. Il n'en demeure pas moins qu'au cas où il serait fait appel aux forces occidentales pour mettre fin à des troubles en Europe de l'Est, ce n'est ni à Paris, ni à Bruxelles que serait prise la décision finale, mais à Berlin.

Tous les commentaires malveillants qu'on entend à Washington sur la mauvaise volonté que mettent les Européens à « partager le fardeau de la défense » n'empêchent pas l'Europe nouvelle d'être maintenant devenue une grande puissance militaire indépendante.

Le lendemain matin de l'Europe

La puissance militaire européenne de demain reposera sur une base économique gigantesque, deuxième élément de la triade du pouvoir. Même s'il ne vient pas s'y ajouter de nouveaux membres, les données générales pour les douze pays de la CEE sont déjà énormes. Avec 320 millions d'habitants, son produit national brut est presque égal à celui des États-Unis et équivaut à une fois et demie celui du Japon. Pris dans leur ensemble, les pays de la CEE font vingt pour cent du commerce mondial, soit davantage que les États-Unis ou le Japon.

Comme dans le domaine militaire, les décisions clés en matière financière seront elles aussi prises à Berlin, au ministère des Finances et à la Deutschebank, la suprématie financière reflétant les réalités économiques. Avec un PNB de 14 000 milliards de dollars pour l'ensemble de son territoire, l'Allemagne pèse une fois et demie plus lourd que la France, qui la suit dans le classement.

Résignés à ces déséquilibres tout en en redoutant les conséquences, les autres pays, conduits par la France, souhaitent renforcer et resserrer les liens communautaires dans l'espoir qu'ils limiteront la liberté d'action de l'Allemagne. Mais plus la CEE sera elle-même forte et centralisée — en se dotant un jour d'une monnaie commune et d'une banque centrale unique, en agissant en tant que gendarme chargé de la protection de l'environnement — plus l'influence de l'Allemagne unifiée sur l'ensemble du système européen en sera non pas diminuée, mais, bien au contraire, accrue.

La mise en place de ce système germanocentriste ne constitue cependant qu'un aspect d'une *Ost-Strategie* d'une envergure stupéfiante, dont les premiers traits commencent seulement d'apparaître.

En effet, la stratégie économique mise en œuvre par les gouvernements et les grandes entreprises de la CEE consiste à profiter du faible coût de la main-d'œuvre en Tchécoslovaquie, Hongrie, Pologne et autres pays d'Europe de l'Est, en l'utilisant pour une production de masse à faible valeur ajoutée. Les biens produits ne seront pas principalement destinés aux populations de l'Est, mais seront surtout exportés en Europe occidentale.

En deux mots : cheminées d'usines à l'Est, ordinateurs et biens de consommation à l'Ouest — l'Allemagne unifiée n'étant pas seulement le noyau central de la Communauté occidentale, mais jouant le rôle de manager du système continental dans sa globalité.

La mise à exécution de ce vaste plan de stratégie économique, qui vise à transférer le pouvoir sur l'Europe orientale des mains des Soviétiques à celles des Européens de l'Ouest, et plus particulièrement des Allemands, occupera les toutes prochaines décennies ; mais elle sera fertile en désordres et en difficultés.

L'*Ost-Strategie* que nous voyons s'élaborer à un rythme soutenu présuppose que l'Union soviétique restera absorbée par ses propres affaires intérieures et devra militairement s'intéresser à ses républiques musulmanes du sud, à la Chine et au Pacifique plutôt qu'à l'Europe ; ou bien qu'il sera possible de conclure avec elle des accords économiques qui réduiront son opposition à la germanisation de l'Europe orientale. Ces conditions dépendront de la situation politique interne de l'URSS, ainsi que des événements imprévisibles qui peuvent se produire en Chine ou, plus généralement, en Asie.

Autre présupposition : que la CEE elle-même sera en mesure de tenir les belles promesses qu'elle a faites à ses propres peuples — un taux de croissance de 4,5 à 7 %, et la création annuelle de 2 à 5 millions d'emplois nouveaux dans les douze pays membres. Ce qui implique une plus grande efficacité de la production, une meilleure compétitivité sur les marchés mondiaux — et des profits plus élevés.

Or la planification de la CEE se fonde encore largement sur

des notions dépassées, par exemple à propos des économies d'échelle, notions qui sont beaucoup mieux adaptées aux manufactures de l'âge usinier qu'aux économies avancées, axées sur l'information et les activités de services.

En outre, alors que le nouveau système de création de la richesse repose sur l'hétérogénéité, la personnalisation des produits, la production décentralisée, la segmentation des marchés et la démassification des activités financières, tous éléments qui assurent son succès en même temps qu'il les engendre, le rouleau compresseur de la CEE, en dépit des proclamations contraires, est conçu pour araser les différences.

A l'Est aussi, la stratégie en question devra affronter de vastes problèmes. En premier lieu, elle tient pour assuré que les quasi-colonies se maintiendront en état de stabilité politique. Malheureusement, l'enthousiasme pour la démocratie, les parlements et le multipartisme ne garantit pas saucisses ou jambon sur la table familiale.

A moins que ne se fasse rapidement jour une amélioration sensible dans des situations économiques aujourd'hui désastreuses, l'engouement pour la démocratie parlementaire, les partis et la liberté de vote risque fort de dégénérer en chaos, aggravé par des accusations de corruption et des actes de terrorisme — le tout aboutissant au retour de dictatures militaires ou de régimes fascistes si répandus dans cette région avant la deuxième guerre mondiale, avec peut-être la bénédiction d'investisseurs étrangers plaçant au-dessus de tout les exigences de l'ordre et de la stabilité.

Après s'être abandonnés à l'euphorie des bienfaits attendus des capitaux occidentaux, les Européens de l'Est se réveilleront en éprouvant une amertume croissante pour leur nouveau type de statut colonial. Le mécontentement tournera à la résistance, les pénuries seront imputées aux investisseurs étrangers, aux « impérialistes » et à des boucs émissaires locaux. Après les premiers prêts d'urgence, il en faudra d'autres pour éviter le naufrage économique ; viendront enfin les demandes de moratoires pour leur remboursement, ou d'annulation pure et simple de la dette.

Même si rien de tout cela ne se produit, le postulat fondamental de l'*Ost-Strategie*, à savoir l'intérêt de la main-d'œuvre à bon marché, doit être sérieusement remis en cause. Comme nous l'avons vu, les bas salaires se révèlent en réalité de plus en plus coûteux. Alors que le coût du travail tend à représenter une moindre fraction des coûts globaux, les économies réalisées de ce côté seront très faibles, hormis dans les secteurs les plus retardataires.

Dans le même ordre d'idées, comme nous l'avons également déjà vu, les économies « lentes » ont beaucoup de peine à se connecter aux économies dites « rapides ». En Pologne, un simple transfert de fonds d'une banque à une autre pouvait, il y a peu, demander un mois à six semaines. Le métabolisme de l'Est est trop lent pour le rythme qu'exige l'Occident, et les infrastructures électroniques y sont pratiquement inexistantes. Tous ces facteurs vont rendre l'*Ost-Strategie* plus onéreuse qu'il n'y paraît à première vue.

Enfin, à supposer qu'une part importante du travail « usinier » soit transférée à l'Est, les États d'Europe occidentale peuvent s'attendre chez eux à des pressions accrues de la part de leurs propres syndicats ouvriers, à des exigences croissantes en matière de sécurité sociale, et à de vigoureuses campagnes protection-nistes.

En Allemagne tout particulièrement, ces éléments devraient sans doute entraîner un renforcement des oppositions politiques. Tout comme la droite néonazie, les sociaux-démocrates enton-neront des thèmes nationalistes pour s'en prendre aux transferts d'emplois vers des « non-Allemands » travaillant à des salaires inférieurs au minimum syndical ; simultanément, les Verts combattront le transfert de la pollution vers des régions qui sont déjà parmi les plus atteintes au monde.

S'il advenait que l'Allemagne fût gouvernée un jour par une coalition des sociaux-démocrates et des Verts, laquelle exercerait alors une forte influence sur l'Europe entière, il en résulterait sans doute un ralentissement du développement technologique européen — les premiers craignant ses effets sur l'emploi, les seconds comptant dans leurs rangs bon nombre de luddites* et autres technophobes.

Des capitaux fournis par de nombreux pays européens et par le Japon ont permis la création d'une Banque européenne pour la reconstruction et le développement ; sous la direction inno-vatrice de Jacques Attali, celle-ci pourrait installer en Europe de l'Est des têtes de pont qui ouvriraient la voie à certaines avancées technologiques et économiques. Mais la tâche ne sera pas facile.

A mesure que, dans les dix ans à venir, les véritables problèmes européens se poseront avec plus d'acuité, l'élan économique et politique que suscite actuellement l'*Ost-Strategie*

---

* Artisans anglais du textile qui, vers 1811, s'opposèrent par la violence à l'introduction des métiers mécaniques. *(N.d.T.)*

risque donc de retomber. Si l'Europe dispose d'immenses richesses, elle n'a élaboré jusqu'ici, pour en tirer parti, qu'une stratégie des plus contestables.

Du gauchisme à la sémiologie

Plus encore que celle des États-Unis et du Japon, l'avenir de la puissance européenne dépend de sa « troisième jambe » — de sa base de savoir.

En termes de prix Nobel et de notoriété de ses laboratoires ou instituts de recherche, l'Europe occidentale n'a pas à s'inquiéter. Elle est aux premiers rangs dans les domaines de l'énergie nucléaire, des techniques aérospatiales, de la robotique ; elle s'est engagée, même si c'est avec hésitation, dans les recherches sur la supraconductivité. Après avoir longtemps traité la science et la technologie en parents pauvres, la CEE s'est mise à la subventionner largement, notamment par des projets interdisciplinaires. Science et technologie sont maintenant « in ».

Là encore, c'est l'Allemagne qui est en tête. Les scientifiques d'Allemagne occidentale disposent des plus gros budgets de recherche-développement en Europe, ils ont déposé aux États-Unis deux fois et demie plus de brevets que les Britanniques ou les Français. Depuis 1984, ils ont figuré chaque année au palmarès des Nobels scientifiques pour des découvertes telles que le microscope-scanner à effet de tunnel ou l'effet quantique Hall.

Pourtant l'Europe, Allemagne y compris, est à la traîne du Japon et des États-Unis dans des domaines aussi décisifs que la technologie des ordinateurs et de l'information, notamment pour la fabrication des puces électroniques et des superordinateurs. La récente faillite de l'allemand Nixdorf — qui fut longtemps un des producteurs d'ordinateurs les plus performants — et son absorption par Siemens, en même temps que les difficultés rencontrées par Norsk en Norvège et Philips aux Pays-Bas, soulignent ces handicaps de l'Europe.

Dans le secteur voisin des télécommunications, les progrès sont bloqués par le refus obstiné de plusieurs ministères nationaux des postes et télécommunications de renoncer à leur monopole.

Si mauvaises que soient les écoles américaines, l'Europe aussi connaît de graves problèmes d'éducation. Les systèmes scolaires y sont trop centralisés, rigides et formalistes. Du point de vue culturel, ses « exportations » sont plus importantes et plus prestigieuses que celles du Japon, mais l'Europe est larguée par les États-Unis quand il s'agit de donner naissance à des styles de vie qui seront imités ailleurs, à de nouveaux mouvements artistiques, à une culture populaire. On peut assurément soutenir que la culture européenne est esthétiquement ou moralement supérieure : tout dépend des critères utilisés. Mais dans la mesure où la culture, notamment la culture populaire, est un facteur de pouvoir dans ce monde si changeant et submergé d'images, ce sont les États-Unis qui restent à cet égard en tête de la course.

Depuis la fin de la guerre, idéologiquement et intellectuellement, l'Europe a principalement apporté au monde un gauchisme d'inspiration quasi marxiste ; elle a exercé un temps une certaine influence sous la forme de l'existentialisme, puis du structuralisme, et plus récemment de la sémiologie ; mais, sur le marché mondial des idées, ce sont là des valeurs en déclin.

Il est vrai que l'Europe occidentale retrouve actuellement un rôle considérable en promouvant à la place un nouveau « produit » politique. Dans les années à venir, sa principale exportation idéologique sera une version « verte » de la social-démocratie. Le fait est de première importance, car des marchés extrêmement réceptifs sont prêts à s'ouvrir à ce mouvement aux États-Unis, au Japon, en Europe orientale et en Union soviétique, à condition que le modèle ne soit pas déformé et dominé par la frange extrémiste des écologistes.

Au bout du compte, alors que le Japon s'absorbe dans la préoccupation de l'avenir, que l'Amérique se concentre sur l'« ici et maintenant », l'Europe demeure fortement ancrée dans son passé. Une plaisanterie bien connue prétend que, pour remplacer une ampoule électrique grillée, il faille cinq Anglais — un pour visser la neuve, les quatre autres pour dire combien l'ancienne était meilleure.

Toutes ces raisons font que l'Europe a peu de chances de devenir une grande puissance au pouvoir réellement équilibré tant qu'elle ne déploiera pas autant d'énergie pour développer sa base de savoir qu'elle en met à réorganiser ses forces militaires et à intégrer son économie.

Elle a élaboré une stratégie grandiose et d'immense portée qui ne vise à rien de moins que transformer les rapports de pouvoir à l'échelle régionale et mondiale. Repris du passé plutôt que conçu de neuf, ce dessein se propose de surclasser ce que les géopoliticiens de naguère dénommaient le « cœur » de la planète

Le géant blessé

Cela nous amène à évoquer maintenant ce géant blessé que sont les États-Unis.

La composante militaire de la triade de pouvoirs est évidemment plus décisif encore pour les États-Unis que pour leurs rivaux à l'échelle planétaire. Les forces armées européennes et japonaises conservent encore un caractère essentiellement régional, et n'ont qu'une capacité limitée pour mener des opérations lointaines. Au contraire, malgré des réductions récentes, celles des États-Unis comme de l'Union soviétique conservent une portée mondiale.

Mais, au moment où l'URSS connaît des troubles intérieurs et où son armée doit se soucier par priorité des menaces de sécession, des affrontements ethniques, des problèmes qui peuvent surgir sur ses frontières mouvantes, depuis l'Iran jusqu'à la Chine, ce sont les forces américaines qui disposent présentement de la plus grande capacité d'action lointaine (elles possèdent par exemple quatorze porte-avions et les navires d'escorte correspondants, contre quatre pour les Soviétiques et six pour l'Europe). C'est précisément cette capacité d'intervention planétaire qui différencie la puissance militaire américaine de toutes les autres.

Ce formidable pouvoir militaire, fermement maintenu sous contrôle civil et servi par des officiers capables et bien formés, est cependant handicapé par une vision stratégique du monde désormais périmée, encore trop axée sur la menace soviétique en Europe occidentale. Il en résulte une grande confusion dans la conception des intérêts vitaux et des priorités du pays — comme si sévissait au sommet une insuffisance cérébrale.

C'est pourquoi les pressions exercées par le Congrès en faveur d'une réduction des dépenses militaires, qui s'inspirent largement de considérations politiques locales, aboutissent à des propositions souvent élaborées au hasard, qui ne se relient à aucune vision cohérente de la situation mondiale.

Cette crise de la stratégie générale américaine signifie également qu'une grande partie du budget militaire ne sert qu'à construire des systèmes d'armes inadéquats, puis à les déployer aux mauvais endroits et aux mauvais moments — gaspillage qui éclipse de beaucoup les dépassements de devis des fournisseurs ou les fameux « marteaux plaqués or à 700 dollars pièce ». Une autre conséquence en est que, mises à part des expéditions mineures comme le renversement de Manuel Noriega à Panama, les États-Unis ne font désormais que réagir aux grands événements mondiaux (après qu'ils se sont produits), au lieu de les susciter comme ils le faisaient naguère.

Les choses ont commencé à changer après l'invasion du Koweït en 1990. En perpétrant cette agression, en étalant son mépris pour l'opinion mondiale, en prenant des otages, en menaçant d'utiliser des armes chimiques, voire nucléaires, Saddam Hussein a divisé les pays arabes et menacé de désorganiser l'approvisionnement du monde en pétrole.

La crise qui en a résulté au Moyen-Orient a contraint les responsables américains à élaborer une stratégie générale d'après guerre froide. Cette stratégie n'est encore ni très claire, ni complète. Cependant, le président Bush a su agir avec rapidité et habileté pour mobiliser contre l'agresseur une coalition d'une exceptionnelle ampleur.

En quelques jours, le Conseil de sécurité des Nations unies a condamné Saddam, exigé qu'il retire ses troupes et imposé à l'Irak un embargo total. Les Chinois et même les Soviétiques ont donné leur approbation ; l'Arabie Saoudite et la Turquie ont fermé les oléoducs qui acheminaient le pétrole irakien vers les marchés mondiaux. Un mois ne s'était pas écoulé que d'énormes forces navales isolaient l'Irak, que des troupes américaines avaient pris position en Arabie Saoudite et dans la région du Golfe, soutenues par des contingents envoyés par des pays arabes tels que la Syrie, l'Égypte et le Maroc, contingents qui avaient au moins valeur de symbole et d'avertissement.

Presque aussitôt, les adversaires politiques de Bush au Congrès américain commencèrent à se plaindre que le Japon et l'Europe occidentale, qui pourtant dépendaient plus que les États-Unis du pétrole du Moyen-Orient, ne « prenaient pas leur juste part du fardeau ». Les Américains, proclamaient-ils, risquaient leurs vies et dépensaient des milliards pour protéger des voies d'approvisionnement en pétrole dont d'autres profitaient davantage qu'eux-mêmes. Certains démagogues demandèrent même que le Japon et l'Allemagne fournissent également des troupes, bien que cela fût interdit à ces pays par leurs propres Constitutions. Ils se trouva en revanche fort peu de gens pour se demander si les Américains — et, avec eux, le reste du monde — souhaitaient réellement voir abolir les dispositions antimilitaristes de ces Constitutions de manière à permettre l'envoi de forces japonaises hors de l'archipel, ou, dans le cas de l'Allemagne, hors de la sphère de l'Otan. On était loin, en fait, de bien percevoir toutes les implications de cette situation et les modifications des rapports de pouvoir qui en résulteraient à long terme.

En effet, quels qu'en dussent être les autres résultats, l'installation de forces armées américaines dans la région du Golfe — même avec l'approbation de l'Arabie Saoudite et d'autres États de cette région — allait créer une situation radicalement nouvelle.

Depuis 1918 au moins, la France et la Grande-Bretagne avaient été les puissances étrangères les plus influentes au Moyen-Orient. Mais quand, en 1956, l'Égypte de Nasser nationalisa le canal de Suez et que les deux puissances européennes tentèrent de le reprendre, les États-Unis bloquèrent leur entreprise. A dater de ce moment, les deux anciennes puissances coloniales virent leur position au Moyen-Orient s'affaiblir progressivement. De 1956 à 1990, les États-Unis y devinrent la puissance étrangère la plus influente — mais chacune de leurs actions s'y heurtait à l'opposition de l'autre superpuissance mondiale, l'Union soviétique.

En 1990, l'Irak, pays longtemps placé dans l'orbite de l'URSS, commit l'erreur de croire que les vieilles règles du jeu étaient toujours en vigueur. Saddam Hussein dut brusquement constater qu'au moment où Gorbatchev se désengageait militairement un peu partout et escomptait une aide économique de l'Occident, les Soviétiques n'étaient plus disposés à faire échec aux initiatives des États-Unis, qui restaient désormais la seule puissance étrangère réellement présente au Moyen-Orient.

Quand donc Saddam Hussein menaça de tout déstabiliser et bouleverser dans cette partie du monde, et les autres pays arabes n'étant pas en mesure de lui résister, l'Arabie Saoudite, les États du Golfe et de nombreux autres pays se mirent en quête d'un « gendarme » capable de défendre leurs régimes et de rétablir la situation. Il n'y en avait qu'un de disponible : bondissant sur l'occasion, les États-Unis s'engouffrèrent aussitôt dans la brèche.

Après s'être entendu répéter pendant des années qu'ils étaient en déclin, les États-Unis agissaient de nouveau en grande puissance. Si le soutien du Japon et de l'Europe occidentale parut si faible, la raison en fut peut-être que ces pays réalisèrent soudain que, largement renforcée, l'influence américaine jouerait désormais un rôle majeur dans la future politique pétrolière des États arabes. L'Amérique venait d'affirmer clairement son pouvoir non seulement au Moyen-Orient, mais sur l'ensemble de l'économie pétrolière ; elle avait repris sa place dans la compétition planétaire entre les économies avancées.

Le pétrole n'était pourtant pas le seul enjeu. Les adversaires politiques de Bush sous-estimèrent largement la menace irakienne de produire — et utiliser — des armes nucléaires et

chimiques. Par le passé, Saddam Hussein était déjà presque
parvenu à construire une installation susceptible de doter l'Irak
d'un armement nucléaire, mais celle-ci fut détruite le 7 juin 1981
par une attaque « chirurgicale » des F15 et F16 israéliens après
que ceux-ci eurent traversé l'espace aérien syrien et jordanien.
Les plans irakiens s'en trouvèrent retardés de près de dix ans.
(Un des bénéficiaires inattendus de ce raid fut l'Iran qui, si
Saddam Hussein en avait eu la possibilité, eût risqué de subir
les ravages du feu nucléaire lors de sa guerre avec Bagdad.) Dans
le reste du monde, de nombreux pays s'empressèrent à l'époque
de condamner l'opération unilatérale des Israéliens — tout en
poussant en secret de profonds soupirs de soulagement. Mais,
en 1990, c'était le monde entier que Saddam Hussein mettait au
défi de frapper à nouveau...

La crise du Golfe fournit un parfait exemple d'une utilisation
totale de la triade de pouvoirs — violence, richesse, savoir — à
l'échelle planétaire. Contre le Koweït, Saddam Hussein a employé
la violence ; les États-Unis et l'ONU ont infligé à l'Irak de
lourdes sanctions économiques ; et les deux camps ont mené
une guerre pour la conquête des esprits. Se sachant plus faible
dans les domaines militaire et économique, Saddam Hussen a
recouru massivement à l'« arme psycho-intellectuelle » — images,
symboles, idéologie, religion. Il a caressé devant les caméras de
télévision les têtes d'enfants otages, il a appelé à la guerre sainte
contre l'Occident, il a joué sur des ressentiments de classe, il a
invoqué le nationalisme pan-arabe.

Cette crise du Moyen-Orient a rendu plus urgente que jamais
la formulation d'une stratégie américaine d'ensemble pour le
monde d'après guerre froide.

Il est possible qu'à long terme, cette stratégie entraîne le retrait
de presque toutes les forces américaines du Vieux Continent ;
mais on a beaucoup moins évoqué jusqu'ici l'éventualité de leur
redéploiement non seulement au Moyen-Orient, mais aussi dans
le Pacifique — orientation que pourraient justifier les nouveaux
aspects de la situation : profondes incertitudes sur l'avenir de la
Chine, réarmement du Japon, guerre civile aux Philippines —
sans compter que l'intérêt soviétique pour toutes ces régions ne
se relâche guère. Le passage d'une « stratégie européenne » à une
« stratégie du Pacifique » favoriserait la marine et l'aviation au
détriment des forces terrestres, dont le sort était principalement
lié à la défense de l'Europe occidentale. Sans qu'ils l'avouent
publiquement, un tel redéploiement serait plutôt bien accueilli
par nombre de pays voisins du Japon, que sa puissance commence
à inquiéter.

Ni en leur propre nom, ni au nom de qui que ce soit d'autre, les États-Unis ne peuvent certes assurer la police de l'ensemble d'un monde aussi agité et dangereux que le nôtre. Cependant, leur exceptionnelle puissance permet de penser qu'ils seraient en mesure, conjointement à d'autres pays ou à des organisations internationales, d'étouffer à temps des conflits régionaux menaçants pour la paix générale. Dans les périlleuses décennies qui nous attendent, beaucoup d'autres pays pourraient souhaiter la présence active d'une telle force de police — et pas seulement au Moyen-Orient.

Jumeaux en déclin

L'élaboration d'une nouvelle stratégie remodèlera aussi l'économie, autre élément de la triade de pouvoirs. En dépouillant les forces armées de leurs structures massives, correspondant à l'ère de la Deuxième Vague, et en créant un instrument militaire adapté à la Troisième Vague, reposant sur la mobilité, la vitesse et un grand rayon d'action — ce qui reviendrait à réaliser dans ce domaine l'équivalent de la miniaturisation —, il serait possible d'insuffler à l'économie une énergie nouvelle.

Au contraire, des réductions budgétaires isolées, effectuées sous les pressions à courte vue du Congrès, risqueraient de compromettre des recherches et des projets essentiels, et de ralentir les progrès technologiques de l'économie dans son ensemble, lesquels ont bénéficié jusqu'ici des contrats passés par le Pentagone.

Par ailleurs, les mêmes retraits de troupes américaines qui devraient amener l'Europe à doubler ses propres dépenses militaires, pourraient du même coup contribuer à diminuer le déficit budgétaire américain et réduire la dépendance du pays envers les financiers japonais. Il s'ensuivrait, au moins temporairement, un certain volume de chômage, mais aussi une baisse des taux d'intérêt et un accroissement des investissements.

Rien ne garantit que les fonds fédéraux ainsi libérés seraient nécessairement consacrés à des mesures de rénovation sociale pourtant depuis longtemps nécessaires ; mais une partie du moins irait à l'éducation, aux soins médicaux à domicile, à la formation professionnelle, entre autres usages qui, intelligemment coordonnés, pourraient laisser entrevoir à la prochaine génération une amélioration de son sort.

On a entendu bien des grincements de dents, bien des lamentations à propos du relatif déclin économique des États-

Unis — lequel est en réalité la contrepartie de la réussite des efforts accomplis par le pays, après la guerre, pour remettre sur pied le Japon et l'Europe. En fait, malgré maintes assertions erronées, les États-Unis représentent encore à peu près la même part du produit mondial brut qu'il y a quinze ans.

(Cet indicateur a montré un énorme affaissement au moment où les économies européenne et japonaise ébranlées ont refait surface. Depuis les années soixante-dix, il reste à peu près stable en ce qui concerne les États-Unis.)

Mais la production n'est plus l'indicateur premier pour évaluer la santé d'une économie. Dans les services et l'information, qui représentent les secteurs clés des économies supersymboliques, les États-Unis surpassent à la fois l'Europe et le Japon ; c'est pourquoi le chômage y est un problème moins persistant qu'en Europe.

Le déséquilibre de la balance commerciale, qui pendant un temps a semé la panique à Washington, doit être revu à la lumière de l'avènement de cette nouvelle économie. Tout d'abord, il est faux de croire que les exportations américaines aient baissé. Dans les années quatre-vingt, elles ont même progressé de 61 %, mais, durant la même période, les importations ont augmenté une fois et demie plus vite. Les exportations en direction du Japon ont progressé de 114 %, mais les importations en provenance de ce pays ont fait un bond de plus de 200 %. Cette disparité a aujourd'hui tendance à se réduire mais, en tout état de cause, une économie qui accorde de plus en plus d'importance aux services peut être tout à fait saine, même si nombre de ses nouveaux produits ne sont pas exportables — les soins médicaux ou l'éducation, par exemple.

Bien que l'Amérique se soit longtemps inquiétée de ces « déficits jumeaux », elle doit faire face à des problèmes plus graves : l'obsolescence des institutions, l'instabilité sociale qui érode la société américaine et menace de déchirer familles, communautés, groupes ethniques, ainsi que la propagation de la drogue dans une société dont les membres sont si interdépendants et se reposent tant sur l'État.

L'impact Woody Allen

Le système du savoir ou info-sphère est donc à long terme infiniment plus important pour les États-Unis que la production de masse.

Un simple regard sur ce troisième élément de la triade du

pouvoir contredit immédiatement tous ceux qui balaieraient d'un revers de main l'immense pouvoir résiduel des États-Unis : obnubilés par les armes et l'argent, ils ignorent ou sous-estiment le rôle du savoir dans la puissance des pays.

En fait, les États-Unis bénéficient d'un énorme avantage : leur langue. L'anglais est la langue internationale dans la recherche scientifique, le commerce, l'aviation et bien d'autres domaines. Jusqu'à ce que la traduction assistée par ordinateur rende les langues transparentes l'une à l'autre, le fait que des millions d'êtres humains comprennent au moins partiellement l'anglais donne aux idées, aux modes, aux inventions et aux produits américains une formidable audience dans le monde entier.

L'Amérique dispose d'un autre atout de taille : ses énormes acquis scientifiques et technologiques. On a beaucoup parlé de la baisse du nombre de brevets déposés par les États-Unis, entre autres signes d'un déclin en ce domaine. Après la deuxième guerre mondiale, les États-Unis étaient le *seul* État industriel majeur à pouvoir engager des recherches scientifiques et techniques à grande échelle. Compte tenu de ces circonstances, il n'était guère concevable que ce pays puisse continuer à détenir longtemps le même pourcentage de brevets.

Aujourd'hui, les États-Unis ont donc perdu leur monopole, mais leur base scientifique reste toujours bien supérieure à celle de ses rivaux. Selon la National Science Foundation, les départements publics et privés de recherche et développement gèrent un budget d'environ 120 milliards de dollars par an, soit trois fois celui que le Japon consacre au même domaine, et plus que ceux du Japon, de l'Allemagne, de la France et de la Grande-Bretagne réunis.

Le budget des entreprises privées consacré à la recherche et au développement est légèrement inférieur à 70 milliards de dollars ; le reste vient du Pentagone, dont une grande part, au demeurant, en dépit des critiques arguant du contraire, est destinée à l'économie civile. (D'après Samuel Fuller, chef du département de la recherche de Digital Equipment, de nombreux produits tels qu'ordinateurs personnels ou stations de travail sont issus d'études financées par l'Agence des projets de recherche avancée sur la défense.)

Les États-Unis abritent toujours deux fois plus de chercheurs en activité et d'ingénieurs que le Japon, bien que ce chiffre tende à monter en flèche au Japon où les scientifiques — non compris les universitaires — sont également plus jeunes.

Mais, en soi, l'immensité de l'effort américain n'est pas garante de qualité. En outre, l'amputation des budgets de la Défense et des entreprises, qui s'orientent de plus en plus vers des recherches destinées à améliorer la production, dessine une tendance plutôt défavorable. Néanmoins, malgré la concurrence, l'avance des États-Unis dans les secteurs de la haute technologie est toujours significative.

Les progrès japonais en informatique et dans la fabrication de puces de mémoire est spectaculaire, et trois firmes — Fujitsu, NEC et Hitachi — ont accompli des progrès phénoménaux. Aujourd'hui, Fujitsu talonne Digital Equipment, deuxième entreprise mondiale dans le secteur informatique ; NEC et Hitachi ne sont pas loin derrière. Les Japonais contrôlent 50 % du marché des composants électroniques pour l'informatique et une part inouïe — 85 % ! — du marché des puces de mémoire.

Pourtant, si l'on se borne aux ordinateurs en tant que tels, les Américains détiennent toujours 69 % du marché mondial, les 31 % restants se partageant principalement entre l'Europe et le Japon. Les États-Unis fournissent 62 % des ordinateurs individuels produits dans le monde.

En 1988, sur les vingt plus grandes entreprises informatiques, dix étaient américaines, six européennes et quatre japonaises. A elle seule, IBM représentait plus du double des trois plus grandes entreprises japonaises. Digital Equipment équivalait aux trois plus grandes sociétés européennes. Dans le domaine de plus en plus important des services informatiques, neuf des plus grandes entreprises mondiales sont américaines, et la dixième européenne. La part du Japon dans les services informatiques ne représentait que 10,6 % en 1988, et elle tend à se réduire au fur et à mesure que la part américaine s'accroît.

Il est également vrai que les progrès du Japon sont remarquables dans la fabrication des superordinateurs, domaine où les entreprises américaines sont elles-mêmes en difficulté. Mais, de nouveau, la domination du Japon s'exerce au niveau du hardware (la machine elle-même), alors que les États-Unis gardent la tête pour les systèmes d'exploitation et les logiciels. La course n'est pas terminée.

Dans le domaine des modules de mémoire, la production de masse au Japon a porté un coup sévère à la concurrence américaine. Mais IBM a été la première à annoncer la sortie d'une puce d'une capacité de 16 millions de bits, autrement dit quatre fois plus importante que les mémoires les plus avancées, bien plus que les capacités actuelles du Japon. En outre, la tendance générale ne va pas tant vers une production de masse que vers une spécialisation dans le cadre de laquelle les programmes et logiciels performants — point faible du Japon —

revêtent une importance de plus en plus grande. Dans le seul domaine des logiciels, sur un marché mondial de 50 milliards de dollars en croissance exponentielle, les États-Unis entrent pour 70 %.

Nous ne pouvons nous étendre ici sur d'autres domaines, comme la supraconductivité, les télécommunications, les nouveaux matériaux ou les biotechnologies, mais il est encore beaucoup trop tôt pour juger de leurs répercussions sur l'issue de la compétition scientifique et technique.

Au surplus, au fil du temps, le plus important, dans cette course, n'est pas tant l'état de la situation à un moment donné que la rapidité avec laquelle la science peut se renouveler, l'efficacité du système de communication qui transmet les savoir-faire à ceux qui en ont besoin, et la capacité du pays à absorber les nouvelles idées en provenance du reste du monde. Ce n'est pas l'acquis qui compte, mais le mouvement.

Le plus grand fléau aux États-Unis est sans doute son système d'enseignement « usinier » ravagé par la drogue et la violence. Mais le système éducatif est également perturbé, hélas, en dehors des États-Unis, surtout dans les grandes agglomérations. Existe-t-il de bonnes écoles à Brixton, à Bijlmermeer, à Berlin ? La crise de l'enseignement n'est pas une exclusivité américaine.

Ce qui confère malgré tout un avantage aux institutions d'enseignement des États-Unis, c'est qu'elles sont moins centralisées que les écoles européennes ou japonaises, donc moins sujettes aux diktats ministériels. Aussi sont-elles — virtuellement au moins — plus ouvertes aux innovations et aux expériences.

Malheureusement, le monde des affaires et celui de la recherche scientifique réclament de plus en plus de maths et de sciences, de plus en plus de connaissances spécialisées, de plus en plus de diplômes. On sera sans doute étonné d'apprendre que les progrès technologiques du Japon entre 1975 et 1988 coïncident en fait avec une très faible augmentation des diplômes d'ingénieurs et des doctorats scientifiques dans ce pays.

Pourtant, malgré le gâchis de son système éducatif, l'Amérique dispose d'un pouvoir mondial : son énorme influence culturelle sur le reste de la planète. Il ne s'agit pas ici de porter un jugement de qualité — question qui peut certes susciter un débat passionnant —, il s'agit simplement de constater que la culture américaine, sous une forme ou sous une autre, se transmet bien par-delà les frontières. Ainsi, on traduit plus de livres américains dans des langues étrangères que l'inverse. D'un certain point de vue, cet état de chose est regrettable, car cela prive les Américains d'une précieuse source d'idées et de points de vue, tout en reflétant l'hégémonie de l'Amérique dans les échanges culturels.

Pour le meilleur ou pour le pire, dans le monde entier, les masses n'aspirent qu'à adopter des attitudes, des styles de vie, des modes et des innovations occidentales, et principalement américaines. On a souvent dit que cette attirance pour l'Amérique résulte surtout de la multitude de ses composantes ethniques — nourries par la judaïcité d'un Woody Allen, la négritude d'un Bill Cosby, l'italianité de personnages comme Colombo ou le réalisateur Martin Scorsese, du caractère japonais de Pat Morita, le héros du *Karaté Kid*, cubain de Desi Arnaz, ou purement « visage pâle » de Clint Eastwood.

Plus encore que la puissance économique ou militaire des États-Unis, c'est l'influence de toutes leurs images, ainsi que la fécondité de leurs recherches scientifique et technologique qui constituent des menaces pour les « durs » de Pékin ou les ayatollahs de Téhéran. Les productions et émissions télévisées américaines sont les plus regardées dans le monde. Aucune autre grande puissance ne fait figure de concurrent digne de ce nom dans cette course.

En résumé, les États-Unis demeurent une riche source d'innovation dans les domaines de la science, de la technologie, des affaires, de l'art, de l'imagerie, du savoir au sens large du mot. Cet avantage s'amenuisera peut-être dans les décennies à venir, mais les autres nations auront plus de mal à se défendre contre cette avance culturelle qu'à se construire un nouvel arsenal ou à intégrer leurs économies.

Cette revue de la triade de pouvoirs nous montre que, en dépit de sérieux problèmes, l'Amérique est loin d'être un tigre de papier. Dans les prochaines décennies, elle sera secouée par des luttes sociales, raciales et sexuelles au rythme des transferts de pouvoir qui se produiront à l'intérieur et hors de ses frontières. Mais les troubles internes de l'Amérique ne seront en aucun cas comparables aux révolutions auxquelles on peut s'attendre en Europe, le moins stable des trois partenaires engagés dans la course au pouvoir mondial. Le Japon n'échappera pas davantage aux conflits politiques et sociaux dans un monde ébranlé jusqu'en son cœur.

Des assertions aussi rapides ont forcément un aspect impressionniste et l'on est en droit de les discuter point par point. Pourtant, prises dans leur ensemble, elles tendent à nous montrer que les États-Unis sont le plus équilibré des trois grands centres capitalistes du monde, et qu'ils conservent la prééminence en ce qui concerne l'élément le plus important de la triade de pouvoirs : le savoir.

Un choix de partenaires

La plupart des prévisions émises sur l'évolution du pouvoir planétaire se fondent sur des hypothèses simplistes et sur une fausse définition du pouvoir. La théorie en vogue de Paul Kennedy, auteur de *The Rise and Fall of the Great Powers*, par exemple, qui met l'accent sur un possible déclin américain, ne mesure le pouvoir qu'en termes de richesse et de capacités militaires. Kennedy ne fait qu'une allusion, en le sous-estimant, à l'impact de l'idéologie, de la religion et de la culture, qui devient pourtant plus déterminant que jamais. Il néglige pratiquement le rôle du savoir — alors qu'il est devenu dominant dans la richesse économique et la force militaire. Car c'est là que réside de nos jours le vrai centre du pouvoir.

En outre, comme nous l'avons déjà vu, le pouvoir n'est pas seulement une affaire de quantité, mais de qualité, et la puissance d'une nation est fonction de ses propres objectifs, et non pas seulement la puissance comparée des autres. Ce qui pourrait passer pour la réponse adéquate à un objectif donné, reflétant un certain type de valeurs, peut se révéler totalement inadapté à d'autres cas.

Contrairement à l'Europe qui se concentre sur une vision régionale, et au Japon qui hésite entre une politique régionale et une politique mondiale, les États-Unis sont en quête d'un rôle planétaire. Après avoir dirigé une coalition internationale pendant un demi-siècle, l'Amérique peut difficilement réduire ses ambitions à une seule région. Mais ce n'est pas seulement pour des facteurs psychologiques. L'économie américaine est intrinsèquement liée à l'économie du reste du monde et dépend d'une telle variété de relations que, si elle venait soudain à être coupée d'une partie importante de cette économie mondiale, les conséquences en seraient désastreuses. Aucun leader politique américain ne prendrait une telle responsabilité.

Cela risque d'être aussi vrai pour le Japon — et peut-être également pour l'Europe. Ainsi, toute menace sérieuse de retour au protectionnisme — pour mettre fin à une crise économique, par exemple — déstabiliserait totalement les relations entre les trois grands centres capitalistes. N'oublions pas enfin que trois est un nombre instable par essence, et que les trios ont souvent tendance à se décomposer en deux et un.

Bien sûr, nombre de pays et de régions luttent déjà pour se tailler une place dans le système de pouvoir du XXIᵉ siècle. Nous verrons émerger d'étranges alliances, des stratégies inattendues. Des pays relégués depuis longtemps aux dernières pages de l'Histoire s'avanceront sur le devant de la scène. Mais, d'ores et déjà, on voit les responsables européens se rapprocher de Washington dans l'intention de créer de nouvelles formes d'alliances qui ne seraient plus dirigées contre Moscou.

Certaines propositions sont limitées à des domaines spécifiques comme la télévision haute définition ou la technologie en général. Mais les États ont à l'esprit des ambitions plus larges. Le quotidien allemand *Die Stuttgarter Zeitung* traduit une idée répandue en disant que « des liens plus resserrés entre l'Europe et les États-Unis bénéficieraient à tous [...] et permettraient d'élaborer une politique conjointe [...] face à la concurrence du Japon ».

Mais si les stratégies américaines à long terme restaient non réceptives à ces propositions et permettaient à l'Histoire d'évoluer vers une alliance tacite — et vers un partage économique du monde — entre le Japon et une Europe germanisée ? Des sociétés japonaises comme JVC essaient déjà de déplacer leurs sièges sociaux européens à Berlin. Mitsubishi a des liens avec Messerschmitt.

Même s'ils s'intègrent à un marché commun nord-américain, les États-Unis ne pourraient survivre longtemps à une telle pression, qui risquerait vite d'engendrer une catastrophe de l'ampleur d'un troisième conflit mondial.

A l'inverse, une alliance américano-japonaise revigorée pourrait avoir de tout autres conséquences.

Les relations entre les États-Unis et le Japon n'ont jamais été si mal en point depuis la deuxième guerre mondiale. En fait, le fossé entre les deux pays ne pourrait guère s'élargir davantage sans que jaillissent de périlleuses étincelles. A Tokyo comme à Washington, de dangereux *jingos*, en quête de succès électoraux ou d'argent facile, jouent délibérément de passions inquiétantes.

En envisageant un avenir où les États-Unis occuperaient à nouveau le Japon pour empêcher la vente de modules électroniques avancés à l'Union soviétique, Shintaro Ishihara, ancien membre du gouvernement, estime donc une guerre possible et se fait ainsi l'écho d'une pensée qui, pour être incroyable, n'est pourtant pas loin de se faire jour dans les esprits de l'un et l'autre pays. Comme ses homologues américains qui imaginent des missiles japonais et américains pointés les uns sur les autres, il devrait se remémorer que celui qui chevauche le tigre ne peut plus descendre en marche.

Dans un monde en plein bouleversement, jalonné en permanence d'imprévus, on ne saurait écarter aucune éventualité. Mais même les risques les plus ténus devraient donner des frissons d'horreur à ceux qui sont las de la superpuissance américaine ou de la compétition américano-japonaise. Un tel conflit plongerait le monde entier dans un cauchemar dont il aurait probablement à souffrir pour les siècles à venir.

L'hostilité croissante entre ces deux puissances du Pacifique risquerait encore de s'exacerber si l'Europe prenait des mesures protectionnistes, forçant ainsi le reste du monde à une concurrence de plus en plus effrénée. C'est pourquoi l'idée d'une « forteresse européenne » fermée au monde extérieur équivaudrait à une menace de mort pour la paix mondiale.

Dans une situation aussi explosive, l'Amérique peut se faire désirer puis accepter de servir de « carte » d'appoint à l'Europe ou au Japon dans la compétition qui les oppose. Elle pourrait également s'interposer comme médiateur. A moins qu'elle ne forge une alliance pour dominer elle-même les premières décennies du XXIe siècle. Mais avec qui ?

C'est là que l'analyse de la triade de pouvoirs est la plus révélatrice. Car si nous sommes à même d'estimer l'impact de la violence, de la richesse et du savoir, il devient possible d'en cerner les conséquences en termes de pouvoir sur une combinaison ou une autre.

Par exemple, une alliance américano-européenne réunirait une énorme puissance militaire (une sorte de super-OTAN). L'ensemble formerait un marché gigantesque et créerait une immense richesse (essentiellement fondée, cependant, sur la production). Elle permettrait de réunir le savoir et la technologie américains avec ceux de l'Europe et déboucherait sur un énorme pouvoir culturel. Les anciens liens culturels et ethniques rendraient une telle alliance presque naturelle.

Dirigée contre le Japon, elle réveillerait les souvenirs des années trente et inciterait le Japon à se réarmer, à placer des faucons à la tête de son gouvernement et à se tourner vers certains pays en voie de développement pour trouver des débouchés — de moins bonne qualité, il est vrai — pour ses propres produits et capitaux. Militairement, elle pourrait conduire à un accord soviéto-japonais, voire à une nouvelle forme d'aventure chinoise. Écarter le Japon de l'Europe — à supposer que cela soit concevable —, voire des États-Unis, reviendrait à poser une bombe à retardement planétaire.

Une réflexion à froid nous révèle également qu'une alliance *de facto* entre le Japon et les États-Unis, en dépit des tensions actuelles entre les deux pays, déboucherait sur une situation radicalement différente. Cette éventualité ne doit pas être négligée dans un monde où l'opinion publique peut tourner du jour au lendemain et où les États-Unis sont conduits à apporter leur soutien à Gorbatchev.

Si paradoxale qu'elle puisse paraître, une alliance américano-japonaise destinée à équilibrer le pouvoir de l'Europe rassemblerait le premier et le troisième budgets militaires de la planète, les deux économies les plus florissantes, les bases scientifiques et techniques qui connaissent l'évolution la plus accélérée. Une telle combinaison pourrait former un duo stratégique ou un condominium englobant les deux puissances économiques à l'essor le plus rapide — les deux grands États du Pacifique opposés au Vieux Monde européen.

Un autre facteur, peu rassurant, différencie ces deux types d'alliances entre lesquelles l'Amérique pourrait bien se trouver déchirée. On en parle si peu à Washington, Tokyo ou dans les capitales européennes que les stratégies des nations les plus riches et les plus puissantes ont tendance à l'oublier. Pourtant, à long terme, ce facteur pourrait peser extrêmement lourd dans le concert des nations.

Toute alliance entre l'Europe et les États-Unis — sans le Japon — équivaudrait en fait à une coalition monoraciale dans un monde où la race blanche est de plus en plus minoritaire. Au contraire, une alliance américano-japonaise, malgré le racisme propre à ces deux pays, apparaîtrait comme une coalition interraciale. Cet aspect ne pourrait avoir qu'une influence profonde sur le reste du monde.

L'Histoire ne file pas sur des rails bien tracés vers un avenir déterminé d'avance. A l'ère des Nouveaux Pouvoirs, propice aux renversements révolutionnaires, toute permutation de pouvoirs est possible. L'Europe s'inquiète déjà de la pression islamique au sud. La Chine n'est pas à l'abri d'une guerre civile. Bien d'autres scénarios explosifs sont envisageables. Il est certain que le reste du monde ne resterait pas inactif en voyant l'Europe, le Japon et les États-Unis se partager le gâteau. Pourtant, les stratèges de Washington, Tokyo, Bruxelles et Berlin risquent fort d'avoir bientôt à choisir leur camp dans cette grande compétition triadique pour le pouvoir planétaire.

La décision que prendra Washington (sciemment ou non) déterminera l'avenir du reste de la planète, de la Chine à l'URSS, en passant par le Moyen-Orient, l'Afrique et l'Amérique du Sud.

Que conclure sur cette lutte intercapitaliste pour le pouvoir mondial ? Lequel des trois grands protagonistes triomphera dans le prochain grand transfert de pouvoirs de l'Histoire ?

La réponse, ainsi que nous allons le voir au chapitre suivant, est que nous nous posons la mauvaise question.

CHAPITRE XXXIV

Les gladiateurs du monde

Se demander quelle nation dominera le monde au XXIᵉ siècle est certes un jeu passionnant, mais, en fait, il s'agit d'une mauvaise question — ou du moins d'une question mal posée — car elle néglige ce qui pourrait être le bouleversement le plus important depuis la formation de l'État-nation : l'avènement des « gladiateurs du monde ».

Un nouveau groupe émerge et part en effet à l'assaut d'éléments de pouvoir autrefois entre les mains des seuls États-nations. Certains sont positifs, d'autres franchement néfastes.

Le retour de la religion

Quand un ayatollah Khomeiny assoiffé de sang appela au meurtre de Salman Rushdie, dont il considérait le roman *les Versets sataniques* comme un blasphème, il envoya un message à tous les gouvernements, message immédiatement transmis par les satellites, la télévision et la presse. Pourtant, rien ne fut plus mal compris.

On peut effectivement arguer, comme Khomeiny, que l'ouvrage de Rushdie était de mauvais goût, qu'il offensait nombre de musulmans, insultait une religion entière, violait le Coran, mais ce n'était pas là le véritable sens de son message.

Khomeiny annonçait que les États-nations n'étaient plus les seuls ni même les principaux acteurs sur la scène mondiale.

Extérieurement, il semblait affirmer que l'Iran, État souverain, avait le « droit » de déterminer ce que les citoyens d'autres États souverains avaient le droit de lire ou de ne pas lire. En revendiquant ce droit et en brandissant la menace terroriste pour le faire appliquer, il catapultait la censure, qui avait toujours été une affaire intérieure, au rang de mesure mondiale.

Dans un monde où l'économie et les médias revêtent une dimension planétaire, il exigeait ainsi également la planétarisation du contrôle des esprits.

En d'autres temps, certaines religions avaient déjà revendiqué un droit similaire, quitte à brûler les hérétiques pour le mettre en œuvre. Mais en proférant des menaces d'assassinat par-delà les frontières, Khomeiny ne se contentait pas de s'en prendre à un citoyen britannique, il défiait le droit le plus fondamental de tout État-nation, celui de protéger ses ressortissants.

En fait, il disait que les États « souverains » n'étaient pas souverains du tout, mais soumis à une souveraineté supérieure d'obédience chiite que lui seul définirait, et il affirmait ainsi que la religion ou une Église avaient des pouvoirs supérieurs à ceux d'un État-nation.

En fait, il remettait en cause toute la structure des lois et coutumes internationales « modernes », qui, jusque-là, reposaient sur le postulat que les nations constituaient les unités de base, les protagonistes clés de la scène internationale. Cette hypothèse reflétait une planète clairement divisée en États, chacun doté de son propre drapeau et de sa propre armée, d'un territoire précis, d'un siège aux Nations unies et de droits rationnellement définis.

Ce n'est pas un hasard si Khomeiny est apparu au reste du monde comme marquant un cruel retour en arrière vers une ère préindustrielle ; tel était effectivement le cas. Faire passer les droits de la religion avant ceux des États-nations rappelait la doctrine des papes médiévaux à l'heure des sanglantes guerres de religion.

Ce phénomène est très important, car nous pourrions bien en revenir au système en vigueur avant l'industrialisation, lorsque le pouvoir politique n'était pas encore réparti entre des entités nationales clairement définies.

La société pré-usinière était un méli-mélo d'États-cités, de ports aux mains de pirates, de principautés féodales, de mouvements religieux et d'autres entités qui se disputaient le pouvoir et revendiquaient des droits qui, aujourd'hui, n'appartiennent qu'aux gouvernements. Ce que nous pourrions appeler nation, dans l'acception actuelle du mot, était fort rare. En fait, le système était on ne peut plus hétérogène.

Le système d'États-nations, qui s'est forgé durant les siècles de la société usinière, est au contraire beaucoup plus normalisé et cohérent.

A nouveau, nous en revenons à un système planétaire plus hétérogène, dans un monde mouvant de haute technologie, de communication instantanée, de missiles nucléaires et d'armes chimiques. C'est un saut immense qui nous entraîne simultanément en avant et en arrière, et qui propulse de nouveau les religions au centre de la scène mondiale. Mais cela ne concerne pas seulement le fondamentalisme islamique.

La puissance mondiale croissante de l'Église catholique suit une tout autre évolution. La diplomatie vaticane a joué un rôle majeur dans les récents changements politiques, des Philippines jusqu'au Panama. En Pologne, où elle s'est gagné l'admiration populaire en s'opposant farouchement au régime communiste, l'Église constitue aujourd'hui une force importante qui soutient le premier gouvernement non communiste du pays. Les diplomates du Vatican estiment que les bouleversements intervenus en Europe de l'Est ont été dus dans une large mesure aux initiatives de Jean-Paul II.

Le pape n'est pas un fanatique. Il tend la main aux autres religions et s'élève contre la violence raciale. Pourtant, son appel en faveur d'une « Europe chrétienne » et ses critiques réitérées des démocraties occidentales nous renvoient des échos de siècles passés.

La politique vaticane remet à l'esprit un document oublié depuis longtemps, qui circulait dans les capitales européennes en 1918, appelant à la création d'un super-État catholique formé de la Bavière, de la Hongrie, de l'Autriche, de la Croatie, de la Bohême, de la Slovaquie et de la Pologne. Cette Europe chrétienne (sans doute pas exclusivement catholique) embrasserait aujourd'hui l'ensemble de l'Europe, de l'Oural à l'Atlantique, soit une population de près de sept cents millions d'habitants.

De tels empiétements de la religion violent les principes séculaires qui sous-tendent les règles de la démocratie dans le monde industriel et qui mettent une distance respectable entre l'Église et l'État. (Si l'Europe devient chrétienne et non plus laïque, quelle y sera la place des non-croyants, des hindous ou des juifs, voire des onze millions d'immigrés musulmans qu'on a attirés en Europe pour obtenir une main-d'œuvre à bon marché au cours des dernières décennies ? Au demeurant, d'après le directeur de l'Institut du monde arabe de Paris, certains fondamentalistes musulmans rêvent même de faire de la capitale française, d'ici quelques années, « la capitale de l'islam, comme l'étaient autrefois Bagdad ou Le Caire ».)

On ne peut analyser l'émergence des pouvoirs planétaires dans les années à venir sans prendre en compte la montée de l'islam, du catholicisme et des autres religions — ni les conflits et guerres saintes qui s'ensuivront.

L'empire de la cocaïne

Les religions ne sont pas la seule force à défier le pouvoir des États-nations. Dans son analyse du commerce mondial des stupéfiants, James Mills écrit : « Aujourd'hui, l'Empire souterrain dispose de plus de pouvoir, de richesses et de prestige que nombre de pays. Il n'a pas de drapeau aux Nations unies, mais il y possède une armée, des agences de renseignement et des services diplomatiques beaucoup plus puissants que ceux de nombreux pays. »

Qu'un cartel de la drogue ait pu terroriser et paralyser le gouvernement colombien pendant des années après avoir complètement bouleversé l'équilibre économique du pays montre assez que des groupes hors la loi — même étrangers au trafic de drogue — pourraient fort bien en faire autant d'ici peu.

On peut mesurer la menace représentée par ce cartel à l'aune des services de sécurité déployés autour du président Bush et des dirigeants du Pérou, de la Bolivie et de la Colombie lors de la réunion dite « sommet de la drogue de Carthagène ». Les Colombiens n'hésitèrent pas à fournir des escadrons de chasseurs, une flotte de navires de guerre, des unités d'hommes-grenouilles et des brigades antiterroristes, ainsi que des milliers de soldats. Cette force n'était pas dirigée contre une nation ennemie, mais contre un clan familial !

Trop bureaucratiques, trop lents à réagir, les gouvernements ont de plus en plus de mal à lutter avec ces nouveaux acteurs de la scène internationale. Ils sont imbriqués dans de multiples relations internationales qui exigent consultations et accords avec leurs alliés, et doivent affronter tant de groupes d'intérêts à l'intérieur qu'ils ne disposent jamais du temps nécessaire pour riposter aux initiatives des barons de la drogue, des fanatiques religieux ou des terroristes.

Bien des « gladiateurs mondiaux », guérilleros et cartels de la drogue en particulier, disposent au contraire de structures non bureaucratiques, voire prébureaucratiques. Un seul leader charismatique peut agir rapidement, avec des effets aussi terrifiants que désastreux. Parfois, on a même du mal à savoir qui est le véritable leader. Les gouvernements ont tendance à fuir des conflits aussi complexes. Avec qui pourrait-on signer un accord ? Et s'il était possible de le déterminer, comment s'assurer qu'il

serait vraiment respecté ? Les gouvernements pourront-ils récupérer les otages, endiguer le flot de la drogue, prévenir les
attaques terroristes ou les actes de piraterie ?

Les quelques lois internationales qui ont contenu l'anarchie
par le passé sont tout à fait incapables de traiter ces nouvelles
réalités planétaires.

Dans un univers truffé de satellites, de lasers, d'ordinateurs,
d'armes miniaturisées et ultraprécises, de virus susceptibles de
s'attaquer directement au cœur du système informatique, les
nations telles que nous les connaissons risquent aussi de se
retrouver parfois confrontées à de puissants adversaires aux
capacités un million de fois supérieures aux leurs.

L'« oppresseur » dispersé

Tout comme les nations sont incapables de lutter contre le
terrorisme ou le fanatisme religieux, elles ont de plus en plus de
mal à contrôler les grandes entreprises qui ont tout loisir de
transférer des fonds, des filiales, des employés et leur pollution
d'un pays à l'autre.

La libéralisation des marchés financiers a favorisé l'émergence
et le développement de six cents mégasociétés qu'on appelait
autrefois des « multinationales » et qui représentent actuellement
un cinquième de toute la valeur ajoutée de la production agricole
et industrielle du monde. Mais le terme « multinationale » est
aujourd'hui obsolète. Les mégasociétés sont essentiellement apa-
trides.

Jusqu'à un passé récent, les multinationales « appartenaient »
à un pays ou à un autre, même si elles opéraient dans le monde
entier. IBM était de toute évidence une compagnie américaine.
A l'ère du nouveau système de création de la richesse, avec les
sociétés de divers pays liées en « pools » ou « consortiums », il
devient de plus en plus malaisé de déterminer la nationalité
d'une entreprise. Par bien des aspects, IBM-Japon est une société
japonaise. Ford possède 25 % des parts de Mazda. Honda
construit des voitures aux États-Unis et les exporte au Japon.
General Motors est le plus gros actionnaire d'Isuzu. Le consultant
en management Kenichi Ohmae affirme : « Il est difficile de
déterminer la nationalité de [...] toute entreprise planétaire.
Toutes brandissent le drapeau de leurs clients, non celui de leur
pays d'origine. »

Quelle est la « nationalité » de Visa International ? Son siège
social est situé aux États-Unis, mais elle appartient à vingt et un

mille institutions financières dispersées dans cent quatre-vingt-sept pays et territoires. Son conseil d'administration et ses conseils régionaux sont organisés de telle façon qu'aucune nation ne puisse jamais détenir cinquante et un pour cent des voix.

Avec les fusions, prises de contrôle, augmentations de capital au niveau international, l'appartenance d'une société peut en principe passer d'un pays à l'autre du jour au lendemain. Les grandes sociétés sont donc de plus en plus a-nationales ou transnationales, elles puisent leurs capitaux et leurs dirigeants en divers pays, créant des emplois et distribuant leurs bénéfices dans un aussi grand nombre de nations.

De tels bouleversements nous obligent à repenser des concepts chargés de significations passionnelles tels que nationalisme économique, néocolonialisme ou impérialisme. Par exemple, les habitants d'Amérique latine sont persuadés que l'impérialisme yankee tire ses « superprofits » de leurs pays. Mais si les « superprofits » tirés d'une opération au Mexique doivent être répartis entre divers investisseurs dispersés au Japon, en Europe occidentale, et, disons, au Brésil (voire peut-être un jour en Chine), qui sera le néocolonialiste ?

Que se passe-t-il lorsqu'une entreprise a son siège social à Macao, ou Curaçao, que ses actions se répartissent entre cent mille actionnaires mouvants d'une dizaine de pays et qu'elles s'échangent sur une demi-douzaine de places boursières, de Bombay à Sydney, de Paris à Hong Kong ? Et lorsque les investisseurs institutionnels sont eux-mêmes transnationaux ? Lorsque les directeurs proviennent du monde entier ? Qui est alors l'« oppresseur impérialiste » ?

A la faveur de cette perte d'identité nationale, ce sont toutes les relations entre les entreprises mondiales et les gouvernements qui se trouvent bouleversées. Auparavant, les dirigeants des pays auxquels appartenaient ces entreprises promouvaient leurs intérêts dans l'économie mondiale, exerçaient des pressions diplomatiques pour servir leurs fins, agitaient souvent la menace (ou la réalité) d'une action militaire afin de protéger au besoin leurs investissements et leur personnel.

Au début des années soixante-dix, à la demande d'ITT et d'autres grandes entreprises américaines, la CIA travailla activement à la déstabilisation du gouvernement Allende au Chili. A l'avenir, les gouvernements seront moins prompts à répondre aux desiderata d'entreprises qui ne seront plus ni nationales ni internationales, mais transnationales.

Qu'adviendra-t-il alors si des terroristes, des guérilleros ou des nations hostiles menacent les équipements ou les employés de l'une de ces grandes transnationales? A qui demandera-t-elle de l'aide? Se contentera-t-elle de rompre gentiment avec ses investisseurs?

Les mercenaires de l'industrie

La puissance militaire est le seul élément du pouvoir des États-nations dont ne disposent pas encore les autres aspirants au pouvoir. Mais si les États ou les forces internationales ne sont plus capables d'imposer l'ordre, il pourrait fort bien arriver un jour que des entreprises transnationales tout ce qu'il y a d'ordinaires décident que l'heure est venue de monter leurs propres brigades.

Si extravagant que cela puisse paraître, il y a pourtant des précédents historiques. Sir Francis Drake ne guerroyait pas seulement contre des navires espagnols bourrés d'argent, mais aussi contre des villes tout le long de la côte pacifique de l'Amérique du Sud, de l'Amérique centrale et du Mexique. Il était financé par des investisseurs privés.

Est-il tout à fait irréaliste d'imaginer une « version vingt et unième siècle » des condottieri italiens?

C'est exactement la situation que décrit le romancier Alfred Coppel dans la Brigade de l'Apocalypse, où une gigantesque compagnie pétrolière monte une armée pour protéger ses gisements contre des menaces de grève avec violences. La compagnie réagit de la sorte parce qu'elle n'arrive pas à obtenir que le gouvernement protège ses intérêts.

Si extrême que ce scénario puisse paraître, il présente une certaine logique. L'incapacité des États à mettre un coup d'arrêt au terrorisme, en dépit de toute leur puissance militaire, a obligé de grandes sociétés à prendre elles-mêmes les choses en main, à engager des chauffeurs entraînés, des gardes du corps, des spécialistes de la sécurité, etc. Quand l'Iran a pris certains de ses employés en otages, le milliardaire Ross Perot a engagé d'anciens bérets verts pour les délivrer. Il n'y a plus qu'un petit pas à franchir pour en arriver à la constitution de troupes de mercenaires.

Les Nations unies plus

A l'évidence, nous courrons droit au chaos si de nouvelles règles internationales ne sont pas couchées par écrit et si l'on ne crée pas des institutions destinées à les faire respecter — ou si les « gladiateurs mondiaux », telles les entreprises transnationales, les religions et autres forces similaires, n'y sont pas représentés.

De nouvelles institutions mondiales ne manqueront pas de propositions destinées à régler les problèmes écologiques, le contrôle des armements, les questions financières, celles liées au tourisme, aux télécommunications, ainsi que les problèmes économiques régionaux. Mais qui devra contrôler ces institutions ? Les seuls États-nations ?

Moins les gouvernements nationaux et les organisations intergouvernementales répondront à leurs besoins, moins les firmes transnationales seront disposées à laisser faire, et plus elles exigeront une participation directe aux institutions mondiales.

On n'a aucun mal à imaginer la création d'un Conseil mondial des sociétés planétaires ayant vocation à exprimer la position de ce nouveau genre d'entreprises et à faire contrepoids aux États-nations. Les grandes sociétés pourraient également demander à être représentées au sein d'institutions telles que les Nations unies, la banque mondiale ou le GATT.

Étant donné la diversité et la puissance croissantes des « gladiateurs mondiaux », les Nations unies qui, jusqu'ici, ne sont guère plus qu'un consortium d'États-nations, pourraient fort bien être amenées à offrir une représentation aux non-États (qui dépasserait le rôle consultatif purement symbolique accordé aujourd'hui à certaines organisations non gouvernementales).

Au lieu de se fonder sur le principe : une nation = une voix, les Nations unies pourraient, le cas échéant, ajouter de nouvelles catégories de représentants à l'intention des compagnies transnationales, des groupes religieux et d'autres entités, ce qui élargirait considérablement leur base mondiale. Sans compter que, si les États-nations opérant au sein des Nations unies se refusaient à élargir leur représentativité, on pourrait fort bien assister à la création de contre-organisations planétaires au fur et à mesure du renforcement et de la multiplication des sociétés transnationales.

Que de telles spéculations se trouvent vérifiées ou infirmées dans l'avenir, les nouveaux « gladiateurs mondiaux » — sociétés, criminels, groupes religieux ou autres — partagent déjà *de facto* le pouvoir avec les États-nations.

Le nouveau style des organisations mondiales

La question de savoir si ces « gladiateurs » doivent ou non être représentés au sein des institutions internationales est directement liée à la conception même des nouvelles organisations qui occuperont la scène internationale. Les architectes du nouvel ordre mondial se trouvent confrontés à une question clé : les nouvelles structures devront-elles être verticales ou bien horizontales ?

Nous trouvons un exemple de structure verticale dans l'organisation de la Communauté européenne qui semble vouloir, en fait, ériger un supragouvernement ; selon ses détracteurs, celui-ci réduirait le statut d'États souverains des pays membres à celui de provinces, en exerçant un contrôle supranational sur la monnaie, le système bancaire, les normes d'éducation, la préservation de l'environnement, l'agriculture et même les budgets nationaux.

Ce modèle vertical cherche à résoudre les problèmes en ajoutant un autre échelon à la hiérarchie du pouvoir. C'est une architecture institutionnelle « en hauteur ».

Il existe un autre type de modèle, conforme aux nouvelles formes d'organisation qui prévalent dans le monde des affaires et les économies avancées qui, eux, tendent à « écraser » cette hiérarchie. Il se fonde sur des réseaux d'alliances, de consortiums, d'agences de régulation, en vue de réaliser des objectifs trop ambitieux pour un seul État. Dans un tel système, il n'y a pas de hiérarchie des niveaux, et les agences spécialisées ne sont pas regroupées sous la coupe d'un corps central non spécialisé. Il s'agit d'une architecture « à plat », pendant de la « firme flexible ».

Le monde entier observe avec attention les développements de la Communauté européenne, souvent considérée comme le seul modèle d'organisation régionale existant. Aussi des projets de « clones » de la Communauté européenne voient-ils le jour, du Maghreb au Moyen-Orient en passant par les Caraïbes et le Pacifique. Pourtant, une approche plus révolutionnaire consisterait à associer les diverses organisations existant déjà dans ces régions sans vouloir leur imposer un nouvel organisme de contrôle. La même chose pourrait être faite entre les nations.

Le Japon et les États-Unis, par exemple, sont si étroitement liés sur le plan économique, politique et militaire, qu'une décision prise dans un pays peut avoir un impact important et immédiat dans l'autre. Dans ces conditions, le jour n'est peut-être pas si éloigné où le Japon pourrait demander à être

représenté au Congrès américain. Les États-Unis ne manque-
raient pas, dans ce cas, d'exiger une représentation équivalente
à la Diète japonaise. Ainsi naîtrait l'amorce d'une prolifération
de parlements ou chambres « inter-nations ».

La démocratie implique que ceux qui sont affectés par une
décision aient droit à la parole dans la prise de décisions. S'il en
est bien ainsi, de nombreuses nations devraient être représentées
au Congrès américain dont les décisions ont un impact plus
direct sur leur vie que celles de leurs propres dirigeants.

Plus le monde devient planétaire, plus le nouveau système de
création de la richesse se répand, plus les exigences d'une
participation politique inter-États — voire d'un droit de vote
inter-États — grandiront parmi de larges populations qui se
sentiront exclues des décisions qui influent sur leur existence.

Quelles que soient les formes que revêtiront les organisations
planétaires de demain, elles devront prêter attention aux influences
— positives et négatives — des « gladiateurs mondiaux ».

Dans quelle mesure des groupes religieux, des sociétés et des
syndicats transnationaux, des partis politiques, des mouvements
écologistes, des organisations humanitaires et d'autres entités de
la société civile devront-ils être représentés demain au sein des
institutions mondiales ?

Comment pourra-t-on préserver la séparation de l'Église et de
l'État à un niveau planétaire pour éviter l'effusion de sang et
l'oppression qui résultent si souvent de leur confusion ? Comment
réussira-t-on à isoler les terroristes ou les criminels, les seigneurs
de la guerre et les barons de la drogue ? Quelle voix légitime
sera accordée au plan mondial aux minorités opprimées dans
leur pays ? Quel missile de défense ou quelle arme chimique
devront être régionaux ou mondiaux et ne plus dépendre de
prérogatives purement nationales ?

Nul ne peut se permettre de donner des réponses péremptoires
à des questions aussi délicates, qui concernent pourtant un
avenir proche. Ces questions elles-mêmes risquent de paraître
étranges dans un monde qui se croit toujours organisé autour
des États-nations. Mais, à l'aube de la société usinière, rien ne
paraissait plus étrange, plus extrémiste et plus dangereux que les
idées des révolutionnaires français, anglais et américains qui
pensaient que le peuple et les parlements devaient contrôler les
rois et non pas l'inverse, et que l'absence de représentation
populaire était source de révolte.

Dans nombre de pays, de telles idées susciteront des controverses passionnées sur fond de patriotisme. Charles Maurras,
l'écrivain proto-fasciste français de la fin du siècle dernier,

reprenant un point de vue populaire, disait que de « toutes les libertés humaines, la plus précieuse est l'indépendance nationale ». Mais la souveraineté et l'indépendance absolues n'ont jamais été que des mythes.

Seuls des pays qui seraient à même de refuser éternellement le nouveau système de création de la richesse pourraient éviter de se trouver englobés dans la nouvelle économie planétaire. Mais ceux qui ne sont pas en relation avec le reste du monde seront un jour ou l'autre irrémédiablement entraînés par l'interdépendance du système mondial — système dirigé non seulement par les nations, mais aussi par les nouveaux et puissants « gladiateurs mondiaux ».

Nous assistons à une passation des pouvoirs entre les États-nations — individuels ou groupés — et les gladiateurs mondiaux. Cela ne signifie rien de moins qu'une révolution mondiale des systèmes politiques.

L'hétérogénéité grandissante du système mondial s'accentuera encore en cas d'éclatement des États géants, ce qui semble tout à fait plausible aujourd'hui. L'Union soviétique se fissure rapidement, et Gorbatchev essaie tant bien que mal de maintenir une certaine cohésion dans un cadre qui se brise. Certains éléments ne manqueront pas de se détacher et prendront des formes étranges dans les décennies à venir. Qu'elles fassent partie de la post-Union soviétique ou non, certaines régions seront inévitablement attirées dans l'orbite économique d'une Europe dominée par l'Allemagne, d'autres dans la sphère naissante d'une Asie sous influence japonaise.

Les républiques retardataires, dépendant toujours essentiellement de l'agriculture et de l'extraction des matières premières, pourraient se regrouper dans une sorte de fédération libre. Mais les considérations économiques rationnelles pourraient vite se trouver balayées par un raz de marée de conflits ethniques et religieux amenant l'Ukraine, la Russie et la Biélorussie à fusionner dans un vaste ensemble fondé sur la culture slave et une Église orthodoxe revivifiée. L'islam pourrait aussi réunir certaines républiques d'Asie centrale.

La Chine risque, elle aussi, d'éclater et de voir ses régions les plus industrialisées du sud et de l'est briser leurs liens avec la Chine agricole pour fonder de nouvelles entités avec Hong Kong, Taiwan, Singapour, voire une Corée réunifiée. Il en sortirait éventuellement une énorme communauté économique confucéenne qui s'opposerait à la montée du Japon tout en confortant le rôle du facteur religieux comme paramètre essentiel du système mondial.

Penser que de telles transformations pourraient se produire sans guerre civile ou autres conflits, ou qu'elles puissent s'inscrire dans le cadre obsolète d'un ordre mondial fondé sur les nations serait signe d'un manque flagrant d'imagination et de perspective. Seule certitude : le monde de demain nous surprendra tous.

Il est néanmoins déjà acquis que le nouveau système de création de la richesse, en se propageant à travers la planète, est en passe de bouleverser nos conceptions sur le développement économique dans le prétendu « Sud », fait exploser le socialisme à l'« Est », jette les alliés dans une concurrence acharnée, et exige un ordre planétaire radicalement différent de celui que nous connaissons — plus diversifié, plus risqué, chargé d'autant d'espoirs que d'inquiétudes.

Le nouveau savoir a bouleversé le monde qui nous était familier et ébranlé les piliers du pouvoir qui lui permettaient de se maintenir. Face à ses ruines, prêts à fonder une fois encore une nouvelle civilisation, nous nous retrouvons ensemble sur la ligne de départ.

Liberté, ordre et hasard

Nous avons analysé dans ce livre l'une des plus importantes révolutions dans l'histoire du pouvoir — un bouleversement qui remodèle complètement notre planète. Au cours des générations passées, des milliers d'études ont été consacrées aux révolutions technologiques, sociales, écologiques et culturelles. Mais relativement peu se sont attachées à analyser la transformation de la nature même du pouvoir dont dérivent pourtant maints autres changements.

Nous avons vu également comment, à tous les niveaux, du monde des affaires aux sphères gouvernementales et aux relations planétaires, le pouvoir est en train de basculer.

Le pouvoir est l'un des phénomènes sociaux les plus fondamentaux, lié à la nature même de notre univers.

Pendant plus de trois siècles, la science occidentale a conçu le monde comme une horloge ou une machinerie géante où des causes connues provoquent des effets attendus. D'après cette analyse déterministe, le monde est donc une entité parfaitement ordonnée qui, une fois mise en branle, préprogramme toutes les actions à venir.

Si cette description du monde était exacte, nous serions tous totalement impuissants. De fait, si les conditions initiales d'un quelconque processus déterminent son issue, aucune intervention humaine ne peut le modifier. Dans un univers-machine mis en branle par un *primum mobile*, divin ou non, nul n'aurait aucun pouvoir sur qui ou quoi que se soit, mais simplement, au mieux, une illusion de pouvoir.

En bref, le pouvoir repose par conséquent sur les interstices existant dans la chaîne causale, sur des événements qui ne sont pas préprogrammés. Pour le dire autrement, le pouvoir dépend de l'existence du hasard dans l'univers et les comportements humains.

Pourtant, le pouvoir ne pourrait opérer dans un univers totalement aléatoire. Si événements et conduites étaient toujours dus au hasard, nous ne pourrions pas non plus imposer une quelconque volonté. Sans une certaine routine, une certaine régularité, donc une certaine faculté de prévision, la vie nous imposerait sans cesse des choix aléatoires aux conséquences tout aussi aléatoires, nous rendant ainsi prisonniers du destin.

Le pouvoir implique donc un monde qui combine à la fois hasard et nécessité, ordre et désordre.

Mais le pouvoir est également lié à la constitution des individus, au rôle du gouvernement et, plus généralement, à l'État.

Ainsi, chacun d'entre nous partage à la fois un besoin irrépressible pour un minimum d'ordre dans la vie quotidienne, et un désir constant de nouveauté. C'est le besoin d'ordre qui fournit la principale justification à l'existence des gouvernements.

Depuis *le Contrat social* de Rousseau et la fin de la monarchie de droit divin, le pouvoir d'État est considéré comme résultant d'un contrat passé avec le peuple — contrat qui garantit l'ordre nécessaire de la société, ou qui y pourvoit. Sans les soldats, la police et l'appareil de contrôle étatique, nous dit-on, la rue serait livrée aux bandes de brigands. Extorsions, vols, viols et meurtres déchireraient les dernier lambeaux du mince « vernis de civilisation ».

Cette affirmation est difficilement réfutable. En fait, nous avons la preuve flagrante qu'en l'absence de ce que nous avons décrit plus haut comme un pouvoir vertical — l'ordre imposé d'en haut —, la vie devient vite infernale. Demandez donc aux habitants de la ville autrefois magnifique de Beyrouth ce que cela signifie de vivre dans un lieu où personne ne dispose d'assez de pouvoir pour gouverner !

Mais si la première fonction de l'État est d'assurer l'ordre, celui-ci doit-il avoir des limites ? Et cela change-t-il au moment où les sociétés adoptent de nouveaux modes de création de la richesse ?

Quand un État impose une main de fer sur la vie quotidienne, que la moindre critique est bannie, que les citoyens sont terrorisés, que l'information est censurée, qu'on ferme les théâtres, confisque les passeports, et qu'on frappe à la porte à quatre heures du matin pour arracher les parents à leur foyer devant leurs enfants en larmes, qui est le bénéficiaire de cet ordre ? Le citoyen qui a besoin d'un minimum d'ordre ou l'État lui-même, qui se prémunit ainsi contre toute contestation ?

Quand l'ordre fournit-il la stabilité nécessaire à l'économie — et quand entrave-t-il les développements nécessaires ?

Pour paraphraser Marx, il y a deux sortes d'ordres : l'ordre « socialement nécessaire » et l'ordre « superflu ».

L'ordre superflu excède celui qui est nécessaire pour le bénéfice de la société et ne sert qu'au profit de ceux qui contrôlent l'État. C'est donc l'antithèse de l'ordre socialement nécessaire. Un régime qui impose un ordre superflu à ses citoyens se prive de toute justification rousseauiste de son existence.

Il perd également ce que Confucius appelle le « mandat du Ciel ». De plus, aujourd'hui, il n'a plus aucune justification morale dans un monde interdépendant. Dans le nouveau système qui se met en place, un tel régime s'attire non seulement la réprobation de l'opinion publique mondiale, mais aussi les sanctions de gouvernements moralement légitimes.

L'opprobre général contre les massacres de Pékin en 1989 — vague de critiques aux États-Unis, au sein de la Communauté européenne, au Japon et dans la plupart des autres nations — est malgré tout resté bien timide. Chaque pays a pris en compte ses propres intérêts économiques en Chine avant d'annoncer sa position. Le président américain a immédiatement dépêché une mission secrète sur place pour apaiser les relations houleuses entre les deux pays.

Néanmoins, malgré l'opportunisme et la *Realpolitik*, le monde entier s'est exprimé pour contester la légitimité morale des « durs » du régime et a crié — assez fort pour être entendu — qu'il considérait l'attitude criminelle du gouvernement de Pékin comme une tentative d'imposer un ordre superflu.

Furieux, Pékin répondit que le reste du monde n'avait pas le droit de s'ingérer dans ses affaires intérieures et que la moralité de ces critiques pouvait elle aussi être remise en cause. Mais le fait que tant de pays aient jugé bon de s'exprimer — même si leur propre politique était en contradiction avec l'opinion manifestée — prouve que l'opinion mondiale devient de plus en plus cohérente et supporte de moins en moins bien l'existence de l'ordre superflu.

S'il en est ainsi, il y a à cela une raison cachée.

Le nouvel élément révolutionnaire — bouleversement créé par le nouveau système de création de la richesse — est une transformation du niveau de l'ordre social nécessaire. De fait, plus les nations avancent dans la voie de l'économie supersymbolique, plus elles ont besoin d'autorégulations horizontales, et moins elles s'appuient sur un contrôle hiérarchique de haut en bas. Pour parler simplement, le totalitarisme entrave le développement économique.

Les élèves-pilotes s'agrippent souvent aux commandes de l'appareil, et leurs instructeurs leurs conseillent de relâcher un peu leur prise. Un sur-contrôle est aussi dangereux qu'un manque de contrôle. Aujourd'hui, comme le prouve la crise que traversent l'Union soviétique et d'autres pays, l'État qui tente d'imposer un sur-contrôle à son peuple et son économie sabote en fait l'ordre qu'il recherche. L'État le moins coercitif peut au contraire en obtenir davantage, et renforcer par là son propre pouvoir.

Cet élément promet — promet seulement — des mauvais jours pour les totalitarismes. Mais il ne manque pas d'éléments interférents pour assombrir le ciel et nous empêcher de verser dans un optimiste béat.

Ceux qui ont poursuivi leur lecture jusqu'ici savent que ce livre ne leur fait pas de promesses utopiques. L'usage de la violence comme forme de pouvoir n'est pas près de disparaître. Les étudiants et les protestataires se feront encore tuer sur les places Tien Anmen du monde entier. Les armées continueront à franchir les frontières. Les gouvernements auront recours à la force quand ils estimeront que cela sert leurs desseins. L'État ne renoncera pas au fusil.

De même, le contrôle d'une immense richesse, qu'il soit entre les mains de personnes privées ou de fonctionnaires gouvernementaux, leur conférera toujours un pouvoir immense. L'argent demeurera toujours un formidable outil de pouvoir.

Néanmoins, malgré toutes les exceptions, contradictions et interférences, nous assistons à l'un des bouleversements les plus importants dans l'histoire du pouvoir.

Il est en effet devenu évident que le savoir, source d'un pouvoir de meilleure qualité que les autres, gagne de l'importance à chaque nanoseconde.

Le pouvoir ne bascule donc pas d'une personne, d'un parti, d'une institution, d'un pays à l'autre. C'est la relation cachée entre violence, richesse et savoir qui est en train de se transformer à l'heure où les sociétés se ruent vers le monde de demain.

Tel est le dangereux — mais ô combien passionnant — mystère de l'ère des Nouveaux Pouvoirs.

Hypothèses

Comme le sujet prête aux controverses, qu'elles soient politiques ou personnelles, tout ouvrage sur le pouvoir se devrait d'expliciter les postulats, hypothèses — et, si possible, modèles de pouvoir — sur lesquels il se fonde. Une telle démarche ne saurait être que partielle, car il est impossible de définir — ou même de connaître — tous ces présupposés. Pourtant, même partiel, cet effort peut se révéler utile pour l'auteur comme pour le lecteur.

Voici donc quelques-unes des hypothèses sur lesquelles reposent *les Nouveaux Pouvoirs*.

1 Le pouvoir est inhérent à tout système social et à toute relation humaine. Ce n'est pas en soi un objet, mais un aspect de toutes les relations interpersonnelles. Ainsi, il est à la fois inévitable et neutre, intrinsèquement ni bon ni mauvais.

2. Le « système du pouvoir » inclut tout un chacun — nul ne peut s'en dégager. Mais la perte de pouvoir d'un individu n'est pas forcément un gain de pouvoir pour un autre.

3. Dans toute société, le système du pouvoir est divisé en sous-systèmes imbriqués les uns dans les autres. Un phénomène de *feed-back* les relie les uns aux autres, ainsi qu'au système général dont ils font partie. Les individus sont donc impliqués dans de nombreux sous-systèmes très différents, mais reliés entre eux.

4. La même personne peut être riche de pouvoir chez elle et pauvre de pouvoir à son travail, et ainsi de suite.

5 Comme les relations humaines ne cessent de fluctuer, les relations de pouvoir sont de même en perpétuel changement.

6. Comme les gens ont des besoins et des désirs, ceux qui peuvent les satisfaire possèdent un pouvoir potentiel. Le pouvoir social s'exprime par la fourniture ou la rétention des objets et expériences désirés ou nécessaires.

7. Comme les besoins et les désirs sont excessivement variés, les moyens d'y répondre (ou non) sont eux aussi très diversifiés. Il y a donc de nombreux « outils » ou « leviers » de pouvoir ; la violence, la richesse et le savoir sont les plus importants. La plupart des sources de pouvoir dérivent de ces trois éléments.

8. La violence, essentiellement utilisée pour punir, est la forme de pouvoir la moins flexible. La richesse, qui sert à la fois à punir et à récompenser, et qui peut se transformer en de nombreuses autres ressources, est un instrument de pouvoir beaucoup plus souple. Mais le savoir est à la fois l'élément le plus fondamental et le plus riche, car il peut aider par exemple à éviter des situations qui exigeraient le recours à la violence ou à la richesse, et être employé pour convaincre autrui d'agir dans d'autres buts que ses propres intérêts. Le savoir donne la plus haute qualité de pouvoir.

9. Les relations entre classes, races, sexes, professions, nations et autres groupements sociaux sont sans cesse modifiées par les changements qui interviennent dans la population, l'environnement, les technologies, les cultures et maints autres domaines. Ces bouleversements entraînent des conflits et se traduisent par une redistribution des sources de pouvoir.

10. Les conflits sont un fait social inévitable.

11. Les luttes de pouvoir ne sont pas nécessairement mauvaises.

12. Les fluctuations provoquées par les changements intervenant simultanément parmi les différents sous-systèmes du pouvoir peuvent converger pour produire des bouleversements radicaux dans le système général de pouvoir dont ils font partie. Ce principe se vérifie à tous les niveaux. Les démêlés psychiques d'un individu peuvent déchirer toute une famille ; les luttes de pouvoir au sein d'un service peuvent briser une entreprise ; des conflits régionaux peuvent détruire une nation.

13. A tout moment, certains des sous-systèmes compris dans un système plus large sont en équilibre relatif, tandis que

d'autres connaissent des conditions plus précaires. L'équilibre n'est pas nécessairement une vertu.

14. Quand les systèmes de pouvoir sont loin de l'équilibre, il peut se produire des basculements soudains et inattendus. De fait, lorsqu'un système est très instable, les effets non linéaires s'y multiplient. De gros efforts déployés par le pouvoir peuvent donner des résultats fort médiocres, et de menus incidents peuvent déclencher la chute d'un régime. Une tartine brûlée peut entraîner un divorce.

15. Le hasard est un facteur important. Plus un système est instable, plus ce facteur entre en ligne de compte.

16. L'égalité des pouvoirs est une situation fort improbable. Même si l'on y parvient, le hasard créera instantanément de nouvelles inégalités. Tout comme les tentatives pour rectifier les vieilles inégalités.

17. Les inégalités à un niveau donné peuvent être équilibrées à un autre. Ainsi, l'existence d'un équilibre de pouvoir est possible entre deux entités, même s'il existe des inégalités entre leurs nombreux sous-systèmes.

18. Il est pratiquement impossible pour un système social et ses sous-systèmes d'être en équilibre parfait, avec un pouvoir équitablement partagé entre les différents groupes. Il faut parfois une action radicale pour renverser un régime dictatorial, mais une certaine inégalité est une des conditions du changement lui-même.

19. Une égalité parfaite impliquerait la stagnation, et elle n'est pas seulement impossible à réaliser, elle est également peu souhaitable. Dans un monde où des millions d'individus meurent de faim, l'idée même d'arrêter le changement n'est pas seulement inconsistante, elle est criminelle.

    L'existence d'un certain degré d'inégalité n'est donc pas intrinsèquement immorale. Ce qui *est* immoral, ce sont les systèmes qui gèlent la redistribution des sources de pouvoir. Cela est d'autant plus vrai si les inégalités se fondent sur la race, le sexe ou d'autres caractères innés.

20. Le savoir est encore plus mal réparti que les armes et la richesse. Il en résulte qu'une redistribution du savoir (et surtout du savoir sur le savoir) est plus importante encore qu'une redistribution des autres ressources, qu'elle peut d'ailleurs engendrer.

21. La surconcentration des sources de pouvoir est dangereuse. (Exemples : Staline, Hitler et bien d'autres, trop nombreux pour être cités tous.)

22. La dilution du pouvoir est également dangereuse. L'absence de gouvernement fort au Liban a transformé un pays déjà déshérité en prototype de la violence anarchique. Nombre de groupes revendiquent le pouvoir sans faire référence à aucune règle communément admise, ni à la justice, ni à aucun cadre constitutionnel ou autre.

23. Si la surconcentration comme la dilution du pouvoir débouchent sur un désastre social, jusqu'à quel point le pouvoir doit-il être concentré ? Existe-t-il une base morale permettant d'en juger ? En fait, cette base morale est directement liée à la différence entre « ordre socialement nécessaire » et « ordre superflu ».

24. Le pouvoir accordé à un régime devrait être considéré comme suffisant s'il lui permet de se protéger des menaces extérieures réelles (et non imaginaires) et d'assurer un minimum d'ordre intérieur. Ce degré d'ordre est une nécessité sociale, il est donc moralement légitime.

    L'ordre imposé au-delà de ce dont la société a besoin pour fonctionner, l'ordre imposé dans le seul but de perpétuer un régime est donc immoral.

25. Il existe une base morale pour s'opposer aux gouvernements qui imposent un ordre superflu — voire pour les renverser.

Bibliographie

Tous les ouvrages indiqués ci-dessous ont été consultés par l'auteur au cours de la rédaction des *Nouveaux Pouvoirs*. Pour des raisons de commodité, ils ont été classés par thèmes, bien que nombre d'entre eux traitent de plus d'un sujet*.

PHILOSOPHIE DU POUVOIR

[1] Aron, Raymond, *Main Currents in Sociological Thought*, Vol. II (New York, Basic Books, 1967 ; titre français : *les Étapes de la pensée sociologique*).

[2] —, *Politics and History* (New Brunswick, N.J., Transaction Books, 1984).

[3] Bentham, Jeremy and John Stuart Mill, *The Utilitarians* (New York, Anchor Books, 1973).

[4] Berger, Peter L., and Richard John Neuhaus, *To Empower People* (Washington, D.C., The American Enterprise Institute for Public Policy Research, n.d.).

[5] Bodenheimer, Edgar, *Power, Law and Society* (New York, Crane, Russak, n.d.).

[6] Bogart, Ernest L., and Donald L. Kemmerer, *Economic History of the American People* (New York, Longmans, Green, 1946).

[7] Bottomore, T.B., *Elites and Society* (New York, Basic Books, 1964).

[8] Burnham, James, *The Machiavellians* (New York, John Day, 1943).

[9] Calvert, Peter, *Politics, Power and Revolution* (Brighton, Sussex, Wheatsheaf Books, 1983).

* L'auteur faisant référence, dans les notes, à des pages précises des ouvrages qu'il a consultés, on ne s'étonnera pas de trouver, dans cette bibliographie, les titres tels qu'ils apparaissent dans la bibliographie originale, c'est-à-dire dans la langue dans laquelle l'auteur les a lus. *(N.d.É.)*

[10] Canetti, Elias, *Crowds and Power* (New York, Seabury Press, 1978).
[11] Crozier, Brian, *A Theory of Conflict* (London, Hamish Hamilton, 1974).
[12] Duyvendak, J. J., ed., *The Book of Lord Shang* (London, Arthur Probsthain, 1963).
[13] Field, G. Lowell, and John Higley, *Elitism* (London, Routledge & Kegan Paul, 1980).
[14] First, Ruth, *Power in Africa* (New York, Pantheon Books, 1970).
[15] Galbraith, John Kenneth, *The Anatomy of Power* (Boston, Houghton Mifflin, 1983).
[16] Hutschnecker, A., *The Drive for Power* (New York, M. Evans, 1974).
[17] Janeway, Elizabeth, *Man's World, Woman's Place* (New York, Delta Books, 1972).
[18] —, *Powers of the Weak* (New York, Alfred A. Knopf, 1980).
[19] Jouvenel, Bertrand de, *On Power* (Boston, Beacon Press, 1969).
[20] Keohane, Robert O., and Joseph S. Nye, *Power and Interdependence* (Boston, Little, Brown, 1977).
[21] Kontos, Alkis, ed., *Domination* (Toronto, University of Toronto Press, 1975).
[22] Kropotkin, Peter, *Kropotkin's Revolutionary Writings* (New York, Vanguard Press, 1927).
[23] Machiavelli, Niccolò, *The Prince* (New York, Pocket Books, 1963).
[24] May, Rollo, *Power and Innocence* (New York, Delta Books, 1972).
[25] Milgram, Stanley, *Obedience to Authority* (New York, Harper Colophon, 1974).
[26] Mills, C. Wright, *The Power Elite* (New York, Oxford University Press, 1956).
[27] More, Sir Thomas, *Utopia* (New York, Washington Square Press, 1965).
[28] Mudjanto, G., *The Concept of Power in Javanese Culture* (Jakarta, Gadjah Mada University Press, 1986).
[29] Nagel, Jack H., *The Descriptive Analysis of Power* (New Haven, Yale University Press, 1975).
[30] Nietzsche, Friedrich, *The Will to Power* (New York, Vintage Books, 1968).
[31] Osgood, Robert E., and Robert W. Tucker, *Force, Order, and Justice* (Baltimore and London, The Johns Hopkins Press, 1967).
[32] Pye, Lucian W., with Mary W. Pye, *Asian Power and Politics* (Cambridge, Mass., The Belknap Press, Harvard University Press, 1985).
[33] Rueschemeyer, Dietrich, *Power and the Division of Labour* (Cambridge, Polity Press, 1986).
[34] Russel, Bertrand, *A History of Western Philosophy* (New York, Simon and Schuster, 1972).

[35] —, *Power* (London, Unwin Paperbacks, 1983).

[36] Rustow, Alexander, *Freedom and Domination* (Princeton, Princeton University Press, 1980).

[37] Siu, R.G.H., *The Craft of Power* (New York, John Wiley and Sons, 1979).

[38] Tzu, Sun, *The Art of War* (Oxford, Oxford University Press, 1963).

[39] Waal, Frans de, *Chimpanzee Politics* (New York, Harper & Row, 1982).

[40] Wing, R.L., *The Tao of Power* (Garden City, N.Y., Doubleday, 1986).

BUREAUCRATIE ET ORGANISATION SOCIALE

[41] Becker, Gary S., *A Treatise on the Family* (Cambridge, Mass., Harvard University Press, 1981).

[42] Chackerian, Richard, and Gilbert Abcarian, *Bureaucratic Power in Society* (Chicago, Nelson-Hall, 1984).

[43] Crozier, Michel, *l'Entreprise à l'écoute* (Paris, Interéditions, 1989).

[44] Dale, Ernest, *The Great Organizers* (New York, McGraw-Hill, 1960).

[45] Davis, Stanley M., *Future Perfect* (Reading, Mass., Addison-Wesley, 1987).

[46] Denhart, Robert B., *In the Shadow of Organization* (Lawrence, The Regents Press of Kansas, 1981).

[47] Donzelot, Jacques, *The Policing of Families* (New York, Pantheon, 1979) (en français : *la Police des familles*).

[48] Dror, Yehezkel, *Public Policymaking Reexamined* (New Brunswick, N.J., Transaction Books, 1983).

[49] Galbraith, John Kenneth, *The New Industrial State* (New York, New American Library, 1985).

[50] Goldwin, Robert A., ed., *Bureaucrats, Policy Analysis, Statesmen: Who Leads?* (Washington, D.C., American Enterprise Institute for Public Policy Research, 1980).

[51] Gross, Ronald, and Paul Osterman, eds., *Individualism* (New York, Laurel, 1971).

[52] Heald, Tim, *Networks*, London, Hodder & Stoughton, Coronet Books, 1983).

[53] Heilman, Madeline E., and Harvey A. Hornstein, *Managing Human Forces in Organizations* (Homewood, Ill., Richard D. Irwin, 1982).

[54] Hyneman, Charles S., *Bureaucracy in a Democracy* (New York, Harper and Brothers, 1950).

[55] Kahn, Robert L. and Elise Boulding, eds., *Power and Conflict in Organizations* (New York, Basik Books, 1964).

[56] Kennedy, Marilyn Moats, *Office Politics* (New York, Warner Books, 1980).

[57] —, *Powerbase* (New York, Macmillan, 1984).

[58] Knight, Stephen, *The Brotherhood* (London, Granada Books, 1985).

[59] Le Play, Frederic, *On Family, Work, and Social Change* (Chicago, University of Chicago Press, 1982).

[60] Mant, Alistair, *Leaders We Deserve* (Oxford, Martin Robertson, 1983).

[61] Mills, C. Wright, *White Collar* (New York, Oxford University Press, 1956).

[62] Mintzberg, Henry, *Power In and Around Organizations* (Englewood Cliffs, N.J., Prentice-Hall, 1983).

[63] Nachmias, David, and David H. Rosenbloom, *Bureaucratic Government USA* (New York, St. Martin's, 1980).

[64] Palazzoli, Mara Selvini, et al., *The Hidden Games of Organizations* (New York, Pantheon Books, 1986).

[65] Quinney, Richard, *The Social Reality of Crime* (Boston, Little, Brown, 1970).

[66] Rosenberg, Hans, *Bureaucracy, Aristocracy and Autocracy* (Boston, Beacon Press, 1958).

[67] Toffler, Alvin, *Future Shock* (New York, Bantam Books, 1971).

[68] —, *Previews and Premises* (New York, Bantam Books, 1983).

[69] —, *The Third Wave* (New York, Bantam Books, 1981).

[70] Weber, Max, *Economy and Society,* Vols. I and II (Berkeley, University of California Press, 1978).

[71] Welch, Mary-Scott, *Networking* (New York, Warner Books, 1980).

[72] Yoshino, M. Y., and Thomas B. Lifson, *The Invisible Link* (Cambridge, Mass., M.I.T. Press, 1986).

AFFAIRES/ÉCONOMIE/FINANCE

[73] Adams, Walter, and James W. Brock, *Dangerous Pursuits* (New York, Pantheon Books, 1989).

[74] Aguren, Stefan, et al., *Volvo Kalmar Revisited: Ten Years of Experience* (Stockholm: Efficiency and Participation Development Council, 1984).

[75] Aliber, Robert Z., *The International Money Game* (New York, Basic Books, 1973).

[76] Applebaum, Herbert, *Work in Non-Market and Transitional Societies* (Albany, State University of New York Press, 1984).

[77] Attali, Jacques, *les Trois Mondes* (Paris, Fayard, 1981).

[78] Batra, Raveendra N., *The Downfall of Capitalism and Communism* (London, Macmillan Press, 1978).

[79] Baudrillard, Jean, *The Mirror of Production* (St. Louis, Telos

Press, 1975 ; en français : *Miroir de la production ou l'Illusion critique du matérialisme historique*).

[80] Belshaw, Cyril S., *Traditional Exchange and Modern Markets* (London, Prentice-Hall, 1965).

[81] Bhagwati, Jagdish, *Protectionism* (Cambridge, Mass., M.I.T. Press, 1988).

[82] Brenner, Y.S., *Theories of Economic Development and Growth* (London, George Allen & Unwin, 1966).

[83] Bruck, Connie, *The Predators' Ball* (New York, Simon and Schuster, 1988).

[84] Canfield, Cass, *The Incredible Pierpont Morgan* (New York, Harper & Row, 1974).

[85] Casson, Mark, *Alternatives to the Multinational Enterprise* (London, Macmillan Press, 1979).

[86] Clough, Shepard B., Thomas Moodie, and Carol Moodie, eds., *Economic History of Europe : Twentieth Century* (New York, Harper & Row, 1968).

[87] Cornwell, Rupert, *God's Banker* (New York, Dodd, Mead, 1983).

[88] Crowther, Samuel, *America Self-Contained* (Garden City, N.Y., Doubleday, Doran, 1933).

[89] Denman, D.R., *Origins of Ownership* (London, George Allen & Unwin, 1958).

[90] Diwan, Romesh, and Mark Lutz, eds., *Essays in Gandhian Economics* (New Delhi, Gandhi Peace Foundation, 1985).

[91] Dressler, Fritz R. S., and John W. Seybold, *The Entrepreneurial Age* (Media, Pa., Seybold Publications, 1985).

[92] Ehrlich, Judith Ramsey, and Barry J. Rehfeld, *The New Crowd* (Boston, Little, Brown, 1989).

[93] Evans, Thomas G., *The Currency Carousel* (Princeton, N.J., Dow Jones Books, 1977).

[94] Frank, Charles R. Jr., *Production Theory and Indivisible Commodities* (Princeton, Princeton University Press, 1969).

[95] Friedman, Alan, *Agnelli* (New York, New American Library, 1989).

[96] Galbraith, John Kenneth, *Money : Whence It Came Where It Went* (Boston, Houghton Mifflin, 1975).

[97] Giarini, Orio, ed., *Cycles, Value and Employment* (Oxford, Pergamon Press, 1984).

[98] —, *The Emerging Service Economy* (Oxford, Pergamon Press, 1987).

[99] —, and Jean Remy Roulet, eds., *l'Europe face à la nouvelle économie de service* (Paris, Presses Universitaires de France, 1988).

[100] Giarini, Orio, and Walter R. Stahel, *The Limits to Certainty : Facing Risks in the New Service Economy* (Geneva, The Risk Institute Project, n.d.).

[101] Gibb, George Sweet, and Evelyn H. Knowlton, *The Resurgent Years : 1911-1927* (New York, Harper and Brothers, 1956).

[102] Gregerman, Ira B., *Knowledge Worker Productivity* (New York, A.M.A. Management Briefing, 1981).
[103] Gurwin, Larry, *The Calvi Affair* (London, Pan Books, 1983).
[104] Gwynne, S. C., *Selling Money* (New York, Weidenfeld and Nicolson, 1986).
[105] Herman, Edward S., *Corporate Control, Corporate Power* (New York, Cambridge University Press, 1981).
[106] Jackson, Stanley, *J. P. Morgan* (New York, Stein and Day, 1983).
[107] Jones, J. P., *The Money Story* (New York, Drake Publishers, 1973).
[108] Josephson, Matthew, *The Robber Barons* (New York, Harcourt, Brace & World, 1962).
[109] Kahn, Joel S., and J. R. Llobera, *The Anthropology of Pre-Capitalist Societies* (London, Macmillan Press, 1981).
[110] Kamioka, Kazuyoshi, *Japanese Business Pioneers* (Singapore, Times Books International, 1986).
[111] Kanter, Rosabeth Moss, *Men and Women of the Corporation* (New York, Basic Books, 1977).
[112] Keen, Peter G. W., *Competing in Time* (Cambridge, Mass., Ballinger, 1986).
[113] Kenwood, A. G., and A. L. Lougheed, *The Growth of the International Economy 1820-1960* (London, George Allen & Unwin, 1973).
[114] Keynes, John Maynard, *The General Theory of Employment, Interest, and Money* (New York, Harbinger Books, 1964).
[115] Kindleberger, Charles P., *Manias, Panics, and Crashes* (New York, Basic Books, 1978).
[116] Knowles, L.C.A., *The Industrial and Commercial Revolutions in Great Britain During the Nineteenth Century* (New York, E. P. Dutton, 1922).
[117] Kornai, Janos, *Anti-Equilibrium* (Amsterdam, North-Holland Publishing, 1971).
[118] Kotz, David M., *Bank Control of Large Corporations in the United States* (Berkeley, University of California Press, 1978).
[119] Lamarter, Richard Thomas de, *Big Blue* (New York, Dodd, Mead, 1986).
[120] Lavoie, Don, *National Economic Planning: What Is Left?* (Cambridge, Mass., Ballinger, 1985).
[121] LeClair, Edward E., Jr., and Harold K. Schneider, *Economic Anthropology* (New York, Holt, Rinehart and Winston, 1968).
[122] Lens, Sidney, *The Labor Wars* (Garden City, N.Y., Doubleday, 1973).
[123] Levin, Doron P., *Irreconcilable Differences* (Boston, Little, Brown, 1989).
[124] Levinson, Harry, and Stuart Rosenthal, *CEO* (New York, Basic Books, 1984).
[125] Loebl, Eugen, *Humanomics* (New York, Random House, 1976).

[126] Maccoby, Michael, *Why Work* (New York, Simon and Schuster, 1988).

[127] Madrick, Jeff, *Taking America* (New York, Bantam Books, 1987).

[128] Mattelart, Armand, *Multinational Corporations and the Control of Culture* (Atlantic Highlands, N.J., Humanities Press, 1982).

[129] Mayer, Martin, *The Bankers* (New York, Weybright and Talley, 1974).

[130] McCartney, Laton, *Friends in High Places: the Bechtel Story* (New York, Simon and Schuster, 1988).

[131] McQuaid, Kim, *Big Business and Presidential Power* (New York, William Morrow, 1982).

[132] Meyers, Gerald C., and John Holusha, *When It Hits the Fan* (London, Unwin Hyman, 1986).

[133] Mises, Ludwig von, *Human Action* (New Haven, Yale University Press, 1959).

[134] Mohn, Reinhard, *Success Through Partnership* (New York, Doubleday, 1986).

[135] Monden, Yasuhiro, et al., *Innovations in Management* (Atlanta, Industrial Engineering and Management Press, 1985).

[136] Moskowitz, Milton, *The Global Marketplace* (New York, Macmillan, 1988).

[137] Mueller, Robert K., *Corporate Networking* (New York, Free Press, 1986).

[138] Naniwada, Haruo, *The Crisis* (Tokyo, The Political Economic Club, 1974).

[139] Naylor, R. T., *Hot Money* (New York, Simon and Schuster, 1987).

[140] Noonan, John T., Jr., *Bribes* (New York, Macmillan, 1984).

[141] Nussbaum, Arthur, *A History of the Dollar* (New York, Columbia University Press, 1957).

[142] O'Driscoll, Gerald P., Jr., and Mario J. Rizzo, *The Economics of Time and Ignorance* (Oxford, Basil Blackwell, 1985).

[143] O'Toole, Patricia, *Corporate Messiah* (New York, William Morrow, 1984).

[144] Peacock, William P., *Corporate Combat* (New York, Facts on File, 1984).

[145] Polanyi, Karl, *The Great Transformation* (Boston, Beacon Press, 1957).

[146] Pye, Michael, *Moguls* (New York, Holt, Rinehart and Winston, 1980).

[147] Raymond, H. Alan, *Management in the Third Wave* (Glenview, Ill. Scott, Foresman, 1986).

[148] Robertson, James, *Power, Money and Sex* (London, Marion Boyars, 1976).

[149] —, *Profit or People?* (London, Calder & Boyars, 1974).

[150] Ropke, Wilhelm, *Economics of the Free Society* (Chicago, Henry Regnery, 1963).

[151] Saeed, Syed Mumtaz, *The Managerial Challenge in the Third World* (Karachi, Academy of Ideas, 1984).

[152] Sampson, Anthony, *The Money Lenders* (New York, Viking Press, 1981).

[153] Schumpeter, Joseph A., *Ten Great Economists* (New York, Oxford University Press, 1965).

[154] Sculley, John, With John A. Byrne, *Odyssey: Pepsi to Apple* (New York, Harper & Row, 1987).

[155] Singer, Benjamin D., *Advertising and Society* (Don Mills, Ontario, Addison-Wesley, 1986).

[156] Smith, Adam, *The Wealth of Nations* (New York, Modern Library, 1937).

[157] Sobel, Robert, *IBM, Colossus in Transition* (New York, Bantam Books, 1981).

[158] —, *The Money Manias* (New York, Weybright and Talley, 1973).

[159] Soule, George, *Ideas of the Great Economists* (New York, Mentor Books, 1955).

[160] Staaf, Robert, and Francis Tannian, *Externalities* (New York, Dunellen, n.d.).

[161] Stadnichenko, A., *Monetary Crisis of Capitalism* (Moscow, Progress Publishers, 1975).

[162] Stevens, Mark, *The Accounting Wars* (New York, Macmillan, 1985).

[163] Stewart, Alex, *Automating Distribution: Revolution in Distribution, Retailing and Financial Services*, Japan Focus (London, Baring Securities, 1987).

[164] Toffler, Alvin, *The Adaptive Corporation* (New York, Bantam Books, 1985).

[165] Tosches, Nick, *Power on Earth* (New York, Arbor House, 1986).

[166] Toyoda, Eiji, *Toyota: Fifty Years in Motion* (Tokyo, Kodansha, 1987).

[167] Woo, Henry K. H., *The Unseen Dimensions of Wealth* (Fremont, Cal., Victoria Press, 1984).

[168] Zaleznik, Abraham, and Manfred F. R. Kets de Vries, *Power and the Corporate Mind* (Boston, Houghton Mifflin, 1975).

[169] Zuboff, Shoshana, *In the Age of the Smart Machine — The Future of Work and Power* (New York, Basic Books, 1988)

MÉDIAS

[170] Bailey, George, *Armageddon in Prime Time* (New York, Avon Books, 1984).

[171] Barnouw, Erik, *Mass Communication* (New York, Rinehart, 1956).

[172] Biryukov, N. S., *Television in the West and Its Doctrines* (Moscow, Progress Publishers, 1981).

[173] Enzensberger, Hans Magnus, *The Consciousness Industry* (New York, Seabury Press, 1974).

[174] Freches José, *la Guerre des images* (Paris, Éditions Denoël, 1986).

[175] Gourévitch, Jean-Paul, *la Politique et ses images* (Paris, Edilig, 1986).

[176] Grachev, Andrei, and N. Yermoshkin, *A New Information Order or Psychological Warfare?* (Moscow, Progress Publishers, 1984).

[177] Orwell, George, *1984* (New York, New American Library, 1961).

[178] Ranney, Austin, *Channels of Power* (New York, Basic Books, 1983).

[179] Stephens, Mitchell, *A History of the News* (New York, Viking Press, 1988).

[180] Whittemore, Hank, *CNN: The Inside Story* (Boston, Little, Brown, 1990).

POLITIQUE, GOUVERNEMENT ET ÉTAT

[181] Allison, Graham T., *Essence of Decision* (Boston, Little, Brown, 1971).

[182] Bennett, James T., and Thomas J. DiLorenzo, *Underground Government* (Washington, D.C., Cato Institute, 1983).

[183] Bergman, Edward F., *Modern Political Geography* (Dubuque, Ind., William C. Brown, 1975).

[184] Boaz, David, ed., *Left, Right, and Babyboom* (Washington, D.C., Cato Institute, 1986).

[185] Bruce-Briggs, B., ed., *The New Class?* (New York, McGraw-Hill, 1979).

[186] Cao-Garcia, Ramon J., *Explorations Toward an Economic Theory of Political Systems* (New York, University Press of America, 1983).

[187] Capra, Fritjof, and Charlene Sprentnak, *Green Politics* (New York, E. P. Dutton, 1984).

[188] Carter, April, *Authority and Democracy* (London, Routledge & Kegan Paul, 1979).

[189] Chesneaux, Jean, *Secret Societies in China* (Ann Arbor, University of Michigan Press, 1971).

[190] Coker, F. W., *Organismic Theories of the State* (New York, AMS Press, 1967).

[191] Commager, Henry Steele, ed., *Documents of American History* (New York, F. S. Crofts, 1943)

[192] Crozier, Michel, *The Trouble With America* (Berkeley, University of California Press, 1984 : en français : *le Mal américain*).

[193] Ford, Franklin L., *Political Murder* (Cambridge, Mass., Harvard University Press, 1985).

[194] Franck, Thomas M., and Edward Weisband, eds., *Secrecy and Foreign Policy* (New York, Oxford University Press, 1974).

[195] Gingrich, Newt, *Window of Opportunity* (New York, Tor Books, 1984).

[196] Greenberger, Martin, Matthew A. Crenson, and Brian L. Crissey, *Models in the Policy Process* (New York, Russel Sage Foundation, 1976).

[197] Greenstein, Fred I., ed., *Leadership in the Modern Presidency* (Cambridge, Mass., Harvard University Press, 1988).

[198] Henderson, Nicholas, *The Private Office* (London, Weidenfeld and Nicolson, 1984).

[199] Hess, Stephen, *The Government/Press Connection* (Washington, D.C., The Brookings Institution, 1984).

[200] Johnson, Chalmers, *Revolutionary Change* (Boston, Little, Brown, 1966).

[201] Kernell, Samuel, and Samuel L. Popkin, *Chief of Staff* (Los Angeles, University of California Press, 1986).

[202] King, Anthony, ed., *The New American Political System* (Washington, D.C., American Enterprise Institute for Public Policy Research, 1979).

[203] King, Dennis, *Lyndon LaRouche and the New American Fascism* (New York, Doubleday, 1989).

[204] Krader, Lawrence, *Formation of the State* (Englewood Cliffs, N.J., Prentice-Hall, 1968).

[205] Kyemba, Henry, *State of Blood* (London, Corgi Books, 1977).

[206] Laski, Harold J., *The American Democracy* (New York, Viking Press, 1948).

[207] —, *Authority in the Modern State* (Hamden, Conn., Archon Books, 1968).

[208] Lebedoff, David, *The New Elite* (New York, Franklin Watts, 1981).

[209] Lindblom, Charles E., *Politics and Markets* (New York, Basic Books, 1977).

[210] Mafud, Julio, *Sociologia del peronismo* (Buenos Aires, Editorial Americalee, 1972).

[211] Matthews, Christopher, *Hardball* (New York, Summit Books, 1988).

[212] Morgan, Robin, *The Anatomy of Freedom* (Garden City, N.Y., Doubleday, Anchor Press, 1984).

[213] Navarro, Peter, *The Policy Game* (New York, John Wiley and Sons, 1984).

[214] Nelson, Joan M., *Access to Power* (Princeton, Princeton University Press, 1979).

[215] Neustadt, Richard E., *Presidential Power* (New York, John Wiley and Sons, 1960).

[216] Oppenheimer, Franz, *The State* (New York, Free Life Editions, 1914).

[217] Perlmutter, Amos, *Modern Authoritarianism* (New Haven, Yale University Press, 1981).

[218] Perry, Roland, *Hidden Power* (New York, Beaufort Books, 1984).

[219] Ponting, Clive, *The Right to Know* (London, Sphere Books, 1985).
[220] Reed, Steven R., *Japanese Prefectures and Policymaking* (Pittsburgh, University of Pittsburgh Press, 1986).
[221] Regan, Donald T., *For the Record* (San Diego, Harcourt Brace Jovanovich, 1988).
[222] Reszler, André, *Mythes politiques modernes* (Paris, Presses Universitaires de France, 1981).
[223] Rubin, Barry, *Secrets of State* (New York, Oxford University Press, 1985).
[224] Sagan, Eli, *At the Dawn of Tyranny* (New York, Random House, 1985).
[225] Savas, E. S., *Privatizing the Public Sector* (Chatham, N.J., Chatham House, 1982).
[226] Spencer, Herbert, *The Man vs. the State* (London, Watts, 1940).
[227] Stockman, David A., *The Triumph of Politics* (New York, Harper & Row, 1986).
[228] Straussman, Jeffrey D., *The Limits of Technocratic Politics* (New Brunswick, N.J., Transaction Books, 1978).
[229] Tower, John, et al., *The Tower Commission Report : President's Special Review Board* (New York, Times Books, 1987).
[230] Wolferen, Karl van., *The Enigma of Japanese Power* (New York, Alfred A. Knopf, 1989).
[231] Woronoff, Jon, *Politics the Japanese Way* (Tokyo, Lotus Press, 1986).

RELIGION

[232] Appel, Willa, *Cults in America* (New York, Holt, Rinehart and Winston, 1983).
[233] Bakunin, Michael, *God and the State* (New York, Dover Publications, 1970).
[234] Barthel, Manfred, *The Jesuits* (New York, William Morrow, 1984).
[235] Breton, Thierry, *Vatican III* (Paris, Robert Laffont, 1985).
[236] Chai, Ch'u, and Winberg Chai, *Confucianism* (New York, Barron's Educational Series, 1973).
[237] Gardner, Martin, *The New Age : Notes of a Fringe Watcher* (New York, Prometheus Books, 1988).
[238] Hoffer, Eric, *The True Believer* (New York, Harper & Row, 1966).
[239] Holtom, D.C., *The National Faith of Japan* (London, Kegan Paul, Trench, Trubner, 1938).
[240] Illich, Ivan, *Celebration of Awareness* (New York, Doubleday, 1970).
[241] Levi, Peter, *The Frontiers of Paradise* (New York, Weidenfeld & Nicolson, 1987).

[242] Lo Bello, Nino, *The Vatican Papers* (London, New English Library, 1982).
[243] Martin, Malachi, *The Jesuits* (New York, Linden Press, 1987 ; en français : *les Jésuites*).
[244] Mortimer, Edward, *Faith and Power* (New York, Vintage Books, 1982).
[245] Murakami, Shigeyoshi, *Japanese Religion in the Modern Century* (Tokyo, University of Tokyo Press, 1983).
[246] Murphy, Thomas Patrick, ed., *The Holy War* (Columbus, Ohio State University Press, 1976).
[247] Pipes, Daniel, *In the Path of God* (New York, Basic Books, 1983).
[248] Rodinson, Maxime, *Islam and Capitalism* (New York, Pantheon Books, 1973 ; en français : *Islam et Capitalisme*).
[249] Sardar, Ziauddin, *Islamic Futures* (London, Mansell Publishing, 1985).
[250] Schultz, Ted, ed, *The Fringes of Reason* (New York, Harmony Books, 1989).
[251] Swidler, Leonard, ed., *Religious Liberty and Human Rights in Nations and in Religions* (Philadelphia, Ecumenical Press, 1986).
[252] Thomas, Gordon, and Max Morgan-Witts, *Pontiff* (New York, Doubleday, 1983).
[253] Tsurumi, Kazuko, *Aspects of Endogenous Development in Modern Japan*, Part II, *Religious Beliefs : State Shintoism vs. Folk Belief* (Tokyo, Sophia University, 1979).
[254] Wright, Robin, *Sacred Rage* (New York, Linden Press, 1985).
[255] Yallop, David A., *In God's Name* (New York, Bantam Books, 1984).

ARMÉE

[256] Aron, Raymond, *On War* (New York, W. W. Norton, 1968 ; en français : *De la guerre*).
[257] Baynes, J.C.M., *The Soldier in Modern Society* (London, Eyre Methuen, 1972).
[258] Best, Geoffrey, *War and Society in Revolutionary Europe, 1770-1870* (Bungay, U.K., Fontana Paperbacks, 1982).
[259] Blight, James G., and David A. Welch, *On the Brink* (New York, Hill and Wang, 1989).
[260] Creveld, Martin Van, *Command in War* (Cambridge, Mass, Harvard University Press, 1985).
[261] Cross, James Eliot, *Conflict in the Shadows* (Garden City, N.Y., Doubleday, 1963).
[262] De Gaulles, Charles, *The Edge of the Sword* (Westport, Conn., Greenwood Press, 1975 ; en français : *le Fil de l'épée*).
[263] Dixon, Norman, *On the Psychology of Military Incompetence* (London, Futura Publications, 1976).

[264] Fletcher, Raymond, £60 a Second on Defence (London, Macgibbon & Kee, 1963).

[265] Ford, Daniel, The Button (New York, Simon and Schuster, 1985).

[266] Gabriel, Richard A., Military Incompetence (New York, Hill and Wang, 1985).

[267] Geraghty, Tony, Inside the S.A.S. (New York, Ballantine Books, 1980).

[268] Kaplan, Fred, The Wizards of Armageddon (New York, Simon and Schuster, 1983).

[269] Levy, Jack S., War in the Modern Great Power System 1495-1975 (Louisville, University of Kentucky Press, 1983).

[270] Liddell Hart, B.H., Europe in Arms (London, Faber and Faber, 1957).

[271] Mackenzie, W.J.M., Power, Violence, Decision (Middlesex, Penguin Books, 1975).

[272] Millis, Walter, The Martial Spirit (Cambridge, Mass. Literary Guild of America, 1931).

[273] Morison, Samuel Eliot, American Contributions to the Strategy of World War II (London, Oxford University Press, 1958).

[274] Moro, Comodoro R. Ruben, Historica del conflicto del Atlantico sur (Buenos Aires, Escuela Superior de Guerra Aerea, 1985).

[275] Organski, A.F.K., and Jacek Kugler, The War Ledger (Chicago, University of Chicago Press, 1980).

[276] Pfannes, Charles E., and Victor A. Salamona, The Great Commanders of World War II, Vol. III, The Americans (Don Mills, Ontario, General Paperbacks, 1981).

[277] Portela, Adolfo, et al., Malvinas su advertencia termonuclear (Buenos Aires, A-Z Editora, 1985).

[278] Price, Alfred, Air Battle Central Europe (New York, The Free Press, 1987).

[279] Rivers, Gayle, The Specialist (New York, Stein and Day, 1985).

[280] Sadler, A.L., trans., The Code of the Samurai (Rutland, Vt., and Tokyo, Charles E. Tuttle, 1988).

[281] Sharp, Gene, The Politics of Nonviolent Action (Boston, Porter Sargent, 1973).

[282] Starr, Chester G., The Influence of Sea Power on Ancient History (New York, Oxford University Press, 1989).

[283] Defense of Japan. White Paper from the Defense Agency, Japan, translated into English by the Japan Times (Tokyo: Japan Times, 1988).

[284] Discriminate Deterrence (Washington, D.C., The Commission On Integrated Long-Term Strategy, 1988).

[285] The Military Balance, 1989-1990 (London, International Institute for Strategic Studies, 1989).

[286] A Quest for Excellence, Final Report to the President (Washington, D.C., The President's Blue Ribbon Commission on Defense Management, 1986).

[287] *Strategic Survey, 1988-1989* (London, International Institute for Strategic Studies, 1989).

RELATIONS INTERNATIONALES

[288] Adams, James, *The Financing of Terror* (London, New English Library, 1986).
[289] Amin, Samir, *Accumulation on a World Scale* (New York, Monthly Review Press, 1974).
[290] Bibo, Istvan, *The Paralysis of International Institutions and the Remedies* (New York, John Wiley and Sons, 1976).
[291] Blazy, Jean-Claude, *le Petit Livre rouge du nationalisme* (Paris, Nouvelles Éditions Debresse, n.d.).
[292] Booth, Ken, *Strategy and Ethnocentrism* (London, Croom Helm, 1979).
[293] Brown, Lester R., et al., *State of the World, 1990* (New York, W. W. Norton, 1990).
[294] Burnham, James, *The War We Are In* (New Rochelle, N.Y., Arlington House, 1967).
[295] Burstein, Daniel, *Yen!* (New York, Simon and Schuster, 1988).
[296] Buruma, Ian, *God's Dust* (New York, Farrar Straus & Giroux, 1989).
[297] Chafetz, Ze'ev, *Members of the Tribe* (New York, Bantam Books, 1988).
[298] Close, Upton, *Behind the Face of Japan* (New York, D. Appleton-Century, 1934).
[299] Colby, Charles C., ed., *Geographic Aspects of International Relations* (Port Washington, N.Y., Kennikat Press, 1970).
[300] Crenshaw, Martha, ed., *Terrorism, Legitimacy, and Power* (Middletown, Conn., Wesleyan University Press, 1983).
[301] Davidson, William H., *The Amazing Race* (New York, John Wiley and Sons, 1984).
[302] Dorpalen, Andreas, *The World of General Haushofer* (Port Washington, N.Y., Kennikat Press, 1942).
[303] Elon, Amos, *The Israelis — Founders ans Sons* (New York, Holt, Rinehart and Winston, 1971).
[304] Emmott, Bill, *The Sun Also Sets* (New York, Times Books, 1989).
[305] Gilpin, Robert, *U.S. Power and the Multinational Corporation* (New York, Basic Books, 1975).
[306] —, *War and Change in World Politics* (Cambridge, Cambridge University Press, 1981).
[307] Glenn, Edmund S., and Christine Glenn, *Man and Mankind* (Norwood, N.J., Ablex Publishing, 1981).
[308] Hall, Edward T., and Mildred Reed Hall, *Hidden Differences* (New York, Anchor Press, 1987).

[309] Harris, Marvin, *Culture, People, Nature*, 2d ed (New York, Harper & Row, 1975).

[310] Hofheinz, Roy, Jr., and Kent E. Calder, *The Eastasia Edge* (New York, Basic Books, 1982).

[311] Hoyt, Edwin P., *Japan's War* (New York, McGraw-Hill, 1986).

[312] Huppes, Tjerk, *The Western Edge* (Dordrecht, the Netherlands, Kluwer Academic Publishers, 1987).

[313] Kaplan, David E., and Alec Dubro, *Yakuza* (Menlo Park, Cal., Addison-Wesley, 1986).

[314] Margiotta, Franklin D., and Ralph Sanders, eds., *Technology, Strategy, and National Security* (Washington, D.C., National Defense University Press, 1985).

[315] Mende, Tibor, *From Aid to Re-colonization* (New York, New York University Press, 1981).

[316] Miller, Abraham H., *Terrorism and Hostage Negotiations* (Boulder, Col., Westview Press, 1980).

[317] Miller, Roy Andrew, *Japan's Modern Myth* (New York, Weatherhill, 1982).

[318] Morita, Akio, and Shintaro Ishihara, *The Japan That Can Say «No»* (Washington, D.C., English translation and edition attributed to the Pentagon, 1989).

[319] Morita, Akio, Edwin M. Reingold, and Mitsuko Shimomura, *Made in Japan* (New York, E. P. Dutton, 1986).

[320] Nakdimon, Shlomo, *First Strike* (New York, Summit Books, 1987).

[321] Nixon, Richard, *Nor More Vietnams* (New York, Arbor House, 1985).

[322] Ohmae, Henichi, *Beyond National Borders* (Homewood, Ill., Dow Jones-Irwin, 1987).

[323] —, *Triad Power* (New York, Free Press, 1985).

[324] Palmer, John, *Europe Without America?* (Oxford, Oxford University Press, 1987).

[325] Park, Jae Kyu, and Jusuf Wanandi, eds., *Korea and Indonesia in the Year 2000* (Seoul, Kyungnam University Press, 1985).

[326] Pepper, David, and Alan Jenkins, eds., *The Geography of Peace and War* (New York, Basil and Blackwell, 1985).

[327] Priestland, Gerald, *The Future of Violence* (London, Hamish Hamilton, 1974).

[328] Pujol-Davila, José, *Sistema y poder geopolítico* (Buenos Aires, Ediciones Corregidor, 1985).

[329] Rangel, Carlos, *The Latin Americans: Their Love-Hate Relationship with the United States* (New York, Harcourt Brace Jovanovich, 1979).

[330] —, *Third World Ideology and Western Reality* (New Brunswick, N.J., Transaction Books, 1986).

[331] Rosecrance, Richard, *The Rise of the Trading State* (New York, Basic Books, 1986).

[332] Said, Abdul A., and Luiz R. Simmons, eds., *The New Sovereigns* (Englewood Cliffs, N.J., Prentice-Hall, 1975).

[333] Sampson, Geoffrey, *An End to Allegiance* (London, Temple Smith, 1984).

[334] Soto, Hernando de, *The Other Path* (New York, Harper & Row, 1989).

[335] Sterling, Claire, *The Terror Network* (New York, Berkley Books, 1981).

[336] Strausz-Hupe, Robert, *Geopolitics* (New York, G. P. Putnam's Sons, 1942).

[337] Suter, Keith, *Reshaping the Global Agenda* (Sydney, U.N. Association of Australia, 1986).

[338] Talbott, Strobe, *Deadly Gambits* (New York, Alfred A. Knopf, 1984).

[339] Tsurumi, Shunsuke, *A Cultural History of Postwar Japan* (London, KPI, 1987).

[340] Walter, Ingo, *Secret Money* (London, George Allen & Unwin, 1985).

[341] Wanandi, Jusuf, *Security Dimensions of the Asia-Pacific Region in the 80's* (Jakarta, Centre for Strategic and International Studies, 1979).

[342] Wiarda, Howard J., *Ethnocentrism in Foreign Policy* (Washington, D.C., American Entreprise Institute for Public Policy Research, 1985).

[343] Wyden, Peter, *Wall* (New York, Simon and Schuster, 1989).

[344] Young, George K., *Finance and World Power* (London, Thomas Nelson, 1968).

SOCIALISME ET MARXISME

[345] Aganbegyan, Abel, ed., *Perestroïka 1989* (New York, Charles Scribner's Sons, 1988).

[346] Althusser, Louis, and Etienne Balibar, *Reading Capital* (New York, Pantheon Books, 1970).

[347] Amalrik, Andrei, *Will the Soviet Union Survive Until 1984?* (New York, Perennial Library, 1970).

[348] Baldwin, Roger N., ed., *Kropotkin's Revolutionary Pamphlets: A Collection of Writings by Peter Kropotkin* (New York, Dover Publications, 1970).

[349] Brzezinski, Zbigniew, *The Grand Failure: The Birth and Death of Communism in the 20th Century* (New York, Charles Scribner's Sons, 1989).

[350] —, and Samuel P. Huntington, *Political Power: USA/USSR* (New York, Viking Press, 1963).

[351] Cohen, Stephen F., *Bukharin and the Bolshevik Revolution* (New York, Alfred A. Knopf, 1973).

[352] —, and Katrina Vanden Heuvel, *Voices of Glasnost* (New York, W. W. Norton, 1989).

[353] Daniels, Robert V., *Russia: The Roots of Confrontation* (Cambridge, Mass., Harvard University Press, 1985).

[354] De Brunhoff, Suzanne, *Marx on Money* (New York, Urizen Books, 1976).

[355] Carrère d'Encausse, Hélène, *Confiscated Power* (New York, Harper & Row, 1982 ; en français : *le Pouvoir confisqué*).

[356] Fine, Ben, and Laurence Harris, *Rereading Capital* (London, Macmillan Press, 1979).

[357] Fletcher, Raymond, *Stalinism* (Heanor, U.K., Byron House Publications, n.d.).

[358] Frankel, Boris, *Beyond the State? Dominant Theories and Socialist Strategies* (London, Macmillan Press, 1983).

[359] Friedgut, Theodore H., *Political Participation in the USSR* (Princeton, Princeton University Press, 1979).

[360] Frolov, I., *Global Problems and the Future of Mankind* (Moscow, Progress Publishers, 1982).

[361] Gorbatchev, Mikhail, *Selected Speeches and Articles* (Moscow, Progress Publishers, 1987).

[362] Grachev, Andrei, *In the Grip of Terror* (Moscow, Progress Publishers, 1982).

[363] Hamrin, Carol Lee, *China and the Challenge of the Future* (San Francisco, Westview Press, 1990).

[364] James, Donald, *The Fall of the Russian Empire* (New York, Signet Books, 1982).

[365] Kraus, Richard Curt, *Class Conflict in Chinese Socialism* (New York, Columbia University Press, 1981).

[366] Lichtheim, George, *The Origins of Socialism* (New York, Frederick A. Praeger, 1969).

[367] Loebl, Eugen, *Stalinism in Prague* (New York, Grove Press, 1969).

[368] Marx, Karl, *Capital,* Vol. I (New York, International Publishers, 1939).

[369] —, F. Engels, and V. Lenin, *On Historical Materialism, A Collection* (Moscow, Progress Publishers, 1972).

[370] McMurtry, John, *The Structure of Marx's World-View* (Princeton, Princeton University Press, 1978).

[371] Muqiao, Xue, *China's Socialist Economy* (Beijing, Foreign Languages Press, 1981).

[372] Pan, Lynn, *The New Chinese Revolution* (Chicago, Contemporary Books, 1988).

[373] Possony, Stefan T., ed., *The Lenin Reader* (Chicago, Henry Regnery, 1966).

[374] Poster, Mark, *Foucault, Marxism and History* (Oxford, Polity Press, 1984).

[375] Rigby, T. H., Archie Brown, and Peter Reddaway, eds., *Autho-*

rity, Power and Policy in the USSR (London, Macmillan Press, 1980).

[376] Sassoon, Anne Showstack, *Approaches to Gramsci* (London, Writters and Readers Publishing Cooperative Society, 1982).

[377] Sherman, Howard, *Radical Political Economy* (New York, Basic Books, 1972).

[378] Sik, Ota, *The Communist Power System* (New York, Praeger Publishers, 1981).

[379] Starr, John Bryan, *Continuing the Revolution: The Political Thought of Mao* (Princeton, Princeton University Press, 1979).

[380] Wilson, Dick, *The Sun at Noon* (London, Hamish Hamilton, 1986).

[381] Zamoshkin, Yu. A., *Problems of Power and Management Under the Scientific Technological Revolution* (Moscow, Soviet Sociological Association, 1974).

FASCISME

[382] Beradt, Charlotte, *The Third Reich of Dreams* (Wellingborough, U.K., Aquarian Press, 1985).

[383] Friedlander, Saul, *Reflections on Nazism* (New York, Avon Books, 1984).

[384] Glaser, Hermann, *The Cultural Roots of National Socialism* (Austin, University of Texas Press, 1978).

[385] Gregor, A. James, *The Fascist Persuasion in Radical Politics* (Princeton, Princeton University Press, 1974).

[386] —, *The Ideology of Fascism* (New York, The Free Press, 1969).

[387] Hitler, Adolf, *Mein Kampf* (Boston, Houghton Mifflin, 1971).

[388] Laqueur, Walter, *Fascism: A Reader's Guide* (Berkeley, University of California Press, 1976).

[389] Lewin, Ronald, *Hitler's Mistake* (New York, William Morrow, 1984).

[390] Mosse, George L., *The Crisis of German Ideology* (London, Weidenfeld and Nicolson, 1964).

[391] Reveille, Thomas, *The Spoil of Europe* (New York, W. W. Norton, 1941).

SERVICES SECRETS ET ESPIONNAGE

[392] Aburish, Said K., *Pay-Off: Wheeling and Dealing in the Arab World* (London, Andre Deutsch, 1986).

[393] Andrew, Christopher, *Secret Service* (London, Heinemann, 1985).

[394] —, and David Dilks, eds., *The Missing Dimension* (Chicago, University of Illinois Press, 1984).

[395] Ball, Desmond, *Pine Gap* (Sydney, Allen & Unwin, 1988).

[396] —, J. O. Langtry, and J. D. Stevenson, *Defend the North* (Sydney, George Allen and Unwin, 1985).

[397] Brown, Anthony Cave, *Bodyguard of Lies* (New York, Bantam Books, 1976).

[398] —, « *C* » (New York, Macmillan, 1987).

[399] Burrows, William E., *Deep Black* (New York, Random House, 1986).

[400] Caroz, Yaacov, *The Arab Secret Services* (London, Corgi Books, 1978).

[401] Costello, John, *Mask of Treachery* (New York, William Morrow, 1988).

[402] Coxsedge, Joan, Ken Coldicutt, and Gerry Harant, *Rooted in Secrecy* (Capp, Australia, Balwyn North, 1982).

[403] Deacon, Richard, « *C* » : *A Biography of Sir Maurice Oldfield.* (London, McDonald, 1985).

[404] —, *A History of Russian Secret Service* (London, Frederick Muller, 1972).

[405] Donner, Frank J., *The Age of Surveillance* (New York, Alfred A. Knopf, 1980).

[406] Felix, Christopher, *A Short Course in the Secret War* (New York, Dell Publishing, 1988).

[407] Garwood, Darrell, *Undercover : Thirty-five Years of CIA Deception* (New York, Grove Press, 1985).

[408] Godson, Roy, *Intelligence Requirements for the 1980's* (Lexington, Mass., Lexington Books, 1986).

[409] Halamka, John D., *Espionage in the Silicon Valley* (Berkeley, Cal., Sybex, 1984).

[410] Henderson, Bernard R., *Pollard. The Spy's Story* (New York, Alpha Books, 1988).

[411] Knightley, Phillip, *The Second Oldest Profession* (New York, A. W. Norton, 1986).

[412] Laqueur, Walter, *A World of Secrets* (New York, Basic Books, 1985).

[413] Levchenko, Stanislav, *On the Wrong Side* (Washington, D.C., Pergamon-Brassey's, 1988).

[414] Levite, Ariel, *Intelligence and Strategic Surprises* (New York, Columbia University Press, 1987).

[415] Marenches, Count de, and Christine Ockrent, *The Evil Empire* (London Sidgwick and Jackson, 1986 ; en français : *Dans le secret des princes*).

[416] Pacepa, Ion, *Red Horizons* (London, Hodder and Stoughton, Coronet Books, 1989).

[417] Perrault, Gilles, *The Red Orchestra* (New York, Pocket Books, 1969 ; en français : *l'Orchestre rouge*).

[418] Phillips, David Atlee, *Careers in Secret Operations* (Bethesda, Md., Stone Trail Press, 1984).

[419] Pincher, Chapman, *Too Secret Too Long* (New York, St. Martin's Press, 1984).

[420] Plate, Thomas, and Andrea Darvi, *Secret Police* (London, Robert Hale, 1981).

[421] Prouty, Fletcher L., *The Secret Team* (Englewood Cliffs, N.J., Prentice-Hall, 1973).

[422] Richelson, Jeffrey, *American Espionage and the Soviet Target* (New York, Quill, 1987).

[423] —, *Foreign Intelligence Organizations* (Cambridge, Mass., Ballinger, 1985).

[424] —, *The U.S. Intelligence Community* (Cambridge, Mass., Ballinger, 1985).

[425] Rositzke, Harry, *The KGB* (New York, Doubleday, 1981)

[426] Seth, Ronald, *Secret Servants* (New York, Farrar, Straus and Cudahy, 1957).

[427] Shevchenko, Arkady N., *Breaking with Moscow* (New York, Alfred A. Knopf, 1985).

[428] Shultz, Richard H., and Roy Godson, *Dezinformatsia* (New York, Berkley Books, 1986).

[429] Suvorov, Viktor, *Inside Soviet Military Intelligence* (New York, Berkely Books, 1984).

[430] —, *Inside the Aquarium : The Making of a Top Spy* (New York, Berkley Books, 1987).

[431] Toohey, Brian, and William Pinwill, *Oyster* (Port Melbourne, Australia, William Heinemann, 1989).

[432] Turner, Stansfield, *Secrecy and Democracy* (Boston, Houghton Mifflin, 1985).

[433] West, Nigel, *The Circus* (New York, Stein and Day, 1983)

[434] —, *Games of Intelligence* (London, Weidenfeld and Nicolson, 1989).

[435] Woodward, Bob, *Veil* (New York, Simon and Schuster, 1987).

[436] Wright, Peter, and Paul Greengrass, *Spycatcher* (New York, Viking Press, 1987).

Savoir et société

[437] Afanasyev, V., *Social Information and the Regulation of Social Development* (Moscow, Progress Publishers, 1978).

[438] Alisjahbana, S. Takdir, *Values As Integrating Forces in Personality, Society and Culture* (Kuala Lumpur, University of Malaya Press, 1966).

[439] Attali, Jacques, *Noise* (Minneapolis, University of Minnesota Press, 1985 ; en français : *Bruits*).

[440] Bacon, Francis, *A Selection of His Works* (Indianapolis, Bobbs-Merrill Educational Publishing, 1965).

[441] Bok, Sissela, *Secrets* (New York, Vintage Books, 1984).

[442] Cherry, Kittredge, *Womansword* (Tokyo, Kodansha International, 1989).

[443] Cirlot J. E., *A Dictionary of Symbols* (New York, Philosophical Library, 1962).

[444] Coser, Lewis A., *Men of Ideas* (New York, Free Press, 1970).

[445] Curtis, James E., and John W. Petras, eds., *The Sociology of Knowledge* (New York, Praeger, 1970).

[446] De Huszar, George B., ed., *The Intellectuals* (Glencoe, Ill., Free Press of Glencoe, 1960).

[447] Doi, Takeo, *The Anatomy of Dependence* (Tokyo, Kodansha International, 1985).

[448] Duke, Benjamin, *The Japanese School* (New York, Praeger, 1986).

[449] Ekman, Paul, *Telling Lies* (New York, W. W. Norton, 1985).

[450] Everhart, Robert B., ed., *The Public School Monopoly* (Cambridge, Mass., Ballinger, 1982).

[451] Feigenbaum, Edward, Pamela McCorduck, and H. Penny Nii, *The Rise of the Expert Compagny* (New York, Times Books, 1988).

[452] Foster, Hal, *Postmodern Culture* (London, Pluto Press, 1985).

[453] *Foucault, Michel, Power, Truth, Strategy* (Sydney, Feral Publications, 1979).

[454] Gardner, Howard, *The Mind's New Science* (New York, Basic Books, 1985).

[455] Gouldner, Alvin W., *The Future of Intellectuals and the Rise of the New Class* (New York, Continuum Books, 1979).

[456] Habermas, Jurgen, *Knowledge and Human Interests* (Boston, Beacon Press, 1968).

[457] Hansen, Robert H., *The Why, What and How of Decision Support* (New York, AMA Management Briefing, 1984).

[458] Hoffman, Lily M., *The Politics of Knowledge* (Albany, State University of New York Press, 1989).

[459] Keren, Michael, *Ben Gurion and the Intellectuals* (Dekalb, Ill., Northern Illinois University Press, 1983).

[460] Kindaichi, Haruhiko, *The Japanese Language* (Rutland, Vt., Charles E. Tuttle, 1978).

[461] Konrad, George, *Antipolitics* (New York, Harcourt Brace Jovanovich, 1984).

[462] Konrad, George, and Ivan Szelenyi, *The Intellectuals on the Road to Class Power* (New York, Harcourt, Brace Jovanovich, 1976).

[463] Kraemer, Kenneth L., et al., *Datawars* (New York, Columbia University Press, 1987).

[464] Lakatos, Imre, and Alan Musgrave, eds., *Criticism and the Growth of Kinowledge* (London, Cambridge University Press, 1979).

[465] Lamberton, D. M., ed., *Economics of Information and Knowledge* (Middlesex, U.K., Penguin Books, 1971).

[466] Lyotard, Jean-François, *The Post-Modern Condition* (Minneapolis, University of Minnesota Press, 1984).

[467] Machlup, Fritz, *Knowledge: Its Creation, Distribution, and Economic Significance*, Vol. I (Princeton, Princeton University Press, 1980).

[468] —, *The Production and Distribution of Knowledge in the United States* (Princeton, Princeton University Press, 1962).

[469] Noer, Deliar, *Culture, Philosophy and the Future* (Jakarta, P. T. Dian Rakyat, 1988).

[470] Ohmae, Kenichi, *The Mind of the Strategist* (New York, Penguin, 1983).

[471] Ong, Walter J., *Orality and Literacy* (London, Methuen, 1982).

[472] —, ed., *Knowledge and the Future of Man* (New York, Clarion Books, 1968).

[473] Paulos, John Allen, *Innumeracy* (New York, Hill and Wang, 1988).

[474] Popper, K. R., *The Open Society and Its Enemies*, Vol. I (London, Routledge and Kegan Paul, 1962).

[475] Powers, Richard Gid, *Secrecy and Power: The Life of J. Edgar Hoover* (New York, Free Press, 1987).

[476] Scott, D. R., *The Cultural Significance of Accounting* (Columbia, Mo., Lucas Brothers, n.d.).

[477] Singer, Kurt, *Mirror, Sword and Jewel* (Tokyo, Kodansha International, 1973).

[478] Sowell, Thomas, *Knowledge and Decisions* (New York, Basic Books, 1980).

[479] Strehlow T.G.H., *Songs of Central Australia* (Sydney, Angus and Robertson, 1971).

[480] Swetz, Frank J., *Capitalism and Arithmetic* (La Salle, III., Open Court, 1987).

[481] Taylor, Stanley, *Conceptions of Institutions and the Theory of Knowledge* (New Brunswick, N.J., Transaction, 1989).

[482] Tefft, Stanton K., *Secrecy: A Cross-Cultural Perspective* (New York, Human Sciences Press, 1980).

[483] Van den Berg, Jan Hendrik, *Medical Power and Medical Ethics* (New York, W. W. Norton, 1978).

[484] Whitehead, Alfred North, *The Function of Reason* (Boston, Beacon Press, 1958).

ORDINATEURS ET COMMUNICATIONS

[485] Acco, Alain, and Edmond Zuchelli, *la Peste informatique* (Paris, Éditions Plume, 1989).

[486] Arnold, Erik, and Ken Guy, *Parallel Convergence: National Strategies in Information Technology* (London, Frances Pinter, 1986).

[487] Ashby, W. Ross, *Design for a Brain* (London, Chapman and Hall, 1978).

[488] Berlin, Isaiah, *Against the Current* (New York, Viking Press, 1955).
[489] Berlo, David K., *The Process of Communication* (New York, Holt, Rinehart and Winston, 1960).
[490] Cherry, Colin, *World Communication: Threat or Promise?* (London, Wiley-Interscience, 1971).
[491] Civikly, Jean M., *Messages* (New York, Random House, 1974).
[492] Duncan, Hugh Dalziel, *Communication and Social Order* (London, Oxford University Press, 1962).
[493] Goodman, Danny, *The Complete HyperCard Handbook* (New York, Bantam Books, 1987).
[494] Goulden, Joseph C., *Monopoly* (New York, Pocket Books, 1970).
[495] Hemphill, Charles F., Jr., and Robert D. Hemphill, *Security Safeguards for the Computer* (New York, AMA Management Briefing, 1979).
[496] Johnson, Douglas W., *Computer Ethics* (Elgin, Ill., Brethren Press, 1984).
[497] Kaligo, Al, Lou Baumbach, and Joe Garzinsky, *Telecommunications Management: A Practical Approach* (New York, AMA Management Briefing, 1984).
[498] Kitahara, Yasusada, *Information Network System* (London, Heinemann Educational Books, 1983).
[499] Landau, Robert M., *Information Resources Management* (New York, AMA Management Briefing, 1980).
[500] Levy, Steven, *Hackers* (New York, Dell, 1984).
[501] Marchand, Marie, *The Minitel Saga* (Paris, Larousse, 1988; en français: *Minitel*).
[502] McLuhan, Marshall, and Bruce R. Powers, *The Global Village* (New York, Oxford University Press, 1989).
[503] Mortensen, C. David, *Communication* (New York, McGraw-Hill, 1972).
[504] Pool, Ithiel de Sola, *Technologies of Freedom* (Cambridge, Mass., Belknap Press of Harvard University Press, 1983).
[505] Poppel, Harvey L., and Bernard Goldstein, *Information Technology* (New York, McGraw-Hill, 1987).
[506] Shannon, Claude, and Warren Weaver, *The Mathematical Theory of Communication* (Urbana, University of Illinois Press, 1949).
[507] Smith, Alfred G., ed., *Communication and Culture* (New York, Holt, Rinehart and Winston, 1966).
[508] Spacks, Patricia Meyer, *Gossip* (Chicago, University of Chicago Press, 1985).
[509] Strassman, Paul A., *Information Payoff* (New York, Free Press, 1985).
[510] Tarde, Gabriel, *On Communication and Social Influence* (Chicago, University of Chicago Press, 1969).
[511] Wilcox, A. M., M. G. Slade, and P. A. Ramsdale, *Command Control and Communications* (New York, Brassey's Defense Publishers, 1983).

[512] Wilmot, William W., and John R. Wenburg, *Communicational Involvement : Personal Perspectives* (New York, John Wiley and Sons, 1974).

[513] Winograd, Terry, and Fernando Flores, *Understanding Computers and Cognition* (Reading, Mass., Addison-Wesley, 1986).

SCIENCE ET TECHNOLOGIE

[514] Colombo, Umberto, et al., *Science and Technology Towards the XXI Century and Their Impact Upon Society* (Milan, The Pirelli Group, n.d.).

[515] Drexler, K. Eric, *Engines of Creation* (New York, Anchor Press, 1986).

[516] Driakhlov, Nikolai, *The Scientific and Technological Revolution : Its Rss. Design for a Brain* (London, Chapman and Hall, 1978).

[517] Illich, Ivan, *Tools for Conviviality* (New York, Harper & Row, 1973).

[518] Langone, John, *Superconductivity : The New Alchemy* (Chicago, Contemporary Books, 1989).

[519] Melvern, Linda, David Hebditch, and Nick Anning, *Techno-Bandits* (Boston, Houghton Mifflin, 1984).

[520] Mendelssohn, Kurt, *The Secret of Western Domination* (New York, Praeger, 1976).

[521] Muroyama, Janet H., and H. Guyford Stever, eds., *Globalization of Technology* (Washington, D.C., National Academy Press, 1988).

[522] Nicolis, G., and I. Prigogine, *Self-Organization in Nonequilibrium Systems* (New York, John Wiley and Sons, 1977).

[523] Prigogine, Ilya, *From Being to Becoming* (San Francisco, W. H. Freeman, 1980).

[524] —, and Isabelle Stengers, *la Nouvelle Alliance* (Paris, Éditions Gallimard, 1979).

[525] —, *Order Out of Chaos* (New York, Bantam Books, 1984).

[526] Tuck, Jay, *High-Tech Espionage* (London, Sidgwick and Jackson, 1986).

[527] *The Scientific-Technological Revolution and the Contradictions of Capitalism*, International Theoretical Conference, Moscow, May 21-23, 1979 (Moscow, Progress Publishers, 1982).

HISTOIRE ET BIOGRAPHIE

[528] Allen, Frederick Lewis, *The Lords of Creation* (New York, Harper & Brothers, 1935).

[529] Attali, Jacques, *A Man of Influence* (Bethesda, Md., Adler & Adler, 1987 ; en français : *Un homme d'influence : Sir Siegmund Warburg 1902-1982*).

[530] Ayling, S. E., *Portraits of Power* (New York, Barnes and Noble, 1963).

[531] Braudel, Fernand, *Afterthoughts on Material Civilization and Capitalism* (Baltimore, Johns Hopkins University Press, 1977).

[532] —, *Capitalism and Material Life 1400-1800* (New York, Harper Colophon Books, 1973 ; en français : *Civilisation matérielle, économie et capitalisme*).

[533] —, *The Mediterranean,* Vol. I (New York, Harper & Row, 1972 ; en français : *la Méditerranée*).

[534] —, *The Mediterranean,* Vol. II (New York, Harper & Row, 1972).

[535] —, *On History* (London, Weidenfeld and Nicolson, 1980 ; en français : *Écrits sur l'histoire*).

[536] —, *The Structures of Everyday Life,* Vol. I (New York, Harper & Row, 1981 ; en français : *les Structures du quotidien*).

[537] Burke, John, *Duet in Diamond* (New York, G. P. Putnam's Sons, 1972).

[538] Bury, J.P.T., ed., *The New Cambridge Modern History* (Cambridge, Cambridge University Press, 1971).

[539] Cashman, Sean Dennis, *America in the Gilded Age* (New York, New York University Press, 1984).

[540] Center for Medieval and Renaissance Studie, UCLA, *The Dawn of Modern Banking* (New Haven, Yale University Press, 1979).

[541] Chernow, Ron, *The House of Morgan* (New York, Atlantic Monthly Press, 1990).

[542] Cook, Don, *Charles de Gaulle* (New York, G. P. Putnam's Sons, 1983).

[543] Cooper, A. Duff, *Talleyrand* (London, Cassell, 1987).

[544] Corey, Lewis, *The House of Morgan* (New York, G. Howard Watt, 1930).

[545] Crankshaw, Edward, *The Fall of the House of Habsburg* (New York, Penguin Books, 1983).

[546] Crozier, Brian, *The Masters of Power* (Boston, Little, Brown, 1969).

[547] Curtin, Philip D., *Cross-Cultural Trade in World History* (Cambridge, Cambridge University Press, 1984).

[548] Custine, Marquis de, *Journey for Our Time : The Journals of the Marquis de Custine* (London, George Prior, 1980 ; en français : *Lettres de Russie*).

[549] Dodd, Alfred, *Francis Bacon's Personal Life-Story*, Vol. I (London, Rider, 1949).

[550] —, *Francis Bacon's Personal Life Story*, Vol. II (London, Rider, 1986).

[551] Elias, Norbert, *Power and Civility* (New York, Pantheon Books, 1982).

[552] Eyck, Erich, *Bismarck and the German Empire* (New York and London, W. W. Norton, 1950).

[553] Febvre, Lucien, and Henri-Jean Martin, *The Coming of the Book* (London, New Left Books, 1984).

[554] Green, A. Wigfall, *Sir Francis Bacon* (Denver, Alan Swallow, 1952).

[555] Hammer, Armand, with Neil Lyndon, *Hammer* (New York, G. P. Putnam's Sons, 1987).

[556] Hook, Sidney, *Out of Step* (New York, Carroll & Graf, 1987).

[557] Isaacson, Walter, and Evan Thomas, *The Wise Men* (New York, Simon and Schuster, 1986).

[558] Johnson, Paul, *Intellectuals* (New York, Harper & Row, 1988).

[559] Kapuscinski, Ryszard, *The Emperor* (New York, Harcourt Brace Jovanovich, 1983).

[560] —, *Shah of Shahs* (New York, Harcourt Brace Jovanovich, 1985).

[561] Kennedy, Paul, *The Rise and Fall of the Great Powers* (New York, Random House, 1987).

[562] Kerr, Clark, et al., *Industrialism and Industrial Man* (Harmondsworth, U.K., Penguin Books, 1973).

[563] Kula, Witold, *An Economic Theory of the Feudal System* (London, NLB, 1976).

[564] Lacouture, Jean, *The Demigods* (New York, Alfred A. Knopf, 1970 ; en français : *Quatre hommes et leurs peuples*).

[565] Markham, Felix, *Napoleon* (New York, Mentor Books, 1963).

[566] Mazlish, Bruce, *James and John Stuart Mill* (New York, Basic Books, 1975).

[567] McNeill, William H., *The Pursuit of Power* (Chicago, University of Chicago Press, 1982).

[568] Mee, Charles L., Jr., *The End of Order* (New York, E. P. Dutton, 1980).

[569] Metcalfe, Philip, *1933* (Sag Harbor, N.Y., Permanent Press, 1988).

[570] Millar, Fergus, *The Emperor in the Roman World* (Ithaca, N.Y., Cornell University Press, 1977).

[571] Myers, Gustavus, *History of the Great American Fortunes* (New York, Modern Library, 1937).

[572] Nicholls, A. J., *Weimar and the Rise of Hitler* (London, Macmillan, 1979).

[573] Nixon, Richard, *Leaders* (New York, Warner Books, 1982).

[574] —, *The Memoirs of Richard Nixon* (New York, Grosset and Dunlap, 1978).

[575] Norwich, John Julius, *Venice: The Rise to Empire* (London, Allen Lane, 1977).

[576] Nystrom, Anton, *Before, During, and After 1914* (London, William Heinemann, 1915).

[577] Schevill, Ferdinand, *A History of Europe* (New York, Harcourt Brace, 1938).

[578] Schlereth, Thomas J., *The Cosmopolitan Ideal in the Enlighten-*

ment Thought (Notre Dame, Ind., University of Notre Dame Press, 1977).

[579] Schmidt-Hauer, Christian, *Gorbatchev* (Topsfield, Mass., Salem House, 1986).

[580] Seward, Desmond, *Napoleon and Hitler* (New York, Viking Press, 1988).

[581] Stephenson, Carl, *Mediaeval Feudalism* (Ithaca, Cornell University Press, 1967).

[582] Stern, J. P., *Hitler* (London, Fontana/Collins, 1975).

[583] Tapsell, R. F., *Monarchs, Rulers, Dynasties and Kingdoms of the World* (London, Thames and Hudson, 1983).

[584] Thompson, E. P., *The Making of the English Working Class* (New York, Vintage Books, 1963).

[585] Walker, James Blaine, *The Epic of American Industry* (New York, Harper & Brothers, 1949).

[586] Ward, J. T., *The Factory System,* Vol. I (Newton Abbot, U.K., David and Charles, 1970).

[587] Weatherford, Jack, *Indian Givers.* (New York, Crown Books, 1988).

[588] Wendt, Lloyd, and Herman Kogan, *Bet A Million !* (Indianapolis, Bobbs-Merrill, 1948).

[589] Wheeler, George, *Pierpont Morgan and Friends* (Englewood Cliffs, N.J., Prentice-Hall, 1973).

[590] Wilson, Derek, *Rothschild : The Wealth and Power of a Dynasty* (New York, Charles Scribner's Sons, 1988).

[591] Wilson, George M., *Radical Nationalist on Japan : Kita Ikki 1883-1937* (Cambridge, Mass., Harvard University Press, 1969).

[592] Wittfogel, Karl A., *Oriental Despotism* (New Haven, Yale University Press, 1964).

Notes

Les numéros entre crochets se réfèrent aux titres figurant dans la Bibliographie qui précède ces Notes. Ainsi, dans les Notes [1] correspond au premier titre indiqué dans la Bibliographie : Aron, Raymond, *les Étapes de la pensée sociologique*, et ainsi de suite.

PRÉFACE PERSONNELLE

Pages

11-12. Institut pour l'information scientifique, correspondance avec l'auteur, 5 janvier 1978.
12. Concernant *la Troisième Vague* en Chine, voir [363]. Voir également Andrew Mendelsohn, « Alvin Toffler in China : Deng's Big Bang », *New Republic*, 4 avril 1988.

CHAPITRE I - L'ÈRE DES NOUVEAUX POUVOIRS

21. Anne B. Fischer, « GM Is Tougher Than You Think », *Fortune*, 10 novembre 1986.
21. Concernant le déclin de la domination américaine sur les ordinateurs, lire *Datamation*, 15 juin 1988.
22. « Gephardt Plans to Call for Japan-Style Trade Agency », *Los Angeles Times*, 4 octobre 1989.
22. Au sujet du MITI, on consultera les articles suivants, publiés dans *Japan Economic Journal* : « MITI Fights to Hold Influence as Japanese Firms Go Global », 1er avril 1989 ; « Icy Welcome for MITI'S Retail Law Change », 21 octobre 1989 ; « Japan Carmakers Eye Growth Despite MITI Warning », 21 octobre 1989 ; « Trade Policy Flip-Flop Puts MITI on Defensive », 20 janvier 1990.
24-25. Documentation médicale obtenue, entre autres, à partir d'interviews du personnel du Wilkerson Group (organisme de conseil en gestion médicale), New York ; nous avons également interviewé Wendy Borow, directeur de l'American Medical Associa-

tion Division of Television, Radio and Film, ainsi que Barry Cohn, producteur de journaux télévisés, AMA, Chicago.
26. Citation de Mark Poster : voir [374], p. 53.

CHAPITRE II - FORCE PHYSIQUE, ARGENT ET INTELLIGENCE

A propos des définitions... Il y a autant de définitions du pouvoir que de fleurs de cerisiers au Japon, et toutes sont entachées de difficultés. L'une des plus célèbres est celle de Bertrand Russell, qui dit que le « pouvoir peut être défini comme la production d'effets intentionnels ». Expression parfaitement rationnelle, claire et précise.

Malheureusement, même cette phrase toute simple est semée d'embûches.

Tout d'abord, nous pouvons nous demander ce qui est « intentionnel ». Ce n'est pas si facile à préciser, pas même pour la personne à l'origine de ces intentions. Ensuite, il nous faut comprendre ce que sont ces « effets », afin que nous puissions les comparer aux intentions premières. D'ailleurs, chaque action a des conséquences de deuxième ordre, troisième ordre, etc., dont certaines sont voulues et d'autres pas. Que doit-on ranger exactement dans la liste des « effets » ?

Par ailleurs, il faut également s'assurer que ce qui s'est passé est bien le « produit » de l'action entreprise. Cela implique une connaissance de la causalité qui est souvent hors de notre portée.

Finalement, un énorme paradoxe pointe son nez sous cette phrase : plus les intentions sont nombreuses et variées, plus il est probable que seule une faible partie sera réalisée, et plus il est difficile de déterminer quelle en est la cause réelle. En ce sens, si l'on se fie à la définition parfaitement plausible de Russell, plus ses intentions sont limitées, plus on peut exercer un véritable contrôle.

Si produire l'effet désiré, avec un minimum de conséquences secondaires (identifiables) est une définition du pouvoir, celui qui a des buts restreints et une conscience rudimentaire des effets secondaires sera défini comme le plus puissant.

Malgré cet exemple qui nous invite à la prudence (et tout en sachant que notre propre définition n'est pas sans poser des problèmes conceptuels), il nous faut une définition de base assez souple pour pouvoir faire avancer notre réflexion. Dans ces pages, le terme « pouvoir » signifiera la capacité de faire appel à la violence, à la richesse, et/ou au savoir, ainsi qu'à leurs nombreux dérivés, pour influer sur les autres de façon à ce qu'ils répondent positivement à nos besoins et nos désirs.

31. Les trois symboles légendaires du pouvoir jouent toujours un rôle dans le rituel japonais. A la mort de l'empereur Hirohito en 1989, l'épée, les bijoux et le miroir impérial furent, selon la tradition, transmis à son fils, Akihito (« What Sort of Peace in Heisei ? », *Economist*, 14 janvier 1989). Pour en savoir plus sur

san shu no jingi, voir *Encyclopedia of Japan* (Tokyo, Kodansha Publishing House), qui recense les accessoires impériaux. Voir aussi [239], pp. 124-131.

31. Pour la signification symbolique du *miroir*, voir [443], p. 201.

Au Japon, le pouvoir ne s'exprime pas seulement dans la légende, mais également dans le langage. Le japonais, comme bien d'autres langues, présente des titres honorifiques, qui exigent que l'on précise sa position hiérarchique dès qu'on ouvre la bouche. Il est presque impossible de parler sans marquer sa position face à un supérieur ou à un inférieur. Le langage présuppose donc l'existence d'une hiérarchie. Tandis que l'idéogramme qui symbolise l'homme représente un champ de blé et des jambes solides, celui qui représente la femme est une figurine agenouillée et soumise. De tels symboles reflètent la puissance patriarcale. *Womansword* [442], qui a pour sous-titre *What Japanese Words Say About Women* (Ce que les mots japonais disent sur la femme), est une riche source d'exemples. Mais le japonais n'est pas la seule langue chargée de positions de pouvoir implicites. Le javanais, par exemple, a deux niveaux : *ngoko*, avec lequel on s'adresse aux inférieurs, et *krama*, destiné à converser avec les supérieurs. Ces deux grandes catégories sont elles-mêmes partagées en sous-niveaux très subtils. (*Cf.* [28].)

32. Concernant Boesky : « Suddenly the Fish Gets Bigger », *Business Week*, 2 mars 1989.
32. Concernant Klaus Fuchs : [411], pp. 263-264.
34. *Cuba* (United Artists, 1979).
36. Concernant la manière dont la puissance militaire dépend de l'ordinateur : Richard E. Morley et Todd Leadbeater, « Real Time Creates "Smart" Flight Simulators », *in : Defense Science*, novembre 1988.

Chapitre III - Par-dela le règne du clinquant

43. La bande dessinée *Doonesbury*, créée par Garry Trudeau et publiée dans de nombreux périodiques, est une féroce satire du magnat de l'immobilier Donald Trump, dont l'ouvrage à succès, *The Art of the Deal*, fut écrit avec la collaboration de l'écrivain Tony Schwartz. Le président de Chrysler, Lee Iacocca, produisit un best-seller qui avait été écrit pour lui par William Novak. Pour ce qui est des rumeurs sur la présidence des États-Unis, voir « Iacocca for President ? », *Washington Post*, 13 décembre 1987, et « Starwatch » (article de Jeannie Williams), *USA Today*, 26 octobre 1989.
45. Concernant la « frénésie des OPA » des années 1980, actuellement en rémission temporaire, voir « The World Catches Takeover Fever », *New York Times*, 21 mai 1989, et « Attack on Corporate

Europe », *The Times* (Londres), 1ᵉʳ octobre 1989. Voir aussi [73] et [127].

45. Concernant les magnats de l'ère usinière : « America's Sixty Families », *New Republic*, 17 novembre 1937. A comparer avec « The Forbes Four Hundred », de Harold Seneker *et al., in : Forbes*, 23 octobre 1989.

46. Sur les syndicats et les OPA, voir « Move Over Boone, Carl, and IRV — Here Comes Labor », *Business Week*, 14 décembre 1987.

47-48. Concernant « l'Age du clinquant », voir [539], pp. 34-37, 50-51 ; voir également [537], pp. 70-71, 164-167, 170-171 ; [588], pp. 10-11 ; et [206] p. 64.

48. La citation de Weingarten est tirée d'une interview par l'auteur.

49. Pour la vendetta de Iacocca, voir son méga-best-seller publié par Bantam en 1984.

49. Ross Perot et General Motors : [123], pp. 280-289.

49. Sur la bataille italienne entre l'ancienne et la nouvelle puissance monétaire, et sur le rôle de Carlo de Benedetti, Gianno Agnelli et Enrico Cuccia : « The Last Emperor », *Euromoney*, octobre 1988. Voir aussi [95].

49. Pour les acquisitions franco-germaniques, voir « Europe's Buyout Bulge », *New York Times*, 6 novembre 1989. Voir aussi l'interview de Philippe Adhemar, conseiller financier, ambassade de France, Washington, D.C.

49. On trouvera un compte rendu du mélodrame espagnol dans « A Success Story Turns Sour », *Financial Times*, 25/26 février 1989.

52. L'histoire de la consultante est tirée de [64], pp. 3-7.

CHAPITRE IV - LA FORCE : LE COMPOSANT YAKUZA

58. La citation de Séliounine est tirée de « Lenin Faulted on State Terror, and a Soviet Taboo Is Broken », *New York Times*, 8 juin 1988.

58. Pour la violence dans le mouvement ouvrier, on se reportera à [108], pp. 212-213 ; [122], pp. 7 et 55-63.

59. « Violence at Motorola in Korea », *Financial Times*, 31 décembre 1988.

59. « Firms Gang Up to Quiet Stockholder Meeting Louts », *Japan Economic Journal*, 2 juillet 1988 ; également, « Japan's Sokaiya Fail to Trap Juiciest Prey », *Financial Times*, 27 juin 1989.

59. « Japanese Fund Manager Found Buried in Concrete », *Financial Times*, 19 octobre 1988.

59. Concernant la pratique de la violence dans l'immobilier japonais, voir « Shadow Syndicate », de Kai Herman, *20/20* (Londres), février 1990 ; voir aussi « No Vacancy : Soaring Land Prices in Japan Slam Door on Housing Market », *Wall Street Journal*, 13 octobre 13, 1987.

60. L'avocat américain et la batte de base-ball : « Nippon Steal », de Eamonn Fingleton, *Euromoney*, octobre 1988.
60. « Snakes Alive in Korean Cinemas », *Financial Times*, 5 octobre 1989.
60. Concernant les usuriers : [313], pp. 167-168.
60. « Silkwood : The Story Behind the Story », *New Statesman*, 4 mai 1984.
62. Sur de Gaulle, voir [546], p. 31.
63. L'affaire du scandale Recruit est résumée dans « Takeshita Hears the Thud of the Axes », *Economist*, 18 février 1989 et dans « Will the Recruit Scandal Just Go Away ? », *Business Week*, 12 juin 1989.
63. Sur le scandale allemand : « A Deadly Game of Dirty Tricks », *Newsweek*, 26 octobre 1987. Voir aussi « A Pair of Bad Smells », *Economist*, 17 octobre 1987.
63. Sur les pachinkos : « A Pinball Bribery Scandal Rocks 2 Japanese Political Parties », *New York Times*, 13 octobre 1989 ; « Pinball Scandal Threatens Political Upsets in Japan », *Financial Times*, 12 octobre 1989.

CHAPITRE V - LA RICHESSE : MORGAN, MILKEN, ET ENSUITE ?

67-68. Sur Morgan, voir [544], pp. 12, 49, 176-177, 191, 213-214, 236-240, 255-258, 354, 396, 403. Voir aussi [106], pp. 13, 82, 98-99, 114, 125-127, 173, 312, introduction et postface ; [84], p. 99 ; et [541].
69. Sur l'histoire des débuts de Drexel : [589], pp. 124-125.
69-70. Connie Bruck dans *The Predator's Ball* [83] a croqué un portrait caustique de Milken et de son entreprise d'obligations à haut rendement ou « junk-bond », mais ce portrait n'a aucune valeur analytique. L'explication la plus simple et la mieux équilibrée du phénomène « junk-bond » de Milken se trouve dans l'article de David Frum, « Bearing Down on Milken », *National Review*, 19 mars 1990 ; entre autres sources importantes, on note « How Mike Milken Made a Billion Dollars and Changed the Face of American Capitalism », d'Edward Jay Epstein, *Manhattan, inc.*, septembre 1987. Voir aussi [92], pp. 14-17, 232-233, 236-238 ; « A Chat With Michael Milken » d'Allan Sloan, *Forbes*, 13 juillet 1987 ; « Milken's Salary Is One Record Books », *Wall Street Journal/Europe*, 3 avril 1989 ; « Lynch Law », d'Andrew Marton, *Regardie's*, mars 1990 ; et « Caught Up in a Morality Tale », de Richard Starr, *Insight*, 5 mars 1990.
70. Sur les relations de Milken avec les syndicats : « Move Over Boone, Carl, and IRV — Here Comes Labor », *Business Week*, 14 décembre 1987 ; voir aussi « The Mercenary Messiah Strikes Again », de Mark Feinberg, *In These Times*, 7-20 juin 1989.
71. Sur le passage à une économie de services aux États-Unis : « A

New Revolution in the U.S. "Class Structure" and Labor Force »,
Fortune, avril 1958.

72. Sur l'impact structurel de Milken : « How Milken Machine
    Financed Compagnies, Takeover Raids », *Los Angeles Times*,
    30 mars 1989 ; voir aussi « High-Stakes Drama at Revlon », *New
    York Times*, 11 novembre 1985 ; « A Chat with Michael Milken »,
    d'Allan Sloan, *Forbes*, 13 juillet 1987 ; « "Junk Bond" Genius
    Inspires Loyalty From Some, Hostility From Others », *Los
    Angeles Times*, 30 mars 1989.

74. L'inculpation de Milken : « "Junk Bond" King Milken Indicted
    for Stock Fraud », *Los Angeles Times*, 30 mars 1989 ; voir aussi
    « Predator's Fall », *Time*, 26 février 1990 sur l'effondrement de
    Drexel ; « Lynch Law », d'Andrew Marton, *in: Regardie's*, mars
    1990.

74. Concernant le conflit entre ceux qui voulaient restreindre l'accès
    au capital et ceux qui ont lutté pour en élargir l'accès : « Junk
    Bonds — A Positive Force in the Market », *New York Times*,
    23 novembre 1987.

75. Sur la démocratisation du capital de Milken : [83] p. 350.

75. Démantèlement de mastodontes plutôt que formation de gigan-
    tesques « conglomérats » : interview par l'auteur de Milken ; voir
    aussi interview de Dean Kehler, directeur général de la défunte
    Drexel Burnham Lambert. Voir aussi « The New Buy-Out Binge »,
    Newsweek, 24 août 1987.

76. Concernant « l'ère de l'information », voir « A Chat With Michael
    Milken », par Allan Sloan, *Forbes*, 13 juillet 1987. Voir aussi
    interviews de Milken et Kehler par l'auteur.

78. L'agonie de Salomon : [92], pp. 351 et 356-359.

79. Le gâchis des caisses d'épargne et de prêt : « Can the Thrifts be
    Salvaged ? », *Newsweek*, 21 août 1989 ; Up to $ 100 Billion Extra
    Sought for S&L Rescues », *Los Angeles Times*, 1er novembre
    1989.

80. Concernant le commerce des devises : « What Moves Exchange
    Rates », brillante analyse de Kenichi Ohmae parue dans *Japan
    Times*, 29 juillet 1987.

81. Sur le pouvoir des banques centrales : « Concept of a Central
    Bank Gains Support in Europe », *New York Times*, 13 juin 1989.

CHAPITRE VI - LE SAVOIR : UNE RICHESSE FAITE DE SYMBOLES

87. Concernant la monnaie d'autrefois : [536], pp. 442-443 ; voir aussi
    [141], p. 3.

A propos de l'argent et du désir... L'argent est généralement considéré
comme un moyen de satisfaire ses besoins ou ses désirs. Mais, en fait,
il a également joué le rôle de libérateur de ce désir.

Dans les cultures prémonétaires, celui qui avait un poulet et voulait une couverture devait trouver ceux qui avaient des couvertures et, parmi eux, celui qui accepterait un poulet en échange. Il fallait que les désirs correspondent.

L'argent a bouleversé cette situation. Comme il est fongible et peut être converti en un nombre de satisfactions virtuellement illimité, il a débridé l'imagination. Ceux qui en avait se sont soudain découvert des désirs qu'ils n'auraient jamais imaginés. Des possibilités autrefois impensables ont soudain surgi devant les yeux de tous. L'argent a été une source d'imagination pour l'espèce humaine.

Il a également incité les plus habiles à identifier les désirs des autres, qu'ils soient crus ou raffinés, et à se lancer dans la vente d'objets, de services, d'expériences qui les satisferaient. Ainsi, l'argent devint convertible en un plus grand éventail de choses, ce qui, par conséquent, le rendait encore plus utile qu'avant. (Une fois ce processus déclenché, il provoque une réaction en chaîne qui explique comme l'argent a pu prendre une si grande importance dans le développement social.)

L'invention de l'argent a également accru la valeur de la richesse en tant qu'instrument du pouvoir. Il renforça la main des riches en simplifiant radicalement le contrôle du comportement. Récompenser ou punir les gens sans même se soucier de savoir quels étaient leurs désirs était devenu possible, si bien que pour le directeur d'usine, il importait peu que l'employé ait envie d'une couverture, d'un poulet ou d'une Cadillac — avec assez d'argent on pouvait tout acheter.

Dans les civilisations agraires, riches mis à part — dont les désirs peuvent aller de la contemplation esthétique à une sensualité perverse, de la métaphysique à l'art militaire —, l'éventail des désirs collectifs était si réduit qu'il pouvait se résumer en deux mots : du pain (ou du riz) et de la terre.

Au contraire, dans les sociétés de l'ère usinière, une fois satisfaits les besoins fondamentaux de la population, les désirs collectifs semblaient se multiplier. Le désir sortait de son ghetto pour aller coloniser de nouvelles régions, et cette progression incessante transforma vite les luxes d'une génération en « besoins » pour la suivante.

Cette expansion fut aussi évidente dans les sociétés socialistes que dans les sociétés de consommation capitalistes. C'était, et c'est toujours, le fondement de la société de consommation de masse. Et cela explique pourquoi, dans le monde industriel, la feuille de paye est devenue un moyen de contrôle essentiel.

Aujourd'hui, la structure du désir est bouleversée. En avançant vers une culture de plus en plus industrialisée, nous n'assistons pas à une limitation du désir, mais au contraire à son extension à des régions de plus en plus raffinées, non matérialistes, qui s'accompagne d'une individualisation grandissante.

87. Pour William Potter, voir [6], p. 154.
87-88. Sur le papier-monnaie : [96], p. 51.
88. Toutes les données relatives à Visa ont été fournies par la compagnie elle-même.

88. « Smart Cards : Pocket Power », *Newsweek*, 31 juillet 1989 ; voir aussi *Economist*, 30 avril 1988.

88. Les travaux des Français sur les cartes intelligentes : « A New Technology Emerges on the World Stage », *French Advances in Science and Technology* (newsletter), été 1986 ; voir aussi « Bull's Smart Cards Come Up Trumps », *Financial Times*, 30 septembre 1987.

88. 61 millions : « Smart Cards : Pocket Power », *Newsweek*, 31 juillet 1989.

89. Cartes NTT : « Putting Smart Money On Smart Cards », *Economist*, 27 août 1988.

90. Projet du ministère de l'Agriculture des États-Unis : « Smart Cards : Pocket Power », *Newsweek*, 31 juillet 1989.

90. Écoles : « Debit Cards for Pupils to Use in Cafeterias », de Susan Dillingham, *in : Insight*, 21 août 1989.

91. Citation de Joseph Wright : « U.S. Plans Wide Use of Credit Cards », *New York Times*, 1er mars 1989.

91. Citation de Hock tirée d'une interview par l'auteur.

92. Perte de la maîtrise de la politique monétaire des banques centrales : « Designer Currency Dangers », de David Kilburn, *in : Business Tokyo*, mai 1988.

92. Monnaie « plastique » en Corée du Sud : « A State of Siege for Corporate Korea », de Michael Berger, *in Billion Magazine* (Hong Kong), septembre 1989.

Chapitre VII - Materialissimo

95. Force de travail agricole aux États-Unis : *Statistical Abstract of the United States 1989* (U.S. Department of Commerce), p. 376.

95. Force de travail industrielle aux États-Unis : « Flat Manufacturing Employment for 1990's », de Michael K. Evans et R.D. Norton, *in : Industry Week*, 2 octobre 1989 ; voir aussi « The Myth of U.S. Manufacturing », *Los Angeles Times*, 22 octobre 1989.

95. Sur l'économie xénophobe : « America's Destiny Is in Danger », de June-Collier Mason, *Industry Week*, 6 juin 1988.

96. La force de travail dans les activités de service, aux États-Unis : « End Sought to Barriers to Trade in Services », *New York Times*, 25 octobre 1989.

96. « Exports of Services Increase to $ 560 bn », *Financial Times*, 15 septembre 1989.

101. Mémoires électroniques : « HP and Ford Motors », de John Markoff, *Windows*, vol. 1, n° 1, automne 1987.

102. CSX : interview d'Alex Mandl, président de Sea-Land Service, Inc.

103. Niveaux d'intelligence dans les différentes entreprises : communication personnelle de Donald F. Klein.

104. Données concernant Gen Corp : « The (New) Flat Earth Society

Gathers in Shelbyville », de Brian S. Moskal, *in* : *Industry Week*, 2 octobre 1989.

105. Mentalité de planificateurs soviétiques en Occident : « Is There a British Miracle ? », *Financial Times*, 16 juin 1988.

106. Pour Giarini, voir [100] ; pour Loebl [125] ; pour Woo [167]. On trouvera le point de vue de Weisskopf dans Walter A. Weisskopf, « Reflections on Uncertainty in Economics », *The Geneva Papers*, vol. 9, n° 33, octobre 1984.

107. Sur *Prométhée* : « From Trade to Global Wealth Creation », numéro spécial Thinknet Commission, *Project Prométhée Perspectives*, n° 4, Paris, décembre 1987.

Chapitre VIII — Le substitut final

112. Capacité de lire et de compter : [480], pp. 282-283 et 338 ; également « Capitalism Plus Math : It All Adds Up », *Los Angeles Times*, 13 mai 1989.

114. Sur la production en petites séries : « Manufacturing : The New Case for Vertical Integration », de Ted Kumpe and Piet T. Bolwijn, *Harvard Business Review*, mars-avril 1988. Voir aussi « Kicking Down the Debt », *Time*, 7 novembre 1988 et « Customized Goods Aim at Mass Market », *Japan Economic Journal*, 1er octobre 1988.

114. Concernant les matériaux nouveaux : « Materials Battle Heats Up », de Thomas M. Rohan, *Industry Week*, 2 octobre 1989 ; « Plastics and Ceramics Replace Steel as the Sinews of War », *New York Times*, 18 juillet 1989 ; et « Project Forecast II », *in* : *Assault Systems*, vol. 1, n° 1.

115. Supraconductivité : [518], pp. 166-173.

116. Concernant la General Electric : « Electronic Data Exchange : A Leap of Faith », de Neal E. Boudette, *Industry Week*, 7 août 1989.

116. 1 300 milliards de documents : « Throwing Away the Paper-Based System », *Financial Times*, 26 avril 1989.

116-117. Toute la partie sur Vittorio Merloni est basée sur une interview par l'auteur.

117. Industries textiles et de l'habillement : « EDI, Barcoding Seen the Way to Save Millions », *Daily News Record*, 11 mars 1987.

117. NHK Spring Company : « Just in Time Computers », de Peter Fuchs *et al, Business Tokyo*, mai 1988.

118. Remarque de Merloni sur les transferts de fonds : interview par l'auteur.

118. Interview de Michael Milken par l'auteur.

Chapitre IX — Les guerres de l'information

124. Pour la rivalité Bic-Gillette : interviews par l'auteur de Tom Johnson, directeur de recherche à Nolan Norton & Co., consul-

tants; Rapport annuel 1988 de Gillette Company; et [136], pp. 69-73.

124-125. La commercialisation chez Gillette : interviews de Johnson ; et « Marketing's New Look », *Business Week*, 26 janvier 1987.

126-127. L'introduction du code à barres chez les détaillants : interview par l'auteur de Harold Juckett, directeur de Uniform Code Council, Inc. Également « UPC History », document fourni par Uniform Code Council.

127. Données internationales sur le code à barres : fournies essentiellement par l'International Article Numbering Association.

127. Bataille pour les rayons d'exposition chez les détaillants : « Supermarkets Demand Food Firms' Payments Just to Get on the Shelf », *Wall Street Journal*, 1er novembre 1988 ; « Want Shelf Space at the Supermarket ? Ante Up », *Business Week*, 7 août 1989 ; et « Stores Often Paid to Stock New Items », *USA Today*, 26 août 1987.

128. Les données sur Gillette proviennent d'une interview de Kavin W. Moody, directeur général des systèmes d'information chez Gillette.

128. Modèles informatiques utilisés par les détaillants : interviews de Tom Johnson, directeur de recherche à Nolan Norton & Co., également « At Today's Supermarket, the Computer Is Doing It All », *Business Week*, 11 août 1986.

128. Plan-a-Grams : « At Today's Supermarket, the Computer Is Doing It All », *Business Week*, 11 août 1986.

129. Concernant Toys-R-Us : « Stores Rush to Automate for the Holidays », *New York Times*, 28 novembre 1987.

129. Ligne de conduite de Wal-Mart : interviews de Tom Johnson ; également « Make That Sale, Mr. Sam », *Time*, 18 mai 1987.

129-130. Interview de Max Hopper, premier vice-président de American Airlines ; voir [112], pp. 4-5.

132. Le passage sur Marui est tiré de [163], i.e. « Automating Distribution : Revolution in Distribution, Retailing and Financial Services », le rapport le plus complet en langue anglaise sur l'avancement japonais dans ces domaines, établi par Alex Stewart pour Baring Securities Ltd., Londres, 1987.

133. Rayonnages électroniques : interviews de Tom Johnson ; également « At Today's Supermarket, the Computer Is Doing It All », *Business Week*, 11 août 1986, et « Electronic Prices », de George Nobbe, *Omni*, novembre 1987.

133. Rayonnages plus « pointus » : interviews de Tom Johnson.

134. Les détaillants, force dominante : [163].

134. La distribution comme système d'information : « Small Stores and Those Who Service Them in Times of Structural Change », *Japan Times*, 13 juillet 1987.

CHAPITRE X — EXTRA-INTELLIGENCE

136. Les données sur Morse proviennent de [585], pp. 102-103.
137. Concernant le réseau ISDN de McDonald, voir l'annonce publicitaire AT & T dans *Datamation*, 1er octobre 1987. Dans le même numéro, description du réseau de Volvo.
137. Du Pont et Sara Lee : « When Strategy Meets Technology », de Therese R. Welter, *Industry Week*, 14 décembre 1987.
137. Les chiffres sur les ordinateurs personnels proviennent de l'International Data Corporation qui, sous le terme d'« ordinateur personnel », retient tout terminal muni du système MS-DOS, allant des unités de pur divertissement jusqu'aux stations de travail.
138-139. Les débuts de la Western Union : [494] ; également [585], p. 108.
139. La Western Union contre AT & T : [494], pp. 34-35.
140. Le pourcentage américain des téléphones : Anthony Rutkowski, premier conseiller, International Telecommunications Union (Genève) ; également « Rewiring the World », *Economist*, 17 octobre 1987.
141. Démembrement de AT & T : [164], pp. XXII-XXIII.
144. Les réseaux « neuraux » : « Government Researchers Work to Nail Down Building Blocks for Neural Networks », *Defense News*, 11 janvier 1988.
146. Concernant Minitel : voir *Teletel Newsletter* n° 5 (1989, Faits et Chiffres), France Télécom (Paris) ; et *Teletel Newsletter* n° 2 (International) ; « France Hooked on Minitel », *Financial Times*, 13 décembre 1989. Également interviews de Manuel Barbero, France Telecom International (New York) ; Olivier Duval, Études, Systèmes et Logiciels (Paris) ; et [501].
147. Le système Sabre : interview de Max Hopper, premier vice-président, American Airlines.
148. Réseaux VAN : « Rewiring the World », *Economist*, 17 octobre 1987 ; « Competition Endangering Small VAN Operators », *Japan Economic Journal*, 2 avril 1988.

CHAPITRE XI — LE POUVOIR DU FILET

150. Nippon Life : « Networking Global Finance », *Business Tokyo*, mai 1988 ; également, « Japanese Networks Expand After Deregulation », de Robert Poe, *Datamation*, 1er novembre 1987.
151. Concernant les assurances Dai-Tchi et Meiji : « Japanese Networks Expand After Deregulation », de Robert Poe, *Datamation* 1er novembre 1987.
151. Burlington Industries : [505], p. 49.
152. Réseaux dans le secteur automobile : « Electronic Data Inter-

change : A Leap of Faith », de Neal E. Boudette, *Industry Week*, 7 août 1989 ; et « Auto ID & EDI : Managing in the 90's », *Industry Week*, 24 août 1989.

153. Réseaux électroniques chez Shiseido : [163], p. 10.

153. Les effets sur les grossistes : interview de Monroe Greenstein, Bear, Stearns and Co., Inc. (New York), et [163], pp. 10-13.

153-154. Les réseaux hospitaliers et pharmaceutiques : « Origin of the Species », de P. Gralla, *CIO* magazine, janvier-février 1988 ; également [112], pp. 46-49.

154-155. Sociétés de transport japonaises : [163], pp. 9, 12, 13 et 23.

155. Réseau de l'industrie pétrolière : « MITI to Establish Oil Information Network », *Japan Economic Journal*, 26 décembre 1987.

155-156. Réseau de l'industrie lainière : « Woolcom Move in Paperless Trading "Predatory Pricing" », et « Push for Closer Links », *in* : *Financial Review* (Sydney), 4 septembre 1989.

156. Les industries américaines du textile et de l'habillement : « Spreading the Bar Code Gospel », *Women's Wear Daily*, septembre 1986 ; « Auto ID & EDI : Managing in the 90's », *Industry Week*, 24 août 1989 ; « Apparel Makers Shift Tactics », *New York Times*, 21 septembre 1987.

157. La bataille entre AT & T, KDD et British Telecom : « A Scramble for Global Networks », *Business Week*, 21 mars 1988.

157. Les services électroniques de la General Electric : « Messenger of the Gods », d'Alyssa A. Lappen, *in* : *Forbes*, 21 mars 1988. Également « Fast Forward », de Curtis Bill Pepper, *in* : *Business Month*, février 1989.

158. La carte de crédit chez le coiffeur : « NTT Data to Provide Telecom VAN Service », *Japan Economic Journal*, 1er avril 1989.

159. Le Cash Management Account de Merrill Lynch : [112], p. 97.

160. Distributeurs Seibu : [163], p. 75.

160. British Petroleum : [112], p. 92.

CHAPITRE XII - L'ÉLARGISSEMENT DU CONFLIT

164. La télévision à haute définition : « Consortium Set Up for New TV », *New York Times*, 26 janvier 1990 ; « Japan Tunes In While Europe Talks », *Financial Times*, 21 avril 1988.

164-165. Citation de Levine : « Networks urge slow shift to sharper TV picture system », *Los Angeles Times*, 24 juin 1988.

165. Sur les aspects techniques de la lutte pour l'obtention de la télévision HD : « Chasing Japan in the HDTV Race », de Ronald K. Jurgen, *IEEE Spectrum*, octobre 1989. Voir également « A Television System for Tomorrow », *French Advances in Technology and Science*, hiver 1987.

165-166. Le point de vue des Européens sur la télévision HD : « La guerre des normes », *le Monde diplomatique* (Paris), septembre 1987 ; et « TV Makers Take on Japanese », *Financial Times*, 27 janvier 1988. Voir également « High-Definition War », de John Boyd, *Business Tokyo*, mai 1988.

165-166. Sur la manière dont les Européens courtisent les États-Unis afin de s'allier avec eux contre les normes japonaises : « Bonn Calls fot Joint US-Europe Effort in TV Technology Race », *Financial Times*, 16 mai 1989.

166. Sur les différents modèles à travers le monde : « Firms Are Ready to Meet Any HDTV Format », *Japan Economic Journal*, 22 octobre 1988 ; et « Japan Tunes In While Europe Talks », *Financial Times*, 21 avril 1988.

166. Citation de Markey : « Networks Urge Slow Shift to Sharper TV Picture System », *Los Angeles Times*, 24 juin 1988.

167. La capacité précoce d'IBM à imposer de l'ordre dans l'industrie de l'ordinateur : « Living With Computer Anarchy », de Nawa Kotaro, *Japan Echo* (Tokyo) (numéro spécial, 1986).

167. Concernant les normes des logiciels ADA : voir les numéros de *Defense Science*.

168-169. Sur la bataille Unix : « Computer Standards Row May Be Costly for Makers and Users », *Financial Times*, 23 janvier 1989 ; « Hopes Rise for World Computer Standard », *Financial Times*, 12 juillet 1988 ; « Standards by Fiat », d'Esther Dyson, *Forbes*, 11 juillet 1988 ; et « Apollo Aims for Eclipse of the Sun », *Financial Times*, 12 juillet 1988. Également, « OSF à la vitesse Mach », de Patrice Aron et Guy Hervier, *01 Informatique* (Paris), 24 novembre 1989.

169. Fondation pour le logiciel ouvert : « OSF à la vitesse Mach », de Patrice Aron et Guy Hervier, *01 Informatique* (Paris), 24 novembre 1989 ; « Computer Gangs Stake out Turf », *New York Times*, 13 décembre 1988 ; « Apollo Aims for Eclipse of the Sun », *Financial Times*, 12 juillet 1988, et « Standards by Fiat », d'Esther Dyson, *Forbes*, 11 juillet 1988. Également, « The Power and Potential of Computing Standards », *Financial Times*, 26 mai 1988.

169. La bataille de General Motors pour imposer sa norme : « Manufacturing Automation's Problem », de Parker Hodges, *Datamation*, 15 novembre 1989.

170. Les normes IBM pour les communications inter-ordinateurs : « Japan Shifts on Computer Networks », *New York Times*, 22 octobre 1988 ; « IBM Europe Backs a Computer Language Pushed by Its Rivals », *Wall Street Journal*, 2 mai 1986.

171. La bataille de l'interconnection de systèmes ouverts : « IBM Europe Backs a Computer Language Pushed by Its Rivals », *Wall Street Journal*, 2 mai 1986 ; « Informatique : IBM en échec », *le Monde diplomatique* (Paris), septembre 1987.

171. Les États-Unis protestent contre les normes européennes : interview de Donald S. Abelson, directeur, Entraves techniques au commerce, Bureau du représentant pour le Commerce américain ; également ses observations sur « The U.S. Government's View of Standards Trade Policy » devant l'Assemblée générale de l'Asso-

ciation française de normalisation (AFNOR) (Paris), 24 avril 1986.

173. Les normes, entraves au commerce : « West Germany Climbs Down Over Purity of Sausages », *Financial Times*, 18 janvier 1988 ; voir également le discours d'Abelson cité ci-dessus.

174. Voir l'article pénétrant de Messine : « Au cœur des stratégies industrielles », *le Monde diplomatique* (Paris), septembre 1987.

CHAPITRE XIII - LA POLICE DE LA PENSÉE DES CADRES

176-177. Les caractéristiques concernant les « directeurs de l'information » sont tirées d'une étude dont Lew McCreary a rendu compte dans « CIOs in the Spotlight », *CIO*, septembre 1989.

176 177. Ryan, Schefer et Johnson : « Migration Path », de Kathleen Melymuka, *CIO*, septembre 1989.

177. Ventes des technologies de l'information : « Charting the Champs », de Parker Hodges ; et « At the Top of the IS Peak », *Datamation*, 15 juin 1988.

179 180. Le conflit Merril Lynch : interview de Gerald H. Ely, vice-président de Merril Lynch.

181-182. Concernant la Bank of America : « BankAmerica Is Computing More Trouble », *American Banker*, 16 juillet 1987 ; « Bank of America's Plans for Computer Don't Add Up », *Los Angeles Times*, 7 février 1988 ; et « BankAmerica Asks 2 Officials to Quit, Sources Assert », *Wall Street Journal*, 22 octobre 1987.

185. La réduction de la taille des ordinateurs : citation de Klein tirée de « Honey, I Shrunk the Mainframe ! » de Kathleen Melymuka, *CIO* magazine, septembre 1989.

186. Citation de Gassman tirée de « The Politics of Network Management », de Susan Kerr, *Datamation*, 15 septembre 1988.

CHAPITRE XIV - LA GUERRE TOTALE DE L'INFORMATION

190-192. Espionnage à Texas Instrument : « The Case of the Terminal Secrets », de Skip Hollandsworth, *D* magazine, novembre 1986.

192 Hollstein : « Telecommunications Crime », de Nat Weber, *Across the Board*, février 1986.

193 « La création d'une puce électronique... » : [409], p. 50.

193 Xerox : « Corporate Spies Snoop to Conquer », de Brian Dumaine, *Fortune*, 7 novembre 1988.

193 Produits de service : « Reverse Engineering a Service Product », de Robert E. Schmidt, Jr., *Planning Review*, septembre-octobre 1987.

193 Sur les limiers à plein temps : « George Smiley Joins the Firm », *Newsweek*, 2 mai 1988.

193 L'Association des professionnels du renseignement concurrentiel : « Intelligence Experts for Corporations », *New York Times*, 27 septembre 1988.

193-194. Les espions de Marriott : « Corporate Spies Snoop to Conquer », de Brian Dumaine, *Fortune*, 7 novembre 1988.

194. Le cas de Sheller-Globe : « Demystifying Competitive Analysis », de Daniel C. Smith et John E. Prescott, *Planning Review*, septembre-octobre 1987.

194. Le scandale des fournisseurs de matériel militaire : « Pentagon Fraud Inquiry : What Is Known to Date », *New York Times*, 7 juillet 1988 ; également « Pentagon Halts Pay on $ 11 Billion in Contracts », *Los Angeles Times*, 2 juillet 1988 ; et « The Pentagon Up for Sale », *Time*, 27 juin 1988.

195. « Tous les moyens sont bons » : « Never Mind MIS ; Consider M15 », de L.B.C., *Business Month*, février 1989.

198. General Electric : « Keeping Tabs on Competitors », *New York Times*, 28 octobre 1985.

198-199. Sur les espions informatiques d'Allemagne occidentale : « Byteman Blows the Whistle on the Sysop Cops », *Los Angeles Times Book Review*, 19 novembre 1989. Également, « The Quest for Intruder-Proof Computer Systems », de Karen Fitzgerald, *IEEE Spectrum*, août 1989.

200. Fausses commandes dans les ordinateurs d'un concurrent : « Computer Crime Patterns : The Last 20 Years (1990-2010) », de Joseph F. Coates, *Datamation*, 15 septembre 1987.

200. Technologies de défense : « The Quest for Intruder-Proof Computer Systems », de Karen Fizgerald, *IEEE Spectrum*, août 1989.

CHAPITRE XV - LA FIN DES ALVÉOLES

206. La « recherche clandestine » chez Toshiba, et Tandem : « Firms Try to Make Corporate Structure Flexible », *Japan Economic Journal*, 27 février 1988.

207. Sur l'impossibilité de décrire le système en vigueur au Pentagone : « Entities of Democracy » (extraits d'un discours du secrétaire à la Marine, John F. Lehman, Jr., lors du banquet de l'exposition Mer-Air-Espace le 3 avril 1985), *New York Times*, 6 avril 1985.

209. Désastre de Bhopal : « Bhopal : A Tragedy in Waiting », de Gary Stix, *IEEE Spectrum*, juin 1989.

209. Chocolat empoisonné : « Candy with a Deadly Taste », de Peter McGill, *MacLean's* (Toronto), 22 octobre 1984.

209. Écroulement des valeurs boursières de 1989 : « The Dow Plunges 190 Points, About 7 %, in a Late Selloff ; Takeover Stocks Hit Hard », *New York Times*, 14 octobre 1989.

216. Systèmes de données non hiérarchisées : « Firms Seek to Gain Edge with Swift Grip on Data », d'Ivy Schmerken, *Wall Street Computer Review*, juillet 1987.

216. Hypermédias : interview de Bill Atkinson, inventeur de l'Hypercard. Également « A Conversation with Bill Atkinson », *in* : [493] pp. XXI-XXXII, et pp. 1-14.

Chapitre XVI - La firme flexible

222. « Miracle italien » : « A Pattern of "Putting Out" », *Financial Times*, 7 mars 1989, et « In Italy, an Industrial Renaissance Thrives », *Christian Science Monitor*, 7 avril 1987.
223. Renouveau de l'intérêt pour les entreprises familiales : « Family Business : A Hot Market », de Sharon Nelton, *Nation's Business*, septembre 1988. Pour un point de vue différent : « The Decline of the Family Empire », *World Executive Digest* (Hong Kong), juillet 1987.
223. L'attitude de la Communauté européenne : « Small Is No Longer Beautiful When It's Alone », *Financial Times*, 4 juillet 1988.
223. Dynamisme des petites entreprises : « Is Your Company Too Big ? », *Business Week*, 27 mars 1989. On trouvera un exemple de la manière dont la nouvelle technologie peut être une aide dans « The Fewer Engineers per Project, the Better », *IEEE Spectrum*, de C. Gordon Bell, février 1989.
224. Citation de Povejsil : « Corporate Strategy for the 1990's », de Walter Kiechel III, *Fortune*, 29 février 1988.
226. Découverte par les médias de la flexibilité des entreprises : « A Glimpse of the "Flex" Future », *Newsweek*, 1ᵉʳ août 1988.
228. Les cycles naissance-mort dans les entreprises : « Changing Corporate Behavior : 1, Diversification », *Japan Economic Journal*, été 1988.
230. Jepson, de Hewlett-Packard : « At Seatrain, the Buck Stops Here... and Here, Too », de William H. Miller, *Industry Week*, 7 mars 1988.
232. La réflexion de Saeed sur le lien entre organisation du travail et vie de famille est tirée de son livre intellectuellement stimulant [151], p. 53.

Chapitre XVII - Chefs de tribu et « commissaires » d'entreprise

235. Le recensement comme « pulsateur » : interview de Maury Cagle, Service du recensement des États-Unis ; et « Census Bureau Scrambling to Fill Jobs Here », d'Adam Lashinsky, *Crain's Chicago Business*, 19 mars 1990.
237. L'exemple du SAS est tiré de [279], p. 24.
237. David Stirling et l'unité de quatre hommes : [267], pp. 2-3 et 7-8.
238. Southern California Edison : « Information Systems for Crisis Management », de Thomas J. Housel, Omar A. El Sawy, et Paul F. Donovan, *MIS Quarterly*, vol. 19, nᵒ 4, décembre 1986.
238. La banque Continental Illinois et A. H. Robins : [132], pp. 22 et 33.

239. L'organisation en damier autrichienne : « Austria's Jobs Carve-Up Keeps Bank Post Vacant », *Financial Times*, 7 juillet 1988.

241-242. Concernant les équipes sauvages : « The New Product Development Game », de Hirotaka Takeuchi et Ikujiro Nonaka, *Harvard Business Review*, janvier-février 1986.

243. Équipes spontanées : interview de David Stone, Digital Equipment Corporation (Genève).

247. Société Corning : « The Age of the Hierarchy Is Over », *New York Times*, 24 septembre 1989.

247. Concernant Netmap : « A Business Profile », Netmap Brochure, et « Corporations Reshaped by the Computer », *New York Times*, 7 janvier 1987 ; également, observations de Les Berkes, vice-président de Netmap, lors du séminaire Nolan & Norton, le 20 novembre 1987 à New York.

247-248. Pour une réflexion sur les réseaux : « The Network Alternative », proposition développée par Anthony J.N. Judge, de l'Union des associations internationales (Bruxelles). On trouvera la matrice de Judge, qui indique sur un axe les réseaux internationaux et sur l'autre les problèmes planétaires, dans *Yearbook of World Problems ans Human Potential*, publié en 1976 par l'organisation citée ci-dessus.

Chapitre XVIII - Le travailleur autonome

251. L'usine de la General Electric : « Smart Machines, Smart Workers », *New York Times*, 17 octobre 1988.

252. Ford-Australie : « Bringing More Brain Power to Bear », *Financial Times*, 23 mars 1988.

252. Chrysler-Mitsubishi et Mazda : « How Does Japan Inc. Pick Its American Workers ? », *Business Week*, 3 octobre 1988.

255-256. Emploi abusif des ordinateurs : « Report Says Computers Spy On 7 Million Workers in U.S. », *New York Times*, 28 septembre 1988.

257. Séparation de la pensée et de l'action : « Japanese Organizational Behavior », de Teruya Nagao, *in* : [135], p. 34.

257. La citation de Hewitt est tirée de « Getting Set for Implementation », rapport spécial CIM, de Therese R. Welter, *Industry Week*, 2 novembre 1987.

258. La citation de Mohn est tirée du manuscrit original, en anglais, de [134]. Pour le point de vue européen, voir « La redécouverte du "capital humain" », *le Monde* (Paris), 5 octobre 1988. Sur le point de vue des jeunes travailleurs : « Jeunes : ce qu'ils croient », de Roselyne Bosch, *le Point* (Paris), 16 juin 1987, et « Families More Important », *Business Tokyo*, mai 1988.

258. GenCorp Automotive : « The (New) Flat Earth Society Gathers in Shelbyville », de Biran Moskal, *Industry Week*, 2 octobre 1989.

259. La citation de Ware est tirée d'une interview par l'auteur.

260. La citation de Stone est tirée d'une interview par l'auteur.
261. Brother Industries : « Creativity in Japan : Some Initial Observations », de Dr. Nigel Holden, *Creativity and Innovation*, avril-juin 1986.
262. Sur le déclin du pouvoir dans les ateliers : « Why Managers Resist Machines », *New York Times*, 7 février 1988. Voir aussi [169], pour une étude tout en finesse des complexités introduites avec la nouvelle technologie informatisée.
262. Modèle des relations humaines : « Japanese Organizational Behavior », de Teruya Bagao, *in* : [135], p. 27.

CHAPITRE XIX - LES MOSAÏQUES DU POUVOIR

265. Opérations d'achat et fusions : [73], pp. 11-15.
270. Sur les licenciements : « General Semantics as a Diagnostic Tool in the Management of Radical Workforce Reduction », de Harold Oaklander, lors de la Conférence du cinquantenaire, Institute of General Semantics, Yale University, 28 juillet 1988.
271. Le système Profs d'IBM : Relations publiques d'IBM (Armonk, N.Y.).
271. L'intégration verticale dans l'industrie pétrolière : [101], pp. 3-7.
272. L'intégration verticale dans l'industrie sidérurgique : [44], pp. 114-115 et 126-129.
272. Opérations de fret aérien : « Pan American World Airways to Contract Out All Belly Freight Space on Transcontinental Flights », *Journal of Commerce*, 1er novembre 1985.
272. Augmentation de la part des « sources extérieures » chez General Motors et Ford : « Original Auto Parts Will Grow 2-3 %... », *Metalworking News*, 27 août 1987.
272. American Management Association : « Vertical Integration of Multinationals Becomes Obsolete », *Management Today*, juin 1986.
272. Fabrication de puces chez IBM : « How the Computer Companies Lost Their Memories », de George Gilder, *Forbes*, 13 juin 1988.
273. Enquête du M.I.T. : « Electronic Markets and Electronic Hierarchies : Effects of Information Technology on Market Structures and Corporate Strategies », de Robert I. Benjamin, Thomas W. Malone et Joanne Yates, Sloan School of Management, Massachusetts Institute of Technology, avril 1986.
274. Petites entreprises aux États-Unis : « The Inc. 100 », *Inc.* magazine, mai 1989.
274. Sur les consortiums trilatéraux : [322], p. 89.
275. Lamborghini : extraits de sa contribution, « Technological Change and Strategic Alliances » lors de la Conférence de l'International Management Institute/European Foundation for Management Development, à Bruxelles, 4-5 juin 1987.
275-276. Les données relatives à l'aéroport d'Atlanta proviennent de

« Hartsfield Atlanta International Airport Economic Impact Report », 1987, rapport effectué à partir de données fournies par Deloitte, Haskins & Sells et Martin, Murphy, Harps et Syphoe, pour le Département d'aviation de la ville d'Atlanta. Également « Fact Sheet », du Bureau du directeur de l'aéroport.

277. La citation de Sculley est tirée de [154], pp. 96-97.
278. Relations de Matsushita avec ses fournisseurs : « Manufacturing Innovations Save "Shitauke" », *Japan Economic Journal*, 16 janvier 1988.
279. Utilisateurs d'IBM : « Council Unites Top IBM User Groups », de Paul Tate, *Datamation*, 15 septembre 1987.

CODA - LE NOUVEAU SYSTÈME DE CRÉATION DE LA RICHESSE

283. Deux milliardièmes de seconde : « New Chips Offer the Promise of Much Speedier Computers », *New York Times*, 4 janvier 1989.
285. Sur la production et l'élaboration simultanée de la concurrence : « Strategic Alliances Make Marketing & Manufacturing an International Game », de George Weimer *et al.*, *Industry Week*.
286. Sur « juste-à-temps » : « Added Value Emanating from Acronyms », *Financial Times*, 13 décembre 1989.
287. L'« Équipe bandit » de Motorola : « State-of-the-Art CIM in 18 Months ? », de John H. Sheridan, *Industry Week*, 5 décembre 1988.
287. L'avantage de l'industrie de l'automobile japonaise : « Time - The Next Source of Competitive Advantage », de George Stalk, Jr., *Harvard Business Review*, juillet-août 1988.
287. Concernant Toyota et l'accélération bancaire : « Fast-Cycle Capability for Competitive Power », de Joseph L. Bower et Thomas M. Hout, *Harvard Business Review*, novembre-décembre 1988.

CHAPITRE XX - LES DÉCENNIES DÉCISIVES

Les gouvernements ont toujours manipulé l'information et les savoirs en utilisant toutes sortes de tactiques pour s'attirer un consensus. Aujourd'hui, à l'heure de la prolifération des médias et des ordinateurs, les moyens de contrôle (et de la résistance populaire) se multiplient et deviennent plus élaborés. Pour replacer ce développement politique en perspective, il est utile de se tourner vers l'histoire de la formation de l'État.

Tandis que certains groupes tribaux tels que les Ifugao aux Philippines, les Bushmen et les Nuer Kung en Afrique ont survécu en l'absence de toute forme d'État, à l'époque actuelle, tous les êtres humains de la planète sont les citoyens — ou plus crûment, les sujets — d'un État ou d'un autre, considéré comme la plus puissante des institutions sociales.

Les théories de l'État ne manquent pas. L'économiste allemand Alexandre Rustow affirme que l'État est une émanation de « cultures de chasse les plus évoluées, avec leur hiérarchie et leur organisation de la chasse et de la guerre ». Pour l'historien Karl Wittfogel, ce sont les besoins de l'irrigation, qui exigeait la mobilisation d'énormes masses de travailleurs, qui ont conduit à la création d'États organisés. Selon la théorie d'Engel, reprise dans *l'État et la Révolution* de Lénine, l'État est la conséquence des premières divisions de classe. C'est un instrument au service de la classe dominante qui leur permet d'exploiter les autres. Pour le marxisme, l'État est donc le bras « exécutif » de la classe dirigeante.

Quelle que soit la théorie adoptée, il semble raisonnable de penser qu'on a atteint un point charnière au moment où les tribus ont dépassé l'économie de subsistance. Une fois que les communautés ont été capables de produire et de stocker des surplus, il fallut les défendre contre l'agresseur éventuel, extérieur et intérieur, qui aurait tenté de s'en emparer pour son usage personnel.

Le premier pas vers le pouvoir s'effectue au moment où une communauté se choisit un « protecteur », généralement du sexe masculin, parmi les mâles les plus forts. Il est facile d'imaginer que celui-ci exige une part du surplus en échange de ses services.

Le deuxième pas se produit lorsque le « protecteur » utilise une partie de la richesse issue de la population pour « engager » des guerriers qui obéissent à sa personne et non plus à la communauté. Le protecteur est lui-même protégé.

Une autre étape a lieu lorsque le prélèvement du tribut ou des impôts se systématise et est confié à des percepteurs officiels. Une fois engagé, ce processus a un effet en retour qui précipite les choses, renforçant le pouvoir des dirigeants. Plus ils peuvent extraire de richesses de la communauté, plus ils peuvent s'offrir de guerriers et faire ainsi pression sur la communauté pour en obtenir toujours plus.

Avec cette augmentation de la richesse, l'État embryonnaire peut s'élever à un niveau supérieur. Les dirigeants peuvent commander deux des plus puissants moyens de contrôle : la force et la richesse, et non plus seulement la force seule.

Cela signifie que, pour intimider, ils n'ont plus toujours besoin de recourir à la force. Ils peuvent se servir d'une partie de la richesse excédentaire pour récompenser leurs alliés. A la place d'un pouvoir de faible qualité fondé sur la violence, le dirigeant ou sa clique disposent en plus d'un outil beaucoup plus souple.

L'étape suivante consiste à se rendre compte que, pour réduire le coût de l'armée, il suffit de conditionner le peuple. En poussant la population, par la séduction ou la terreur, à croire aux mythologies, religions ou idéologies appropriées, il est possible de convaincre ses sujets que non seulement le système du pouvoir en place est inévitable et permanent mais aussi qu'il est légitime, sinon de droit divin. Ainsi, le savoir — sous forme de mythe, religion ou idéologie, qu'il s'agisse de la vérité ou du mensonge — devient une arme politique clé.

On pourrait même dire que ce moment marque la véritable naissance de l'État et que, jusque-là, il n'y a que des formes embryonnaires et partielles. En bref, l'État n'est complètement réalisé que lorsqu'il utilise les trois outils fondamentaux de l'exercice du pouvoir : le savoir, la richesse et la potentialité de violence.

Bien que ce schéma tienne largement de la spéculation et soit grandement simplifié, il nous fournit une explication plausible de l'origine de l'État qui s'intègre dans la nouvelle théorie du pouvoir.

297. Citation de Crupi tirée de « Political Risk Begins at Home », *Across the Board*, janvier 1986.

298. Inquiétude de la reine : « Scottish Nationalism Threatens British Unity », *Los Angeles Times*, 25 décembre 1988.

298. Les Habsbourg en Europe centrale : [545], pp. 26, 27 et 422.

300. Conséquences du tremblement de terre de Tokyo : « The Japanese Earthquake Explained » (publié pour la première fois en septembre 1923), *Natural History*, avril 1980 ; « When the Big One Hits Tokyo... » d'Edith Terry, *World Press Review*, décembre 1989, et « How a Tokyo Earthquake Could Devastate Wall Street », de Michael Lewis, *Manhattank, inc.*, juin 1989.

301. Sur l'accroissement des batailles inter-ethniques aux États-Unis : « New Interethnic Conflict Replaces an L.A. History of Biracial Politics », *Los Angeles Times*, 7 janvier 1990 ; « Shake-Up at Latino Station Sparks Protest », *Los Angeles Times*, 6 juin 1989 ; « Cubans, not Haitians, Offered Legal Status : Blacks "Outraged" », de Kathleen Kelly, *National Catholic Reporter*, 24 février 1984 ; « Showdown on Middle Neck Road », de Robert Spero, *Present Tense*, mai-juin 1989 ; « Swapping Lessons », *Los Angeles Times*, 11 janvier 1990 ; « Rapping Solo », *Billboard*, 13 janvier 1990.

303. Le premier meeting nazi de Hitler : [580], p. 54.

303-304. Sur les minorités clés : [103], lire tout le livre et en particulier le chapitre 12 sur la loge maçonnique P2 ; voir aussi [95] p. 16 ; [165] pp. 3-4 et tout ce qui se rapporte à « Gelli » ; « The Roots of Kahanism », *Ha'am* newspaper, University of California at Los Angeles, janvier-février 1987 ; « Links of Anti-Semitic Band Provokes 6-State Parley », *New York Times*, 27 décembre 1984 ; « Neo-Nazis Dream of Racist Territory », *New York Times*, 5 juillet 1986 ; « The Charmer », *New York* magazine, 7 octobre 1985 ; « Lyndon LaRouche : From Marxist Left to Well-Connected Right », de John Mintz, *Washington Post National Weekly*, 25 février 1985 ; « LaRouche Fringe Stirs in Germany », *New York Times*, 30 juin 1986 ; [203].

305. Prolifération des groupes inspirés par la haine : « Rioting in the Streets : Déjà vu ? », de William L. Tafoya, *C(riminal) J(ustice) — the Americas*, décembre 1989-janvier 1990.

306. Concernant la prolifération des « guerres saintes » : « High-Intensity Aggressive Ideologies as an International Threat », de Yehez-

kel Dror, *Jerusalem Journal of International Relations*, vol. 9, n° 1, 1987.

CHAPITRE XXI - LE PARTI INVISIBLE

308. Les observations d'Atwater ont été émises lors d'une conversation avec l'auteur lui-même.
308-309. Voir l'article de Tsurumi : « A Bureaucratic Hold on Japan », *Los Angeles Times*, 25 janvier 1988.
310. Rivalité des ministères à Tokyo : « Turf Battles and Telecom », de Kazuhisa Maeno, *Journal of Japanese Trade and Industry*, n° 5, 1988. Sur les rivalités intra-ministérielles, voir l'ouvrage d'une richesse exceptionnelle, *Conflict in Japan*, de Ellis S. Krauss, Thomas P. Rohlen, et Patricia G. Steinhoff, eds. (Honolulu : University of Hawaii Press, 1984), p. 298.
312. Désinvestissement de Mobil : « Integrated — and Determined to Say That Way », de Toni Mack, *Forbes*, 12 décembre 1988, et « Less is Less », *Forbes*, 4 avril 1988.
312. Sabotage au Japon : « Paralysis on the Tracks », *Time*, 9 décembre 1985.
312. Privatisation de la Nippon Telephone and Telegraph : « Hold the Phone », de Richard Phalon, *Forbes*, 17 octobre 1988 ; « Japan's Spending Spree », *World Press Review*, janvier 1990 ; voir aussi « Deregulation, Privatization Spur JAL to Diversify Operations », de James Ott et Eiichiro Sekigawa, *Aviation Week and Space Technology*, 8 mai 1989.
312. Privatisations dans de nombreux pays : « Can a Privatized Matra Do Better on Its Own ? » de Jennifer L. Schenker, *Electronics*, 18 février 1988 ; « Why Bonn Just Can't Let Go », *Business Week*, 4 avril 1988 ; « A Choice Menu from Jacques Chirac », de Michael McFadden, *Fortune*, 5 janvier 1987 ; « How Many Bureaucrats to Install a Phone ? », de Richard C. Morais, *Forbes*, 19 septembre 1988 ; « Air Canada Comes of Age », *MacLean's* (Toronto), 25 avril 1988.
314. Popkin sur la réduction des hiérarchies : [201], pp. 227-228.
316. Façon dont Kohl ignore son ministre des Affaires étrangères : « Ostpolitik Pays Belated Dividend for Germany's Elder Statesman », *Financial Times*, 14 décembre 1989.

CHAPITRE XXII - LES TACTIQUES D'INFORMATION

319. Johnson sur la liberté d'information : [194], pp. 3-4.
319. Vingt millions de documents secrets : « The Future of Intelligence », de Walter Laqueur, *Society*, novembre-décembre 1985.
320. Citation de la CIA : [194], p. 24.

320. Fuites de Recruit-Cosmos : « Gentlemanly Press Gets Gloves Dirty », *Insight,* 4 décembre 1989.
321. Citation de Pattie tirée de : « Tory Thought Curbed by "Fear of Leaks" », *Times* (Londres), 10 octobre 1986.
321. Citation de Gergen à propos des fuites de la Maison Blanche : « Secrecy means Big Things Get Little Thought », *Los Angeles Times,* 27 novembre 1986.
322. Kissinger et les écoutes téléphoniques : [574], p. 388.
323. Rapport sur le Vietnam : [421], p. 6.
323. Concernant le télégramme Zimmermann : [397], p. 18.
324-325. La bataille Shultz-Kelly sur les canaux détournés : « Shultz Calls Envoy Home, Saying He Dealt in Secret », *Los Angeles Times,* 9 décembre 1986 ; « Shultz Warning Envoys to Stop Bypassing Him », *New York Times,* 18 décembre 1986.
325. L'épisode Kissinger-Corée du Sud est décrit dans l'ouvrage critique de Seymour M. Hersh, *The Price of Power* (New York, Summit Books, 1983), pp. 42-43.
326. Canal détourné Kissinger-Dobrynine : [427], pp. 153 et 193.
326. Canal détourné lors de la crise des missiles cubains : [407], pp. 146-147.
326-327. La tactique du double canal : [427], p. 205.
327. Concernant le cas des Brigades rouges : [435], p. 129.
329. Sida : voir « Soviets, At last, Face up to AIDS », *Los Angeles Times,* 22 avril 1989 ; également « The KGB's New Muscle », *U.S. News and World Report,* 15 septembre 1986.
330. Inversion des messages à Jérusalem : « Peres Office, in Israeli Infighting, Bars Shamir Message to Embassies », *New York Times,* 15 janvier 1987.
331. Churchill sur les documents authentiques : [398], p. 292.

CHAPITRE XXIII - LES MÉTATACTIQUES

332. Sununu, le gouverneur conseiller en informatique : « The Granite State of the Arté », *Time,* 27 janvier 1986.
333. Ingénierie de logiciels assistée par ordinateur : « From CASE to Software factories », de Herbert Weber, *Datamation,* 1er avril 1989.
335. « Les bénéfices, c'est comme les saucisses... », et la General Motors : « Cute Tricks on the Bottom Line », de Gary Hector, *Fortune,* 24 avril 1989.
337. La Mafia et le doigt coupé : [485], p. 74.
337. Liste, dressée par le Département américain de la justice, des méthodes de base utilisées dans la délinquance informatique : « Electronic Capers », de J.A. Tujo, *Information Executive,* vol. 2, n° 1, 1985.
337. Disparition de lettres d'un membre du Congrès : « Two Cases of Computer Burglary », *New York Times,* 21 mars 1986.

338. Les élections en Corée du Sud : « Observers Allege Computer Fraud in S. Korea Poll », *Financial Times*, 21 décembre 1987.

339. Le cas de Election Watch : « Electronic Elections Seen as Invitation to Fraud », *Los Angeles Times*, 4 juillet 1989.

340. Stockman : [227], p. 92.

341. Concernant le Bureau de recensement : « Analyzing the Figures That Shape Our Daily Lives », de Richard Lipkin, *Insight*, 22 mai 1989 ; « Political Power and Money at Stake in Census Undercount Fight », *Washington Post*, 11 janvier 1988 ; « False Signals on Inflation », *Newsweek*, 28 juillet 1986 ; « Peasuring Money » de John Roberts, *National Westminster Moneycare* magazine (Londres), octobre-novembre 1986 ; également, interview par l'auteur de Jack Keane, directeur du Bureau américain de recensement, et interview du personnel de ce même Bureau.

344. Citation de Rona tirée de « Spy Satellites : Entering a New Era », *Science*, 24 mars 1989.

344. Capacités d'inférence et systèmes experts : « Car and Plan Makers Fuel Up with CAD, AI » et « Oil Companies Exploit as Much as Explore IS », *in : Datamation*, 15 novembre 1989. Voir également « New Shells for Old Iron », de John J. Popolizio et William S. Cappelli, *Datamation*, 15 avril 1989.

346-347. Usages et mauvais usages des modèles : [463], pp. 9-10, et 31-32.

347. Nombre d'Américains en état de pauvreté : « Taking the Measure, or Mismeasure, of It All », *New York Times*, 28 août 1984.

347. Procès intenté au Bureau de recensement : « Accord on Census May Bring Change in Minority Data », *New York Times*, 18 juillet 1989.

CHAPITRE XXIV - UN MARCHÉ POUR LES ESPIONS

350. Les espions en Égypte ancienne : [403], p. 111.

350. Les papillons de Baden-Powell : [394], pp. 7-8.

350. On trouvera l'histoire du capitaine japonais Giichi Tanaka dans : [394], pp. 21-23.

350. Industrialisation de l'espionnage : [426], p. 83.

351. On trouvera une description des *rabcors* dans [417], p. 6.

351. L'histoire de la vie de Richard Sorge est relatée dans [404], pp. 325-343.

352. Les informations obtenues par les systèmes de perception à distance : [399], p. XVI.

353. Les écoutes dans les limousines et sur le site de Lop Nor : « Exit Smiley, Enrer IBM », *The Sunday Times* (Londres), 31 octobre 1982.

355. La « communauté du renseignement » américaine : [424] et [422] d'un bout à l'autre ; [434], chapitres 1 et 2. Également, interview

d'Alfred Kingon, Kingon Inrernational, ancien secrétaire de Cabinet de la Maison Blanche.

355. Concernant les services secrets soviétiques : [404] d'un bout à l'autre ; [434], chapitres 4 et 5 ; également, bien qu'un peu daté, [425]. Et [526], pp. 166-167, traite plus particulièrement de l'espionnage technologique.

355. Services secrets français : [415] d'un bout à l'autre ; [434], chapitre 7 ; [423], chapitre 6.

355. Services secrets allemands : « Smiley Without People : A Tale of Intelligence Misjudgments », *Der Tagesspiegel* (Berlin), 6 janvier 1990 ; également [434], pp. 3, 113, 127, 130 et 182 ; [423], pp. 127-147 et 254-257.

355. Services secrets japonais : [423], chapitre 8 ; voir également [426].

355. L'incident du Transsibérien : [423], p. 255.

356. « Excommunication » de la Nouvelle-Zélande : « British Ban Kiwis From Intelligence Briefings », *The Sunday Times* (Londres), 4 mai 1986.

356. L'histoire de James D. Harper est tirée de [434], p. 165.

357. Le dilemme argentin : interviews par l'auteur, Buenos Aires.

358. La collaboration entre les pays de l'Est et Moscou après l'évincement des gouvernements communistes : « It's Still Business as Usual for Spies. Even as the Eastern Bloc Rises Up », *New York Times*, 31 décembre 1989.

358. Les services secrets américains en Afrique du Sud : « U.S. Is Said to Have Given Pretoria Intelligence on Rebel Organization », *New York Times*, 23 juillet 1986 ; également « Query on CIA Tie to Mandela Case Deflected », *Los Angeles Times*, 13 juin 1990.

358. L'aide australienne à la CIA, au Chili : [402], pp. 24-25.

358. La collaboration franco-marocaine et franco-portugaise : [415], pp. 71-73, 79-80.

358. La collaboration des Roumains avec l'OLP : [416], pp. 13, 15-35, et 92-99.

358. La collaboration des Israéliens avec les États-Unis : [424], pp. 205-207.

358. La collaboration américano-soviétique : « Ex-KGB Aides to Join U.S. Talks on Terrorism », *Los Angeles Times*, 25 septembre 1989.

358. Conséquences des trocs de services secrets sur les libertés civiles : [411], p. 373.

359. Avions militaires irakiens : « The 300-Million-Dollar Disaster », *in* : *The Voice of the Arab World* (Londres), non daté ; également [392], d'un bout à l'autre.

360. Listes de surveillance de la National Security Agency et du QCHQ : « Exit Smiley, Enter IBM », *The Sunday Times* (Londres), 31 octobre 1982.

361. Citation de Olmer : interview par l'auteur.

363-364. L'arnaque des centrales nucléaires roumaines : [416], pp. 292-297.

364. Le budget de toute une année peut être entièrement amorti par une seule et unique opération : [415], pp. 41-42.

364. Le KGB à Tokyo : [413], pp. 103-104.

364 La « Ligne X » dans l'organisation du KGB : [434], p. 87.

365. Sur le CoCom : « Appeal for Cocom Blacklist to be Overhauled », commentary, *Frankfurter Rundschau*, 29 novembre 1989 (traduit dans *The German Tribune*, 10 décembre 1989) ; « American Hypocrisy Highlighted in Cocom Rule Implementation », *Japan Economic Journal*, 2 juillet 1988 ; « A Challenge for High-Tech Censors », *Financial Times*, 19 octobre 1988 ; « U.S. Set to Ease European Defence Technology Curbs », *Financial Times*, 29 janvier 1988. Et [526], p. 15.

366. Guerres écologiques : « Turkey's Stranglehold on the Euphrates Irks Its Neighbours », *Financial Times*, 3 janvier 1990.

368. Les relations Bechtel-CIA : [130], p. 117.

368. Deux cents agents américains couverts par des entreprises : « Business Pose by U.S. Spies Reported », *New York Times*, 28 février 1974.

368 Pas de pression sur les Américains pour les inciter à espionner : [434], p. 49.

370 371. Les satellites Landsat et Spot : « Space Cameras and Security Risks », de David Dickson, *Science*, 27 janvier 1989 ; « Civilians Use Satellite Photos for Spying on Soviet Military », *New York Times*, 7 avril 1986. Interview de Corbley. *Spotlight*, vol. 3, n° 2, juin 1989 (SPOT Image Corporation) ; également SPOT Data Products and Services (catalogue) ; et SPOT Surveillance Brochure.

371 Le système de perception à distance utilisé à des fins commerciales ou militaires est en pleine expansion. Voir EOSAT « Directory of Landsat-Related Products and Services - United States Edition, 1983, et « Directory of Landsat-Related Products and Services - International Edition, 1989 », de EOSAT, Lanham, Maryland.

371 Space Media Network : brochure de la Space Media Network. Également, « Photos Prove '57 Nuclear Disaster », *Chicago Tribune*, 1er décembre 1988 ; « Satellite Photos Appear to Show Construction of Soviet Space Shuttle Base », *New York Times*, 25 août 1986 ; et « List of Media Projects » de Space Media Network.

372 Développement des missiles et des satellites dans les pays pauvres : « Star Wars », de Sterett Pope, *World Press Review*, décembre 1989.

373 Effets de l'évolution rapide sur les services secrets : « E. European Events Outrun Intelligence Analysts, Panel Told », *Los Angeles Times*, 13 décembre 1989.

374 Citation de Conrad tirée de son *Under Western Eyes*, 1911.

CHAPITRE XXV - L'ORDRE DU JOUR DE L'INFORMATION

376. McFarlane à Téhéran : « Iran Says McFarlane Came on Secret Mission to Tehran », *Washington Post Foreign Service*, 11 novembre 1986 ; « Cloak and Dagger », *Newsweek*, 17 novembre 1986 ; « Reagan's Backdoor Hostage Deal with Iran », *U.S. News & World Report*, 17 novembre 1986 ; « Cake Delivered to Iranians Was Strictly Kosher », *Los Angeles Times*, 27 février 1987.

377. « Federal Information : Who Should Get It, Who Shouldn't ? » de Diane Sherwood, *The World & I*, janvier 1990.

378. Nombre de licenciements : « Heading for an Override ? », *Time*, 18 juillet 1988.

378. « C'est une simple question d'équité » : « Heading for an Override ? », *Time*, 18 juillet 1988 ; « Closing Law's Key Provisions », de Martha I. Finney, *Nation's Business*, janvier 1989 ; et « 72-73 Senate Vote Approves Notice of Plant Closings »,. *New York Times*, 7 juillet 1988.

380. Citoyens d'Osaka : « Group Seeks Access to City's Information », *Japan Times*, 29 août 1989.

380. Loi sur la liberté de l'information : « Role of Access Coordinators Under Scrutiny », *Transnational Data and Communications Report*, mars 1989 ; également « International FOI Roundup », *Transnational Date Report*, juin 1985. Cette revue suit régulièrement les événements liés à la liberté de l'information.

381. Enquête de la Chambre des Représentants : « Transportation Secretary Assails Publicizing of Terrorist Warnings », *New York Times*, 13 avril 1989.

382. L'épisode de Northwest Airlines : « Northwest Planned to Disclose Bomb Threat at the Gate », *Los Angeles Times*, 30 décembre 1989 ; « Northwest Warns Flight's Ticket Holders of Threat », *New York Times*, 29 décembre 1989.

382. Sida : « AIDS : Who Should Be Tested ? », *Newsweek,* 11 mai 1987 ; « As AIDS Spooks the Schoolroom- », *U.S. News and World Report*, 23 septembre 1985 ; « Putting AIDS to the Test », *Time*, 2 mars 1987 ; « Mandatory Testing for AIDS ? », *Newsweek*, 16 février 1987.

383-384. Un pays est-il en droit d'exiger de savoir ce qui se passe dans un autre ? : « Sweden Protests to Moscow Over Lack of Warning », *Financial Times*, 30 avril 1986 ; « Russians Pressed to Give Full Details of Nuclear Disaster », *The Times* (Londres), 29 avril 1986.

384. Article de Stansfeld Turner : « The U.S. Responded Poorly to Chernobyl », *New York Times*, 23 mai 1986.

384. L'incident de l'usine d'armes chimiques libyenne : « Libyan Plant Sparks Storm in Bonn », *Washington Post*, 19 janvier 1989 ; « West Germany in Libya Probe », *Financial Times*, 14-15 janvier 1989 ; « Senator Assails Bonn in Libya Scandal », *Los Angeles*

Times, 29 janvier 1989 ; « Vigilance, Luck Expose Libya Plant », *Los Angeles Times*, 22 janvier 1989.

385. Piratage des bandes magnétiques : « Thai Copyright War Divides Washington », *Financial Times*, 27 janvier 1989.

385. Piratage des livres : « Barbara Book Pirates », de Sterett Pope, *World Press Review*, juin 1986 ; « La book connection », de Rémy Lilliet, *l'Express*, 29 mars 1985 ; également, « Copyright Holders Name 12 Pirate Nations », *Financial Times*, 25 avril 1989.

385. *Indiana Jones* : « High-tech Tactics Slow Film Piracy », *New York Times*, 29 janvier 1986.

385-386. Les jeunes de Taiwan : « Pulling the Plug on Pirate Videos », *Los Angeles Times*, 8 janvier 1990.

386. Vol de logiciels : « Psst ! hey, mister, want to buy some software cheap ? », de Christopher Johnston, *PC Computing*, octobre 1988 ; et « Thai Copyright War Divides Washington », *Financial Times*, 27 janvier 1989.

387. Le point de vue japonais sur la propriété intellectuelle : « Putting a Price on Intellect », de Yuji Masuda, *Journal of Japanese Trade and Industry*, n° 5, 1988.

387. L'attitude de la CEE : « Brussels Plan for IPR Control », *Financial Times*, 4 juillet 1989.

387. Citation de Harlan Cleveland tirée de *WFSF Newsletter* (World Future Studies Federation), juillet 1989.

388. Citation sur la mauvaise répartition de l'information tirée de [332], p. V.

388. Laboratoire pharmaceutique : « Whose Idea Is It Anyway ? », *Economist*, 12 novembre 1988.

Chapitre XXVI - Les faiseurs d'images

389. L'histoire du premier journal populaire est tirée de [171], pp. 5-6, et [179], pp. 203-205.

390. Sur l'émergence de l'opinion publique : [538], p. 14. L'influence de CNN : « Watching Cable News Network Grow », *New York Times*, 16 décembre 1987 ; « Triumphant Ted », de Joshua Hammer, *Playboy*, janvier 1990 ; voir également la documentation CNN : « The Growth of a Global Network », « Milestones », « Live Reporting », et [180] d'un bout à l'autre.

391. Fidel Castro : l'auteur a pu assister à une projection privée de la vidéocassette.

393-394. Nouvelles chaînes de télévision et nouveaux services aux États-Unis : « Cable », de Paula Parisi, *Hollywood Reporter*, 1989-1990 TV Preview ; également « "Channel One" Could Wittle Away at Net and Syndie Teen and Coin », de Verne Gay, *Variety*, 14-20 juin 1989.

393-394. Nombre de chaînes disponibles : [68], p. 281 ; et « Technology Adds Choices and Programming Needs », *New York Times*, 24 juillet 1989.

394. Émissions directes à partir de satellites : « One Hundred and Eight Channels by 1993 ? Stay Tuned, America », *International Herald Tribune*, 22 février 1990.

394. Émergence de stations indépendantes et de regroupements en organisations : « The Future of Television », *Newsweek*, 17 octobre 1988.

394. Citation de Iger : « Technology adds choices and programming needs », *New York Times*, 24 juillet 1989.

395. La citation de Al Burton, producteur exécutif de Universal Television et président de Al Burton Productions, provient d'une interview par l'auteur.

395-396. Les chaînes câblées en Europe : « Tube Wars », de Fred V. Guterl, *Business Month*, décembre 1988.

395. La rivalité BSB-Sky : « BSB Inks 5-Year Output Deal with Orion ; Rumors of Oz' Bond Pulling Out Abound », de Elizabeth Guider, *Variety*, 14-20 juin 1989 ; et « Activate the Death Star », *Economist*, 8 juillet 1989.

396. La télévision française : « Off-Screen TV : Scandal, Sex, Money », *New York Times*, 18 janvier 1988 ; « Boost for Cable TV Industry in France », *Financial Times*, 9 février 1990 ; « France's New Television Order », de Adam Glenn, *Broadcasting*, 24 août 1987 ; « Commercial TV, Mon Dieu ! », *Time*, 17 mars 1986 ; et « Le Défi Disney », de John Marcom, Jr., *Forbes*, 20 février 1989.

396. La télévision allemande : « New German TV : Idiot Culture or Breath of Air ? », *New York Times*, 11 février 1985 ; « Tube Wars », de Fred V. Guterl, *Business Month*, décembre 1988.

397. Fusion des agences de publicité : « WPP, the New Giant of...PR ? » *Business Week*, 20 mai 1989 ; « Upbeat View at Saatchi New York », *New York Times*, 21 juin 1989.

397. Échec de la stratégie de « commercialisation planétaire » : « Marketers Turn Sour on Global Sales Pitch Harvard Guru Makes », *Wall Street Journal*, 12 mai 1988 ; « The Overselling of World Brands », *Financial Times*, 21 décembre 1988 ; et « Why the Single Market Is a Misnomer - and the Consequences », *Financial Times*, 21 décembre 1988.

399. Sony à Hollywood : « $ 3 Billion Bid for Colombia by Sony », *Los Angeles Times*, 26 septembre 1989. Ce premier rapport sous-estimait le prix réel. Deux jours plus tard, le 28 septembre 1989, dans « Sony Has Hight Hopes for Columbia Pictures », le *New York Times* estimait le prix à $ 3,4 milliards. « Sony Goes to Hollywood », *The Sunday Times* (Londres), 1er octobre 1989, évaluait l'affaire à « presque 5 milliards de dollars ».

399-400. L'empire Murdoch : « Four Titans Carve Up European TV », de William Fisher et Mark Schapiro, *Nation*, 9/16 janvier 1989 ; et « Tube Wars », de Fred V. Guterl, *Business Month*, décembre 1988.

400. Description de Robert Maxwell : « Larger Than Life », *Time*, 28 novembre 1988 ; voir également « Four Titans Carve Up European TV », de William Fisher et Mark Schapiro, *Nattion*, 9-16 janvier 1989, et « Business Goes Global », *Report on Business Magazine - The Globe and Mail* (Toronto), février 1989.

400. Descriptions de Mohn et de Bertelsmann : « Reinhard Mohn », *Nation*, 12 juin 1989 ; voir également [134] d'un bout à l'autre ; « Business Goes Global », *Report on Business Magazine - The Globe and Mail* (Toronto), février 1989 ; et « Bertelsmann Philosophy », Bertelsmann brochure.

Chapitre XXVII - Médias et subversion

405-406. Victoire légale au Mexique : « Mexicans Who Sued Deputies Win $ 1 Million », *Los Angeles Times*, 25 janvier 1990 ; et « Video-tape Is Centerpiece of "Victorville 5" Brutality Lawsuit », *Los Angeles Times*, 9 janvier 1990.

406. Les bandes vidéo des rebelles tchèques : « The Czechoslovak Pen Defies the Party Sword », *Financial Times*, 28 novembre 1989.

406. Utilisation politique de la télévision et des vidéocassettes : excellent résumé dans « TV, VCRs Fan Fire of Revolution », *Los Angeles Times*, 18 janvier 1990.

406-407. Ceausescu, un jour, invita l'auteur à « passer vos vacances avec moi, et nous verrons *Kojak* ensemble ». L'invitation surprise survint à la suite d'un long entretien entre le président roumain et les Toffler, en présence de Harry Barnes, alors ambassadeur des États-Unis à Bucarest. C'était en 1976. La fin de l'épisode Ceausescu est racontée dans « How the Ceausescus Fell : Harnessing Popular Rage », *New York Times*, 7 janvier 1990.

407. Le rôle de la télévision aux Philippines : « Playing to the TV Cameras », *U.S. News and World Report*, 10 mars 1986.

408. La révolution roumaine : « How the Ceausescus Fell : Harnessing Popular Rage », *New York Times*, 7 janvier 1990 ; « Romanian Revolt, Live and Uncensored », *New York Times*, 28 décembre 1989 ; également, « Message of the Media », *Financial Times*, 30 décembre 1989.

412. Dresde hors de portée de la télévision d'Allemagne de l'Ouest : « The Long Journey out of the Valley of the Ignorant », *Stuttgarter Zeitung*, 19 décembre 1989.

412. Rôle de la Voix de l'Amérique : témoignage de Richard Carlson, directeur de la Voix de l'Amérique, devant la sous-commission de la Commission des Affaires étrangères de la Chambre des représentants, Congrès des États-Unis, 15 juin 1989 ; également « Old Men Riding a Tiger and Feeling Paranoid », *Los Angeles Times*, 8 janvier 1990.

413. Christianisme en Corée du Sud : « Chun's $ 21 Million Apology »,

Newsweek, 5 décembre 1988 ; également, « Papl Nod to a Christian Boom », *Time*, 14 mai 1984.

414. L'utilisation par Khomeyni d'enregistrements magnétiques : « The Ayatollah's Hit Parade », *Time*, 12 février 1979.

414. Politique des affiches murales : « Peking's Posters Point Finger of Protest to the Party », *Financial Times*, 17 juin 1988.

414-415. Comptes rendus du soulèvement étudiant en Chine : voir [363] pp. 219-220 ; « State of Siege », *Time*, 29 mai 1989 ; et, pour un point de vue socialiste, « China's Long Winter », d'Anita Chan, *Monthly Review*, janvier 1990. Également, « Watching China Change », de Mark Hopkins, *Columbia Journalism Review,* septembre-octobre 1989.

415-416. Utilisation politique des nouveaux médias : « ... As Chinese in U.S. Pierce a News Blockade », *New York Times*, 24 mai 1989 ; également, « TV, VCRs Fan Fire of Revolution », *Los Angeles Times*, 18 janvier 1990 ; « Phones, Faxes : Students in U.S. Keep Lines of Communication Open », *Los Angeles Times*, 6 juin 1989.

417. Premiers « brouillages » effectués par des particuliers : « Chinese Students in U.S. Seeking to Foil "Tip'Lines" », *Los Angeles Times*, 11 juin 1989.

CHAPITRE XXVIII - LA GÉNÉRATION « TOUTÉCRAN »

419. Le golfeur esclave : interview par l'auteur de Gordon Stulberg, directeur, et Bernard Luskin, président de l'American Interactive Media Corporation ; également documentation fournie par l'entreprise.

420. Jeux télévisés : « Computer Company Plans to Bring TV Viewers Into the Action », *Los Angeles Herald Examiner*, 11 février 1988.

420. Gilder : « Forger HDTV, It's Already Outmoded », *New York Times*, 28 mai 1989 ; et « IBM-TV ? », de George Gilder, *Forbes*, 20 février 1989.

423. Les télécopieurs et les milliards de pages : le membre du Congrès des États-Unis Edward J. Markey dans « Ban Fax Attacks ; They Are Costly », *USA Today*, 31 mai 1989.

425-426. Panne chez AT & T : « President Reagan Declares Martin Luther King, Jr., Day », *Jet*, 23 janvier 1989 ; « AT & T Pinpoints Source of Service Disruption », *New York Times*, 17 janvier 1990 ; et « AT & T Fiasco : Tense Fight With Haywire Technology », *Los Angeles Times*, 19 janvier 1990.

427. Moritz sur les « screenies » : lettre à l'auteur de Jeffrey M. Moritz, président du National College Television.

Coda - Aspirations a un nouvel age des Ténèbres

433. La controverse sur la mort de Dieu : « Toward a Hidden God », *Time*, 8 avril 1966.

435. Les liens des Azéris avec le fondamentalisme musulman : les récits du soulèvement de 1989 en Azerbaïdjan et du massacre des Arméniens à Bakou ne concordent pas pour ce qui est du rôle de la direction du parti communiste local, du temps mis par Moscou à faire intervenir l'armée pour rétablir l'ordre, et du caractère du mouvement azéri. « Bakou : Before and After », de Igor Beliaev, *Litératournaïa Gazéta International* (Moscou), mars 1990 ; « Iran Warns Against "Harsh" Soviet Moves in Azerbaijan », *Los Angeles Times*, 18 janvier 1990 ; « Fundamentalism Blamed for Uzbeck Rioting », *Financial Times*, 14 juin 1989 ; « Soviets Are At Loss About Ethnic Unrest », *Wall Street Journal*, 21 juillet 1989 ; et « Teheran Is Said to Back "Islamic Seal" but Not Separatism in Azerbaijan », *New York Times*, 21 janvier 1990.

435. Fondamentalistes en Israël : voir « Israel's Cultural War », *The Christian Century*, 16-23 juillet 1986. Pour les liens avec le premier romantisme allemand, voir [303], pp. 60-63.

438. Cassure dans le parti des Verts et dans l'idéologie des Verts : « Greens Trade Insults at Birthay Parti », *Handelsblatt* (Dusseldorf), 15 janvier 1990, rapport sur le déclin des Verts allemands alors que certains grands partis adoptent leurs idées. La ligne de partage idéologico-philosophique dans le mouvement écologique mondial est le mieux délimitée dans *New Perspectives Quarterly (NPQ)* du printemps 1989, qui rassemble nombre des penseurs les plus en vue du mouvement écologique, et donne un bon aperçu des principales revues philosophiques. Dirigé par Nathan Gardels, *NPQ* est l'un des périodiques américains les plus provocants.

439. Le passage sur Bahro est tiré de « Theology Not Ecology » ; et celui sur Sachs de « A Critique of Ecology » ; ces deux articles figurant dans le numéro de Npq du printemps 1989.

439. Le passage sur Illich est tiré de « The Shadow Our Future Throws », *NPQ*, printemps 1989 ; [517], pp. 101-102 ; et [240], p. 181.

440. Les citations de Bilmes et Byford sont tirées de « Armageddon and the Greens », *Financial Times*, 30-31 décembre 1989.

440. Bahro sur l'Adolf vert : voir « Theology Not Ecology », *NPQ*, printemps 1989.

440-441. Touraine mettant en garde contre un rejet de la raison : « Neo-Modern Ecology », *NPQ*, printemps 1989.

441. Sur le romantisme et le retour à la nature allemands : « The Dangers of Counter-Culture », de John de Graff, *Undercurrents 21*, avril-mai 1977 ; voir aussi [582], pp. 50-55 ; [384], plus particulièrement le chapitre 11 ; également [390], p. 188.

441-442. Sur l'exaltation du Moyen Age par les nazis : [391], p. 50 et carte jointe.

442. « Tribu verte » (lettre de Ron James), *Economist*, 29 juillet 1989.

443. Inquiétude concernant l'implantation de la télévision anglo-saxonne : « Vers un marché mondial de l'information télévisée », d'Yves Eude, *le Monde diplomatique* (Paris), juin 1988 ; « Hollywood Predominance Reflects Sad State of European Industry », Süddeutsche Zeitung (Munich), 6 janvier 1990.

443. Niveau très bas des prix de postes recevant des émissions par satellites : interview de Dan Goldin, expert en satellites, TRW, Inc.

444. Le Pen sur les camps nazis : « French Rightist Belittles Gas Chambers », *New York Times*, 16 septembre 1987 ; voir aussi « Le Front national et le drapeau nazi dans le champ belge à Rotterdam », *le Soir* (Bruxelles), 30 novembre-1er décembre 1985 ; et « Europeans Showed Dissatisfaction With Ruling Parties », *Los Angeles Times*, 24 juin 1989.

444. Les *Republikaner* allemands : « Europe's Grand Parties in a Tightening Vise », *Wall Street Journal*, 26 juin 1989 ; « Extreme Rightists Win Frankfurt Council Seats », *Los Angeles Times*, 13 mars 1989 ; « Germany's Republikaners Start a Rumble on the Far Right », *Wall Street Journal*, 24 juillet 1989 ; et « Is Extremist or Opportunist Behind Bonn Rightist's Temepred Slogans ? » *New York Times*, 27 juin 1989 ; également « Millstone Instead of Milestone for Republicans », *Süddeutsche Zeitung* (Munich), 15 janvier 1990 ; « Former Nazi Quits as W. German Party Leader, Blaming Extremists », *Los Angeles Times*, 26 mai 1990.

445. Eco-extrémistes et hostilité à l'immigration : « Saboteurs for a Better Environment », *New York Times*, 9 juillet 1989 ; voir également le débat dans *Earth First !* (Canton, N.Y.), publication dirigée par des éco-extrémistes.

445. Ultranationalisme japonais : « A New Japanese Nationalism », de Ian Buruma, *New York Times Magazine*, 12 avril 1987 ; « Mayor Who Faulted Hirohito Is Shot », *New York Times*, 19 janvier 1990 ; « Attack on Nagasaki Mayor Stirs Fears of Speaking Out », *New York Times*, 21 janvier 1990 ; « Rightist Held in Shooting of Blunt Nagasaki Mayor », *Los Angeles Times*, 19 janvier 1990 ; « Japanese See a Threat to Democracy in Shooting of Nagasaki Mayor », *Los Angeles Times*, 20 janvier 1990.

445. « Yamatoïsme » et la prétendue unicité de la langue japonaise : « The "Japan as Number One" Syndrome », de Kunihiro Masao, *Japan Echo* (Tokyo), volume XI, no 3, 1984 ; « A New Japanese Nationalism », de Ian Buruma, *New York Times Magazine*, 12 avril 1987. Voir également [460] pour l'expression d'unicité linguistique japonaise, concept à la résonance politique et nationaliste très importante.

446. Chauvinisme de la population grand-russe : [558], p. 100. Voir également [347], pp. 38-39, sur l'aspect messianique du nationa-

lisme slavophile et ses origines ; également [548] d'un bout à l'autre.

447. Couverture écologique de « Pamiat » et son antisémitisme : « The Secret of Pamyat's Success », *Wall Street Journal*, 3 avril 1989 ; « Ideological Terror » (lettre), *Present Tense*, novembre-décembre 1989 ; l'irruption, au cours d'une réunion de la Maison des écrivains centrale de Moscou, le 18 janvier 1990, de voyous qui crièrent des slogans antisémites menaçants fut même condamnée par la Commission soviétique publique antisioniste, dont l'« outrage » a été rapporté dans « Statement », *Litératournaïa Gazeta International* (Moscou), mars 1990. Pour des commentaires et des comptes rendus plus généraux ; « Right-Wind Russians », *Christian Science Monitor*, 18 juin 1987 ; « Anxiety Over Anti-Semitism Spurs Soviet Warning on Hate », *New York Times*, 2 février 1990 ; « Yearning for an Iron Hand », *New York Times Magazine*, 28 janvier 1990 ; « Anti-Semitic Rallies Prompt Protest », *Washington Post*, 14 août 1988 ; et « Don't Underestimate Anti-Semitic Soviet Fringe » (lettre), *New York Times*, 3 avril 1989. Voir aussi [352], pp. 66 et 86.

La cassure entre les réformateurs laïques en Union soviétique et les nationalistes chrétiens russes, messianiques se reflète dans la différence entre deux grands et courageux dissidents : d'un côté, le lauréat du prix Nobel et le défenseur des droits de l'homme, aujourd'hui décédé, Andreï Sakharov, qui était un démocrate (avec un d minuscule) orienté vers l'Ouest ; et de l'autre, Alexandre Soljenitsyne, qui allie un nationalisme grand-russe à un mysticisme religieux et une hostilité marquée pour la démocratie.

447. Schönhuber : « Is Extremistor Opportunist Behind Bonn Rightist's Tempered Slogans ? » *New York Times*, 27 juin 1989.

CHAPITRE XXIX - LE « FACTEUR S »

453. Interventions à des niveaux de la nature de plus en plus profonds : « A Small Revolution Gets Under Way », de Robert Pool, *Science*, 5 janvier 1990.

453. Les plus importantes découvertes sensationnelles : « Academy Chooses 10 Top Feats », *The Institute* (Institute of Electrical and Electronics Engineers), février 1990.

454-455. Commentaire sur la défaite technico-militaire de l'Union soviétique : « Dithering inf Moscow », *New York Times*, 14 décembre 1989.

CHAPITRE XXX - LES RAPIDES ET LES LENTS

458. Concernant la tradition qui gouvernait les décisions technologiques : [120], p. 30.

458. Sur les risques peu élevés à innover : [120], p. 35.

460. Diminution de l'emploi de main-d'œuvre bon marché à l'étranger dans l'industrie du vêtement aux États-Unis : « Made in the U.S.A. », de Ralph Kind, Jr., *Forbes*, 16 mai 1988.

460. Le cas Tandy : interview par l'auteur de John Roach, président de Tandy Corporation.

460. Les passages sur Arrow et Atkins, ainsi que la citation de *Forbes* sont tirés de : « Made in the U.S.A. », de Ralph King, Jr., *Forbes*, 16 mai 1988.

461. Rapidité des livraisons chez Benetton : « Fast Forward », de Curtis Bill Pepper, *Business Month*, février 1989.

461. Temps de réponse chez les producteurs d'acier en Chine : « Bureaucracy Blights China's Steel Industry », *Financial Times*, 16 décembre 1988.

464-465. Réduction des matières premières requises pour chaque unité de rendement industriel : « The Technology Revolution and the Restructuring of the Global Economy », d'Umberto Colombo, *in* : « Proceedings of the Sixth Convocation of the Council of Academies of Engineering and Technological Sciences », *in* [521], pp. 23-31.

465. Sur les nouveaux matériaux : « A Small Revolution Gets Under Way », de Robert Pool, *Science*, 5 janvier 1990.

466. Le Japon retirant ses usines de Taiwan et de Hong Kong : « Political Reforms Pave Way », *Japan Economic Journal*, 1er octobre 1988.

467. Citation d'Umberto Colombo tirée de [521], p. 25.

468. Les supersoniques plus rapides et l'étude sur les « trois T » : « Moving Toward a Supersonic Age », de Jiro Tokuyama, Center for Pacific Business Studies, Mitsui Research Institute (Tokyo), 1988.

468. L'aéroport de Perot : « Can Ross Perot Save America ? » de Peter Elkind, *Texas Monthly*, décembre 1988.

469-470. Sur la course aux armements des pays pauvres : « Becoming Smarter on Intelligence », de Henrik Bering-Jebsen, *Insight*, 26 décembre 1988-2 janvier 1989.

470-471. Sur les minorités dynamiques : « Foreigners in Britain, New Blood », *Economist*, 24 décembre 1988.

472. Le Brésil et les royalties des compagnies pharmaceutiques : « Brazil : A Practical Guide to Intellectual Property Protection », *Business America*, 18 janvier 1988 ; et « Whose Idea Is It Anyway ? », *Economist*, 12 novembre 1988.

473. Distribution des télécommunications dans le monde : les données

ont été fournies par Anthony Rutkowski, premier conseiller, International Telecommunication Union (Geneva).

CHAPITRE XXXI - LE CHOC DU SOCIALISME AVEC LE FUTUR

475. Les conséquences de l'invention de Gutenberg : voir « A Red Square Reformation », de Robert Conot, *Los Angeles Times*, 11 mars 1990.

475. Cette célèbre invective de Khrouchtchev contre l'Occident avait été faite devant un groupe de diplomates et rapportée dans « We Will Bury You », *in* : *Time*, 26 novembre 1956.

475-476. Le tournant de l'économie américaine (datant de 1956), qui allait passer de la phase industrielle de la Deuxième Vague à la phase service-communication de la Troisième Vague, a été développé dans « A New Social Revolution », *Fortune*, avril 1958, article qui faisait état des chiffres 1956 sur la force de travail. Ces chiffres étaient basés sur une étude de Murray Wernick, économiste à l'U.S. Federal Reserve Board.

476. Gorbatchev sur « l'âge de la science de l'information » : passage écrit à partir d'observations faites par Gorbatchev devant le Comité central soviétique le 5 février 1990, et fournies par Tass English Language. Pour le développement de la classe des « cols blancs » en URSS, voir « Gorbatchev Politics », de Jerry F. Hough, *Foreign Affairs*, printemps 1989-1990 ; également, « Médias soviétiques : censure glasnost », *le Point*, 12 mars 1990.

476-477. Sur la crise actuelle du communisme en tant que reflet du concept de Marx établissant que les « relations de production » sont une entrave aux « moyens de production » : l'auteur a débattu de cette question en 1983 dans [68], p. 78 ; également dans « Future Shock in Moscow », *New Perspectives Quarterly*, hiver 1987 ; dans « A Conversation with Mikhail Gorbatchev » (series) de Heidi et Alvin Toffler, *Christian Science Monitor*, 5, 6, 7 janvier 1987 ; et, à la suite d'une rencontre avec le chef du parti communiste d'alors, Zhao Ziyang, à Pékin, « Socialism in Crisis », *World Monitor*, janvier 1989. La même thèse est reprise par Igor Ligatchev, membre du Bureau politique de l'Union soviétique et rival de Gorbatchev, dans *World Marxist Review* (Prague), juillet 1987, ainsi que par Valentin Fiodorov, vice-recteur de l'Institut d'économie de Moscou, dans « Ignorance Is Bliss », *Litératournaïa Gazeta International* (Moscou), mars 1990.

478. Les hypothèses de Lénine sur le rôle du savoir et de la culture sont résumées dans sa déclaration de 1905 : « L'activité littéraire doit devenir une partie de la cause prolétarienne dans sa totalité, un "rouage" dans le grand mécanisme socio-démocratique unifié. »

479. Pour les utopistes et socialistes du XIXe siècle : voir [366].

480. Les lames de rasoir en URSS: «El fracaso del marxismo-leninismo», *El Heraldo* (Mexico City), 3 décembre 1989.

481-482. «Problème de calcul» des socialistes : voir [133], chapitre 26, portant le titre «The Impossibility of Economic Calculation Under Socialism», et en particulier les pages 698-699 ; également [120], pp. 52-65 et 241.

482. Le passage de la Pologne à l'économie de marché : «East Europe Joins the Market and Gets a Preview of the Pain», *New York Times*, 7 janvier 1990.

483. La compression de l'agriculture : [377], pp. 212-229 ; également, reconstitution de débats sur l'accumulation primitive socialiste (parfois appelée «accumulation socialiste primitive») de Préobrajenski, dans [351], pp. 163-180.

485. Le rêve est-il mort ? S'éveillant tardivement à l'avènement d'un nouveau système (Troisième Vague) de création de richesse et de ses conséquences sociales, certains communistes et socialistes occidentaux tentent actuellement de se regrouper autour de thèmes nouveaux. Voir : «It's the End of the Road for Communism», extrait d'un discours de Martin Jacques, responsable de *Marxism Today*, dont il a été rendu compte dans *The Sunday Times* (Londres), le 26 novembre 1989. Martin Jacques met l'accent sur l'écologie, l'égalité des sexes, la fin de la centralisation, l'aide à la «société civile». Opposé à l'individualisme, cependant, il conclut : «Le socialisme traite de l'interdépendance, de la solidarité, de l'égalité [...] et d'une «renaissance du collectivisme.»

Chapitre XXXII - Le pouvoir de l'équilibre

487. Le muscle militaire de l'Inde : «India Rejects Japanese Criticism», et «Last Indian Contingent Leaves Maldives», tous deux dans *Jane's Defence Weekly*, 18 novembre 1989 ; également «The Awakening of an Asian Power», *Time*, 3 avril 1989 ; et «India Is Reportedly Ready to Test Missile With Range of 1,500 Miles», *New York Times*, 3 avril 1989.

487. Propagation des missiles : «Third World Missile-Making Prompts Campaign by CIA», *New York Times*, 31 mars 1989.

487. Prise d'armes nucléaires par des extrémistes islamiques ou des rebelles militaires : «U.S. Worried by Nuclear Security in Unstable Soviet Empire», *Los Angeles Times*, 15 décembre 1989.

488. La citation connue de Ishihara concernant la capacité du Japon à faire basculer l'équilibre mondial des forces militaires en vendant à l'URSS des puces sophistiquées : [318], pp. 3-5. Également «Seeing a Dependent and Declining U.S., More Japanese Adopt a Nationalistic Spirit», *New York Times*, 1er septembre 1989.

489. Dangers d'un effondrement financier. «A Post-Panic System»,

d'Alvin Toffler, *New York Times*, 25 octobre 1987 ; les craintes de Greenspan sont rapportées dans « Market Globalization Risky, Greenspan Says », *Los Angeles Times*, 15 juin 1989.

489-490. L'institution de contrôles sur les budgets nationaux et les politiques fiscales a été proposée dans le rapport Delors, qui a été unanimement approuvé par une commission de banques centrales et d'experts de la Communauté européenne en avril 1989. Voir : « Sovereignty and Fiscal Policy », *Financial Times*, 18 juillet 1989.

CHAPITRE XXXIII - TRIADES : TOKYO-BERLIN-WASHINGTON

493-494. Dépenses militaires du Japon : soumis aux pressions de Washington pour « partager le fardeau » de la défense, le Japon a régulièrement augmenté son budget militaire, jusqu'à dépasser celui de la France et de l'Allemagne de l'Ouest, et à égaliser ou approcher de très près (selon le taux de change et autres facteurs) celui du Royaume-Uni. Seuls les États-Unis et l'Union soviétique prennent le pas sur le Japon. Pour plus de précisions, voir [285]. Également, « The State of Japan's Military Art », de Katherine T. Chen, *IEEE Spectrum*, septembre 1989 ; « Guess Who's Carrying a Bigger Stick ? », de Peter Hartcher, *World Press Review*, juillet 1988 ; et [.283].

494. Sur l'essor d'un nouveau complexe militaro-industriel japonais : « The State of Japan's Military Art », de Katherine T. Chen, *IEEE Spectrum*, septembre 1989 ; « The Sun Also Rises Over Japan's Technology », *Economist*, 1er avril 1989. Voir également les débats sur une coopération en matière de défense entre Mitsubishi et Daimler-Benz (en Allemagne, à qui appartient Messerschmitt et Deutsche Aerospace), débats qui ont causé de l'inquiétude à de nombreux Européens (« Colossal mariage », *le Point* (Paris), 12 mars 1990.

494. Takeshita sur le besoin d'élever le niveau de la puissance militaire du Japon à celui de sa force économique : « Japan : A Superpower Minus Military Power », *Los Angeles Times*, 11 septembre 1988.

495-496. Taux d'épargne : « Japanese Thrift ? The Stereotype Suffers a Setback », *Business Week*, 14 août 1989 ; et « U.S. Is Getting What It Asked for in Japan », *Los Angeles Times*, 7 février 1990.

496 Augmentation du pourcentage de scientifiques et d'ingénieurs parmi les travailleurs japonais : « R & D in Japan vs. the United States », *IEEE Spectrum*, février 1989.

497 Résultats décevants du « Projet de cinquième génération » : « What Happened to the Wonder Child ? » de Stuart Dambrot, *Business Tokyo*, février 1989 ; et « Fifth Generation Computer' Makes U.S. Debut », *Los Angeles Times*, 12 octobre 1989.

497. Enquête sur les dirigeants d'entreprise japonais : « Technology

Leadership : The Votes Are In », *Information Industry Insights* (Booz-Allen Hamilton), numéro 18, 1988.

498. Lecteurs de journaux : « Millions a Day », d'Annamaria Waldmueller, *World Press Review*, avril 1988.

498. Nombre d'étudiants étrangers : « U.S. Failing to Close Its Education Gap With Japan », *Los Angeles Times*, 7 janvier 1990.

502. Lénine sur une Europe unie : citation tirée de *Sotzial-Demokrat*, n° 44, 23 août 1915. Voir ses œuvres complètes.

503. Une armée européenne : « Kohl Praises Prospect of European Army », *Financial Times*, 14 décembre 1988.

503-504. Coûts éventuels pour l'Europe d'un retrait des troupes américaines : [287], p. 37.

504. Les chiffres concernant les armées française et allemande proviennent de [286], pp. 47-48 et 59-64 ; pour un débat sur d'éventuelles restrictions budgétaires : « Changing Altitudes in a Changing Europe Leave the Bundeswehr at the Crossroads », *Die Zeit* (Hambourg), 22 décembre 1989.

504. La politique française d'équilibrage par rapport à l'armée ouest-allemande : « Return of "The German Menace" », de Wolfgang J. Koschnick, *Worldview*, janvier-février 1977.

506. Sur les « belles promesses » de la CEE, voir « Social Dimension of the Internal Market », rapport de la Commission des Communautés européennes (Bruxelles), 14 septembre 1988, et plus particulièrement la page 4.

509. Recherche et Développement : « Brussels Proposes Big Rise in High-tech Research », *Financial Times*, 26 juillet 1989.

509. Brevets et prix en Allemagne : « Ein Wissenschaftswunder ? » *Economist*, 11 novembre 1989.

509. Faillite de Nixford et difficultés chez Norsk : « Siemens Takeover of Nixdorf Creates a Giant », *Die Welt* (Bonn), 13 janvier 1990 ; et « Norsk Data Suffers Further Losses », *Financial Times*, 7 février 1990.

510. Théorie du « cœur » de la planète : voir [336] et [302].

511. Sur les porte-avions américains : voir [286].

516. Importations et exportations aux États-Unis : données obtenues dans « U.S. Foreign Trade Highlights, 1988 », U.S. Department of Commerce ; également communiqué de presse du Bureau de recensement américain, 16 février 1990, intitulé « U.S. Merchandise Trade : December, 1989 ». Voir aussi : « New ITA Report Shows Major Improvement in U.S. Trade Performance in 1988 », *in : Business America*, 6 novembre 1989, pp. 6 et 12.

517. Brevets : le nombre de brevets américains délivrés à des personnes ne résidant pas aux États-Unis est en constante augmentation depuis 1965, date à laquelle 23 % seulement des brevets étaient attribués à des non-résidants. Ce pourcentage a doublé depuis 1989.

517. Nombre relatif de chercheurs et d'ingénieurs : « R & D in Japan vs. the United States », *IEEE Spectrum*, février 1989.

518. Comparaisons concernant l'industrie informatique : « Chiffres clés de l'information mondiale », de Michel Solis et Bénédicte Haquin, *01 Informatique* (Paris), 24 novembre 1989 ; et « Staying American », *Economist*, 19 août 1989.

518. La puce d'une capacité de 16 millions de bits chez IBM : « IBM Announces Memory Chip Breakthrough », *Los Angeles Times*, 11 février 1990.

519. Montée du marché des logiciels : « Competitive Software Industry Suits Up for Global Hardball », de Jeff Shear, *Insight*, 10 juillet 1989.

519. Diplômes de doctorats : le Japon a préféré augmenter le nombre de ses diplômés titulaires d'une maîtrise. Voici les chiffres pour la période 1975-1988 : licenciés, 17 % ; diplômés titulaires d'un doctorat, 26 % ; diplômés titulaires d'une maîtrise, 84 %.

522. Alliance américano-européenne contre le Japon : « The Changing Nature of the Relationship with America », *in* : *Stuttgarter Zeitung*, 19 janvier 1990, où est exprimé un point de vue européen largement répandu.

CHAPITRE XXXIV - LES GLADIATEURS DU MONDE

526. Le cas Rushdie : « Unrighteous Indignation », de Christian C. Muck, *Christianity Today*, 7 avril 1989 ; « Hunted by an Angry Faith », *Time*, 27 février 1989 ; « Freedom-to-Write Bulletin », mars 1989 (PEN American Center) ; et « PEN defends Rushdie », printemps 1989 (International PEN USA Center West).

528. La diplomatie catholique : « Inextricably Involved », *America*, 23 mai 1987 ; « No Place to Run », *Time*, 8 janvier 1990 ; « Pope Warns Against Divisions in the East », *New York Times*, 14 janvier 1990 ; « Pope Urges United Christian Europe », *International Herald Tribune*, 22 août 1989.

528. Le document de 1918 : [234], p. 256 ; « Pope, Visiting France, Calls for a United Europek », *New York Times*, 9 octobre 1988.

530. Six cents multinationales : « Come Back Multinationals », *Economist*, 26 novembre 1988.

530. Concernant la non-nationalité des mégasociétés mondiales : « Borderless Economy Calls for New Politics », de Kenichi Ohmae, *Los Angeles Times*, 26 mars 1990 ; également, « Who Is Us ? », de Robert Reich, *Harvard Business Review*, janvier-février 1990.

532. Sir Francis Drake : [587], pp. 28-29.

532. Libération des otages de Perot : « Ross Perot to the Rescue », de Ron Rosenbaum, *Esquire*, décembre 1980 ; également, « Perot's Mission Impossible », *Newsweek*, 5 mars 1979.

536. Citation de Maurras : [291], p. 6.

Remerciements

Aucun ouvrage de cette envergure ne peut être écrit sans la participation active de nombreuses personnes — amis, sources, et spécialistes qui fournissent patiemment leur concours et leurs éclaircissements. Je dois tout particulièrement remercier Alberto Vitale, l'ancien président, et Linda Grey, présidente actuelle et éditeur de Bantam Books, pour leur patience infinie, leur amabilité et leur enthousiasme pour le projet. Pendant toutes les années de préparation, Alberto et Linda ont toujours refusé de nous bousculer, nous conseillant au contraire de prendre notre temps pour faire le meilleur travail possible.

Leur patience m'a été très précieuse et j'espère qu'elle est aujourd'hui récompensée. Je dois également manifester toute ma reconnaissance à Toni Burbank, éditeur de Bantam, dont la grande compréhension de cet ouvrage et les suggestions éditoriales ont fait des *Nouveaux Pouvoirs* un ouvrage beaucoup plus lisible et cohérent qu'il ne l'aurait été.

Pendant plus de dix ans, Perry Knowlton de Curtis Brown, Ltd, notre agent littéraire, nous a apporté son soutien. Dès le début, Perry nous a donné des conseils judicieux sur le monde de l'édition.

Je dois également remercier l'un de nos plus vieux amis et grand érudit, le Dr Donald F. Klein, directeur de recherches au New York State Psychiatric Institute, pour ses critiques détaillées — souvent insolentes, mais toujours stimulantes.

Robert I. Weingarten et Pam Weingarten nous ont aidés à comprendre les questions financières au fur et à mesure qu'elles évoluaient au cours de notre travail, tandis que Al et Sally Burton nous ont aidés à comprendre les changements qui s'opéraient à la télévision et dans les médias. On n'aurait pu rêver meilleurs guides.

Le sociologue Benjamin D. Singer de l'université de Western

Ontario nous a apporté des articles, son enthousiasme et ses suggestions tout au long de notre travail.

Tom Johnson de Nolan, Norton, Inc. et James P. Ware d'Index Group, tous deux spécialistes du monde des affaires, nous ont apporté leurs éclaircissements sur les changements organisationnels et les « info-guerres » qui bouleversent aujourd'hui le monde des affaires.

Du début à la fin, Juan Gomez nous a été une aide exceptionnelle grâce à son énorme travail de dépouillement (il parvenait toujours à nous dénicher l'article ou le journal obscur indispensables à notre travail). Il nous a protégés des importuns, a organisé notre planning de voyage compliqué, et a mis toute son intelligence et toute sa bonne humeur à notre service. *Para* Juan, *muchas gracias.*

Les mots ne pourront jamais exprimer toute notre gratitude envers notre fille, Karen, qui nous a aidés dans les dernières semaines de bouclage du manuscrit en vérifiant et en mettant à jour les données de certains chapitres clés. Elle a également préparé les notes et la bibliographie et a vérifié l'index — opération qui est loin de se limiter à une simple tâche mécanique, car ces entrées doivent être compatibles avec les concepts élaborés dans nos autres ouvrages, *Future Shock, The Third Wave,* etc.

Enfin, cette liste ne serait pas complète sans des remerciements à Deborah E. Brown, qui est venue nous rejoindre dans les derniers mois, pour une ultime relecture du manuscrit, s'assurant que tout était exact et à jour.

Dans un travail d'une telle ampleur, certaines erreurs et mauvaises interprétations sont inévitables. De plus, le rythme du changement, en accélération constante, implique que des détails peuvent devenir obsolètes entre le moment où ils sont écrits et celui où on les lit. Il va sans dire que la responsabilité des erreurs éventuelles est à imputer exclusivement aux auteurs et non à ceux qui leur ont apporté leur concours gracieux.

Index

Index établi d'après l'index original par Marc Le Cœur.

Table des matières

TROISIÈME PARTIE

LES GUERRES DE L'INFORMATION

QUATRIÈME PARTIE

LE POUVOIR DANS LA FIRME FLEXIBLE

CINQUIÈME PARTIE

NOUVEAUX POUVOIRS ET POLITIQUE

SIXIÈME PARTIE

TRANSFERTS DE POUVOIR A L'ÉCHELLE PLANÉTAIRE

Composition réalisée par C.M.L., Montrouge
Achevé d'imprimer en mars 1991
sur presse CAMERON
dans les ateliers de la S.E.P.C.
à Saint-Amand-Montrond (Cher)
pour le compte de la librairie Arthème Fayard
75, rue des Saints-Pères — 75006 Paris

Dépôt légal : mars 1991.
Nº d'Édition : 1395. Nº d'Impression : 690.

35.67.8448.01

ISBN 2.213.02676.9

Imprimé en France